36397

Adler · Das Testament der Astrologie

HEINRICH HUGENDUBEL VERLAG
Kailash Buch

Oskar Adler

Das Testament der Astrologie

Der Mensch
im Sternenkonzert

Sternenbewegung
und Lebenslauf

Hugendubel

Herausgegeben von Philip Schiffmann

Die Deutsche Bibliothek – CIP-Einheitsaufnahme
Adler, Oskar:
Das Testament der Astrologie / Oskar Adler. [Hrsg. von
Philipp Schiffmann]. – München: Hugendubel.
(Kailash-Buch)
Bd. 4. Der Mensch im Sternenkonzert: Sternenbewegung und
Lebenslauf. – 1993
ISBN 3-88034-543-0

© Heinrich Hugendubel Verlag, München 1993
Alle Rechte vorbehalten

Umschlaggestaltung: Zembsch' Werkstatt, München
Produktion: Tillmann Roeder, München
Satz: Uhl + Massopust, Aalen
Druck und Bindung: Spiegel Buch, Ulm-Jungingen

ISBN 3-88034-543-0
Printed in Germany

Inhalt

1. Vortrag: Aufbau und Konstitution des Horoskops und des menschlichen Körpers · »Gute« und »böse« Aspekte — 7

2. Vortrag: Das Wesen der einzelnen Aspektbilder · Der Parallelaspekt — 22

3. Vortrag: Konjunktionen von Sonne und Mond — 37

4. Vortrag: Konjunktionen Sonne-Jupiter, Sonne-Saturn und Sonne-Merkur — 49

5. Vortrag: Konjunktionen Sonne-Venus und Sonne-Mars — 67

6. Vortrag: Konjunktionen Sonne-Uranus und Sonne-Neptun — 79

7. Vortrag: Konjunktionen Mond-Mars, Mond-Venus — 91

8. Vortrag: Konjunktionen Mond-Merkur, Mond-Saturn — 104

9. Vortrag: Konjunktionen Mond-Jupiter, Mond-Uranus, Mond-Neptun — 116

10. Vortrag: Konjunktionen Merkur-Venus, Merkur-Mars — 132

11. Vortrag: Konjunktionen Merkur-Jupiter, Merkur-Saturn — 144

12. Vortrag: Konjunktionen Merkur-Uranus, Merkur-Neptun — 156

13. Vortrag: Konjunktionen Venus-Mars — 169

14. Vortrag: Konjunktionen Venus-Jupiter, Venus-Saturn — 177

15. Vortrag: Konjunktionen Venus-Uranus, Venus-Neptun — 192

16. Vortrag: Konjunktionen Mars-Jupiter, Mars-Saturn — 207

17. Vortrag: Konjunktionen Mars-Uranus, Mars-Neptun — 220

18. Vortrag: Konjunktionen Jupiter-Saturn, Jupiter-Uranus — 233

19. Vortrag: Konjunktionen Jupiter-Neptun, Saturn-Uranus, Saturn-Neptun und Uranus-Neptun — 250

20. Vortrag: Der Oppositionsaspekt · Die opponierten Tierkreiszeichen — 263

21. Vortrag: Oppositionen — 277

22. *Vortrag:* Quadrat, Trigon, Sextil · Halbsextil und Quinkunx ·
 Halb- und Eineinhalbquadrat · Quintil 297
23. *Vortrag:* Der Parallelaspekt · Rückläufige Planeten 309
24. *Vortrag:* Die Mondknoten · Der Glückspunkt 322
25. *Vortrag:* Geschlecht und Horoskop 338
26. *Vortrag:* Vorhersage des Schicksals · Mathematische,
 naturwissenschaftliche und moralische Prophetie 347
27. *Vortrag:* Die Vorhersage als Lehre von den Transiten und
 Direktionen · Einzelschicksal und Massenschicksal · Vier Formen des Transits 362
28. *Vortrag:* Der Jahresrhythmus der Sonne, der Monats-
 rhythmus des Mondes 376
29. *Vortrag:* Die Planetenstunden · Die Transite von Sonne,
 Mond und Merkur über die einzelnen Planetenorte 392
30. *Vortrag:* Venus-, Mars- und Jupitertransite 407
31. *Vortrag:* Die Saturntransite 425
32. *Vortrag:* Uranustransite 439
33. *Vortrag:* Neptuntransite · Auf- und absteigender
 Mondknoten 450
34. *Vortrag:* Transite über Aspektorte · Kritische Punkte ·
 Warnung vor Fehlschlüssen 464
35. *Vortrag:* Die Lehre von den Progressionen ·
 Progressive Wanderung des Aszendenten 475
36. *Vortrag:* Progressive Wanderung des Aszendenten
 Progressive Wanderung des Medium coeli 487
37. *Vortrag:* Progressive Wanderung des Immum coeli
 Progressive Wanderung des Deszendenten 503
38. *Vortrag:* Progressiver Transit des Aszendenten und des
 Medium coeli über die Mondknoten 520

1. Vortrag

Wir haben in den vorausgegangenen Vorträgen alle Elemente untersucht, die uns erkennen lassen, in welcher Weise Tierkreise und Planeten zusammenarbeiten, um den Menschen auszustatten, der in einem bestimmten Moment den Erdenplan betritt. Wir haben versucht, all die Möglichkeiten zu beschreiben, die dem Menschen den Stempel seiner Eigenart aufdrücken, ehe er sich noch mit der Erde verbindet, um dort seine eigentliche Aufgabe zu erfüllen als Arbeiter im Ackerland Erde. Was da zu den bereits besprochenen Elementen an neuen Möglichkeiten hinzukommt, das wird aus der Lage des Horizontes zur Zeit der Geburt an dem besonderen Erdenort bestimmt, der sein Geburtsort wird. Hier findet er den irdischen Boden, in dem er Wurzel zu schlagen hat – hier findet er die irdische Projektion des himmlischen Tierkreises in der Gestalt jener zwölf Häuser, die für ihn von nun ab das Arbeits- und Entwicklungsfeld für sein Leben darstellen und ihm allmählich den Sinn seines Erdendaseins enthüllen – den tertiären Tierkreis mit seinem irdischen Frühlingspunkt (Aszendent). Hier erst gestaltet sich im Zusammenhang mit der irdischen Verwurzelung sein Erdenschicksal.

Noch soll davon nicht gesprochen werden. Noch ist unsere Aufmerksamkeit dem zwischen Himmel und Erde freischwebenden zodiakalen Menschen zugewendet und den Möglichkeiten, die sich aus den bloß zodiakalen Beziehungen der Planeten und ihren Himmelsorten zur Zeit der Geburt ergeben. Diese Fülle von Möglichkeiten ist in jedem Horoskop in einer ganz bestimmten Weise ausgedrückt, wenn auch nur keimhaft in Gestalt jener einzelnen Komponenten, die wir in den vorhergehenden Vorträgen haben an uns vorüberziehen lassen – keimhaft wie etwa die Lose in der Urne liegen, ehe sie gezogen werden.

Dieser Vergleich mag vielleicht zunächst recht banal erscheinen, und doch ist es in den Sprachgebrauch eingegangen, daß »Los« zugleich auch eine Bezeichnung für das Schicksal ist, das zur Erfüllung heranreift. In diesem Sinn spricht auch Schiller im *Lied von der Glocke* mit Beziehung auf den neugeborenen Menschen die Worte:

> Ihm ruhen noch im Zeitenschoße
> Die schwarzen und die heitren Lose,

und weiter dann in diesem Gedicht mit wahrhaft astrologischer Einsicht, daß die Obhut dieser Lose in der ersten Zeit noch der Sorge der Mutter anheimgegeben ist. Es ist astrologische Erfahrung, daß all das, was in den ersten Lebensepochen an Schicksalsmöglichkeiten fällig wird, vom Horoskop der Mutter aufgefangen werden kann nach Gesetzen, die kennenzulernen erst später unsere Aufgabe werden wird.

Wenn also der Vergleich mit den Losen in der Urne doch nicht so banal ist, wie es auf den ersten Blick scheint, so ist er in anderer Beziehung doch wieder unzutreffend, denn es kann ja niemand auf Grund der Wissenschaft unserer Tage voraussagen, welches dieser Lose dazu bestimmt ist, jeweils gezogen zu werden, weil angenommen wird, daß die Wahrscheinlichkeit, gezogen zu werden, für alle Lose gleich sei. Auf dieser Unfähigkeit oder Unzuständigkeit unserer Wissenschaft beruht die sogenannte »Wahrscheinlichkeitsrechnung«, die überall dort auftritt, wo präzises Wissen versagt. Sie ist der wissenschaftliche Ausdruck für die exakte Unwissenschaftlichkeit.

Nicht so bestellt ist es mit den Möglichkeiten, die keimhaft im Horoskop des eben geborenen Menschen aufscheinen. Diese sind nicht so wie die Lose in der Urne anscheinend wahllos gemischt, und ihr Gezogenwerden ist nicht dem »Zufall« überantwortet, sondern es steht von Geburt an schon fest, daß die einzelnen Schicksals- und Charakterkomponenten jedesmal in einer ganz bestimmten Mischung und Verbundenheit auftreten, so daß gewisse Zusammenhänge zwischen einzelnen Möglichkeiten bestehen, die diese aus der Fülle der übrigen in einer besonderen Weise hervorheben. Es bestehen solche Zusammenhänge zwischen einzelnen Komponenten, die bewirken, daß die eine stets nur in Begleitung der anderen auftreten kann. Es können auch mehrere Komponenten in dieser engen Weise miteinander verbunden sein. Wir sprechen dann von Komplexen, d. h. von solchen Zusammenhängen, die innerhalb der Fülle der übrigen Möglichkeiten eine Art festen Kern bilden.

Darauf beruht nun, was wir die Konstitution oder den Aufbau des einzelnen Horoskops nennen können. Wie in einem lebendigen Organismus, wenn wir ihn zunächst nur physisch betrachten, einzelne Teile fester zusammenhängen – man denke dabei etwa an das Knochenskelett der Wirbeltiere –, starrer, härter sind, andere beweglicher sind, so sieht es auch in dem Horoskop des Menschen aus, so daß man auch hier, wenn auch nur bildlich, von einem Skelett sprechen kann, von etwas, was dem ganzen Horoskop eine feste Grundlage gibt. Dieses Skelett ist einmal fester und einmal weniger fest. Aber nicht nur der Grad der Festigkeit bestimmt die Eigenart eines solchen Komplexes; es kann der Zusammenhang innerhalb dieses Komplexes auch in anderer Weise gegeben sein, etwa so, daß in diesem Komplex eine besondere Beweglichkeit herrscht, wie etwa im Blutkreislauf des Menschen. Es kann aber auch von einem Zusammenhang innerhalb eines Organismus oder des Horoskops in dem Sinn gesprochen werden, daß zwischen den einzelnen Bestandteilen eine besondere Ausgeglichenheit herrscht, wie sie etwa im gesunden Organismus besteht in bezug auf das Verhältnis zwischen Nahrungsaufnahme und Ausscheidung.

Wenn wir auf diese drei Arten des Zusammenhangs hinweisen, dann sind damit auch zugleich drei astrologische Grundbegriffe genannt, die als die Modi oder Gunas der fixen Zeichen für die Festigkeit, der kardinalen Zeichen für die Beweglichkeit und schließlich der ausgleichenden Zeichen für die Ausgeglichenheit bekannt sind. Und diese Zusammenhänge können so bestehen, daß sie für den genannten Organismus Gesundheit verheißen oder das Gegenteil. Denn wenn jene Starrheit oder Festigkeit dort eintritt, wo Beweglichkeit sein sollte, wie etwa im Blutkreislauf oder in den Adern oder in den Gelenken und Muskeln oder im Gedankenleben, dann stehen diese Komplexe an einem der Gesundheit abträglichen Platz und wirken sich schädlich aus. Es wirkt dann ein solcher Komplex wie ein starrer Fremdkörper in dem lebendigen Organismus. Ebenso kann es geschehen, daß Beweglichkeit dort auftritt, wo sie nicht am Platz ist, wo entweder Starrheit sein soll oder Ausgeglichenheit. Dann gerät der Organismus ins Wanken, und es tritt anstelle der Gesundheit Krankheit oder die Disposition zur Krankheit. Oder wenn Ausgeglichenheit dort besteht, wo etwa Beweglichkeit sein soll, dann tritt Gleichgültigkeit oder Stumpfheit ein.

Wenn wir nun diese drei Formen daraufhin betrachten, ob sie entweder durch ihre natürliche Anlage mit dem Anspruch auf Gesundheit auftreten oder aber mit einer Neigung zur Krankheit, weil sie an einen falschen Platz gestellt sind und somit eine Art Fehlmischung darstellen, dann gelangen wir zu einem Begriff, der in der älteren Medizin eine große Rolle spielte, dem Begriff der Dyskrasie, der schlechten Mischung der Säfte im Körper, während das Gegenteil die Gesundheit garantiert: Eukrasie. In der modernen Medizin wird die alte Lehre von der Eukrasie oder Dyskrasie zur Lehre von der gesunden oder krankhaften Konstitution.

Nun ist, was oben beschrieben wurde, für die Lotterietrommel und ihre Nummern überhaupt nicht nachzuweisen. Es läßt sich nicht nachweisen, daß gewisse Nummern so beschaffen sind, daß sie gezogen werden müssen, daß sie etwa Glücksnummern sind, während andere infolge ihrer Beschaffenheit nicht gezogen werden können. Im menschlichen Organismus ist es schon leichter, aber doch immer noch recht kompliziert, die verschiedenen Organsysteme in bezug auf ihre gesunde oder kranke Konstitution genau zu bestimmen.

In der Astrologie ist es verhältnismäßig leicht, denn da ist ersichtlich, ob die Konstituanten in einem wohl ausgewogenen, eukrasischen oder dyskrasischen Verhältnis zueinander stehen. Wir werden meistens finden, daß die Horoskope der Menschen Anteil an beidem haben, daß es kaum ein Horoskop gibt, von dem man sagen könnte, es sei frei von üblen Möglichkeiten, daß es aber andererseits vielleicht auch kein Horoskop gibt, in dem die Gesundheitsmöglichkeiten fehlen. Was jetzt ausgeführt wurde, bezieht sich jedoch nicht nur auf den physischen Organismus des Menschen, sondern auch auf seinen seelischen und geistigen Organismus, auf die gesamte Wesenheit des Menschen.

Dies führt uns zu einer Lehre, die innerhalb des astrologischen Wissens seit jeher einen bedeutenden Platz einnahm, die Lehre, die wir moderner als die Lehre von der astrologischen Konstitution bezeichnen wollen, im weitesten Sinn als Aspektbildung im Horoskop. Die Aspektbildung ist es, die bewirkt, daß im Gesamthoroskop gewisse enger zusammengehörige Komplexe auftreten, die entweder in heilsamer oder unheilsamer Weise in die Gesamtkonstitution des Geburtsbildes eingreifen. In bezug auf solche Komplexe ist das Horoskop entweder gesund oder krank zu nennen; wir dürfen daher solche Stellen oder Punkte des Horoskops als die wichtigsten im Gesamtbild bezeichnen oder auch als Punkte von besonderer Empfindlichkeit. In der vulgären Sprache der Astrologie spricht man von »guten« oder »bösen« Aspekten.

Es wird sich jedoch bald zeigen, daß diese Unterscheidung zwischen guten und bösen Aspekten doch allzu platt ist, daß man mit dieser Unterscheidung zwischen Gut und Böse in der Astrologie so wenig das Wirkliche trifft wie im praktischen Leben selbst. Oft genug stellt sich die Erfahrung ein, was uns anfangs traf wie ein böser Schlag, sich später als die einzige Möglichkeit erweist, zum Heil zu gelangen. Auch hier liegt der Vergleich mit der Medizin recht nahe. So manche Krankheiten, die man in der Jugend überstanden hat, geben dem Körper erst Festigkeit, ja sogar Immunität gegen dasselbe Übel in späteren Lebensperioden. Und umgekehrt kann manches Ereignis so aussehen, als brächte es für den Moment ein hohes Glück, und es erweist sich dann im späteren Leben als eine recht böse Angelegenheit durch die Folgen, die sich an dieses vermeintliche Glück knüpfen. Nun ist es die Eigentümlichkeit solch empfindlicher Punkte, daß sich die Ereignisse des Lebens auf diese Punkte zu werfen scheinen. Das ist der Grund dafür, daß so viele gleichzeitig und nebeneinander lebende Menschen so verschiedene Schicksale im Lauf ihres Lebens erleiden müssen, weil eine bestimmte Schicksalswelle, die durch den Kosmos geht, nur den Menschen treffen kann, dessen Horoskop hierfür empfänglich ist. Wie etwa bei einer Epidemie ein Teil der Menschen erkrankt, ein Teil sterben muß, ein anderer Teil gesund bleibt, ein anderer Teil überhaupt nicht ergriffen wird, so werden dieselben Konstellationen am Himmel jeden Menschen anders treffen – gemäß seiner »Konstitution«.

Darin liegt der Schlüssel zu der Tatsache, daß innerhalb der großen allgemeinen Geschehnisse doch jeder nur sein Einzelschicksal erlebt, andererseits aber dieses Einzelschicksal einer bestimmten periodischen Welle folgt, die eben durch jene besondere astrologische Konstitution des betreffenden Horoskops bedingt ist und ihren tiefer liegenden astrologischen Grund in der Periodizität der Planetengänge am Himmel hat. Solche empfindlichen Punkte in der Konstitution des Horoskops oder solche Komplexe, um einen oben bereits eingeführten Ausdruck zu wiederholen, werden in der Sprache der Astrologen auch als Schüsselstellungen bezeichnet.

Mit diesen Ausführungen greifen wir allerdings dem Inhalt der folgenden Vorträge ein wenig vor. Erst ab dem 26. Vortrag werden wir davon zu sprechen haben, in welcher Weise das Geburts- oder Wurzelhoroskop, wie es auch genannt wird, durch die nachgeburtlichen Bewegungen der Himmelskörper in seinen einzelnen Komponenten beeinflußt wird und auf sie reagiert, so daß der Fortgang des Lebens sich nun darstellt als die fortlaufende Kette eines Wechselverhältnisses zwischen der als konstant gedachten Grundlage seines Wurzelhoroskops und den sich stetig ändernden Himmelskonstellationen. Für diese letzteren nun bilden die einzelnen empfindlichen Punkte des Wurzelhoroskops die eigentlichen individuellen Angriffspunkte. In welcher Weise und nach welchen Gesetzen dies geschieht, zu erforschen bildet nicht den Gegenstand dieses Buches.

Der Ausdruck Schlüsselstellung erklärt sich aus der Tatsache, daß wir in den empfindlichen Punkten den Schlüssel zum eigentlichen Sinn im Ablauf der Schicksalsereignisse vor uns haben.

1. Vortrag

Wenn wir ein wenig über den Rahmen des Einzelhoroskops hinausblicken, dann könnte es sein, daß die Frage aufgeworfen wird: Warum hat dieser Mensch ein Horoskop mit dieser Schlüsselstellung, ein anderer ein Horoskop mit einer anderen, und warum ist diese Schlüsselstellung so beschaffen, daß sie in dem einen Fall ein unharmonisches, von Leid erfülltes Leben verspricht, in dem anderen Fall ein harmonisches und glückliches Leben? Ohne den Rahmen, der uns hier gesteckt ist, zu überschreiten, können wir auch diese Frage immer mit der astrologischen Lehre beantworten. Warum sind denn nicht alle Menschen gleich tüchtig und kräftig? Warum wird der eine mit einer mangelhaften, der andere mit einer besseren Konstitution geboren? Da werden wir wohl sagen müssen: Geht in die Vergangenheit zurück, schaut euch die Eltern an, die Einflüsse, die während der Schwangerschaft bestanden, versucht Einblick zu gewinnen in das Wesen der Vererbung. Nun ist es eine Tatsache, daß gerade diese Schlüsselstellungen in einer erstaunlichen Weise vererbt werden. Es gibt Familien, in denen gewisse Komplexe von Planetenstellungen immer wiederkehren. Da hat z. B. der Vater die Konjunktion von Sonne und Saturn, und der Sohn erbt diese Stellung, oder er hat die Opposition derselben Planeten oder das Quadrat. Durch Generationen hindurch können sich bestimmte Aspekte vererben und so den Grund legen für ein Familienschicksal. Das ist astrologische Vererbung. Aber vom esoterischen Standpunkt betrachtet, zeigt Vererbung ein doppeltes Antlitz. Physisch reicht sie bis in die Konstitution der gesamten Ahnenreihe zurück und hat dort ihre Wurzel; esoterisch aber baut sie sich auf jenen karmischen Notwendigkeiten auf, die aus der Lebensführung vergangener Inkarnationen in die gegenwärtige hineinführen. Damit enthüllt sich auch der tiefere Sinn der Frage, die dem großen Buddha einst von seinen Schülern gestellt wurde: Warum werden die Menschen so verschieden geboren, der eine hoch, der andere niedrig, der eine schön, der andere häßlich usw. Der Buddha antwortete darauf: Es ist alles Karma, es ist das Gesetz der Wirkung von Ursachen aus früheren Leben.

Nach diesen Vorbemerkungen wollen wir in die eigentliche Lehre von den Aspekten eintreten.

Unter Aspekt versteht man ein Verhältnis zwischen mindestens zwei Planeten oder Ekliptikpunkten in bezug auf den Winkel, unter dem sie von der Erde aus gesehen werden.

Aber nicht jeder Winkel wird als Aspekt bezeichnet, nicht jede Winkelstellung bedingt bereits ein engeres Verhältnis zwischen zwei

Planeten, sondern nur die Winkel, die ein Vielfaches des Winkels von 30° darstellen, entweder genau oder mit geringen Abweichungen. Dabei kann noch die Einschränkung gemacht werden, daß es sich um die Winkel zwischen den Längengraden der entsprechenden Planeten handelt, soweit jene Aspekte in Betracht kommen, die sich auf das Wurzelhoroskop allein beziehen. Diese Winkelstellungen sind nicht völlig identisch mit dem reinen Gesichtswinkel, unter dem sich die Distanz der entsprechenden Planeten dem Beobachter darstellt, aber die Abweichungen von diesem direkten Winkel sind infolge der geringen Neigung der Planetenbahnen gegeneinander so gering, daß sie als unerheblich vernachlässigt werden können. Wir kommen auf diesen Umstand und die Konsequenzen noch ausführlich zurück.

Der Winkel von 30° bildet die Grundlage für alle Aspektbestimmungen. Demnach wäre der einfachste Aspekt ein Winkel von 30°, ihm folgen Winkel von 2×30, 3×30, 4×30, 5×30 und 6×30°. Ein Winkel von 7×30 wäre bereits der Supplementärwinkel von 5×30; 8×30 der Supplementärwinkel von 4×30, so daß sie nicht gesondert betrachtet zu werden brauchen.

Man nennt den Winkel von 30° bzw. den durch ihn gebildeten Aspekt ein Halb-Sextil oder Semi-Sextil, den Winkel von 60° Sextil, den Winkel von 90° Quadrat, den Winkel von 120° Trigon, den Winkel von 150° Quinkunx, den Winkel von 180° Opposition und den Winkel von 0° Konjunktion. Dazu kommen nun aber noch zwei Aspekte, die in gewissem Sinn aus dieser Reihe fallen und als sekundäre oder abgeleitete Aspekte gelten; das sind der Winkel von 45° oder das Halb-Quadrat und der Winkel von 135° oder das Eineinhalb-Quadrat (Sesquiquadrat).

Aber diese zuletzt genannten Aspekte dürfen wir wohl als Aspekte zweiter Ordnung bezeichnen, d. h. als Aspekte, die aus ursprünglichen, primären Aspekten durch Teilung und anschließende Multiplikation hervorgegangen sind, wie aus den folgenden Erwägungen deutlich wird. Es könnte nämlich die Frage aufgeworfen werden, warum gerade solche Winkel zu einer Aspektwirkung kommen, die als größtes gemeinsames Maß den Winkel von 30° aufweisen, d. h. ein Zwölftel des vollen Kreismaßes. Zu dieser Frage haben wir bereits in früheren Vorträgen Stellung genommen. Wir konnten ausführen, daß sich die Zwölfteilung des Kreises aus der Idee des Kreises ergibt, daß Zwölfteilung die Zahl des Kreises genannt werden kann. Es ist ein einfacher Lehrsatz der Geometrie, daß sich der Halbmesser des Kreises sechsmal als Sehne auf die Peripherie des Kreises auftragen läßt.

Hieraus ergibt sich ohne weiteres die Zahl Sechs und weiter die Zahl Zwölf als dem Kreis zugehörige Zahl. Alle Beziehungen zwischen Planeten, die um ein Vielfaches von 30° am Himmelsbogen voneinander abstehen, gehören demnach zur Konstitution des Horoskops, bilden eine engere Zusammengehörigkeit zwischen ihnen aus und schließen sie in Form eines Komplexes zusammen.

Nun gehört es zu dem ältesten Lehrgut der Astrologie, daß von diesen Komplexen einige als günstig oder heilbringend, andere ungünstig oder unheilbringend angesehen werden, günstig sind all jene Bruchteile des Kreises, die in ihrem Nenner die Drei haben, ungünstig all jene Bruchteile des Kreises, die die Drei nicht haben.

Günstig:	Das Drittel des Kreises	= Trigon.
	Das Sechstel des Kreises	= Sextil.
	Das Zwölftel des Kreises	= Halbsextil.
Ungünstig:	Die Hälfte des Kreises	= Opposition.
	Das Viertel des Kreises	= Quadrat.
	Das Achtel des Kreises	= Halbquadrat.
	Drei Achtel des Kreises	= Sesquiquadrat.

Wie immer man die sehr allgemeinen Ausdrücke »günstig« und »ungünstig« interpretieren mag, welche Stellung man auch gegenüber dieser Unterscheidung einnehmen mag, sicher ist, daß diese Unterscheidung zwischen den beiden Gruppen zu Recht besteht, ob wir nun von guten und schlechten, von milden und scharfen, von harmonischen und unharmonischen Aspekten oder von gesunder und krankhafter Konstitution sprechen. Aus dieser höchst merkwürdigen Tatsache erwächst unsere erste Aufgabe: zu untersuchen, woher es kommt, daß gerade jene Aspekte, die aus der Zwei-, Vier- und Achtteilung des Kreises entstehen, von ungünstiger Wirkung sind, während die übrigen Aspekte günstig wirken. Wir stehen hier vor einem der wichtigsten Probleme der theoretischen Astrologie.

Den Versuch, eine Erklärung für die Unterscheidung zu geben, macht bereits Ptolemäus: »Man sieht nun aber das Trigon und das Sextil als harmonisch an, weil durch sie verwandte Zeichen miteinander in Verbindung gebracht werden; disharmonisch dagegen das Quadrat und die Opposition, weil sie das Verhältnis gegensätzlicher Zeichen aufweisen.«

Ptolemäus leitet also die Wirkung der Aspekte nicht aus der Natur des Winkels oder des Kreises, sondern aus der Natur des Tierkreises ab. Daß durch das Trigon verwandte Zeichen verbunden sind, ist einleuchtend, da es sich dabei um Zeichen derselben elementaren Qualität handelt. Worin jedoch die Verwandtschaft der durch Sextil verbundenen Zeichen besteht, verschweigt Ptolemäus ebenso wie die Angabe, worin die Gegensätzlichkeit der durch das Quadrat verbundenen Zeichen besteht, die doch zumindest die Verwandtschaft aufweisen, die durch das gemeinsame Guna begründet wird. Daß die durch Opposition verbundenen Zeichen »gegensätzliche Zeichen« seien, ist jedoch eine bloße Tautologie. Denn diese Gegensätzlichkeit ist ja eben zunächst eine rein geometrische, ihr Sinn aber der der polaren Ergänzung, also abermals eine Art Verwandtschaft. Warum sollte gerade diese Art der Verwandtschaft sich so unharmonisch auswirken?

So wird es sich als notwendig erweisen, daß wir auch hier wieder unseren eigenen Weg der Forschung gehen.

Da liegt es zunächst nahe, einen Vergleich mit der Musik zu machen, indem wir die sogenannten guten Aspekte mit den konsonierenden und die üblen Aspekte mit den dissonierenden Zusammenklängen zweier Töne in Analogie setzen, zumal seit den Zeiten des Pythagoras die Ursache hierfür in gewissen Zahlenverhältnissen gesehen wird, die zwischen den Saitenlängen bzw. zwischen den Schwingungszahlen der betreffenden Töne bestehen. Pythagoras lehrte, daß harmonische Töne entstehen, wenn die Saite in die Hälfte oder in drei Teile geteilt wird. Das war sozusagen exoterisches Lehrgut, während den engeren Schülern noch die Teilung der Saite in fünf Teile erklärt wurde. Nun muß aber auf eine Tatsache hingewiesen werden, die offenbar der Aufmerksamkeit der meisten Musiktheoretiker entgangen ist, nämlich daß bei der Teilung der Saite in mehrere Teile mehr Töne entstehen, als bei flüchtiger Betrachtung angenommen wird. Wenn ich eine Saite in fünf Teile teile, dann entsteht neben dem Grundton nicht nur die große Terz, sondern es entsteht auch die untere Quint dieser großen Terz, so daß hieraus ein Molldreiklang resultiert.

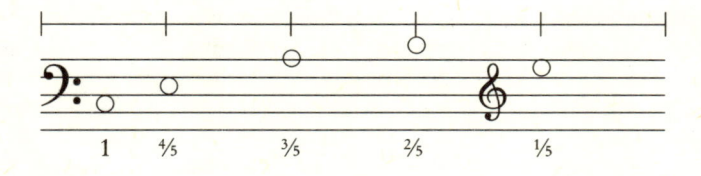

Teilt man aber die Saite in sieben Teile, dann entsteht eine recht merkwürdige Erscheinung. Wenn etwa C der Grundton der Saite wäre, dann bekommt man zu diesem C einen Molldreiklang, der jedoch zu diesem C gar nicht paßt. Man bekommt wohl auch wieder einen Dreiklang, aber dieser Dreiklang liegt jetzt zwischen es-Moll und a-Moll und steht somit zu dem Stammton der Saite in einem sehr schlechten musikalischen Verhältnis. Dies gibt uns ein Beispiel dafür, wie durch ein Zahlenverhältnis etwas entstehen kann, was vielleicht der »üblen Konstitution« analog sein könnte.

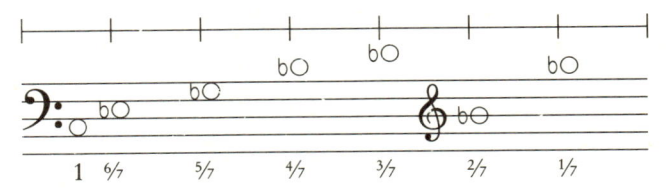

In dieser Form ist jedoch der Vergleich nicht recht brauchbar, da die Analogie zwischen der gerade gestreckten Saite und dem Kreis nicht weiter aufrechterhalten werden kann. Es liegen die Verhältnisse eher so, wie Kepler versuchte, sie zu sehen. Wir entnehmen das Folgende dem Hauptwerk Keplers *Die Zusammenklänge im Weltall*, in dem er den Nachweis versucht, daß die aus dem Planetensystem stammenden Gesetzmäßigkeiten aus denselben Quellen stammen wie die Grundgesetze der Musik. In seinen Forschungen geht er sogar so weit, daß er rückschauend die Urharmonie des ersten Schöpfungstages in Notenwerten rekonstruiert, und dies mit dem tiefen Ernst einer von heiliger Scheu erfüllten Seele.

Kepler hat die Idee ausgesprochen, daß man den Verhältnissen am Himmelsgewölbe und dem Problem der Aspektbildungen näherkomme, wenn man sich die tönende Saite nicht als Gerade, sondern als zum Kreis gebogen vorstellt. Da liegen die Verhältnisse nun wesentlich anders, da die Saite jetzt in sich zurückläuft und weder Anfang noch Ende besitzt, wodurch bereits die Möglichkeit solcher Teilungen auftritt, die sich innerhalb der Länge eines Kreises nicht erschöpfen, sondern über ihn hinausgreifen. Die Saite kann nicht bloß geteilt werden, sie kann durch den Kreis sogar wachsen. Nun wollen wir, nachdem wir unseren Vergleich soweit geführt haben, ihn ein wenig modifizieren.

Es wird bald klar werden, daß die zum Kreis gebogene Saite Erscheinungen bietet, die die gestreckte Saite nicht zeigt. Kehren wir nochmals zu der geraden, zwischen zwei fixen Punkten ausgespannten Saite zurück. In einer solchen Saite kommt es, wenn sie zum Schwingen gebracht wird, zu den sogenannten »stehenden Wellen«. Durch das Zurückkommen der Welle vom anderen Ende der Saite kommt es zu einer Wellenfigur, bei der alle Punkte der Saite im gleichen Moment die gleiche Wellenphase mitmachen. Das Seltsamste aber – und das ist es, worauf es uns hier ankommt – ist, daß, wenn man eine solche Saite etwa in einem der Teilpunkte, wie z. B. der Vier der im früheren Paradigma dargestellten Fünfteilung, leise berührt, sofort der Ton erklingt, der dem Fünftel der Saitenlänge entspricht. Die Berührung eines der Teilpunkte hat sofort das Entstehen auch der anderen Teilpunkte auf der Saite zur Folge. Es entsteht also eine ganze Reihe miteinander korrespondierender Punkte zu dem einen Punkt, der durch die Teilung gesetzt wurde.

Diese Tatsache macht sich nun, wenn wir die Saite zum Kreis abbiegen, in einer ganz anderen Weise bemerkbar. Wir haben es jetzt nicht mehr mit einer bloßen Korrespondenz der Teilpunkte der Saite zu tun. Es ist die Saite in ihrem ganzen Umfang zu einer Art Hohlspiegel geworden. Übertragen wir nun diese Erkenntnis auf das Himmelsgewölbe, dann verwandelt sich dieses in eine Art dynamischen Hohlspiegel. Stellen wir uns das ganze Himmelsgewölbe als einen solchen Kraftspiegel vor, der eine schmale Zone eines nach innen spiegelnden Kreises, den Tierkreis trägt, dann werden wir am ehesten verstehen, was durch die Aspektbildung geschieht, und wir werden auch folgendes verstehen: Wenn zwei Planeten in einem bestimmten, den Teilpunkten des Kreises entsprechenden Abständen voneinander stehen, wird dadurch noch eine Reihe anderer Empfindlichkeitspunkte längs des Kreises ausgesägt. Von dieser Grundauffassung aus sollen nun die einzelnen Aspektbildungen behandelt werden.

Um uns für diese Betrachtungsweise einzustimmen, mag zunächst nur von zwei Aspektbildern gesprochen werden, die in gewissem Sinn als die einfachsten angesehen werden können: Konjunktion und Opposition.

Nun haben wir bereits in dem Buch *Planetenwelt und Mensch* über die aus den Aspekten zwischen je zwei Planeten sich ergebenden Eigenschaften und Merkmale des so Geborenen ausführlich gesprochen. Es wurde jeder Planet mit jedem anderen in die entsprechende Beziehung gebracht. Dabei sind wir jedoch auf das Wesen der Aspektbildung selbst nicht eingegangen. Auch haben wir dabei keine Rücksicht auf die Zeichen genommen, aus denen heraus die Aspektwirkung geschieht. Die Aufgaben, die uns in diesem Buch beschäftigen sollen, sind aber weiterreichend und darum geeignet, unsere frühere Arbeit in wesentlichen Punkten zu ergänzen.

Vor allem müssen wir uns zunächst darüber Klarheit verschaffen, worin das Eigenartige der Konjunktionswirkung und weiter das Eigenartige der Oppositionswirkung besteht und worin das »Ungünstige« dieses Aspektes liegt. Diese Untersuchung soll, wie bereits erwähnt, zunächst dazu dienen, uns für die folgenden Betrachtungen vorzubereiten.

Was verstehen wir unter Konjunktion? Wenn zwei oder mehrere Planeten an einem Punkt des Himmels, der innerhalb oder in nächster Nähe der Ekliptik liegt, ganz nahe beieinander stehen, d. h. von der Erde aus gesehen unter einem Gesichtswinkel von nahezu 0° erscheinen, dann sprechen wir von Konjunktion. Das ist keine exakte Begriffsdefinition, es ist eher eine Beschreibung der durch den Ausdruck Konjunktion bezeichneten Tatsache. Im Sinn der mathematischen Formel, durch die man das Wesen der Konjunktion auszudrücken versucht, würde man sie definieren als die exakte oder angenäherte Gleichheit der auf die Ekliptik der Planetenstellung, d. h. ihrer »Längen«.

Durch diese in jedem Fall geringe Distanz der beiden zur Konjunktion vereinigten Elemente entsteht etwas, was wir in jedem Sinn des Wortes als einen Komplex bezeichnen dürfen.

Diesen Ausdruck wählen wir hier mit besonderer Beziehung auf die moderne Psychologie, weil sie, hauptsächlich durch die Forschungen Sigmund Freuds veranlaßt, diesen Begriff in ihr Gedankensystem aufnahm, der andererseits wieder dem nahekommt, was wir im astrologischen Sinn des Wortes als Aspektbildungen bezeichneten. Ganz besonders aber soll dieses Wort auf die Konjunktion angewendet werden, was sofort belegt werden soll.

Unter einem Komplex versteht man im Sinn der modernen Psychologie eine Summe von Gedanken- und Gefühlsassoziationen, die sich zu einem festen Gebilde zusammenschließen, so daß, sobald eine Komponente dieses Kerns geweckt wird, sofort auch die anderen mitklingen. Ins Astrologische übersetzt, nimmt nun ein solcher Komplex die Form der Konjunktion an – der Konjunktion zweier oder mehrerer Planeten. Auch hier werden jedesmal, wenn einer der durch die Konjunktion verbundenen Planeten erregt wird, auch der andere oder die anderen miterregt. Daraus resultiert für das seelisch-geistige Leben des Menschen, daß er außerstande bleibt, die einzelnen Elemente, die sich zu diesem Komplex vereinigen, voneinander durch Selbstanalyse zu trennen, da sie immer nur zusammen auftreten und so eine schier unlösbare Einheit darstellen. Diese Komplexe, die dem Psychoanalytiker so schwierige Probleme aufgeben, sind jedoch für die astrologische Analyse unmittelbar gegeben in Gestalt der Planeten, die sich in jedem einzelnen Fall in der Konjunktion zusammenschließen. Es ist leicht einzusehen, daß solche Komplexe infolge ihrer seelischen Resistenz zu Punkten besonderer Bedeutung im Leben des Menschen werden können, da sich an ihnen jeder Versuch der Selbstkritik bricht, mit anderen Worten, sie können im Leben leicht überwertig werden. Sie wirken dann in der Gesamtkonstitution des Menschen wie etwas, das über ihn Gewalt hat, es gehört seinem Wesen an und kann aus diesem nicht fortgedacht werden. Hier gibt es allerdings sehr verschiedene Grade der psychologischen Wertigkeit solcher Komplexe, je nach der Natur der Planeten, die sich in der Konjunktion zusammenschließen, wie sich im Lauf unserer Untersuchungen noch zeigen wird. Von der Natur dieser Planeten hängt es ab, inwieweit der Geborene sich mit solchen Komplexen moralisch zurechtfindet, inwieweit er sie als zu seinem Wesen gehörend anerkennt oder er von ihnen beherrscht wird, bis er schließlich erkennt, wie er muß, wo er wollen sollte. Konsequenterweise kann es hier sogar zu sogenannten fixen Ideen kommen, die sich darin äußern, daß sich gewisse Konstituanten der menschlichen Wesenheit von den übrigen isolieren, daß sie gleichsam im Gesamthabitus der seelisch-geistigen Erscheinung des Menschen einen dunklen Fleck bilden, der je nach seiner Artung ein Fremdkörper oder ein besonders fest skelettierter Punkt seines Charakters wird. Was aber in beiden Fällen gilt, ist, daß stets das Erleben dieser Tatsache mit besonderer Intensität geschehen wird. Stellen wir zunächst fest: Mit der Konjunktion ist auch die Isolation gewisser Komplexe gegeben, die dadurch überwertig werden. Je mehr Planeten zu einer solchen Konjunktion zusammentreten, desto stärker sind alle Ereignisse, die im Leben möglich sind, auf diesen einen Punkt bezogen. Falls jemand alle Planeten an einem Punkt vereinigt hätte, würde dies einen Menschen ergeben, der sich als Mittelpunkt des Kosmos empfinden müßte, weil keine Gewalt imstande wäre, ihn auf etwas aufmerksam zu machen, das außerhalb dieses Kernes läge.

Anders liegen die Verhältnisse bei der Opposition. Auch hier haben wir es mit einer Art Isolation der durch den Oppositionsaspekt verbundenen Planeten zu tun, aber diese Isolation ist von der eben besprochenen wesentlich verschieden. Wenn wir nun auf die einleitend entwickelte Grundidee des Spiegelungsprozesses zurückgreifen, dann wird uns der Unterschied zwischen beiden Arten der Isolation sofort klar.

Bei der Konjunktion haben wir es mit keiner bestimmten Art der Spiegelung zu tun; hier besteht reine Isolation ohne Beziehung auf irgendeinen anderen Punkt des Tierkreises – die tönende Saite ist ungeteilt. Bei der Opposition jedoch stehen sich die Komponenten des Aspekts in einem Winkel von 180° gegenüber. Die Spiegelung, die dadurch entsteht, mag man sich so vorstellen, daß zwei parallele Spiegelflächen (die Tangentialebenen) sich die Spiegelbilder der opponierenden Planeten gegenseitig zuwerfen, wodurch der Spiegelungsvorgang immer mehr intensiviert und bis ins Unendliche gesteigert wird. So kommt es in diesem Fall zu einer Potenzierung der Aspektwirkung, die jedoch immer wieder in sich selbst zurückkehrt. So entsteht abermals der Fall einer Isolation der betreffenden Planeten, die sich durch die beständige Übersteigerung ihrer gegenseitigen Bekräftigung aus der Summe aller übrigen Konstituanten des Horoskops aussondern. Hierin aber liegt ein sehr wesentliches Gefahrenelement, denn jener Komplex droht in einem solchen Grad überwertig zu werden, daß alles andere daneben bedeutungslos erscheinen könnte. Die beiden Gestirne, die sich aus der Opposition anblicken, bestärken sich gegenseitig in ihrer Bedeutung, sie geben sich selbst immer mehr Licht und Kraft. Man sieht hier ein Prinzip, das wir das erste Mal anläßlich der Analyse der Uranuskraft beschrieben haben: Es ist in den esoterischen Lehren als Luziferprinzip bezeichnet, es gibt sich selbst das Licht, das es den anderen entzieht. Hierin liegt der eigentliche Grund für die üble Bedeutung des Oppositionsaspektes. Es ist vergleichsweise so, als wenn in einem lebenden Organismus zwei Organe sich aus dem Gesamtzusammenhang lösen würden, um sich gegenseitig auf Kosten des Organismus, dem sie angehören, zu stärken und so durch ihr Schmarotzertum an den gemeinsamen Lebensquellen selbst zu zerstören.

Nun gibt es aber doch wieder einen Punkt, durch den sich die Opposition günstig von der Konjunktion unterscheidet, soweit dies die Isolation betrifft.

Wir betonten früher, daß es geradezu unmöglich ist, die einzelnen in der Konjunktion vereinten Elemente durch die Selbstschau zu trennen, um so mehr als alle astrologischen Einflüsse, die diese Konjunktionsstelle treffen, immer zugleich in derselben Weise auf diese Elemente einwirken. Sind jedoch zwei Planeten in Opposition zueinander gestellt, und steht ein dritter Planet im Verhältnis des Sextils zu einem dieser beiden Planeten, dann bildet er mit dem anderen ein Trigon, und die Verschiedenheit dieser beiden Aspekte wird jetzt bereits eine in der Selbstschau gegebene Trennung der beiden Oppositionselemente anbahnen.

Halten wir jedoch weiter daran fest, daß die Isolation auch bei der Opposition der wichtigste Faktor bleibt, zu dem noch die luziferische Selbstbespiegelung hinzukommt, dann könnten wir leicht begreifen, daß auch die Opposition zweier sogenannter günstiger Planeten von übler Wirkung sein kann. Wenn Jupiter und Venus zueinander in Opposition treten, dann wird das Luziferische im Menschen, der sich jetzt in besonderem Grad als beglückt und ausgezeichnet erlebt, überwertig werden. Sind aber die Planeten, die sich durch Opposition isolieren, sogenannte Übeltäter wie Mars und Saturn, dann wird die Disharmonie jener beiden Planeten sich durch gegenseitige Abspiegelung und Potenzierung zu höchster Zerstörung steigern können. Hinzu kommt noch, daß die polare Gegensätzlichkeit der Zeichen, aus denen heraus sich der Oppositionsaspekt bildet, dazu beiträgt, die Isolation zu vervollkommnen.

Dies alles sollen jedoch bloße Andeutungen sein, um uns eine ungefähre Vorstellung davon zu bilden, in welcher Weise wir nun im folgenden das Problem der Aspekte zu behandeln haben werden.

2. Vortrag

Wir müssen nun die allgemeinen Betrachtungen fortsetzen, die uns durch das Studium der sogenannten Aspekte mit dem vertraut machen sollen, was wir den Aufbau oder die Konstitution des Horoskops genannt haben. Wir haben in den vorausgehenden Büchern die Natur der Planetenwirkungen und ihre Beziehung zum Tierkreis im einzelnen untersucht; wir haben die wesentlichen Elemente, die sich auf den zodikalen Menschen beziehen, eingehend besprochen. Nun aber kommt es darauf an, durch eine Synthese diese einzelnen Elemente des Horoskops zu einem Gesamtbild zusammenzuschließen. Aber diese Synthese kann nicht willkürlich vorgenommen werden. Wir sind bei dieser Arbeit vor allem dadurch gebunden, daß die Aspektbildung selbst schon eine natürliche Synthese mit sich bringt, durch die einzelne Bestandteile des Grundhoroskops in einer engeren Weise zusammengeschlossen werden und sich so zu Komplexen formen. Die Möglichkeiten, die sich hierbei ergeben, sind unausschöpflich; denn durch jene engeren Bindungen entsteht das, was jedem Horoskop das Individuelle verleiht. Es ist somit der Aufbau jedes einzelnen Horoskops eine individuelle, einmalige Angelegenheit, und es ist darum unmöglich, in einer allgemeinen Darstellung alle Einzelfälle zu behandeln. Was sich hier durch eine solche Einzelbehandlung erschließen würde, wäre bereits der einmalige individuelle Mensch mit all seinen Besonderheiten, die zu erforschen und zu durchschauen auch die allgemeine Psychologie nicht mehr ausreicht, sondern allerhöchstens – um ein modernes Wort zu gebrauchen – die Individualpsychologie, die die Seelenkonstitution des einzelnen erforschen will. Die astrologische Seelenkunde hat es aber immer mit einer Individualpsychologie des Menschen zu tun, und was hier erlernt werden kann, sind lediglich die astrologischen Hilfsmittel, die uns das astrologische Wissen an die Hand gibt.

Wir haben schon im ersten Vortrag darauf hingewiesen, daß jene Einzelfälle, die für die rein psychologische Analyse so schwer zu durchschauen sind, sich für den Astrologen verhältnismäßig leicht durchschauen lassen, weil die Elemente, die hier zu einer Synthese zusammenkommen, auf eine begrenzte Planetenzahl und auf eine begrenzte Anzahl der möglichen Aspektbilder beschränkt sind. Dazu kommt noch, daß der Psychologe die Einzelelemente erst durch eine mühsame Analyse zu isolieren hat, während der Astrologe diesen Einzelelementen schon von vornherein gegenübersteht.

Wir konnten weiter darauf hinweisen, daß für die astrologische Beurteilung des Zusammenhangs der einzelnen Elemente eine gewisse Ähnlichkeit besteht mit der Beurteilung der musikalischen Elemente und ihres Zusammenhangs im musikalischen Kunstwerk. Auch da gibt es eine unübersehbare Menge möglicher musikalischer Synthesen und eine leicht überschaubare Anzahl von Tönen, die in einer solchen Synthese zusammentreten können. In dieser Analogie spiegelt sich eine uralte Erkenntnis der Menschen wider, die in ihrer allgemeinsten und tiefreichenden Form als Lehre von der Sphärenharmonie bekannt ist.

Schon in der *Allgemeinen Grundlegung* konnte auf diese Lehre im Zusammenhang mit der Zahlenbedeutung als Wegweiser zum Allgeheimnis hingewiesen werden. Auf diesen Punkt sei heute nur kurz hingewiesen, um von hier aus wieder an die Lehre von den Aspektbildern anzuknüpfen, die im wesentlichen geometrische, d. h. Zahlenbilder sind. Es mag kurz in Erinnerung gebracht werden, daß alle Aspektbilder auf der Zwölfteilung des Kreises beruhen, auf dem die Planeten wandeln (siehe 1. Vortrag). Außerhalb dieser Zwölfteilung liegende Winkelstellungen bringen kein Aspektbild hervor, das im konstitutionellen Aufbau des Horoskops irgendwelche Wirksamkeit entfaltet, ähnlich wie in der Musik nur bestimmte Zahlenverhältnisse zwischen den Schwingungen einzelner Töne diese in ein – musikalisch betrachtet – rationales Verhältnis bringen, das im musikalischen Kunstwerk den eigentlichen Zusammenhang ermöglicht.

Nun wollen wir zunächst all das übergehen, was bereits über die Analogie zwischen Saitenteilung und Aspektbildung gesagt wurde, und nur noch einmal darauf zurückkommen, daß von alters her zwischen günstigen und ungünstigen Aspekten unterschieden wurde, daß jedoch auch eine Zahl von Aspektbildungen gemischter Natur bekannt war, die als teils günstig, teils ungünstig angesehen wurden.

Als zweifellos ungünstig galten die Opposition und das Quadrat; als vorwiegend ungünstig galten das Halbquadrat und das Eineinhalbquadrat. Dagegen galten als bedingungslos günstig das Trigon und das Sextil, dieses allerdings nicht mehr mit derselben inneren Kraft. Als ebenfalls noch günstig, aber bereits bei weitem schwächer ist das Halbsextil, während der Quinkunx bereits als unsicher galt. Die Konjunktion wurde als Aspekt ganz eigener Art angesehen, dessen günstige oder ungünstige Natur sehr von der Natur der Planeten abhing, die sich zur Konjunktion vereinigten. Als der Konjunktion in seiner Wirkung ähnlich sah man noch einen weiteren Aspekt an, den man den Parallelaspekt nannte. Es gehört aber eigentlich zu einer anderen Ordnung, weil es nicht auf einer Winkelstellung zwischen den Planeten bzw. ihrer Längengrade in der Ekliptik liegt, sondern auf der Gleichheit ihrer Deklinationen, also ihres Abstandes vom Äquator beruht. Wir kommen auf diesen interessanten Aspekt noch ausführlich zurück.

Nicht unerwähnt mag bleiben, daß moderne Astrologen versucht haben, durch Teilung des Kreises in fünf und sieben Teile die Zahl der überlieferten Aspekte zu erweitern und zu vermehren. So kamen sie zu der Konstruktion eines Quintils von 72°, eines Semi-Quintils von 36° und schließlich eines Septils von etwa 51½°. Wir erwähnen diese Tatsache hier bloß, ohne vorläufig zu ihr Stellung zu nehmen; wir fügen nur hinzu, daß diese neuen Aspekte als günstig galten.

Nun ist die Unterscheidung zwischen günstig und ungünstig, obwohl sie zweifellos zu Recht besteht, doch ein wenig zu allgemein und in ihrer Primitivität der Fülle tatsächlich gegebener Möglichkeiten gegenüber zu unreichend, als daß sich ernste Forschung mit ihr zufrieden geben könnte, obwohl es in bezug auf das musikalische Kunstwerk einer allzu primitiven Einstellung entspricht, wenn man mit den Bezeichnungen schön und unschön auskommen wollte, zu denen man wohl erst zurückkehren mag, wenn man zuvor die ganze Tiefe all dessen, was da mitschwingt, durchgelebt und richtig erkannt hat. So werden wir denn auch noch heute bei der Betrachtung der bloßen Aspektformen bereits sehen, wie viele Umstände hier zusammenkommen, um die Aspektwirkung zu gestalten. Wir haben im ersten Vortrag versucht, uns eine Vorstellung davon zu machen, warum jene Unterscheidung zwischen günstig und ungünstig gerade an die entsprechenden Winkelgrößen gebunden ist, wie etwa in der Musik die ebenfalls zutreffende Unterscheidung zwischen Konsonanz und Dissonanz an bestimmte Zahlenverhältnisse gebunden ist. Die Unterscheidung ist in beiden Fällen im großen und ganzen wohl zutreffend, nur die Schlüsse, die man daraus zieht, dürfen nicht die Primitivität dieser Unterscheidung annehmen. Wenn etwa jemand behaupten würde, nur ein solches Musikstück sei schön, in dem bloß Konsonanzen vorkommen, so würde das einer ebenso primitiven Einstellung entsprechen, als wenn jemand nur das Horoskop für günstig hielte, in dem ausschließlich günstige Aspekte vorkommen, abgesehen davon, daß die Natur hier nicht so verfährt, wie ein schlechter Komponist wohl verfahren kann, wenn er ausschließlich Dreiklänge verwenden würde. Es wurde bereits darauf hingewiesen, daß Kepler vielleicht als erster versuchte, einen Grund dafür anzugeben, warum gewisse Aspekte von hervorragender Bedeutung sind und andere Winkelstellungen nicht einmal den Namen eines Aspektes bekommen haben, indem er sich vorstellte, daß die Lehre von den musikalischen Wohl- und Mißklängen, die durch Pythagoras mit der Saitenteilung begründet wurde, auf das astrologische Weltbild bezogen werden kann, wenn man die bei Pythagoras gerade ausgespannte Saite zum Kreis gebogen denkt. Wir haben daran die Bemerkung geknüpft, daß sich daraus sehr merkwürdige Konsequenzen ergeben wie zum Beispiel, daß der Ton, der zum Klingen gebracht wird, gleichsam der Kreisbahn entlang verläuft und so – ohne daß es wirklich dazu kommt – die Saite über den Betrag von 360° hinaus verlängern könnte.

Wir werden sehen, daß es unter den genannten Aspekten zwei gibt, die tatsächlich weit über den Kreis hinausreichen. Das sind das Eineinhalbquadrat und der Quinkunx; zwei Winkel, die nicht auf dem einfachen Kreis liegen, sondern erst auf einem Vielfachen des Kreises.

Andererseits haben wir die Schwierigkeit, einen Ausgangspunkt für die Teilung der zum Kreise gebogenen Saite zu gewinnen, zum Anlaß genommen, dieses Bild von der tönenden Saite vorläufig aufzugeben, schon deshalb, weil die sich daraus ergebenden Analogien zwischen Intervall und Aspekt nur der Idee nach, nicht aber den Zahlenwerten nach stimmen.

Wir haben uns deshalb vorgestellt, daß diese zum Kreis gebogene Saite nicht ein akustisches, sondern ein optisches Phänomen zur Folge hat – nämlich die Spiegelung, weil dieser Vergleich mehr dem zunächst optischen Eindruck entspricht, den wir vom Horoskop erhalten, und weil es leichter zu verfolgen ist, welche Art der Reflexion an einer Spiegelfläche stattfindet, als an einem akustischen Reflektor. Wir dürfen jedoch nicht übersehen, daß es sich auch hier bloß um einen Vergleich handelt, daß es im astrologischen Sinn weder akustische noch optische, sondern nur astrologische Gegebenheiten sind, die wir durch Vergleiche unserem Verständnis näherbringen wollen.

So mag es gelingen, daß wir zu grundlegenden Vorstellungen vom Wesen der Aspektbildung und der Unterschiedlichkeit der sogenannten günstigen und ungünstigen Aspekte gelangen und gleichzeitig auch erfahren, worin sie bestehen.

Blicken wir noch einmal auf die bereits geleistete Vorarbeit zurück. Wir sind von der KONJUNKTION ausgegangen und stellten fest, daß durch sie im Gesamtbild des Horoskops ein Punkt entsteht, in dem sich die betreffenden planetarischen Einzelwirkungen der durch Konjunktion verbundenen Himmelskörper derart miteinander verdichten, daß sie nun einen untrennbaren und unauflöslichen Kern bilden. Was sich hier an Planetenwirkung in einem Punkt vereinigt, wirft sich gegenseitig kein Spiegelbild zu, reflektiert sich auch nicht im Ganzen des Tierkreises, sondern bleibt in einem Punkt isoliert. Durch diese Isolation bleibt das, was sich in jenem Kern zusammenschließt, der psychologischen Selbstanalyse unzugänglich. Nur durch die astrologische Analyse kann ein solcher Komplex, wie wir ihn nannten, gelöst und in seine einzelnen Komponenten zerlegt werden. Die innere Konsistenz eines solchen Komplexes bringt es mit sich, daß alle Komponenten mitschwingen; wenn eine Komponente erregt wird oder zu schwingen beginnt, und dieses Aneinandergebundensein, dieses Nicht-voneinander-getrennt-werden-Können, bildet in der Konstitution des Menschen eine Art fremden, isolierten Kern.

Nun ist diese Tatsache an sich eher ungünstig als günstig für die weitere Entwicklung des Menschen, denn es wird sich sehr bald zeigen, daß die geringe Aufschließbarkeit dieses Kerns für ihn gelegentlich zu einem schweren Hindernis werden kann und seine Entwicklung daher schon von Anfang an einengt. Dieser Punkt bildet für ihn geradezu eine Last, die ihn niemals verläßt. Was durch eine solche Konjunktion zusammengehalten wird, neigt dazu, überwertig zu werden und unter Umständen sogar alle Entwicklungsarbeit zunichte zu machen, die der Geborene daransetzt, diese Last vorwärtszubringen.

Soviel wurde ja schon zu diesem Gegenstand ausgeführt. Nun aber müssen wir von etwas sprechen, das bisher noch gar nicht erwähnt wurde, nämlich davon, daß die einzelnen Planeten, die zum Konjunktionsaspekt zusammentreten, selbst noch ein Aspektbild formen, das sie aus ihrer Beheimatung im Tierkreis gewissermaßen mitbringen.

Es ist daher nicht ohne weiteres möglich, für die Beurteilung der einzelnen Konjunktionen einen ganz allgemeinen Schlüssel anzugeben, der die einzelnen Planeten unberücksichtigt ließe, insofern sie als Dolmetscher bestimmter Tierkreiszeichen aufgefaßt werden. Dies soll an einzelnen Beispielen gezeigt werden. Nehmen wir an, es handle sich um die Konjunktion zwischen Sonne und Jupiter. Da bringt Sonne zu dieser Konjunktion etwas mit, was dem Löwezeichen eigen ist, und Jupiter etwas, das dem Schützezeichen eigen ist, so daß in dieser

Konjunktion zugleich ein Aspektbild innerlich lebendig wird, das einem Trigon entspricht, woraus hervorgeht, daß die Konjunktion zwischen Jupiter und Sonne etwas von der inneren Festigkeit des Trigons enthält. Wenn aber Sonne mit Uranus eine Konjunktion bildet, dann schlummert in dieser Verbindung eine stille Opposition, da Löwe und Wassermann, deren Dolmetscher Sonne und Uranus sind, einander in der Opposition gegenüberstehen. Diese Konjunktion wird in sich etwas von der disharmonischen Natur des Oppositionsaspektes aufweisen, mit der wir uns noch ausführlich befassen werden. Handelt es sich um die Konjunktion zwischen Jupiter und Merkur, dann werden wir ebenfalls zu bedenken haben, daß auch in dieser Konjunktion eine geheime Opposition verborgen ist und daneben auch noch ein Quadrataspekt, so daß wir bei der Beurteilung dieser Konjunktion niemals die luziferische Note vergessen dürfen, die diese Konjunktion begleitet. Haben wir die Konjunktion von Sonne und Mond vor uns, dann schlummert in diesem Aspekt ein verborgenes Halbsextil, über das wir bisher noch nicht gesprochen haben. All diese Beispiele sollen uns zeigen, welche Wege die Beurteilung der Aspekte – insbesondere der Konjunktionen – gehen muß, um diesen Aspekt in seiner konstitutionellen Bedeutung zu erfassen, ohne daß wir dabei noch auf die planetarische Natur der Konstituanten des entsprechenden Aspektes eingehen. Aber schon aus dieser kurzen Betrachtung wird plausibel, warum der geometrische Winkel als Signifikator für den entsprechenden Aspekt nicht allein als Maßstab für dessen günstige oder ungünstige Natur angesehen werden darf. Fügen wir, ohne den späteren Untersuchungen vorgreifen zu wollen, noch zwei Beispiele hinzu: In einer Sonne-Saturn-Konjunktion verbirgt sich neben dem Oppositionsbild auch ein Quinkunx; in Mond-Mars-Konjunktion wieder ein Quadrat (Krebs, Widder) und ein Trigon (Krebs, Skorpion).

Wir gehen zur OPPOSITION über. Wieder wollen wir kurz rekapitulieren, was wir zu diesem Gegenstand bereits ausführen konnten. Wenn wir uns der Grundvorstellung von der zum Kreis gebogenen Saite anvertrauen, dann kommen wir zu der Konsequenz der ins Unbegrenzte gesteigerten, gegenseitigen Abspiegelung der beiden opponierten Planeten, die sich ihre Strahlungen wechselseitig zuwerfen und sich dadurch beständig in ihrer Bespiegelung an Wichtigkeit und Intensität anreichern. Ein solcher Komplex wird wohl in noch höherem Grad überwertig werden können als die Konjunktion und zugleich darauf gerichtet sein, alle anderen Spiegelwirkungen auszuschalten. Hier haben wir einen Aspekt vor uns, den wir als luziferischen Aspekt katexochen bezeichnet haben. Dieser Umstand bringt es mit sich, daß der so überwertig gewordene Komplex jeder Harmonisierung mit den übrigen Komponenten des Horoskops widerstrebt und sich überall als etwas vordrängt, was jeden harmonischen Ausgleich zunächst stört. Überall wo dieser Komplex zu schwingen beginnt, schwingt er mit einer solchen Kraft, daß es dem Geborenen außerordentlich schwerfallen wird, ihn zum Schweigen zu bringen. Die durch Opposition verbundenen Planeten isolieren sich demgemäß ebenfalls, wenn auch nicht in derselben Weise, wie wir dies bei der Konjunktion sahen.

Auch hier werden wir wieder bezüglich der Wertigkeit der einzelnen Planetenoppositionen ähnliche Unterscheidungen zu treffen haben wie bei der Konjunktion. So ist die Opposition zwischen Jupiter und Merkur eine der starrsten Oppositionen, deren Kraft aus der Natur der beiden Planeten allein nicht zu überwinden ist. Treten hingegen Jupiter und Venus zueinander in Opposition, so schlummert in dieser Opposition auch ein Sextil; die beiden Planeten werden daher in ihrer gegenseitigen Selbstbespiegelung, die zweifellos luziferisch ist, auch ein Element enthalten, das sie befähigt, diese Isolation aus eigenen Kräften zu überwinden in einer Entwicklung, die entweder dem Sextil oder dem Quinkunx folgt, das gleichfalls in dieser Opposition mitschwingt. In der Opposition zwischen Merkur und Mars schlummert zugleich auch das Sextil, das zweimal im Tierkreis vorgebildet ist, wodurch diese Opposition sehr viele günstige Möglichkeiten mit sich bringt. Wir wollen es bei diesen Beispielen bewenden lassen.

Wir wenden uns nun zum QUADRAT. Unter dem Quadrataspekt verstehen wir eine Winkelstellung von 90° zwischen zwei Planeten, also eine Längendifferenz von einem Viertel des ganzen Kreises. Gehen wir wieder von der Idee der Spiegelung aus, dann können wir uns leicht vorstellen, daß die Strahlen, die von dem einen Planeten dem anderen zugeworfen werden, am Kreis um 90° abgespiegelt werden, daß sie also nicht direkt wie bei der Opposition, zum Ausgangspunkt der Spiegelung zurückkehren, sondern erst von jenem dritten Punkt aus, den sie bei der wiederholten Reflexion um 90° an der spiegelnden Ekliptik erreicht haben, so daß durch jene komplette Spiegelung nun tatsächlich das Bild eines Quadrats entsteht. Diese Vorstellung muß wohl schon früher existiert haben, wenn ausdrücklich vom »Quadrat« gesprochen wurde.

Das Charakteristische dieses Bildes ist, daß hier empfindliche Punkte ausgesät werden, die nicht unmittelbar an dem Ort der aspektbildenden Planeten stehen, sondern durch eine Spiegelung, die zu zwei anderen Punkten der Ekliptik hinüberzielt. Und diese empfindlichen Punkte sind durch den ursprünglichen Punkt in Mitleidenschaft gezogen und wirken stets wieder auf ihn zurück, wenn an ihrem Platz irgendwelche Einflüsse lebendig werden. Der Umstand aber, daß sich durch die Spiegelung jener empfindlichen Punkte eine geschlossene Figur herausbildet, gibt diesem Aspekt gegenüber der Opposition eine reichere Wirkung. Das Quadrat enthält bereits die Beziehung zum Kreis, die Opposition aber als bloße gerade Linie enthält keine Beziehung zum Kreis. Beim Quadrat jedoch haben wir es mit der Kombination zweier Oppositionen zu tun, die zueinander ins Kreuz gestellt sind und den Diagonalen des Quadrates entsprechen, die aber nicht der Richtung der Quadratspiegelung entsprechen und höchstens den Rang einer sekundären Spiegelung beanspruchen können. Darum fehlt dem Quadrataspekt das Wesentliche der Oppositionswirkung: die Isolation nach bloß einer Richtung und damit auch die luziferische Note. Es ruhen im Quadrat Kräfte, die es zum Kreis gestalten wollen, ohne jedoch dazu fähig zu sein, weil ihre Reichweite auf vier Punkte des Kreises eingeschränkt ist, die als Punkte des Tierkreises stets derselben Modalität angehören, entweder der beweglichen oder der fixen oder der ausgleichenden. Wir haben hier somit gleichfalls eine Art Isolation vor uns: die Isolation in dem betreffenden Guna, d. h. bloß in einer der drei Modalitäten, deren Zusammenwirken erst wirkliche Harmonie oder die harmonische Einheit zustande kommen läßt. Diese Form der Isolation entspricht weniger einem gegenseitigen Anreichern der beiden Komponenten durch Verselbständigung und Selbstausscheidung aus dem Gesamtzusammenhang als vielmehr einer Unfähigkeit, den harmonischen Anschluß an das Ganze durch Kraftverlust und Verarmung an Bindefähigkeit zu gewinnen; es ist nicht ein Luzifer-, es ist eher ein Tantaluskomplex, der durch das Quadrat entsteht.

Auch hier werden wieder die einzelnen Quadrate verschieden zu beurteilen sein, je nachdem, um welche Planeten es sich handelt. Am ungünstigsten wird wohl das Quadrat zwischen Jupiter und Merkur wirken, weil es niemals andere Kräfte als die des Quadrats entwickeln kann. Weniger ungünstig ist dagegen etwa das Quadrat Venus-Uranus, weil in ihm auch ein Trigon schlummert (Waage-Wassermann).

Anders ist das Bild, das das TRIGON zeigt. Es entspricht einer Winkeldistanz von 120° zwischen den Längen der beiden Planeten und führt durch Spiegelreflexion zum Dreieck. Das Eigentümliche dieses Aspekts ist die Geschlossenheit nicht nur der Figur, sondern die Geschlossenheit innerhalb einer bestimmten elementaren Qualität, sei es Feuer, Luft, Erde oder Wasser. Diese Geschlossenheit ist aber nicht nur geometrisch, wie beim Quadrat vorhanden, sondern sie stellt zugleich eine Vollkommenheit dar, da sich hier stets die drei Geschlechter des Rajas, Sattwa und Tampas zu einer harmonischen Einheit zusammenschließen. Darum galt das gleichseitige Dreieck von jeher als das Symbol der vollendeten Einheit (Dreifaltigkeit der Einheit). Dazu kommt folgendes: Stellen wir uns vor, daß zwischen die drei spiegelnden Flächen des gleichseitigen Dreiecks Gegenstände gebracht werden, so entsteht die Kaleidoskopwirkung; es entstehen prachtvolle Sterngebilde. Das tritt nicht ein, wenn dieselben Gegenstände zwischen vier ins Quadrat gestellte Spiegel gestellt werden. Dann bekommen wir als Spiegelwirkung keine geschlossene Figur, sondern zwei ins Kreuz gestellte Geraden, an denen entlang sich die Spiegelbilder ins Endlose wiederholen. Zwei Eigentümlichkeiten des Trigonaspektes haben wir somit kennengelernt: die innere Festigkeit durch Zusammenschluß der drei Gunas und der drei Zeichen der gleichen elementaren Qualitäten und zudem die harmonische Natur der Spiegelung selbst (astrologisches Äquivalent der Kaleidoskopwirkung).

Auch hier gilt, wie bei den anderen Aspekten, daß nicht alle Trigone als gleich günstig anzusehen sind. Als besonders günstig, weil frei von ungünstigen »verschwiegenen Aspekten«, sind die Trigone zwischen Mond und Merkur, Mond und Neptun oder Sonne und Mond, zwischen Saturn und Jupiter, zwischen Jupiter und Uranus oder Saturn und Uranus.

Wir wenden uns nun zum SEXTIL. Mit diesem Aspekt lernen wir zugleich eine neue Gruppe von Aspekten kennen, die zu gewissen anderen Aspekten in einem Verhältnis stehen, das viel Ähnlichkeit hat mit dem, was wir in der Musiktheorie als die »Umkehrung« der Intervalle bezeichnen. Wie wir etwa die Quart als umgekehrte Quint ansehen können oder die Sext als umgekehrte Terz, so können wir das Sextil als eine Umkehrung des Trigons ansehen und weiter das Halbsextil als Umkehrung des Quinkunx und das Sesquiquadrat als Umkehrung des Halbquadrats. Vielleicht mögen wir hier den Ausdruck »Umkehrung« sinngemäß durch »Reziprozität« ersetzen.

Trigon und Sextil, Quinkunx und Halbsextil, Sesquiquadrat und Halbquadrat sind reziproke Aspekte.

Wir beginnen mit der Betrachtung des Sextils. Dieser Aspekt entspricht einem Zentriwinkel von 60°. Wenn wir hier alle Spiegelpunkte auszeichnen, die sich durch die Reflexion an der inneren Kreisfläche der Ekliptik ergeben, so entsteht ein Sechseck. Die Reziprozität zum Trigon ergibt sich daraus, daß der Zentriwinkel des Trigons von 120° hier zum Winkel des Sechseckes wird und umgekehrt. Auch bei einer ins Sechseck gestellten Spiegelkombination bekommt man kaleidoskopartige Gebilde, die ein ganz ähnliches Sternbild ergeben wie der Dreieckspiegel. Was aber das Wesentliche der Sextilspiegelung ausmacht, ist die Aussaat von vier weiteren empfindlichen Punkten, die zusammen mit den zwei ursprünglichen Aspektpunkten bereits die Hälfte der Zeichen des Tierkreises einbeziehen. Dadurch erhält der Sextilaspekt gegenüber dem Trigon den Charakter der Weichheit. Er enthält zugleich die Elemente zweier Trigone und nimmt auch etwas von der Opposition in sein Wesen auf. Was jedoch ungemischt bleibt, ist das Geschlecht des Sextils, das entweder rein männlich (Feuer-Luft) oder rein weiblich (Wasser-Erde) bleibt. Auch die einzelnen Sextilaspekte sind von verschiedener Wertigkeit. Als besonders günstig können Sextile zwischen Mars und Merkur angesehen werden, ebenso zwischen Venus und Jupiter.

Das HALBSEXTIL, zu dem wir nun übergehen, ist einer der interessantesten Aspekte. Er ist ganz anders zu beurteilen als die bislang betrachteten Aspekte. Er gehört zu dem Zentriwinkel von 80°, woraus sich als Spiegelung das Zwölfeck ergibt. Es ist ein Aspekt, der den ganzen Tierkreis ableitet; darauf beruht seine verhältnismäßig geringe Charakteristik, denn er hat die Tendenz, sich über den ganzen Kreis zu erstrecken und somit die geringste Neigung, sich zu isolieren. Es ist ein ausgesprochener Weichheitsaspekt, ein Komplex, der nicht darauf besteht, sich gegenüber anderen Komplexen zu behaupten, sondern vielmehr der Assimilation zustrebt. Innerhalb dieser auf Ausgleichung gerichteten Tendenzen gibt es einzelne Semisextile, die als günstiger anzusehen sind, wie etwa die zwischen Sonne und Mond, Mond und Merkur, Jupiter und Mars, Jupiter und Saturn, Jupiter und Venus, Merkur und Venus.

Die reziproke Beziehung zwischen dem Halbsextil und dem Quinkunx ergibt sich aus der Vergleichung der Winkelbeziehung beider Aspektfiguren, wie wir sofort sehen werden.

Der QUINKUNX gehört zu einem Zentriwinkel von 150°. Dieser Winkel ist aber zugleich der Winkel des Zwölfecks. Der Quinkunx ergibt durch Spiegelung den Zwölfstern. Das ist eine Figur, die sich erst nach fünfmaliger Durchwanderung des Kreises schließt. Auch er erstreckt sich gleich dem Halbsextil über sämtliche Zeichen des Tierkreises, bedarf jedoch zur völligen Abwicklung seiner auf den Ausgleich gerichteten Tendenz einer Drehung von 5 mal 360°, d. h. 1800°. Daß der Zentriwinkel des Halbsextils gleich ist dem Peripheriewinkel des Quinkunx, zeigt deutlich die Reziprozität zwischen den beiden Aspekten.

Astrologisch bedeutet diese Reziprozität, daß auch der Quinkunx ein ausgleichender Aspekt, ein weicher Aspekt ist; aber diese Ausgleichung ist im Fall des Quinkunx schwieriger und langfristiger. Das besagt, daß die Ausgleichung mit dem gesamten Kreis einer fünfmal so weit gestreckten Lebensarbeit entspricht, als sie das Halbsextil erfordert.

Folgen wir dem Zug des Zwölfecks, so erhalten wir die Reihe der Tierkreiszeichen in geringer oder rückschreitender Bewegung, also:

♈ – ♉ – ♊ – ♋ – ♌ – ♍ – ♎ – ♏ – ♐ – ♑ – ♒ – ♓ – ♈

Folgen wir jedoch dem Strahlengang des Zwölfsterns, so erhalten wir, wenn wir etwa vom Widderzeichen ausgehen, die folgende Reihe:

♈		♏ ♊ ♑ ♌ ♊ ♎		♉ ♐ ♋ ♒ ♍ ♈
♂		♂ ☿ ♄ ☉ ♃ ♀		♀ ♃ ☽ ♄ ☿ ♂

Diese Reihe zeigt eine merkwürdige Symmetrie der Planetendolmetscher, aber auch noch etwas anderes. Sie führt zunächst zum Quinkunx, dann zum Sextil, zum Quadrat, weiter zum Trigon, Halbsextil, zur Opposition und weiter wieder zum Halbsextil in umgekehrter Ordnung durch alle genannten Aspekte zum Ausgangspunkt zurück.

All diese Aspekte schlummern demnach im Quinkunx; welcher von ihnen am bedeutungsvollsten wird, muß in jedem Einzelfall gesondert erwogen werden.

Wir betrachten nun die letzte Gruppe zusammengehöriger Aspekte: das Halbquadrat und das Anderthalbquadrat.

Das HALBQUADRAT gehört zu dem Zentriwinkel von 45° und führt durch Spiegelung zum Achteck, dessen Winkel 135° beträgt.

Das ANDERTHALBQUADRAT gehört zu dem Zentriwinkel von 135° und führt durch Spiegelung zum Achtstern, dessen Peripheriewinkel wieder 45° ist. Beide Figuren stehen also zueinander im Verhältnis der Reziprozität.

Das Halbquadrat bzw. das durch Spiegelung entstehende Achteck schließt sich innerhalb eines Kreises. Es enthält in sich die Kombination zweier Quadrate, die um den Winkel von 45° gegeneinander verschoben sind und demnach keine Verbindung miteinander haben, sie sind isoliert nebeneinandergestellt. Es werden so durch das Halbquadrat nicht vier, sondern acht Punkte oder Zeichen des Tierkreises betroffen; vier Zeichen fallen aus. Das bedeutet, daß stets eines der drei Gunas im Gesamtbild des Aspekts fehlt.

Es sind also bloß die folgenden Kombinationen möglich: Rajas mit Sattwa oder Rajas mit Tamas oder Tamas mit Sattwa. Dadurch erhält das Halbquadrat gegenüber dem Quadrat, das stets nur ein Guna betrifft, den Charakter größerer Weichheit, aber die Isolation bleibt, weil die ins Kreuz gestellten Spiegelstrahlen der beiden zueinander geneigten Quadrate die Bedingungen ihrer Isolation beibehalten. Unter den hier möglichen Halbquadraten sind wohl die Rajas-Tamas-Halbquadrate die härtesten, weil durch sie die Oppositionsgruppen von Mars und Venus oder Sonne-Mond und Saturn sich verdoppeln.

Das Sesquiquadrat führt, wie bereits erwähnt, zum Achtstern, einer Figur, die sich erst nach dreimaliger Abwicklung längs des Kreises schließt. Die acht Punkte des Tierkreises, die hier durch Spiegelung betroffen sind, sind dieselben wie beim Halbquadrat, nur die Ordnung ist jetzt anders. Der Unterschied gegenüber dem Halbquadrat liegt, in Analogie mit dem Unterschied zwischen Quinkunx und Halbsextil, in dem weitergespannten Entwicklungsbereich dieses Aspektes, der zur vollen Entfaltung drei volle Drehungen erfordert, einen Winkel von 1080°. Auch hier fallen stets vier Zeichen eines bestimmten Gunas aus. Das Wesentliche aber, was beide Aspekte unterscheidet, ist, daß hier die Spiegelung die beiden Quadrate, die beim Halbquadrat unverbunden nebeneinanderlagen, ineinandergeflochten hat, so daß sich jetzt die folgende Gegenüberstellung ergibt:

	Halbquadrat	Sesquiquadrat
a.	B-R-R-R T-T-T-T	R-T-R-T-R-T-R-T
b.	R-R-R-R S-S-S-S	R-S-R-S-R-S-R-S
c.	T-T-T-T S-S-S-S	T-S-T-S-T-S-T-S

Auch hier ist der Fall a der härteste und geschlossenste.

Die Arbeit, die hier verlangt ist, kann niemals vollkommen gelingen, sie ist das Gegenstück zur Quadratur des Zirkels, denn der Kreis muß in das Quadrat gezwungen werden, was wegen des mangelnden dritten Gliedes der Trinität nicht gelingen kann. Dies ist die Hauptschwierigkeit beim Quadrataspekt und den beiden in diese Gruppe gehörenden besprochenen Aspekten.

Wir haben nun noch einen Aspekt zu berücksichtigen, der von alters her als besonders wichtiger Aspekt angesehen wurde – den sogenannten PARALLELASPEKT.

Dieser Aspekt ist von eigener Art, der durch die gleiche Deklination von zwei oder mehreren Planeten zustande kommt; diese Planeten haben den gleichen Abstand vom Äquator. Schon aus dieser Definition geht hervor, daß wir es nicht mit einem Aspekt zu tun haben, dessen Wesen unmittelbar mit den Winkelstellungen der von ihm betroffenen Planeten zu tun hat, so daß er zunächst gar nicht in die Reihe der zodiakalen Aspekte gehört. Er ist vielmehr ein Aspekt, der mit dem Erdäquator zusammenhängt und somit allein mit der Achsendrehung der Erde gegeben ist. Es handelt sich also um einen Aspekt, der in erster Linie gar nicht den zodiakalen Menschenkern, sondern den bereits mit der Erde verbundenen Menschen angeht. Als solch »irdischer« Aspekt gehört er zum Erdmenschen. In gewissem Sinn jedoch ist auch der Parallelaspekt eine Art zodiakaler Aspekt, was sofort deutlich werden wird.

Versuchen wir uns zunächst klarzumachen, worin die Wirkung dieses Aspektes bestehen mag, die man gewöhnlich mit der der Konjunktion vergleicht.

Welche Beziehungen bestehen etwa zwischen zwei Punkten der Erdoberfläche, die an dem gleichen Parallelkreis liegen? Wohl zunächst die, daß die Sonne, aber auch jeder andere Punkt der Ekliptik, für diese Punkte gleich lange über bzw. unter dem Horizont steht. Astronomisch heißt dies, daß das Verhältnis zwischen Tages- und Nacht-Bögen aller Gestirne für Orte der gleichen geographischen Breite stets dasselbe ist und daß deshalb das Verhältnis zwischen der Länge von Tag und Nacht sowie die regelmäßigen Änderungen dieses Verhältnisses immer gleichbleiben. Allgemeiner ausgedrückt: Für alle Punkte derselben Deklination bleiben dieselben Sterne gleich lang über bzw. unter dem Horizont. Für geographische Breiten mit entgegengesetztem Vorzeichen, d. h. für die gleichen Deklinationen auf nördlicher und südlicher Breite, gelten untereinander die reziproken Verhältnisse.

Gehen wir nun, um uns an einem Beispiel über die allgemeine Wirkung dieses Aspektes zu orientieren, von der Sonne aus, so können wir leicht begreifen, daß alle Orte der Erde, die an dem gleichen Breitengrad liegen, das gleiche bzw. komplementäre Klima haben müßten, soweit es von der Sonne abhängt; in bezug auf die mit dem Klima verbundenen Lebensverhältnisse sind sie also vergleichbar. Übertragen wir nun die Verhältnisse, wie sie den einzelnen Breitengraden der Erde entsprechen, auf den Sternenhimmel, so zeigt sich, daß Planeten gleicher Deklination stets die gleichen Tag- und Nachtbögen am Himmel beschreiben. Insofern steht der Parallelaspekt außerhalb des zodiakalen Bereichs.

In einer Beziehung jedoch können wir von einer zodiakalen Bedeutung des Parallelaspekts sprechen, und diese Bedeutung ist sogar in der Astrologie, die sich mit der Zukunftsdeutung befaßt, zu hohem Rang gesteigert.

Wenn wir uns nämlich überlegen, was wir auch bei der Betrachtung der reinen zodiakalen Aspekte die geozentrischen Orte der einzelnen Planeten auf ihre Längen in der Ekliptik beziehen, dann liegt der Gedanke nahe, auch zu den Deklinationen der Planeten die zugehörigen Längengrade der Ekliptik zu suchen, d. h., ihre Deklinationen auf jene Ekliptikorte zu projizieren, die die gleiche Deklination besitzen. Dies gilt für alle Deklinationen bis zum Wert von $23\frac{1}{2}°$, das ist der höchste Wert, den die Deklination der Ekliptik erreichen kann; er liegt an den Sonnenwendpunkten.

Da wird sich jedoch sogleich zeigen, daß es bei dieser Projektion wieder zu einer Art Spiegelung kommt, die nun eine andere Spiegelung als die Winkelspiegelung ist, die wir anläßlich der Behandlung der zodiakalen Aspekte betrachteten.

Wenn man von den beiden extremen Fällen absieht, in denen die Deklination genau 0° oder 23½° beträgt, gibt es zu jeder Deklination je vier Ekliptikpunkte mit der gleichen Deklination. Diese vier Punkte entsprechen einer Spiegelung zwischen zwei ins Kreuz gestellten Spiegelflächen, von denen eine der Äquatorebene entspricht, die andere einer zu ihr senkrecht gestellten Ebene, der Polebene. Auf den Tierkreis bezogen verbindet die erste Spiegelfläche Widder- und Waagepunkt, die andere die beiden Sonnenwendpunkte, also 0° Steinbock und 0° Krebs. Um diese beiden Spiegelachsen sind die vier Punkte symmetrisch gestellt. Es handelt sich demnach stets um vier Punkte des Tierkreises, die in das Wirkungsgebiet dieses Aspektes einbezogen sind; und darum kann der Parallelaspekt auch den zodiakalen Aspekten zugerechnet werden. Deshalb werden wir ihn am Schluß dieser Folge noch ausführlich behandeln. Aber schon aus diesen kurzen Ausführungen wird deutlich, daß in jedem Parallelaspekt die Elemente der Konjunktion und gleichzeitig der Opposition mitenthalten sind.

Daneben gibt es noch drei Deklinationswerte, die gleichzeitig den Rang von Winkelaspekten besitzen: 12°, 20° und 16½°.

Die Deklination von 12° gehört zu den Längen: 0° Stier, 0° Fische, 0° Jungfrau und 0° Skorpion. Diese Punkte bilden untereinander Sextile und Trigone.

Die Deklination von 20° gehört zu den Längen: 0° Zwillinge, 0° Wassermann, 0° Schütze und 0° Löwe. Hier entstehen ebenfalls Sextile und Trigone.

Die Deklination von 16½° gehört zu den Längen: 15° Stier, 15° Löwe, 15° Skorpion und 15° Wassermann. Hier entsteht das exakte Quadrat.

Wir werden nun im einzelnen die Wertigkeit jedes Aspektes mit besonderer Beachtung der Zeichen, aus denen heraus er sich bildet, zu untersuchen haben – mit Berücksichtigung aller Kombinationen, die zwischen zwei Planeten möglich sind.

3. Vortrag

Wir haben in den beiden letzten Vorträgen die Wirkungsweise der einzelnen Aspekte allgemein betrachtet. Nun wartet die Aufgabe, diese allgemeinen Einsichten in die Praxis zu übersetzen und daraus wieder neue Richtlinien für die Beurteilung der speziellen Aspektbildungen zwischen den einzelnen Planeten zu gewinnen. In der astrologischen Literatur werden diese Aspekte zwischen den einzelnen Planeten meist mit einer kurzen Charakteristik versehen, die außer acht läßt, in welchen Zeichen oder Häusern sich die Planeten befinden. In dieser allgemeinen Weise haben auch wir die einzelnen Aspektbildungen in *Planetenwelt und Mensch* behandelt. Wenn man nur bei wenigen Aspektbildern versucht, die einzelnen Möglichkeiten, die sich ergeben, ausführlich zu behandeln, so wird man sofort vor eine so ungeheure Zahl von Möglichkeiten gestellt, daß sie alle zu behandeln aussichtslos erscheint. Hier aber, wo es unsere Aufgabe sein muß, uns nicht mit ganz allgemein gefaßten Charakteristiken zu begnügen, sondern nach Möglichkeit all das aus den Aspektbildungen herauszuholen, was in den beiden ersten Vorträgen angedeutet wurde, können wir nicht bei einer so allgemeinen Charakteristik stehenbleiben, die aussagt: Jupiter in Konjunktion mit Mars bedeutet dies oder das, sondern wir müssen versuchen, auch hier ins Detail zu gehen und wenigstens die Gesichtspunkte zu entwickeln, die zur individuellen Deutung der einzelnen Stellungen führen.

Aus diesem Grund wollen wir zunächst von einem bestimmten Aspektbild der Konjunktion ausgehen und untersuchen, wie die einzelnen Konjunktionen zwischen zwei Planeten zu beurteilen sind, wenn sie in diesem oder jenem Tierkreiszeichen stattfinden.

Wir beginnen zunächst mit der Besprechung der *Konjunktionen zwischen Sonne und Mond* und beschränken uns von vorneherein auf die Fälle, in denen Sonne und Mond in demselben Tierkreiszeichen stehen. Wir sehen einstweilen von jenen Fällen ab, in denen Sonne und Mond bei ihrer Konjunktion in benachbarten Zeichen stehen.

Wir haben bereits bei früheren Anlässen darauf hingewiesen, daß es für die Aspektwirkung nicht unbedingt darauf ankommt, daß der entsprechende Winkel gradgenau ist, daß vielmehr ein gewisser Spielraum besteht, innerhalb dessen der Aspekt noch als wirksam anzusehen ist, und dies um so mehr, als die volle Übereinstimmung der Längengrade durchaus noch nicht einschließt, daß zwischen den beiden Planeten nicht doch noch eine Distanz besteht, die auf verschiedenen Deklinationen beruht. Man nennt diesen Spielraum, der je nach der Art der am Aspekt beteiligten Planeten größer oder kleiner ist, in der astrologischen Sprache den »Orbis«. Er beträgt bei Sonne und Mond bis zu 10 oder 12 Grad.

Ehe wir nun die einzelnen Sonne-Mond-Konjunktionen untersuchen, wollen wir uns kurz in Erinnerung bringen, was wir über das Wesen der Konjunktion im allgemeinen aussagen konnten. Überall wo eine Konjunktion stattfindet, werden die Planeten, die sich in der Konjunktion vereinigen, aus dem totalen Zusammenhang herausgenommen und isoliert, wobei es dem Geborenen außerordentlich schwerfällt, in der Selbstschau die Kräfte dieser beiden Planeten voneinander zu lösen, da sie stets nur in gemeinsamer Wirkung auftreten. Ganz besonders vermehrt sich diese Schwierigkeit, wenn es sich um die Konjunktion von Sonne und Mond handelt, die die beiden Hauptkonstituanten unserer Ichwesenheit sind. Sonne entspricht unserem verantwortlichen, höheren überirdischen Ich, in dem all die Kräfte ruhen, mit denen wir uns in unserem innersten Wesen identifizieren und die zugleich das Maß aller Aktivitäten darstellen, mit denen wir bereit sind, unsere Entwicklungsarbeit an uns selbst zu leisten. Mond stellt die andere Komponente dieser Ichwesenheit dar: das irdische Ich: Es enthält das Maß aller Begabungen und Unbegabungen, die wir schon bei der Geburt als Morgengabe oder als die Mitgift antreffen, die wir uns durch die Arbeit früherer Existenzen, soweit sie von unserem damaligen Sonnenkern ausgegangen sind, erworben haben und die durch Vererbung in unser jetziges Leben einfließen. Sie stellen sich nun wie die Treppe dar, auf der wir aufzusteigen haben. Wir konnten diesen Gegensatz zwischen überirdischem und irdischem Ich in die Worte fassen: Wir bekommen mit Sonne, was wir sollen, mit Mond, was wir müssen. Und zwischen diesem Sollen und Müssen vollzieht sich die Entwicklungsarbeit des Menschen an seinem Ich.

Wenn man sich nun vorstellt, daß Sonne und Mond in einer derartig engen Konjunktion miteinander verbunden sind, daß sie in der Selbstschau nicht getrennt werden können, begreift man, daß vielleicht vor dem Forum des eigenen Bewußtseins die so notwendige Spannung zwischen Sollen und Müssen fehlt, die den Menschen, die nicht mit einer solchen Konjunktion geboren werden, frühzeitig klar wird und beim ersten Zusammenstoß mit der äußeren Wirklichkeit schon recht deutlich ins Bewußtsein treten kann. Gerade diesen Zusammenhang zu durchschauen, der für unsere Entwicklung so wichtig ist, ist dem mit Sonne-Mond-Konjunktion Geborenen außerordentlich erschwert; er gehört daher zu denjenigen, die auf dieser Treppe nur langsam oder gar nicht vorwärtskommen, den Stehenbleibern, die sich schon frühzeitig in einem Zustand der Vollendung erleben, der ihnen den Ausblick auf die Weiterentwicklung verhüllt. Wir müssen solche Menschen nicht tatsächlich als frühvollendet ansehen; wir müssen sie vielmehr als Menschen nehmen, die sich selbst so erscheinen und daher eine nur geringe Neigung aufbringen, sich zu ändern. Aber damit hängt noch etwas anderes zusammen. Gerade diese Stabilität des eigenen Wesens und die damit gegebene Isolation gegenüber allen Einflüssen, die zur Änderung dieses Wesens drängen könnten, lenkt die Aufmerksamkeit des so Geborenen mit großer Intensität auf den Ichkern. Wir werden fast ausnahmslos finden, daß Menschen mit Sonne-Mond-Konjunktion eine viel höhere Egozentrizität entfalten als andere, wobei diese besondere Art der Egozentrizität die notwendige Begleiterscheinung der Isolation des Ichkerns ist, der auch der Analyse durch das eigene Bewußtsein so sehr widerstrebt. Nun ist diese Egozentrizität sehr verschieden, je nachdem, ob diese Konjunktion in Feuer, Luft, Wasser oder Erde stattfindet.

Handelt es sich um Feuerzeichen, dann ist die oben beschriebene Unbeirrbarkeit ganz besonders stark entwickelt und taucht gleichzeitig mit der Neigung auf, möglichst jeder Verlockung zur Selbstkritik auszuweichen, weil alle Aufmerksamkeit nur auf die Wirkung gerichtet ist, die der Wille entfacht.

Handelt es sich um Luftzeichen, dann wird sich die Neigung, die im Feuerzeichen auf den Willen gerichtet war, auf die Geistigkeit richten. Hier wird die Isolation in einer eigenen geistigen Welt mit all ihren Gesetzen so stark ds gesamte Blickfeld beherrschen, daß der Geborene die Unveränderbarkeit seines Wesens in den ihm mitgegebenen geistigen Grundlagen wie ein Axiom empfindet, und die Isolation wird sich darin zeigen, daß es fast keinem der so Geborenen darauf ankommen wird, sich moralisch weiterzuentwickeln, sondern lediglich darauf, seine Erkenntniswelt weiter auszubauen.

Handelt es sich um Wasserzeichen, dann mögen wir die sich ergebende Isolation am besten verstehen, wenn wir etwa daran denken, wie zärtliche Eltern ihr einziges Kind behandeln, das sie am liebsten unter einem Glassturz halten würden, damit es nur ja vor den Schäden der äußeren, fremden Welt bewahrt bleibe. So Geborene werden die

3. Vortrag

Integrität ihres Gefühlslebens für das höchste Gut halten. Das Streben nach geistiger Weiterentwicklung ist gering, wenn es nicht durch das Gefühlsleben inspiriert und getragen wird.

Handelt es sich um Erdzeichen, dann wird diese Konjunktion so aussehen, wie das Leben eines Menschen aussieht, der sein eigenes Haus und seinen eigenen Acker hat und sich damit so isoliert, daß er um keinen Preis fremde Güter erwerben, sondern am liebsten sich selbst alles bereiten möchte. Solche Menschen sind die stärksten Ausbeuter ihrer eigenen Veranlagungen.

Dies sind im wesentlichen die allgemeinen Gesichtspunkte, nach denen die einzelnen Sonne-Mond-Konjunktionen zu beurteilen sein werden, die wir nun an uns vorüberziehen lassen wollen. Wir werden dabei im besonderen zu berücksichtigen haben, welche »verschwiegenen« Aspekteinflüsse mit in jede einzelne Konjunktion eingehen und damit die Gesamtwirkung der entsprechenden Konstellationen ausgestalten.

Wir beginnen mit den *Feuerzeichen*.

WIDDER: Wir haben bereits an früherer Stelle anläßlich der Besprechung des Mondes und seiner Bedeutung in den einzelnen Zeichen die Verbindung jeder Mondstellung mit jeder Sonnenstellung besprochen, dabei aber nicht die Aspektwirkungen in Betracht gezogen. Wir haben wohl die Bedeutung von Sonne und Mond in Widder besprochen und was der gemeinsame Aufenthalt dieser beiden Planeten in diesem Zeichen bewirkt, aber nicht die spezielle Wirkung der Konjunktion, nicht die besondere Art der Isolation im Widder, die nur durch die Konjunktion zustande kommt. Überlegen wir zunächst, welche geheimen Aspektbilder in diesem Fall sich an der Konjunktion beteiligen. Was die Sonnenstellung anlangt, so ist sie im Widder sehr gefestigt, denn einmal steht sie im Zeichen ihrer Erhöhung, andererseits fällt dem Löwezeichen, das der Sonne eigenes Haus ist, der Trigonschein auf das Widderzeichen. Die Sonne steht demnach hier außerordentlich stark und gefestigt; sie ist der stärkere Partner in dieser Konjunktion. Denn der Mond erfährt eine verschwiegene Beeinträchtigung, da er sich zu seinem eigenen Zeichen im Verhältnis einer Quadratstellung befindet. Der Mond steht also ungünstiger als die Sonne, und das Halbsextil zum Zeichen seiner Erhöhung darf hier als ziemlich wirkungslos angesehen werden. Es ergibt sich nun folgende Charakteristik: Die Grundeigenschaft der Sonnennatur ist rücksichtsloser Idealismus, die Nichtachtung aller Hindernisse und der stets vorwärtsstrebende Wille werden durch die Mondkräfte in einer Weise übersteigert, die fast zu einer Karikatur der Widdernatur führt. Die Isolation in dieser Natur ruft unbewußt auch eine latente Abwehrbereitschaft gegen einen anderen Willen hervor, der mit dem eigenen in Konflikt geraten könnte; auch die Neigung, niemals in sich selbst die Quellen für das Unharmonische zu suchen, das beim Zusammenprall mit der äußeren Wirklichkeit geschieht. Das Unvermögen, aber auch der fehlende Wille zur Selbstkritik runden diese Charakteristik ab.

LÖWE: Wieder ist Sonne der stärkere Planet. Sie steht im eigenen Zeichen und erfährt aus dem Widderzeichen als dem Zeichen ihrer Erhöhung den Trigonschein. Auch der Mond befindet sich in einer ähnlichen Position wie in Widder; er erfährt den Quadratschein vom Zeichen seiner Erhöhung und den Halbsextilschein aus dem eigenen Zeichen. Auch hier wird es sich um eine Übersteigerung der Löwennatur handeln, um eine Übersteigerung aller Tendenzen der Lebensbejahung und der Kultur der Lebensfreude, die zum Hauptzweck des Daseins wird und ihn derart in sich selbst isoliert und ihn dazu bringt, in erster Linie an das eigene Gefühl, an die Befriedigung der eigenen Bedürfnisse zu denken und daraus so etwas wie eine Lebensaufgabe zu machen.

SCHÜTZE: Wieder ist Sonne der stärkere Planet; sie erfährt sowohl aus dem eigenen Zeichen als auch aus dem Zeichen ihrer Erhöhung Trigonscheine. Aber Mond ist hier ohne Beeinträchtigung, so daß man diese Konjunktion als die harmonischste unter den Konjunktionen in Feuerzeichen ansehen darf. Es kommt hier nicht zu einer Art Karikatur der Schützenatur, sondern bloß zur Isolation in dieser Natur. Dies zeigt sich vor allem in dem unerschütterlichen Glauben an die eigene Intuition. Man glaubt, daß man niemals fehlgehen kann, solange man seiner inneren Stimme gehorcht. Hierher gehören die Menschen, die es immer gleich gesagt oder wenigstens gewußt haben und die darum keine weitere Entwicklung für ihre Person nötig zu haben glauben. Sind solche Menschen höher entwickelt, dann legt sich um sie leicht der Nimbus eines »Propheten« oder eines zum Führer geborenen Menschen – fast immer vor dem eigenen Bewußtsein. Hier begegnen wir einer Neigung, die wir sonst bei Sonne-Mond-Konjunktion in ausgleichenden Zeichen antreffen, der Neigung, mit sich zufrieden zu sein.

Im allgemeinen können die Sonne-Mond-Konjunktionen im Feuerzeichen als eher günstig angesehen werden.

3. Vortrag

Viel schwächer stellt sich diese Konjunktion in *Luftzeichen* dar.

WAAGE: Betrachten wir zunächst wieder die beiden Komponenten dieser Konjunktion in bezug auf ihre Stellung im Tierkreis und die damit gegebene Wertigkeit als Aspektbildner. Die Sonne steht hier im Zeichen ihres Falles, was einer verschwiegenen Opposition aus dem Zeichen ihrer Erhöhung gleichkommt, erfährt aber gleichzeitig die Sextilwirkung aus ihrem eigenen Zeichen. Der Mond andererseits erfährt die Quadrateinwirkung aus dem eigenen Zeichen und den Quinkunxschein aus dem Zeichen seiner Erhöhung. Die Sonne-Mond-Konjunktion ist also hier keineswegs ungetrübt; die Isolation der Ichkräfte wird sich eher ungünstig bemerkbar machen. Wie mag sie sich äußern? Wir haben das Waagezeichen als das Zeichen des Künstlers bezeichnet, der zwischen die Wirklichkeit und sich eine Art geistiges Perspektiv oder Opernglas einschaltet, als säße er im Zuschauerraum eines Theaters. Er hat zwischen sich und der Wirklichkeit die Zuschauerbarriere; er schaut ins Leben hinein, wie etwa der Dichter auf der Bühne die Gebilde seiner Dichtung verfolgt. Diese Veranlagung geht von der Sonne aus. Der Mond bewirkt ähnliches, nur daß er nicht die Gabe des Schaffens verleihen kann, nicht das Genie, sondern bloß das Talent, das ihm dient. Der Charakterzug, der durch Sonne in Waage zum Künstlertum drängt, leidet unter dem Übermaß eines Talentes, das sich allzusehr vordrängt, um dem Genie die so notwendige Arbeit abzunehmen, so daß die Mondkräfte in eine schwer zu beherrschende Konkurrenz mit den Sonnenkräften eintreten und den so Geborenen mit dem Bewußtsein erfüllen, daß er die Gabe des Schaffens ohnehin in jedem möglichen Grad besitzt und es daher nicht nötig hat, sie vor sich zu beweisen. Wir sehen daher solche Menschen inaktiv, träge, wo nicht gar faul werden, leicht einer gewissen Lebensbequemlichkeit verfallend, die sie von allen Anstrengungen, die andere machen, abhält, indem sie all diese Anstrengungen als unnötig erachten, da sie das alles haben könnten, wenn sie nur richtig wollten, und eben aus diesem Gefühl heraus verzichten sie lieber. Wir haben hier eine Konstellation vor uns, die die Menschen dahin bringt, sich mit ihren eigenen Luftschlössern der Wirklichkeit gegenüber zufriedenzugeben, wodurch sie der Umwelt notwendigerweise als egozentrisch erscheinen müssen, weil sie die Mühen des Lebenskampfes und die lebendige Berührung mit den Interessen der anderen scheuen, gegenüber diesen sie gleichgültig und teilnahmslos erscheinen. Sie scheiden frühzeitig aus dem Lebenskampf aus und halten sich ebenso frühzeitig bereits für vollendet. Dies ist die Form, in der sich hier die Isolation bemerkbar macht.

WASSERMANN: Auch hier treffen wir in bezug auf die Sonnen- und Mondstellung ähnliche Verhältnisse an. Die Sonne steht im Zeichen ihrer Vernichtung, erhält aber aus dem Zeichen ihrer Erhöhung den Sextilschein. Der Mond erhält diesmal den Quadratschein aus dem Zeichen seiner Erhöhung und den Quinkunx aus dem eigenen Zeichen. Was sich hier als Isolationsmoment ergibt, ist beinahe die Karikatur dessen, was schon mit Sonne allein in Wassermann bestimmt ist. Denn dieses Zeichen weckt die Neigung, alle Gesetze des Lebens und der Stellungnahme zu ihm nicht etwa so anzuschauen wie der Künstler von seinem Platz im Theater, sondern sie aus sich selbst heraus zu erschaffen. So wird der Wassermann schon auf einer Höhe geboren, die ihm den Adel des geistig Isolierten gibt, des Anachoreten, der nicht mehr angewiesen ist auf die Erfahrungen des äußeren Lebens und nicht auf die Belehrungen durch andere. Durch den Mond, dessen Stellung ähnliche Schwächen aufweist wie die Sonnenstellung, werden diese Eigenschaften noch gesteigert und fast karikaturistisch verzerrt. Der so Geborene wird immer wieder in der Überzeugung bestärkt, daß diese Isolation eben der Vorzug seines Wesens ist vor den anderen. Er merkt nicht, wie sehr er durch diese Isolation verarmt und welche Kälte er um sich verbreitet, solange er es nicht gelernt hat, den Weg aus den Mauern dieses Ichgefängnisses zu suchen. Gelingt dies, dann mag ihm diese Veranlagung zu hohem Segen gereichen.

ZWILLINGE: Ähnlich wie in Schütze sind auch hier die beiden zur Konjunktion vereinten Planeten im Vergleich mit den beiden anderen Luftzeichen am günstigsten gestellt. Die Sonne erfährt die Sextilwirkung aus dem Zeichen ihrer Erhöhung und dem eigenen Zeichen und der Mond die Halbsextilwirkung aus den Zeichen seiner Erhöhung und seines Hauses, und so bringt er der Sonne Kräfte, die sie in ihrem Streben, die Isolation aufzuheben, wesentlich unterstützen. Die hier gegebene Isolation ist so zu verstehen, daß eine bemerkenswerte Zufriedenheit des Geborenen mit der ihn stets begleitenden geistigen Unrast und Unbefriedigtheit auftritt und daß er sich sogar ausgezeichnet wähnt in der Sucht, schon einmal Erkanntes immer wieder in Zweifel zu ziehen und aufs neue kritisch durchzuarbeiten gegenüber der Masse der »Leichtgläubigen«, die sich so leicht zufriedengibt. Die übersteigerte Kritik und Skepsis kann hier leicht zu einem ähnlichen geistigen Hochmut führen wie beim Wassermann, was in diesem Fall noch eine andere Gefahr mit sich bringt, die mit dieser Isolation verbunden ist: die geringe Neigung, sich weiterzuentwickeln, die Gefahr, bei der Kritik stehenzubleiben. Hier macht sich die geringe Kraft ethischer Antriebe, die wir bei allen Sonne-Mond-Konjunktionen in Luftzeichen feststellten, besonders bemerkbar. Aber die Möglichkeit, der Isolation zu entkommen, ist hier – insbesondere durch die Mondhilfe – von Anfang an gewährleistet.

Gehen wir nun zu den *Wasserzeichen* über.

KREBS: Hier empfängt die Sonne aus dem Zeichen ihrer Erhöhung die Quadrateinwirkung und aus dem eigenen Zeichen den Halbsextilschein. Der Mond aber steht im eigenen Zeichen und empfängt überdies aus dem Zeichen seiner Erhöhung den Sextilschein. Der Mond ist hier also stärker gestellt als die Sonne – der Mond ist durch die Sonne gestört. Die Isolation wird sich demgemäß mehr auf die Sonnenkomponente beziehen, obwohl auch da infolge des Halbsextils Auflösungskräfte der Isolation am Werk sind. Wie etwa, um zu dem früher gebrauchen Vergleich zurückzukehren, die zärtliche Mutter das Kind nicht aus den Augen läßt und es so furchtsam macht, so macht hier der Mond die Sonne furchtsam, und Menschen mit dieser Stellung trauen sich aus Furcht vor der Verletzbarkeit ihrer Mondnatur nicht mit ihren Sonnenkräften hervor. Die Isolation zeigt sich in der Weise, daß diese Menschen, berauscht von all den Fähigkeiten, die sie in ihrer eigenen Natur entdecken und um deren Erhaltung sie besorgt sind, sich dem Weg zu ihrem echten moralischen Ich verstellen. Aber damit hängt weiter zusammen, daß so geborene Menschen immer mit sich selbst beschäftigt sind und sich insbesondere mit Vorwürfen quälen, ihre Sonnenenergien hätten durchkommen müssen, statt brachzuliegen. Vielleicht kann man den Inhalt der hier gegebenen Isolation am besten durch das Wort »Ich-Zärtlichkeit« bezeichnen. Diese Ich-Zärtlichkeit steigert sich dann, wie wir gleich sehen werden, in Skorpion bis zur Ich-Verliebtheit.

SKORPION: Auch hier sind ungünstige Einflüsse am Werk, die Sonne-Mond-Konjunktion zu stören. Die Sonne empfängt den Quadratschein aus ihrem eigenen Zeichen und mildernd den Quinkunx aus dem Zeichen ihrer Erhöhung. Der Mond hingegen steht im Zeichen seines Falls, erhält aber den Trigonschein aus seinem eigenen Zeichen. Auch hier ist also der Mond der stärkere Planet. Was nun auftreten wird, ist eine Art Ich-Rausch, der darin besteht, daß man all das, was von der Stellung der Sonne in Skorpion an Seelenmacht ausgeht, als einen solchen Wesenszug entwickelt, an dem man sich gleichzeitig berauscht, und es tritt hier ganz besonders das Verlangen auf, die persönliche Macht und Machtentfaltung auszukosten. Es ist vielleicht die Stellung, in der die Skorpionmenschen der äußeren Welt als die bedenkenlosesten Egoisten erscheinen. Aber diese Stellung ist auch für den Geborenen selbst nicht ungefährlich, weil diese Gier nach der steten Wiederholung des Machtrausches ihn so von der Umwelt isoliert, daß eine Weiterentwicklung der eigenen Sonnenkräfte kaum noch möglich ist. So ergibt sich auch hier wieder durch die Sucht, recht lange auf der Mondtreppe stehenzubleiben und den Genuß jeder Stufe auszukosten, ein gewaltiges Hindernis für den moralischen Aufstieg.

FISCHE: Hier ist das Bild, das die Sonne-Mond-Konjunktion bietet, wesentlich günstiger. Die Sonne empfängt keine ungünstige Einwirkung aus dem Tierkreis, statt dessen die Quinkunxwirkung aus dem eigenen Zeichen und damit die Aussicht auf Befreiung aus der Isolation auf einem langen Entwicklungsweg; der Mond empfängt ausschließlich günstige Bestrahlungen: das Trigon aus dem eigenen Zeichen und das Sextil aus dem Zeichen seiner Erhöhung. Diese Konjunktion mag darum als die günstigste unter allen bisher betrachteten Konjunktionen angesehen werden. Hier hat man allen Grund, mit seiner seelischen Veranlagung zufrieden zu sein, die mit der Entwicklungsaufgabe nicht in Widerspruch steht und auch gar nicht die Neigung hat, zur Karikatur zu werden. Der Mond in den Fischen ist, wie aus früheren Analysen bekannt, das unmittelbarste und reinste Medium der Fische-Sonne. Hier sind die größten Entwicklungsmöglichkeiten gegeben, wenn der Mensch versteht, was die Aufgabe der Fischenatur ist: sich zu opfern. Von diesem Mond ist hier jede Hilfe zu erwarten. Darum wird die Isolation, die diese Stellung mit sich bringt, solchen Menschen willkommen sein, denn sie können sie jederzeit dadurch aufgeben, daß sie ihren Egoismus, der in nichts anderem besteht, als daß sie gar nicht egoistisch sein wollen, aufgeben. Es ist allerdings auch der Fall denkbar, daß die Isolation in der Fischeveranlagung zu einer Sucht führt, wirkliche oder vermeintliche Opferdienste zu leisten, wo diese unnötig, ja sogar unerwünscht sind, und mit solchen Diensten die Umwelt zu belästigen. Aber für diese Eventualität sind andere Planeteneinflüsse ungünstiger Art auf die Konjunktionsstelle erforderlich.

3. Vortrag

Wir gehen nun zu den *Erdzeichen* über.

STEINBOCK: Hier liegen die Verhältnisse wieder ähnlich wie in Skorpion, was die Beeinflussung von Sonne und Mond betrifft. Die Sonne erhält von dem Zeichen ihrer Erhöhung den Quadratschein und vom eigenen Zeichen den Quinkunx; der Mond steht im Zeichen seiner Vernichtung und erhält aus dem Zeichen seiner Erhöhung den Trigonschein. In diesem Fall ist der Mond der stärkere Planet. Erinnern wir uns daran, daß wir den Mond im Steinbock den »Golem« nannten, den Diener, der viel stärkere und härtere Kräfte entwickelt als sein Herr, sobald ihm ein Befehl erteilt wird. So wird die Steinbocknatur der Sonne durch den ihr beigegebenen Diener übersteigert und karikiert. Dadurch entsteht wieder eine Isolation, die sich darin ausdrückt, daß der Ehrgeiz, alle Kräfte aus sich herauszuholen, nur mit diesen zu arbeiten und sich dadurch zur Geltung zu bringen, ganz besonders groß werden kann. Aber dieser Ehrgeiz führt auch etwas Erkältendes mit sich; denn das Zurückstoßen aller hilfreichen Kräfte, die hier von anderer Seite kommen könnten, aus dem ehrgeizigen und eifersüchtigen Stolz eines Dieners, der keine andere Hilfe braucht als die Gewissenhaftigkeit seines Gehorsams, muß den so Geborenen früher oder später isolieren, auch wenn er in fortwährender Verbindung mit anderen lebt. Er wird seelisch einsam werden.

STIER: Der Mond steht hier ähnlich vorzüglich wie in den Fischen. Er steht im Zeichen seiner Erhöhung und erhält die Sextileinwirkung aus dem eigenen Zeichen. Die Sonne hingegen erhält den Quadratschein aus dem eigenen Zeichen und dafür zum Ausgleich das Halbsextil aus dem Zeichen iher Erhöhung. Es ist also wieder der Mond der stärkere Planet. Er ist wie der Pfleger seines Herrn, der sorgfältig darauf achtet, daß er nur ja keinen Schaden nehme, daß er vor allem gesund bleibe und zufrieden. Wieder zeigt sich hier die Isolation in einer besonderen Form, die man auch als bescheidene Autarkie bezeichnen könnte – oder als die egoistischste aller Bescheidenheiten. So Geborenen ist es besonders wichtig, nichts zu unternehmen, wodurch aufs Spiel gesetzt werden könnte, was man schon hat – vor allem nicht die Gesundheit oder die Lebensposition. Das bedeutet, daß sie in den Augen der Umwelt recht egoistisch und in erster Linie auf das eigene Wohl bedacht erscheinen. Vom so Geborenen selbst wird dies jedoch gar nicht als etwas Ungünstiges empfunden; er empfindet sich vielmehr auch als ein Frühvollendeter, denn er tritt schon in der Jugend so klug auf, wie es andere erst in späteren Jahren zu werden pflegen.

JUNGFRAU: Hier ist die Sonne ohne jede Schädigung; sie erhält die Halbsextileinwirkung aus dem eigenen Zeichen und den Quinkunx aus dem Zeichen ihrer Erhöhung. Der Mond erhält aus dem eigenen Zeichen die Sextilwirkung und das Trigon aus dem Zeichen seiner Erhöhung. Er ist auch hier der stärkere Planet. Es zeigt sich wieder, daß die ausgleichenden Zeichen die besten Orte für die Sonne-Mond-Konjunktion sind. Die Sonnen- und Mondkräfte gleichen sich in harmonischer Weise aus, so daß die so Geborenen sich schon von Geburt an in einer Lage befinden, in der sie mit einer Lebenserfahrung ausgerüstet sind, die sie noch gar nicht wirklich besitzen können. Sie sind begabt mit den Vorzügen der Ökonomisierung aller Lebensanstrengungen, die mit Bezug auf die Forderungen des äußeren Lebens notwendig sind, und stellen sich daher anderen gegenüber in einer Reife dar, mit der sie über alle praktischen Dinge Bescheid zu wissen scheinen. Die hier gegebene Isolation zeigt sich in der geringen Neigung, Belehrungen anderer anzunehmen oder zuzugeben, daß sie es tun. Sie ziehen es vor, aus den eigenen Fehlern zu lernen. Die mit dieser Konjunktion verbundene Vorsicht bildet jedoch einen gewaltigen Schutz im Leben und führt gleichzeitig zu der praktischen Schlauheit, so daß man es stets versteht, im richtigen Moment haltzumachen und sich vor Schaden zu bewahren. So kommt es auch hier zu einer Art Egoismus, der jedoch nicht so klar zutage tritt wie in den anderen Erdzeichen.

Abschließend können wir feststellen, daß die Sonne-Mond-Konjunktionen sich am günstigsten in den Sattwazeichen auswirken; hier macht sich die Isolation am wenigsten bemerkbar, und es existieren weit geringere Schwierigkeiten, sie zu überwinden, als in den Rajas- und Tamaszeichen.

Wie sind nun jene Konjunktionen zu beurteilen, bei denen Sonne und Mond nicht in demselben Tierkreiszeichen stehen? Auch hier bleibt das wesentliche Kennzeichen die Ich-Isolation. Aber die Verschiedenheit der Zeichen bringt ein Element der leichteren Unterscheidung der beiden Elemente, aber auch des Streites zwischen beiden mit sich. Im allgemeinen werden wir streng zu unterscheiden haben, ob der Mond noch im Abnehmen oder bereits im Zunehmen begriffen ist. Im ersten Fall ist die Sonne der stärkere, im letzteren der Mond der stärkere Planet, und die Wirkung der Konjunktion ähnelt mehr der Konjunktion im Zeichen, das der stärkere Planet besetzt.

3. Vortrag

Im übrigen mag man sich an die Deutung halten, die in *Planetenwelt und Mensch* für die entsprechende Sonne-Mond-Kombination gegeben wurde. Auf eine ins Detail gehende Ausarbeitung aller Einzelfälle, die hier möglich sind, müssen wir vorläufig verzichten.

4. Vortrag

Unsere nächste Aufgabe ist, die Konjunktionen zwischen den übrigen Planeten zu besprechen, von denen wir zunächst die Konjunktionen mit Sonne behandeln wollen. Im letzten Vortrag hatten wir es mit den Sonne-Mond-Konjunktionen zu tun, die den übrigen Konjunktionen gegenüber eine Sonderstellung einnahmen, insofern sie den eigentlichen Ichkern des Menschen in seiner stärksten Verdichtung darstellen. Sie bieten uns das Bild einer engen »Ich-Ich-Verbundenheit« und somit den festesten Kern, der durch das Zusammentreten dieser beiden Ichelemente in der Konjunktion geformt werden kann. Anders verhält es sich mit den übrigen Konjunktionen. Hier treten die beiden Konjunktionspartner zu einer Verbindung zusammen, die mehr einem Konkurrenzkampf um die Vormacht ähnelt, da es sich hier nicht um eine gegenseitige Ergänzung zur natürlichen Einheit handeln kann. Was hier entsteht, ist niemals eine natürliche Einheit, sondern etwas, das man vielleicht im Sinn der mathematischen Ausdrucksweise als »algebraische Summe« bezeichnen könnte. Im Einzelfall wird sich dies so darstellen, als wenn der eine Planet versuchen würde, sich am Ort der Konjunktion auf Kosten des anderen durchzusetzen. Was sich dabei an inneren Kämpfen für den Geborenen ergibt, kommt ihm jedoch in keiner Weise zum Bewußtsein, da die Wechselwirkung der in der Konjunktion verbundenen Planeten für ihn eine einzige Konstante bildet, von der er zeitlebens nicht loskommt. Dadurch entsteht, was wir in unserer allgemeinen Besprechung des Konjunktionsaspektes als den »Komplex« bezeichneten. Wir können in bezug auf die einzelnen Sonnenkonjunktionen von einem Jupiterkomplex, Marskomplex, Venuskomplex, Saturnkomplex etc. sprechen. Wir konnten aber nicht von einem Mondkomplex sprechen, weil Sonne und Mond die untrennbaren Bestandteile des Ichkerns sind.

Wir beginnen nun mit der Untersuchung des Jupiterkomplexes, also der *Sonne-Jupiter-Konjunktion*. Die Konkurrenz zwischen diesen beiden Konjunktionspartnern wird nach den einzelnen Zeichen, in denen sie geschieht, verschieden sein, je nachdem, welche verschwiegene Hilfen jeweils dem einen Partner die Oberhand über den anderen versprechen und so über den Wert der »algebraischen Summe« entscheiden.

4. Vortrag

Im allgemeinen läßt sich über den Jupiterkomplex folgendes aussagen: Es tritt eine subjektive Wertsteigerung des Ich-Bewußtseins auf. Nicht nur das Selbstgefühl, sondern das gesamte Lebensgefühl gewinnt an Intensität und Kraft und gewährt den Geborenen die Gabe eines unzerstörbaren Optimismus, dessen primärer Inhalt der Glaube an die eigene ethische Kraft ist, an der bei dieser Stellung ein Zweifel nicht aufkommt. Dadurch entsteht jenes Überlegenheitsgefühl, das man treffend mit dem Ausdruck »jovial« zu bezeichnen pflegt. Es ist in der Tat etwas Jupiterliches, von humorvollem Selbstbewußtsein Getragenes und darum Achtung Gebietendes, das von solchen Menschen ausgeht und auf die anderen überstrahlt, die in ihren Bannkreis geraten und sich in ihm wohl und geborgen fühlen wie unter einem schützenden Dach, unter dem gut ruhen ist. So kommt es, daß dem mit dem Jupiterkomplex Geborenen so leicht Sympathien zuströmen.

Wir wollen nun den Gang durch die einzelnen Zeichen antreten und beobachten, in welcher Weise sich in jedem Zeichen der Jupiterkomplex auswirkt.

In den *Feuerzeichen* wird das Expansionsbedürfnis diesem jupiterlichen Komplex die charakteristische Note verleihen. Der Fürst begehrt nach einem möglichst großen Königreich, wie es seiner Würde angemessen ist; man erwartet stillschweigend von allen Menschen dasselbe Vertrauen, das man zu sich selber hat. Wir werden im folgenden die »verschwiegenen inneren Aspektbilder« in aller Kürze jedem Zeichen voranstellen.

WIDDER: Sonne steht im Zeichen ihrer Erhöhung, Trigon aus dem eigenen Zeichen. Jupiter hat Trigon im eigenen Zeichen, das Quadrat im Zeichen seiner Erhöhung.

Es ist hier Jupiter, der die Sonnenkräfte ein wenig niederhält. Das Expansivbedürfnis übersteigert sich; das Selbstgefühl wird streitbar, es geht unbedingt darauf aus, den ihm gebührenden Platz im Umkreis der eigenen Persönlichkeit zu beanspruchen und gegebenenfalls zu erobern. Dadurch gesellt sich zu dem Jupiterkomplex etwas Herausforderndes, das wir wohl auf die verschwiegene Quadratbeeinflussung beziehen dürfen.

LÖWE: Sonne steht im eigenen Zeichen, Trigon im Zeichen ihrer Erhöhung. Jupiter hat Trigon im eigenen Zeichen, das Halbsextil im Zeichen der Erhöhung.

Beide Planeten stehen überaus günstig, das Halbsextil führt der Jupiterkomponente überdies auflösende Kräfte zu, wodurch diese Stellung gegenüber der früher besprochenen größere Weichheit erhält. Hier fehlt das streitbare Element. Man begnügt sich mit dem Gefühl des berechtigten Anspruchs auf alle Lebensgüter, die der eigenen Würde entsprechen. Das ruhige Selbstgefühl, das diesem optimistischen Lebensanspruch zugrunde liegt, teilt sich leicht der näheren Umgebung mit und wirkt auf sie wie ein angenehmes aromatisches Tonikum. Dieser Jupiterkomplex in Löwe geleitet den Geborenen durch das ganze Leben wie ein glückbringender Talisman und verläßt ihn auch in der bittersten Armut nicht.

SCHÜTZE: Sonne hat Trigon im eigenen Zeichen und im Zeichen der Erhöhung. Jupiter im eigenen Zeichen, Quinkunx im Zeichen der Erhöhung.

Beide Planeten stehen ausgezeichnet; wieder geht von Jupiter eine auflösende Kraft aus, wie in Löwe. Die Würde des Ich-Bewußtseins gewinnt hier etwas Priesterliches. Von diesem Bewußtsein durchdrungen verlangt man, ohne es ausdrücklich zu betonen, von anderen denselben Respekt, den man vor der eigenen Würde empfindet. Hier ist der Optimismus das hervorstechendste Element, der sich auf den durch nichts zu erschütternden Glauben stützt, der aus den eigenen ethischen, im Ich verankerten Entscheidungskräften quillt, dem Glauben an die Kraft und den Sieg des Guten.

In all diesen Fällen müssen wir – wie auch in den folgenden – von einem Komplex sprechen, weil das Ich im Menschen unzertrennlich ist von der entsprechenden Jupiterfarbe und darum von ihm als etwas empfunden wird, mit dem er selbst steht und fällt.

Wir gehen zu den *Luftzeichen* über.

Die Kombination von gesteigertem Selbstgefühl und Anziehungsvermögen nimmt hier andere Gestalt an. Der luftige Jupiterkomplex befaßt sich weniger mit dem moralischen Nimbus, den Jupiter im Feuerzeichen um die Sonne legte, als mit einem geistigen Prestige, das hier jenen Nimbus prägt. Es ist die Überzeugungskraft, die von dem so Geborenen ausgeht und sich in die Umgebung einwirkt und ihm in demselben Grad das Vertrauen der anderen bringt, in dem er seiner eigenen Überzeugung vertraut. Dadurch entsteht im Geistigen eine ähnliche Grundveranlagung wie im Moralischen in den Feuerzeichen. Sie ist aus dem Ich des Geborenen nicht wegzudenken.

4. Vortrag

WAAGE: Sonne im Zeichen ihres Falles, das Sextil im eigenen Zeichen. Jupiter hat das Sextil im eigenen Zeichen, das Quadrat im Zeichen der Erhöhung.

Beide Planeten sind hier geschwächt, wodurch das sonst so unerschütterliche Selbstgefühl, das mit dem Jupiterkomplex verbunden ist, hier mehr zurücktritt; es vermeidet, sich allzu schwierigen Prüfungen auszusetzen. Man setzt seine Tugend darein, sich als einen ruhigen und würdigen Zuschauer des Lebens zu qualifizieren; man fühlt die Nötigung, sich dabei so zu benehmen wie der König in der Hofloge. Die angeborene Rücksicht auf dieses Prestige verbietet, ein Übermaß an Leidenschaftlichkeit zu verraten. Die Tugend der weisen Mäßigung, die die Griechen sophrosyne nannten, kennzeichnet hier den Jupiterkomplex, der jedoch in erster Linie als geistiges, nicht aber als moralisches Ideal auftritt und dessen Kraft sich im Geistigen viel stärker auswirkt als im Moralischen oder im Praktischen.

WASSERMANN: Sonne im Zeichen ihres Exils, das Sextil im Zeichen der Erhöhung. Jupiter hat das Sextil im eigenen Zeichen, Quinkunx im Zeichen der Erhöhung.

Jupiter ist stärker als die geschwächte Sonne. Hier ist demgemäß auch das Selbstgefühl dominierender. Fast könnte man von geistigem Hochmut sprechen, der wie ein geistiges Adelsprädikat dem Menschen durch Geburt zuteil wurde und einen wesentlichen Bestandteil des Juipterkomplexes in diesem Zeichen ausmacht. Das unbewußte Verlangen, als ein solcher Adeliger angesehen und gewürdigt zu werden, legt einen ähnlichen Nimbus um den Menschen wie der Jupiterkomplex in Schütze. Die Anziehungskraft, die mit diesem Komplex verbunden ist, erstreckt sich vornehmlich auf solche Menschen, die sich gern im Bannkreis stärkerer Naturen sonnen, auch wenn es sich um die winterlich kalte Wassermann-Sonne handelt. Die geistige Intensität ersetzt die physische Wärme. Zweifellos geht auch hier eine starke Suggestivkraft vom Jupiterkomplex aus, ohne daß ihr selbst der Geborene wesentliche Beachtung schenkt.

ZWILLINGE: Sonne hat das Sextil im eigenen Zeichen und im Zeichen der Erhöung. Jupiter steht im Zeichen seiner Vernichtung, das Halbsextil im Zeichen seiner Erhöhung.

Sonne ist hier der stärkere Planet und wird durch den exilierten Jupiter gestört. Der Jupiterkomplex wird sich hier in der Weise darstellen, daß der Geborene sich in seiner Zwillingsnatur für geistig überlegen hält gegenüber allem anderen oder daß ihm zumindest niemals der Gedanke kommt, es könnte sich umgekehrt verhalten. Die Unfähigkeit, irgendeine geistige Überlegenheit anzuerkennen, verbunden mit der unbewußten und darum meist verdrängten Furcht, sie dennoch anerkennen zu müssen, führt auch zu der Tendenz, sich niemand und keiner Sache je völlig zu verschreiben. Die Überzeugung von der eigenen Objektivität in allen geistigen Dingen vervollständigt das Bild des Jupiterkomplexes in diesem Sucher und Versucher. Wenn man schon lernen soll, dann nicht aus den Lehren anderer, sondern aus den eigenen Fehlern.

Wir gehen nun zu den *Wasserzeichen* über.

In Wasserzeichen wird die Jupiterkraft gestärkt durch die Tatsache, daß im Krebs die Erhöhung dieses Planeten, in Fische sein zweites Haus liegt. Dadurch gewinnen die Wasserzeichen schon von Anfang an als Sitz des Jupiterkomplexes eine veredelnde Kraft. Es wird sich in der Folge zeigen, daß in den Wasser- und Erdzeichen der Sitz der Jupiterkraft in Fische zu größerer Bedeutung gelangt in bezug auf seinen verschwiegenen Beitrag zur Aspektwirkung als deren Sitz in Schütze, während umgekehrt in den Feuer- und Luftzeichen gerade der Schütze als Zeichen des Jupiter in sich seiner männlichen Polarität von stärkerem Einfluß ist.

Die Würde Jupiters, die hier zum Kennzeichen des Jupiterkomplexes wird, zeigt sich vornehmlich darin, niemandem zu schaden, ohne ihm gleichzeitig zu nutzen. So geht denn auch hier von dem Zusammenwirken von Sonne und Jupiter eine Sympathie zu den Menschen, die von ihnen wie eine Segenswirkung empfunden wird. Wir wollen nun wieder untersuchen, wie sich dies in den drei Wasserzeichen darstellt.

KREBS: Sonne mit dem Halbsextil im eigenen Zeichen und dem Quadrat im Zeichen der Erhöhung. Jupiter im Zeichen seiner Erhöhung, Trigon und Quinkunx im eigenen Zeichen.

Jupiter ist hier der stärkere Planet und umhüllt die Sonnenkräfte mit der Würde des »Vaters« oder der »Mutter«. Es ist jedoch nicht zu übersehen, daß die Sonne als der schwächer gestellte Planet mit den in der Krebsnatur schlummernden Anlagen der seelischen Verletzlichkeit und Schutzbedürftigkeit auf jene Würde drückt, als die restlose Selbstlosigkeit solcher Vater- oder Mutterschaft hier nicht erwartet werden kann, wo die Wahrung des Prestiges im Vordergrund steht. Es könnte hier heißen: Ich trüge gerne noch länger des Vaters Bürden, wenn die Kinder dies richtig zu schätzen verstünden. In dieser Konjunktion schlummert eine geheime Verwandtschaft zum Steinbock-Jupiter-Komplex, wie wir noch sehen werden.

SKORPION: Sonne hat das Quadrat im eigenen Zeichen, Quinkunx im Zeichen der Erhöhung. Jupiter hat Trigon und das Halbsextil im eigenen Zeichen, Trigon im Zeichen der Erhöhung.

Wieder ist Jupiter der stärkere und bessergestellte Planet, und wieder ist es die Sonne, die auf diesen Jupiter drückt. Was hier von Jupiter ausstrahlt, ist das Bewußtsein der seelischen Überlegenheit durch den Besitz von Kräften, die dem Geborenen die Macht über andere Menschen verleihen, die sich ihm anvertrauen. So entsteht in Verbindung mit dem Jupiterkomplex jener starke Glaube an die eigene Seelenmacht, die so sehr die Voraussetzung für die besondere Form der hier auftretenden Suggestivkraft ist. Denn sie arbeitet hauptsächlich mit den Hilfsmitteln, die die so Geborenen aus den Seelenkräften der anderen ziehen und umgewertet wieder an sie zurückgeben, durchwirkt mit dem Glaubensvitamin, das sie innerlich zu stärken vermag, so daß sie sich seelisch gehoben und regeneriert fühlen, wenn nicht gar verjüngt und gesegnet. Es ist die Kraft des Arztes, die sich in diesem Komplex ausdrückt – aber wieder ist es, wie bei Krebs, die Sonne, die hier die volle Selbstlosigkeit nicht aufkommen läßt. War es dort die besondere Verletzlichkeit der Seele, so ist es hier das Machtgefühl, dessen Übertwertigkeit die reine Heilkraft überschattet und bewirkt, daß es ein stillschweigendes und niemals eingestandenes, aber immer waches Lebensbedürfnis bleibt, diesem Machtgefühl zu dienen.

FISCHE: Sonne hat Quinkunx im eigenen Zeichen, das Halbsextil im Zeichen der Erhöhung. Jupiter im eigenen Zeichen mit dem Quadrat, Trigon im Zeichen der Erhöhung.

Hier ist Jupiter nicht mehr so gut, die Sonne aber besser gestellt als in dem vorhergehenden Fall. Es ist die Sonne, die sich hier ungeschwächt durchsetzt, so daß die Gesamtwirkung des Jupiterkomplexes weniger ichbetont ausfällt, weil die Kraft des Sonnen-Ichs diese Betonung nicht nötig hat. Es ist nicht das »Väterliche« oder »Mütterliche«, es ist auch nicht das »Ärztliche«, es ist vielmehr das beglückende Gefühl, eine Zufluchtsstätte sein zu können für die Seelennöte der anderen und sie durch die Kraft der »jovialen« Ausstrahlung zu beschwichtigen. In dem Bewußtsein, solches leisten zu können, und der Befriedigung, die dieses Bewußtsein gewährt, offenbart sich hier die eigentliche Charakteristik des Jupiterkomplexes.

Wir wenden uns nun zu den *Erdzeichen*.

In den Erdzeichen nimmt der Jupiterkomplex wieder eine andere Form an. Hier stärkt sich das Selbstgefühl an der eigenen Tätigkeit, die man um sich herum wahrnimmt oder wahrzunehmen glaubt. Es ist, als würde man alles, was man als das Resultat seines Tuns wertet, mit der geheimen Marke »made by myself« versehen, sie aber vor den anderen verbergen müssen, um nur im Notfall auf sie hinzuweisen. Dies macht sich insbesondere in Steinbock und Jungfrau, wo Jupiter ungünstig gestellt ist, bemerkbar.

STEINBOCK: Sonne mit dem Quadrat im Zeichen der Erhöhung, Quinkunx im eigenen Zeichen. Jupiter im Zeichen seines Falles, mit dem Sextil und Halbsextil im eigenen Zeichen.

Hier ist es wieder Jupiter, der auf die Sonne drückt, insofern die Tatkraft, die unbeugsame Energie in der Verfolgung eines bestimmten Zieles durch den niemals rastenden Ehrgeiz, den hier der Steinbock-Jupiter hinzufügt, allzusehr von dem objektiven Ziel auf die Wahrung des eigenen Ansehens abgelenkt wird. Der Schein wird zumindest ebenso wichtig wie die Leistung selbst. So entsteht hier der Eindruck einer starken Natur, die zu imponieren versteht, um die sich gerne die Schwächeren scharen.

STIER: Sonne hat das Quadrat im eigenen Zeichen, das Halbsextil im Zeichen der Erhöhung. Jupiter mit dem Sextil und Quinkunx im eigenen Zeichen, das Sextil im Zeichen der Erhöhung.

Beide Planeten sind hier in günstiger Position. Hier ist es das ruhige Kraftbewußtsein, das nicht zur Überschätzung, wohl aber zur zufriedenen Schätzung all dessen neigt, was man an Fähigkeiten und Talenten besitzt. In diesem Bewußtsein und der Würde, die es verleiht, liegt die Hauptcharakteristik des Jupiterkomplexes in Stier. In dem Grad, in dem man dabei in der eigenen Achtung steigt, mag man sich auch die Achtung derjenigen erwerben, die diese stolze Bescheidenheit zu schätzen wissen.

JUNGFRAU: Sonne hat das Halbsextil im eigenen Zeichen, Quinkunx im Zeichen der Erhöhung. Jupiter im Zeichen seiner Vernichtung, das Sextil im Zeichen der Erhöhung, das Quadrat im eigenen Zeichen.

4. Vortrag

Jupiter ist hier der schwächere Partner, er drückt auf die Sonne. Was im Stier als weise Beschränkung angesehen werden konnte, wird hier zum ängstlichen Festhalten, das schon von vornherein mißtrauisch jede mögliche Beeinträchtigung der eigenen Machtsphäre fürchtet. Es ist seltsam, daß hier der Jupiterkomplex durch die heimlich drohende Minderwertigkeit so sehr niedergehalten wird, daß alle Mittel eines mutlosen Präventivkrieges gegen die mögliche Unterschätzung der eigenen Person durch andere im Unterbewußtsein bereitgehalten werden, um meist im unpassenden Moment hervorgeholt zu werden. Es ist der Jupiterkomplex des exilierten Fürsten, der sich niemals anerkannt sieht, ein Entmutigter, der anderen den Glauben an sich einflößen möchte, den er selbst nicht besitzt. Und dennoch geht auch von dieser Konstellation eine gewisse Anziehungskraft aus; sie ruft Menschen in den eigenen Bannkreis, die sich selbst exiliert haben, Unzufriedene, die sich hier gewissermaßen um ihren heimlichen Führer scharen, oder geborene Tröster und Helfer. So wird diese Konjunktion in gewissem Sinn zum Spiegel des Fische-Jupiter-Komplexes.

Wir betrachten nun die *Sonne-Saturn-Konjunktion*.

Sie steht in einem natürlichen Gegensatz zum Jupiterkomplex, in dem sich Saturn und Jupiter schon durch ihre Dolmetschfunktion im Tierkreis befinden. So geht denn auch nichts »Joviales« aus von dieser Stellung, nichts, was dem so Geborenen die Anziehungskräfte verleiht, die wir als Kennzeichen des Jupiterkomplexes beschreiben konnten – wenigstens nicht bei flüchtiger oder erstmaliger Berührung. Es ist im Gegenteil so, als ob eine Kältewelle von dieser Konstellation ausginge. Es fehlt der alles erleichternde Optimismus, als würde der strahlende Sonnenkern das Ich verdunkelt, als würde das »Anti-Ego« jeden Lebensschnitt begleiten und sich wie eine bleierne Last an die Füße heften. So kommt es, daß der Saturnkomplex den Menschen von Anfang an mit einem mehr oder weniger düsteren Ernst im Leben stellt, der ihn fast zwangsmäßig dazu drängt, alles, was er unternimmt oder erleidet, sei es angenehm oder unangenehm, mit gleicher Gründlichkeit und Strenge durchzukosten. Wir haben nun zu untersuchen, welche Form diese Düsterkeit und Strenge in den einzelnen Zeichen annimmt.

Dabei mag uns folgende allgemeine Erwägung als Fingerzeig dienen. Während das Verhältnis von Sonne und Jupiter durch die im Tierkreis vorgebildeten Beziehungen beider Planeten untereinander sich so verhielt, daß in diesem Jupiterkomplex das heimliche Trigon zwischen

Löwe und Schütze eine primäre Harmonie zwischen ihnen schuf, die durch das ebenso heimliche Quadrat zwischen den Orten ihrer Erhöhung eine seltsame Würze erhielt, besteht hier zwischen beiden Zeichen eine Opposition, auch zwischen den Orten ihrer Erhöhung. Dies bewirkt, daß der Kern dieser Sonne-Saturn-Konjunktion eine besonders feste, durch die Polarität der beiden Elemente verstärkte Kohäsion aufweist, deren Lösung zunächst nur das geheime Quinkunx (Steinbock-Löwe) einleiten könnte.

Wir wenden uns zunächst den *Feuerzeichen* zu.

Die Veranlagung zur Strenge und Düsterkeit wirkt sich hier als moralische Hemmung aus, die überall am Werk ist, aufkeimende Neigungen zur Leichtlebigkeit oder gar zum Leichtsinn zu unterdrücken oder hinterher zu bereuen.

WIDDER: Sonne im Zeichen ihrer Erhöhung, Trigon aus dem eigenen Zeichen. Saturn im Zeichen seines Falles, das Sextil im eigenen Zeichen, das Quadrat ebenfalls.

Saturn drückt hier stark auf den Elan, den Sonne im Widderzeichen verleiht, und fügt einen düsteren Fanatismus hinzu, der bewirkt, daß der Geborene mit fast mitleidloser Strenge seinen Weg geht. Diese Strenge richtet sich ebenso gegen die anderen wie gegen sich selbst. Man kann hier sogar von Grausamkeit sprechen, die auch vor dem eigenen Wesen nicht haltmacht.

LÖWE: Sonne im eigenen Zeichen, Trigon im Zeichen ihrer Erhöhung. Saturn im Zeichen seiner Vernichtung, das Sextil im Zeichen der Erhöhung, der Quinkunx im eigenen Zeichen.

Auch hier ist Saturn ähnlich geschädigt wie in Widder, aber der Komplex ist um eine Nuance weniger hart. Hier wird sich der Saturnkomplex in einer milderen Form äußern, etwa so, daß die Wärme, die sonst von der Löwensonne ausgeht, kälter wird. Seltsam ist es, wenn hier die Neigung zum Lebensgenuß zu einer peinlichen Pflicht wird, der man sich zu entledigen sucht. Es ist, als ob einem die Freude selbst keine rechte Freude bereiten würde, wenn sie nicht mit saturnischer Gründlichkeit durchgekostet wird.

SCHÜTZE: Sonne hat Trigon im eigenen Zeichen, Trigon im Zeichen der Erhöhung. Saturn hat das Sextil und Halbsextil im eigenen Zeichen, das Sextil im Zeichen des Erhöhens.

4. Vortrag

Saturn steht hier stark und mächtig und entfaltet demgemäß seine spezifische Kraft ungebrochen. Der Feuer-Saturn-Komplex kommt voll zu Geltung. Die Idee der ethischen Pflicht macht sich in ihrer vollen Schwere geltend, so daß man von Sklaven dieser Pflicht sprechen könnte. Nicht was man aus Neigung, sondern nur was man aus der wohl erkannten ethischen Gesinnung auch gegen alle Neigung tut, kann vor dem strengen Richterstuhl des eigenen Gewissens bestehen. Nur so kann man sich das bewahren, was unter der Herrschaft des Schütze-Saturn-Komplexes das Wichtigste im Leben ist – die Selbstachtung. So geht auch von dieser Konstellation ein unverkennbares Maß an Kälte aus, die dem Gebot höchster Selbstzucht entspringt.

Wir wenden uns den *Luftzeichen* zu.

Hier entsteht durch die Saturnnähe zur Sonne ein asketischer Zug, der sich von dem eben beschriebenen dadurch unterscheidet, daß er theoretischer ist und sich in der Strenge der logischen Forderungen ausdrückt, die hier das Denken an sich selbst stellt. Dies macht sich häufig genug in gelähmten geistigen oder schöpferischen Impulsen bemerkbar, dem Hauptcharakteristikum des luftigen Saturnkomplexes.

WAAGE: Sonne im Zeichen ihres Falles, das Sextil im eigenen Zeichen. Saturn im Zeichen seiner Erhöhung, Trigon und das Quadrat im eigenen Zeichen.

Saturn ist der stärkere Planet; der Widerstreit zwischen künstlerischer Intuition und dem Bedürfnis nach logischer Strenge bringt hier die seltsame Verbindung von Dichter und Denker zustande, wobei der eine den anderen ebenso häufig behindert wie er ihn. Der Mangel an Nachsicht gegen sich selbst führt nicht selten zu derselben Strenge gegen andere; wobei jedoch der Maßstab selbst derart schwankt, daß er in demselben Grad, indem er sich vor der »Wirklichkeit« als unverläßlich erweist, für den Geborenen der einzige gemäße bleibt. Die Askese besteht hier darin, daß man der Konzilianz und der Vermittlung, zu denen die Waage-Sonne veranlagt, allen Kompromissen abhold bleibt, die irgendein Zugeständnis an die »Wirklichkeit« verlangen. Man sieht mit vollem Bewußtsein die entgegengerichtete Stimme des Inneren vor der Saturnstrenge verblassen.

WASSERMANN: Sonne im Zeichen ihres Exils, das Sextil im Zeichen der Erhöhung. Saturn im eigenen Zeichen mit dem Halbsextil, Trigon im Zeichen der Erhöhung.
Saturn ist wieder der stärkere Planet. Die eben beschriebene »geistige Askese« stellt sich hier im Zeichen des Eremiten noch blutloser dar und hüllt das gesamte Weltbild in eine eintönige Farbe, gleich der monochromatischen Fotografie. Es schwinden alle leuchtenden Farben, und man lernt frühzeitig, auf alle Verlockungen zu verzichten, die sich nicht abseits vom Leben im Geistigen darbieten. Von diesem Verlangen berührt, wird die natürliche Sinnlichkeit unterdrückt. Hier offenbart sich der strengste Sinn einer Lebensauffassung, die in geistiger Einsamkeit und Askese ein unirdisches Glück sucht.

ZWILLINGE: Sonne mit dem Sextil im eigenen Zeichen und im Zeichen der Erhöhung. Saturn mit Trigon und Quinkunx im eigenen Zeichen, Trigon im Zeichen der Erhöhung.
Skeptizismus und unbefriedigtes Suchen werden unter Saturns Hilfe fast zum lebenswichtigen Zwang. Das Verlangen, schon einmal Gefundenes immer wieder aufzugeben, um es erneut zu suchen, auch auf die Gefahr hin, es für immer verloren zu haben, kennzeichnet die ganze Schwere des Saturnkomplexes in diesem Zeichen, das Saturn wieder in seiner vollen Kraft zeigt. So ungünstig diese Veranlagung auch in den Augen anders Geborener aussehen mag, für den so Geborenen ist sie die Quelle seines Glücks; er ist ein gründlicher Sucher, der seine Fahrt ins Leben mit leeren Händen antrat, um wieder mit leeren Händen heimzukehren – ein Hans im Glück im Geistlande.

Wir gehen nun zu den *Wasserzeichen* über.

Der hervorstechendste Zug des wäßrigen Saturnkomplexes ist wohl ein Gefühlspessimismus, der sich überall zeigt, wo das Gefühlsleben in den Vordergrund tritt. Vor allem ist es das Hoffen, das hier so stark gemindert ist, daß der so Geborene stets auf das Schlimmste gefaßt ist und mit seinen schlimmen Erwartungen stets der Wirklichkeit vorauseilt. Vielleicht schwingt dabei stillschweigend der Gedanke mit, daß man durch eine solche Gefühlseinstellung dem Schicksal den Wind aus den Segeln nehmen könne. Betrachten wir nun die einzelnen Zeichen.

KREBS: Sonne mit Halbsextil im eigenen Zeichen und dem Quadrat im Zeichen der Erhöhung. Saturn im Zeichen seiner Vernichtung. Quinkunx im eigenen Zeichen und dem Quadrat im Zeichen der Erhöhung.

Saturn ist der schlechter gestellte Planet, er drückt stark auf die Sonne und bewirkt dadurch, daß der Lebensmut stark heruntergedrückt wird. Man wird besonders empfänglich für alles Düstere und weniger empfänglich für alle Freuden des Lebens, die nur verkappte Vorboten eines tiefer liegenden Leidens darstellen, das durch die jeder Freude nachfolgende Enttäuschung kommen muß. Es ist nicht das Mißtrauen gegen die Menschen, es ist das Mißtrauen gegen jede Freude und jedes Gülck, das hier so sehr niederdrückt. Freude und Lust sind bloß transitorische Erscheinungen im Leben – das einzig Reale ist der Schmerz (Schopenhauer).

SKORPION: Sonne hat das Quadrat im eigenen Zeichen, Quinkunx im Zeichen der Erhöhung. Saturn hat das Sextil und Quadrat im eigenen Zeichen, das Halbsextil im Zeichen der Erhöhung.

Hier stehen beide Planeten stark und bringen die Skorpionnatur voll zur Geltung. Der Saturnkomplex zeigt uns diese Natur in ihrer düsteren Gestalt. Eine verkappte Neigung zur Grausamkeit fehlt fast nie. Diese Grausamkeit, die gar nicht in der Absicht des Geborenen liegt, hat mehr negativen Charakter, d. h. sie tendiert zu einem negativen Lebensgenuß, der um so intensiver durchgelebt wird, je mehr Seelenkräfte der anderen dabei verbraucht werden. Sie bilden das beständige Probeobjekt für das ungeschwächte Weiterbestehen der eigenen Skorpionkraft.

FISCHE: Sonne hat Quinkunx im eigenen Zeichen, das Halbsextil im Zeichen der Erhöhung. Saturn mit dem Halbsextil und Sextil im eigenen Zeichen, Quinkunx im Zeichen der Erhöhung.

Auch hier ist das Verhältnis zwischen den Kräften der beiden Planeten ein ähnliches. Was hier entsteht, könnte man als einen Zustand chronischer Verbitterung bezeichnen. Die aus der Fischenatur entspringende Empfänglichkeit für »der Menschheit ganzen Jammer« wird als Last empfunden, die man vergeblich loswerden möchte. Nicht Grausamkeit, sondern allzu großes Mitleid mit sich selbst kennzeichnet hier den Saturnkomplex. Vielleicht ist es auch weniger das Mitleid als die Unzufriedenheit mit der vom Schicksal verliehenen Gabe, mit anderen mitleiden zu müssen. Man ist zuweilen zu gut, zuweilen aber auch wieder nicht gut genug in dieser Welt des Jammers.

Wir wenden uns nun zu den *Erdzeichen*.

Hier verleiht der Saturnkomplex Gründlichkeit, die sich in hohem

Grad auf den Ausbau des eigenen Charakters, wie er durch die Erdnatur gegeben ist, bezieht. Diese Arbeit an der eigenen Natur wird geradezu zur Lebenspflicht und konzentriert die Interessen auf sich selbst; man kann niemals vergessen, was man sich selbst schuldig ist.

STEINBOCK: Sonne mit dem Quadrat im Zeichen der Erhöhung, Quinkunx im eigenen Zeichen. Saturn steht zusammen mit dem Halbsextil im eigenen Zeichen, hat das Quadrat im Zeichen der Erhöhung.

Die Gründlichkeit in der Durcharbeitung der eigenen Anlagen ist das hervorstechendste Merkmal. Im Zusammenhang damit steht, daß jede übernommene Verantwortung zur Verantwortung für den eigenen Charakter und damit zur Ehrensache wird. Dies führt zu einer gewissen Strenge gegen sich selbst, die nach außen zuweilen als Kälte und Selbstsucht erscheinen mag.

STIER: Sonne hat das Quadrat im eigenen Zeichen, das Halbsextil im Zeichen der Erhöhung. Saturn mit Trigon und Quadrat im eigenen Zeichen, Quinkunx im Zeichen der Erhöhung.

Beide Planeten sind durch ihre Tierkreisbeziehung in ihrer gegenseitigen Beziehung ein wenig benachteiligt. Der Saturnkomplex verleitet hier zu Engherzigkeit, Sparsamkeit und Übervorsicht, soweit es auf die Nutzung der eigenen Kräfte ankommt. Ein stilles Veto ist stets am Werk, den Geborenen zu mahnen, nichts zu riskieren, was seine Kräfte übersteigen und damit das Gewissen belasten könnte. Man liebt es, in allen Fällen lieber mit einem zu großen als einem zu niedrigen Sicherheitskoeffizienten zu leben und zu arbeiten, und legt darum gern Vorräte an für den »Notfall«, den man immer gegenwärtig glaubt.

JUNGFRAU: Sonne mit dem Halbsextil im eigenen Zeichen, Quinkunx im Zeichen der Erhöhung. Saturn hat Trigon und Quinkunx im eigenen Zeichen, das Halbsextil im Zeichen der Erhöhung.

Die Neigung zur Gründlichkeit, die den Saturnkomplex in allen Erdzeichen kennzeichnet, weil sie dazu nötigt, alle möglichen Konsequenzen beabsichtigter Handlungen oder Unterlassungen zu durchdenken, ehe man sich entschließt, irgend etwas zu unternehmen. Die Furcht vor etwaigem Schaden, der ihnen daraus erwachsen könnte, und die damit verbundene Sorge um das eigene Wohl umgibt hier die Geborenen leicht mit dem Schein des Egoismus und des Desinteresses an anderen, solange das eigene Wohl in Frage steht.

4. Vortrag

Es bleibt auch hier, wie in allen Fällen, die eigentümliche Note des »Komplexes«, daß er – mit dem Wesen des Geborenen eng verwoben – gar nicht recht in dessen Bewußtsein dringt, daß wie aus einem Instinkt heraus gehandelt, gedacht, gefühlt oder gar gewollt wird, was zur Folge hat, daß solche Komplexe von den Trägern meist geradewegs abgeleugnet werden, wenn man sie ihnen vorhält.

Wir wollen nun nur noch eine ganz kurze Betrachtung über die *Konjunktion von Sonne und Merkur* anstellen. Diese Konjunktion ist der einzige Aspekt, der zwischen diesen beiden Planeten möglich ist. Merkur kann in keinem Fall der Sonne entgegentreten.

Wenn wir hier von einem Merkurkomplex sprechen, so können wir das nicht in demselben Sinn wie bei den anderen Planeten, weil dies die einzig nähere Beziehung ist, in die diese beiden Planeten zueinander gebracht werden können. Dies wirkt sich nun so aus, daß die Mehrfunktion bei dieser Konjunktion untertaucht, so daß das Denken in diesem Fall vollkommen zum Vasallen der Sonne wird. Es ist, als würde sich ein mit diesem Komplex Geborener beständig selbst nach dem Mund zu reden haben, d. h. er muß sein Denken so einrichten, daß die Konsequenzen seines Denkens niemals dem widersprechen können, was er in den Tiefen seines Ichs will. Dadurch wird das Denken von vornherein seiner Selbständigkeit beraubt, und es tritt gar keine Neigung ein, es der Logik zu unterwerfen. Manche Astrologen meinen, daß diese Stellung besonders zur Intuition befähigt. Aber Intuition ist vielfach die Ausrede dafür, daß man der logischen Kraft des Denkens nicht zu vertrauen gewillt ist, weil man sie in sich nicht ausgebildet hat. Man wird also in solchen Fällen sehen, daß das Denken sich niemals erlaubt, aus eigenen Impulsen zu arbeiten – und so fehlt eigentlich allen mit dem Merkurkomplex Geborenen das, was man Intellektualität nennt. Nicht einmal in den Zeichen, in denen Merkur gestellt ist, wie in Jungfrau und Zwillinge, tritt bei der Konjunktion mit Sonne diese Intellektualität hervor. Was Merkur hier zu leisten hat, ist lediglich die Rechtfertigung des Denkens vor dem moralischen Gewissen, das allein durch Sonne vorgestellt wird.

Betrachten wir nun die einzelnen Kategorien.

In *Feuerzeichen* hat der Merkurkomplex die Funktion, die hier vorhandene Impulsivität durch eine geistige Toleranz zu decken. Man ist geneigt, nicht logisch, sondern in Aperçus oder Aphorismen hinterher das zu begründen, was der Wille vorschreibt. Jedenfalls kann angenommen werden, daß ein Mensch mit dem Merkurkomplex im Feuerzeichen niemals ohne Esprit ist.

WIDDER: Sonne im Zeichen ihrer Erhöhung, Trigon aus dem eigenen Zeichen. Merkur hat das Sextil im eigenen Zeichen, Quinkunx im Zeichen der Erhöhung.

Hier kann man geradezu von einer Zuspringlichkeit des raschen Urteils sprechen, das immer bereit ist, auf den ersten Eindruck hin mit voller und unwiderruflicher Bestimmtheit ausgesprochen zu werden.

LÖWE: Sonne im eigenen Zeichen, Trigon im Zeichen ihrer Erhöhung. Merkur mit dem Sextil im eigenen Zeichen, dem Halbsextil im Zeichen der Erhöhung.

Hier macht der Merkurkomplex den Geborenen nachsichtig und weitherzig in geistigen Dingen; man achtet jede Überzeugung, weil man sie für nicht so wichtig hält – sie ist fast immer nur eine Ausrede, um das zu decken, was man im Grund seines Wesens wünscht oder muß.

SCHÜTZE: Sonne hat Trigon im eigenen Zeichen und im Zeichen der Erhöhung. Merkur steht im Zeichen der Vernichtung, mit dem Quadrat im Zeichen der Erhöhung.

Die Kraft der Sonnenenergie wird hier durch Merkurs Partnerschaft ein wenig gelähmt. Das Denken stört nur; man kommt am besten aus, wenn man es auf den untergeordneten Platz verweist, den es der Intuition gegenüber einzunehmen hat. Es mag eine ähnliche Rolle spielen wie der Narr am Hof des Königs.

Wir wenden uns zu den *Luftzeichen.*

Hier ist des Denkens eigentliches Gebiet. Merkur bestätigt und rechtfertigt die Sonnenkräfte in jedem der drei Zeichen in ihrer Eigennatur.

WAAGE: Sonne im Zeichen ihres Falles, das Sextil im eigenen Zeichen. Merkur hat Trigon im eigenen Zeichen, das Halbsextil im Zeichen der Erhöhung.

Hier tritt als Ausdruck des Merkurkomplexes ein hochentwickeltes, ungewöhnlich einfallsreiches Kombinationsvermögen auf, wodurch man fähig wird, allem, was man geistig hervorbringt, einen weitreichenden Sinn zu geben, der über die Grenzen des jeweilig gebrauchten

Wortes hinausreicht ins Allgemeine. Man denkt gleichsam stets in Maximen und Reflexionen – eine vorzügliche Stellung für Dichter und Denker.

WASSERMANN: Sonne im Zeichen ihres Exils, das Sextil im Zeichen ihrer Erhöhung. Merkur hat Trigon im eigenen Zeichen, Quinkunx im Zeichen der Erhöhung.
 Hier befähigt der Merkurkomplex den Geborenen, wenn man so sagen darf, sein eigener Interpret oder Dolmetsch zu sein und so den Weg leichter zu anderen zu finden als die Wassermann-Sonne für sich allein imstande wäre. Er erleichtert es, sich in der Sprache der anderen auszudrücken, ohne dabei sich selbst untreu zu werden.

ZWILLINGE: Sonne hat das Sextil im eigenen Zeichen und im Zeichen der Erhöhung. Merkur steht im eigenen Zeichen und hat das Quadrat im Zeichen der Erhöhung.
 Dieser Komplex verleiht die Gabe der Spitzfindigkeit und der Sophistik. Alle Irrtümer, die man mit Sonne in Zwillinge zu begehen genötigt ist, vermag man hinterher zu rechtfertigen.

In *Wasserzeichen* nimmt der Merkurkomplex eine andere Gestalt an. Wieder tritt Merkur hinter den Sonnenkräften zurück und nimmt deren Eigentümlichkeiten an. Empfänglichkeit, Anpassungsfähigkeit, Bieg- und Schmiegsamkeit in allen Dingen, bei denen es darauf ankommt, wie man am reibungslosesten mit ihnen auskommt, gesellt sich zu einer gewissen Findigkeit im Entgleiten, wo unangenehme Situationen drohen.

KREBS: Sonne mit dem Halbsextil im eigenen Zeichen, dem Quadrat im Zeichen der Erhöhung. Merkur hat das Halbsextil im eigenen Zeichen, das Sextil im Zeichen der Erhöhung.
 Gelehrigkeit in allen Lebenslagen nebst der Fähigkeit, das Gedankenleben in den Dienst der Gefühle zu stellen, bringen hier große Empfänglichkeit für Kunst und Kunstgenuß zustande und einen besonderen Sinn für intimere Feinheiten, die zwischen den Zeilen des Lebens zu lesen sind.

SKORPION: Sonne hat das Quadrat im eigenen Zeichen, Quinkunx im Zeichen der Erhöhung. Merkur mit dem Sextil im eigenen Zeichen und im Zeichen der Erhöhung.

Hier wächst die Kraft, anderen seelisch dadurch beizukommen, daß man mit großer Findigkeit deren schwache Punkte aufspürt. Dies mag nicht wenig dazu beitragen, das eigene Machtgefühl zu steigern, aber auch das feinere geistige Raffinement, das hier dem so Geborenen sehr zu Hilfe kommt, seine Seelenkräfte fruchtbringend in seiner Skorpionnatur zu entfalten.

FISCHE: Sonne hat Quinkunx im eigenen Zeichen, das Halbsextil im Zeichen der Erhöhung. Merkur steht im Zeichen seines Falles, das Quadrat hat er im eigenen Zeichen.

Die Einfühlsamkeit in fremdes Seelenleben verbindet sich hier mit der Empfänglichkeit für fremdes Denken zu einem Komplex, der befähigt, ohne es zu merken, zum Medium für seelisch-geistige Strömungen zu werden und diese für die eigene innere Physiognomie zu halten und als sie vor sich selbst und anderen geltend zu machen.

In *Erdzeichen* gewährt Merkur der Sonne alle Hilfe, die durch Rechtfertigung des Tuns auf dem Weg der Wohlüberlegtheit wirklich oder vermeintlich zugebracht werden kann. Hier entsteht als Ausdruck des erdigen Merkurkomplexes jene Eigenschaft, die man vielleicht am besten als Umsichtigkeit bezeichnen kann.

STEINBOCK: Sonne mit dem Quadrat im Zeichen der Erhöhung, Quinkunx im eigenen Zeichen. Merkur hat Trigon im Zeichen der Erhöhung, Quinkunx im eigenen Zeichen.

Die Umsichtigkeit führt hier dazu, daß man vor allem nicht gern unaufgearbeitete Reste hinterläßt. »Was du heute kannst besorgen, das verschiebe nicht auf morgen.« Der Rechenschaftsbericht liegt jederzeit bereit, wenigstens für den eigenen Gebrauch. Dafür sorgt Merkur.

STIER: Sonne hat das Quadrat im eigenen Zeichen, das Halbsextil im Zeichen der Erhöhung. Merkur hat das Halbsextil im eigenen Zeichen, Trigon im Zeichen der Erhöhung.

Hier ist die Umsichtigkeit mehr retrospektiv. Der Rechenschaftsbericht paßt sich hinterher stets mit großer Geschicklichkeit den nicht mehr zu ändernden Tatbeständen an und gibt sich damit zufrieden. Diese Selbstberuhigung durch spätere Sanktion des eigenen Verhaltens kennzeichnet hier den Merkurkomplex in bezug auf seine Grenzen.

JUNGFRAU: Sonne hat das Halbsextil im eigenen Zeichen, Quinkunx im Zeichen der Erhöhung. Merkur steht im Zeichen seiner Erhöhung, das Quadrat steht im eigenen Zeichen.

Die Umsichtigkeit erreicht hier den höchsten Grad. Der Geborene führt ein ihm eingebautes »alphabetisch geordnetes Notizbuch« bei sich, darin wird alles verzeichnet, was zur besseren Orientierung im Leben dienlich sein kann. Gefährlich ist, daß sich dieses Notizbuch schließlich zu einem Hirnsurrogat auswachsen könnte, das sich überall eigensinnig vordrängt, ein Lebensballast, von dem sich der Geborene nicht zu trennen traut, weil er den freien Höhenflug des eigenen immer lebendigen Denkens fürchtet. Der Jungfrau-Merkur-Komplex bildet so ein seltsames Gegenstück zu dem Merkurkomplex im Fischezeichen.

Immer müssen wir daran denken, daß das Wesen all dieser »Komplexe« dem Geborenen selbst, gerade weil sie in ihm mit einem Instinkt arbeiten, in seiner Selbstkritik durch geraume Zeit unzugänglich bleiben. Hier lehrt Astrologie den Weg, zu ihrer Erkenntnis zu finden.

5. Vortrag

Wir wenden uns nun der Untersuchung der *Sonne-Venus-Konjunktion* und der *Sonne-Mars-Konjunktion* zu. Wieder sprechen wir von Komplexen, da es sich auch hier um geburtsgegebene Venus- oder Marseinflüsse handelt, die sich so mit der Grundrichtung des Charakters verbinden, daß sie aus dieser Verbindung nicht gelöst werden können.

Was nun zunächst den *Venuskomplex* betrifft, so haben wir es hier mit einer Venusbetonung der menschlichen Eigennatur zu tun, die ihn in allen Lebenslagen um Liebe werbend einstellt. Menschen, die so geboren sind, fühlen in sich die Neigung, um all das zu werben, was sie selbst fähig macht, sich in Sympathie mit der Umwelt zu verbinden. Sie sind in erster Linie aufgeschlossen für alles, was mit Liebe zu tun hat, und abgewendet von allen gegenteiligen Strömungen. Dieser Umstand läßt den so Geborenen auch die Sympathien der anderen leicht zufliegen, diese Veranlagung stattet sie mit Liebreiz aus. Vielleicht läßt sich das Wesentliche des Eindrucks, den der Venuskomplex hervorruft, durch das Wort »Charme« charakterisieren. In den einzelnen Zeichen des Tierkreises stellt sich nun der Inhalt dieses Komplexes recht verschieden dar.

Wieder wenden wir uns zunächst den *Feuerzeichen* zu.

Hier tritt das Sympathiebedürfnis mit besonderer Kraft hervor; zuweilen erhält dieses sogar einen herausfordernden Charakter, der seinerseits häufig genug von einem leicht verletzbaren Stolz begleitet wird, der überall dort geweckt wird, wo diese Herausforderung auf Hindernisse stößt oder gar zurückgewiesen wird. Dann kann sich die Schattenseite dieser Sympathiewerbung recht ungünstig erweisen.

WIDDER: Sonne im Zeichen ihrer Erhöhung, Trigon aus den eigenen Zeichen. Venus im Zeichen ihrer Vernichtung, mit dem Halbsextil im eigenen Zeichen und im Zeichen der Erhöhung.
Hier ist der eben beschriebene Stolz ganz besonders entwickelt. Man erträgt es schwer, nicht jenem Maß an Sympathie zu begegnen, auf das man Anspruch zu haben glaubt. In solchen Fällen könnte es fast scheinen, als würde sich die hier exilierte Venus als Mars verkleiden wollen. Aber die im Zeichen ihrer Erhöhung stehende Sonne über-

strahlt alle von der exilierten Venus ausgehenden negativen Tendenzen, so daß der Gesamteffekt jener Konjunktion sich gleich einem Talisman auswirkt, der die Herzen der anderen öffnet, dem Geborenen selbst aber das Gefühl der Unbezwinglichkeit, wo nicht gar der Unwiderstehlichkeit, verleiht.

LÖWE: Sonne steht im eigenen Zeichen, Trigon im Zeichen ihrer Erhöhung. Venus hat das Sextil und Quadrat im eigenen Zeichen, Quinkunx im Zeichen der Erhöhung.

Hier tritt das Herausfordernde im Venuskomplex wesentlich zurück; man »sonnt« sich gerne in der eigenen Lebens- und Liebeskraft und kostet mit Behagen den Sympathiegewinn aus, der von den anderen auf einen selbst zurückstrahlt. »Diesen Kuß der ganzen Welt« möchte man mit Schiller allen zurufen.

SCHÜTZE: Sonne hat Trigon im eigenen Zeichen und im Zeichen der Erhöhung. Venus hat das Sextil und Qinkunx im eigenen Zeichen, das Quadrat im Zeichen der Erhöhung.

Hier gewinnt der Venuskomplex wieder eine andere Bedeutung. Was jetzt von dem Geborenen ausstrahlt, wird von ihm wie ein Gnadenspenden empfunden. Es ist, als wäre man zu einem Priester des Liebeswerkes auserkoren und müßte sich stets der Würde bewußt bleiben, die mit diesem hohen Amt verbunden ist.

Wir wenden uns nun zu den *Luftzeichen*.

Hier ist man nicht mehr so sehr in den Tiefen seines Charakters mitbeteiligt bei allem, was mit dem Werben um Sympathie zusammenhängt, und vor allem frei von den Verlockungen des Stolzes. Man gibt sich leichter und läßt sich leichter nehmen, weil kein Ich-Prestige zu verteidigen ist, aber wohl vorzugsweise deshalb, weil alle Verbindungen, die auf Grund jener bewußten oder unbewußten Sympathiewerbung zustande kommen oder nach denen man verlangt, einen mehr theoretischen Charakter tragen und darum nicht so fest an der jeweiligen Person haften. Es ist gar nicht so wichtig, ob meine Werbung im einzelnen Fall wirklich erwidert wird, es ist nur wichtig, daß sie tatsächlich geschieht. Und sowie wir bei solcher Werbung in unserem Ich weniger engagiert sind, wird sie selbstloser oder zumindest weitherziger. So kommt es, daß der Venuskomplex in den Luftzeichen geradezu ein Wegbereiter ist zu den Herzen der anderen und umgekehrt.

Waage: Sonne im Zeichen ihre Falles, das Sextil im eigenen Zeichen. Venus mit Quinkunx im eigenen Zeichen, Quinkunx im Zeichen der Erhöhung.

Venus ist hier der stärkere Planet; er reißt sozusagen die blassere Sonne mit sich. In diesem Zeichen geraten alle Verbindungen unter der Ägide der Venus leicht und verblühen auch wieder leicht ohne Groll, sie sterben in Schönheit. Diese Schönheit ist es, die wie ein verklärender Glanz um den Geborenen und das Motto seiner Lebensführung liegt.

Wassermann: Sonne steht im Zeichen ihres Exils, das Sextil im Zeichen ihrer Erhöhung. Venus hat Trigon und das Quadrat im eigenen Zeichen, das Halbsextil im Zeichen der Erhöhung.

Der Venuskomplex in diesem Zeichen bedarf einer eingehenden Beschreibung. Es ist vielleicht die einzige Konstellation im Wassermann, die die sonst so abgeschlossene Natur dieses Zeichens zu öffnen vermag. Aber auch hier darf nicht übersehen werden, daß alle Sympathiewerbung von einer merkwürdig »theoretischen« Note begleitet wird, als würde der Weg zu dem anderen im Grund ein Umweg um den Grundsatz der allgemeinen Menschenliebe sein, deren ein Teil dem jeweils Nächsten dargereicht wird.

Zwillinge: Sonne hat das Sextil im eigenen Zeichen und im Zeichen der Erhöhung. Venus hat Halbsextil und Trigon im eigenen Zeichen, das Quadrat im Zeichen der Erhöhung.

Auch hier besteht eine Veranlagung zur allgemeinen Menschenliebe; aber sie trägt einen wesentlich anderen Charakter. Sie ist persönlicher; hier entsteht die Neigung, sie am einzelnen Objekt zu erproben, wodurch hinterher Enttäuschungen entstehen, die aber nicht tiefgehen, weil sofort versucht wird, sie am nächsten Objekt wieder in Vergessenheit zu bringen. Zwillinge sind vielleicht jenes Zeichen, in dem der Venuskomplex am meisten zur Verflachung, zur Seichtigkeit führt und sich schließlich am besten in der Forderung ausdrücken läßt, die Sympathiewerbung in die Welt zu setzen, daß man sich bei möglichst vielen beliebt zu machen sucht. Dieses wesentliche Kennzeichen der Veranlagung trägt nicht wenig zur Selbstzufriedenheit des so Geborenen bei, weil er dadurch in die Lage kommt, jede Enttäuschung am nächsten Objekt wieder zu vergessen. So kann man glücklich bleiben, weil stets der zweite gutmacht, was der erste verdarb.

Wir gehen nun zu den *Wasserzeichen* über.

Hier nimmt der Venuskomplex ernstere Formen an. Alles, was mit Sympathiewerbung, Anmut und Glückspenden zusammenhängt, ist jetzt nicht mehr im Charakter verankert; es ist nicht eine Prestigeangelegenheit meines Wesens, daß ich mit meiner Sympathiewerbung nicht zurückgestoßen werde, es ist aber auch nicht – wie im Luftelement –, daß alle Gefühle und sogar die moralischen Impulse verblassen gegenüber der Leichtigkeit, mit der Verbindungen geknüpft und gelöst werden. All dies ist eine Herzensangelegenheit geworden; was hier entscheidend ist, ist die Intensität der Gefühle, die den Venuskomplex in jeder seiner Äußerungen begleiten.

KREBS: Sonne mit dem Halbsextil im eigenen Zeichen und dem Quadrat im Zeichen der Erhöhung. Venus mit dem Sextil und Quadrat im eigenen Zeichen, dem Trigon im Zeichen der Erhöhung.

Hier entwickelt sich mehr die negative Seite der Sympathiewerbung; man hat beständig Angst, mit irgend etwas die Gefühle der anderen zu verletzen und sich dadurch um ihre Sympathie zu bringen. Unter dem Einfluß des Venuskomplexes werden die Menschen in hohem Grad zartfühlend und empfindlich gegen alles Verletzende, Rohe und Derbe. Nur niemand weh tun, niemand beleidigen, lieber selbst Leid auf sich nehmen als andere kränken.

SKORPION: Sonne hat das Quadrat im eigenen Zeichen, Quinkunx im Zeichen der Erhöhung. Venus steht im Zeichen ihrer Vernichtung, hat das Halbsextil im eigenen Zeichen, Trigon im Zeichen der Erhöhung.

Der Venuskomplex zeigt hier ein anderes Antlitz. Wir sehen ähnlich wie im Widder die Venus in ihrem Exil gleichsam als Mars verkleidet. Die Werbung erhält drohenden Charakter, gewinnt an Leidenschaftlichkeit und wird, wo es nicht anders geht, verführerisch. Was als mögliche Verletzung des eigenen Stolzes beim Venuskomplex in Widder jenen üblen Nachgeschmack dem Selbsterleben gab, weil das Prestige darunter litt, das bringt hier leicht einen Verlust der Selbstachtung, so daß man die eigene Machtlosigkeit als schwere Demütigung empfindet.

FISCHE: Sonne hat Quinkunx im eigenen Zeichen, das Halbsextil im Zeichen der Erhöhung. Venus steht im Zeichen ihrer Erhöhung, hat Quinkunx und das Sextil im eigenen Zeichen.

Der mit dem Venuskomplex in Fische Geborene scheint zu allen Opfern bereit zu sein, durch die er Liebe beweisen und auf sich ziehen kann, nur um den Wünschen und Forderungen der anderen entgegenzukommen. Es liegt hier ein beständiges Sich-verschenken-Wollen vor, diese Konstellation kann unter Umständen zu Energielosigkeit, allzu großer Weichheit, wo nicht gar zur Charakterlosigkeit führen, zur Charakterlosigkeit in dem Sinn, daß hinter den Impulsen zur Hingabe die Wahrung der Würde und des moralischen Prestiges zurücktritt. Dies wäre die äußerste Konsequenz, zu der diese Konstellation führen könnte.

Wir gehen nun zu den *Erdzeichen* über.

Hier geht es im Gegensatz zu den früher besprochenen Fällen in erster Linie um den Erfolg, wie er sich im Materiellen darstellt. Dieser Erfolgsgedanke rückt derart in den Vordergrund, daß er die Art bestimmt, in der der Geborene jenen Komplex auslebt.

STEINBOCK: Sonne mit dem Quadrat im Zeichen der Erhöhung, Quinkunx im eigenen Zeichen. Venus hat das Sextil im Zeichen der Erhöhung, das Quadrat und Trigon im eigenen Zeichen.

Hier, wo die Sympathiewerbung sich nicht so sehr auf das Fühlen, Denken oder Wollen bezieht, sondern auf das Tun, wird alles, was damit verbunden ist, in einem derberen Gewand auftreten, und es wird jener Schleier, der namentlich in den Luft- und Wasserzeichen um alles gebreitet ist, was den Menschen anziehend macht, hier fallen. Es ist ja eine Eigentümlichkeit, die Venus im negativen Saturnzeichen mit sich bringt, daß alle Äußerungen in ihrer Domäne so stark mit der menschlichen Physis durchsetzt sind, und man kann sich vorstellen, daß dies auch auf den Venuskomplex übergreift. Es wird hier eine bemerkenswerte Unbekümmertheit darum eintreten, welche Mittel angewendet werden, wenn sie nur Sympathie oder Liebe einbringen.

STIER: Sonne hat das Quadrat im eigenen Zeichen, das Halbsextil im Zeichen der Erhöhung. Venus steht im eigenen Zeichen mit Quinkunx, das Sextil im Zeichen der Erhöhung.

Hier tritt etwas Ähnliches ein wie in Fische, nämlich eine starke Opferbereitschaft, nur daß diese hier weniger im Seelischen als im Physischen sich auswirkt. Man kann daher überall auf tatsächliche Hilfsbereitschaft rechnen, durch die sich so Geborene die Sympathie ihrer Umgebung erwerben und erhalten. Anhänglichkeit und Opferfähigkeit äußern sich nicht bloß durch Sentimentalität, sondern durch wirkliche und erprobbare Verläßlichkeit innerhalb der Grenzen einer erfolgreichen »Sympathieerwerbung«.

JUNGFRAU: Sonne hat das Halbsextil im eigenen Zeichen, Quinkunx im Zeichen der Erhöhung. Venus im Zeichen ihres Falles, das Halbsextil und der Trigon im eigenen Zeichen.
Der Venuskomplex ist hier in seiner Natur stark eingeschränkt. Man geht mit seiner Sympathie recht haushälterisch um; man wird nur dort werben, wo man des Erfolges sicher zu sein glaubt und wo man mit einer Verzinsung des so angelegten Grundkapitals rechnet. Dies scheint wie wirkliche Berechnung auszusehen, ist aber nur der Ausdruck für die besondere Verschämtheit, die Venus in Jungfrau mit sich bringt; eine Verschämtheit, die nichts so sehr scheut, als die Demütigung einer Enttäuschung ertragen zu müssen.

Wir wenden uns nun zur Besprechung des *Marskomplexes,* genauer gesagt der *Sonne-Mars-Konjunktion* zu.
Mars ist der Sonne in gewissem Sinn verwandt, denn in Widder, der das positive Haus des Mars ist, sind die Kräfte der Sonne erhöht. Aber gerade weil Sonne und Mars miteinander verwandt sind, sind sie auch Konkurrenten, und ihre Wechselwirkung tritt hier so auf, daß bei der Konjunktion beider Planeten stets der eine dem anderen das an Kräften entzieht, was er selbst in dieser Verbindung gewinnt. Unter allen Umständen aber können wir sagen, daß Mars, der ja alle tätigen Energien vorstellt, überall dort, wo er mit der Sonne in Konjunktion tritt, sie wehrhaft oder angriffslustig macht, so daß das Zusammenwirken von Sonne und Mars eine Temperamentveranlagung entstehen läßt, die auch im deutschen Sprachgebrauch als »in Harnisch kommen« bezeichnet wird und unter den vier Temperamenten zwei Ausdrucksformen schafft: das sanguinische und das cholerische Temperament, während man andererseits mit dem Marskomplex wohl niemals zum phlegmatischen oder melancholischen Temperament neigt.

Handelt es sich um *Feuerzeichen,* dann steht im Vordergrund jener Energiezuwachs, den man im allgemeinen als Mut bezeichnet oder besser durch die Endung »mütig«: übermütig, freimütig, zornmütig, hochmütig etc., aber keinesfalls gleichmütig.

WIDDER: Sonne im Zeichen ihrer Erhöhung, Trigon aus dem eigenen Zeichen. Mars steht im eigenen Zeichen mit Quinkunx, das Quadrat ist im Zeichen seiner Erhöhung.

Hier wird man wohl erwarten dürfen, daß Sonne und Mars sich gegenseitig überhitzen. Ein hitziges Temperament ist typisch für den Marskomplex im Widder, worin ein wesentlicher Unterschied gegenüber dem Saturnkomplex im selben Zeichen liegt. Dort hatten wir es mit Grausamkeitsinstinkten zu tun; hier aber, wo es sich nicht um ein Erkalten der Sonnenwärme, sondern um eine Überhitzung der Energien handelt, entsteht eher Unbeugsamkeit und Nichtachtung aller Schäden, die durch den Geborenen in der Umwelt entstehen und nicht nur in der Umwelt, sondern auch für den so Geborenen selbst, der im Elan seiner Energien auch sich selbst nicht schont. Es ist etwas Zornvolles in jeder Willensäußerung, die Besonnenheit nicht nur nicht aufkommen läßt, sondern sogar als moralisch verwerflich ansieht. Dieses Zornvolle darf nicht mit Jähzorn verwechselt werden; denn Jähzorn ist seinem Wesen nach eher ein Leiden als ein Wollen. Der Zorn, der hier auftritt, ist ein edler Zorn, der nicht auftritt, wenn ich gereizt oder verletzt werde. Vor allem fehlt hier die egoistische Note, die beim Saturnkomplex fast niemals fehlt.

LÖWE: Sonne im eigenen Zeichen, Trigon im Zeichen ihrer Erhöhung. Mars hat Trigon und das Quadrat im eigenen Zeichen, Quinkunx im Zeichen der Erhöhung.

Hier ist Sonne der stärkere Planet und mag veredelnd auf Mars zurückwirken. So kommt es weniger zu einer Überhitzung als vielmehr zu einem hohen Grad an Wärme, die sich in allen Lebenslagen bewährt und sich in einem lebendigen, fast übersprudelnden Temperament auswirkt, das vor allem zu Begeisterungsfähigkeit befähigt für alles, was das Leben und den Genuß des Lebens bereichert. In besonderen Fällen mag man hier auch von einer Neigung zu Überschwang und Ausschweifung sprechen, in keinem Fall aber von Kleinlichkeit.

SCHÜTZE: Sonne hat Trigon im eigenen Zeichen und im Zeichen ihrer Erhöhung. Mars hat Trigon und Halbsextil im eigenen Zeichen, das Halbsextil im Zeichen der Erhöhung.

Hier zeigt sich auch wieder eine Überhitzung, die ethischen Forderungen sind jetzt überspitzt, dadurch führt man sich selbst oft genug ad absurdum, weil das Prinzip über die Sache gestellt wird, um deretwillen es besteht. Hier mag man an Ibsens Brand denken, der diesen Namen gewiß nicht zufällig führt. Die mitleidlose Übersteigerung des sittlichen Prinzips führt zum Eiferer, dem die Liebe fehlt.

Wir wenden uns nun zu den *Luftzeichen.*

Hier entfalten sich alle Marsenergien vorzugsweise auf geistigem Gebiete, wodurch das Temperament, verglichen mit den Feuerzeichen, wesentlich verblaßt. Die Konjunktion mit Sonne schafft hier einen Komplex, der sich in extremen Fällen in einer geistigen Besessenheit zeigen kann, sie wirkt aber nicht wie die Glut des Feuers, sondern eher wie Wind und Sturm.

WAAGE: Sonne im Zeichen ihres Falles, das Sextil im eigenen Zeichen. Mars steht im Zeichen seines Exils, das Halbsextil im eigenen Zeichen, das Quadrat im Zeichen der Erhöhung.

Der Marskomplex bringt hier eine Veranlagung, die wir in Analogie setzen können zu dem eben beschriebenen Eiferertum in Schütze. Aber dieses Eiferertum hat hier einen mehr theoretischen Charakter. Es tritt dort am ehesten hervor, wo das Wollen ausgeschaltet bleiben kann. Man ereifert sich wie etwa der Zuschauer im Theater, der dabei keinerlei Risiko auf sich nimmt, weil ja von ihm nichts verlangt wird. Man ereifert sich wie etwa ein anonymer Journalist und vielfach in Angelegenheiten, die praktisch gleichgültig sind, aber theoretisch ernst genommen werden. Dadurch kommt es zu einem gedanklichen Eiferertum, das man am besten als Rechthaberei bezeichnen kann. Es wird deutlich, wie sehr gerade im Marskomplex die zur Konzilianz neigende Waagenatur der Sonne durch den exilierten Mars geschädigt wird.

WASSERMANN: Sonne im Zeichen ihres Exils, das Sextil im Zeichen der Erhöhung. Mars hat das Sextil und Quadrat im eigenen Zeichen, das Halbsextil im Zeichen seiner Erhöhung.

Hier nimmt die Rechthaberei eine andere Form an, die nicht so offen zutage liegt, denn es besteht keine Neigung, sie zu verteidigen. Man verträgt keinen Widerspruch und zieht sich sofort beleidigt zurück. Was sich hier ausbildet, ist eine oft folgenschwere geistige Eitelkeit, deren Opfer meist der Geborene selbst ist.

ZWILLINGE: Sonne hat das Sextil im eigenen Zeichen und im Zeichen der Erhöhung. Mars hat das Sextil und Quinkunx im eigenen Zeichen, Quinkunx im Zeichen der Erhöhung.

Hier zwingt der Marskomplex den Geborenen, beständig mit sich selbst in Widerspruch zu geraten, so daß die Rechthaberei stets dem unsichtbaren Partner gilt, der in einem selbst wohnt. So neigt man mit dieser Konstellation beständig zu fast absichtlichen Irrtümern, deren Gutmachung sehr viel Zeit und Energie in Anspruch nimmt. Der Zweifel wird zur Dauererscheinung, die Mars immer wieder von neuem erprobt. Man setzt sich schon berichtigten Irrtümern immer wieder aus und leidet von neuem darunter, nichts als abgeschlossen oder endgültig ansehen zu können.

Wir gehen zu den *Wasserzeichen* über.

Hier handelt es sich im Gegensatz zu den Feuerzeichen nicht um eine »Mütigkeit«, sondern um Leidenschaftlichkeit, die weniger dem Wollen und Wagen als dem nicht anders Können und Müssen entspricht. Der Marskomplex wird hier zu einer stets bereiten, aber zurückgedrängten Aggressivität, die sich nicht selten gegen die eigene Person kehrt und in extremen Fällen zu einem verkappten, weil niemals eingetandenen Selbsthaß führen kann.

KREBS: Sonne mit dem Halbsextil im eigenen Zeichen und dem Quadrat im Zeichen ihrer Erhöhung. Mars steht im Zeichen seines Falles, er hat Trigon und das Quadrat im eigenen Zeichen.

Hier äußert sich der Marskomplex in einer beständigen Angst, man könnte andere verletzen oder von ihnen verletzt werden; man lebt in der ununterbrochenen Erwartung, daß gerade das eintreten möge, was man am meisten fürchtet, und gerät dadurch in eine habituelle und geharnischte Verteidigungsstellung, die ein wenig an das erinnert, was man im Geistigen Verfolgungswahn nennt. Vielleicht könnte man diese Seelenverfassung einen offensiven Pessimismus nennen. Dieser Pessimismus führt aber noch zu einer anderen Konsequenz, die wir als Seelengeiz bezeichnen können. Er ist wohl dem Kennzeichen des Venuskomplexes in Jungfrau verwandt. Man verkauft seine Sympathien teuer, ohne jedoch bei diesem Geschäft einen Gewinn heimzubringen.

SKORPION: Sonne hat das Quadrat im eigenen Zeichen, Quinkunx im Zeichen ihrer Erhöhung. Mars steht im eigenen Zeichen mit Quinkunx, das Sextil im Zeichen der Erhöhung.

Im Gegensatz zu Widder ist in diesem Marszeichen die Sonne nicht in ihrer Würde, und Mars ist hier der stärkere Planet. So ergibt sich hier ein fast entgegengesetztes Verhältnis zwischen den beiden Elementen des Marskomplexes. Hier ist es Mars, dessen Kräfte an den Sonnenkräften zehren. Es ist fast, als würde man mit dieser Konstellation zum Vampyr am eigenen Ich. Es findet hier ein starker Ich-Verbrauch statt, der den Menschen in den Tiefen seines Ichs zu einem Sklaven seines Leidenschaftslebens macht, dessen eigentliches Ziel die Machtvermehrung derselben Sonnenkräfte ist, die eben durch diese Sucht erkältet und gemindert werden. So wird bei dieser Konstellation gerade das moralische Ich sehr in Mitleidenschaft gezogen; aber dieses moralische Ich ist durch die Marskräfte niedergehalten, so daß alle moralische Beurteilung, soweit sie sich auf das eigene Subjekt bezieht, schon von allem Anfang an desorientiert ist. Was die eigene Macht vermehrt, dünkt einem gut, was sie schmälert, böse. Sich hier zur moralischen Freiheit durchzuringen ist die wesentliche Aufgabe.

FISCHE: Sonne hat Quinkunx im eigenen Zeichen, das Halbsextil im Zeichen ihrer Erhöhung. Mars hat das Halbsextil und Trigon im eigenen Zeichen, das Sextil im Zeichen der Erhöhung.

Die Opferbereitschaft, die Sonne in diesem Zeichen mit sich führt, wird durch Mars überspitzt, so daß der hier entstehende Marskomplex jener Opferbereitschaft gerade das wichtigste Attribut nimmt: die Demut. Sie ist schon von allem Anfang an von einer merkwürdigen Verbitterung begleitet, die überall Enttäuschung und Undankbarkeit erwartet und daher auch findet. In Gegensatz zum Marskomplex in Krebs kann man hier von einem defensiven Pessimismus sprechen.

Wir gehen zu den *Erdzeichen* über.

Hier verleiht der Marskomplex Tüchtigkeit. Es wird wichtig, dem Tatendrang ein Objekt zu bieten, daran er sich entfalten kann. Nur nicht müßig sein! Es ist, als ob man die eigene Existenz ausschließlich mit seinem Tun und dem Echo dieses Tuns rechtfertigt. Hier mag man wohl von Arbeitsamkeit sprechen, aber in dem Sinn, daß diese Arbeitsamkeit fast wie ein innerer Zwang das Leben beherrscht – ohne Rücksicht darauf, ob sie wertvolle oder wertlose Leistungen hervorruft.

STEINBOCK: Sonne mit dem Quadrat im Zeichen der Erhöhung, Quinkunx im eigenen Zeichen. Mars steht im Zeichen seiner Erhöhung, mit dem Sextil und Quadrat im eigenen Zeichen.

Hier entsteht als das bemerkenswerteste Kennzeichen des Marskomplexes der Ehrgeiz, sich so in der Umwelt zu betätigen, daß man anerkennende Blicke auf sich lenkt. Dieser Ehrgeiz nimmt gern auch einen streitbaren Charakter an, der sich leicht gegen jede Konkurrenz richtet; man verträgt es nicht, zurückstehen zu müssen auf Gebieten, in denen man sich zum mindesten ebenso tüchtig wähnt wie die anderen. Man ist streng gegen andere, aber man verlangt auch von sich selbst die stärkste Anstrengung und will deshalb auch anerkannt werden.

STIER: Sonne hat das Quadrat im eigenen Zeichen, das Halbsextil im Zeichen der Erhöhung. Mars steht im Zeichen seines Exils, hat das Halbsextil im eigenen Zeichen und Trigon im Zeichen der Erhöhung. Der Marskomplex nimmt hier eine geharnischte Verteidigungsbereitschaft an, die jederzeit einen ungerechten Angriff erwartet. Man lebt in der beständigen Angst, in seiner Ruhe oder seinem Frieden gestört zu werden. So entwickelt sich eine ähnliche psychologische Grundeinstellung, wie wir sie beim Marskomplex in Krebs angetroffen haben, nur daß es sich hier nicht um den Seelenfrieden, sondern um die praktischen Lebensinteressen handelt. Hier entsteht kein offensiver Pessimismus, sondern eher eine passive Aggressionslust, die mit dem zu vergleichen wäre, was in der Seele eines angeketteten Hundes steht. Der Marskomplex in Stier veranlagt zu Bissigkeit und Angriffen aus dem Hinterhalt. Es ist, als wollte man die anderen für die eigenen Schwächen verantwortlich machen.

JUNGFRAU: Sonne hat das Halbsextil im eigenen Zeichen, Quinkunx im Zeichen der Erhöhung. Mars hat Trigon im Zeichen seiner Erhöhung, Sextil und Quinkunx im eigenen Zeichen.
Hier nimmt der Marskomplex wieder eine andere Form an. So wie sich die Menschen mit dem Marskomplex in Steinbock angetrieben fühlen, etwas für die Öffentlichkeit Wertvolles zu tun, so fühlen sie sich hier getrieben, eine Arbeit zu leisten, von deren Wert sie eine mehr theoretische Vorstellung haben, auch wenn die Arbeit selbst ganz wertlos ist. So Geborene sind vor allem arbeitsam, so wie die Steinbockmenschen mit diesem Komplex. Es ist kein Ehrgeiz am Werk, um sie anzutreiben, sondern die Vorstellung, durch die Arbeit selbst ein Vorbild des Wertvollen hervorzubringen. Man wird mit diesem Komplex nie etwas unternehmen, das man nicht für zweckmäßig hält; aber in dem Suchen solcher Zweckmäßigkeiten wird man unermüdlich sein. Das ist eine ideale Stellung für Untergebene, die man ambitioniert

zu nennen pflegt. Es sind Menschen, die sich nur dann erlauben, müßig zu sein, wenn sie auch das Müßigsein als eine wertvolle Leistung einschätzen können.

6. Vortrag

Wir haben nun noch den *Uranus- und Neptun-Komplex* zu untersuchen.

Wir bezeichnen den Planeten Uranus als den »Prüfer«, d. h. als jene Kraft in uns, die uns dazu treibt, unser Horoskop als etwas Einmaliges zu erfassen und unsererseits zu einer Einheit zusammenzuschließen, so daß wir dadurch fähig werden, unser Selbst in seiner individuellen Bestimmtheit zu fühlen und zu erleben. So erhalten wir durch Uranus den Antrieb, uns vor dem Forum unseres Gewissens für unsere Existenz und unseren Charakter zu rechtfertigen. Hieraus ergab sich, was wir die »egologische Einstellung« nannten, vor allem aber auch die Forderung an uns selbst, uns den Anforderungen jener Prüfung gewachsen zu zeigen.

Wenn der Planet Uranus in eine so enge Verbindung mit der Sonne gerät, daß sich hieraus der Uranuskomplex ergibt, dann wird, was jetzt beschrieben wird, zu einer besonderen, niemals verlierbaren Begleiterscheinung des Charakters, dessen am meisten auffallendes Merkmal die Farbe einer besonderen Egozentrizität aufweisen wird, die sich jedoch wesentlich von der jener Egozentrik unterscheidet, die wir schon als Begleiterscheinung der Neumondkonstellation angetroffen haben. Zweifellos enthält die Uranusfunktion etwas, was sie der Sonnenfunktion verwandt erscheinen läßt: Das ist der Antrieb, sich in seinem moralischen Ich lebendig zu erleben, und weiter die Verpflichtung, das Ich seinem Individualgesetz gemäß auszuleben und zu entwickeln. Insofern gehen von Uranus Strahlungen aus, die der der Sonne verwandt sind. Aber in einer anderen Beziehung sind diese Strahlungen wieder so beschaffen, daß sie die Sonnenenergie zu schwächen vermögen, und zwar gerade, weil sie als Ausdruck des »Prüfers« in uns unser Selbst in beständigem Zweifel darüber halten, ob wir jenen Sonnenenergien genügend vertrauen dürfen, ob wir unserem höheren Ich vertrauen dürfen und ob es denn wirklich das höhere Ich sei. Hierin zeigt sich wieder eine gewisse Verwandtschaft der Uranusstellung mit der Saturnstrahlung als Ausdruck unseres »Anti-Ego«. Der Uranuskomplex bringt den so Geborenen in die Lage eines Prüflings, der aus Angst vor der bevorstehendenPrüfung die zu erwartenden Prüfungsfragen täglich und stündlich immer wieder aufs neue rekapituliert oder variiert. Man traut sich selbst nicht und wird so zum beständigen Versucher an sich selbst und lernt sich mit Erstaunen immer wieder von einer anderen Seite kennen. Die dadurch entstehende innere Unruhe und Unsicherheit macht sich auch äußerlich bemerkbar und gibt allen mit dem Uranuskomplex Geborenen etwas eigentümlich Flackerndes und Beunruhigendes, was sie nicht selten in den Augen der Umwelt interessant oder gar extravagant erscheinen läßt. Immer aber bleibt als eigentliches Merkmal dieses Komplexes, daß man all sein Streben der Selbsterforschung zu wahren habe, daß man als Feuermensch niemals zu vergessen habe, daß man im Grund ein Wollender, als Luftmensch ein Denkender, als Wassermensch ein Fühlender und als Erdmensch ein Tuender ist und bleiben muß, trotz aller inneren Zweifel und Versuchung, die einen anderswohin lenken wollen.

Wir wollen nun wieder die einzelnen Zeichen durchgehen. Dabei ist jedoch niemals zu vergessen, daß infolge der langen Dauer der Uranusrevolution, etwa 84 Jahre, von den einzelnen Stellungen stets nur bestimmte Generationen betroffen werden und unter diesem nur jene Personen, die in Monaten geboren wurden, in denen die Sonne in dem betreffenden Zeichen stand (siehe *Tabelle der Generationen*, in *Planetenwelt und Mensch*, Seite 431).

Wir beginnen mit den *Feuerzeichen*.

WIDDER: Hier verleiht der Uranuskomplex einen geheimen Imperativ, der sich vielleicht in die Worte kleiden läßt, mit denen Schönbergs *Jakobsleiter* beginnt: »Man hat vorwärts zu gehen, nicht nach rechts, nicht nach links zu schauen, niemals stehenzubleiben und sich durch nichts aufhalten zu lassen.« Stehenbleiben oder gar rückwärts schauen ist ein Zeichen von Schwäche – aber man lebt in der steten Ungewißheit, ob diese Maxime der Kraft oder der Schwäche entspringt und ob demgemäß ein Schritt aus Kraft oder Schwäche getan oder unterlassen wird. In keinem Fall aber darf man sich an das Gestrige versklaven – konsequent sein wollen aus Vorsatz ist unmoralisch, aber vielleicht ist alle Moral unmoralisch! Es gibt etwas, das höher steht als alle Moral, und das ist der Glaube an die eigene Kraft.

LÖWE: Hier entsteht unter der Wirkung des Uranuskomplexes die Forderung, immer lebendig zu bleiben in bezug auf das Durchkosten des Lebensereignisses, immer wach zu bleiben und dieses Wachbleiben um sich zu verbreiten, niemand in der eigenen Reichweite »schlafen«

zu lassen. Sie sollen alle, soweit dies möglich ist, nach meiner Fasson selig werden. Hierin liegt eine gewisse Tyrannei, die aber von dem Wunsch diktiert ist, die anderen in den eigenen Lebensrausch hineinzuziehen und am eigenen Glück der Lebensbejahung teilnehmen zu lassen.

SCHÜTZE: Auch hier entsteht als Auswirkung des Uranuskomplexes eine Art Tyrannei, die sich als Unduldsamkeit kundgibt. Man verlangt, daß alles, woran man selbst glaubt, auch von der Umgebung geglaubt wird. Aber dieser eigene Glaube muß ein individueller Glaube sein, er muß den Stempel meiner Persönlichkeit tragen, und zu diesem persönlichen Glauben sollen auch die anderen, die zu mir gehören, sich bekennen. Tun sie es nicht, dann gehören sie nicht zu mir, dann sind sie mir in ihrem tieferen Ich fremd.

Wir wenden uns nun zu den *Luftzeichen*.

WAAGE: Hier wirkt der Uranuskomplex wie ein beständiges Moment, das etwa lautet: Vergiß nicht, daß du ein Waagemensch bist, ein Künstler, ein vom praktischen Leben und dessen materiellen Interessen distanzierter Zuschauer und daß es nicht in deinem Wesen liegt, einzugreifen oder zuzugreifen. Es kommt hier ein neuer Charakterzug, der sich nicht wie beim Uranuskomplex im Feuerzeichen als Tyrannei kundgibt, die sich gegen andere richtet, sondern eher als eine Tyrannei, die sich gegen die eigene Person richtet und zu einer Selbstkritik führt, die fast einem permanenten Veto gleicht, das sich vor jeden zum Handeln drängenden Entschluß stellt. So bildet der Uranuskomplex hier »Unterlasser« heran, die dann oft später, wenn die Anlässe zum Handeln längst vorbei sind, die zurückgedrängten Energien am falschen Ort und am falschen Objekt mit ungewöhnlicher Intensität entladen. Hier hilft nicht selten die künstlerische Grundanlage, auch diese Energieäußerung fruchtbar zu machen und in Schönheit zu wandeln.

WASSERMANN: Hier kann der Uranuskomplex mit der gegen das eigene Ich gerichteten Selbsttyrannei bis zur Selbstentfremdung führen, die sich auch äußerlich als Zerfahrenheit zeigt und innerlich wie ein beständiges Hadern gegen die eigene Natur erscheint, als dessen Konsequenz sich schließlich eine recht eigentümliche psychologische Einstellung entwickelt, die den so Geborenen fast den Zusammenhang seiner Vergangenheit und Zukunft in seiner eigenen Entwicklung verlieren läßt, um ihn zu einem absoluten Menschen der Gegenwart zu machen, zu einem Jetztmenschen, den weder Vergangenes noch Zukünftiges berührt. Die Gefahr, die hier droht, ist der Verlust des moralischen Gedächtnisses und des Verantwortungsbewußtseins gegenüber der Zukunft. Wenn man in einem Eisenbahnzug fährt, so wird man hin und her gerüttelt, und die Folge ist, daß auch die Landschaft draußen diese Bewegungen zu registrieren scheint, die man selbst im fahrenden Zug erleidet. Der Uranuskomplex jedoch lenkt die gesamte Aufmerksamkeit auf dieses Gerütteltwerden hin, als käme dies aus einem selbst. Man muß also alle Erschütterungen, die die eigene Entwicklung mit sich bringt, als aus der eigenen Entwicklungsgärung entstanden durchleben, die das einzig Wirkliche im Leben bleibt.

ZWILLINGE: Hier entsteht die Forderung, nicht leichtgläubig zu sein, niemals zu vergessen, daß man ein Suchender, ein Probierer schon von Geburt an ist, und man wird sich bei dieser Konstellation verhältnismäßig wohl fühlen. Auch der Uranuskomplex im Wassermann führt etwas von diesem Sich-wohl-Fühlen mit sich – trotz allem Selbsthader, weil man sich von der Verantwortung gelöst glaubt. Was aber hier charakteristisch ist, das ist im Gegensatz zu Wassermann und Waage die Entwicklung nicht etwa bloß zu einem »Unterlasser« hinsichtlich praktischer Lebensforderungen, sondern zu einem fast absoluten Nein-Sager. Dies kann mitunter bis zum geistigen Zwang führen, alles abzulehnen, was von anderen kommt. Aber diese scharfe Kritik kehrt sich nicht selten gegen das eigene Denken und kann so bis zur Verzweiflung an der Möglichkeit führen, jemals einer Prüfung überhaupt standhalten zu können. Am Ende erkennt man keinen anderen Prüfer als sich selbst an und ist im geheimen stets sicher, bei dieser Prüfung durchfallen zu müssen.

Wir wenden uns nun zu den *Wasserzeichen*.

»Vergiß nicht, daß du ein Leidender bist« lautet hier das Lebensmotto. Die Selbstkritik, die wir beim luftigen Uranuskomplex ihre seltsamen Wege gehen sahen, finden wir auch hier wieder, jedoch der Hauptcharakteristik der Wasserzeichen entsprechend auf dem seelischen Gebiet. Hier bringt der Uranuskomplex eine Veranlagung mit sich, die man als Neigung zur Selbstquälerei bezeichnen könnte. Diese Neigung nimmt in den einzelnen Zeichen verschiedene Formen an.

Krebs: Die seelische Unzufriedenheit führt zu allerlei selbstquälerischen Emotionen, mit denen man auch die anderen behelligt; andererseits aber entwickelt man ein weitgehendes Verständnis für ähnliche Empfindungen anderer. Das ist ein Zug, der geeignet ist, so veranlagte Menschen unter Umständen sympathisch zu machen, denn es liegt in der Natur der Menschen, daß sie sich im allgemeinen eher zu selbstquälerisch Veranlagten hingezogen fühlen als zu den allzu Selbstzufriedenen.

Skorpion: Hier tritt mit besonderer Deutlichkeit hervor, daß die zur Selbstquälerei neigende Seele zugleich zu einer Veranlagung wird, Sympathien auf sich zu ziehen, die nicht selten bewußt angewendet wird, um fremde Seelen in den eigenen seelischen Machtbereich zu bringen. Indem man die anderen zu Zeugen seiner Seelennöte macht, sichert man sich ihre Zuneigung oder zum mindesten eine Art Verbundenheit, die auf einer geheimen Formel der so geschaffenen Zusammengehörigkeit beruhen mag, die – weil unausgesprochen – sich nur um so fester im Unterbewußten verankert. Diese Seelenwerbung ist für beide Teile nicht unbedenklich, weil sie sich leicht in Tiefen verliert, die sich dem klaren Urteil nicht zugänglich zeigen. Man wird nicht selten gerade denjenigen hörig, die man sich selbst hörig machen wollte.

Fische: Anders wirkt sich der Uranuskomplex in Fische aus. Hier mag es sich um eine Leidenserfahrung am eigenen Ich handeln und um eine beständige Übung darin, leidensfähig zu bleiben. Man erzieht sich dadurch zu einer Märtyrernatur, die doch gleichwohl nicht mit sich selbst zufrieden ist. Mit anderen Worten: Die gut bestandene Märtyrerprüfung bildet im Leben einen negativen Posten. Man wird gleichsam für eine Unfähigkeit prämiiert, für die Unfähigkeit, im Leben aktiv auftreten zu können, und diese negative Einstellung ist selbst wieder die Quelle schwerer innerer Zerwürfnisse, die niemals an die Oberfläche kommen. Die Minderwertigkeitskomponente, die der Uranuskomplex in Wasserzeichen mit sich bringt, tritt wohl in Fische am deutlichsten hervor.

Wir wenden uns nun zu den *Erdzeichen*:

Hier kommt es durch den Uranuskomplex zu einer fast unlösbaren Verknüpfung des Menschen mit seinem Tun und seiner Leistung auf dem praktischen Feld. Es ist als ob Wert oder Unwert der Existenz allein davon abhinge, in welchem Grade man sein Siegel in der äußeren Welt abzudrücken versteht, die dann gleichsam mit allem, was man darin als Wirkung hinterläßt, das intimste Tagebuch darstellt.

STEINBOCK: Hier erlegt der Uranuskomplex dem so Geborenen auf, sich selbst und seine Existenz beständig durch seine Leistung in der äußeren Welt vor sich selbst zu rechtfertigen. Es genügt nicht, daß die geleistete Arbeit von anderen anerkannt wird, wenn sie nicht in erster Linie von mir selbst anerkannt wird. Man erwartet die Rechtfertigung seines Handelns von keiner äußeren Autorität, sondern allein von der Einsicht, durch die Arbeit in der eigenen Wertschätzung gestiegen zu sein.

STIER: Hier hängen die Wertschätzung des eigenen Ich und die Erprobung dieses Wertes von der Kraft ab, mit der man imstande ist, das überkommene Gut – oder was man dafür hält – zu verteidigen. Es gibt vielleicht keine andere astrologische Stellung, die den Menschen in einem solchen Grad mit dem Überkommenen verbindet wie diese Stellung, die sich damit in einem scharfen Gegensatz befindet zu dem Uranuskomplex in Wassermann und doch wieder eine solche Ähnlichkeit mit diesem aufweist; denn mit jenem anderen Komplex will man das Jetzt mit seiner beständigen inneren Spannung auskosten, während man das Jetzt in seiner Ruhe und Unveränderlichkeit prolongieren will. Die Konflikte, die hier entstehen, sind Konflikte mit der Abwehr gegen die Verlockungen alles Neuen oder anders Gearteten. Wir haben hier Reaktionäre vor uns, die sich einbilden, Rebellen zu sein. Es sind Menschen, die sich dadurch fortschrittlich vorkommen, daß sie die alten, zum Teil überlebten Einrichtungen in ihrem Wort wieder neu entdecken wollen, Menschen, die den eben herrschenden Zeitgeist für ewig halten und sich ihm für immer verschreiben.

JUNGFRAU: Der Uranuskomplex in Jungfrau ist jene Konstellation, die besonders geeignet ist, dem so Geborenen den Ruf des Egoisten zu bringen, weil er gezwungen ist, alle seine Kräfte nach Möglichkeit auszubauen und ihren Wert zu steigern, ohne dabei über sich selbst hinauszuwachsen. Man ist beständig mit der eigenen Sanierung befaßt, und was hier so schwer zu tragen ist, ist die niemals schweigende innere Kritik daran, ob man in allen Belangen, die dieser löblichen Selbstsanierung dienen, dieses Ziel auch wirklich erreicht.

Wir wenden uns nun dem *Neptunkomplex* zu.

Der Neptunkomplex ist seinem Wesen nach vom Uranuskomplex gänzlich verschieden. Von Neptun konnten wir bereits ausführen, daß er dem Menschen die Jenseitsbeziehung gebe und ihn nie vergessen lasse, daß er nur ein Teil des Ganzen ist. Wenn auch diese Erkenntnis nicht bewußt zu werden braucht, so durchzieht sie alle Lebensäußerungen des Menschen, der demnach – soweit es auf Neptuns Einfluß ankommt – durchaus ein kosmisches Wesen, ein im Kosmos lebendes und webendes Geschöpf bleibt. Daher haben wir es hier mit Menschen zu tun, die vom Standpunkt des uranischen Denkens betrachtet niemals voll in der Wirklichkeit stehen, sondern stets mit einem Fuß außerhalb der Erde leben. Sie werden daher stets in einem gewissen Sinne als Schwärmer erscheinen. Was nun das Wesentliche in der Art sein mag, in der mit diesem Komplex Geborene sich selbst erleben, ist der Altruismus, der freilich den einzelnen Zeichen gemäß verschiedene Formen annimmt. Soviel aber ist all diesen Formen gemeinsam: Dieser »Altruismus« ist nicht im ethischen Sinne zu verstehen, sondern im metaphysischen Sinn. Deshalb sind mit dem Neptunkomplex behaftete Menschen, sie mögen sich noch so freigeistig gebärden, im Grund ihres Wesens von Geburt an religiös eingestellt. Wir haben in dem vorausgehenden Buch ausführlich über die Neptunfunktion gesprochen, so daß wir uns hier mit wenigen Andeutungen begnügen können. Es wurde gezeigt, daß durch Neptun eine seltsame »Metapher« in das Leben eingewirkt wird, weshalb sich unmittelbar Erde mit Feuer und Luft mit Wasser durchdringen und verschmelzen. Welche ethischen Werte die Feuerqualität besitzt, muß unter Neptuns Herrschaft derart mit der Wirklichkeit verschmolzen erlebt werden, daß die Verwirklichung alles Ethischen oder Religiösen als das Grundgesetz alles Tuns und Arbeitens sinnvoll erkannt werden kann, daß ferner die äußere Welt nur dann sinnvoll erkannt werden kann. Ebenso durchdringen sich Gefühl und Gedanke so, daß sich alles Seelische unter Neptuns Herrschaft verbindet, wie sich die Gedanken in ihrem logischen Zusammenhang darstellen. Was im Gedankenleben diesen Zusammenhang regelt, ist in einem »Gefühl« begründet, der Logik, die nur ein schwächeres Ausdrucksmittel ist. Tritt die Sonne mit Neptun in Konjunktion, dann wird jene Neptuneinstellung zur Lebensgrundeinstellung, die dem Geborenen so natürlich wird, daß es ihm schwerfallen muß, sich in eine andersgeartete Mentalität hineinzudenken. Überall dort, wo diese Konjunktion in Feuer- oder Erdzeichen

6. Vortrag

existiert, werden wir es mit Menschen zu tun haben, die in sich die Pflicht fühlen, im Ethischen wirklichkeitsgemäß zu fühlen und im Handeln den metaphysischen Altruismus zum Leitmotiv zu machen. Wenn wir aber diese Konjunktion in Luft- oder Wasserzeichen vor uns haben, dann müssen wir mit einem künstlerischen Sinn rechnen; denn wer in der Gedankenwelt durch das Gefühl den Zusammenhang herstellt, der der Logik des Denkens entspricht, oder ihn im Seelischen sucht, der ist in beiden Welten ein Künstler.

Wir gehen nun zu den einzelnen Zeichen über und beginnen mit den *Feuerzeichen*.

WIDDER: Der Neptunkomplex wird sich hier so auswirken, daß ein starker Glaube an die höhere Führung besteht, die sich im Willen ein Instrument geschaffen hat.

Solche Menschen leben noch unter uns, sie dürften gegenwärtig etwa 70 Jahre alt sein. Diesen Menschen ist es wohl nie eingefallen, daß sie eine auf Autarkie gegründete Ethik in die Welt zu bringen hätten, aber sie haben in den Gesetzen der Außenwelt und des äußeren Geschehens – etwa in der Physik – eine ordnende Hand gesucht, die nicht blindlings Notwendigkeiten setzt, sondern Zweckmäßigkeiten.

LÖWE: Auch hier ist es wieder ein metaphysisches Gefühl, das das ganze Leben durchzieht. Es ist das Gefühl, daß alles Glück, das aus der Lebensbejahung fließt, weitergetragen werden muß; man fühlt, wenn es ein solches Glück gibt, ist man dafür Dank schuldig; und dieser Dank ist jedem zu erstatten, der zu mir kommt, wer immer es sei.

Freilich dürfen wir nicht vergessen, daß die einzelnen Sonne-Neptun-Konjunktionen stets eine ganze Generation kennzeichnen und daß daher der Neptunkomplex stets mit einer bestimmten Uranusstellung verknüpft ist.

SCHÜTZE: Auf die Schilderung des Neptunkomplexes in Schütze kann hier verzichtet werden, da Menschen mit Neptun in diesem Zeichen nicht mehr unter uns leben.

Wir gehen zu den *Luftzeichen* über.

WAAGE: Hier handelt es sich um die Generation, deren Vorläufer im Jahr 1942, nicht vor Mitte Oktober, auf der Erde erschienen. Der Neptunkomplex gibt hier eine eigentümliche Seelenverfassung, die diese Menschen ihr ganzes Leben mit einer Art Musikbegleitung durchleben läßt. Schiller hat im *Lied von der Glocke* die Worte geschrieben:

> Heil'ge Ordnung, segensreiche
> Himmelstochter, die das Gleiche
> Leicht und frei und freudig bindet...

Es ist so, als wenn diese Worte stets lebendig sein müßten in den Herzen der Menschen, die mit dem Neptunkomplex in Waage geboren sind. Sie werden wie Priester einer Ordnung erscheinen, die überall in Harmonie wurzelt, die gleich der Musik selbst aus den Tiefen einer kosmisch erlebten universellen Gesetzlichkeit sprießt. Die Ordnung, die so entsteht, ist nicht dieselbe wie die, die sich aus dem Jungfrauzeichen und seiner Funktion für uns ergab. Sie ist eine durchaus künstlerisch erlebte Ordnung, wie sie nur in der Kunst, insbesondere in der Musik, restlos verwirklicht werden kann.

WASSERMANN: Hier fassen wir uns recht kurz. Auch hier handelt es sich um ein Erleben aller Dinge im Rahmen einer geistigen Ordnung, deren Grundlagen aus der Gefühlswelt stammen, die uns lehrt, alle Inhalte des Lebens in einem Zusammenhang zu empfinden, der seinen wahren Erkenntnisgrund in »Utopia« hat, so daß alles, was wir in der äußeren Welt antreffen oder dort errichten wollen, nur auf dem Umweg über das niemals realisierbare Utopia Gestalt gewinnen kann. Der Neptunkomplex schafft um den Menschen das überwirkliche Modell einer geistigen Ordnung, deren Wirklichkeit nur ein ewig unvollkommenes Schattenbild bleibt, während es dem so Geborenen stets wie sein Lebensideal erscheinen muß, hinter den Kulissen dieser äußeren Welt im Manuskript des Schöpfers lesen zu dürfen. Zu dieser astrologischen Konstellation wird es nun durch geraume Zeit nicht kommen.

ZWILLINGE: Auch hier wirkt sich der Neptunkomplex in einer künstlerischen Veranlagung aus. Es ist, als ob man den Weg zur Wahrheit nicht durch den Gedanken suchte, sondern durch eine Bußfahrt, wie etwa ein Pilger sie zum Heiligen Grab antritt, so daß die Vorstellung, ein Wallfahrer auf der Erde zu sein, den so Geborenen zeitlebens begleitet. Büßen und Leiden bringen den Menschen der Wahrheit näher als alle Sophistik. Auch hier wird wieder die Musik zu einem wichtigen Orientierungsmittel auf den Irrwegen seelisch-geistigen Suchens, sie gibt geistige Inspiration. Hier mag Beethovens Wort im

6. Vortrag

vollen Umfange gelten: Musik ist höhere Offenbarung als alle Weisheit und Philosophie.

Wir gehen zu den *Wasserzeichen* über.

Das Wesentlichste dessen, was der wässerige Neptunkomplex ins Leben einträgt, ist die Gabe, das Leiden zum Ackerboden der eigenen Entwicklung zu machen, ohne sich selbst dieser Tatsache bewußt zu sein. Leiden können – oder sogar müssen – gehört ähnlich zur eigenen Natur wie essen und atmen. Man ist daran von klein auf gewöhnt. Beginnen wir diesmal unsere Analyse mit dem Fischezeichen als Sitz des Neptunkomplexes.

FISCHE: Hier ist Neptun in seinem eigenen Zeichen. Es wird zu erwarten sein, daß Neptun hier seine Kraft am intensivsten entfaltet und daß die mit Neptunkomplex in Fische Geborenen in der Welt am realsten stehen, ihre Neptunveranlagung erlegt ihnen jene Medialität auf, die Sonne in Fische schon allein mit sich bringt, das Gefühl, eine besondere Sendung zu durchleben. Sie werden somit die entgegengesetzten Kennzeichen aufweisen, als sie uns der Neptunkomplex in diesem Zeichen bot. Dort handelt es sich um Menschen, die unter ihrem Leiden selbst am stärksten zu leiden hatten, während wir es hier mit Menschen zu tun haben, denen dieses Leiden nicht nur natürlich erscheint, sondern sogar eine seltsame Lust gewährt. Manche Astrologen haben eine Art »Erhöhung« des Planeten Neptun im Löwezeichen vermutet, nicht nur deshalb, weil die Römer die »Neptunalien« in diesem Zeichen feierten. In einem gewissen Sinn könnten wir uns dieser Ansicht anschließen oder sie zumindest plausibel finden, weil die Neptunmetapher uns zeigt, wie dasselbe Lustgefühl, das mit der Lebensbejahung in Löwe verbunden ist, hier in den Fischen mit der entgegengesetzt ausgerichteten Empfindung verknüpft ist und so die Brücke zwischen jenen zwei Zeichen baut, die als Neptunorte gelten. Es sei jedoch noch einmal betont, daß wir auf dem Standpunkt stehen, die transsaturnischen Planeten besitzen keine Erhöhungen, weil sie selbst schon Erhöhungen sind; Uranus ist die Erhöhung des Saturn, Neptun des Jupiter und Pluto des Mars. Wie immer man hier den Zusammenhang verstehen mag – der Neptunkomplex zeigt im Fischezeichen die so Geborenen in einer realen Güte, die sie selbst vielleicht gar nicht bemerken und ihrerseits nur in einer höheren Führung empfinden, die sie durch das Leben geleitet.

KREBS: Hier ist eine gewisse Verwandtschaft mit dem Neptunkomplex unverkennbar, der sich trotzdem wieder in einer metaphorischen Gegensätzlichkeit auswirkt. Dort war es die Neigung zum Selbstquälertum, hier ist es die Neigung, sich mit den möglichen Leiden der anderen selbst zu quälen, als könnte man ihnen damit helfen; dadurch entsteht eine fast an Wehleidigkeit grenzende Fähigkeit, was Leiden bringt oder bringen könnte, in Gedanken vorauszunehmen und so zu intellektualisieren, daß das einfache und natürliche Gefühl abgeschirmt wird, ehe es noch recht zu Wort kommt. Der Umweg durch den Kopf kann hier Gutes, aber auch Schlimmes stiften. Die Kunst bietet reichlich Gelegenheit, diese Veranlagung heilsam auszuwerten.

SKORPION: Der Neptunkomplex in diesem Zeichen war im Jahre 1956 möglich. Wenn wir versuchen, die Haptcharakteristik dieser Stellung zu entwerfen, dann werden wir zu einer Veranlagung geleitet, die die Fähigkeit verleiht, die im Geistigen gestalteten Ideale mit einer ungewöhnlichen Wunschenergie zu durchdringen, die diesen Idealen fast organische Wachstumskraft einzuflößen vermag, so daß sie das gesamte Leben in intensivster Art durchdringen; das Leben gewinnt selbst in seinen profansten Äußerungen etwas von jener Romantik, wie sie der deutsche Schriftsteller E.T.A. Hoffmann mit so unvergleichlicher Kraft geschildert hat. Dies gilt für die gesamte Generation, aber die Sonne-Neptun-Konjunktion fügt noch den hohen Grad der inneren Verwobenheit mit den Idealen hinzu und macht den so Geborenen gleichermaßen zum Mitschöpfer wie zum Sklaven seiner mit solcher Wunschkraft geladenen Sehnsüchte.

Wir wenden uns nun zu den *Erdzeichen*.

Hier werden wir die unmittelbare Auswirkung jener Veranlagung antreffen, die wir als den metaphysischen Altruismus bezeichnet haben, da sich dieser Altruismus dem Charakter der Erdzeichen gemäß im praktischen Tun offenbaren muß. Dies führt naturgemäß dazu, den Sozialismus in den Vordergrund zu rücken.

STEINBOCK: Hier wird der Neptunkomplex eine Seelenverfassung schaffen, die es unmöglich macht, anders als aus dem Gefühl heraus zu denken und zu handeln, daß der Dienst am Wohl der Gesamtheit oberste Pflicht ist und ihre Erfüllung erst jedem sein Recht gibt, sich Mensch zu nennen. Natürliche Religiosität und Leben durchdringen einander. Vielleicht ist Leo Tolstoi ein Vorläufer dieser Lebenseinstellung gewesen.

STIER: Es handelt sich hier mehr um die Empfindung, daß man stets bereit zu sein hat, Hilfe zu bringen, wo sie verlangt wird, um dann mit Ergebenheit seine soziale Pflicht zu erfüllen. Aber die Antriebe zum entsprechenden Handeln sind schwächer.

JUNGFRAU: Der Neptunkomplex bringt die Empfindung hervor, daß wir in erster Linie zum Dienen da sind, nicht zum Herrschen. Man verlangt nach Vorschriften, die dem metaphysischen Altruismus den Weg zeigen, um in seiner Erfüllung ein religiöses Bedürfnis zu befriedigen.

7. Vortrag

Wir beginnen nun mit der Besprechung der *Konjunktionen des Mondes*. Durch die Konjunktionen der Planeten mit dem Mond geschieht etwas wesentlich anderes als durch die Sonnenkonjunktionen. Wie bereits an anderer Stelle ausgeführt wurde, symbolisiert der Mond in der Veranlagung des Menschen, was wir als zweite Natur oder das irdische Ich bezeichnet haben – im Gegensatz zur ersten Natur oder dem überirdischen Ich, das durch Sonne vorgestellt wird. In seiner Mondnatur verdichten sich all jene Anlagen, die den Menschen durch Heredität zugefallen sind, die demnach als bloße Anlagen neben dem eigentlichen Charakter des Menschen stehen, so daß sie insgesamt eine Akzidenz darstellen, die dem wahren Charakter auf- oder angelagert ist und somit solche Eigenschaften des Menschen bedeutet, die keinen unmittelbaren moralischen Wert in seiner Gesamtcharakteristik besitzen. Darum ist die Mondnatur, die durch die übrigen Planeten und ihre Aspekte zustande kommt, eigentlich widerstandslos. Der Mond bildet so die willenlose Eingangspforte für die Planetenwirkungen und kann aus sich diesen Planetenwirkungen nichts entgegenstellen. Was sich aus der Mondkonjunktion ergibt, zeigt sich in der Selbstschau des Menschen in einer sehr eigentümlichen Weise als in sein Wesen eingebaut.

Wir möchten hier den Vergleich mit einem Schauspieler machen, der gezwungen ist, am Abend auf der Bühne einen bestimmten Charakter darzustellen. Auf ihm lastet der berufsmäßige Zwang, an diesem Abend einen bestimmten, scharf gezeichneten Charakter darstellen zu müssen. Diesem Zwange kann er sich nicht entziehen. Aber er fühlt sich in keiner Weise gedrängt, sich mit diesem Charakter zu identifizieren. Nun unterscheidet sich allerdings das, was wir durch die Mondkonjunktion sein müssen, wieder von dem, was wir als Schauspieler sein müssen. Hier ist der Zwang, diesen Charakter darzustellen, ein äußerlicher, dort aber ein innerlicher Zwang, und wir können es daher nicht ablehnen, in gewissem Sinn dafür verantwortlich zu sein, daß dieser Zwang in uns selbst wohnt. Nur ist diese Verantwortlichkeit doch eher wieder so, daß sie auch der Schauspieler fühlt, wenn er seiner Rolle gerecht werden soll. Er ist für seine schauspielerische Leistung verantwortlich, aber nicht für den Charakter des Menschen, den er darstellt. Auf uns aber lastet in einem gewissen Sinn etwas von der Verantwortung, weil wir fühlen, daß dieser Zwang auf irgendeine Weise aus uns selbst kommt. In früheren Betrachtungen wurde bereits ausgeführt, daß jener Anteil unseres Verantwortungsgefühls, den wir alle gegenüber unserer Mondkomponente in uns tragen müssen, von der Sonnenkomponente übernommen wird. Darum muß auch hier wieder, ehe wir auf die einzelnen Mondkonjunktionen eingehen, mit allem Nachdruck betont werden, daß auch diese nur richtig verstanden werden können, wenn wir den Mond als Durchgangspforte zur Sonne ansehen und stets berücksichtigen, zu welcher Sonne die betreffende Mondkonjunktion gehört.

Auch die Mondkonjunktionen, deren Besprechung wir nun beginnen, nehmen im allgemeinen die Farbe eines Komplexes an, d. h., auch sie gleichen einem fixen Punkt in unserer Grundveranlagung, der durch psychologische Selbstanalyse nicht mehr in Komponenten zerlegt werden kann, sondern sich in der Selbstschau als etwas zeigt, das einheitlich erscheint, wenn auch als eine mehr akzidentielle Veranlagung, die ja nach der Natur des Planeten, der zum Mond in Konjunktion tritt, als Zwang, als Drang oder als Neigung auftritt: als Zwang, wenn es sich um Planeten handelt, die die zweite Natur des Menschen einengen wie Saturn und Uranus; als Drang, wenn Planetenwirkungen auftreten, deren Wesen Expansion ist wie Mars und Jupiter und in einem gewissen Sinn auch bei Uranus; als Neigung, wenn es sich um Planetenwirkungen von mehr auflösendem Charakter handelt wie Venus und Neptun und in gewissem Sinn auch bei Merkur. Zwang, Drang und Neigung sind die drei wesentlichen Formen, in denen wir die Mondkonjunktion erleben.

Wir wollen zunächst die *Mars-Venus-Konjunktion* mit dem *Mond* besprechen.

Von Mars gehen Kräfte der Expansion aus. Alle aktiven Energien in uns werden durch Mars' Einfluß angefacht. Tritt nun Mars mit Mond in Konjunktion, dann werden wir dazu gedrängt, all die Eigentümlichkeiten unseres Wesens, die wir durch Mond aus dem Tierkreiszeichen, in dem er im Moment unserer Geburt steht, empfangen, d. h. alle Eigenschaften unserer Erbnatur zu übertreiben, zu übersteigern und auf die Spitze zu treiben, so daß sie nicht selten zu unserem Schaden weit über die Grenzen hinausgehen, die die Mondnatur allein niemals überschreiten würde. Dadurch entstehen mannigfache Leiden, da solche Übertreibungen als unharmonisch empfunden werden und den so Geborenen nicht selten in Situationen bringen, die er später bedauert, wenn er erkennen muß, wieder einmal das Opfer seiner zweiten Natur geworden zu sein, die, statt von seiner ersten beherrscht zu werden, über diese siegte. In dieser Schwächung der Sonnenkraft durch die übersteigerte Mondmacht liegt eine Hauptgefahr, die mit den Mond-Mars-Konjunktionen einhergeht.

In allen Fällen aber kann als bleibende Charakteristik der Mond-Mars-Konjunktion angesehen werden, daß sie leidenschaftlich macht, wobei diese Leidenschaftlichkeit je nach der Natur des Tierkreiszeichens, das Sitz dieser Konstellation ist, wechselt.

In *Feuerzeichen* werden wir es mit einer Überspitzung des Moralischen zu tun haben. Die Empfindlichkeit gegenüber allem moralischem Unrecht ist eingeboren und führt gegebenenfalls zu Zornausbrüchen, in milderen Fällen zu leidenschaftlicher Stellungnahme. Man haßt lahme Kompromisse, sie sind unmoralisch, wer nicht für mich ist, ist gegen mich; und zwischen Recht und Unrecht gibt es so wenig einen Kompromiß wie zwischen Wahrheit und Lüge oder Gut und Böse.

WIDDER: Mond hat das Quadrat im eigenen Zeichen, das Halbsextil im Zeichen der Erhöhung. Mars steht mit Quinkunx im eigenen Zeichen, hat das Quadrat im Zeichen der Erhöhung.

Mars ist hier der stärkere Planet, aber wie der Mond nicht frei von ungünstiger Beeinflussung. Schon Mond allein in Widder macht streitsüchtig; die Konjunktion mit Mond aber übersteigt diese Streitsucht, die, soweit sie vom Mond abhängt, bloß in Erscheinung tritt, wenn man angegriffen wird. Die Entrüstung über das Moralische bleibt stets im Vordergrund, so daß die hier entstehende Leidenschaftlichkeit der Wahrung des Rechtes gilt. Es entzünden sich Streitbarkeit und Zorn stets an dieser Einstellung des Menschen, und im Hintergrund dieser Einstellung lebt meist eine ideale Forderung, deren Inkasso beständig bei säumigen Zahlern gemacht wird.

LÖWE: Mond hat das Halbsextil im eigenen Zeichen, das Quadrat im Zeichen der Erhöhung. Mars hat Trigon und das Quadrat im eigenen Zeichen, Quinkunx im Zeichen der Erhöhung.

Auch hier ist Mars der stärkere Planet. Die Lebensfreude und die Freude am Lebensgenuß und die Sucht, sich ihm hinzugeben, wird hier durch Mars nicht nur übersteigert, sondern gleichzeitig verdüstert, auch hier tritt eine akkusative Tendenz auf, die überall bereit ist, das ungerechte Schicksal dafür verantwortlich zu machen, daß im Einzelfall das Verlangen nach Lebensgenuß unbefriedigt bleibt. Es entsteht hier die Eigentümlichkeit, alle Verbitterung besonders tragisch zu nehmen und mit schwer zu zügelndem innerlichen Haß zu beantworten. Dies ist vielleicht ein besonders markantes Paradigma für jene Eigenschaft, die Aristoteles als die Dyskolie bezeichnete, d. h. daß man in seinen geheimen Guthaben für das Glück die Posten besonders unterstreicht, die auf der Sollseite unbeglichen geblieben sind. Auch hier haben wir es mit einer Übertreibung zu tun, in der die düsteren Seiten des Lebens gegenüber den heiteren besonders verbucht werden.

SCHÜTZE: Mond hat Quinkunx im eigenen Zeichen und im Zeichen der Erhöhung. Mars hat Trigon und das Halbsextil im eigenen Zeichen, das Halbsextil im Zeichen der Erhöhung.

Mars ist hier ebenfalls der stärkere Planet. Es entsteht eine ähnliche Veranlagung wie im eben besprochenen Fall, nämlich der Drang, überall dasselbe Vertrauen einzufordern, das man selbst zu seiner eigenen Intuition hat. Man tritt demgemäß in hohem Grad rechthaberisch auf, ohne diesen Anspruch auf absolutes Vertrauen begründen zu können. Dieses Verhalten steigert sich zu einer Art Eifersucht gegenüber der Gläubigkeit anderer, die ihr Vertrauen nicht mir zuwenden, sondern anderen. Jeder Mensch, dem der Nächste mehr glaubt als mir, wird zum Gegenstand meiner Eifersucht. Hieraus entwickeln sich Vertrauenskrisen, die bei dieser Konstellation fast immer an der Tagesordnung sind.

Wir wenden uns nun den *Luftzeichen* zu.

Hier handelt es sich in erster Linie um eine Überspitzung der Kritik. Dies führt wieder zu recht eigentümlichen Erlebniskomplexen.

WAAGE: Mond hat das Quadrat im eigenen Zeichen, Quinkunx im Zeichen der Erhöhung. Mars steht im Zeichen seines Exils, hat das Quadrat im Zeichen seiner Erhöhung und das Halbsextil im eigenen Zeichen.

Mars ist hier etwas ungünstiger gestellt als Mond, seine Kraft wirkt lähmend auf die Mondenergien. Man kann hier von chronischer Unverträglichkeit sprechen; man kritisiert gerade die Menschen am schärfsten, mit denen man enger verbunden ist. Am besten gelingen noch solche Verbindungen, bei denen es sich um Rivalitätsverbindungen handelt, die zu einem gemeinsamen Zweck notwendig sind – z. B. Tarock- oder Bridgespiel. Es gibt im Leben zahlreiche Verbindungen, die darauf beruhen, daß die gegenseitige Kritik stets rege bleibt.

WASSERMANN: Mond hat Quinkunx im eigenen Zeichen, das Quadrat im Zeichen der Erhöhung. Mars hat das Sextil und Quadrat im eigenen Zeichen, das Halbsextil im Zeichen der Erhöhung.
 Beide Planeten stehen ungünstig. Hier bewirkt die Konjunktion beider Planeten Menschenfeindlichkeit; man fühlt die Distanz zu den anderen und den unabweisbaren Drang, sich von ihnen zu isolieren, um nicht durch sie heruntergezogen zu werden. Darum kann man sich mit den anderen sogar besser vertragen als in dem vorhergehenden Fall, weil man sie überhaupt nicht so weit an sich herankommen läßt und sich wenigstens innerlich von Anbeginn an zurückhält.

ZWILLINGE: Mond hat das Halbsextil im eigenen Zeichen und im Zeichen der Erhöhung. Mars hat das Sextil und Quinkunx im eigenen Zeichen, Quinkunx im Zeichen der Erhöhung.
 Beide Planeten stehen hier günstig. Sie unterstützen sich gegenseitig, aber auch hier kommt es zu einer Überspitzung der Kritik. Sie macht in hohem Grad wählerisch, ohne daß es dabei zu einer definitiven Wahl kommt. Die Unzufriedenheit wird Tugend; sie ist das Salz des Lebens. »Werd ich beruhigt je mich auf ein Faulbett legen, / So sei es gleich um mich getan«, möchte man mit Goethes Faust ausrufen. Die beständige Unbefriedigtheit schafft hier die Hauptkonflikte auf dem Mond-Mars-Gebiet.

Wir gehen zu den *Wasserzeichen* über.

Hier sind es die Gefühle, die übertrieben werden, und zwar meist negativ, nach der Seite des Leidens. Hier ist die Reizbarkeit besonders stark fühlbar.

KREBS: Mond steht im eigenen Zeichen und hat das Sextil im Zeichen der Erhöhung. Mars steht im Zeichen seines Falles und hat das Quadrat und den Trigon im eigenen Zeichen.
 Im Zeichen des Romantikers und des nach innen gekehrten traumartigen Seelenlebens finden wir hier unter der Wirkung der Mond-Mars-Konjunktion vielfach Tagträumer; sie treiben die Kränkung des eigenen Gefühlslebens auf die Spitze. Sie leben mit ihrer Umwelt in Wirklichkeit nicht im entferntesten so unharmonisch wie in ihrer

Phantasie, deren Bestätigung in diesem Fall ganz besonders abwegig wird. So entstehen Menschen, die Leid und Haß in sich hineinfressen und gern derartige Verhaltensweisen ausbilden wie beispielsweise chronisch unterdrückte Wut, ein unterdrücktes galliges Temperament und momentan aufflackernde Rachsucht oder zumindest ein nachtragendes Wesen. Diese Stellung ist mit viel Leid verbunden.

SKORPION: Mond steht im Zeichen seines Falles, hat den Trigon im eigenen Zeichen. Mars steht mit Quinkunx im eigenen Zeichen, hat das Sextil im Zeichen der Erhöhung.

Diese Mond-Mars-Konjunktion ist verglichen mit der vorausgegangenen in gewissem Sinn deren Korrelat. Es treten hier ähnliche Eigenschaften auf, nur was hier den anderen nachgetragen wird, ist ihre Unfähigkeit, sich der Macht der eigenen Seelenwünsche gefügig zu zeigen. Hier ist ganz besonders die Leidenschaftlichkeit entwickelt, diese Macht auf andere auszudehnen, und gleichzeitig das Verlangen, diesen Sieg mit Marswaffen, also durch kriegerisches Vorgehen, zu erzwingen, so daß man derart beständig in einen Seelenkrieg hineingezwungen wird, dessen düstere Seite man viel stärker empfindet als eine vorübergehende Freude an der Ausdehnung des eigenen Machtbereichs. Auch dies muß man wieder als »Drang« bezeichnen, der hier fast mit Zwang auftritt.

Wir werden in einem späteren Kapitel sehen, daß die Krankheitsbilder des seelisch-geistigen Lebens, die man als Psychosen oder modernerweise als Neurosen bezeichnet, fast niemals ohne eine sogenannte »Verletzung« des Mondes auftreten. Darunter versteht man die ungünstigen Aspekte des Mondes mit den sogenannten »Übeltätern«: Mars, Saturn, Uranus und Neptun.

Alle Bilder, die wir bis jetzt von der Mond-Mars-Konjunktion entwickeln konnten, tragen einen Keim dieser Psychose oder Neurose in sich. Würde ein Mensch nur der Mars-Mond-Konjunktion ausgeliefert sein, hätten wir einen Rasenden vor uns. Dies wird auch in dem dritten Wasserzeichen deutlich.

FISCHE: Mond hat Trigon im eigenen Zeichen, das Sextil im Zeichen der Erhöhung. Mars hat das Sextil und den Trigon im eigenen Zeichen, das Sextil im Zeichen der Erhöhung.

Beide Planeten stehen hier an günstigen Plätzen; ihre Kraft ist ungeschwächt, aber die aus ihrer Konjunktion resultierende Wirkung wird dadurch nur um so klarer und unzweideutiger. Die Übertreibung resultiert hier schließlich in einer Menschenscheu oder gar Menschenfurcht; man wird schon mit den Gefühlen geboren, den anderen gegenüber durch den eigenen Opfersinn unterlegen zu sein. Das eigene Temperament revoltiert beständig gegen die Rücksichtslosigkeit der anderen, weniger gütigen Naturen, von denen stets ins Unrecht gesetzt zu werden man selbst aber hervorgerufen hat. Man fordert die anderen geradezu heraus, einem weh zu tun, und empört sich gleichzeitig darüber, daß es geschieht. So entsteht ein seelisches Bild, das in gewissem Sinn dem Verfolgungswahn ähnlich ist. Man wird beständig von anderen getreten und fühlt sich nur dann so recht zu Hause in seiner seelischen Natur, wenn man dieses Bild beständig in sich wachhalten kann; daher die Neigung, solche Situationen immer wieder aufzusuchen.

Wir gehen nun zu den *Erdzeichen* über.

Was hier durch die Mond-Mars-Konjunktion entsteht, möchten wir als den Drang zur Geschäftigkeit bezeichnen oder als den Tätigkeitsdrang schlechtweg. Aber dieser Drang zeigt sich wieder in einer Übertreibung, die unter Umständen weit über die Grenzen des noch zum Normalen zu Rechnenden hinausgeht – mit all den nachteiligen Konsequenzen, die sich hieraus ergeben.

STEINBOCK: Mond steht im Zeichen seines Exils und hat den Trigon im Zeichen seiner Erhöhung. Mars steht im Zeichen seiner Erhöhung, hat das Quadrat und das Sextil im eigenen Zeichen.

Der Drang zur Tätigkeit und der damit verbundene Ehrgeiz sind hier viel stärker als das, was schließlich in Wirklichkeit geleistet wird. Früher oder später mag die mangelnde Anerkennung für die vermeintlichen Verdienste zu allerlei Marskonflikten führen, die aus dem Privatleben nicht selten in die engere oder weitere Öffentlichkeit hineingetragen werden.

STIER: Mond steht im Zeichen seiner Erhöhung, hat das Sextil im eigenen Zeichen. Mars steht im Zeichen seines Exils, hat das Halbsextil im eigenen Zeichen und den Trigon im Zeichen seiner Erhöhung.

Hier ist es der exilierte Mars, der auf die so günstig gestellte Mondnatur drückt. Es tritt hier etwas Ähnliches ein wie in Skorpion oder auch in Krebs, nämlich die Neigung, Übles, das man im praktischen Leben erfahren hat, in sich anzusammeln und wachsen zu lassen, bis man zerspringt. Dann kommt es zu Ausbrüchen, die sich in tätiger

Rachsucht zeigen können. Die Geduld, die Mond im Stierzeichen gewährt, überträgt sich auf den Mond-Mars-Komplex; aber wehe, wenn sie reißt.

JUNGFRAU: Mond hat das Sextil im eigenen Zeichen, den Trigon im Zeichen seiner Erhöhung. Mars hat den Quinkunx und das Sextil im eigenen Zeichen, den Trigon im Zeichen der Erhöhung. Auch hier kann in gewissem Sinn von Geduld gesprochen werden. Man strebt vor allem danach, Abhängigkeiten zu entgehen und geht in dem Bestreben, sie zu vermeiden, vielfach weiter als nötig. Die Furcht, in ökonomische Abhängigkeit zu geraten, wird zum Leitmotiv vieler sonst unverständlicher Handlungsweisen. Viele Konflikte vom Marscharakter entstehen aus der Abwehr, die in keinem Verhältnis zu den Tatsachen steht. Man schießt mit Pistolen auf Mücken. Die Geduld, von der wir oben sprachen, ist ebenso wie bei Stier begrenzt; man hält den Mückenkampf solange es geht geheim.

Wir gehen nun zu den *Mond-Venus-Konjunktionen* über.

Wir kommen der Charakteristik dieser Konjunktion vielleicht am nächsten, wenn wir das, was von Mars' Anteil an der Mondkonjunktion gesagt wurde, einfach umkehren. Was dort Härte war, wird hier Weichheit. An die Stelle der Übertreibung und Überspitzung tritt das Verlangen nach Abrundung und Ausgleich. Im allgemeinen kann gesagt werden: So wie der Mond dem Mars keinen wesentlichen Widerstand leisten konnte, ist er auch gegen die Venuskräfte widerstandslos.

Die Mond-Venus-Verbindung erweckt in uns das Bild eines Menschen, auf den am besten die Bezeichnung »liebenswürdig« paßt, wobei diese Liebenswürdigkeit alle Stufen und Grade annehmen kann, angefangen von der einfachen Konzilianz bis zum bestrickenden Wesen des Lieblings aller – oder von der bloßen Neigung, sich mit allen Menschen zu vertragen, bis zum Stadium der chronischen Verliebtheit in alle. Diese Charakteristik der Inaktivität und Weichheit bringt es mit sich, daß in der Mond-Venus-Konjunktion etwas Feminines liegt, das sowohl von Männern als auch von Frauen gilt, die diese Einstellung haben. Damit hängen noch weitere Attribute der femininen Einstellung zusammen, ein romantischer Sinn für Schönheit, für alles Liebliche und Sanfte und alles, was dazu beiträgt, Härten und Dissonanzen zu mildern. Parallel dazu liegt in der Mond-Venus-Konjunktion etwas Männliches.

In den *Feuerzeichen* werden die eben genannten Kennzeichen des Mond-Venus-Komplexes mehr zurücktreten. Es ist seltsam, daß hier Weichheit und Lieblichkeit gleichzeitig in einem geheimen Stachel versehen sind, der an die Dornen des Rosenstrauches erinnert. In welcher Weise sich dies äußert, werden wir bei der Betrachtung der einzelnen Zeichen kennenlernen.

WIDDER: Mond hat das Quadrat im eigenen Zeichen, das Halbsextil im Zeichen der Erhöhung. Venus steht im Zeichen ihres Exils, mit dem Halbsextil im eigenen Zeichen und im Zeichen der Erhöhung.
Im Zeichen ihres Exils, d. h. im Marszeichen, tritt Venus in einer Verkleidung auf, fast wie ein schüchterner Mann mit idealen Forderungen, die sich aber nicht auf irgendwelche moralische Prinzipien beziehen, sondern auf den Genuß des Venusglücks. Vielleicht kann man hier von einer Begehrlichkeit sprechen, die zugleich mit einer drohenden Note versehen ist, nur nicht zu glauben, daß man mit sich spaßen lasse. »Mit Frauen soll man sich nie unterstehn zu scherzen«, sagt Mephisto in jenen traulichen Zwiegesprächen mit Frau Marthe (Goethe, *Faust I*).

LÖWE: Mond hat das Halbsextil im eigenen Zeichen, das Quadrat im Zeichen der Erhöhung. Venus hat das Quadrat und das Halbsextil im eigenen Zeichen, den Quinkunx im Zeichen der Erhöhung.
Auch hier verstehen die Menschen unter der Wirkung der Mond-Venus-Konjunktion keinen Spaß und sind ihr mit völliger Schlaffheit ergeben. Wie Archimedes zu dem römischen Soldaten, so möchte man hier zu jeder moralischen oder gar asketischen Anwandlung sagen: Störe mir meine Kreise nicht! Der Dienst an Lebensgenuß und Freude wird überbewertet. Man könnte diese Konjunktion an Löwe als das Wappen der Hedonisten bezeichnen.

SCHÜTZE: Mond hat Quinkunx im eigenen Zeichen und im Zeichen der Erhöhung. Venus hat das Sextil und den Quinkunx im eigenen Zeichen, das Quadrat im Zeichen der Erhöhung.
Hier tritt eine Wirkung ein, die nicht als Dienst am Lebensgenuß, sondern eher als Dienst am Gefühl bezeichnet werden kann. Man ist damit begnadet, Liebe spenden zu dürfen. Man empfindet die höchste Achtung vor dem eigenen Ich als Instrument der Gnade. Diese Mischung von Stolz und Ergebenheit kennzeichnet die Verkleidung der reinen Venusnatur.

7. Vortrag

Wir gehen nun zu den *Luftzeichen* über.

Hier fehlt gerade das Charakteristische für Mars: das kritische Element. Man wird unkritisch und nachgiebig, zugänglich für alles, wodurch sich die Neigung ausbildet, mit allen gut auszukommen, und in künstlerischer Beziehung vielleicht die Schöngeistigkeit, jedoch in dem Sinn, daß wir uns schon von vornherein so zum Kunstwerk und auch zu den Menschen einstellen, daß wir bereit sind, überall das Schöne zu suchen und zu finden.

WAAGE: Mond hat das Quadrat im eigenen Zeichen, Quinkunx im Zeichen der Erhöhung. Venus steht im eigenen Zeichen, hat Quinkunx im eigenen und im Zeichen der Erhöhung.

Venus ist hier stärker als Mond. Die Spielbereitschaft, die von Mond ausgeht, wird durch Venus wesentlich unterstützt. So wie das Kätzchen jederzeit zum Spielen bereit ist, weil bei ihm das Spielen den eigentlichen Lebensernst ausmacht, so ist es auch hier; man kann von verspielten Menschen sprechen, weil die so Geborenen glauben, nirgends so sehr ihre Neigungen ausleben zu können, als wenn es sich um ein wohlverstandenes Spiel mit einem geeigneten Partner handelt. Sie werden immer auf der Flucht vor dem Harten des Lebens sein und sich in das Spiel flüchten oder in die Kunst, die aber hier eine seltsame Ähnlichkeit mit dem Spiel aufweisen wird. Die Mond-Venus-Konjunktion in Waage macht jeden Menschen zum immer bereiten Spielpartner, sofern der andere versteht, welche Rolle ihm zufällt, wenn er nicht allzu ernst nimmt, was bloß als Spiel intendiert war. Auch wenn jemand heute die Rolle des Spielpartners spielen durfte, diese Rolle kann morgen von irgendeinem anderen weitergespielt werden, der gerade da ist.

WASSERMANN: Mond hat Quinkunx im eigenen Zeichen, das Quadrat im Zeichen der Erhöhung. Venus hat das Quadrat und den Trigon im eigenen Zeichen, das Halbsextil im Zeichen der Erhöhung.

Hier verwandelt sich die leichte Zugänglichkeit und die Liebenswürdigkeit in Leutseligkeit. Man läßt sich zu den Menschen herab. Nicht Misanthropie, sondern Philanthropie wird hier auf der Schaubühne des Lebens gespielt, aber mit dem tiefen Ernst dieses Saturnzeichens. Dies führt dazu, daß man so sehr das mondäne Leben liebt und – ohne jemals allzu persönlich zu werden und ohne sich etwas zu vergeben – doch die Herzen der anderen aufschließt, wenn auch in einer mehr konventionellen Weise: der Weltmann, die weltgewandte Dame.

ZWILLINGE: Mond hat das Halbsextil im eigenen Zeichen und im Zeichen der Erhöhung. Venus hat das Halbsextil und den Trigon im eigenen Zeichen, das Quadrat im Zeichen der Erhöhung.

Diese Stellung führt zu einem Komplex, der fast zur Charakterlosigkeit gedeihen kann, weil das hirntypische Wechseln und Suchen leicht dazu veranlassen kann, die jeweiligen Partner nicht bloß zu wechseln, sondern miteinander zu verwechseln. So wie man ein begonnenes Gespräch am nächsten Tag mit einem anderen fortsetzt, so ereignet sich das Entsprechende gerne auf dem Venusplan; von der Venus aus schwinden die Unterschiede zwischen den Menschen, in deren Tiefen man gar nicht dringen will, um nicht zum Ernst gezwungen zu werden, der alles Spielen beenden würden.

Wir gehen zu den *Wasserzeichen* über.

KREBS: Mond steht im eigenen Zeichen und hat das Sextil im Zeichen seiner Erhöhung. Venus hat das Sextil und Quadrat im eigenen Zeichen, den Trigon im Zeichen der Erhöhung.

Ein Hang zur Zärtlichkeit ist hier unverkennbar, der jedoch am stärksten in der Phantasie ausgelebt wird. In Tagträumen kommt dieses Zärtlichkeits- oder Liebesbedürfnis hervor und erstreckt sich auch auf diejenigen, mit denen man in der Wirklichkeit in Feindschaft und Hader lebt. Man begreift schwer, daß die anderen von all den geheimen Tagträumen so gar nichts wissen. Dieser seltsame Widerspruch zwischen Realität und Wunschtraum ist hier besonders charakteristisch.

SKORPION: Mond steht im Zeichen seines Falles, hat Trigon im eigenen Zeichen. Venus steht im Zeichen ihres Exils, hat das Halbsextil im eigenen Zeichen und den Trigon im Zeichen der Erhöhung.

Hier tritt Venus wieder in einer Marsverkleidung auf, wie dies auch im Zeichen Widder der Fall war. Was aber in Widder bloß als Forderung oder sogar als geheime Drohung im Hintergrund lauert, das erscheint hier als Unersättlichkeit. Das Verlangen nach Zärtlichkeit und Venusglück ist unstillbar. Dies führt dazu, daß hinter der Liebenswürdigkeit, die im allgemeinen den Mond-Venus-Komplex kennzeichnet, sich hier eine Leidenschaftlichkeit ausbildet, wie sie eher den Marskräften entsprechen würde, und daß schließlich an der Unerfüllbarkeit der nie schweigenden Wünsche die Menschen zeitlebens leiden müssen, wenn ihnen die Umwandlung der hier schwer geschädigten Mond- und Venuskräfte nicht gelingt. Die geheimen Trigone von Mond zum eigenen Zeichen und Venus zum Zeichen ihrer Erhöhung mögen hier Hilfe leisten.

FISCHE: Mond hat Trigon im eigenen Zeichen, das Sextil im Zeichen der Erhöhung. Venus steht im Zeichen ihrer Erhöhung, hat das Sextil und den Quinkunx im eigenen Zeichen.
Diese Konstellation fördert Güte und Opferwilligkeit. Auch hier schließt dieser Komplex die Menschen den anderen gegenüber in hohem Grad auf und verbindet diese Aufschlußbereitschaft mit oft genug verschwiegener Werbung um Sympathie und Liebe bei jedermann. So kann es auch hier, ähnlich wie wir dies bei Zwillinge sahen, zu einer weitgehenden Wahllosigkeit kommen, die sich in dem Verlangen äußert, sich aufopfern zu können und andere zu beglücken. Man möchte gerne allen treu sein und ist dadurch jedem einzelnen gegenüber in gewissem Sinn untreu, wenn nicht gar treulos.

Wir wenden uns nun zu den *Erdzeichen*.

Hier entwickelt sich eine besondere Aufschlußbereitschaft gegenüber den irdischen Freuden, aber auch die Neigung, sich zu ergeben und, so sonderbar dies klingen mag, lieber zu unterliegen als zu siegen. Siegt man trotzdem, so fühlt man sich fast beschämt, daß der andere noch nachgiebiger sein konnte, als man selber zu sein wünschte. Darum ist auch hier die Energie im Werben um Liebe und Sympathie am tätigsten und intensivsten.

STEINBOCK: Mond steht im Zeichen seines Exils, Trigon im Zeichen der Erhöhung. Venus hat den Trigon und das Quadrat im eigenen Zeichen, das Sextil im Zeichen der Erhöhung.
Hier treten die Werbekräfte mit der ganzen Zähigkeit und Unermüdlichkeit auf, die dem Steinbock entsprechen. Sie konzentrieren sich auf ein einziges Objekt; es ist, als wollte man in jedem einzelnen Fall alles auf eine Karte setzen. Hier entwickelt sich denn auch das, was man gemeinhin als Treue bezeichnet, als jene eigensinnige vollbewußte Treue, die kritiklos den anderen gegenüber ist, aber nicht gegen die eigene Person. Man kann sich zutiefst erniedrigen und wähnt sich dadurch nur um so mehr erhöht. Dieser Ehrgeiz der Selbsterniedrigung kann sehr weit gehen.

STIER: Mond steht im Zeichen seiner Erhöhung, hat das Sextil im eigenen Zeichen. Venus steht im eigenen Zeichen mit Quinkunx, hat das Sextil im Zeichen der Erhöhung.

Beide Planeten sind hier in einer starken Stellung. Die Ergebenheit nimmt wieder die Form einer Treue an, die jedoch im Gegensatz zur Steinbocktreue eher den Charakter der Hörigkeit aufweist, aber der Hörigkeit im allgemeinen, der jene Zielgerichtetheit abgeht, die der Steinbocktreue entspricht. Was hier den Schein einer solchen Treue erweckt, ist bloß die durchaus unpersönliche Treue, die zufälligerweise an eine bestimmte Person gebunden ist, der man hörig geworden ist.

JUNGFRAU: Mond hat das Sextil im eigenen Zeichen, den Trigon im Zeichen der Erhöhung. Venus steht im Zeichen ihres Falles, hat den Trigon und das Halbsextil im eigenen Zeichen.

Hier liegt eine seltsame Einschränkung im Mond-Venus-Komplex, die die Menschen abwartend und sehnsüchtig zugleich sein läßt. Es ist, als wollte man sich stets vorsagen: Man muß zu mir kommen und mich entdecken. Erst wer dazu imstande ist, dem will ich mich ergeben. Ich warte wie das Schloßfräulein, das beständig vom Turm aus lugt, ob der Ritter kommt, sich aber dann hinter dem Vorhang verbirgt.

8. Vortrag

Wir wenden uns nun zur *Konjunktion zwischen Mond und Merkur*. Durch diese Konjunktion werden vor allem die Merkurkräfte zu besonderer Lebendigkeit angefacht, denn sie finden im Mond ein offenes Tor für ihre Wirksamkeit, obwohl dies ja auch bei allen anderen Planeten geschieht, die sich mit Mond durch Konjunktion verbinden. So kommt es, daß sich hier die Merkurbegabung in ihrer vollen Kraft auswirkt, nämlich als Intelligenz an sich oder, wie man auch zu sagen pflegt, als reine Intellektualität, deren wesentliche Eigentümlichkeit es ist, alles in einem Zusammenhang begreifen zu wollen, der vom logischen Denken erfaßt werden kann. Es handelt sich demnach um die Neigung, alles Erfaßbare zu intellektualisieren und dem Gedanken untertan zu machen. Dies bewirkt fast ausnahmslos eine weitgehende Abhängigkeit von Worten sowie eine besondere Geschicklichkeit, sie zu nutzen und anzuwenden, aber auch die Neigung, den erschöpfendsten und zutreffendsten Ausdruck für einen Gegenstand oder Vorgang zu suchen. Die Sprache mit all ihren Vor- und Nachteilen wird zu einem intellektuellen Kraftreservoir und zum stets gefüllten Speicher, aus dem die geistigen Nährstoffe unermüdlich bezogen werden. Dies wird sich in dem einzelnen Tierkreiszeichen recht verschieden darstellen.

In den *Feuerzeichen* dominiert der Wille; hier bildet sich eine besondere Geschicklichkeit darin aus, das Denken dem Willen gefügig zu machen. Man wird erfinderisch im logischen Begründen all dessen, was man erreichen will. Fast mag der Grundsatz »Der Zweck heiligt die Mittel« das Denken charakterisieren, das hier sich seine eigene Logik erschafft.

WIDDER: Mond hat das Quadrat im eigenen Zeichen, das Halbsextil im Zeichen der Erhöhung. Merkur hat das Sextil im eigenen Zeichen, den Quinkunx im Zeichen der Erhöhung.
 Hier finden wir eine ausgesprochene Scharfsinnigkeit in den Argumenten, die dazu dienen sollen, den eigenen Charakter logisch zu unterstützen. Immer wieder wird berücksichtigt werden müssen, in welchem Zeichen die Sonne ihren Platz hat. Was aber in allen Fällen

zutreffen dürfte, das ist die Logik einer Schlagfertigkeit, oder besser ausgedrückt einer immer vorhandenen Bereitwilligkeit, das eigene Denken mit dem eigenen Charakter in Einklang zu halten.

LÖWE: Mond hat das Halbsextil im eigenen Zeichen, das Quadrat im Zeichen der Erhöhung. Merkur hat das Halbsextil und das Sextil im eigenen Zeichen.

Hier gilt ähnliches, nur tritt an die Stelle der Scharfsinnigkeit ein anderes Denken, das wir eher als Humor bezeichnen könnten. Was hier entscheidend wird, ist nicht so sehr der logische Zusammenhang der Gedanken als das Beißende des Witzes. So tritt zur Schlagfertigkeit auch noch die Fähigkeit eines überlegenen, leichten Spottes, der auch sich selbst nicht schont. Man versteht es vorzüglich, seine Argumente den jeweiligen Umständen gemäß einzurichten und sie so vorzubringen, daß sie die Resonanz finden, die man will. Hier findet man jene Form der Redekunst, die zum Conferencier, zum Tafel- und Festredner gehören.

SCHÜTZE: Mond hat das Quinkunx im eigenen Zeichen und im Zeichen der Erhöhung. Merkur steht im Zeichen seines Exils, hat das Quadrat im Zeichen der Erhöhung.

Auch hier kann man von einer Schlagfertigkeit sprechen, die jedoch ihre Kraft nicht aus logischen Gedanken bezieht, sondern aus dem Willen zu überzeugen, die anderen an das glauben zu lassen, woran man selbst glaubt. Auch hier fließen einem die nötigen Argumente zu, die vornehmlich auf jenen Werten aufgebaut sind, die – ohne selbst moralisch sein zu müssen – sich aus der eigenen moralischen Grundrichtung formen, deren Grundgesetz das logische Gesetz ersetzt. Was meinem Gefühl nach richtig ist, kann keiner Art der Logik widersprechen.

Wir wenden uns nun zu den *Luftzeichen*.

Hier zeigt sich eine größere Bereitschaft zur Objektivität, d. h. wir begegnen hier der Bereitschaft, die Intellektualität nicht in dem Sinn anzuwenden, daß sie der Überredung dient oder bestimmten Zwecken oder irgendeiner Absicht, die aus dem Willen entspringt. Wir werden hier vielmehr einen besonderen kombinatorischen Intellekt antreffen, d. h. die Fähigkeit, Gedankenassoziationen zu bilden, die Menschen mit dieser Konstellation dazu veranlagt, Gedanken zueinander in Beziehung zu setzen, die für anders Veranlagte gar nicht zu bestehen

8. Vortrag

scheinen und auf den ersten Blick fremdartig und überraschend zugleich wirken und dabei niemals einer gewissen Originalität entbehren. Diese leichte gedankliche Beweglichkeit und Wendigkeit stellt sich in den einzelnen Luftzeichen verschieden dar.

WAAGE: Mond hat das Quadrat im eigenen Zeichen, das Quadrat im Zeichen der Erhöhung. Merkur hat den Trigon und das Halbsextil im eigenen Zeichen.

In diesem Zeichen des Künstlers treffen wir eine Veranlagung an, die mit dem Rüstzeug des Merkurdenkens – mit der Sprache als solcher – unmittelbar zu tun hat, eine rednerische Veranlagung, die aber weniger darauf ausgeht, betätigt zu werden, als daß sie den Zugang zur Sprache selbst öffnet. Hier entstehen feine stilistische Begabungen und ein weitgehendes Einfühlungsvermögen in den schöpferischen Geist und die menschliche Sprache. Die Kunst, all den feinen Nuancen des menschlichen Denkens durch den Wortgebrauch gerecht zu werden, ist hier hoch entwickelt.

WASSERMANN: Mond hat Quinkunx im eigenen Zeichen, das Quadrat im Zeichen der Erhöhung. Merkur hat den Trigon und den Quinkunx im eigenen Zeichen.

Hier tritt wieder eine sehr persönliche Note hervor; die intellektuelle Geschicklichkeit tut sich darin kund, fremde Mentalitäten in die eigene zu übersetzen und ihnen dann einen persönlich gefärbten Ausdruck zu geben. Hier tritt schon eine Begabung hervor, die sich in dem Wasserzeichen erst recht bemerkbar macht: die Kunst der Verdolmetschung, die aber hier nur dem Privatgebrauch dient.

ZWILLINGE: Mond hat das Halbsextil im eigenen Zeichen und im Zeichen der Erhöhung. Merkur steht im eigenen Zeichen mit dem Quadrat.

Hier ist es die Kunst der Dialektik, die sich besonders bemerkbar macht, d. h. die Kunst, der eigenen Meinung soviel Schlagkraft zu geben wie der des Gegners, so daß diese Stellung nicht ohne Gefahr für die eigene Meinung ist. Insofern kann es sogar zum Gegenteil dessen kommen, was wir bei Mond-Merkur in Wassermann sahen; denn hier gewinnt Merkur in Verbindung mit Mond eine außerordentliche Geschicklichkeit darin, fremde Mentalitäten im Gewand seiner eigenen erscheinen zu lassen, während dieselbe Kunst in Wassermann nur gebraucht wurde, um die fremden Mentalitäten in die stets gleichbleibende eigene Logik zu kleiden. So kommt es hier zu einer Freilebigkeit des Gedankenlebens, das – geübt in jeder Art der Verkleidung – das eigene Gewand früher oder später verliert.

Wir gehen nun zu den *Wasserzeichen* über.

Hier kommt, wie wohl nicht anders zu erwarten ist, jene Anpassungsfähigkeit und Plastizität des Denkens, die ihre Vorzüge mehr aus der Gefühlswelt bezieht und stets von Sympathien und Antipathien begleitet wird. Sie dirigieren meist unbewußt das außerordentlich entwickelte Einfühlungsvermögen in die Gedankenwelt anderer. Dadurch entstehen vor allem Begabungen der Interpretation und der Übersetzungskunst oder der sogenannten Nachdichtung. Diese Begabung nimmt in den einzelnen Zeichen verschiedene Formen an.

KREBS: Mond steht im eigenen Zeichen und hat das Sextil im Zeichen seiner Erhöhung. Merkur hat das Halbsextil und das Sextil im eigenen Zeichen.

Die Lernbereitschaft, die Merkur hier gewährt, verwandelt sich in Verbindung mit den hier aus den eigenen Zeichen wirkenden Mondkräften in jene Dolmetscherkunst, die sich stets durch die eigene Gefühlswelt befruchtet und zu einer Improvisationskunst auswächst. Aber diese Improvisationskunst bedarf, um betätigt zu werden, der Anregung durch fremde Gedanken, ohne die sie unfruchtbar bleibt. Hier lauern ähnliche Gefahren wie in Zwillinge, aber sie können nicht so weit führen wie dort, weil zwar die fremden Gedanken übernommen werden, aber die Gefühle stets die eigenen bleiben.

SKORPION: Mond steht im Zeichen seines Falles, hat Trigon im eigenen Zeichen. Merkur hat den Quinkunx und das Sextil im eigenen Zeichen.

Hier kann das Wort und der Gebrauch desselben hohe Kraft der Überredung gewinnen, weil es von der Macht der Gefühle getragen wird, die die unsichtbare Brücke zu den anderen schlagen. Hier ist es die Gabe, zu werben, die besonders hervortritt, es ist die Gabe, durch die subjektive Kraft des Wortes zu wirken und das Vermögen, jeden mit seiner eigenen Seelensprache anzusprechen. Auch dies ist eine Übersetzungskunst, jedoch von gefährlicher Art, weil sie – meist unbewußt – die eigenen Wunschkräfte hinter dem »objektiven« Wort versteckt.

8. Vortrag

FISCHE: Mond hat Trigon im eigenen Zeichen, das Sextil im Zeichen der Erhöhung. Merkur steht im Zeichen seines Exils und seines Falles, hat das Quadrat im eigenen Zeichen.

Merkur ist hier schwächer als Mond, der in diesem Zeichen reinste Medialität darstellt. Wir haben hier nicht den Improvisator vor uns, sondern den geborenen Interpreten für alles, was aus anderen seelischen Strömungen zu ihm dringt. Hier im Wasserzeichen – weit mehr als in den Luftzeichen – löst sich künstlerisch, was aus jener Gabe, Interpret sein zu können, um das Unaussprechliche auszusprechen, innerlich verarbeitet und in die Gedanken gehoben werden kann. Nun liegt es aber in diesem Fall nicht in der Fischenatur, all das als Dichter auszusprechen, sondern eher als Schauspieler, d. h. es besteht die Neigung, sich zum beredten Medium der Stummen zu machen, die zum stillen Leiden verurteilt sind. Auch hier wird es wesentlich vom Ort der Sonne abhängen, in welcher Weise dies geschieht.

Wir wenden uns nun zu den *Erdzeichen*.

Hier werden wir Intellektualität, die den Mond-Merkur-Komplex kennzeichnet, in einer anderen Gestalt sehen. Was Scharfsinn in den Feuerzeichen war, Dialektik in den Luftzeichen, Interpretation in den Wasserzeichen, das wird hier Findigkeit im praktischen Sinn. Man weiß immer Rat und kommt daher selten in Verlegenheit.

STEINBOCK: Mond steht im Zeichen seines Exils, Trigon im Zeichen der Erhöhung. Merkur hat den Quinkunx und den Trigon im eigenen Zeichen.

Die Intellektualität, wie wir sie oben definierten, erlangt hier ihre höchsten Werte, was Gründlichkeit, Unerschütterlichkeit und Härte im reinen logischen Denken betrifft, auch auf solchen Gebieten, auf denen das Denken nicht in erster Linie zuständig ist. Man könnte hier in gewissem Sinn von einer kunstfeindlichen Intellektualität sprechen, da die Phantasie stets durch dieses Denken eingeschränkt wird. Was aber nun die besondere Findigkeit angeht, die dem Steinbockcharakter entspricht, so mag sie in der besonderen Geschicklichkeit erblickt werden, mit der sich dieses strenge Denken den Forderungen fügt, die aus dem Zeichen kommen, in dem die Sonne steht.

STIER: Mond steht im Zeichen seiner Erhöhung, hat das Sextil im eigenen Zeichen. Merkur hat das Halbsextil und den Trigon im eigenen Zeichen.

Hier sind beide Planeten in günstigen Stellungen im Gegensatz zu Steinbock, wo Mond im Zeichen seines Exils stand. Das Denken wird hier völlig in den Dienst der Intellektualität gestellt, und es ist in hohem Grad vom Wort abhängig, wodurch es fast zum Sklaven des Begriffs erniedrigt wird. Sophistik kennzeichnet Denken, das wohl auch gründlich und logisch verfährt, aber die Geschicklichkeit in intellektueller Beziehung, die hier zutage tritt, gleicht eher einer List, durch die es gelingt, die Gedanken immer so zu wenden, daß sie die nun einmal gebrauchten Worte rechtfertigen.

JUNGFRAU: Mond hat das Sextil im eigenen Zeichen, den Trigon im Zeichen der Erhöhung. Merkur steht mit dem Quadrat im eigenen Zeichen.

Hier nimmt die intellektuelle Geschicklichkeit einen mehr spekulativen Charakter an, indem eine Zweckbestimmung dazukommt, der zuliebe die Argumente vorsorglich zusammengesucht werden, um sie stets bereit zu haben. Diese Übung fördert ein gutes Gedächtnis für bestimmte Argumente, die es zu erproben gibt. Gestützt auf solche Fähigkeiten entsteht hier die Vorliebe für Gedankensysteme und -gebäude, deren Bindemittel eine mit äußerster Konsequenz entwickelte Begriffslogik ist.

Wir wollen nun die *Mond-Saturn-Konjunktionen* untersuchen.

Hier tritt uns ein wesentlich andersgeartetes Bild entgegen. Wieder haben wir es mit einer Veranlagung zu tun, die wohl als Neigung auftritt, jedoch eine derart düstere Färbung aufweist, daß man hier viel eher von einer Zwangsveranlagung sprechen kann, die den Menschen in seiner Gemütsverfassung dauernd unter Druck hält, die ihn das ganze Leben lang nicht freigibt und etwas Niederzerrendes mit sich führt und veranlaßt, daß das Gesamtinteresse sich mehr der nächtlichen Seite der Seele zuwendet. Dieser lastende Druck geht von Saturn aus, erstreckt sich auf alle Gebiete, nicht nur die seelischen, sondern auch auf das Wollen (Feuer), wo es als eine Lähmung erlebt wird, die alle Willensregungen betrifft und daher den Menschen apathisch und moralisch träge macht, wenn nicht sogar völlig indifferent. Auf dem eigentlichen seelischen Gebiet (Wasser) werden wir ein besonderes Talent zum Leiden und Erleiden antreffen, nicht so sehr, daß man das Leid aufsucht, um sich ihm zu ergeben, als daß alles Leidvolle, das das Leben mit sich bringt, viel intensiver empfunden wird und in seiner Nachwirkung viel länger dauert als bei den meisten Menschen, die diese Konstellation nicht haben. Dies kann unter Umständen geradezu zu einer melancholischen Grundstimmung führen, die das gesamte Leben als eine ununterbrochene Kette von Kummer, Angst und Sorge erscheinen läßt. Auf geistigem Gebiet (Luft) zeigt sich das Lastende des Mond-Saturn-Komplexes als Hemmnis und Lähmung der Gedanken, was vor den Konsequenzen des Denkens selbst erschrecken läßt und furchtsam und kleinmütig macht, denn das Vertrauen in ein befreiendes Denken fehlt. Auf dem Gebiet des Tuns (Erde) werden wir ebenfalls die Saturn-Mond-Konjunktion in der Weise wirken sehen, daß sie die Tatkraft lähmt und den Menschen darum verzagt oder lässig, wenn nicht sogar völlig indolent macht und vor allem unproduktiv oder faul, sparsam und karg.

Wir wollen nun zu den einzelnen Zeichen übergehen und beginnen wieder mit den *Feuerzeichen*. Hier tritt eine beträchtliche Sparsamkeit im Gebrauch der Willenskräfte auf. Es zeigt sich ein Mangel an Mut, sich zu dem eigenen Charakter zu bekennen, weil das Vertrauen in das eigene Wollen nicht vorhanden ist. Und in demselben Grad, in dem man mißtrauisch ist gegen das eigene Wollen, ist man es auch gegen die anderen, deren Charakter einen niemals verläßlich genug dünkt. Verschlossenheit aus Mißtrauen und Sparsamkeit an Liebe drücken hier aus, was der Mond-Saturn-Komplex im Feuerzeichen dem so Geborenen in die Wiege legt.

WIDDER: Mond hat das Quadrat im eigenen Zeichen, das Halbsextil im Zeichen der Erhöhung. Saturn steht im Zeichen seines Falles, hat das Quadrat und Sextil im eigenen Zeichen.

Das lauernde Mißtrauen kennzeichnet in diesem Marszeichen die moralische Grundeinstellung, man ist mit seinem Mißtrauen auch sich selbst gegenüber nicht verschont. Das peinliche Gefühl der moralischen Minderwertigkeit vor dem eigenen Gewissen äußert sich oft genug in einer besonderen Wehleidigkeit und Feinfühligkeit gegenüber allem auch nur vermuteten fremden Mißtrauen. Es ist schwierig, von vorgefaßten Eindrücken loszukommen.

LÖWE: Mond hat das Halbsextil im eigenen Zeichen, das Quadrat im Zeichen der Erhöhung. Saturn steht im Zeichen seines Exils, hat Quinkunx im eigenen Zeichen, Sextil im Zeichen der Erhöhung.

Hier ist es nicht das Mißtrauen, das im Vordergrund steht. Es kommt hier eine Veranlagung, die in anderem Sinne abkühlend auf die anderen Menschen wirkt, aber auch auf die eigene Lebensfreude; fast könnte man von einer Neigung zur Askese sprechen, zu einer Askese ohne ethischen Kern. Es ist eher so, als wäre man in einem Sanatorium, in dem einem vieles verboten wird, ohne daß man diese Verbote zu begreifen vermag. Es ist, als dürfte man sich nichts gönnen, und tut man es dennoch, so folgen unbegreifliche Gewissensbisse, als wäre man auf verbotenen Wegen ertappt worden. Mit dieser Konstellation friert man ein wenig im Leben und läßt auch andere frieren.

SCHÜTZE: Mond hat Quinkunx im eigenen Zeichen und im Zeichen der Erhöhung. Saturn hat das Halbsextil und Sextil im eigenen Zeichen, das Sextil im Zeichen der Erhöhung.

Hier entsteht die Neigung, sein eigenes Gewissen als krank zu empfinden und ihm dadurch zu mißtrauen. Das schafft eine eigentümliche ethische Veranlagung, die wir vielleicht so beschreiben könnten: Es fehlt die Verpflichtung zur Aufrichtigkeit, weil man an dem Sinn und dem Wert einer Aufrichtigkeit zweifelt, die ihre Geltung nur der mangelnden Kritik an sich selbst verdankt. Wir kommen alle mit einem kranken Gewissen auf die Welt, weil es schon eine Krankheit ist, dies Gewissen zu fühlen. Es lähmt die freie Entscheidung des Willens.

Wir wenden uns nun zu den *Luftzeichen*.

Hier begegnen wir ähnlichen Hemmungen, die ebenfalls auf mangelndem Mut beruhen, aber nicht Mut, sich zum eigenen Charakter zu bekennen, sondern Mut, sich zur eigenen Überzeugung oder zum eigenen Glauben zu bekennen, dem man mißtraut. Hieraus resultiert eine gewisse Schwerfälligkeit des Denkens, das aus jenem Mißtrauen gegenüber der eigenen Kraft zu einem Notkonservatismus gedrängt wird, dem der alte Irrtum jedenfalls akzeptabler erscheint als der neue, an den man sich erst wieder gewöhnen muß. So entsteht der Eindruck einer Überzeugungstreue, die in Wirklichkeit mehr auf geistiger Trägheit oder gar Feigheit beruht.

WAAGE: Mond hat das Quadrat im eigenen Zeichen, Quinkunx im Zeichen der Erhöhung. Saturn steht im Zeichen seiner Erhöhung, hat das Quadrat und den Trigon im eigenen Zeichen.

Die Saturn-Mond-Konjunktion wirkt sich vorzugsweise darin aus, all das zu erschweren, was durch Mond in Waage sonst so leicht gemacht wird – das Leben als Spiel zu nehmen, das man mit einem verstehenden Partner teilt. Hier wird aus dem Spiel tiefer Ernst, und das Leben beginnt alle Leuchtkraft zu verlieren, wenn die Freude am

Spiel erlischt oder kein Spielpartner gefunden werden kann. Darum tritt hier unter Saturns Einfluß eine besondere Treue und Anhänglichkeit auf den Plan, die stets von der Sorge um den möglichen Verlust genährt wird, weil das Vertrauen in die eigene Fähigkeit, zu einem anderen Partner zu finden, gering ist.

WASSERMANN: Mond hat Quinkunx im eigenen Zeichen, das Quadrat im Zeichen der Erhöhung. Saturn steht mit dem Halbsextil im eigenen Zeichen, hat den Trigon im Zeichen seiner Erhöhung.
Auch hier steht Saturn in Würden. Die Mond-Saturn-Konjunktion macht vor allem in sich gekehrt, es tritt sogar ein geistiger Geiz auf, demzufolge man von den eigenen Erkenntnissen nicht gern zuviel verrät. Man erweckt dadurch leicht den Eindruck, daß man sich von den anderen isolieren oder auf sie herabblicken will. Aber diese Arroganz ist durchaus ungewollt; sie ist dem Träger selbst höchst peinlich, denn sie ist eher der Ausdruck einer geheimen Furcht als der Überheblichkeit. Hier liegen die Keime einer geistigen Asozialität, verbunden mit der geheimen Sehnsucht nach der befreienden, reinen Menschenliebe.

ZWILLINGE: Mond hat das Halbsextil im eigenen Zeichen und im Zeichen der Erhöhung. Saturn hat Quinkunx und Trigon im eigenen Zeichen und Trigon im Zeichen der Erhöhung.
Hier ist Saturns Kraft sehr stark, und demgemäß ist auch der Druck auf die Mondenergie außerordentlich intensiv. Heißt es in dem Gebet: »Und führe uns nicht in Versuchung«, so besteht hier geradezu die Neigung, sich selbst fortwährend Versuchungen auszusetzen und hinterher an der Tatsache zu leiden, daß man ihnen nicht gewachsen war. Das Leben wird zu einer endlosen Kette von Enttäuschungen an sich selbst. Auch hier tritt etwas ähnliches ein wie in Wassermann: Man hält sich für stärker, als man ist, und weiß gleichzeitig, wie wenig Recht man dazu hat.

Wir wenden uns nun zu den *Wasserzeichen*.

Der seelische Druck, der hier von Saturn ausgeht, bewirkt die Kleinmütigkeit, deren chronischer Ausdruck die Neigung zur Melancholie ist, d. h. die Neigung, sich immer so zu erleben, als würde man unter einer ungeheuren Last leiden, die es einem verbietet, sich den Freuden des Lebens so frei hinzugeben, wie es andere Menschen können. Aber diese Last kann man nicht von sich werfen; man kann sich höchstens an sie gewöhnen. Das Wesentliche dabei bleibt stets, daß ein realer Grund für diese Belastung nicht erkennbar ist, sie wirkt wie eine Erbbelastung. Vielleicht ist der Ausdruck »Weltschmerz« der zutreffendste.

KREBS: Mond steht im eigenen Zeichen und hat das Sextil im Zeichen der Erhöhung. Saturn steht im Zeichen seiner Vernichtung, hat Quinkunx im eigenen Zeichen und das Quadrat im Zeichen der Erhöhung.

Hier steht die oben beschriebene Kleinmütigkeit im Vordergrund; man neigt dazu, die damit verbundene, chronische schlechte Laune auf andere zu übertragen, die oft genug gegen ihren Willen zum Mitleid aufgefordert werden. Hier kann es sogar geschehen, daß man sich gern an den eigenen Schmerzen weidet, eine ideale Stellung für einen Pessimisten oder einen Weltschmerzlyriker.

SKORPION: Mond steht im Zeichen seines Falles, hat Trigon im eigenen Zeichen. Saturn hat das Quadrat und Sextil im eigenen Zeichen, das Halbsextil im Zeichen der Erhöhung.

In diesem Marszeichen tritt zu den eben geschilderten Merkmalen die Kraft, andere in hohem Grad mit dem pessimistischen eigenen Fühlen zu infizieren und dadurch eine Verbundenheit zu schaffen, die die anderen zu Lastträgern der eigenen Veranlagung und in extremen Fällen sogar zu Opfern der eigenen bösen Wünsche macht. »Geteiltes Leid ist halbes Leid«; hier fällt die Teilung sehr zuungunsten der Leidgenossen aus. Ein Hang zum Sadismus, wenn nicht sogar zur seelischen Grausamkeit ist unverkennbar, ohne dem so Geborenen wirklichen Genuß zu bringen.

FISCHE: Mond hat Trigon im eigenen Zeichen, das Sextil im Zeichen der Erhöhung. Saturn hat das Sextil und Halbsextil im eigenen Zeichen, den Quinkunx im Zeichen der Erhöhung.

Hier begegnen wir im Gegensatz zu der eben beschriebenen Stellung eher einer Neigung zum Masochismus. Es besteht die schwer verständliche Sehnsucht nach Erlebnissen, die einen an sich selbst leiden lassen. Man begibt sich in Situationen, von denen man im voraus weiß, daß sie mit einer Blamage enden werden, man macht sich vor sich selber schlechter, als man ist. Es ist, als hätte man sich selbst zur Buße verurteilt und dazu, sich – auch wenn man durchaus im Recht ist – ins Unrecht zu setzen. »Es ist besser, Unrecht zu leiden, als Unrecht zu tun.« Hier aber fügt man sich selbst das Unrecht zu oder zwingt sogar andere dazu, diese undankbare Aufgabe zu übernehmen, um nachher daran fruchtlos zu leiden. Viel kann hier eine günstige Sonnenstellung dazu beitragen, die eben geschilderte Veranlagung zu Vorzügen umzubilden.

Wir wenden uns nun zu den *Erdzeichen*.

Es wird zu erwarten sein, daß die Mond-Saturn-Konjunktion all die Mühseligkeiten, die das praktische Leben mit sich bringt, mit besonderer Kraft in das Erleben stellt, man fühlt oder glaubt zu fühlen, wieviel schwieriger man das erringen muß, was anderen so leicht und natürlich gelingt. Das Leben ist in diesem Fall kein Sanatorium, wie in den Wasserzeichen, sondern ein Arbeitslager; man kann auch fröhlich sein bei seiner Arbeit, wenn man fühlt, daß es schließlich die eigene Bestimmung ist, durch die Arbeit sein Leben zu rechtfertigen, das nun einmal aus unbekannten Gründen mich zum Arbeiter bestimmt hat, zum Dienen und nicht zum Herrschen. So werden wir hier Menschen antreffen, die von einem düsteren Arbeitstrieb beherrscht werden. »Müßiggang ist aller Laster Anfang« – aber wo der Arbeitstrieb allein wirksam wird, schwindet der Unterschied zwischen Müßiggang und Arbeit, die als bloßer Arbeitstrieb, der nach Bestätigung verlangt, oft genug nur ein organisierter Müßiggang ist, wenn der Zweck solcher Arbeitsamkeit selbst müßig ist.

STEINBOCK: Mond steht im Zeichen seines Exils, Trigon im Zeichen der Erhöhung. Saturn steht mit dem Sextil im eigenen Zeichen, hat das Quadrat im Zeichen seiner Erhöhung.

Niemals müßig sein ist hier der Hauptantrieb, das Tun wird völlig in den Dienst der Imperative gestellt, die aus dem Zeichen fließen, in dem die Sonne ihren Platz hat. Alles trägt die Marke eines Arbeitsfanatismus, der wichtiger wird als das Ziel, dem die Arbeit dienen soll. Hierher gehören etwa Virtuosen, denen das »Üben« wichtiger ist als das Spielen, Menschen des Trainings.

STIER: Mond steht im Zeichen seiner Erhöhung, hat das Sextil im eigenen Zeichen. Saturn hat den Trigon und das Quadrat im eigenen Zeichen, den Quinkunx im Zeichen seiner Erhöhung.

Auch hier finden wir Arbeitsamkeit und Arbeitseifer; man verlangt danach, eine Aufgabe zu erhalten, der man sich dann mit aller Zähigkeit hingeben kann. Der treue Diener feiert hier seine Triumphe. Gewissenhaftigkeit, auch gegen das eigene Gewissen, in der Erfüllung aufgetragener Arbeit, die sich tatsächlich als »organisierter Müßiggang« zeigt, kennzeichnen hier eine Arbeitslust, die das eigene Gewissen nicht beschwert, weil stets ein anderer für das Arbeitsziel verantwortlich bleibt.

JUNGFRAU: Mond hat das Sextil im eigenen Zeichen, den Trigon im Zeichen der Erhöhung. Saturn hat den Trigon und Quinkunx im eigenen Zeichen, das Halbsextil im Zeichen der Erhöhung.

Die Hinneigung zum dienenden Arbeiten besteht auch hier, zugleich aber kommt es noch zu anderen Erscheinungen, die wir vielleicht am besten als resignierte Genügsamkeit bezeichnen könnten. »Wieviel es doch gibt, was ich nicht brauche«, soll einst Sokrates vor einem Geschäft gesagt haben, wo man Luxusgegenstände sehen konnte. Aber in unserem Fall entspringt die Resignation nicht aus Weisheit, sondern eher aus einem Armutsgefühl, aus dem Gefühl, zur Armut und zum Dienen bestimmt zu sein, und vielleicht auch noch aus dem Gefühl gebundener Hände, gebunden durch mangelndes Vertrauen in die eigene Kraft. Man hat dort zu stehen, wohin man durch das Schicksal gestellt wurde. Dort hat man auszuharren und niemals über sich hinauszustreben, aber das Beste aus allem herauszuholen, das einem gegeben wurde.

9. Vortrag

Wir gehen nun zu den *Mond-Jupiter-Konjunktionen* über. Es wird nicht schwierig sein, sich die Bedeutung dieser Konstellation vorzustellen, wenn man sie als den Widerpart der im vorigen Vortrag besprochenen Mond-Saturn-Verbindung ansieht. Die Mond-Saturn-Konjunktion ergab von Anfang an eine gedrückte Lebensstimmung mit allen Begleiterscheinungen, der inneren Beschwernis, der Lebensfurcht und vielleicht sogar dem Gefühl, alt in diese Welt gekommen zu sein. Mit der Mond-Jupiter-Konjunktion dagegen fühlt man sich im Besitz einer fast unerschöpflichen Jugend. Man kommt in dieses Leben mit dem Gefühl, ein Glückskind zu sein; schwebend, leicht und unbeschwert glaubt man, durch das Leben gehen zu können, als hätte man Flügel. Man kann das vielleicht durch den Ausdruck »Talent zum Glück« bezeichnen, ohne daß das Glück verpflichtet ist, die Hoffnungen zu erfüllen, die niemals versiegend auf die Erfüllung gesetzt werden. Ein hoffnungsvolles Vertrauen in das Gelingen begleitet den Menschen und macht ihn selbstbewußt, offen, nimmt ihm jene scheinbare Schüchternheit, die Saturn in Verbindung mit Mond so gern mit sich bringt, und gibt Freude, sich unverstellt und ungezwungen darzubieten. Dies wird sich allerdings in den einzelnen Zeichen recht verschieden darstellen. Vor allem mag man daran festhalten, daß das, was bisher als allgemeine Charakteristik beschrieben wurde, nur Grundneigungen darstellt, nicht aber Charaktereigenschaften, denn all dies kann sich mit jedem Charakter verbinden. Man kann mit diesen Neigungen gut oder böse sein, kann ein Wollender, Denkender, Fühlender oder Tuender sein. Zu all dem, was infolge der Sonnenstellung tiefer im eigentlichen primären Charakter des Menschen begründet liegt, kann sich dieses Talent zum Glücklichsein hinzugesellen.

Wir wollen nun wieder unsere Wanderung durch den Tierkreis antreten. Betrachten wir zunächst die *Feuerzeichen*.

Hier wird die Neigung, wenn nicht gar der Drang entstehen, mit einem naiven Selbstvertrauen aufzutreten, rückhaltlos und nicht ohne Präpotenz, die sich aus der Naivität des Selbstvertrauens ergibt. Dies wird durchaus nicht immer angenehm wirken und vor allem nicht auf alle Menschen.

WIDDER: Mond hat das Quadrat im eigenen Zeichen, das Halbsextil im Zeichen der Erhöhung. Jupiter hat Trigon und das Halbsextil im eigenen Zeichen, das Quadrat im Zeichen seiner Erhöhung.

Hier feiert die Offenherzigkeit wahre Triumphe, die bis zur Rücksichtslosigkeit einer zwangsmäßig sich einstellenden »Aufrichtigkeit« gedeihen kann. Hier finden wir Menschen, die mit ihrer Einstellung gegenüber den anderen niemals zurückhalten können. Das Wesentliche dabei ist, daß sie gar nicht merken, wie sehr sie mit ihrem übermächtigen Wesen anstößig wirken.

LÖWE: Mond hat das Halbsextil im eigenen Zeichen, das Quadrat im Zeichen der Erhöhung. Jupiter hat den Trigon und Quinkunx im eigenen Zeichen, das Halbsextil im Zeichen der Erhöhung.

Aufrichtigkeit und Offenherzigkeit, wie wir sie in Widder angetroffen haben, verwandeln sich hier in eine mildere Herzlichkeit, nicht ohne den Beigeschmack der Leutseligkeit und einer sogenannten Urbanität. Man unterstützt die anderen und findet darin eine Zufriedenheit mit sich selbst.

SCHÜTZE: Mond hat Quinkunx im eigenen Zeichen und im Zeichen der Erhöhung. Jupiter steht mit dem Quadrat im eigenen Zeichen, hat den Quinkunx im Zeichen seiner Erhöhung.

Die Mond-Jupiter-Konjunktion bringt hier ähnliches hervor wie in Löwe. Die Herzlichkeit tritt jedoch hinter das Verlangen, andere zu protegieren, zurück. Ein natürlicher, zuweilen sogar naiver Optimismus unterstützt hier nicht nur das Vertrauen in die eigene Kraft, sondern hilft auch, den anderen Lebensoptimismus einzuflößen, solange sie in der Reichweite des persönlichen Einflusses bleiben. Die fehlende hemmende Selbstkritik wirkt erfrischend und belebend.

Wir wenden uns nun zu den *Luftzeichen*.

Hier wird die geistige Selbstsicherheit und das damit verbundene Selbstvertrauen wesentlich. Man traut sich nicht nur die Berechtigung zu, andere unter sein geistiges Protektorat zu nehmen, man fühlt sogar eine Verpflichtung dazu, auch wenn dies gar nicht verlangt oder gewünscht wird. Man liebt es nicht, mit seinem Rat zurückzuhalten.

WAAGE: Mond hat das Quadrat im eigenen Zeichen, Quinkunx im Zeichen der Erhöhung. Jupiter hat das Sextil und den Quinkunx im eigenen Zeichen, das Quadrat im Zeichen der Erhöhung.

9. Vortrag

Hier entsteht nicht nur die Neigung, eine geistige Vormundschaft über die auszuüben, mit denen man durch die Mondnatur im Lebensspiel verbunden ist, man ist auch seinerseits oft genug in der Lage, Protektionen seitens der anderen zu erfahren, in deren Schutz man sich ebenso geborgen fühlt wie die Schützlinge in dem eigenen. Das Gegenseitigkeitsverhältnis, das hier entsteht, ist durchaus harmonisch.

WASSERMANN: Mond hat Quinkunx im eigenen Zeichen, das Quadrat im Zeichen der Erhöhung. Jupiter hat das Sextil und das Halbsextil im eigenen Zeichen, Quinkunx im Zeichen der Erhöhung.

Hier ist das Verhältnis zur Umgebung weniger harmonisch; hier treffen wir eine Mitbetonung an, die wir als geistigen Stolz bezeichnen können, verbunden mit einer Neigung zur Überschätzung des eigenen Wertes. Man weiß, daß man kein gewöhnlicher Mensch ist und will auch nicht als solcher angesehen werden. Im Gegensatz zur Waage besteht hier kein wesentliches Verlangen danach, einzelnen seine geistige Bevormundung aufzudrängen. Wenn dies schon geschehen soll, so muß es möglichst unpersönlich und auf Distanz geschehen.

ZWILLINGE: Mond hat das Halbsextil im eigenen Zeichen und im Zeichen der Erhöhung. Jupiter steht im Zeichen seines Exils, hat das Quadrat im eigenen Zeichen und das Halbsextil im Zeichen der Erhöhung.

Im Gegensatz zu Wassermann besteht hier tatsächlich das Verlangen, geistige Bevormundung andern aufzudrängen und sich mit den eigenen Jupiterkräften wichtig zu machen. Man ist recht freigebig mit dem eigenen Rat und Urteil und schöpft aus dieser Betätigung hohe Befriedigung; man weiß, wozu man da ist, und lernt aus den Problemen anderer, die man mitlösen hilft, sich selbst weiterzuentwickeln.

Wir wenden uns nun zu den *Wasserzeichen*.

Auch hier wird eine Vormundschaft über die anderen gesucht, nur geschieht dies in diesem Fall im Seelischen. Man liebt es, die eigenen Seelenkräfte durch Helfen, Mitleiden und Trösten auszuweiten und auf andere wirken zu lassen, man schöpft aus dem Bewußtsein dieses Vermögens innere Befriedigung und eigene Erhöhung.

KREBS: Mond steht im eigenen Zeichen und hat das Sextil im Zeichen seiner Erhöhung. Jupiter steht im Zeichen seiner Erhöhung, hat Trigon und Quinkunx im eigenen Zeichen.

In diesem Zeichen stehen beide Planeten in hohen Würden. Hier entstehen wirkliche Helfer und Tröster, denen Helfen und Trösten inneres Bedürfnis ist; zu ihnen kommt man gern, um zu beichten und sich seelisch zu erleichtern. Es geht etwas Mütterliches aus von den Trägern dieses Aspektes, der wie Lessings Ring im *Nathan* die Gabe hat, vor Gott und Menschen angenehm zu machen.

SKORPION: Mond steht im Zeichen seines Falles, hat Trigon im eigenen Zeichen. Jupiter hat den Trigon und das Halbsextil im eigenen Zeichen, den Trigon im Zeichen der Erhöhung.

Hier steht Jupiter fast ebenso stark wie ein Krebs, aber der Mond ist im Zeichen seines Falles. Darum besteht hier die Gefahr, die Kräfte, die Jupiter hier verleiht, in die niedrige Mondregion herunterzuholen und der Eigensucht dienstbar zu machen. Die hohe Suggestivkraft, die Jupiter in diesem magischen Zeichen verleiht, trägt nicht wenig dazu bei, diese Kräfte zu eigensüchtigen Zwecken zu verwenden, falls der Versuchung da nicht widerstanden wird. Man kann so leicht Gewalt über andere gewinnen, die angelockt durch jene Kräfte einem zufliegen. Man gewinnt so leicht das Vertrauen all jener, die seelischen Schutz suchen unter den Flügeln des Stärkeren. All dies mag wieder das Selbstvertrauen und die Erfolgssicherheit des so Geborenen stärken. Nicht selten wird sie durch einen Hang zur Pose unterstrichen.

FISCHE: Mond hat Trigon im Zeichen seines Falles, hat Trigon im eigenen Zeichen. Jupiter steht mit dem Quadrat im eigenen Zeichen, hat den Trigon im Zeichen seiner Erhöhung.

Hier finden wir wieder eine gewisse Ähnlichkeit mit derselben Konstellation in Krebs. Man spendet und opfert gern und will lieber dienen als herrschen; es zieht einen selbst zu den Schwächeren hin, die sich ihrerseits angezogen fühlen. Stille Demut läßt keinen Stolz aufkommen, aber man findet alles Glück in dieser Demut.

Wir gehen nun zu den *Erdzeichen* über.

Hier tritt eine Neigung zum Stolz auf. Was wir als Talent zum Glück bezeichnet haben, wird auf diesem Gebiet, auf dem der Erfolg das Wichtigste ist, das Selbstwertgefühl bis zu jenem Grad steigern, den wir mit dem Wort »Stolz« bezeichnen. Man trägt den Kopf immer hoch und läßt sich nicht unterkriegen. Man kann von einer Neigung zur Einbildung sprechen, wodurch das Gegenstück zu dem entsteht, was wir in den Feuerzeichen als übermächtiges Wesen bezeichneten.

9. Vortrag

STEINBOCK: Mond steht im Zeichen seines Exils, Trigon im Zeichen der Erhöhung. Jupiter steht im Zeichen seines Falles, hat das Halbsextil und Sextil im eigenen Zeichen.
Beide Planeten erfahren hier ungünstige Einflüsse. Der Stolz ist ganz besonders auffallend, ebenso die Einbildung. Man darf aber nicht übersehen, daß der Stolz sich hier in erster Linie auf all das bezieht, was durch die Sonnenstellung gegeben ist, man ist stolz auf das Tierkreiszeichen, das die Sonne beherbergt, stolz auf die Grundnatur seines Charakters, der zur unfehlbaren Grundlage allen Tuns erhoben wird. Sich selbst einen Fehler einzugestehen ist ebenso schwer wie es vor anderen zu tun.

STIER: Mond steht im Zeichen seiner Erhöhung, hat das Sextil im eigenen Zeichen. Jupiter hat das Sextil und den Quinkunx im eigenen Zeichen, das Sextil im Zeichen seiner Erhöhung.
Hier sind Jupiter und Mond in guter Position. Der Stolz, der sich entwickelt, bezieht sich nicht so sehr auf den Charakter als auf die wirklichen oder eingebildeten Talente sowie auf all das, was man »hat«. Hier kann man in gewissem Sinne von Besitzerstolz sprechen, ohne daß der materielle Besitz im Vordergrund stehen muß. Die Schätzung des eigenen Guthabens führt nicht selten zur Unterschätzung des fremden. Die Dienstwilligkeit, die hier vom erhöhten Mond ausgeht, findet leicht die Schätzung und Sympathie der Umgebung, aber Jupiters Einfluß zerstört die sonst mit dieser Mondstellung verbundene innere Demut, so daß das schließliche Resultat selten harmonisch ausfällt.

JUNGFRAU: Mond hat das Sextil im eigenen Zeichen, den Trigon im Zeichen der Erhöhung. Jupiter steht im Zeichen seines Exils, hat das Quadrat im eigenen Zeichen und das Sextil im Zeichen der Erhöhung.
Der Stolz, der sich hier entwickelt, kann als Leistungsstolz bezeichnet werden. Die ungünstige Position Jupiters mag oft genug dazu verleiten, auf Dinge stolz zu sein, die am wenigsten dazu Anlaß geben sollten, wie etwa: ein Titel, eine Uniform oder eine Auszeichnung, Orden, Anerkennungsbriefe, Applaus, Gegrüßtwerden, wenn viele es sehen, in der Zeitung erwähnt sein etc., während wirklich wertvolle Eigenschaften keinerlei Stolz zur Folge haben.

Wir haben nun noch die *Konjunktion des Mondes* mit den beiden transzendenten Planeten *Uranus und Neptun* zu besprechen.

Uranus betrachten wir als den Stabilitätsprüfer des Horoskops. In Verbindung mit Mond wird diese Prüfung sich wohl auf unsere Erbnatur beziehen, die den Gegenstand unserer beständigen geheimen Prüfungsangst bildet. Aber da wir mit diesem Teil unseres Wesens so innig verbunden sind, erfaßt dieser Zustand unsere gesamte Gemütsverfassung, die am besten mit dem Zustand eines Menschen verglichen werden kann, der unmittelbar vor einer Prüfung steht mit der Nervosität, dem Lampenfieber und vor allem der Ungewißheit bezüglich des Ausgangs und dem beständigen Zweifel, ob man auch genügend vorbereitet ist, und weiter mit dem Bestreben, immer, wenn auch im letzten Moment, noch etwas dazuzulernen, was vielleicht bei der Prüfung verlangt werden könnte.

So kommt es zu einer dauernden Ungenügsamkeit, Gärung und Unzufriedenheit mit dem Bestehenden, verbunden mit einer Überfülle an Spannung, die bis zur Verwirrung gehen kann. Dieser Dauerzustand des psychischen Geladenseins oder der Überspannung macht sich auch äußerlich bemerkbar und kann den Eindruck erwecken, daß man nicht in der Lage ist, seine Interessen einem bestimmten Objekt auf die Dauer zuzuwenden, weil man allzusehr mit inneren Spannungen beschäftigt ist. So mag der Vorwurf der Unzuverlässigkeit nicht ganz ohne Grund erhoben werden, andere glauben, das Problematische solcher Naturen mit diesem Wort abtun zu können.

Die Problematik der Mond-Uranus-Menschen liegt aber viel tiefer. Halten wir einstweilen daran fest, daß wir hier einen Seelen- und Geisteszustand vor uns haben, der einer dauernden Exaltation gleicht, einer Unrast, Ungewißheit und Unzufriedenheit mit dem Gegenwärtigen, indem man stets nach irgend etwas Ausschau hält, was in der Zukunft Befriedigung schaffen könnte. Aber im Hintergrund in den Tiefen des unterbewußten Seelenlebens bleibt doch die Unzufriedenheit mit der eigenen Erbvergangenheit, mit jenen Resten der Erbnatur, mit denen man nicht fertig werden und zurechtkommen konnte, die zum stets wachsenden eigenen Verdruß die Oberhand behalten.

Wir wollen nun zu den einzelnen Kategorien übergehen.

In den *Feuerzeichen* wird die Ungeduld zum Lebenstemperament. Aber diese Ungeduld ist keine gewöhnliche; sie tritt in den einzelnen Zeichen in verschiedener Gestalt auf, aber das Charakteristische dieser Ungeduld ist ihre Verbindung mit einer Schwärmerei, wobei wir diesen Ausdruck so verstehen wollen, wie Lessing ihn in seiner Abhandlung über die *Erziehung des Menschengeschlechtes* gebraucht.

9. Vortrag

Der Schwärmer, sagt Lessing, unterscheidet sich vom normalen Menschen nur dadurch, daß er, was er für die Zukunft erhofft, gar nicht erwarten kann und so die erst in der Zukunft heranreifenden Möglichkeiten schon von der Gegenwart verlangt.

WIDDER: Schwärmerei und Unrast verbinden sich hier zu einer Form der Ungeduld, die in jedem Moment lieber fehlgeht als aufschiebt, lieber irrt als sorgfältig wartet oder prüft. Darum wird hier das Vorurteil in jeder Form Lebensgesetz. Es mag so und so viele Standpunkte geben, von denen aus das Leben gesehen oder erlebt werden kann, für mich ist nur der meine gültig, auch wenn er noch so wandelbar scheinen mag; ich habe immer recht, auch wenn ich mir selbst zu widersprechen scheine. Ich bleibe immer derselbe. Und so, wie ich immer derselbe bleibe, so sind auch die anderen stets so, wie ich sie auf den ersten Blick einschätze, oder so – wie ich sie eben haben will, weil ich nicht Zeit habe zu warten, bis ich eine objektivere psychologische Analyse erstellt habe.

LÖWE: Hier nimmt die Schwärmerei einen anderen Charakter an. Sie gilt mehr der Sehnsucht nach konzentriertem Lebensgenuß, der in seinem höchsten Ausmaß stets vom gegenwärtigen Zeitmoment gefordert wird. So wie Titus am Ende jeden Tages, an dem er nicht etwas Gutes getan, zu sagen pflegte: Ich habe diesen Tag verloren, so möchte ich hier sagen: Ich habe jeden Tag verloren, an dem ich versäumte, mich über etwas zu freuen. Alle Unrast gilt der Jagd nach Lust und Freude, hier gilt auch die Ungeduld der Uranusschwärmerei. Worin jedoch das Ziel jener Freude besteht, hängt im wesentlichen von der jeweiligen Sonnenstellung ab.

SCHÜTZE: Wieder können wir von einer Schwärmerei sprechen, die sich jedoch in diesem Fall wesentlich anders darstellt. Hier nimmt sie die Form einer Unduldsamkeit an, die sich im Gegensatz zu Widder nicht auf das Verhalten der Menschen zu mir oder umgekehrt auf mein Verhalten zu ihnen bezieht, sondern auf die geistige und sittliche Einstellung der anderen, die in jedem Moment mit der meinigen zusammentreffen muß, auch wenn ich diese Überzeugung von heute auf morgen ändern sollte. »Wer nicht mit mir ist, ist gegen mich«, lautet hier die Devise, und in diesem Punkt gibt es keinen Kompromiß. Die Intoleranz wird Lebensprinzip oder wirkt wenigstens so.

Wir gehen zu den *Luftzeichen* über.

Hier werden wir ohne weiteres annehmen können, daß es sich um eine mehr theoretische Art der Uranusungeduld, der Rastlosigkeit und innerlichen Spannung handelt, die den Seelen- und Geisteszustand charakterisiert, der einer Prüfung vorausgeht. Es wird sich darum weniger um Schwärmerei als um eine geistige Friedlosigkeit handeln, die durch das Gefühl der stets unzureichenden Vorbereitung auf die Prüfung zustande kommt. So wie ein Prüfling, der von der Prüfungsangst ergriffen ist, die Menschen um sich herum mit der Bitte belästigt, ihm Fragen zu stellen, um herauszufinden, wo noch irgendeine Lücke in seiner Vorbereitung besteht, so belästigt man mit dieser Mond-Uranus-Konjunktion seine Umgebung mit beständiger Prüfung seiner selbst an ihr, und so zieht man sie in seinen uranischen Zustand mit hinein.

WAAGE: Hier ist der Partner im weitesten Sinn des Wortes derjenige, der mit in das Prüfungsereignis hineingezogen wird und alle Phasen der eigenen Unrast mitmachen muß. Er muß stets dazu bereit sein, mir den Glauben an meine eigene Zulänglichkeit zu erhalten; er muß selbst an mich glauben und mit mir durch dick und dünn gehen und willig all die Zickzackwege, die ich mit dieser Veranlagung zu gehen gezwungen bin, mitmacht.

WASSERMANN: Hier ist des Uranus eigenes Haus. In diesem Zeichen wird die Erprobung des eigenen Vollkommenheitsgrades an den anderen Menschen fast zu einer quälenden Belastung und führt schließlich dazu, daß die anderen, die man gar nicht so sehr braucht, nur herangezogen werden, um seelische oder geistige Versuchskaninchen der eigenen Entwicklung zu werden. Man schätzt die Menschen in dem Grad, wie sie sich dieser Prozedur willig unterwerfen oder sich ihr entziehen. Das Interesse an den Nebenmenschen hängt im wesentlichen davon ab, ob sie geeignete Objekte dieser Vivisektion sind, die allein dem Zwecke dient, sich selbst besser kennenzulernen.

ZWILLINGE: Hier kommt es nicht zu einem Mißbrauch der »Nebenmenschen«. In diesem Merkurzeichen gewinnt die Uranus-Mond-Konjunktion einen fast ausschließlich theoretischen Charakter. Man kann nie genug Wissen ansammeln, man steht unter dem Zwang einer Wißbegierde, die niemals voll zu befriedigen ist. »Zwar weiß ich viel, doch möcht ich alles wissen«, möchte man mit Goethes Wagner aus *Faust* ausrufen. Dieses »Alleswissen« bleibt aber schon deshalb ein stets unerfülltes Ideal, weil die Uranuskräfte in Gesellschaft des Mondes dafür sorgen, daß das Faß, in das das Wissen eingegossen wird, ohne Boden bleibt. Die Danaidenarbeit der Erkenntnis verwandelt sich hier in eine unstillbare Neugier, die man niemals aufgibt. Die Oberflächlichkeit eines Vielwissens vermählt sich hier nicht selten mit der Gründlichkeit einer niemals befriedigten Neugier.

Wir gehen nun zu den *Wasserzeichen* über.

Auch hier kann man von einer Ungeduld sprechen. Sie drückt sich in jenen unermüdlichen Wünschen aus, wobei die Erfüllung der Wünsche schon gar nicht mehr interessiert, sondern nur den Anlaß für einen neuen Wunsch bildet. Mit all diesen Wünschen geht ein heimlicher Wunsch mit, die Wünsche nicht zur Realität werden zu lassen, um nicht mit seinen Wünschen irgendwo an ein Ende zu kommen.

KREBS: Hier werden wir es mit solchen Wünschen zu tun haben, die ihrem Wesen nach am ehesten dem Traumleben verwandt sind. Wir finden hier die Neigung, die Wirklichkeit beständig nach den eigenen Wünschen in der Phantasie umzumodeln. Hier entwickelt sich eine fast kaleidoskopartige Wunschphantasie, die das Leben unermüdlich begleitet, ihre Wünsche aber darum verschweigt, weil ihre Erfüllung weder von der Wirklichkeit noch von anderen Menschen erwartet wird. Sie sind vielfach auch derart wirklichkeitsfremd, daß sie nur in der Phantasie erfüllt werden können. Ein Impuls zum künstlerischen Schaffen kann mitschwingen. Aber die Ansprüche an das, was künstlerisches Schaffen leisten sollte, werden hier derart überspannt, daß es meist zum Schaffen gar nicht kommt. Man arbeitet hier als schaffender Künstler an seinem Werk ähnlich wie Penelope an dem berühmten Hemd.

SKORPION: Das Wunschleben erreicht hier die höchste Intensität, denn es erstreckt sich auf das Verhältnis zu anderen und erhält damit auch einen erotischen Einschlag. Aber es handelt sich hier mehr darum, sich in einer erträumten oder wirklichen seelischen Machtstellung den anderen gegenüber zu erleben, als von dieser Macht auch wirklich Gebrauch zu machen. Der Jagdrausch ist wichtiger als die Beute, die ihren Wert sofort verliert, wenn sie einmal heimgebracht ist. Man liebt die Unbeständigkeit nicht, aber sie reizt gleich einem köstlichen

Gewürz, ohne das das Leben schal und dürftig wäre. Man sieht nicht gern andere leiden, aber es ist unvermeidlich, sie an einem selbst zu quälen, wenn der erhöhte Uranus sich mit dem gefallenen Mond verbindet.

FISCHE: Hier besteht die Neigung, all das, womit man die Menschen in Skorpion quälte, selbst zu erleiden und dadurch ähnliche Wünsche zu befriedigen, die nur die Funktion ändern; war man früher Subjekt, so wird man jetzt Objekt. Darauf beruht auch die Neigung zur Selbstdemütigung oder zumindest dazu, Situationen zu suchen, in denen man Zeuge solcher Selbstdemütigungen wird: Skandale, in schlechten Ruf kommen, Tratsch und ähnliche beschämende Dinge. Es ist seltsam genug, daß diese wie die Erfüllung einer Sehnsucht gesucht werden, die mit einer Erniedrigung des Menschen zu tun haben, sei es mit freiwilliger oder unfreiwilliger. Die Spannungen selbst aber mögen wieder als der Ausdruck einer Prüfung angesehen werden, aus der wir selbst so gern geläutert hervorgehen möchten.

Wir wenden uns zu den *Erdzeichen*.

In den Erdzeichen geht es um das Tun und das menschliche Wirken in der materiellen Welt. Hier verwandeln sich Schwärmerei, Ungeduld oder Unersättlichkeit in eine Gier.

STEINBOCK: Die Gier nach Ansehen, Ehre, öffentlicher Achtung, kurz der sogenannte Ehrgeiz, wird hier mächtig angestachelt und geht stets in die Richtung, die durch die Sonnenstellung gegeben ist. Es ist gefährlich, sich dem Ehrgeiz, sobald er einmal geweckt ist, entgegenzustellen; man muß hier auf ein hohes Maß von Rücksichtslosigkeit gefaßt sein. Der Geborene steht selbst wie unter einer geheimen, aber unbezwingbaren inneren Suggestion.

STIER: Hier mag man von Habgier sprechen, die sich jedoch weniger auf die Erwerbung neuen Gutes als auf das Festhalten am alten bezieht, das um jeden Preis erhalten bleiben muß. Diesem zuliebe können Opfer gebracht werden, die den Wert dieses wirklichen oder vermeintlichen Gutes weit übersteigen. Der »Sperling in der Hand« avanciert zu einem Riesenvogel, gegen den der sagenhafte Vogel »Roch« zu einem winzigen Zwerglein zusammenschrumpft. Was sonst als das Attribut der Treue bei Mond in Stier erschien, wird hier zur Hörigkeit am eigenen Wesen, dessen innere, nach dem Dienen verlangende Natur

9. Vortrag

zum Despotentum geheimer Minderwertigkeitstendenzen umgewandelt wird. Nach Ansicht mancher Astrologen steht Uranus hier im Zeichen seines Falles.

JUNGFRAU: Hier ist es der Gedanke innerer Unzulänglichkeit, der so sehr auf das Tun des Menschen abfärbt, daß hieraus eine quälende Übervorsicht in allen Äußerungen entsteht, von der Behandlung des eigenen Körpers angefangen bis zu den verantwortlichen Aufgaben im sozialen Leben. Immer hat man etwas versäumt, was noch hätte geschehen müssen, auch wenn man noch so lange Zeit zum Überlegen hatte. Und immer hat man zu wenig an sich selbst gedacht. Dabei liebt man den eigenen Egoismus gar nicht, der einen wie eine lästige Pflicht verfolgt.

Damit schließen wir unsere Betrachtung über die Mond-Uranus-Konjunktion ab und wenden uns den *Mond-Neptun-Konjunktionen* zu.

Es ist das Eigentümliche der Neptunwirkung, daß sie die Beziehung zum Jenseitigen herstellt und so all das wieder auflöst, was durch Uranus abgegrenzt, und in sich isoliert wurde. Die Mondkräfte tun die Tiefen unserer Erbnatur auf und behüten den Zugang zu längst verschollenen Erinnerungen an einst durchwanderte Entwicklungsstadien einer weitgehenden Naturverbundenheit. Aus der Mischung beider Planeteneinflüsse, wie sie in der Konjunktion geschieht, entspringt eine Gabe, die das alte atavistische Bewußtsein mit der noch fließenden Grenze zwischen Ich und Nicht-Ich wieder aufleben läßt und so einen Zustand schafft, der überall im Diesseitigen zugleich die Spuren des Jenseitigen mehr oder minder deutlich erleben läßt. Es kommt zu einem Grenzzustand des seelischen Lebens. Dadurch entsteht die Neigung, allerlei Ahnungen und ähnlich schwer überschaubaren Zuständen einen besonders bedeutsamen Raum zu geben und Gaben in sich zu pflegen, die vom Verstand nicht voll erfaßt werden können. Man kann dann von einer mystischen Veranlagung sprechen, die sich unter Umständen sogar bis zu Trancezuständen steigern kann, die dem so Geborenen neben seiner positiven, realen Tätigkeit und Wirksamkeit noch ein anderes Gebiet erschließen, das unwirklich traumhaft ist und das er, je nach seiner Grundeinstellung, von jener anderen Lebensveranlagung völlig getrennt halten kann.

Man wird demnach bei Menschen, die mit dieser Konjunktion geboren sind, darauf gefaßt sein müssen, ein Doppelleben anzutreffen, das wohl nicht so beschaffen sein muß, daß es zu einer eigentlichen Spaltung der Persönlichkeit kommen müßte. Man muß nicht zwei Leben nebeneinander führen; die Spaltung besteht vielmehr meist nur im Bewußtsein, gedeiht aber nicht bis zu einer äußerlich kenntlichen Wirklichkeit, obwohl auch dies zuweilen eintritt. Das Paradigma für eine solche vollkommene Spaltung der Persönlichkeit wäre wohl die sogenannte Mondsüchtigkeit oder das Nachtwandeln, die leichteste und harmloseste Form ist durch die Spaltung unseres Bewußtseinslebens in Wach- und Traumzustand gegeben. Wenn wir auf diese physiologische Spaltung achten, dann werden wir unschwer erkennen, daß wir es auch hier meist mit einer Spaltung der Persönlichkeit zu tun haben und daß wir im Traum oft ganz anders auftreten als in wachem Zustand, oft tun wir im Traum Dinge, die aus unserer reinen Mondnatur entspringen, der unsere Sonnennatur im wachen Zustand gebieterisch und erfolgreich den Weg vertritt. Diese der Mondnatur entsprechende Wesensseite ist dem wachen Wesen eingefügt, das mit Mond-Neptun-Konjunktion geboren wurde.

Nun wurde über die Mond-Neptun-Aspekte im 19. Vortrag von *Planetenwelt und Mensch* bereits Wesentliches ausgeführt. »Als wesentlichstes Merkmal«, hieß es dort auf Seite 464f, »mag das Hingegebensein an die Nachtseite des Lebens bezeichnet werden, an Schlaf und Traum, an Dämmerzustand des Seelenlebens jeder Art, von künstlich gesuchter Betäubung bis zur hellsichtigen dichterischen Sehergabe gesteigert, an das Verschweben in seelisch-geistigem Meta-Altruismus bis zur völligen restlosen Dienstbarkeit, an weitestgehende Einfühligkeit in alles ahnungsmäßig zu Erfassende, an merkwürdige episodisch auftretende Fähigkeiten, die irgendwie aus dem erwachten Erbgedächtnis schöpfen.«

Wenn wir nun dazu übergehen, die Wirkung der Mond-Neptun-Konjunktion in den einzelnen Zeichen des Tierkreises zu untersuchen, dann sollten wir uns daran erinnern, daß diese Konjunktionen stets nur bestimmten Generationen zukommen, wie sie im 20. Vortrag von *Planetenwelt und Mensch* beschrieben wurden.

Dabei wollen wir nun einen anderen Weg einschlagen als bei den bisher besprochenen Konjunktionen; wir wollen zunächst nur den Tierkreisbogen berücksichtigen, der von Fische bis Jungfrau reicht.

FISCHE: Hier werden wir eine hochentwickelte Einfühlsamkeit in fremdes Seelenleben antreffen, die, ohne irgend etwas mit Psychoanalyse zu tun zu haben, den natürlichen Weg des Verstehens geht, das bis zur Ausschaltung, ja völligen Negierung aller persönlichen Sym- und Antipathien geht und in dem Verwischen der Grenze zwischen subjektiv und objektiv wahrhaft medial genannt werden darf. Aber das Verwischen jener Grenze ist zugleich die Grundlage für ein Doppelleben, das zum Teil in der Wirklichkeit des Tages gelebt wird, zum Teil in jenem schmalen Niemandsland, das zwischen mir und dir liegt, ein Land der Sehnsucht für alle so Geborenen.

WIDDER: Hier führt die Mond-Neptun-Konjunktion zu einer fast entgegengesetzten Veranlagung. Es tritt die Neigung ein, sich all dem, was für Fische charakteristisch war, zu widersetzen und alle derartigen inneren Antriebe, die aus dem Ahnungsvermögen aufsteigen, zu verdrängen oder auf solche Gebiete überzuleiten, auf denen sie seelisch unwirksam werden. Dazu gehören starke Abwehrkräfte gegenüber jeder seelischen Beeinflussung durch andere. Das Verlangen nach innerer Objektivität wird überwertig und schafft eine besondere ungewollte Subjektivität, die durch das Verwischen der Grenze zwischen Subjektivität und Objektivität die Illusion, über den Dingen zu stehen, aufrechterhält.

STIER: Im Zeichen der Erhöhung des Mondes sehen wir eine besondere Hellfühligkeit, die sich in erster Linie im Bereich all dessen offenbart, womit wir durch Sympathie verbunden sind. Dies bezieht sich ebenso sehr auf die Menschen unserer unmittelbaren Umgebung als auf alle Äußerungen menschlichen Strebens, sofern wir diesen sympathisch gegenüberstehen. Aber diese »Sympathie« ist nicht Sympathie im gewöhnlichen Sinn. Sie wird durch jene Hellfühligkeit zu einem höheren Rang erhoben. Gewöhnlich sind Sympathie oder Antipathie persönliche Angelegenheiten. Hier aber ist es, als hätte die Sympathie den Auftrag erteilt, alle Kräfte dieser Sympathie dienstbar zu machen. Sympathie ist jetzt nicht mehr eine persönliche Angelegenheit, sie wirkt wie eine Kraft, die durch mich hindurchzieht – sie wird für mich zu einer Erkenntnisquelle, sie lehrt mich, wie sonst nur der Verstand lehren könnte; ich trete durch sie in den Dienst all dessen, was auf dem Weg jener Sympathie in mich Eingang fand, dies mag ein Mensch, eine Menschengruppe sein oder ein Gedankensystem, eine Lehre oder eine Kunstrichtung.

ZWILLINGE: Unter der Wirkung der Mond-Neptun-Konjunktion erlebt man Gedankliches, daß nicht in einem logischen Zusammenhang erscheint oder durch diesen gerechtfertigt wird, sondern wie eine Eingebung erscheint. Im Denken selbst wird eine Ordnung gesucht, die analog ist zu einem musikalischen Zusammenhang. Es ist eine musikalische Harmonisierung des Denkens, die hier gesucht wird, um die reine Logik zu ersetzen oder zu ergänzen. So entsteht häufig eine Leichtflüssigkeit des Gedankenlebens, das – die geistigen Gefahren nicht ahnend – über die Logik mit somnambuler Sicherheit hinübergleitet. Hier öffnet sich die ganze Skala von seichtester selbstzufriedener Oberflächlichkeit bis zu seherischer Eingebung. Fast immer aber werden wir hier ein eigenartiges Verhältnis zur Musik antreffen; man wird in der Hingabe an sie eine ähnliche Befriedigung finden wie der geistige Forscher in der Verfolgung seiner Gedankenreihen.

KREBS: In des Mondes eigenem Zeichen macht sich der Jenseitshintergrund der Gefühlswelt und allen romantischen Rausches noch stärker bemerkbar; noch mehr als in Zwillinge tritt hier ein starkes Verlangen nach Musik hervor, sie ist die ordnende Kraft allen Seelisch-Geistigen, insofern als ein Zusammenhang gesucht wird, dessen Wurzeln tiefer reichen als alle Logik. Die Musik reinigt nicht nur seelisch, sie stärkt und inspiriert auch das Gedankenleben. Das Verlangen nach Harmonie steigert die Empfindlichkeit gegenüber allem Disharmonischen und läßt den so Geborenen in hohem Grad daran leiden, wo immer es sich ergeben mag. Hier kann ein Doppelleben dadurch entstehen, daß man dem äußeren Leben widerstandslos alle Disharmonien überläßt, die man in seinem inneren Leben in der Phantasie auflöst.

LÖWE: Hier tritt wieder etwas Seltsames auf. Mit Mond in Löwe ist man der Lebensbejahung und vielmehr noch der Freude und jedem Seelenereignis, das sich aus der Lebensbejahung ergibt, zugewendet. Aber mit Neptun, der sich nun zu Mond hingesellt, sucht man bewußt oder unbewußt all das in das Transzendentale hinüberzuleiten, was die Lebensbejahung im Menschen auslöst. Da sehen wir nun eine besondere Gabe in allem, was zur Lebensbestätigung gehört, die Lustbetonung besonders auszubilden. Wenn es auf das organische Gefühl dafür ankommt, daß man z. B. geht, springt, atmet, ißt etc., und dieses Gefühl sich vor dem inneren organischen Bewußtsein als potenziertes Lebens- und Lustgefühl darstellt, dann haben wir den Inhalt jenes Mond-Neptun-Komplexes vor uns. »Es ist eine Lust zu leben.«

Hieraus wird sich auch eine gewisse Vorliebe für den Sport entwickeln, der aber nicht etwa ausgeübt wird, um den Körper tauglicher zu machen, sondern um im Lustgefühl den eigenen Körper zu beherrschen. Aber all das eben Beschriebene hat nun auch seinen metaphysischen Gegenschein darin, daß hieraus eine optimistische Grundstimmung resultiert, die fast wie ein moralisches Prinzip aussieht, die Freude zu pflegen, als wäre sie einer Dankbarkeit gleich zu achten, die wir für unsere Existenz dem Kosmos schulden.

JUNGFRAU: Hier kommt es zu einer eigenartigen Hellfühligkeit, die sich jedoch nicht, wie in dem vorangegangenen Fall, auf die organische Leibestätigkeit bezieht, sondern auf das Besitzen eines organisierten Leibes überhaupt. Das ist seltsam. Für die älteren Generationen wäre es eher verständlich, wenn jemand sagt: Ich fühle lebendig meine einzelnen Organe. Aber gerade darum handelt es sich nicht in unserem Fall; es handelt sich um das lebendige Gefühl des Zusammenhangs der einzelnen Organe und ihrer Verbundenheit zu der Grundlage meiner Existenz. Das Transzendente, das in diesem Gefühl liegt, wird zu einem Leitgedanken für das Erkennen solcher Zusammenhänge, die ähnlich sind wie der Zusammenhang der Organe im Körper. Die Mond-Neptun-Konjunktion gibt hier einen merkwürdigen Spürsinn für alles, was mit »Organisation« zu tun hat, deren Paradigma im weitesten Sinn der Menschenleib selbst und im engeren Sinn der eigene Leib ist – mit all seinen Vorzügen und Fehlern.

Wir haben seinerzeit (20. Vortrag *Planetenwelt und Mensch*) in der Charakteristik dieser Generation mit Neptun in Jungfrau ausgeführt, es werde hier das Bestreben erwachen, die menschliche Gesellschaft nach dem Bild des Menschenleibes aufzubauen. Tritt aber nun Mond in Konjunktion zu Neptun, dann kommt es zu einer Hellsichtigkeit, die gleich einem Instinkt alle Organisationsarbeit des so Geborenen leitet und das Gesamtbild seines Leibes – hinsichtlich seines inneren Zusammenhangs – zum Modell für alles zu Verwirklichende macht. Keineswegs dürfen wir hier erwarten, was bei Neptun-Mond in Fische beschrieben wurde. Man wird hier nicht Menschen sehen, die in der Irrealität ihre Zuflucht suchen; man wird vielmehr Menschen sehen, die bestrebt sein werden, den nur innerlich gefühlten Bauplan ihres Leibes zu realisieren. Architekten werden hier zu finden sein, Architekten des Lebens, geleitet von jener Hellfühligkeit, die wir eben zu beschreiben versuchten.

Und nun noch einige Worte über diese Konstellation in Waage und Skorpion.

WAAGE: Wir haben bereits in *Planetenwelt und Mensch* einiges über Neptun in Waage ausgeführt. Wir sagten, ähnlich wie mit Neptuns Eintritt in Zwilllinge eine neue Ära des seelisch-geistigen Lebens begann, geschieht dies nun auch mit dem Eintritt Neptuns in Waage, nur daß dieser Wechsel der geistig-seelischen Physiognomie entscheidender sein wird, da es sich hier um das Kardinalzeichen handelt, das den südlichen Teil des Tierkreises einleitet und damit den Schlüssel zum Tor jener großen Verwandlung besitzt, von der gesprochen wurde. Die Ideen der transzendentalen Freiheit, geboren aus dem schöpferischen reinen Geist, bilden hier den kosmischen Hintergrund für den Inhalt der Mond-Neptun-Konjunktion. Das ist nun vor allem die Idee der Gemeinschaft und der Partnerschaft, die auf dem Hintergrund einer Verwandtschaft erlebt wird, die tief ins Kosmische hineinreichend eine Weltbürgerschaft vorbereitet, deren Vorbild sich jedes Einzelindividuum innerlich erbaut in dem Gefühl, all seine Kräfte aus der instinktiv geahnten Menscheneinheit hervorgehen zu sehen und so ein Teil des Ganzen zu sein, dessen rechtmäßiger Repräsentant ihm in jedem Du entgegentritt, so verwandeln sich alle menschlichen Bindungen in ebenso viele Akte einer Freiheit, die sich ihre Grenzen selbst setzt.

SKORPION: Erinnern wir uns zunächst an das Schlagwort, das wir gebrauchten, um Neptuns Stellung in Skorpion zu charakterisieren: Leidenschaftslosigkeit des Wunschlebens, das seine Gegenstände nicht aus dem Astralen, sondern aus dem Mentalen gewinnt, und halten wir dagegen, was der in diesem Zeichen fallende Mond an Leidenschaftlichkeit hinzufügt, dann haben wir ein recht unharmonisches Bild. Wir sehen hier tief in der menschlichen Natur verwurzelte Machtgier und Eifersucht sich mit Impulsen vereinigen oder gegen sie streiten, die aus der überindividuellen Region einstrahlen und uns im Du stets die andere Seite unseres Ichs entgegenhalten und uns lehren, uns vor allem vom Egoismus zu verabschieden, der, obgleich im Geistigen bereits erkannt, doch in Wahrheit niemals überwunden wurde. Was sich hieraus als bleibende Veranlagung ergibt, ist wieder eine Hellfühligkeit, die sich bis zur Entzweiung mit sich selbst und mit allen Konsequenzen eines seelisch-geistigen Doppellebens steigern kann.

Damit beschließen wir vorläufig das Kapitel der Mondkonjunktionen.

10. Vortrag

Wir wenden uns nun dem Planeten Merkur zu und den Konjunktionen, die dieser Planet mit den übrigen Planeten bildet, von denen wir Sonne und Mond bereits besprochen haben. Merkur ist der Signifikator für die Erkenntnis, sofern sich diese der Hilfsmittel Begriffe und Sprache bedient, um sich durch sie selbst zu größerer Klarheit durchzuarbeiten. Durch die Konjunktion Merkurs mit anderen Planeten entsteht aber eine besondere Färbung dieses Denkens, durch die es eine bestimmte Richtung erhält, die ihm aus der Fülle der Möglichkeiten mit Vorliebe bestimmte Objekte zuweist, während andere Objekte weiter entfernt gestreut werden, wodurch das Denken eine ganz bestimmte Charakteristik erhält, die wir in Anlehnung an das, was man als Individualpsychologie bezeichnet hat, die Individuallogik oder die persönliche Logik des einzelnen nennen wollen. Diese Individuallogik unterscheidet sich von der allgemeinen Logik nicht durch das, was an ihr Logik schlechthin ist, sondern durch den Gebrauch bestimmter Argumente, die dem Assoziationsbereich gerade dieses Menschen angehören – auf Grund der besonderen Aspektverbundenheit des Planeten Merkur. In keinem Fall handelt es sich hierbei um etwas, was den moralischen Charakter primär angeht, es geht nur den Charakter seines Denkens an. Die Konjunktionen des Planeten Merkur enthüllen den Vorrat an Stimulantien oder Hemmungen, die das Denken teils anfeuern, teils lähmen, es aber immer und lebenslang begleiten und sich sofort zeigen, wenn Objekte in das Beobachtungsfeld treten, die dem besonderen Assoziationsbereich jener Individuallogik angehören. Nicht das Funktionale der Logik, das für alle Menschen das gleiche ist, wird durch Merkurs Konjunktion beeinflußt, sondern die Bereitwilligkeit, dieser Logik einen größeren oder geringeren Einfluß im Leben einzuräumen.

Es kann aber nicht geleugnet werden, daß gerade weil das Denken und der besondere Charakter dieses Denkens einen so großen Raum im Leben einnimmt, ja geradezu das Hauptinstrument darstellt, mit dem der Mensch von Geburt an sein Leben bearbeitet, dies Denken nicht ohne bestimmende Rückwirkung auf die moralische Physiognomie des Menschen bleibt, wie noch gezeigt wird.

Wir beginnen nun mit den *Merkur-Venus-Konjunktionen*. Es kann ohne weiteres ausgesprochen werden, daß diese Konjunktion die Neigung fördert, die Logik des Denkens unter die Herrschaft oder zum mindesten unter die Kontrolle gewisser Gefühlswerte zu stellen und so die Schärfe dieser Logik überall dadurch zu mildern, daß man dem Denken nicht gestattet, zu Konsequenzen zu gelangen, die dem Gefühl widersprechen könnten und dem Verlangen nach dem harmonischen Ausgleich zwischen Denken und Fühlen zuwider wären. Es ist sozusagen das Resultat des Denkens schon gegeben, ehe es bemüht wird. Man kann es vielleicht ganz allgemein mit dem Ausdruck Schöngeistigkeit bezeichnen, ein ästhetisches Grundgefühl macht sich überall im Leben geltend. Daher ist diese Konstellation ganz besonders geeignet, dem Denken einen künstlerischen Schwung zu geben, der in diesem Fall häufig genug mit ganz individuellen Vorlieben für bestimmte geistige Werte verbunden ist, die sich aus dem betreffenden Tierkreiszeichen ergeben; man hat seine Lieblingsdichter, -komponisten, -philosophen usw. Niemals fehlt ein stark ausgeprägter Sinn für Romantik.

Wir wenden uns nun den einzelnen Tierkreiszeichen zu.

In den *Feuerzeichen* wird all das, was wir als Vorliebe bezeichnet haben, einen mehr hitzigen Charakter annehmen; der Enthusiasmus verdrängt hier fast die Logik so weit, daß sie meist überhaupt nicht zu irgendeiner Entscheidung zugelassen wird außer der, es dem Verstand schmackhaft zu machen, was der Enthusiasmus ihm vorsetzt.

WIDDER: Merkur hat das Sextil im eigenen Zeichen, den Quinkunx im Zeichen der Erhöhung. Venus steht im Zeichen des Exils, hat das Halbsextil im eigenen Zeichen und im Zeichen der Erhöhung.

Hier, im Zeichen der Vernichtung der Venuskräfte, ist zu erwarten, daß die Logik sehr ins Hintertreffen gerät. Hier besteht keinerlei Neigung zu irgendeinem objektiven Denken, sondern vielmehr die Neigung, allen Scharfsinn und alle Argumente aus jenem Gebiet zu beziehen, das einem besonders wichtig ist. Das Denken tritt in den Dienst eines streitbaren Enthusiasmus und entwickelt an diesem die volle Kraft einer niemals verlegenen Dialektik. Wenn es gilt, um etwas zu werben oder für etwas zu kämpfen, dann tritt Merkur in alle seine Rechte.

Löwe: Merkur hat das Sextil im eigenen Zeichen und im Zeichen seiner Erhöhung. Venus hat das Quadrat und Sextil im eigenen Zeichen, Quinkunx im Zeichen der Erhöhung.

Hier geht es nicht mehr um das Werben oder Kämpfen, sondern um die Verteidigung des Rechtes auf Freude und Lebensgenuß. Es ist die richtige Konstellation für die Anakreontiker und Hedonisten. Schillers Ode *An die Freude* ist die Verherrlichung jenes Enthusiasmus, der hier im Zeichen der Sonne seinen Platz hat.

Schütze: Merkur steht im Zeichen seines Exils und hat Quinkunx im Zeichen seiner Erhöhung. Venus hat Quinkunx und Sextil im eigenen Zeichen, das Quadrat im Zeichen ihrer Erhöhung.

Venus ist der bessergestellte Planet. Hier entwickelt sich eine Art der Logik, die man oft als »weibliche Logik« bezeichnet, worunter man eine Denkart versteht, bei der von vornherein das Ziel gegeben ist, das in der Überzeugung verankert ist, die in diesem Fall aus dem ethischen Bedürfnis quillt, während alle logischen Argumente nur dazu dienen, sie dem minderbevorzugten Manne beizubringen, der infolge dieser männlichen Veranlagung der Logik bedarf, während man selbst im Vertrauen auf seine intuitive Kraft darauf verzichten kann.

Wir wenden uns nun den *Luftzeichen* zu.

Hier nimmt Venus, wie sich schon aus unseren früheren Betrachtungen ergab, etwas von den Eigenschaften Merkurs an, auch wenn kein Aspekt zwischen diesen beiden Planeten besteht. Wir haben hier in Reinkultur vor uns, was wir Schöngeistigkeit oder den ästhetischen Sinn nennen, und er neigt sich der Poesie mehr zu als den übrigen Künsten. Immer mehr wird bei dieser Konstellation das Wort dem Menschen mehr sagen als etwa der Ton. Da können wir hier mit Recht von einer dichterischen Veranlagung sprechen. Sie beeinflußt wesentlich die gesamte Lebenseinstellung.

Waage: Merkur hat Trigon im eigenen Zeichen, das Halbsextil im Zeichen der Erhöhung. Venus steht mit Quinkunx im eigenen Zeichen und hat den Quinkunx im Zeichen der Erhöhung.

Hier sind beide Planeten in bevorzugter Stellung, aber Venus dominiert. Ein hervorragend ästhetischer Sinn läßt überall den harmonischen Ausweg finden, der zu dem gewünschten Denkresultat führt; wo der eine Weg nicht gehbar erscheint, findet man einen anderen. Man ist in der Auffindung von Gedankenwegen geradezu unerschöpflich, und das Assoziationsleben bleibt stets lebendig. Die Improvisation ist hier hoch entwickelt und täuscht oft genug wirkliche dichterische Gaben vor. In allen Fällen besteht ein ausgezeichnetes Kombinationsvermögen. Geistiges und Gefühlsleben durchdringen sich in harmonischer Weise.

WASSERMANN: Merkur hat Trigon im eigenen Zeichen, den Quinkunx im Zeichen der Erhöhung. Venus hat das Quadrat und den Trigon im eigenen Zeichen, das Halbsextil im Zeichen der Erhöhung.

Merkur ist der stärkere Planet. Die Selbständigkeit des Denkens zeigt sich hier vornehmlich im freien Schalten mit den geistigen Einflüssen, die aus der Umwelt zuströmen, insofern ihnen eine vermeintlich oder tatsächlich eigene Note aufgeprägt wird. Die Kunst, aus dem fremden Denken entnommenen Bausteinen ein individuell gestaltetes Bauwerk zu errichten, das einem möglichst universellen Geschmack gerecht wird, kennzeichnet hier die Merkur-Venus-Konjunktion in ihrer charakteristischen Form.

ZWILLINGE: Merkur steht im eigenen Zeichen und hat das Quadrat im Zeichen seiner Erhöhung. Venus hat das Halbsextil und den Trigon im eigenen Zeichen, das Quadrat im Zeichen der Erhöhung.

Die Merkur-Venus-Konstellation ähnelt in ihrem Charakter wieder mehr der entsprechenden Konstellation in Waage, nur ist hier Merkur der stärkere Planet. Dies äußert sich darin, daß hier das kritische Element mehr in den Vordergrund tritt, aber der Natur des Zwillingszeichens gemäß in jener skeptischen Form, die schließlich zu einem sophistischen Indifferentismus führt. Das Kombinationsvermögen, das hier eine ungewöhnliche Vielseitigkeit behandelt, kann die widersprechendsten Dinge miteinander vereinigen. Es ist seltsam, in welcher Weise der kritische Verstand durch die Venuskräfte seiner Kraft beraubt wird, sich für einen bestimmten Weg zu entscheiden. Hier sieht man Dichter oder auch Philosophen, bei denen das Kritische ihrer Geistveranlagung sehr in den Vordergrund tritt, jedoch so, daß das zustande gekommene Werk die Kraftlosigkeit des Denkens zeigt, das sich auf verschiedenen Wegen versucht, ohne einen Weg als den bevorzugten auswählen zu können.

Wir wenden uns nun zu den *Wasserzeichen*.

Das wässerige Element kommt hier mehr den Venuskräften entgegen als den Merkurkräften, so daß wir hier eine Gefühlslogik sehen, die einer Bindung an das gesprochene Wort widerstrtebt. So können wir erwarten, daß im Gegensatz zu den Luftzeichen, in denen die Merkur-Venus-Konjunktion eher Dichter, Literaten oder Kritiker hervorbrachte, hier eher Musiker entstehen und unter den Dichtern vorzugsweise die der romantischen Schule. Dies gilt in besonderem Grad bei Merkur-Venus-Konjunktion in Krebs.

KREBS: Merkur hat das Halbsextil im eigenen Zeichen und das Sextil im Zeichen seiner Erhöhung. Venus hat das Sextil und Quadrat im eigenen Zeichen, den Trigon im Zeichen der Erhöhung.

Hier kann man fast von einer musikalischen Logik sprechen, d. h. von einem Zusammenhang der Gedanken, dessen Aufbau und Gliederung an die Architektonik musikalischer Formen erinnert: Thema mit Variationen, Ciaconna, Rondo oder gar Fuge. Viele der Reden Buddhas zeigen eine solche Architektonik, aber auch viele Volksgesänge alter Völker. Unter den Reimen ist es insbesondere die Terzine, die diese seltsame Vermählung von Gedanken- und Musikformen aufweist. Bei den nicht produktiven Menschen bleibt diese Gabe im Unterbewußten, beeinflußt jedoch die gesamte Lebensauffassung, zu der die Neigung kommt, das Leben zu einer Art Terzinenfolge umzudichten, in der alles mit allem in einem freilich etwas verwaschenen Zusammenhang steht, der mehr gefühlt als begriffen werden kann.

SKORPION: Merkur hat Quinkunx im eigenen Zeichen und das Sextil im Zeichen seiner Erhöhung. Venus steht im Zeichen ihres Exils, hat das Halbsextil im eigenen Zeichen und den Trigon im Zeichen der Erhöhung.

Hier erhält das Denken reichlich Nahrung aus dem Erotischen. Dies ist so zu verstehen, daß die Phantasie, die hier das Denken beflügelt, ihre Triebkräfte aus denselben Quellen bezieht, aus denen alle Sehnsüchte des erotischen Lebens hervorbrechen, dessen Ideal ein aufs höchste gesteigertes Wunschleben ist. Was hier die individuelle Logik charakterisiert, ist die Intensität, mit der der Gedanke dem Gefühl gerecht zu werden sucht, und die magische Kraft, mit der das Wort geladen wird, um seinen Weg zu finden. Wenn hier Künstler entstehen, dann gebieten sie über eine hohe Ausdruckskraft, die zuweilen unwiderstehlich wird; man kann überreden, ohne zu überzeugen.

FISCHE: Merkur steht im Zeichen seiner Vernichtung und seines Falles. Venus steht im Zeichen ihrer Erhöhung, hat das Sextil und Quinkunx im eigenen Zeichen. Hier übt Venus den größten Einfluß auf das Denken aus, das durch Merkurs Stellung in Fische schon von vornherein dazu neigt, sich fremden Einflüssen zu unterwerfen. Es entsteht ein Denken, das von einem geistigen Altruismus inspiriert ist, so daß man sich in seinem Denken zum Anwalt, ja sogar zum Verteidiger seines eigenen Gegners macht, nicht etwa der geistigen Übung wegen wie in Zwillinge, sondern aus jenem Altruismus heraus, den wir deshalb einen geistigen nannten, weil es sich hier um ein Verstehen handelt, das zwar aus dem seelischen Mitgefühl entspringt, sich aber im Geistigen äußert. In Musik und Schauspiel entstehen hier besonders einfühlsame Partner und Darsteller.

Wir wenden uns nun zu den *Erdzeichen*.

Merkurs Stellung in den Erdzeichen bringt hier vor allem eine stärkere Betonung des Intellektualismus und des Realismus sowie eine Hinneigung zu künstlerischen Betätigungen, die in einer härteren Materie arbeiten als Musik und Dichtung, d. h. Architektur und Plastik sowie das Kunstgewerbe.

Dies gilt insbesondere für die Zeichen Jungfrau und Steinbock. Die Beziehung zum Naturhaften und Naturgegebenen in Kunst und Leben ist hier stärker angesprochen als in den drei vorausgegangenen Elementargruppen.

STEINBOCK: Merkur hat Quinkunx im eigenen Zeichen, den Trigon im Zeichen seiner Erhöhung. Venus hat das Quadrat und den Trigon im eigenen Zeichen, das Sextil im Zeichen der Erhöhung.

Beide Planeten stehen in starker zodiakaler Stellung. Es kommt hier zu einer harmonischen Verbindung von Intellektualität, Realismus und Schönheitssinn, der gleichwohl das Praktische und dessen Würdigung niemals außer acht läßt. Hier ist der Platz für Architekten, die Bauwerke entwerfen, die öffentlichen Zwecken dienen. Der mißliche Ausdruck »Gebrauchskunst« mag hier eingereiht werden. Jedenfalls besteht eine bemerkenswerte Begabung für sogenannte Gelegenheitsdichtungen, Gelegenheitskompositionen und nicht zuletzt für Journalistik und Kleinkunst.

STIER: Merkur hat das Halbsextil im eigenen Zeichen und den Trigon im Zeichen seiner Erhöhung. Venus steht mit Quinkunx im eigenen Zeichen, hat das Sextil im Zeichen der Erhöhung.

Hier liegen die Verhältnisse ähnlich, aber Venus beeinflußt als der vorherrschende Planet hier das Denken so, daß das Gefühlsmoment wesentlichen Anteil erhält an dem, was das theoretische Denken beschäftigt. Dadurch entsteht eine besondere Intellektualität, die – obwohl aus dem Bereich der Gefühle und nicht selten künstlerisch inspiriert – dennoch in den Grenzen einer Logik gefangen bleibt, die nicht den Mut findet, sich der reinen Inspiration anzuvertrauen, von der sie doch ihre Impulse bezieht. Diesem Dilemma zu entgehen, bietet hier die Beschäftigung mit Musik, deren innere Logik so sehr mit den Impulsen der Gefühlswelt durchsetzt ist, daß keines dieser beiden Elemente von anderen gelöst werden kann. Aber auch hier finden wir die Neigung, sich einer bestimmten Richtung oder Schule einzuordnen, sei es als Interpret oder schaffender Epigone.

JUNGFRAU: Merkur steht mit dem Quadrat im eigenen Zeichen. Venus steht im Zeichen ihres Falles und hat Trigon und das Halbsextil im eigenen Zeichen.

Merkur ist der stärkere Planet. Hier ist es das Gefühl des Naturhaften, das sich im Künstlerischen, aber auch im Leben so intensiv mit der Intellektualität vermählt. Es macht sich ein starkes Interesse für das körperhafte Reale bemerkbar. Skulptur und Malerei stehen im Vordergrund, und wo die künstlerische Anlage nicht ausreicht, offenbart sich jene Naturnähe und der damit verbundene ästhetische Sinn in allen erdenklichen Details der Lebensführung und -wertung. So entsteht hier ein unverkennbarer Sinn für jene Kleinkunst, die dem Luxusbedürfnis innerhalb der Grenzen des Natürlichen dient (Kunstgewerbe).

Wir wenden uns nun zu den *Merkur-Mars-Konjunktionen*.

In gewissem Sinn bringt diese Konjunktion das Gegenteil von dem, was wir als Charakteristik der Merkus-Venus-Konjunktionen beschreiben konnten. Auch hier können wir von einer Individuallogik sprechen. Was sich besonders bemerkbar macht, ist die außerordentliche Schärfe einer Logik, die durch keinerlei Gefühlsmomente modifiziert oder gemildert wird. So sind alle Menschen, die mit Merkur-Mars-Konjunktionen geboren werden, streitbar; es ist ihnen ein unabweisbares Bedürfnis, die Schärfe ihres Denkens beständig zu erproben und als wesentliche Waffe im Leben zu gebrauchen, weniger im produktiven als im destruktiven Sinn, mit einer erbarmungslosen Konsequenz sich auslebend bis zum unfruchtbaren Diskutieren, Spintisieren, Grübeln durch alle jene Abstufungen hindurch, die die einzelnen Zeichen des Tierkreises darstellen.

In den *Feuerzeichen*, in denen die Stellung des Planeten Mars durchweg als die stärkere anzusehen ist, wird der aggressive Charakter des Denkens besonders deutlich hervortreten. Hier gilt es vor allem die eigene Meinung sieghaft durchzusetzen, dabei aber niemals andere als geistige Mittel zu gebrauchen. Wo dies nicht gelingt, gibt man sich gleichwohl niemals geschlagen; der Kampf wird bei der nächsten Gelegenheit wieder aufgenommen.

Widder: Merkur hat das Sextil im eigenen Zeichen, den Quinkunx im Zeichen der Erhöhung. Mars steht mit Quinkunx im eigenen Zeichen und hat das Quadrat im Zeichen seiner Erhöhung.

Hier verleitet die Aggressivität des Denkens, verbunden mit der ganzen Schärfe der Kritik, nicht selten dazu, auch ungefragt mit seiner Meinung nicht hinter dem Berge zu halten. Dazu gehört auch die Neigung, um jeden Preis »ehrlich« sein zu wollen, d. h. allen die Meinung zu sagen oder, wie man sich in solchen Fällen auszudrücken pflegt, die »Wahrheit«, was leicht zu allerlei Reibungen und Konflikten führt. Es besteht aber auch das Verlangen, den scharfen Verstand unausgesetzt an neuen Objekten zu üben und sich überstürzt und unvorbereitet an allerlei Probleme heranzuwagen.

Löwe: Merkur hat das Sextil im eigenen Zeichen und im Zeichen seiner Erhöhung. Mars hat Trigon und das Quadrat im eigenen Zeichen, Quinkunx im Zeichen der Erhöhung.

Hier ist man weniger zum Streit aufgelegt, man neigt eher zu Spott, Sarkasmus und Ironie. In Ansehung aller spezifisch theoretischen Fragen zeigt man sich von einer überlegenen Indifferenz: Die meisten Menschen halten sich für klüger und die theoretischen Probleme für wichtiger, als sie sind, da sie meist nur ein fehlendes natürliches und gesundes Denken zeigen, das allein durch den gesunden Menschenverstand vertreten wird. Für diesen allein lohnt es sich, eine Lanze zu brechen.

Schütze: Merkur steht im Zeichen seines Exils und hat Quinkunx im Zeichen seiner Erhöhung. Mars hat Trigon und das Halbsextil im eigenen Zeichen, das Halbsextil im Zeichen seiner Erhöhung.

Hier ist wieder mehr von der Aggressivität des Denkens zu spüren. Es besteht das Verlangen, sich zum moralischen Kritiker der anderen aufzuwerfen und an diesem Anstoß zu nehmen. Auch hier macht sich wie in Widder eine gewisse Schonungslosigkeit in der Beurteilung und

Verurteilung des Menschen und menschlicher Institutionen bemerkbar. Man legt erbarmungslos die Schwächen der anderen bloß, ohne den mildernden Humor, wie wir ihn im Zeichen Löwe beobachten konnten. Es besteht dabei nur eine sehr geringe Neigung zur Selbstkritik.

Wir wenden uns nun zu den *Luftzeichen*.

Hier fehlt vor allem jene Aggressivität, die wir in den Feuerzeichen beobachten konnten. An deren Stelle tritt die reine theoretische, in ihrer Schärfe vielfach überspitzte Gedankenkritik, die an jedem geübt wird. Man liebt »Definitionen« und feine begriffliche Unterscheidungen und ist stets bereit, sie auch dort vorzunehmen, wo weder ein theoretisches noch ein praktisches Bedürfnis dies rechtfertigen. Hier mag man von einer sophistischen Grundneigung sprechen.

WAAGE: Merkur hat Trigon im eigenen Zeichen, das Halbsextil im Zeichen der Erhöhung. Mars steht im Zeichen seines Exils, hat das Halbsextil im eigenen Zeichen und das Quadrat im Zeichen seiner Erhöhung.

Hier überwiegt die Neigung zur Kritik insbesondere in bezug auf Kunst und Wissenschaft. Schlagfertigkeit in der Diskussion und Findigkeit in der Entdeckung schwacher Denkkonzepte des Gegners kennzeichnen eine Veranlagung, die dem Geborenen die Rolle eines Schiedsrichters nahelegt.

WASSERMANN: Merkur hat Trigon im eigenen Zeichen, den Quinkunx im Zeichen der Erhöhung. Mars hat das Sextil und Quadrat im eigenen Zeichen, das Halbsextil im Zeichen seiner Erhöhung.

Hier finden wir die Neigung, die Konsequenzen im Denken so weit zu treiben, bis sie zur Absurdität werden. Aber vor dieser Absurdität schreckt man nicht zurück. Es ist Mars, der hier das Denken dazu antreibt, die Konsequenzen bis zum letzten durchzukosten. In freundlicheren Fällen übt sich das Denken an erfundenen Objekten; hier mögen Liebhaber von allerlei Problemen zu finden sein, die das Denken sich selber stellt als: Rätsel aller Art, Schachaufgaben und derartiges mehr.

ZWILLINGE: Merkur steht im eigenen Zeichen und hat das Quadrat im Zeichen seiner Erhöhung. Mars hat das Sextil und Quinkunx im eigenen Zeichen, Quinkunx im Zeichen seiner Erhöhung.

Auch hier sieht man den Verstand sich mit zum Teil künstlichen Problemen beschäftigen, deren Auffindung ebensoviel Scharfsinn erfordert wie deren Lösung. Hier sind es vorzugsweise mathematische Probleme, aber auch Pseudoprobleme. Das klassische Beispiel hierfür liefern Sophismen, die im Altertum gerne ausgeheckt wurden und zeigen sollten, wie das Denken sich in seinen eigenen Schlingen verfängt.

Wir wenden uns nun zu den *Wasserzeichen*.

Hier setzen sich die Marskräfte stärker durch als die Merkurkräfte, wodurch man sich mit Merkur-Mars-Konjunktion in Wasserzeichen meist für klüger hält als die anderen. Diese sind nicht imstande, so klug oder so scharf zu denken, wie man selbst denkt. Mit den Jahren ändert sich dies allerdings, aber es dauert lange, bis man hier zu der nötigen Selbstkritik gelangt. Diese Illusion der eigenen geistigen Superiorität ist häufig genug die Quelle innerer und äußerer Konflikte, um so mehr als in den meisten Fällen der Mut fehlt, jene Superiorität auch wirklich zu erproben.

KREBS: Merkur hat das Halbsextil im eigenen Zeichen und das Sextil im Zeichen seiner Erhöhung. Mars steht im Zeichen seines Falles, hat das Quadrat und Trigon im eigenen Zeichen.

Die ungünstige zodiakale Stellung des Planeten Mars läßt eine latente geistige Gereiztheit entstehen; man setzt stets voraus, daß man nicht verstanden oder mißverstanden wird, weil die anderen die Robusteren sind, deren Denken weniger elastisch und flexibel ist als das eigene. Man wird darum stets den kürzeren ziehen, wenn man sich in Diskussionen einläßt. Es ist am besten, die Perlen nicht vor die Säue zu werfen. Es ist einfacher und würdiger, mit sich selbst zu diskutieren, denn da findet man den verständnisvollsten Partner. Es besteht die Gefahr, sich in das eigene Gedankennetz allzusehr einzuspinnen.

SKORPION: Merkur hat Quinkunx im eigenen Zeichen und das Sextil im Zeichen seiner Erhöhung. Mars steht mit Quinkunx im eigenen Zeichen, hat das Sextil im Zeichen seiner Erhöhung.

Hier entsteht eine eigentümliche Individuallogik, die recht ungläubig ist in bezug auf die Geltung objektiver Gedankenwerte; man glaubt – bewußt oder unbewußt –, daß auch die Kraft der Logik nur eine Marskraft ist und letzten Endes auf Suggestion beruht. Derjenige behält recht, der die stärkere Kraft der Suggestion besitzt. Auch die Logik ist eine Machtfrage.

FISCHE: Merkur steht im Zeichen seiner Vernichtung und seines Falles. Mars hat das Halbsextil und Trigon im eigenen Zeichen, das Sextil im Zeichen seiner Erhöhung.
Wieder ist Mars der stärkere Planet; so entsteht eine Situation, die in gewissem Sinn die Umkehrung dessen vorstellt, was wir in Krebs beschreiben konnten, aber doch auch wieder auf eine ähnliche Grundstimmung hinweist. Was hier so charakteristisch ist, ist die stets vorhandene Protestbereitschaft gegen den aufdringlichen Verstand all der Rationalisten, deren intellektuelle Kraft man zwar im geheimen anerkennt, denen man aber gleiche Waffen nicht entgegensetzen kann. Man fühlt die Ohnmacht, jene Suggestion auszuüben, die im Geistigen ein reiner Gewaltakt ist, durch den die Wahrheit ebenso umgangen wird wie das wirklich Moralische durch den Gewaltakt des »Rechtes«. Man wird zum Kämpfer gegen alle aufgezwungenen und durch gedankenlose Tradition geheiligten Rechte und »Wahrheiten«.

Wir gehen zu den *Erdzeichen* über.

Auch hier finden wir ein mehr defensives Verhalten in bezug auf die geistige Einstellung des mit Merkur-Mars-Konjunktion Geborenen. Man sammelt mit Fleiß Erkenntnisse und Erfahrungen, um sie für den praktischen Bedarf bereitzuhalten und, wenn dieser Fall eintritt, sie mit dem ganzen Intellekt anzuwenden. Nicht dem Angriff wie in den Feuerzeichen, sondern der Idee der Nutzbarkeit dient die Schärfe des Geistes.

STEINBOCK: Merkur hat Quinkunx im eigenen Zeichen, den Trigon im Zeichen seiner Erhöhung. Mars steht im Zeichen seiner Erhöhung, hat das Quadrat und Sextil im eigenen Zeichen.
Beide Planeten sind in starker zodiakaler Stellung. Wissen und geistige Kraft werden gern in den Dienst öffentlicher Zwecke gestellt, man stellt sein Licht nicht unter den Scheffel und fürchtet keinen Gegner, sofern es sich um den geistigen Kampf handelt. Das Wirken in der Öffentlichkeit bleibt im Vordergrund des Interesses. Diese Menschen werden Politiker, Redner und Debattierer.

STIER: Merkur hat das Halbsextil im eigenen Zeichen und den Trigon im Zeichen seiner Erhöhung. Mars steht im Zeichen seines Exils, hat das Halbsextil im eigenen Zeichen und den Trigon im Zeichen der Erhöhung.
Man blickt hier in die Rüstkammer geistigen Trotzes. Mit allem

Nachdruck verteidigt man das Alte gegen das Neue, solange es geht. Einen Irrtum sich selbst einzugestehen fällt schwer, noch mehr vor anderen. Aller Scharfsinn gilt den Rückzugsgefechten, in denen man eine ungewöhnliche Geschicklichkeit entwickelt. Wie in Löwe macht sich auch hier eine Neigung zu Spott und Ironie bemerkbar.

JUNGFRAU: Merkur steht mit dem Quadrat im eigenen Zeichen. Mars hat Quinkunx und das Sextil im eigenen Zeichen, den Trigon im Zeichen seiner Erhöhung.

Hier tritt Scharfsinn und feines Unterscheidungsvermögen vorzugsweise beim wissenschaftlichen Denken und in der Systematik auf. Beide Planeten sind in vorzüglicher zodiakaler Stellung, aber Merkur ist der stärkere. Hier fehlt jede Neigung zu Streit und Diskussion, und dies ist entscheidend. Theorie und Praxis müssen stets im Einklang sein, denn Theorie ist nichts anderes als systematisierte Erfahrung. Hier entstehen Meister der Systematik und Statistik.

11. Vortrag

Unsere nächste Aufgabe ist die Untersuchung der *Konjunktionen Merkur mit Jupiter und Saturn.* Worin besteht das Eigenartige, das das Merkurdenken aus der Verbindung mit Jupiter gewinnt, und was ist das Charakteristische der hieraus entspringenden Individuallogik?
Die Konjunktion zwischen Merkur und Venus brachte eine künstlerische Logik hervor, sie gab dem Denken künstlerischen Schwung und machte es phantasievoll. Die Konjunktion mit Mars hingegen gab dem Denken Schärfe und Unerbittlichkeit in der logischen Kritik. Die Konjunktion zwischen Merkur und Mond machte im allgemeinen talentiert und begabt, gab geistige Geschicklichkeit und Wendigkeit; die Konjunktion von Sonne und Merkur stellte alles Denken in den Dienst der Moral und machte es zum willigen Werkzeug des menschlichen Grundcharakters. Wenn es nun darauf ankommt, die besondere Individuallogik zu kennzeichnen, die aus dem Zusammenwirken von Merkur und Jupiter entspringt, dann sehen wir uns vor eine schwierige Aufgabe gestellt, und zwar deswegen, weil Merkur und Jupiter Gegensätze sind, die schon in der Struktur des Tierkreises mitgegeben sind. Schütze und Fische einerseits sind des Jupiters eigene Zeichen, und die diesen entgegengesetzten Zeichen Zwillinge und Jungfrau sind die Zeichen Merkurs. So kann erwartet werden, daß sich aus der Konjunktion der beiden Planeten eine widerspruchsvolle Einheit ergeben wird, die sich in den einzelnen Zeichen sehr verschieden darstellt, je nachdem ob Merkur oder Jupiter stärker erscheint. Man hat Jupiter als den Planeten der Intuition bezeichnet im Gegensatz zu Merkur, der das logische, wortgebundene Denken beherrscht. Aber die von Jupiter ausgehende intuitive Kraft wird erst recht lebendig, wenn er sich in einer engeren Beziehung zu Merkur befindet, der ja das geistige Vollzugsorgan dieser Intuition ist. Wir können uns diese Verbindung so vorstellen, daß das Denken unter der inspiratorischen Kraft einer Intuition steht, die diesem Denken die Richtung gibt und ihm gleichzeitig sein Siegesbewußtsein mitteilt. Merkur wird dadurch in gewissem Sinn entthront, er hat nur Vasallendienste zu leisten; er muß das plausibel machen, was ihm Jupiter eingibt. Aber gleichzeitig wird Merkur durch diese Abhängigkeit von Jupiter in seiner Würde

erhöht, er dient höheren Zwecken; und doch bedeutet diese Erhöhung zugleich auch wieder eine Schwächung seiner Kraft. Er weicht einer geistigen Kraft, die sich teils mit seiner Hilfe, teils gegen ihn durchzusetzen sucht.

Es mag naheliegen, sich als das Ergebnis dieses seltsamen Widerstreites unter der Jupiterwirkung etwas Ähnliches vorzustellen wie das Daimonion des Sokrates, seine innere Stimme, die das Kriterium der unbedingten Glaubwürdigkeit in sich trägt. Jedenfalls kann angenommen werden, daß der mit Merkur-Jupiter-Konjunktion Geborene sich zumindest so verhält, als würde er ein solches Daimonion besitzen, wobei es dahingestellt sein mag, ob dieses Daimonion sich bewährt oder nicht. Im Deutschen gibt es für diese Gabe verschiedene Ausdrücke: der Kick oder Kück, eine Nase haben, einen Riecher haben etc. Damit soll ausgedrückt werden, daß Merkur-Jupiter-Konjunktion diesen Kick oder auch Glauben an ihn verleiht, den Glauben daran, daß man, ohne nachzudenken, durch die bloße Kraft des »Erraten-Könnens«, das Richtige treffen wird. Wenn wir dieser Jupiterlogik einen besonderen Namen geben wollen, dann können wir sie »prophetische Logik« nennen, die Logik des Erratens, die sich hinterher mit Merkurs Hilfe vor sich selbst rechtfertigt. Wieder wird sich diese Logik in den einzelnen Kategorien in verschiedener Weise darstellen.

In den *Feuerzeichen* ist der Glaube an die orakelhafte Sicherheit dieser inneren Stimme besonders stark. Er bezieht sich vorzugsweise auf das Erratenkönnen der Richtung, nach der sich ein bestimmter Erscheinungskomplex entwickeln wird, ohne erst langwierige Beobachtungen oder Studien nötig zu haben.

WIDDER: Merkur hat das Sextil im eigenen Zeichen, den Quinkunx im Zeichen der Erhöhung. Jupiter hat das Halbsextil und den Trigon im eigenen Zeichen, das Quadrat im Zeichen seiner Erhöhung.

Die Neigung herrscht, sich mit jenem Kick jedes Urteil zuzutrauen, besonders auf Gebieten, die neu oder einem selbst neu sind, am liebsten aber auch den anderen, so daß eine Sachkenntnis im engeren Sinn gar nicht in Frage kommt. Der Ausdruck »von keiner Sachkenntnis getrübt« ist kaum bei einer Konstellation so zutreffend wie hier, wobei der Ausdruck »getrübt« gar nicht einmal ironisch gemeint ist; die sogenannte Sachkenntnis ist dem durch Jupiter inspirierten Merkur bloß hinderlich. Man ist mit dieser Konstellation a priori der Feind jedes »Fachmanns«.

LÖWE: Merkur hat das Sextil im eigenen Zeichen und im Zeichen seiner Erhöhung. Jupiter hat Quinkunx und Trigon im eigenen Zeichen, das Halbsextil im Zeichen seiner Erhöhung.

Hier gilt ähnliches. Das Hauptinteresse wendet sich insbesondere dem nachbarlichen Menschen zu. Hier begegnen wir einer ahnungsvollen Menschenkenntnis, die ebenfalls nicht auf irgendeiner Sachkenntnis beruht. Eine natürliche Gabe läßt den so Geborenen erraten, was der andere im Schilde führt, was er zu tun willens ist. Auch hier läßt man sich von niemand hineinreden, am allerwenigsten von dem, der selbst das Objekt der Beurteilung ist. Man kennt die anderen besser, als diese sich selbst kennen!

SCHÜTZE: Merkur steht im Zeichen seines Exils und hat Quinkunx im Zeichen seiner Erhöhung. Jupiter steht mit dem Quadrat im eigenen Zeichen, hat Quinkunx im Zeichen seiner Erhöhung.

Hier tritt am unmittelbarsten hervor, was wir die prophetische Logik genannt haben. Merkur im Zeichen seiner Vernichtung weicht völlig der Jupiterkraft. So kann es hier tatsächlich zur Entstehung eines Daimonions kommen, das als wahrer Spürsinn für die Richtung gelten mag, die die Ereignisse draußen nehmen werden, unbekümmert um alle Gegenreden des logischen Denkens oder der gewohnten Erfahrungen. Man vertraut dieser inneren Stimme immer wieder und sieht sie immer wieder bestätigt, auch wenn der Augenschein dagegen spricht.

Wir gehen zu den *Luftzeichen* über.

Hier tritt das Interesse an den äußeren Geschehnissen wesentlich gegenüber den Gedanken in unserer Umgebung und den Produkten dieser Gedanken, den Büchern und Kunstwerken zurück. Man glaubt, die Gabe, zwischen den Zeilen lesen zu können, in hohem Maß zu besitzen, und meint gerade das am besten zu verstehen, was hinter den Worten verborgen ist, die gesprochen oder geschrieben werden.

WAAGE: Merkur hat Trigon im eigenen Zeichen, das Halbsextil im Zeichen der Erhöhung. Jupiter hat das Sextil und Quinkunx im eigenen Zeichen, das Quadrat im Zeichen seiner Erhöhung.

Merkur ist in guter zodiakaler Stellung. Die oben beschriebene Gabe, zwischen den Zeilen zu lesen, wird man hier in hohem Grad für sich beanspruchen. Sie verwandelt sich hier in kunstvolle Interpretation und Exegese. Aber dazu kommt noch etwas anderes. Es ist der bemerkenswert wendige Geist, der immer einen Rat weiß für diejenigen, die ihn suchen. Selbst in den verwickeltsten Situationen wird hier der Jupiterspürsinn stets einen Weg entdecken, der sich für das logische Denken als gangbar erweist. Hilfe gewähren im Geistigen bereichert das eigene Denken.

WASSERMANN: Merkur hat Trigon im eigenen Zeichen, den Quinkunx im Zeichen der Erhöhung. Jupiter hat das Sextil und Halbsextil im eigenen Zeichen, Quinkunx im Zeichen seiner Erhöhung.
Die geistige Wendigkeit nimmt hier einen wesentlich anderen Charakter an. Es besteht keine Neigung, das eben erwähnte »Ratwissen« in allen Angelegenheiten für andere zu nutzen. Es handelt sich hier mehr um die Gabe, alle Gedankengänge, welcher Art immer sie sein mögen, durch gewisse Kunstgriffe so zurechtzudrehen, daß sie in das eigene Denken aufgenommen werden können. Hier ist die Bereitschaft, überall einen Rat zu geben, mehr dazu angetan, sich selbst für einen so umfassenden Geist zu halten, daß man alles darin unterzubringen weiß, unbekümmert um die Zustimmung oder Nichtzustimmung der anderen. Was in Waage zu einer Art Beratungsstelle für andere wurde, das wird hier zum Prokrustesbett für die Meinungen und Gedankengänge anderer.

ZWILLINGE: Merkur steht im eigenen Zeichen und hat das Quadrat im Zeichen seiner Erhöhung. Jupiter steht im Zeichen seines Exils, hat das Quadrat im eigenen Zeichen und das Halbsextil im Zeichen seiner Erhöhung.
Jupiters Kraft ist herabgesetzt; das verleitet zu voreiligen, leichtfertigen Urteilen, die keine Autorität gelten lassen. Die Autoritätsfeindlichkeit richtet sich aber auch gegen das eigene Urteil, insofern man nicht gewillt ist, die Verantwortung für den eigenen Ratschlag auf sich zu nehmen. Hier könnte man von einem negativen Daimonion sprechen. Wenn man wissen will, wie die Dinge nicht geschehen werden, dann frage man jemand mit Merkur-Jupiter-Konjunktion in Zwillinge.

Wir wenden uns nun zu den *Wasserzeichen*.

Das Denken bezieht hier seine logische Kraft aus einer altruistischen Grundeinstellung. Man lebt, ohne die eigene zu verlassen, in der Gedankenwelt seiner Nächsten und sucht sie hilfreich der eigenen nahezubringen, man sucht Differenzen zu überbrücken und findet leicht die Argumente, die das möglich machen.

KREBS: Merkur hat das Halbsextil im eigenen Zeichen und das Sextil im Zeichen seiner Erhöhung. Jupiter steht im Zeichen seiner Erhöhung, hat Trigon und Quinkunx im eigenen Zeichen.

Hier entwickelt sich die Neigung, mit der ganzen Energie seiner geistigen Kraft für diejenigen einzutreten, die man liebt oder schätzt, wenn es gilt, deren Meinungen zu verteidigen. Man findet leicht selbst dort Rat, wo nicht nur die äußeren Umstände, sondern auch alle logischen Gründe einen Rat nicht mehr zuzulassen scheinen.

SKORPION: Merkur hat Quinkunx im eigenen Zeichen und das Sextil im Zeichen seiner Erhöhung. Jupiter hat den Trigon und das Halbsextil im eigenen Zeichen, den Trigon im Zeichen seiner Erhöhung.

Auch hier wirken die Kräfte einer altruistischen Logik, die sich jedoch nicht in voller Reinheit auswirkt, weil ein Seelenegoismus seinen Teil einfordert. Das eigene Machtgefühl will niemals leer ausgehen, und man wünscht stets, anerkannt zu sehen, was man für die anderen leistet. Wichtiger aber als diese Anerkennung ist die Befriedigung des eigenen geistigen Machtgefühls und der damit verbundenen Eitelkeit. Dies tritt besonders im geistigen Streit zutage, in der wissenschaftlichen Diskussion, die, wenn es darauf ankommt, nicht vor unreellen Mitteln zurückschreckt, wie sie Schopenhauer in einer kleinen Schrift *Eristische Dialektik* aufzählt und mit bezeichnenden Namen versehen hat. Diese Mittel werden allerdings verschieden ausfallen, je nachdem ob Merkur oder Jupiter die Oberherrschaft hat. Im allgemeinen wird aber doch Jupiter sich als der Stärkere erweisen. Ist die Sophistik erst zu ihrem Recht gekommen, dann mag auch die altruistische Logik zu Worte kommen, dann mag der hochentwickelte Spürsinn für die Schwächen fremder Gedankengänge dazu beitragen, anderen als Lehrer oder Führer hilfreich zur Seite zu stehen.

FISCHE: Merkur steht im Zeichen seiner Vernichtung und seines Falles. Jupiter steht mit dem Quadrat im eigenen Zeichen, hat den Trigon im Zeichen seiner Erhöhung.

Merkur ist hier geschwächt und tritt ganz hinter Jupiter zurück. Hier ereignet sich ähnliches wie in Krebs. Alles Denken ist bestrebt, alle Leidenden und Unterdrückten zu unterstützen, ihre Sprache zu sprechen, wo diese selbst nicht für sich sprechen können. Das Mitleid macht erfinderisch für die verborgensten Argumente. Wenn der Ausdruck »durch Mitleid wissend« in das praktische Leben übersetzt werden kann, dann ist es diese Konstellation, die dazu befähigt.

Wir gehen zu den *Erdzeichen* über.

Hier wird sich die Gabe, die wir den Kick genannt haben, vorzugsweise auf die Beurteilung realer Vorgänge beziehen. Man fühlt nicht nur, wohin die Ereignisse treiben, man weiß sie auch zu nutzen, wenn auch nicht gerade im eigenen Interesse, so doch im Interesse anderer, für die man sich verantwortlich glaubt. Dies gilt besonders für das nächste Zeichen.

STEINBOCK: Merkur hat Quinkunx im eigenen Zeichen, den Trigon im Zeichen seiner Erhöhung. Jupiter steht im Zeichen seines Falles, hat das Halbsextil und das Sextil im eigenen Zeichen.

Bei allen Unternehmungen weiß man schon von Anfang an, wie man sie ins Werk zu setzen hat, damit sie gelingen, oder man traut sich das zumindest zu. Besonders wenn es sich um die Unternehmungen anderer handelt, spart man nicht mit seinem Rat. Man hat ohne weiteres auch den Mut, für andere zu entscheiden, ohne weitgehende Verantwortung auf sich zu nehmen. Bei eigenen Unternehmungen fehlt jedoch sehr häufig der Mut, das durch jenen Kick Erkannte auch wirklich in die Tat umzusetzen.

STIER: Merkur hat das Halbsextil im eigenen Zeichen und den Trigon im Zeichen seiner Erhöhung. Jupiter hat das Sextil und Quinkunx im eigenen Zeichen, das Sextil im Zeichen seiner Erhöhung.

Hier besteht eine ähnliche Veranlagung, aber sie äußert sich mehr passiv. Der Kick gilt jetzt eher der Wahl des Führers oder der Autorität, der man sich anschließen oder unterordnen will – nicht aus Opportunitätsgründen, sondern wegen der größeren Sicherheit, die hier das Vertrauen in den Stärkeren gewährt, der stark genug ist, jene Verantwortung zu tragen, die man auf sich zu nehmen scheut.

JUNGFRAU: Merkur steht mit dem Quadrat im eigenen Zeichen. Jupiter steht im Zeichen seines Falles, hat das Quadrat im eigenen Zeichen und das Sextil im Zeichen seiner Erhöhung.

Jupiters Kraft ist ähnlich wie in Zwillinge herabgesetzt; es macht sich hier eine seltsame Unsicherheit bemerkbar, man wagt es nicht, sich Autoritäten zu wählen wie etwa in Stier, weil das Vertrauen in die Zuverlässigkeit des Kicks, die auch hier vorhanden ist, fehlt; sie muß erst durch Merkur zugelassen sein. Merkur hat hier nicht, wie etwa in Schütze, seine Kraft in den Dienst einer glaubenskräftigen Intuition gestellt, es ist fast umgekehrt. Aber gerade weil die Intuition sich selbst so wenig vertraut, besteht das Verlangen nach einer Autorität, der diese Kraft innewohnt. Man wählt sie nicht, man folgt ihr. Es ist nicht die eigene, es ist die Intuition eines Stärkeren, die hier durch den eigenen Merkur autorisiert wird.

Wir wenden uns nun zur Besprechung der *Konjunktionen zwischen Merkur und Saturn.*

Hier besteht ein sehr wesentlicher Unterschied gegenüber der oben beschriebenen Individuallogik, wie sie sich unter Jupiters Einfluß entwickelt. Während es Jupiter ist, der das Merkurdenken beflügelt, indem er ihm die Verantwortung abnimmt, verhält es sich fast entgegengesetzt unter Saturns Einfluß, der viel eher das Denken belastet und ihm die ganze Verantwortung auferlegt. Dadurch erhält das Merkurdenken den Hang, wenn nicht gar den Zwang, sich in sich selbst zu vertiefen, ja sogar sich in den eigenen Schlingen zu verfangen. So entsteht eine Schwerfälligkeit des Denkens, die man auch als besondere Gründlichkeit bezeichnen kann und gleichzeitig auch als Beschränktheit, wobei die »Beschränktheit« von diesem Denken selbst als Vorzug empfunden wird, ein Vorzug der absolut strengen Logik. So steckt sich dieses Denken durch das, was ihm seine zwingende Kraft gibt, selbst seine Grenzen, und es entsteht vor uns jene Individuallogik, die man als die Logik des Fachmanns bezeichnen kann. Dieses fachmännische Denken ist sachlich, intellektuell, beschränkt, niemals über die selbstgesteckten Grenzen hinausblickend, jeder Intuition abhold und vor allem jenseits von Gut und Böse, jenseits von Schön und Häßlich. Die Konsequenzen dieses Denkens sind unerbittlich, keiner Korrektur fähig, noch einer Überzeugung bedürftig. Es ist deshalb nicht nur der Merkur-Jupiter-Logik, sondern auch der Merkur-Venus-Logik abhold und daher im strengsten Sinn amusisch. Es ist auch amoralisch und areligiös. Dagegen wohnt diesem Denken etwas inne, was über den bis jetzt beschriebenen Rahmen hinausgeht. Es ist nicht gegen eine Korrektur durch die Wirklichkeit. Wir möchten es daher als das pragmatische Denken bezeichnen, das heißt, als ein Denken, dessen letzte und unwiderrufliche Instanz die sogenannte Wirklichkeit ist, die ihrerseits nichts anderes als die sich im Materiellen darstellende unerbittliche Logik ist. Diese Wirklichkeitslogik bezieht ihr Material und ihre Kraft aus der fachmännisch orientierten Erfahrung oder der wissenschaftlichen Empirie. Diesem pragmatischen Denken ist man mit Merkur-Saturn-Konjunktion so verhaftet, daß alle

Gegenargumente machtlos werden, die aus dem Gebiet des Moralischen, des Künstlerischen oder des Religiösen kommen, so daß man auch vor keiner Konsequenz zurückscheut, die uns etwa in den Bereich des Häßlichen oder des Unmoralischen drängt. Darin liegt eine gewisse Gefahr für den so Geborenen, wenn er nicht imstande ist, jene gedankliche Selbstbeschränkung zu einer freiwilligen zu machen, jenseits der es dann allerdings Dinge geben mag, die auch jenseits aller Logik liegen. Hier mag glauben, wer glauben kann.

Nun stellt sich die eben gekennzeichnete Individuallogik in den einzelnen elementaren Qualitäten recht verschieden dar. Wir beginnen mit den *Feuerzeichen.*

Hier macht sich das Fehlen aller moralischen Bedenken in erster Linie bemerkbar, wenn logische Konsequenzen zu ziehen sind, auch dort, wo das eigentliche Objekt dieser Wirklichkeitslogik die Grundsätze der Ethik selbst angeht. Hatten die alten Römer den Spruch: Fiat justitia, pereat mundus – Das Recht muß siegen, auch wenn die Welt darüber zugrunde geht –, so mag es hier heißen: Keine Milde, wenn es sich um den Sieg der pragmatischen Logik handelt.

WIDDER: Merkur hat das Sextil im eigenen Zeichen, den Quinkunx im Zeichen der Erhöhung. Saturn steht im Zeichen seines Falles, hat das Quadrat und Sextil im eigenen Zeichen.

Hier mag man statt von Unerbittlichkeit geradezu von einer grausamen Logik sprechen, die alles erlaubt, was im Bereich ihrer Konsequenz liegt – auch die Lüge und jeden Wortbruch. Der Endzweck heiligt alle Mittel. Aber dieser Endzweck selbst ist durchaus unegoistisch, er erfüllt die Forderungen der pragmatischen Logik jenseits von Gut und Böse.

LÖWE: Merkur hat das Sextil im eigenen Zeichen und im Zeichen seiner Erhöhung. Saturn steht im Zeichen seines Exils, hat Quinkunx im eigenen Zeichen und das Sextil im Zeichen seiner Erhöhung.

Die Verhältnisse liegen hier ähnlich wie in Widder, aber das Kämpferische fehlt; man kann hier eher von einer humorlosen Bissigkeit sprechen. Man ist auch gegen sich selbst mitleidlos und lieblos. Alles Sonnige, das dem Löwezeichen innewohnt, scheint erkältet und verdüstert, und das Denken selbst steht beständig unter dem Zwang einer gegen alle lebendigen Impulse einengenden Sachlichkeit.

SCHÜTZE: Merkur steht im Zeichen seines Exils und hat Quinkunx im Zeichen seiner Erhöhung. Saturn hat das Halbsextil und Sextil im eigenen Zeichen, das Sextil im Zeichen seiner Erhöhung. Hier ist Saturns zodiakale Stellung kraftvoller. Auch besteht das gleiche amoralische, pragmatische Denken, das selbst bei allseits festgestelltem Unrecht mit aller Macht darauf beharrt. Es ist ein Merkur-Heldentum, das aber kaum gewürdigt werden dürfte, weder Mitleid einflößt, noch solches aus eigener Kraft entwickeln kann. Hier könnte man vom Märtyrer des Starrsinns sprechen, der niemals ohne Düsterkeit auftritt.

Wir wenden uns nun zu den *Luftzeichen*.

Auch hier können wir von einer Belastung der Merkurkräfte durch Saturn sprechen, die sich in dem Gefühl der Aussichtslosigkeit ausdrücken mag, den Fallstricken der Logik auf die Dauer entgehen zu können. So kommt es, daß wir hier sogar einer trotzigen Verbohrtheit in die konsequente Gedankenlogik begegnen, die sich in ihre eigenen Gebilde verbeißt und darin verbarrikadiert wie hinter den Mauern einer Festung, außerhalb der es nur Scheinwirklichkeiten gibt, die weder Vertrauen einflößen noch Vertrauen verdienen.

WAAGE: Merkur hat Trigon im eigenen Zeichen, das Halbsextil im Zeichen der Erhöhung. Saturn steht im Zeichen seiner Erhöhung und hat das Quadrat und den Trigon im eigenen Zeichen.
 Hier werden wir eine stark retardierende Bedächtigkeit antreffen, die nicht nur auf das Handeln, sondern auf das Denken selbst einwirkt; stets wird bedacht, bis zu welchem Grad sich die Konsequenzen des Denkens mit der Wirklichkeit in Einklang bringen lassen. Die in diesem Zeichen so hochentwickelte geistige Kombinationsgabe müht sich fast krankhaft ab, die eigenen Gedankenwege an den Wirklichkeitserfahrungen zu kontrollieren, obwohl die Wirklichkeit doch nur gesiebt durch den Gedankenfilter zu uns gelangt.

WASSERMANN: Merkur hat Trigon im eigenen Zeichen, den Quinkunx im Zeichen der Erhöhung. Saturn steht mit dem Halbsextil im eigenen Zeichen, hat den Trigon im Zeichen seiner Erhöhung.
 Das eben Geschilderte tritt hier noch viel deutlicher hervor, nur fehlt hier das Verlangen, sich der Wirklichkeit als Gedankenkontrolle zu bedienen. Wir können hier viel eher von einer Gedankendespotie sprechen, die die Vernunft zum Maßstab all dessen macht, dem

Wirklichkeit zu- oder abzusprechen ist. Nur ein geschlossenes Gedankensystem verbürgt Wirklichkeit.

ZWILLINGE: Merkur steht im eigenen Zeichen und hat das Quadrat im Zeichen seiner Erhöhung. Saturn hat Quinkunx und Trigon im eigenen Zeichen, Trigon im Zeichen seiner Erhöhung.
Diese Konstellation wird vor allem Grübler hervorbringen, die ohne Richtung und Ziel sich der Logik gegenüber in einer ähnlichen Situation befinden wie etwa die Kügelchen eines Geduldspiels, wobei sie jedoch kaum die Geduld verlieren. Immer wieder zu denselben Problemen zurückkehren, mit dem gleichen Gefühl der Aussichtslosigkeit, sie je lösen zu können, hoffnungslose Irrfahrer im Gedankengut – und doch des Grübelns niemals müde.

Wir wenden uns nun zu den *Wasserzeichen*.

Hier macht sich das Belastende dieser Konstellation im Glaubenkönnen bemerkbar, das verdüsternd auf das seelische Leben zurückwirkt, das gerade nach dem Glauben verlangt. Das Merkurdenken schaltet sich gleich einem unerbittlichen Zensor zwischen Glaubenskraft und Wunschbegehren. Es ist das Charakteristische der Saturn-Merkur-Konjunktion in Wasserzeichen, daß dem Denken und dem Zwang, es immer wieder durchzuleben, der Glaube fehlt. Dadurch entsteht eine selbstquälerische Tendenz, die nicht selten dahin führt, daß die Grenze zwischen Glaubwürdigkeit und Unglaubwürdigkeit aller logischen Denkfiktionen leicht verschwimmt.

KREBS: Merkur hat das Halbsextil im eigenen Zeichen und das Sextil im Zeichen seiner Erhöhung. Saturn steht im Zeichen seines Exils, hat Quinkunx im eigenen Zeichen und das Quadrat im Zeichen seiner Erhöhung.
Man ist gegen die Ergebnisse des Denkens mißtrauisch. Das »Wenn« wird zum treuen und unliebsamen Begleiter allen Denkens. Man ist immer auf Täuschung oder Enttäuschung gefaßt, ohne daß Täuschung oder Enttäuschung ihren quälenden Charakter einbüßen.

SKORPION: Merkur hat Quinkunx im eigenen Zeichen und das Sextil im Zeichen seiner Erhöhung. Saturn hat das Sextil und Quadrat im eigenen Zeichen, das Halbsextil im Zeichen seiner Erhöhung.
Hier ist das Mißtrauen noch bedrückender, denn es bezieht sich jetzt nicht nur auf die eigene Glaubensunfähigkeit, sondern auch auf die

geringe Vertrauenswürdigkeit der anderen. Die rege Erfindungsgabe der Merkurkräfte kann hier leicht auf gedankliche Abwege führen, die das »Wenn« zu einem Denkmittel ersten Ranges formen.

FISCHE: Merkur steht im Zeichen seiner Vernichtung und seines Falles. Saturn hat das Sextil und Halbsextil im eigenen Zeichen, Quinkunx im Zeichen der Erhöhung.

Hier entwickelt sich wieder ähnliches wie in Krebs. Die vorzüglich veranlagten Gedächtniskräfte tragen dazu bei, bei jedem einzelnen sich wiederholenden Fall auch die ganze Kette vorausgegangener Enttäuschungen zu wiederholen. Das Mißtrauen wächst. Während aber in Krebs dem vorwiegend rezeptiven Denken eine für alle Erlebnisse in gleicher Weise bestehende Aufgeschlossenheit innewohnt, tritt in Fische eine besondere Aufgeschlossenheit für die Erlebnisse zutage, die mit Leiden verbunden sind und darum das geistige Leben um so schwerer belasten. Hier kann sich unter Umständen ein methodischer Verfolgungswahn entwickeln.

Wir gehen nun zu den *Erdzeichen* über.

Hier kommt wieder die pragmatische Logik zu ihrem vollen und eigentlichen Recht. Das Denken versucht, das Tatsächliche unter den Zwang seiner Logik zu stellen. Der Begriff dominiert als ordnendes oder gar gesetzgebendes Prinzip. Im Begriff offenbart sich die höchste Realität. Aber der Begriff unterliegt selbst der immer wachen Zensur einer am Wirklichkeitserlebnis geschulten Vernunft.

STEINBOCK: Merkur hat Quinkunx im eigenen Zeichen, den Trigon im Zeichen seiner Erhöhung. Saturn steht mit dem Halbsextil im eigenen Zeichen, hat das Quadrat im Zeichen seiner Erhöhung.

Hier tritt besonders die Tendenz hervor, an dem einmal eingeschlagenen Denken beständig und durch das ganze Leben hindurch mit allen Konsequenzen festzuhalten. Eine starke Überzeugungstreue tritt hier zutage, die allerdings das Bedürfnis hat, sich auf festgelegte Begriffe und Doktrinen zu stützen, die in konsequenter Weise durchgearbeitet werden. Solche Doktrinen erhalten dann die höchsten pragmatischen Werte.

STIER: Merkur hat das Halbsextil im eigenen Zeichen und den Trigon im Zeichen seiner Erhöhung. Saturn hat den Trigon und das Quadrat im eigenen Zeichen und den Quinkunx im Zeichen seiner Erhöhung.

Hier gilt ähnliches, nur ist die freiwillige Beschränkung auf ein eng umschriebenes Gebiet stärker. Man will mit wenigen Grundbegriffen auskommen, die in der ausgiebigsten Weise ausgebeutet werden und bis zur äußersten Grenze auf alles angewendet werden, was durchdacht werden kann.

JUNGFRAU: Merkur steht mit dem Quadrat im eigenen Zeichen. Saturn hat Trigon und Quinkunx im eigenen Zeichen und das Halbsextil im Zeichen seiner Erhöhung.

Hier geht es um mehr als in den beiden anderen Erdzeichen; man will eine pragmatische Weltanschauung formen, aus der sich alle Normen des praktischen Verhaltens mit logischer Notwendigkeit ergeben. Was sich diesen Normen nicht fügt, möchte man am liebsten negieren – es existiert nicht oder ist reine Täuschung.

Alle Merkur-Saturn-Konjunktionen wollen das Denken zum Herren der Wirklichkeit machen. Die partielle Blindheit für alles, was außer dem Blickfeld dieser pragmatischen Logik liegt, die in ihrer Nüchternheit zuweilen phantastischer ist als alle dichterische Phantasie, ist das hervorstechendste Merkmal dieser Veranlagung.

12. Vortrag

Wir besprechen nun die *Konjunktionen* des Planeten *Merkur mit Uranus* und *Neptun*. Was durch diese Konjunktionen entsteht, läßt sich nicht auf dieselbe Linie bringen wie das, was durch die übrigen Planetenkonjunktionen mit Merkur zustande kommt; es läßt sich nicht ohne weiteres unter den Begriff der Individuallogik einordnen. Diese beiden nebst Pluto vorläufig äußersten Planeten – wir nannten sie die transzendenten Planeten – nehmen eine etwas andere Stellung ein in bezug auf das Horoskop als die sieben alten heiligen Planeten. Manche Astrologen betrachten Uranus als eine höhere Oktave der Venus. Aber diese Hilfsvorstellungen schienen uns ungeeignet, den Tatsachen gerecht zu werden, die die astrologische Erfahrung uns lehrt. Wir haben über die besondere Natur dieser beiden Planeten ausführlich in *Planeten und Mensch*, 13. und 18. Vortrag, gesprochen. Dabei haben wir eine ganz andere Auffassung über das Uranus- und Neptunproblem entwickelt. In aller Kürze mag in Erinnerung gebracht werden, daß wir in Uranus jene planetarische Kraft sahen, die uns veranlaßt, unser Horoskop zu einer Einheit zusammenzuschließen und in seinem einzigartigen individuellen Charakter durchzubilden, so daß dieses Horoskop nun erst seine individuelle Not erhält, die bewußte und einmalige Einzigartigkeit, die es unwiderruflich zu meinem Horoskop macht. Der Mensch, der schon die Uranuswirkung in sich spürt, fühlt sie wie ein stetes Hingelenktsein auf das Eigenartige, das Einmalige seiner Erscheinung; daher ist es auch Uranus, von dem auch alle Eigenständigkeit des Gesamthoroskops ausgeht. Wir müssen hier nachdrücklich auf unsere früheren Ausführungen verweisen, die hier nicht wiederholt werden können.

Wenn sich nun Uranus und Merkur durch Konjunktion miteinander verbinden, dann wird von all dem, was soeben besprochen wurde, etwas in die Denkart übergehen müssen. Das Merkurdenken wird den Impuls erhalten, bewußt zu jener Eigenartigkeit hinzuwirken. Dadurch entsteht nicht etwa eine besondere Individuallogik, sondern es entsteht etwas, was mit Logik recht wenig zu tun hat, etwas, was wir den Denkstil nennen können, der aus der Charaktereigentümlichkeit des Gesamthoroskops hervorkommt und sich dem Denken aufprägt. Dadurch wird das Denken äußerlich modelliert und erhält seine besondere Physiognomie. Dabei ist zweierlei zu beachten. Einmal ein ausgesprochen subjektiver Faktor, der aber darum, weil er sich dem Merkurdenken mitteilt, mit dem Anspruch auf Objektivität auftritt. Alle Menschen, die durch die Merkur-Uranus-Konjunktion genötigt sind, in ihrem eigenen Charakter denken zu müssen, und daraus den besonderen Stil ihres Denkens beziehen, glauben – ungeachtet der damit verbundenen Subjektivität – objektiv zu denken. Aber gerade dieses subjektive Denken ist gleichzeitig verbunden mit einer ganz besonderen inneren Beschränktheit, und diese führt zu dem zweiten Punkt, worauf wir unsere Aufmerksamkeit lenken müssen, nämlich zu einer hochentwickelten Konzentrationsfähigkeit, die einer gewissen Verarmung an Denkmotiven entspringt, die außerhalb des subjektiven Charakters liegen. Dadurch gewinnt dieses Denken an Leuchtkraft – sowohl nach innen als auch nach außen. Aber die Leuchtkraft, die dieses Denken besitzt, gleicht der Leuchtkraft einer Blendlaterne, die die Eigentümlichkeit hat, einen engen Bezirk hell zu erleuchten und, was außerhalb dieses Bezirkes liegt, im Dunkel zu lassen, sie blendet den Blick, der versucht, dieses Dunkel zu durchdringen.

Das Wesentliche, das sich somit aus der Merkur-Uranus-Konjunktion ergibt, heißt: Konzentration des Denkens in einer bestimmten Richtung, ein Denkstil, der sich aus dem Gesamtcharakter des Menschen ergibt, seine Quelle also durchaus nicht unmittelbar im Geistigen zu haben braucht, und eine gewisse Selbsttäuschung über den objektiven Wert oder über den Wert des konzentrierten Denkens. Sein Wert kann alle Stufen von der niedrigsten Borniertheit bis zur höchsten schöpferischen Kraft durchlaufen.

Es ist nun klar geworden, was die Merkur-Uranus-Konjunktion von den bisher besprochenen Merkur-Konjunktionen unterscheidet in bezug auf die Individuallogik, da es sich hier gar nicht um das eigentlich Logische handelt, das in der Merkur-Uranus-Funktion nicht vorkommt und durch diese getrübt wird. Diese Trübung, die zugleich eine Trübung der Objektivität des Denkens selbst ist, stammt, je nachdem es sich um Feuer-, Luft-, Wasser- oder Erdqualität handelt, aus verschiedenen Regionen des Menschen und seines Gesamtcharakters.

In den *Feuerzeichen* wird der Denkstil seine Besonderheit aus dem Willen beziehen, und das Verlangen nach objektiver Würdigung dieses Denkens wird um so schärfer sein, je stärker sich der Wille vor den Verstand stellt. Daraus entspringt eine Idee, die insbesondere in den dreißiger Jahren unseres Jahrhunderts mächtig um sich gegriffen hat:

12. Vortrag

die Idee des Faschismus. Darunter mag man das Bestreben verstehen, den eigenen Denkstil anderen durch seine Willensgewalt aufzuzwingen, um sie geistig zu seinen Geschöpfen zu machen. Man vergesse jedoch niemals, daß die damit verbundene Diktatur eine geistige ist. Das eigene uranische Denken soll den anderen als ihre Logik aufgezwungen werden.

WIDDER: Merkur hat das Sextil im eigenen Zeichen, den Quinkunx im Zeichen der Erhöhung. Uranus hat das Sextil im eigenen Zeichen und steht im eigenen Zeichen.

Der Denkstil wird in erster Linie vom Wollen beeinflußt, und die Rücksichtslosigkeit dieses Wollens verlangt stets die bedenkenlose Anerkennung durch die anderen. Hier werden wir einem Eigensinn begegnen, der sich nur sehr schwer fremden Argumenten beugen wird. Die unbedingte Überzeugung besteht, den Willen vor das Denken zu setzen, dessen Logik dem Diktat des Willens untersteht. Richtig ist, was durch meinen Willen sanktioniert wurde. Was dem widerstrebt, muß falsch sein.

LÖWE: Merkur hat das Sextil im eigenen Zeichen und im Zeichen seiner Erhöhung. Uranus steht im Zeichen seines Exils und hat Quinkunx im eigenen Zeichen.

Hier wird die Losung lauten: Richtig ist alles, was lebensfördernd ist und was insbesondere meine Glücksempfindung erhöht, und die erteilt dem Denken seinen Wahrheitswert. Man wird mit dieser Stellung nicht geneigt sein, Gedankenreihen in sich abzurollen, die nicht in irgendeiner näheren oder entfernteren Beziehung zur Lebens- oder Glücksbejahung stehen.

SCHÜTZE: Merkur steht im Zeichen seines Exils und hat Quinkunx im Zeichen seiner Erhöhung. Uranus hat das Sextil und das Halbsextil im eigenen Zeichen.

Hier gerät das Merkurdenken gänzlich unter die Entscheidungskraft des ethischen Wollens, das jetzt den höchsten Grad der Unduldsamkeit erreicht. Gedankenfreiheit ist unmoralisch, sie führt zu Zweifel, Irrtum und Auflehnung gegen die Herrschaft jenes Prinzips, das allein zum Herrschen berufen ist: den moralischen Willen, der das alleinige Kriterium des Richtigen und Wahren ist.

Wir gehen zu den *Luftzeichen* über.

Hier erreicht die Überzeugung von der objektiven Unwiderlegbarkeit der eigenen Denkrichtung den höchsten Grad. Dies ist ein wesentlich ganz anderes Element als der faschistische Denkstil, dem die Frage der theoretischen Anfechtbarkeit oder Unanfechtbarkeit gleichgültig ist, weil dort nicht die Überlegung, sondern der Wille entscheidet. Was hier völlig fehlt, ist das Verlangen, anderen den eigenen Denkstil aufdrängen oder gar diktieren zu wollen.

WAAGE: Merkur hat Trigon im eigenen Zeichen, das Halbsextil im Zeichen der Erhöhung. Uranus hat den Trigon und das Quadrat im eigenen Zeichen.

Der Denkstil könnte als eine Art konsequenter Liberalismus bezeichnet werden, d. h. die Zubilligung der Objektivität an jedermann. Es gibt kaum einen Denkstil, den man den anderen nicht erlauben würde, und gerade in dieser Denkverfassung drückt sich zugleich mit einer ungewöhnlichen Weitherzigkeit auch ein ebenso weitgehendes Desinteresse an den Überzeugungen anderer aus. Man ist fast allen Argumenten gegenüber aufgeschlossen und bereit, sie anzuerkennen, weil sie schließlich in bezug auf die eigene Überzeugung gegenstandslos sind. Entsprechen sie dem eigenen Denkstil, so kann man sie aufnehmen. Nun ist es aber gerade dieser Umstand, der dem Denkstil seine Eigenfarbe gibt, dessen Kennzeichen jene Farblosigkeit ist, die sich als die Mischfarbe aus all den Einzelfarben des Gedankenspektrums ergibt. Man kann sich leicht vorstellen, daß – je nach der Charaktergröße des Menschen – die oben geschilderte Eigenschaft eine hohe oder mehr matte Leuchtkraft erhält. Eine ungewöhnlich große Kapazität der eigenen Gedankenwelt kann hier entwickelt werden, in der das gesamte Denken der Menschheit Platz findet.

WASSERMANN: Merkur hat Trigon im eigenen Zeichen, das Halbsextil im Zeichen der Erhöhung. Uranus steht mit dem Halbsextil im eigenen Zeichen.

Hier finden wir fast das Gegenteil dessen, was soeben für Waage gesagt wurde. Das Eigentümliche des Denkstils besteht hier in einer Isolation des Denkens, das den Zusammenstoß mit anderen Denkrichtungen zu vermeiden sucht, aber zu einer Geistesverfassung führt, in der man sich geneigt fühlt, sich stets für klüger und gescheiter zu halten als die anderen. Dies kann unter Umständen zu katastrophalen Folgen führen, wenn die Naturkräfte durch Uranus gänzlich verdrängt werden. Dann können paranoide Erscheinungen auftreten, die die völlige Exterritorialität des eigenen Denkens vor dem sogenannten gesunden Menschenverstand zum Denkstil erheben, mit dem ich stehe und falle.

ZWILLINGE: Merkur steht im eigenen Zeichen und hat das Quadrat im Zeichen seiner Erhöhung. Uranus hat den Trigon und Quinkunx im eigenen Zeichen.

Hier treffen wir wieder ähnliche Verhältnisse an wie in Waage, nur daß der Liberalismus sich hier vorwiegend auf das eigene Denken bezieht, so daß man fast von einer Charakterlosigkeit sprechen könnte, die sich an jedem Tag nach den jeweiligen Erfordernissen wandelt. Die absolute Inkonsequenz bildet somit das charakteristische Merkmal dieses Denkstils, der diese Inkonsequenz selbst als seinen größten Vorzug ansieht, er ist nicht gewillt, sich durch das Gebot der Konsequenz um seine Freiheit bringen zu lassen. Merkur, hier im eigenen Zeichen stehend, entfaltet seine ganze Geschicklichkeit, den Schlingen einer Logik auszuweichen, die sich durch Begriffe einengen läßt, die schon von allem Anfang an das freie Denken lähmen.

Wir gehen zu den *Wasserzeichen* über.

Hier wird die Trübung der Merkurfunktion dem Leidenschaftsleben entspringen. Was den Denkstil selbst ausmacht, wird aus den Tiefen des Gefühls- und Leidenschaftslebens hervorgeholt, wodurch unter Umständen eine gewisse Ähnlichkeit mit der Wirkung der Merkur-Uranus-Konjunktion in den Feuerzeichen zustande kommt.

KREBS: Merkur hat das Halbsextil im eigenen Zeichen und das Sextil im Zeichen seiner Erhöhung. Uranus steht im Zeichen seines Exils und hat Quinkunx im eigenen Zeichen.

Vor jeder gedanklichen Erwägung steht bereits ein Gefühl, das mir sagt: Das mag ich glauben und das nicht. Wenn das letztere der Fall ist, dann wird es keine logische Erwägung geben, die mich zum Glauben bringen könnte. Über das, was ich glaube oder nicht glauben mag, entscheidet weder Merkur noch Uranus, sondern die durch Uranus zusammengefaßte Gesamtcharakteristik meines Horoskops.

SKORPION: Merkur hat Quinkunx im eigenen Zeichen und das Sextil im Zeichen seiner Erhöhung. Uranus hat das Quadrat und Sextil im eigenen Zeichen.

Hier gilt ähnliches, nur mit dem Unterschied, daß sich das Wunschleben mit viel größerer Intensität vordrängt und demgemäß das Merkurdenken fast völlig seiner Objektivität beraubt, ohne daß dies dem Geborenen bewußt wird. Aber gerade daraus entspringt die zuweilen verhängnisvolle Gabe, diesem Denken jenen Schwung zu geben, durch den es möglich wird, schwächere Naturen in den eigenen Bannkreis zu zwingen, sie bis dahin zu bringen, meine Sprache zu sprechen und sogar meinen Denkstil anzunehmen oder mit mir geistig durch dick und dünn zu gehen.

FISCHE: Merkur steht im Zeichen seiner Vernichtung und seines Falles. Uranus hat das Halbsextil und das Sextil im eigenen Zeichen.

Merkur ist im Zeichen seines Exils und seines Falles, und das Merkurdenken mag hier um so leichter eine Beute der uranischen Natur werden. Es wird hier nicht viel dazu gehören, die Logik gänzlich einzulullen und den Menschen in hohem Grad der Autosuggestion zugänglich zu machen, so daß er überall glauben wird, Anspruch auf Objektivität zu haben, wo die reinste Subjektivität einer im allgemeinen wehleidigen seelischen Natur das Denken prägt. Vielleicht ist es für solche Menschen am allerschwierigsten, gegen sich selbst aufrichtig zu sein. Dies gilt besonders für Sonne und Fische.

Vergessen wir niemals, daß die Uranus-Konjunktionen stets nur für eine bestimmte Generation in Betracht kommen, soweit es sich um das Geburtshoroskop handelt, und daß überdies bei den Merkur-Uranus-Konjunktionen die Sonne entweder im selben oder in einem der beiden Nachbarzeichen zu finden sein muß.

Wir wenden uns nun zu den *Erdzeichen*.

Hier wird die Beschränktheit besonders hervorgehoben, und sie wird unter Umständen sogar den Charakter der Starrköpfigkeit annehmen. Vielleicht kann man hier sogar von einem Scheuklappenkomplex sprechen, der aber nicht ausschließt, daß hier auf kleinstem Feld hervorragende Merkurarbeit geleistet werden kann.

STEINBOCK. Merkur hat Quinkunx im eigenen Zeichen, den Trigon im Zeichen seiner Erhöhung. Uranus steht mit dem Halbsextil im eigenen Zeichen.

Hier treffen wir als Ausdruck der Merkur-Uranus-Konjunktion einen Denkstil an, dessen auffallendste Merkmale Unbiegsamkeit und

12. Vortrag

Härte sind sowie die absolute Weigerung, sich geistig mit Dingen abzugeben, die nicht im eigenen theoretischen Interesse liegen. Redewendungen wie: Das interessiert mich nicht, oder das geht mich nichts an, sind hier geradezu typisch. Mit dieser Selbstbeschränkung glauben die so Geborenen sich in ihrer Objektivität um so mehr gesichert, als die erkannte Unzuständigkeit auf den abgelehnten Interessengebieten ihnen vor allem die größte oder wenigstens die größere Exaktheit auf dem eigenen Gebiet verspricht.

STIER: Merkur hat das Halbsextil im eigenen Zeichen und den Trigon im Zeichen seiner Erhöhung. Uranus steht vermutlich im Zeichen seines Falles, hat den Trigon und das Quadrat im eigenen Zeichen.

Hier vertritt meistens eine bestimmte Autorität oder eine mehr oder minder offizielle, jedenfalls aber eine bereits bestehende Denkrichtung, der man sich ergeben hat, die in Steinbock eigene Autorität. Im Dienst solcher Autoritäten hat Merkur seine ganze, so sehr geschwächte Kraft zu entfalten, hinter der jedoch stets die uranisch gesammelte Eigenpersönlichkeit mit all ihren Energien steht.

JUNGFRAU: Merkur steht mit dem Quadrat im eigenen Zeichen. Uranus hat Trigon und Quinkunx im eigenen Zeichen.

Hier wird sich wahrscheinlich eine gewisse Lebensklugheit entwickeln, die niemals den eigenen Vorteil vergißt, was den gesamten Lebensstil dahin beeinflußt, an allen Dingen vorüberzugehen, die einen eigenen Vorteil nicht erkennen lassen. Dieser Vorteil mag auf irgendeinem Gebiet liegen, er kann moralisch, geistig oder materiell sein. Dies ist der Tribut, der hier der eigenständigen Uranusfunktion entrichtet wird.

Wir gehen nun zu den *Konjunktionen* des Planeten *Merkur mit Neptun* über.

Was aus dieser Konjunktion erwächst, wird sich im wesentlichen als das Gegenteil dessen darstellen, was wir als Wirkung der Merkur-Uranus-Konjunktion beschrieben haben. Dort hatten wir es mit einer Einschränkung oder Beschränkung des Merkurdenkens durch die Gesamtpersönlichkeit zu tun, die diesem Denken ihren individuellen Lebensstil als besonderen Denkstil aufprägte.

Auch im Fall der Merkur-Neptun-Konjunktion haben wir es mit einer Besonderheit des Denkens zu tun, die aber nicht in einer Beschränkung, sondern eher in einer Auflösung oder Auflockerung der Merkurfunktion besteht. Dies scheint in mancher Beziehung die oben erwähnte Ansicht mancher Astrologen, daß Neptun als eine höhere Oktave der Venus anzusehen sei, zu stützen. In Wirklichkeit handelt es sich dabei nur um eine recht äußerliche Ähnlichkeit, da auch Venus eine auflösende und aufschließende Kraft besitzt. Tatsächlich mag eine solche Vorstellung dem astrologischen Denken manche Hilfe leisten. Venus hat im Neptunzeichen Fische auch ihre Erhöhung; dazu kommt noch der Umstand, daß die Konjunktion zwischen Merkur und Venus jene Individuallogik hervorbrachte, die wir als die künstlerische Logik bezeichnet haben.

Auch die Konjunktion von Merkur und Neptun bringt etwas mit sich, was mit jener künstlerischen Logik verwandt ist, sich aber trotzdem von ihr wesentlich unterscheidet. Vielleicht mögen wir zunächst ganz allgemein die nicht leicht zu verstehende Charakteristik dahin deuten, daß durch Neptuns Einfluß die Individuallogik in das »Transindividuelle« des Denkens verwandelt wird. Es ist das Individuelle des Denkens, das hier aufgelockert oder gar ausgelöscht wird, und der Mensch, der unter den Einfluß dieser Konjunktion gerät, erfährt eine seltsame Verwandlung in seinem Denken, die es aus seiner Individualität löst. Mit dieser Konstellation wird man fähig, in Antithesen zu denken, man wird fähig, Gegensätzlichkeiten zu denken, die logisch unvereinbar scheinen. In der Logik gelten bekanntlich zwei Grundsätze, die man als den Satz vom Widerspruch und den Satz vom ausgeschlossenen Dritten bezeichnet. Der erste dieser Sätze lautet: Ein Ding kann nicht zugleich A und nicht A sein. Der andere Satz lautet: Ein Ding kann entweder A oder nicht A sein – aber nicht etwa beides zugleich oder keines von beiden.

Für die Neptunlogik jedoch existieren diese beiden Sätze nicht. Dies führt bei dem gewöhnlichen Menschen zu einer gewissen Verworrenheit, sobald er sich Entscheidungen im Sinn der offiziellen Logik gegenübergestellt sieht.

Es kann aber nun an einem Beispiel gezeigt werden, in welcher Weise man sich die Funktion der Merkur-Neptun-Logik deutlich machen kann. Das Beispiel soll uns zugleich zeigen, wie ein Ding zugleich A und nicht A sein kann. Wir entnehmen dieses Beispiel einem optischen Versuch Goethes. Ein Zimmer sei beleuchtet, ein zweites, daneben gelegenes, dunkel. In die Tür, die beide Zimmer verbindet und geschlossen ist, wird ein kleines Fenster eingeschnitten und in dieses ein dickes Glas oder Milchglas eingesetzt. Wenn sich nun jemand in dem erleuchteten Zimmer befindet und das Glas betrachtet, so erscheint es ihm blau; dem im dunklen Raum befindlichen Betrachter erscheint dasselbe Fenster gelb. Ein Ding kann also zugleich gelb und blau sein. Mit Merkur-Neptun-Konjunktion befindet man sich in der Situation eines Menschen, der mit einem Auge im dunklen und mit dem anderen Auge im hellen Zimmer ist, d. h. es entsteht die Fähigkeit, den absoluten Gegensatz zu denken, und damit die Fähigkeit des überindividuellen Denkens. Mit dieser Konstellation verliert die Logik demnach ihre Entweder-Oder-Gegensätze. Dieses Entweder-Oder verschwimmt in einem solchen Denken durch die Kraft, logische Gegensätze zu vereinen und mit einer erfühlten oder erahnten höheren Wirklichkeit in Einklang zu bringen.

Dadurch entsteht ein scharfer Gegensatz zwischen dem Denkstil eines Menschen mit Merkur-Neptun-Konjunktion und dem Denken eines Menschen mit Merkur-Saturn-Konjunktion, denn der letztere kann sich mit dem ersteren niemals in eine Diskussion einlassen, er kann nicht mit einem Menschen diskutieren, der imstande ist, zwei entgegengesetzte Meinungen für wahr zu halten. Darum soll man auch niemals versuchen, solche Menschen beim Wort zu nehmen, da ja auch das Wort zu den Dingen gehört, die nur eine höhere Wirklichkeit darstellen – gelb und blau sind nur Worte für eine Tatsache, die sich in der höheren Wirklichkeit als eine einheitliche Tatsache darstellt.

Das sollte nun ein Versuch ein, die Denkrichtung eines Menschen mit dieser Konstellation zu umschreiben. Man darf aber nicht unter allen Umständen erwarten, daß der mit dieser Konstellation Geborene dieser Charakteristik seines Denkens zustimmen wird, weil sich für ihn keine präzise Darstellung mit seiner Vorstellungsweise deckt. In gewöhnlichem Leben wird man solche Menschen leicht als Wirrköpfe bezeichnen, wenn sie geistig hervortreten. Andererseits aber haben mit dieser Konstellation Geborene den Anspruch, zu bislang unausgesprochenen Wahrheiten zu gelangen, die nachher dem logischen Denken neue Wege weisen.

Wir wollen nun wieder die Wanderung durch die einzelnen Zeichen des Tierkreises antreten, dabei aber nur den Bogen von Fische bis Waage berücksichtigen. Jede dieser Konjunktionen ist nur einer bestimmten Generation eigen, und auch da nur den in bestimmten Monaten Geborenen, was nicht näher begründet werden muß.

FISCHE: Merkur steht im Zeichen seiner Vernichtung und seines Falles. Neptun steht mit dem Quadrat im eigenen Zeichen.

Hier begegnen wir einer weitgehenden Gefühlsliberalität im Denken, die wir dahin charakterisieren können, daß die so Geborenen geneigt sind, alle Widersprüche – insbesondere die sich im Seelischen und Geistigen ergebenden – als Mißverständnisse zu betrachten. Man sucht überall Widersprüche als Mißverständnisse zu entlarven und nimmt auch für sich selbst diesen Schutz des Irrtums in Anspruch. Das Mißverständnis ist vielleicht der einzige Weg zur Erkenntnis, der dem bloß logischen Denken offensteht. Wir haben es hier mit einem gütigen Denken zu tun. Dies gilt besonders für Sonne in Fische.

WIDDER: Merkur hat das Sextil im eigenen Zeichen, den Quinkunx im Zeichen der Erhöhung. Neptun hat den Trigon und das Halbsextil im eigenen Zeichen.
 Hier gilt fast das Entgegengesetzte von dem, was eben für Fische beschrieben wurde. Der Widerspruch, der nun einmal vorhanden ist, wird nicht als Auswirkung eines Mißverständnisses, sondern als Notwendigkeit jeder Gesetzmäßigkeit erfaßt. Das muß man nicht mit Klarheit erkannt haben, um doch in seinem Denken so eingestellt zu sein, daß man es als eine in dieser häßlichen Welt und ihren gesetzlichen Grundlagen liegende Notwendigkeit ansieht, daß nichts ohne Widerspruch gedacht werden kann. Daher ist auch das Denken hier stets auf die Entdeckung eines höheren Gesetzes gerichtet, das die Widersprüche einigt. Man sucht stets nach einer allgemeinen Formel, in der das sich Widersprechende untergebracht werden kann. Auch hier sieht man eine Tendenz zur Versöhnung im Leben.

STIER: Merkur hat das Halbsextil im eigenen Zeichen und den Trigon im Zeichen seiner Erhöhung. Neptun hat das Sextil und Quinkunx im eigenen Zeichen.
 Hier ist das Denken wieder von einer anderen uneingestandenen Grundlage getragen, die in bezug auf eine gottgewollte Ordnung viel Resignation, wenn nicht gar Unterwürfigkeit aufweist. Es liegt an uns, nicht mit der Logik zurechtkommen zu können in einer Welt, die mit ihren Widersprüchen nur die Unfähigkeit unseres Denkens widerspiegelt, sie in ihrer Ganzheit zu erfassen. Vielleicht ist diese Welt wirklich, wie Leibniz meinte, die beste aller Welten, und jede andere, von Menschen ausgedachte, wäre um vieles schlechter. Man muß der offenbarten Natur als Wegweiser folgen, um die dahinterliegende, nicht offenbarte zu finden, wodurch wir nach und nach all die scheinbaren Widersprüche auflösen lernen.

ZWILLINGE: Merkur steht im eigenen Zeichen und hat das Quadrat im Zeichen seiner Erhöhung. Neptun steht im Zeichen seines Exils und hat das Quadrat im eigenen Zeichen.

Die Neptunwirkung hat hier Ähnlichkeit mit der Uranuswirkung im gleichen Zeichen, sofern es sich um die Merkur-Konjunktion handelt. Es ist die Weitherzigkeit und der weitgehende Liberalismus, der hier so charakteristisch ist. Bei Neptun aber handelt es sich um einen metaphysischen Sinn, der alle Möglichkeiten für gegeben hält und keine für glaubwürdiger als die andere; daher kann man mit dieser Konstellation ebenso leicht dem Aberglauben verfallen wie dem Skeptizismus. Im Grunde genommen kann jeder Glaube ein Aberglaube sein. Völliger Skeptizismus und Aberglaube reichen einander die Hand. Auch das mag man als tolerantes Denken ansehen, das hier eine gewisse Weichheit erlangt, die unter Umständen als Verworrenheit oder auch als Liberalität des Glaubens erscheinen mag – in Gegensatz zur Liberalität des Denkens.

KREBS: Merkur hat das Halbsextil im eigenen Zeichen und das Sextil im Zeichen seiner Erhöhung. Neptun hat den Trigon und Quinkunx im eigenen Zeichen.

Hier hört das Vertrauen in das Denken überhaupt auf, eine Rolle zu spielen; man überläßt sich lieber dem Gefühl als dem Denken. Hieraus ergibt sich eine gewisse Denkfähigkeit, die wir aber nicht als Denkfaulheit ansehen dürfen. Denn das Denken ist nicht etwa ohne inneren Antrieb, es ist bloß nicht geneigt, den logischen Konsequenzen dieses Denkens irgendeinen Wert zuzuschreiben. Hier ist vielleicht die Stätte eines gedanklichen Nihilismus, der ärger ist als in Zwillinge. Die Generation, bei der diese Konstellation möglich ist, bemüht das Denken nicht gern. Man lernt mathematische Formeln lieber auswendig und plagt sich mit dem Memorieren, als daß man sie jedesmal wieder aus dem Denken ableitet, obwohl man im Notfall auch dies zustande brächte. Auch hier besteht – wie in Zwillinge – eine angeborene Neigung zur Skepsis, die aber eine Skepsis der Trägheit ist, eine passive Skepsis, der der Mut zu jeder positiven Stellungnahme fehlt.

LÖWE: Merkur hat das Sextil im eigenen Zeichen und im Zeichen seiner Erhöhung. Neptun hat Quinkunx und Trigon im eigenen Zeichen.

Hier stehen wir vor einem wesentlich anderen Denkstil. Es besteht hier ein fast grenzenloses Vertrauen – nicht in das logische Denken, sondern in das schöpferische Denken zum Hervorbringen der Wahrheit. Der Machtgedanke tritt an die Stelle des Wahrheitsgedankens; es liegt am Menschen selbst, durch die Kraft seines gläubigen Willens die logische Wahrheit zu sanktionieren oder zu verbannen. Es besteht kein Respekt vor der Intelligenz, aber es besteht ein hoher Respekt vor dem Willen, der ein geistiges Gesetz zu schaffen vermag. Dies ergibt eine sehr merkwürdige Stellung zur Wahrheit überhaupt, die durch die Kraft eines diktatorischen Willens allein in die Welt gekommen ist. Hier entwickeln sich Menschen, die die Wahrheit ihres Glaubens nicht mit Argumenten, sondern mit dem Schwert in der Hand zu beweisen bereit sind.

JUNGFRAU: Merkur steht mit dem Quadrat im eigenen Zeichen. Neptun steht im Zeichen seines Exils, hat das Quadrat im eigenen Zeichen.

Das wesentlichste Merkmal dieser Konstellation ist die natürliche Veranlagung zum anthropomorphen Denken. Der Wahrheitswert des Denkens erhält ein menschlich-biologisches Kriterium, wobei menschlich nicht etwa im ethischen Sinn zu verstehen ist, sondern in dem Sinn, daß die menschliche Vernunft jeweils als lebensnotwendige Äußerung des menschlichen Existenzwillens auftritt und bestimmt, was wirklich ist. Nur das Vernünftige ist wirklich, nur das Wirkliche ist vernünftig. Die Entscheidung darüber, was wahr oder nicht wahr ist, ist dem Naturhaften als oberster Instanz anheimgegeben, und dieses Wahre ist auch zugleich das Wirkliche, das nur der richtig erkennt, dessen Augen in einer der menschlichen Natur adäquaten Weise auf die Natur gerichtet sind. Der vergebliche Versuch, diese subjektive Wirklichkeit von einer objektiven zu trennen, und die damit verbundene, sich fast zwangsmäßig einstellende Vermengung des Realen mit dem gedachten Maßstab des Realen kann zu bedenklichen Verwirrungen führen. Der Satz des Protagoras: »Der Mensch ist das Maß aller Dinge, der seienden, daß sie sind, und der nicht seienden, daß sie nicht sind« feiert eine neue mißverständliche Auferstehung.

Nun noch einige Worte über die Merkur-Neptun-Konjunktion in Waage, die derzeit noch in der Zukunft liegt.

Hier mag der geistige Liberalismus sich zu einem solchen Umfang erweitern, daß es fast zu einem völligen Desinteresse an allen theoretischen Problemstellungen kommt, da jeder von seinem Standpunkt aus recht hat und »alles verstehen« nicht »alles verzeihen« heißt, weil es ja nichts zu verzeihen gibt. »Alles verstehen« heißt jetzt: vor der Gleichberechtigung aller Irrtümer kapitulieren, da letztlich Irrtum und Wissen dasselbe sind. Die Logik wird nun völlig entthront. Ihr alleiniger Zweck ist, einen Irrtum gegen den anderen auszuspielen. Wir haben alle gleich recht, weil wir alle gleich unrecht haben. Der Rest ist, verständnisvoll zu schweigen. Der oberste Richter ist nicht die Vernunft oder die Logik des Denkens, sondern die Stimme eines geheimen Gewissens, das von dem Ideal einer großen und unzerstörbaren Weltharmonie bestimmt wird. Aus diesem in Wahrheit transzendentalen Gefühl entspringt die Kraft einer neuen, das Denken beherrschenden Logik, die wir vielleicht am besten als eine musikalische Logik bezeichnen dürfen. Sie wird jetzt zum Maßstab dessen, was teilhat an der Wahrheit und was ihr entgegen ist.

13. Vortrag

Wir wenden uns nun zur Besprechung der *Venuskonjunktionen*. Es ist durch unsere früheren Ausführungen bereits klar geworden, wie wir die Funktion der Venus auffassen. Der populären Auffassung gemäß gilt Venus als die Göttin der Liebe oder auch der schwellenden Naturkraft. Unserer Auffassung nach ruhen in Venus all die Antriebskräfte, die der Höherentwicklung des Ich dienen. Vielleicht läßt sich all das, was Venus in unser Horoskop trägt, durch den Begriff Goethes vom »Ewigweiblichen« charakterisieren, das uns hinanzieht. Denn dieses Ewigweibliche ist nichts anderes als die in uns liegende stete Bereitschaft zur Empfängnis oder Befruchtung mit dem Gnadenimpuls, von dem allein alle Höherentwicklung abhängt. Venus stellt dann das Glücksgefühl des Gesegnetseins mit diesem Gnadenimpuls dar, dessen andere Seite Liebe heißt. Venus erwirkt im Menschen die Aufgeschlossenheit gegenüber den höheren Impulsen, mit denen er sich vermählen muß, um aufsteigen zu können. Als die Frucht dieser Vermählung reift in dem Menschen die Fähigkeit, sich schaffend in das Weltgeschehen einzugliedern, wobei dieses Schaffen sich im Physischen, Seelischen, Geistigen oder Moralischen auswirken mag. Darum finden wir im Physischen Venus als Repräsentantin dessen, was wir im vulgären Sinn des Wortes die Liebesempfindung oder auch das Sexualereignis nennen, im Seelischen als Repräsentantin des Erotischen im weitesten Sinn, im Geistigen als Repräsentantin aller schöpferischen Fähigkeiten, insbesondere in Kunst und Kunstübung, und im Moralischen als Repräsentantin der religiösen Inbrunst und der ethischen Postulate.

Nun haben wir Venus bereits in Verbindung mit Sonne, Mond und Merkur kennengelernt. Unsere nächste Aufgabe ist die Untersuchung der *Venus-Mars-Konjunktionen*.

Es ist bereits bekannt, daß Venus und Mars eine engere gegenseitige Zugehörigkeit besitzen. Sie sind Glieder einer in sich geschlossenen Polarität und als solche zugleich auch Gegensätze. Diese Gegensätzlichkeit ist auch unmittelbar aus dem Tierkreisbild zu erkennen und zeigt sich darin, daß in den Zeichen, in denen Venus herrscht (Stier und Waage), Mars geschwächt ist; umgekehrt steht in den Marszeichen Widder und Skorpion Venus in ihrer »Schwäche«, um einen Ausdruck der alten Astrologen zu gebrauchen.

Wenn wir nun das, was Venus repräsentiert, als das Ewigweibliche bezeichneten, dann können wir Mars als das Ewigmännliche ansehen. Der Gegensatz zwischen beiden Urfunktionen drückt sich vor allem darin aus, daß Venus die Empfangsbereitschaft für das Höhere vorstellt und damit den Menschen schaffend, zukunftsgerichtet prägt, ihn mit dem Gefühl des Gesegnetseins erfüllt, während Mars nicht zukunftsorientiert prägt, dafür aber gegenwartsgerichtet und somit alle Impulse verleiht, die in Verbindung mit Venus zur Erfüllung drängen, dazu drängen, die zukunftsgerichteten Hoffnungen und Sehnsüchte schon in der Gegenwart zu erfüllen und dann ein Leben zu entfalten, das darauf ausgerichtet ist, anstelle der erfüllten Sehnsüchte neue Venusimpulse zu empfangen und neue Hoffnungen in stets erneuter Rastlosigkeit. Was so durch die Verbindung von Mars und Venus im Konjunktionsaspekt entsteht, das ist Unersättlichkeit, Unruhe, Spannung und beständige Unbefriedigtheit, Schaffens- und Verwirklichungsdrang. Die Marskräfte stimulieren beständig die Venuskräfte und umgekehrt. Von beiden Energien wird je nach der Natur des Tierkreiszeichens, in dem die Konjunktion stattfindet, der Mars- oder der Venusimpuls vorherrschen. Dies gilt für die Zeichen Widder, Skorpion, Stier und Waage sowie für Fische, Jungfrau, Steinbock und Krebs, während in Zwillinge, Schütze, Löwe und Wassermann beide Planeten mit gleicher Kraft auftreten. In diesen vier Zeichen kommt es am ehesten zu einer harmonischen Verschmelzung beider Planetenenergien. In allen Zeichen aber werden wir es mit einem mehr oder weniger intensiven Hingelenktsein auf den erotischen Grundkomplex zu tun haben und mit einer Neigung zur Rastlosigkeit im Hoffen und Wünschen.

Und nun noch eine kurze Bemerkung. Überall dort, wo Venus der stärkere Planet ist, wird die Opferwilligkeit oder das Ewigweibliche vorherrschen. Das wird sich bei beiden Geschlechtern verschieden auswirken. Bei der Frau darf man das wohl als harmonisch und normal ansehen; beim Mann entsteht dadurch ein femininer Einschlag. Umgekehrt verhält es sich, wenn Mars der stärkere Planet ist. Dann wird man wieder von einem maskulinen Einschlag sprechen können, der beim Mann das Natürliche ist, bei der Frau aber vielfach zu einer unharmonischen Veranlagung führt. Unter diesem Gesichtswinkel betrachtet, stellt sich die in allen Zeichen vorhandene künstlerische Veranlagung in einem besonderen Licht dar.

Wir gehen nun zu den einzelnen Zeichen über. In den *Feuerzeichen* wird die oben geschilderte Grundveranlagung einen fast imperativen

Charakter annehmen. Alle Mars-Venus-Impulse treten mit der Kraft einer Gewissensforderung auf. Das eigene Wollen wird zum moralischen oder unmoralischen Müssen und übersteigert sich an der eigenen Konsequenz.

WIDDER: Venus steht im Zeichen ihres Exils, hat das Halbsextil im eigenen Zeichen und im Zeichen ihrer Erhöhung. Mars steht mit Quinkunx im eigenen Zeichen, hat das Quadrat im Zeichen seiner Erhöhung.

Hier besteht eine geringe Neigung, das Ewigweibliche in sich auszubilden; man wird hier eher Opfer verlangen als sie zu bringen geneigt sein. Damit geht ein gewisser Stolz einher, der es beiden Geschlechtern fast unmöglich macht, sich freudig zu unterwerfen. Was hier beim Mann im allgemeinen natürlich ist, erweckt beim Weib den Eindruck einer zumindest äußerlich zur Schau getragenen Kälte, wenn nicht der Unnahbarkeit. Stets aber werden hier die zur Rücksichtslosigkeit neigenden Marskräfte durch Venus gemildert.

LÖWE: Venus hat das Quadrat und Sextil im eigenen Zeichen, Quinkunx im Zeichen ihrer Erhöhung. Mars hat Trigon und Quadrat im eigenen Zeichen, Quinkunx im Zeichen seiner Erhöhung.

Beide Planeten gleichen sich in ihrem gegenseitigen Kräfteverhältnis aus. Hier können wir von einem gesunden, lebensfreudigen Venusgefühl sprechen, das nicht nur genußbereit ist, sondern den Genuß als einen wesentlichen Bestandteil der Lebensbejahung und damit als zum Leben unbedingt zugehörig ansieht. Genuß ist das eigentliche Vitamin des Lebens, die Kunst und ihre Übung die geistig-seelische Würze, ohne die aller Lebensgenuß und alle Freude am Dasein schal wäre.

SCHÜTZE: Venus hat Quinkunx und das Sextil im eigenen Zeichen, das Quadrat im Zeichen ihrer Erhöhung. Mars hat Trigon und Halbsextil im eigenen Zeichen und das Halbsextil im Zeichen seiner Erhöhung.

Diese Konjunktion ist nicht ganz so harmonisch wie in Löwe. Das Marsprinzip herrscht leicht vor. Alles was hier mit dem Liebeskomplex zusammenhängt, wird gleichzeitig zu einer moralischen Angelegenheit; daher besteht die Neigung, alles Triebhafte, das sich aus dem Mars-Venus-Komplex ergibt oder mit ihm zusammenhängt, unter eine eigene Würde zu stellen, die nicht selten ein bloßes Prinzip des Prestiges ist. Hinzu kommt es leicht wieder zu dem bereits aus früheren Darstellungen bekannten Geschlechtsstolz. Das Männliche und das Weibliche im Menschen distanzieren sich voneinander und bilden so den Anlaß zu mancherlei moralischen Konflikten, die aus der Verschiedenheit beider Grundnaturen ihre Nahrung beziehen. Ein leicht maskuliner Einschlag macht sich häufig geltend.

Wir wenden uns zu den *Luftzeichen*.

Hier kann man wohl von einer polyerotischen Veranlagung mit jenen Wirklichkeitstendenzen sprechen, die durch die Marskräfte gefordert werden. Aber es liegt etwas vom Spielerischen in diesen Kräften, so daß hieraus Dilettantismus in der Liebe und auch in der Kunst resultiert. Dilettanten oder auch Eklektiker der Liebe und der Kunst werden hier zu Hause sein.

WAAGE: Venus steht mit Quinkunx im eigenen Zeichen, hat Quinkunx im Zeichen ihrer Erhöhung. Mars steht im Zeichen seines Exils, hat das Halbsextil im eigenen Zeichen und Quinkunx im Zeichen seiner Erhöhung.

Venus ist der stärkere Planet; dies bringt einen hohen Grad von Feminismus hervor; so geartete Menschen werden darum auch sehr leicht mit Partnern in Berührung kommen, die eine ähnliche Konstellation aufweisen. Das ist bei Dilettanten nun einmal so. Mars im Exil lähmt jede freudige Entschlußkraft und verbindet seinen Einfluß mit der Leichtigkeit im sich Aufschließen. Die Neigung entsteht – und hierin zeigt sich das dilettantische Element –, die Erwartung durch Hinausschieben aller Gegenwartserfüllung möglichst zu verlängern. Man erwartet alles von der Zukunft, aber nichts von der Gegenwart.

WASSERMANN: Venus hat Quinkunx und Trigon im eigenen Zeichen, das Halbsextil im Zeichen ihrer Erhöhung. Mars hat Sextil und Quadrat im eigenen Zeichen, das Halbsextil im Zeichen seiner Erhöhung.

Beide Planeten halten einander die Waage, aber die Gesamtkonstellation ist in diesem Zeichen ungünstiger, da Saturn seinen Schatten darauf wirft. Das Temperament ist demgemäß hier düsterer und die Rastlosigkeit größer. Hier zeigt sich der Dilettantismus von einer anderen, und zwar von der übelsten Seite. Wenn man den Dilettanten im Gegensatz zum Künstler bringt, so tut man das wohl darum, weil man dem Dilettanten den Ernst abspricht, der dazu erforderlich ist, auch die Mühen auf sich zu nehmen, die nötig sind, um das, was man beabsichtigt, auch in Vollkommenheit zu verwirklichen. Diese Verwirklichung wird in unserem Fall, da es sich um das Erotische – oder auch den Kunstgenuß und nicht zuletzt sogar um das künstlerische Schaffen – handelt, allein vom Ich und niemals vom Partner erwartet und auch nicht durch die Vollendung eines Werkes angestrebt. Man ist hier Dilettant am eigenen Ich, da weder der Partner noch das Werk so wichtig sind wie die Steigerung des eigenen Wesens an Liebes- oder Kunsterlebnissen.

ZWILLINGE: Venus hat Halbsextil und Trigon im eigenen Zeichen, das Quadrat im Zeichen ihrer Erhöhung. Mars hat Sextil und Quinkunx im eigenen Zeichen, Quinkunx im Zeichen seiner Erhöhung.

Hier liegen die Verhältnisse ähnlich wie in Waage, aber die Stellung ist unkräftiger. Der Dilettantismus zeigt sich darin, daß die Unverläßlichkeit so stark in den Vordergrund tritt, weil die immer bereite Kritik und der Skeptizismus sowohl die Zukunftshoffnung als auch den Verwirklichungsdrang schwächen und einlullen. An dem Zwiespalt zwischen Zukunftstraum und Irrealität des Gegenwärtigen reift in der Stille ein sich selbst zur Untätigkeit verdammendes Talent, das nach Früchten zu langen beginnt, wenn es dazu zu spät geworden ist.

Wir gehen zu den *Wasserzeichen* über.

Hier tritt das Gefühlsleben mit voller Kraft auf den Plan. Die stimulierende Marskraft führt zu einer Anreicherung der Leidenschaftlichkeit, die einen friedlosen Charakter annimmt und zum Teil den Liebeskräften der Venus die Haßkraft des Mars zugesellt, so daß die Venus-Mars-Konjunktion hier nicht selten von der allbekannten Eifersucht begleitet wird. Eine bekannte Definition des Begriffes »Eifersucht« lautet: Eifersucht ist eine Leidenschaft, die mit Eifer sucht, was Leiden schafft. Dieses »mit Eifer suchen, was Leiden schafft« ist der Marskomponente zuzuschreiben, die in Verbindung mit Venus jene Friedlosigkeit ergibt, die einerseits beständig mit negativer Sehnsucht in die Zukunft blickt, andererseits aber durch keine Erfüllung in der Gegenwart befriedet werden kann. Glück und Schmerz sind ohne einander bei dieser Konstellation nicht zu finden.

KREBS: Venus hat Sextil und Quadrat im eigenen Zeichen, Trigon im Zeichen ihrer Erhöhung. Mars steht im Zeichen seines Falles, hat das Quadrat und den Trigon im eigenen Zeichen.

Mars ist geschwächt und seine Energie mehr auf das Gebiet der Phantasie abgelenkt, sie flieht vor der Betätigung in der äußeren Welt.

13. Vortrag

Hier ist demnach das eigentliche Feld für die Seelenromantik mit allen Glücksempfindungen und mit aller Qual, die sie bereiten hilft, immer aber mit einer starken Hinneigung zu geheimer Sentimentalität. Auf Regen folgt Sonnenschein, aber erst beide zusammen schaffen die herrliche Illusion des Regenbogens. Vielleicht könnte man hier von einem Eulenspiegelkomplex sprechen. Dieser Weise lachte im Unglück und weinte im Glück, weil er im Gegenwärtigen schon an das Künftige dachte und an den Wechsel, der alles Gegenwärtige als Illusion erscheinen läßt.

SKORPION: Venus steht im Zeichen ihrer Vernichtung, hat das Halbsextil im eigenen Zeichen, Trigon im Zeichen ihrer Erhöhung. Mars steht mit Quinkunx im eigenen Zeichen, hat das Sextil im Zeichen seiner Erhöhung.

Hier gewinnt Mars Grausamkeitskräfte; in Verbindung mit Venus im Exil entwickelt sich jener Komplex, den wir als »Sadismus« auffassen können, der sich nicht selten gegen die eigene Person kehrt. Der Sadismus ist im wesentlichen viel stärker gegen die eigene Person gerichtet, als dies bei oberflächlicher Betrachtung erscheint, er ist vielleicht sogar nur gegen die eigene Person gerichtet. Aber um zu wirken, erfordert es diese Waffe, daß der Partner darunter leidet. Hier besteht die geringste Neigung zur Darbietung eines Opfers, aber die stärkste, es vom Partner zu fordern, eine angeblich normalerweise männliche Eigenschaft. Diese Konstellation wird sich demnach bei Frauen viel ungünstiger auswirken als bei Männern, da diese, sozusagen durch Generationen hindurch mit dem natürlichen Sadismus infiziert, bereits immun geworden sind.

FISCHE: Venus steht im Zeichen ihrer Erhöhung, hat Sextil im Zeichen ihrer Erhöhung. Mars hat das Halbsextil und Trigon im eigenen Zeichen, das Sextil im Zeichen seiner Erhöhung.

Beide Planeten sind ungeschwächt, aber Venus herrscht vor. Hier kommt es zu einem eher masochistischen Einschlag, das heißt, es besteht eine immer bereite Aufopferungsfähigkeit, verbunden mit dem Willen zur Selbstunterwerfung, mit all dem schmerzlichen Glück, das hieraus entspringt. Diese Veranlagung mag im Gegensatz zu Skorpion als feminin angesehen werden, das heißt als normal für das weibliche und nicht völlig normal für das männliche Geschlecht. Unter Umständen kann jedoch diese feminine Grundeinstellung gerade in Fische pathologische Grade erreichen. Fast niemals fehlt ein religiöser Hintergrund im erotischen Empfindungsleben, und der Gedanke der religiösen Opferhandlung im Erotischen beherrscht das Unterbewußtsein oder tritt sogar als vollbewußte Forderung auf. Auch im Künstlerischen zeigt sich diese masochistische Tendenz, das heißt der Gedanke der Selbstaufopferung als Grundforderung. Dies gilt insbesondere für den Schauspieler oder Musiker. Eine gewisse Ähnlichkeit dieser Konstellation mit der in Krebs beschriebenen ist nicht zu verkennen.

Wir wenden uns zu den *Erdzeichen*.

Der Venus-Mars-Komplex nimmt hier eine mehr irdische Färbung an. Er stellt sich als eine besondere Stufe in der Sinnlichkeit dar. Dieser Sinnlichkeit wird in Liebe und Kunst ein hoher Rang eingeräumt. In der Kunst führt sie zu einer Hochschätzung alles Körperhaft-Realen als notwendiges Requisit aller Kunstäußerung. Dadurch entsteht etwas, was wir als die Kultivierung, vielleicht sogar als die Anbetung der sinnlichen Schönheit und vor allem als die besondere Wertung des ästhetischen Elements bezeichnen dürfen. Es darf jedoch nicht außer acht gelassen werden, daß die Marsenergie, die zur Gegenwartsentfaltung drängt, dazu beiträgt, in der Kunst jenes Ideal zu suchen, das man als das klassische zu bezeichnen pflegt, weil diese Stilart vor allem die möglichste Vollkommenheit der physischen Erscheinung anstrebt. Der erotische Habitus folgt denselben Richtlinien.

STEINBOCK: Venus hat Trigon und Quadrat im eigenen Zeichen, das Sextil im Zeichen ihrer Erhöhung. Mars steht im Zeichen seiner Erhöhung, hat das Quadrat und Sextil im eigenen Zeichen.

Hier drängt sich die Marskomponente in den Vordergrund. Das Verlangen nach Erfüllung aller Sehnsüchte auf dem erotischen Feld sowie der Ehrgeiz auf künstlerischem Gebiet führt nicht selten zu einer gewissen Rücksichtslosigkeit im Auftreten; es besteht eine nur geringe Opferbereitschaft, aber dafür eine stete Beharrlichkeit nach Erreichung der gesteckten Ziele. Hier stellt sich auch eine gewisse Kampfbereitschaft ein, die dem Rivalen gilt.

STIER: Venus steht mit Quinkunx im eigenen Zeichen, hat das Sextil im Zeichen ihrer Erhöhung. Mars steht im Zeichen seines Exils, hat das Halbsextil im eigenen Zeichen und den Trigon im Zeichen seiner Erhöhung.

Venus ist wohl der stärkere Planet; vergessen wir aber nicht, daß der Mars im Exil gerade infolge der Schwächung seiner Energien Leidenschaftsreserven gibt, die die Spannungen gehemmter Wirklichkeitstendenzen zuweilen einen so hohen Grad erreichen lassen, daß es zu Marsexzessen von ungeahnter Heftigkeit kommen kann, durch die viel von dem zerstört wird, was Venus aufbaute. Das astrologische Bild ist ähnlich dem bei Waage beschriebenen, nur wird hier im Erdzeichen, was dort mehr Spiel war, meist bitterer Ernst. Die Schaubühne des Lebens wird zur Wirklichkeit.

JUNGFRAU: Venus steht im Zeichen ihres Falles, hat das Halbsextil und den Trigon im eigenen Zeichen. Mars hat Quinkunx und das Sextil im eigenen Zeichen, Trigon im Zeichen seiner Erhöhung.
Venus ist wieder der schwächere Planet. Die zodiakal ungünstig gestellte Venus macht hier mutlos und mindert die Opferwilligkeit, die stärkere Marskomponente macht sich als Mißtrauen, Neigung zu Heimlichkeiten, wenn nicht gar als Intrigenbereitschaft bemerkbar, bestimmt aber oft genug dazu, dem mutigen Kampf für ein bestimmtes Ziel auszuweichen. Diese Stellung ist im ganzen eher ungünstig, weil der so Geborene wenig wohlwollend zur Umwelt eingestellt ist. Das mangelnde Selbstvertrauen gilt für den erotischen wie für den künstlerischen Bereich. Man will entdeckt, genommen oder wenigstens geführt werden. Auch auf dem Kunstgebiet bevorzugt man eine Rolle, in der man geführt werden kann. Vielleicht kann man hier von Hilfsmitteln, das heißt von solchen Kunstbetätigungen sprechen, die mehr ornamentalen Zwecken dienen, wie beispielsweise das Kunstgewerbe, Phototechnik, Dekoration etc.

14. Vortrag

Wir haben uns nun mit den *Konjunktionen* zwischen *Venus und Jupiter* sowie zwischen *Venus und Saturn* zu befassen.

Venus war der Inbegriff des Ewigweiblichen; sie beschert die Gabe, sich gegenüber den höheren Impulsen der Gnade und der Liebe aufzuschließen und dadurch die Kraft zu gewinnen, höher zu steigen auf der Stufenleiter der Entwicklung. Dadurch bereitet sich im Menschen die Schöpferkraft vor, durch deren Betätigung erst jener Aufstieg vollzogen werden kann. Darum spendet Venus auch alle Seligkeit, die das Begnadetsein mit jenem Schöpferimpuls begleitet. In diesem Sinn ist sie als Glücksspender anzusehen.

Jetzt haben wir zunächst die Verbindung des Planeten Venus mit Jupiter zu besprechen. Auch in Jupiter ruhen gewaltige Kräfte: Es sind die Kräfte des Glaubens, die Kraft des Guten, des Wahren und der alles beherrschenden Gerechtigkeit. Aus diesem Glauben quillt ein besonderes Wissen und eine Weisheit, die wir Intuition nannten. Und auch dieses Wissen beseligt.

Wenn nun diese beiden »Glückssterne« durch die Konjunktion miteinander verbunden sind, könnte man glauben, daß dadurch im Horoskop etwas entsteht, was den Geborenen zu einem Glückskind macht. Das ist auch bis zu einem gewissen Grad der Fall. Aber wir dürfen trotzdem die Wirkung, die von diesem Aspekt für das Gesamthoroskop erwartet wird, nicht überschätzen, weil durch die Position der beiden Planeten an einem Punkt des Horoskops der Gesamtwirkung etwas von der Vielseitigkeit entzogen wird, die entsteht, wenn sich die beiden Planeten etwa in Sextilstellung zueinander befinden. Außerdem mag zu erwarten sein, daß die beiden Planeten der Gleichartigkeit sich gegenseitig binden und dabei aneinander ermüden und verausgaben, wie das bei gewissen chemischen Verbindungen der Fall ist.

Versuchen wir uns klarzumachen, worin die Gesamtwirkung dieser Konjunktion besteht. Zunächst wird wohl zu erwarten sein, daß jene Glücksempfindung, von der wir sprachen, sich durch die Konjunktion der beiden Glücksplaneten zu einer Dauerempfindung für das ganze Leben gestaltet, so daß so geborene Menschen die Lebensempfindung, herausgehoben zu sein und auf den Höhen zu wandeln, in sich tragen.

14. Vortrag

Man erlebt das Leben in einer Dauerekstase. Diese Dauerekstase hat teils günstige, teils ungünstige Folgen. Zunächst blendet sie den geistigen und seelischen Blick und macht verhältnismäßig stumpf gegenüber all dem, was außerhalb dieser Empfindung liegt. So Geborene leben daher in dem Gefühl, daß sie allen Anspruch haben auf ein Dauerglück, und sind daher entgegengesetzten seelischen und geistigen Regungen wenig zugänglich. Dies bedeutet ein besonders glückliches Naturell, das viel aufgeschlossener ist gegenüber allem, was ihnen als Erfolg im Leben erscheint – insbesondere als ein Erfolg der eigenen Persönlichkeit –, als gegenüber dem, was ihnen als Mißerfolg erscheint. Wie etwa ein König, von dem die Umgebung ängstlich abhält, was ihm schaden oder ihn kränken könnte, in einem scheinbaren Glückszustand lebt, auch wenn die Tatsachen dem gar nicht entsprechen, so täuscht sich der mit Venus-Jupiter-Konjunktion Geborene gern über alles hinweg, was an Ungünstigem gegen ihn oder über ihn bereits auf dem Weg ist, so daß es wie durch ein Sieb oder einen Filter von ihm ferngehalten wird. Damit ist aber noch etwas anderes gegeben, das wir als einen Narzißmus bezeichnen könnten. Es gibt Spiegel, in denen man sein Gesicht verzerrt sieht. Von solchen Spiegeln weiß der Geborene sozusagen bloß theoretisch. Der Spiegel ist wie der der Königin in *Schneewittchen*; er zeigt nur, daß sie die Schönste ist. Damit ist keineswegs ausgesprochen, daß man mit dieser Konstellation nicht auch Minderwertigkeitsempfindungen haben könnte, wie sie als Merkmale anderer Konstellationen bereits mehrfach beschrieben wurden. Aber mit Venus-Jupiter-Konjunktionen wird man solchen Empfindungen keinen allzu großen Raum in seinem Seelenleben zugestehen. Was aber in allen Fällen sich als das Bleibende erweist, ist ein besonderes Talent zum Glücklichsein und die Fähigkeit, die Glücksempfindung jedes Momentes in höchster Lebendigkeit durchzukosten.

Aus dieser allgemeinen Charakteristik geht wohl mit voller Deutlichkeit hervor, daß dieser Aspekt einen festen Kern darstellt, daß seine Abwandlung in den einzelnen Zeichen, wie sich noch zeigen wird, sehr wesentliche Differenzierungen nicht aufweisen wird. Die Differenzierungen werden im wesentlichen damit zusammenhängen, daß in manchem Zeichen Venus, in anderen wieder Jupiter der stärkere Planet ist oder sich gar in ungünstiger zodiakaler Position befindet. In diesem Fall werden sich gewisse Trübungen einstellen, die Schattenseiten dieser Glücksstellung werden sichtbar. Überheblichkeit, Selbstgefälligkeit bis zur Selbstanbetung, Eitelkeit und die Meinung, überall als Beglücker zu wirken, treten auf den Plan. Venus hat ihre besten Plätze in Stier, Waage und Fische, Jupiter in Schütze, Fische und Krebs. In Fische stehen beide Planeten in positiven Würden, in Jungfrau in negativen. Wir werden nun darangehen, die einzelnen Stellungen näher zu betrachten.

In den *Feuerzeichen* werden wir es in allen Fällen mit einer Steigerung des Selbstwertgefühls und der Eitelkeit sowie der Hochhaltung des eigenen Prestiges um jeden Preis zu tun haben. Dies fällt um so weniger schwer, als der Glaube an diese Hochhaltung schon von allem Anfang an besteht, also tatsächlich angeboren ist.

WIDDER: Venus steht im Zeichen ihres Exils, hat das Halbsextil im eigenen Zeichen und im Zeichen ihrer Erhöhung. Jupiter hat Trigon und Halbsextil im eigenen Zeichen, das Quadrat im Zeichen seiner Erhöhung.

Jupiter ist der stärkere Planet, Venus steht im Zeichen ihres Exils. Man ist hier wenig opferwillig, aber durchaus geneigt, Opfer zu verlangen. Daraus entspringt in Verbindung mit dem feurigen Jupiter ein starkes Gefühl dafür, daß man ein Recht darauf hat, sich andere zu unterwerfen. Dies wird sich meist in einer naiven Selbstgefälligkeit zeigen, die so geborene Menschen als innerer und verschwiegener Glückszustand durch das Leben geleitet und ihrem Auftreten eine entsprechende Würde verleiht. Hier mag auch eine gewisse Blindheit gegenüber dem Anstoß, den man durch solche Haltung bei anderen erregt, eine nicht geringe Rolle spielen.

LÖWE: Venus hat das Quadrat und Sextil im eigenen Zeichen, Quinkunx im Zeichen ihrer Erhöhung. Jupiter hat Trigon und Quinkunx im eigenen Zeichen, das Halbsextil im Zeichen seiner Erhöhung.

Beide Planeten stehen gut. Hier ist der Gesamteffekt harmonisch. Man kann von einer gewissen Hochherzigkeit sprechen, da man mit dieser Konstellation jenes Glück, in dem man sich selber wähnt, auch den anderen gönnt. Man weiß jedenfalls für die einem selbst gezollte Sympathie, Zärtlichkeit und Liebe einen hoheitsvollen Dank abzustatten, etwa wie die Katze, die schnurrt, wenn man sie streichelt. Dieses Schnurren beglückt beide Teile.

SCHÜTZE: Venus hat Quinkunx und das Sextil im eigenen Zeichen, das Quadrat im Zeichen ihrer Erhöhung. Jupiter steht mit dem Quadrat im eigenen Zeichen, hat Quinkunx im Zeichen seiner Erhöhung.

14. Vortrag

Hier ist die Gabe, das Glück jedes Momentes bis zur Neige auskosten zu können, höchst entwickelt. Jede glückliche Stunde wird zu einer wahrhaft lebendigen Stunde. Das Wesentliche dabei ist die stillschweigende Überzeugung, daß das Schicksal mir diesen Glücksbecher schuldig ist, weil – und darin ähnelt die Wirkung dieser Konstellation der in Löwe beschriebenen – ich selbst zum Beglücker anderer geboren bin, schon durch die Tatsache meiner Existenz allein. Mit mir kehrt überall das Glück ein. Darum quittiere ich auch den Dank für diese Tatsache im voraus durch jene Leutseligkeit, wie sie Fürsten eigen ist, die ihre Untertanen zuerst grüßen und so den Dank gütigst vorausnehmen, der ihnen gebührt. Diese psychologische Verfassung offenbart sich am deutlichsten im erotischen Leben. Heißt es bei Schiller: »Errötend folgt er ihren Spuren und ist von ihrem Gruß beglückt«, so heißt es hier: Ich weiß viel von der segnenden Kraft des Grußes, meines Grußes. Dies verleiht Würde und erotisches Selbstbewußtsein. In externen Fällen mag man hier auch von erotischer Eitelkeit sprechen.

Wir gehen nun zu den *Luftzeichen* über.

Hier wird das »Glückssieb«, von dem wir in unserer allgemeinen Charakteristik der Venus-Jupiter-Konjunktionen sprachen, eine besondere Form annehmen. Was sich hier als Wirkung der Venus-Jupiter-Konjunktion ergibt, ist eine Anlage zu einem seichten Optimismus, der blind macht allen Wahrnehmungen gegenüber, die dem Selbstwertgefühl abträglich sein könnten. Es stellt sich eine gewisse Kritiklosigkeit ein, die dazu beiträgt, sich selbst in den Zustand einer geistigen Exterritorialität zu erheben und demgemäß über aller von außen kommenden Kritik zu stehen, die demgemäß nicht recht an mich herankann. Aber diese Konstellation hat auch eine günstige Seite; sie bewahrt vor kleinlichem Neid oder Eifersucht und hält frei von so vielen niedrigen Anwandlungen, deren man sich später zu schämen hätte.

WAAGE: Venus steht mit Quinkunx im eigenen Zeichen, hat Quinkunx im Zeichen ihrer Erhöhung. Jupiter hat Sextil und Quinkunx im eigenen Zeichen, das Quadrat im Zeichen seiner Erhöhung.

Venus steht hier im eigenen Zeichen und ist somit der stärkere Planet. Dies bringt es mit sich, daß all das Glück, das aus der Venus-Jupiter-Konjunktion entspringt, sich auf dem Hintergrund des künstlerischen Erlebens, der Harmonie und des Schönheitssinnes entwikkelt. All das wird zur eigentlichen Grundlage aller lebendigen Glücksempfindungen, die, um voll ausgeschöpft zu werden, dem Waagezeichen entsprechend die Gemeinschaft mit andern Menschen in irgendeiner Form miteinschließt. Das Leben ist nur lebenswert, wenn es in einer Dauerekstase der Schönheit durchlebt werden kann, das heißt solange jenes Glückssieb nicht löchrig wird.

WASSERMANN: Venus hat Quinkunx und Trigon im eigenen Zeichen, das Halbsextil im Zeichen ihrer Erhöhung. Jupiter hat das Sextil und Halbsextil im eigenen Zeichen, Quinkunx im Zeichen seiner Erhöhung.

Die Gesamtwirkung der Venus-Jupiter-Konjunktion hat hier große Ähnlichkeit mit der für Waage beschriebenen. Der wesentliche Unterschied liegt jedoch darin, daß hier an die Stelle von Kunst und Schönheit etwas tritt, was man als das Berauschtsein von seiner geistigen Persönlichkeit bezeichnen könnte. Man ist zufrieden mit sich und fühlt sich über jede Kritik erhaben, die nicht die eigenen, sondern des Kritikers Mängel enthüllt. Der geistige Verkehr mit sich selbst ist der fruchtbarste. Aber man liebt es, von Zeit zu Zeit sich zu den anderen zu gesellen und sie durch seine Gegenwart auszuzeichnen.

ZWILLINGE: Venus hat Halbsextil und Trigon im eigenen Zeichen, das Quadrat im Zeichen ihrer Erhöhung. Jupiter steht im Zeichen seines Exils, hat das Quadrat im eigenen Zeichen und das Halbsextil im Zeichen seiner Erhöhung.

Die ungünstige Stellung Jupiters bringt hier mehr die Schattenseiten der Konjunktion mit Venus zur Entwicklung: erotische Eitelkeit und Überheblichkeit, verbunden mit einer naiven Unterschätzung fremder Kritik. Was diese Stellung auszeichnet, ist die immer vorhandene Bereitwilligkeit, gut zu sein zu allen Menschen oder wenigstens diesen Vorsatz zu haben und keinen Groll in sich zu nähren.

Wir gehen nun zu den *Wasserzeichen* über.

Glücksgefühl und Dauerekstase haben hier ihren eigentlichen Schwerpunkt im Seelischen. Das Bewußtsein, Glück zu spenden und in diesem Bewußtsein selbst höchstes Glück zu erleben, kennzeichnet den Rauschzustand, in dem der so Geborene sich in allem, wozu Venus ihn veranlagt, durch Jupiter belohnt sieht. Man könnte hier paradoxerweise von einer altruistischen Selbstsucht sprechen, die sich freilich in den einzelnen Zeichen recht verschieden darstellt.

KREBS: Venus hat Sextil und Quadrat im eigenen Zeichen, Trigon im Zeichen ihrer Erhöhung. Jupiter steht im Zeichen seiner Erhöhung, hat Trigon und Quinkunx im eigenen Zeichen.

Güte und Hilfsbereitschaft kennzeichnen hier die Wirkung dieser Konstellation um so mehr, als sich in dieser Veranlagung zugleich das beglückende Gefühl solchen Tuns einstellt. Hier finden wir insbesondere die Neigung, seelsorgerisch zu wirken und sich an dieser Tätigkeit selbst zu erheben. Eine Neigung, als Schutzpatron sozial niedriger Gestellter aufzutreten, ist unverkennbar, mehr aber noch die Neigung, die zu verteidigen, die eben gerade angegriffen werden – mit Recht oder Unrecht.

SKORPION: Venus steht im Zeichen ihrer Vernichtung, hat das Halbsextil im eigenen Zeichen, Trigon im Zeichen ihrer Erhöhung. Jupiter hat das Halbsextil und Trigon im eigenen Zeichen, Trigon im Zeichen seiner Erhöhung.

Jupiter ist der stärkere Planet; er entwickelt in Verbindung mit der exilierten Venus ungewöhnliche Verführungskräfte. Das Gefühl, suggestive Macht über Menschenseelen ausüben zu können, sei es im Guten oder Bösen, bildet den Rauschzustand eines konzentrierten Lebensgefühls, das sich ständig an sich selbst steigert. Dies wirkt sich mit besonderer Intensität im Erotischen aus. Aber auch hier lauert im Hintergrund die erotische Eitelkeit und die Gefahr der Überschätzung der eigenen Kraft. Zuweilen mag es hier zu einem Amalgam zwischen Don Juan und Don Quixote kommen.

FISCHE: Venus steht im Zeichen ihrer Erhöhung, hat Sextil und Quinkunx im eigenen Zeichen. Jupiter steht mit dem Quadrat im eigenen Zeichen, hat Trigon im Zeichen seiner Erhöhung.

Hier stehen beide Planeten in hohen Würden. Die Opferfreudigkeit ist groß, aber sie ist begleitet von einer Neigung, die ein wenig an das erinnert, was wir in Zwillinge beobachten konnten. Dort bestand eine gewisse Unempfindlichkeit gegenüber jeder Kritik, die von außen kam. Hier ist man nicht unempfindlich gegen diese Kritik, man sucht sie vielmehr durch die eigenen Gaben zu entwaffnen. Es ist der Mantel christlicher Nächstenliebe, der hier alles umhüllen soll, was des Schutzes bedürftig ist. Er ist wie ein Talisman des Glücks, der durch alle seelischen Anfechtungen sicher hindurchleitet.

Wir wenden uns nun zu den *Erdzeichen*.

Hier ist das wesentliche Kennzeichen der Venus-Jupiter-Konjunktion die Zufriedenheit mit sich selbst. Haben wir in den Luftzeichen eine im allgemeinen bestehende Gleichgültigkeit gegenüber der von außen kommenden Kritik feststellen können, so besteht hier eine ähnliche Gleichgültigkeit gegenüber der Selbstkritik, die erst dann auftritt, wenn sie durch die äußere Kritik geweckt wird. Der Gedanke des Prestiges ist hier hochentwickelt, und der Eigenwert und die Selbstschätzung erweisen sich in hohem Grad als abhängig von der Aufrechterhaltung jenes Prestiges, das zu den kostbarsten Gütern des Lebens gehört. »Was einer vorstellt« (Schopenhauer, *Aphorismen zur Lebensweisheit*), entscheidet über das innere Glück. Wieder besteht, wie auch in den anderen Zeichen, die Gabe, dieses Glück voll genießen zu können, und jede Anerkennung, jedes Lob wirkt wie ein kostbares Geschenk, um dessentwillen es sich lohnt zu leben.

STEINBOCK: Venus hat Trigon und Quadrat im eigenen Zeichen, das Sextil im Zeichen ihrer Erhöhung. Jupiter steht im Zeichen seines Falles, hat das Sextil und Halbsextil im eigenen Zeichen.

Die ungünstige Position Jupiters unterstützt hier die Selbstzufriedenheit. Es besteht wenig Neigung zum Bereuen und, wo es doch dazu kommt, eine um so größere Bereitschaft zur Überkompensation durch das Anklagen anderer oder der Verhältnisse. Das ist freilich eine negative Form des Glücks, ein Trotz als Prophylaxe gegen jedes Mißgeschick. Die Aufrechterhaltung des sozialen Prestiges ist lebensnotwendig, und in ihren Dienst stellt man gern alle Opferbereitschaft, über die man verfügt.

STIER: Venus steht mit Quinkunx im eigenen Zeichen, hat das Sextil im Zeichen ihrer Erhöhung. Jupiter hat Sextil und Quinkunx im eigenen Zeichen, das Sextil im Zeichen seiner Erhöhung.

Hier sind beide Planeten in guter zodiakaler Position. Die Zufriedenheit, deren Glück darin besteht, das relativ Gute in jeder Lebenslage zu finden, wirkt hier wohltuend auch auf die Umgebung. Man freut sich über jede Kleinigkeit und ist für jede, auch die banalste Anerkennung dankbar; Schmeicheleien verfehlen niemals ihre Wirkung, sie bilden die Würze im Leben, und man vergißt sie nicht. Was aber hier fast vollkommen fehlt, ist die Neigung zur Überheblichkeit. Geschätzt oder geliebt zu werden ist Lohn, der reichlich belohnt.

JUNGFRAU: Venus steht im Zeichen ihres Falles, hat das Halbsextil und den Trigon im eigenen Zeichen. Jupiter steht im Zeichen seines Exils, hat das Quadrat im eigenen Zeichen und das Sextil im Zeichen seiner Erhöhung. Beide Planeten stehen hier in negativen Würden. Wir begegnen einer eigentümlichen Überheblichkeit, die freilich meist geheim bleibt und der Ausdruck des inneren Protestes ist gegen die zahlreichen Minderwertigkeitsanwandlungen. Man ist davon überzeugt, daß man im Grund seines Wesens doch besser und wertvoller ist als die meisten, die rücksichtslos genug sind, sich überall vorzudrängen. In diesem Bewußtsein besteht fast ausschließlich das Glück, das diese Konstellation in Jungfrau bringt, aber vielleicht auch darin, daß der Mangel an Mut hier vor vielen Enttäuschungen bewahren mag, die man sich so erspart. So mag man sich auch hier als ein Glückskind ansehen; man weiß um den Segen einer wohlverstandenen Resignation, und am Ende ist, wie der Prediger sagt, alles eitel.

Ein wesentlich anderes Bild bietet die *Konjunktion zwischen Venus und Saturn*, deren Besprechung wir uns nun zuwenden.

Ist man mit Venus-Jupiter-Konjunktion ein Glückskind, so ist man mit Venus-Saturn-Konjunktion eher ein Unglückskind, denn Venus, die dem Menschen das Geöffnetsein für alle Impulse des Aufstieges, der Liebe und der Gnade gewährt, wird durch Saturn erkältet und belastet. Während die Menschen mit Venus-Jupiter-Konjunktion glücklich sind in ihrer Venusnatur, sind sie mit Saturn zeitlebens unglücklich, und zwar weil jenes Venusgefühl stets von etwas begleitet wird, was wir am ehesten mit einem Schuldgefühl vergleichen können. Es ist, als würde man mit dem Gefühl geboren, daß es für einen kein Venusglück gibt, daß durch irgend etwas ein Makel darauf gedrückt ist. Das erklärt uns zunächst noch weiteres. Ein Mensch, der etwa schlechte Zähne hat, fühlt seine Aufmerksamkeit frühzeitig auf die Tatsache gelenkt, daß er überhaupt Zähne hat. Ein Mensch, der gute Zähne hat, denkt daran überhaupt nicht. So kommt es, daß auf all das, was Venus bedeutet, die Aufmerksamkeit des so Geborenen frühzeitig gelenkt wird und daß schon die Jugenderinnerungen voll sind von Beanspruchungen. Das erzeugt den Komplex von Frühreife in erotischer Beziehung, d. h. einer starken assoziativen Verknüpfung des Gewissens mit allem, was mit dem Venuskomplex zusammenhängt. Das bringt nun zwei Folgeerscheinungen hervor: Frühreife und insbesondere das frühzeitige Erwachen der Geschlechtsempfindung und die damit verbundene Neigung zur Sinnlichkeit, auf der anderen Seite aber infolge Schuldgefühls die mehr oder weniger dunkle Vorstellung von der Verbotenheit alles dessen, was für andere Menschen von diesem hemmenden Impuls nicht begleitet wird. Daraus erwächst ein Mißtrauen gegenüber der eigenen erotischen Veranlagung, und das ist vielleicht die größte Tragik, die dieser Aspekt beschert. Damit verbunden ist begreiflicherweise das Fehlen von etwas, was die Menschen mit Venus-Jupiter-Konjunktion in so ausreichendem Maß besitzen, das Fehlen der natürlichen Unbefangenheit. Fast immer sehen wir darum hier eine Neigung zur Askese, d. h. die Neigung, sich, wenn es geht, das zu versagen, was einem dieses Mißtrauen immer wieder zum Bewußtsein bringt. Dies führt uns nun zu einem Punkt, der vielleicht zu den intimsten Angelegenheiten gehört, die mit dem Venus-Saturn-Komplex zusammenhängen. Dieser Punkt betrifft den Modus vivendi oder die Frage, wie man mit einer so unharmonischen Veranlagung schließlich doch zurechtkommen wird. In extremen Fällen mag sich hier ein Doppelleben einstellen, das aus dem vergeblichen Versuch entspringen muß, die Kräfte der Venus von denen des Saturn zu lösen. Oft genug wird der so Geborene auf Abwege geraten, und es wird ihm in irgendeiner der tausend Gestalten und möglichen Abwandlungen das zuteil, was moderne Psychologen das Perverse nennen. Man sucht ein Gebiet, auf dem die erhöhenden Kräfte der Venus von den niederzerrenden Satureinflüssen ferngehalten werden könnten. Darin mag man den Keim für die Etablierung einer Doppelgleisigkeit der Lebensführung sehen, die tatsächlich zu einer Spaltung der Persönlichkeit führen kann. In allen Fällen aber wird das Gefühl, daß dem freien Ausleben der Venusimpulse schwere Hemmungen aufgelastet sind, den so Geborenen durch das Leben geleiten. Aber wird nicht umgekehrt Saturn durch die Konjunktion mit Venus besser und freundlicher gestimmt? Diese Frage kann nur mit Ja beantwortet werden. Es werden tatsächlich durch das Durchleben der oben beschriebenen Konflikte dem Saturn soviel Kräfte entzogen wie bei der früher besprochenen Konjunktion zwischen Venus und Jupiter dem Jupiter. Dieses Verhältnis stellt sich nun wieder in den einzelnen Zeichen recht verschieden dar.

In den *Feuerzeichen* beggnen wir einer Färbung des Venus-Saturn-Komplexes, die man im allgemeinen als sadistische Einstellung bezeichnet, teils als Hang zu erotischer Grausamkeit, teils als rücksichtsloses Eroberertum, teils als Sucht, den erotischen Erniedrigungskomplex bei den anderen zu erleben und dem eigenen Erlebnis mit aller Energie auszuweichen. Muß man ihn dennoch an sich erfahren, dann leidet man darunter in ungewöhnlicher Weise.

WIDDER: Venus steht im Zeichen ihres Exils, hat das Halbsextil im eigenen Zeichen und im Zeichen ihrer Erhöhung. Saturn steht im Zeichen seines Falles, hat das Quadrat und Sextil im eigenen Zeichen.
Beide Planeten stehen in ungünstiger zodiakaler Position. Wo nicht die Askese bereits als einziger Ausweg gefunden wurde, aber auch dort, wo das schon der Fall ist, wird immer noch die Neigung zum Sadismus vorhanden sein und sich in manchen Fällen sogar gegen die eigene Person kehren. Das Wesentliche bleibt, den Erniedrigungskomplex durchzukosten und sich damit zufriedenzugeben. Ist die Demütigung des anderen geglückt, dann schwindet jedes weitere Interesse. Der so Geborene hat viel zu lernen.

LÖWE: Venus hat das Quadrat und Sextil im eigenen Zeichen, Quinkunx im Zeichen ihrer Erhöhung. Saturn steht im Zeichen seines Exils, hat Quinkunx im eigenen Zeichen, das Sextil im Zeichen seiner Erhöhung.
Auch hier ist Saturn in negativer Würde. Die Freude am Lebensgenuß, die Venus in diesem Sonnenzeichen mit sich führt, wird durch Saturn verdüstert, so daß sie die Form einer strengen Pflicht annimmt, der sozusagen um jeden Preis Genüge getan werden muß. Auch hier fehlt die sadistische Note nicht, aber sie ist milder, wie auch der Hang zur Grausamkeit, man ist genügsamer in seinen Ansprüchen. Es gibt Menschen, die gerade das zu tun als ihre vornehmlichste Pflicht ansehen, wozu sie am wenigsten Talent haben. Lebensgenuß und Lebensfreude spielen hier diese Rolle. Man könnte hier von einer negativen Askese sprechen.

SCHÜTZE: Venus hat Quinkunx und das Sextil im eigenen Zeichen, das Quadrat im Zeichen ihrer Erhöhung. Saturn hat das Halbsextil und Sextil im eigenen Zeichen, das Sextil im Zeichen seiner Erhöhung.
Saturn ist in guter zodiakaler Stellung. Es herrscht die asketische Note vor, die hier die Farbe einer stillen Resignation annimmt. Man freut sich seiner moralischen Kraft und ist stolz auf sie, stolz darauf, daß man es zuwege gebracht hat, sich etwas zu versagen. Man kann rechtzeitig aufhören, d. h. seine Wunschkräfte unterdrücken. Aber diese Strenge gegen sich selbst wird auch von anderen theoretisch

verlangt, in Wirklichkeit aber nicht gern gesehen. Man liebt die Wärme bei anderen, die man sich selbst versagt. Man weiß wohl, daß alles eitel ist, aber man freut sich doch daran, daß nicht alle so denken.

Wir gehen zu den *Luftzeichen* über.

Hier ist Saturn durchweg in besserer Stellung. Die Gesamtwirkung der Konjunktion ist hier wesentlich milder. Es kommt zu psychologisch sehr interessanten Kombinationen. Vor allem bringt es die Venus-Saturn-Konjunktion in Luftzeichen dahin, daß der so Geborene die Liebe als das Ernsteste im Leben ansieht, in welcher Form immer sie sich darbieten mag. Was aber hier mit einer besonderen Gründlichkeit durchgeführt wird, das ist die konsequente Untreue auf Grund eines niemals erfüllbaren Ideals der höchsten Treue, weil jede Treue im einzelnen Fall Untreue ist gegenüber dem unerfüllbaren Ideal, das jenseits aller Realisierbarkeit in der Phantasie erschaffen wurde.

WAAGE: Venus steht mit Quinkunx im eigenen Zeichen, hat Quinkunx im Zeichen ihrer Erhöhung. Saturn steht im Zeichen seiner Erhöhung, hat das Quadrat und den Trigon im eigenen Zeichen.

Hier stehen beide Planeten in hohen Würden. Was sich aus dem Zusammenwirken dieser beiden Planeten ergibt, ist jener Doppelweg des Geistes, den Schiller in dem Gedicht *Das Ideal und das Leben* geschildert hat. Der Mensch, der gleichzeitig im Himmel und auf Erden lebt, sucht nach der Möglichkeit, das Ideal im Leben und das Leben im Ideal verwirklicht zu sehen, und erlebt an diesem Zwiespalt das Hauptproblem seines Lebens und seiner Lebensführung. Ernst und Spiel verbinden sich zu einer seltsamen Einheit. »Das Leben ist ein Spiel« könnte hier in Anlehnung an Calderons Drama *Das Leben ist ein Traum* zum Motto erhoben werden. Aber dieses Spiel selbst ist zugleich die ernsteste Angelegenheit.

WASSERMANN: Venus hat Quinkunx und Trigon im eigenen Zeichen, das Halbsextil im Zeichen ihrer Erhöhung. Saturn steht mit dem Halbsextil im eigenen Zeichen, hat den Trigon im Zeichen seiner Erhöhung.

Hier ist Saturn dominierend. Die Verhältnisse liegen ähnlich wie in Waage – aber das Spiel ist hier recht einseitig, denn man versagt dem Partner das gleiche Recht auf das Spielen. Man nimmt für seine Person alles, was im Bereich des Venuslebens liegt, tief ernst, aber man traut dem Partner in solchen Erlebnissen den gleichen Ernst nicht zu, oder man fürchtet ihn sogar – das Spiel soll Spiel bleiben dürfen für mich allein, weil nur ich Spiel und Ernst miteinander zu verbinden verstehe. Daraus entspringt ein bleibendes Mißtrauen, das sich im Fall des erotischen Lebens auf das gesamte andere Geschlecht erstreckt. Das gilt in gleicher Weise von Mann und Frau; gleichwohl besteht die Sehnsucht nach einer Verbindung weiter, in der sich das Ideal erfüllen könnte.

ZWILLINGE: Venus hat Halbsextil und Trigon im eigenen Zeichen, das Quadrat im Zeichen ihrer Erhöhung. Saturn hat Halbsextil und Trigon im eigenen Zeichen, Trigon im Zeichen seiner Erhöhung.
Beide Planeten sind in starker zodiakaler Stellung. Trotzdem oder gerade deshalb ist das Resultat dieser Konjunktion wenig günstig, weil beide Planeten ihre Kräfte gegenseitig aufzehren. So kommt es, daß sich in diesem Merkurzeichen ein fast lähmender Skeptizismus einstellt, das Mißtrauen gegenüber dem Partner kehrt sich hier in gleicher Weise auch gegen die eigene Person, und infolgedessen die Angst, daß der andere denselben tragischen Ernst des erotischen Geschehnisses empfinden könnte wie man selbst – ohne diesen Ernst selbst ernst nehmen zu können. Das Mißtrauen ist vollkommen und der tragische Grundkomplex.

In den *Wasserzeichen* finden wir im Gegensatz zu den Feuerzeichen nicht die sadistischen Triebe, sondern die masochistischen Neigungen, die tatsächlich ein Verlangen nach Selbsterniedrigung aufweisen, die man in den Feuerzeichen so sehr meidet. Wir stehen hier psychologischen Komplexen gegenüber, wie sie erst in jüngerer Zeit durch die Psychoanalyse enthüllt werden konnten, wie sich bei dieser Konstellation in den einzelnen Wasserzeichen sogleich zeigen wird. In allen Fällen aber gilt von dem Masochismus ähnliches wie vom Sadismus. Konnten wir von diesem aussagen, daß er im wesentlichen viel stärker gegen die eigene Person gerichtet sei, als dies bei oberflächlicher Betrachtung scheint, so können wir vom Masochismus aussagen, er sei meist ebensosehr gegen die Person gerichtet, vor der man sich selbst erniedrigt, da man diese durch die Selbsterniedrigung heimlich miterniedrigt oder zumindest mitschuldig macht am Verlust der eigenen Würde. Vielleicht ist es auch gar nicht so sehr die Person als das Ideal, das durch sie personifiziert wird; vielleicht steckt im Masochismus eine heimliche Anklage gegen ein Ideal, dessen Sklaven wir lieber sein wollen, als daß wir daran glauben. Vielleicht ist der Märtyrer im geheimen nur ein verschmähter Liebhaber, der zum offenen Protest zu schwach ist.

Krebs: Venus hat Sextil und Quadrat im eigenen Zeichen, Trigon im Zeichen ihrer Erhöhung. Saturn steht im Zeichen seiner Vernichtung, hat Quinkunx im eigenen Zeichen und das Quadrat im Zeichen seiner Erhöhung.

Saturn steht hier in ungünstiger zodiakaler Position. Hier finden wir eine besondere Form des asketischen Elementes, verbunden mit einer starken Neigung, sich zu demütigen und in die Tiefe hinabzusteigen. Hier ist der Ort, an einen Gedanken Sigmund Freuds anzuknüpfen, der darum von besonderem Interesse für diese Konstellation sein mag, weil das Krebszeichen in enger Verbindung steht mit der Vater- und der Mutterschaft. Bei Freud erscheint nun die eben kurz beschriebene Verbindung von Askese und Selbsterniedrigung als Auswirkung einer überwertigen Vater- oder Muttergebundenheit, da für den heranwachsenden Menschen auch in erotischer Beziehung der Vater bzw. die Mutter das erste und bleibende Ideal ist, das wegen seiner Verbotenheit das Schuldgefühl weckt. Dieses begleitet nach Freud alle Phasen des erotischen Lebens und führt dahin, daß zeitlebens, um an jenem Ideal keine Entweihung zu begehen, zu minderwertigen Surrogaten gegriffen wird. Es muß ein Mensch sein, dem irgendein Makel anhaftet in sozialer, moralischer oder körperlicher Beziehung, denn ihm fühlt man sich noch am ehesten ebenbürtig. Vielleicht kann man hier tatsächlich von einem erotischen Minderwertigkeitsgefühl sprechen, denn es erscheint jede Verbindung mit einem ihm tatsächlich entsprechenden Menschen wie ein Verrat an Vater oder Mutter.

Skorpion: Venus steht im Zeichen ihrer Vernichtung, hat das Halbsextil im eigenen Zeichen, Trigon im Zeichen ihrer Erhöhung. Saturn hat das Sextil und Quadrat im eigenen Zeichen, das Halbsextil im Zeichen seiner Erhöhung.

Hier steht Venus im Zeichen ihrer Vernichtung. Es tritt hier etwas Neues auf, was wir den Hang zum Verführen oder Verführtwerden nennen können. Es liegt in der Vorstellung des Verführens oder Verführtwerdens ein seltsamer Reiz, eine Würze alles Erotischen, das dadurch gleichsam wie durch eine gefühlsmäßige List einen Zuwachs an Lust erhält − die verbotene Frucht schmeckt süß. Darin liegt bei aller Verwandtschaft ein nicht zu übersehender Gegensatz zu derselben Konstellation in Krebs.

14. Vortrag

FISCHE: Venus steht im Zeichen ihrer Erhöhung, hat Sextil und Quinkunx im eigenen Zeichen. Saturn hat das Sextil und Halbsextil im eigenen Zeichen, Quinkunx im Zeichen seiner Erhöhung.
Hier steht Venus im Zeichen ihrer Erhöhung. Die Selbsterniedrigungstendenz wächst zu hoher Bedeutung, weil in solcher Erniedrigung zugleich die Möglichkeit einer Buße miterlebt wird, durch die eine Schuld abgetragen werden kann, die tief mit dem erotischen Grundkomplex verwurzelt ist und getilgt werden muß, um in Reinheit von allem erlöst zu werden, was niederzerrt. Hier ist die Quelle von religiösen Tendenzen, die sich mit dem erotischen Triebleben verbinden zu einem halb mystischen Gefühlskomplex, der oft genug aus dem Unbewußten heraus alles Erotische in demselben Grad belastet, wie es das Ideal einer überirdischen, himmlischen Liebe immer wieder erneut vor die Seele zaubert.

Wir wenden uns nun zu den *Erdzeichen*.

Hier tritt die Belastung alles Venushaften wieder in einer anderen Färbung auf. Es steht hier vor allem das Physische des erotischen Komplexes im Vordergrund. Vielleicht läßt sich, was hier zutage tritt, am leichtesten verstehen, wenn wir es mit dem vergleichen, was naturgemäß im Erotischen erst im alternden oder alt gewordenen Menschen Tatsache wird. Unter der Wirkung der Venus-Saturn-Konjunktion sehen wir die Menschen schon in der Jugend die Allüren des Alters annehmen, weil sie ihrer Jugend mißtrauen, weil aus diesem Mißtrauen heraus Hemmungen auftreten, die eigentlich der Jugend gar nicht gemäß sind. Es sind Hemmungen, hinter denen sich eine geheime Furcht verbirgt, die sich psychologisch unterschiedlich darstellt. Vielleicht liegt diesen Hemmungen die unbewußte Vorstellung zugrunde, daß man für alle Lust und alles Glück den Mächten des Schicksals einen Preis oder eine Ablöse schuldig ist (Neid der Götter und ähnliches).

STEINBOCK: Venus hat Trigon und Quadrat im eigenen Zeichen, das Sextil im Zeichen ihrer Erhöhung. Saturn steht mit dem Halbsextil im eigenen Zeichen, hat das Quadrat im Zeichen seiner Erhöhung.
Die Idee einer Abschlagszahlung an das Schicksal ist in diesem Zeichen vorherrschend. Man schätzt nicht, was einem leicht zufällt, man will es durch mühsame Werbung erst verdienen, und man ist gar nicht erstaunt, wenn sich nach sieben Jahren des Dienens statt Rahel Lea einstellt, man will gern weiterverdienen. Die Werbung ist wichtiger als der Preis, und auf sie konzentriert sich alles Streben.

STIER: Venus steht mit Quinkunx im eigenen Zeichen, hat das Sextil im Zeichen ihrer Erhöhung. Saturn hat Trigon und Quadrat im eigenen Zeichen, Quinkunx im Zeichen seiner Erhöhung.
   Hier ist es weniger die Anstrengung der Werbung als die des Dienens, es kommt hier tatsächlich zu einer zähen Anhänglichkeit, die vielleicht unbewußt eine über sich selbst verhängte Strafe darstellt oder auch eine Haft, um sich selbst alle Einschränkungen aufzuerlegen, die vor dem Mißbrauch einer schrankenlosen Freiheit bewahren sollen. In diesem Zeichen finden wir die oben beschriebenen Allüren des Gereiften, in Wahrheit aber frühzeitig Inhaftierten in voller Ausprägung.

JUNGFRAU: Venus steht im Zeichen ihres Falles, hat das Halbsextil und den Trigon im eigenen Zeichen. Saturn hat Trigon und Quinkunx im eigenen Zeichen, das Halbsextil im Zeichen seiner Erhöhung.
   Hier stellen sich ähnliche Erscheinungen ein wie in Zwillinge. Kein Vertrauen darein, daß es so etwas wie die hohe und ideale Liebe in dieser materiellen Welt geben könne, daher Flucht aus der Wirklichkeit in das Reich der Phantasie – oder ins Kloster, vor allem aber eine heilsame Kälte als Abwehr gegen jene Täuschungen und Enttäuschungen, die unausbleiblich den Lebensweg dessen begleiten müssen, dem der Glaube an die Erfüllung der Venusideale in dieser Welt nicht gegeben ist. So sehen wir auch hier wieder das geheime Veto am Werk, das von Saturn ausgeht: Fliehe die Maja, von deren verführerischer Kraft nur Maria dich erlösen kann. Vielleicht ist das, was sich aus dem Zusammenwirken von Saturn und Venus ergibt, niemals mit solcher Kraft dargestellt worden als durch Wagner in *Tannhäuser*.

15. VORTRAG

Wir haben nun noch die *Konjunktionen zwischen Venus und Uranus* und *zwischen Venus und Neptun* zu besprechen. Venus trägt jene Glücksempfindung im Menschen, die alle Erlebnisse begleitet, bei denen das Gesegnetsein mit dem Gnadenimpuls ins Bewußtsein dringt, jenes Gnadenimpulses, der allein die menschliche Höherentwicklung verbürgt und sich daher mit der schöpferischen Tätigkeit des Menschen auf allen drei Ebenen verbindet. Venus schließt den Menschen innerlich auf gegenüber dem »Höheren«, macht ihn aufnahmebereit und fähig, das zu erleben, was wir die Liebe nennen.

Uranus' Einfluß geht in die entgegengesetzte Richtung; er schließt den Menschen ab in seiner jeweils gegenwärtigen Entwicklungsphase, zwingt ihn, sich Rechenschaft zu geben, sich in ihr auf jede Art zu befestigen, sie in ihrer Eigenart und damit in der völligen Bestimmtheit und Eigenbestimmtheit seines Wesens zu erleben und auf ihr zu beharren und somit die Vollkommenheit seiner Natur in ihr selbst zu suchen.

Dieser Gegensatz findet einen Widerhall in der Ansicht mancher moderner Astrologen, die im Zeichen Skorpion, in dem Venus' Fall liegt, den Ort für Uranus' Erhöhung vermuten (*Planetenwelt und Mensch*, 11. Vortrag). So haben wir auf der einen Seite eine Kraft, die den Menschen über sich hinausbringen will, und auf der anderen Seite eine Kraft, die ihn in den Grenzen seines Wesens gefangenhält – etwas Ausweitendes und etwas Zusammenziehendes, etwas über die Grenzen der Individualität Hinausweisendes und etwas auf die Einzigartigkeit und die innere Geschlossenheit dieser Individualität Hinweisendes – etwas, das wie der Altruismus, und etwas, das wie der Egoismus wirkt.

Wenn sich nun diese beiden astrologischen Komponenten durch die Konjunktion zusammenschließen, dann bringen sie den Menschen in die Situation, in sich beständig einen Gegensatz lebendig erhalten zu müssen, wie er nicht größer gedacht werden kann: Es entsteht der Venus-Uranus-Komplex, den wir nun im folgenden näher untersuchen wollen.

Zunächst ergeben sich aus dem eben Dargelegten mehrere Gesichtspunkte, von denen aus dieser Komplex zu beurteilen sein wird. Der eine gilt einer inneren Seelenverfassung, die wir schon anläßlich der Analyse des Skorpionzeichens beschreiben mußten und die wir als Narzißmus bezeichnet haben. Damit soll eine Seelenverfassung gekennzeichnet werden, in der es dem Menschen darauf ankommt, im Venuserlebnis in erster Linie die »narzißtische Note« für sich zu gewinnen, d. h. die Glücksempfindung, die aus der Vereinigung mit dem Partner im Liebesereignis oder aus der Verbundenheit mit dem Werk im Schöpfungsereignis entsteht, Liebesrausch und Schaffensrausch nur insoweit zu werten, als er diesen Glücksrausch für sich allein genießen kann oder will und dabei den Partner oder das Werk außen stehenlassen kann. Dies führt nun sogleich zu einer weiteren, sehr wesentlichen Konsequenz, die wir als den beständigen Rhythmus von Täuschung und Enttäuschung bezeichnen mögen. Die Täuschung ist doppelt, und die Enttäuschung ist doppelt. Denn wer im Liebesereignis den Partner an sich zieht, weil es nun einmal ohne diesen Partner nicht geht, erweckt leicht Gefühle, die in Wirklichkeit auf Täuschung beruhen, weil man eben mit diesem Komplex behaftet an dem anderen vorbei liebt, weil man ihn nur so weit zu sich läßt, wie man ihn braucht, um seiner narzißtischen Veranlagung Genüge zu tun. Aber man versetzt nicht nur den anderen in eine solche Täuschung, man verstrickt sich auch selbst in die Täuschung, weil eben jener narzißtischen Komponente zufolge das Verhältnis zum Partner nur dadurch zustande kommt, daß dessen Wesen so umgedichtet wird, daß man gar nicht den wirklichen, lebendigen Menschen meint, sondern das Phantom, das man an seine Stelle gesetzt hat, zu dessen Erschaffung er sozusagen gedient hat. Aus dieser Selbsttäuschung und der Veranlagung, die zu ihr führte, ergibt sich nun noch eine weitere Eigentümlichkeit in der erotischen Einstellung, die man in der Sexualpathologie als Fetischismus bezeichnet. Der Fetisch ist meist irgendein banaler Gegenstand, der zum Phantom erhoben wird, man sieht etwas anderes darin als das, wozu der Gegenstand selbst berechtigt. Solche Phantombildung kann man jedoch in allen Fällen als eine Art künstlerische Leistung ansehen. Und auf dieser Stufe künstlerischer Leistung steht auch das künstlerische Schaffen des Venus-Uranus-Menschen selbst, und wir werden noch sehen, zu welch seltsamen Spielarten des künstlerischen Schaffens dieser Aspekt führen kann. Nun wird auch deutlich, worin der Unterschied zwischen der Venus-Uranus- und der Venus-Saturn-Konjunktion besteht.

Auch Saturn brachte in Verbindung mit Venus etwas hervor, was erkältend und einschränkend auf alle Venusimpulse wirkt. Dabei fehlt die ungeheure innere Spannung, die stets für die Phantombildung bereitgehalten wird und auch unablässig am Werk ist und zur Folge hat, daß noch eine andere Täuschung entsteht, die gleich gefährlich ist für beide Teile, die Täuschung, daß diese innere Hochspannung der Gefühle, die im Grund egoistisch ist und Kälte bedeutet, für Wärme gehalten wird.

Dadurch aber werden Leidenschaften in die Welt gesetzt, die jenseits aller Befriedigungsmöglichkeiten liegen und so den Rhythmus von Täuschung und Enttäuschung immer wieder aufrechterhalten. Das Resultat sind Unbefriedigung und Rastlosigkeit.

Gelingt es dem so Geborenen, die Venuskräfte zum Sieg zu führen, dann wird er auch dazu gelangen, diese unerfreuliche Kette von Täuschung und Enttäuschung abzuschütteln. In diesem Kampf um die Befreiung mag man den Hauptsinn des Problems erkennen, das dem so Geborenen mitgegeben wurde.

Es mag aber hier noch eine Bemerkung astronomischer Natur am Platz sein. Da nämlich der Planet Venus, geozentrisch gesehen, an die Sonne gebunden ist, Uranus aber so außerordentlich langsam durch den Tierkreis wandert, kann es innerhalb jeder Generation nur eine verhältnismäßig kleine Gruppe von Menschen geben, die diesen Aspekt aufweisen. In Zeiten, in denen beispielsweise Uranus in Waage steht, wird der mit Sonne in Widder, Stier, Zwillinge, Krebs, Fische, Wassermann, Steinbock Geborene niemals von diesem Komplex geplagt werden können.

Wir wenden uns nun den einzelnen Zeichen zu.

Was zunächst die *Feuerzeichen* betrifft, so werden wir hier von einem solchen Venus-Egoismus sprechen können, der mit einer weitgehenden Schonungslosigkeit gegenüber dem Partner auftritt, weil hier der Egoismus im Moralischen wurzelt. Hier kann man vielleicht von einer ganz besonderen Ichsucht sprechen, die fast zu einer ethischen Forderung wächst und tatsächlich zu dem führt, was man hinsichtlich des Erotischen die doppelte Moral genannt hat. Diese doppelte Moral besteht aber nicht nur für den Mann, sondern auch für die Frau. Sie gilt auch für das künstlerische Schaffen und äußert sich hier in der Überzeugung, in diesem Fall moralisch exterritorial zu sein.

WIDDER: Venus steht im Zeichen ihres Exils, hat das Halbsextil im eigenen Zeichen und im Zeichen ihrer Erhöhung. Uranus hat das Sextil und das Quadrat im eigenen Zeichen.

Die Schonungslosigkeit, die hier auftritt, äußert sich vor allem in einem durchaus berechtigt gehaltenen Verbrauchertum in bezug auf jene Objekte, die das Venuserlebnis hervorrufen sollen. Dies führt in den äußersten Konsequenzen zu zwei Typen: dem Amazonentypus und dem Blaubarttypus. Beide Namen sollen aber nicht wörtlich genommen werden. In beiden Fällen besteht der unerschütterliche Glaube, den Partner aufbrauchen zu dürfen, aber nicht nur den Partner, sondern auch alle Objekte, die im künstlerischen Sinn zur Erweckung der Venuserlebnisse tauglich sind. So entstehen Künstler, denen die Schaffensfreude mehr bedeutet als das Werk. Es kann weggeworfen werden, wenn die Schaffensfreude an ihm ausgelebt wurde.

LÖWE: Venus hat das Quadrat und Sextil im eigenen Zeichen, Quinkunx im Zeichen ihrer Erhöhung. Uranus steht im Zeichen seines Exils, hat Quinkunx im eigenen Zeichen.

In diesem Sonnenzeichen werden Uranus' Tendenzen gemildert, da sich hier der Venus-Uranus-Komplex nicht mit solch brutaler Gewalt durchsetzt wie im Marszeichen Widder. Man läßt hier den Partner weniger fühlen, daß man seine Kraft nur braucht oder verbraucht. Was sich in Widder als Aufbrauchen und Wegwerfen darstellte, das wird sich hier als bloßes Ausnützen herausstellen, das durch einen gewissen Hang zur Bestätigung verschönt wird. Hier besteht tatsächlich die Neigung, für den Lustgewinn auch zu bezahlen oder hinterher wenigstens unter moralischen Selbstvorwürfen zu leiden.

SCHÜTZE: Venus hat Quinkunx und das Sextil im eigenen Zeichen, das Quadrat im Zeichen ihrer Erhöhung. Uranus hat das Sextil und Halbsextil im eigenen Zeichen.

Was für Löwe ausnahmsweise oder vorübergehend eintritt, wird hier zur Regel, zu einer fast nie fehlenden, lästigen Begleiterscheinung, nämlich die Regung des Gewissens. Eine Abmagerungskur, sagte einst ein Arzt, besteht darin, daß man dasselbe ißt wie vorher, nur begleitet von Gewissensbissen. So ist es auch hier. Die Gewissensbelastung ändert aber an der Nötigung, der oben geschilderten Veranlagung zu folgen, nichts, sie erschwert nur das Leben und führt nicht selten zu einer trotzigen Rechtfertigung durch moralische Grundsätze, die einem Naturrecht entsprechen, dem Recht auf die eigene Naturveranlagung oder dem Recht, dem »mit mir geboren ist«.

15. Vortrag

Wir gehen nun zu den *Luftzeichen* über.

Hier handelt es sich nicht um moralische Bedenken oder die moralische Bedenkenlosigkeit. Auch der Egoismus tritt hier nicht auf als eine Angelegenheit des Charakters, sondern mehr als geistige Bedürftigkeit. Es sei hier daran erinnert, daß in Platons *Gastmahl* Eros als das Kind zweier sehr verschiedener Eltern dargestellt wird: Reichtum und Armut verbinden sich miteinander. So ist auch der Venus-Uranus-Komplex eine Verbindung, in der Reichtum und Armut so verbunden sind, daß sie jederzeit bereit sind, gegenseitig ihre Namen zu wechseln, so daß jeder, der mit dieser Veranlagung geboren wurde, niemals sagen kann, ob er damit eher reich oder arm ist. Er ist beides gleichzeitig.

Der Reichtum drückt sich in der polyerotischen Veranlagung aus, die Venus im Luftzeichen mit sich bringt; die Armut, die der egoistischen Uranuskomponente entspringt, zeigt sich darin, daß trotz der Ansammlung äußeren Reichtums, den die polyerotische Veranlagung zustande bringt, das Ersehnte um so weniger gefunden wird, je größer die Sammlung wird. Es besteht die heimliche Sehnsucht, bei einem Objekt die völlige Identität des Phantoms mit diesem Objekt zu erwirken, und nur aus der stets sich einstellenden Enttäuschung entspringt die Sucht, was ein Objekt nicht gewähren kann, durch viele zu ersetzen, die aber nicht zu einem einzigen verknüpft werden können. Dies wirkt sich in den einzelnen Zeichen recht verschieden aus.

WAAGE: Venus steht mit Quinkunx im eigenen Zeichen, hat Quinkunx im Zeichen ihrer Erhöhung. Uranus hat Trigon und das Quadrat im eigenen Zeichen.

Hier öffnet Venus den Weg für Verbindungen aller Art weitherzig, doch als Gewinn der Vielseitigkeit gilt nur, was im Interesse der Eigenentwicklung an der steten Täuschung und Enttäuschung mit den anderen gewonnen werden kann. Somit führt hier Uranus mit Venus Verbindungen herbei und löst sie wieder. Das Einsammeln des Honigs ist bei dieser narzißtischen Veranlagung immer das allein Wichtige. Dies äußert sich auch in dem Verhältnis zur Kunst und zum künstlerischen Schaffen; man liebt ein »Stück in Stücken«, wer vieles sucht, mag am Ende vielleicht doch etwas Bleibendes gefunden haben. Wenn nicht, kann man sich damit trösten, daß das Suchen allemal wertvoller ist als das täuschende Gefühl des Gefundenhabens. Denn Suchen macht reich, Finden arm.

WASSERMANN: Venus hat Quadrat und Trigon im eigenen Zeichen, Halbsextil im Zeichen ihrer Erhöhung. Uranus steht mit dem Halbsextil im eigenen Zeichen.

Hier in Uranus' eigenem Zeichen gipfelt all das, was über den Venus-Uranus-Komplex im Luftelement ausgesagt werden konnte. Hier wird der Widerspruch zwischen Reichtum und Armut und die Synthese beider am augenfälligsten. Die Vereinsamung unter den vielen Menschen, die man um sich gesellen konnte, mag trotzdem noch reicher und wertvoller erscheinen, weil die Phantombildung hier den höchsten utopischen Wert erreicht. Hier wird sich wohl die Überzeugung am leichtesten einstellen, daß es überhaupt nicht möglich ist, einen der eigenen Entwicklungsphase entsprechenden Partner zu finden, der einen selbst verstehen könnte. Daraus mag am Ende eine Einstellung entstehen, daß man am besten jeden Menschen, dem man begegnet, hinzunimmt, weil es ja schließlich Sache der eigenen schöpferischen Kraft ist, ihn auf die Höhe emporzuziehen, auf der man selbst wandelt. An solchen Aufgaben könnte man selbst immer mehr wachsen und so genießen, was man bei den andern ohne deren Wissen erreicht hat.

ZWILLINGE: Venus hat Halbsextil und Trigon im eigenen Zeichen, Quadrat im Zeichen ihrer Erhöhung. Uranus hat Trigon und Quinkunx im eigenen Zeichen.

Hier fehlt die hohe Einschätzung der eigenen Person im Gegensatz zu der eben besprochenen Stellung in Wassermann; die Resignation überwiegt, aber diese Resignation ist eine freudige; man freut sich an der dadurch immer wieder gewonnenen Freizügigkeit; man ist wie Hans im Glück, der bei jedem Tausch gewinnt, bis er am Ende, wo er alles verloren hat, am glücklichsten ist – jede Enttäuschung macht um soviel reicher, wie sie ärmer macht. Jeden Augenblick so recht genießen darf nur, wer weiß, was im Grunde alles eitel ist.

Wir wenden uns nun zu den *Wasserzeichen*.

Was in den Feuerzeichen die moralische Kraft des Menschen war und in den Luftzeichen mehr Ausdruck geistiger Bedürftigkeit, das wird hier zu einer seelischen Angelegenheit, und das Mißverhältnis zwischen den beiden Komponenten Venus und Uranus wird hier zu einer Krankheit, die den Menschen zeitlebens begleitet und sich als eine Sehnsucht darstellt, die ihre Unerfüllbarkeit schon vom Beginn an in sich trägt. Dadurch wird dieser Komplex im wahren Sinn des Wortes zu einer unheilbaren und unheilsamen Leidenschaft, die den Menschen zwingt, immer und immer wieder zu suchen und dabei daran zu leiden, daß man niemals etwas anderes finden kann als auf dem Grund des Leidensbechers die eigene Unbefriedigtheit. Hier gilt es nicht, die Lust auszukosten, sondern den Schmerz; wir haben hier Genießer des Leidens vor uns, denen es überall darum geht, die Schmerzenslust sowohl im Liebesereignis als auch im Schöpferereignis voll auszukosten. Unter der Herrschaft des Venus-Uranus-Komplexes in Wasserzeichen werden Erotik und künstlerisches Schaffen zu einem Krankheitserlebnis, aus dem niemals Genesung winkt. Aber man liebt diese Krankheit, und sie ist die Spenderin jenes Glücks, das Venus in Verbindung mit Uranus beschert.

KREBS: Venus hat Sextil und Quadrat im eigenen Zeichen, Trigon im Zeichen ihrer Erhöhung. Uranus steht im Zeichen seines Exils, hat Quinkunx im eigenen Zeichen. Hier darf seine Erhöhung vermutet werden.

Hier fühlt man die unstillbare Sehnsucht, geliebt und verhätschelt zu werden, ohne die Verpflichtung zu fühlen, die Gefühle zu vergelten. Man kann nicht leben, ohne geliebt zu werden, und man hat von dieser Liebe niemals genug. Je mehr man sie empfängt, desto bedürftiger wird man. Im Künstlerischen liebt man die Überschwenglichkeit des Ausdrucks, der nie hoch genug gesteigert werden kann und doch niemals seine volle Kraft erreicht.

SKORPION: Venus steht im Zeichen ihres Exils, hat Halbsextil im eigenen Zeichen, Trigon im Zeichen ihrer Erhöhung. Uranus hat Quadrat und Sextil im eigenen Zeichen.

Hier ist das Bedürfnis nach gespendeter Liebe unerschöpflich. Das wächst hier zu besonders starker Leidenschaftlichkeit. Man findet Menschen, die zeitlebens an der Liebe leiden und dieses Leiden gleichermaßen anderen zufügen, an deren Leiden sie partizipieren, als wären sie eine besondere Würze der Liebe, in der sich Leiden und Leidenschaften in einer so seltsamen Weise vermengen. Hier mag die Leidenschaftlichkeit die höchsten Grade erreichen, aber das narzißtische Element macht unempfindlich für die Leiden der anderen. Vielleicht könnte man hier hinsichtlich des Erotischen von völliger Amoralität sprechen. Andererseits bewirkt der unstillbare Seelenhunger eine fast vitale Abhängigkeit von jedem Partner, und sein Verlust schmerzt wie die Amputation eines Gliedes.

FISCHE: Venus steht im Zeichen ihrer Erhöhung, hat Quinkunx und Sextil im eigenen Zeichen. Uranus hat Sextil und Halbsextil im eigenen Zeichen.

Hier erreicht die Abhängigkeit die höchsten Werte. Es besteht das Bedürfnis, in Abhängigkeit zu geraten und sich aktiv zu sehen in all den Beziehungen, in denen man dies in Krebs von den anderen erwartet oder wünscht. Dort möchte man von anderen angebetet werden, hier ist man eher geneigt, anzubeten und dabei Objekte zu suchen, die diese Anbetung verlangen oder gewohnt sind. Allerdings besteht meist auch noch die Bedingung, daß sich dieses Objekt in möglichst unerreichbarer Distanz befindet, sei es nach oben oder nach unten. Die Komponente der lustbetonten Selbsterniedrigung ist hier fast immer am Werk, aber ihr Wert ist ein rein narzißtischer.

Wir gehen nun zu den *Erdzeichen* über.

Die narzißtische Komponente nimmt hier die Form eines Egoismus an, der jetzt nicht nur im bloßen Gefühl, sondern auch in der Praxis des Lebens hervortritt. Dies zeigt sich insbesondere in der Stellung zum anderen Geschlecht und in der Kunst, hier indem in das Kunstwirken ein politischer Faktor einbezogen wird, der mit den Fragen des Erfolges recht intensiv beschäftigt ist. Man will durchaus kein Diener der Öffentlichkeit sein, aber man kann auf sie nicht verzichten.

STEINBOCK: Venus hat Quadrat und Trigon im eigenen Zeichen, Sextil im Zeichen ihrer Erhöhung. Uranus steht mit dem Halbsextil im eigenen Zeichen.

Hier betrachtet man das andere Geschlecht als notwendiges Übel, ohne das es ja noch übler bestellt wäre. Das gilt für beide Geschlechter. Die Folge ist Egoismus in jeder Form, soweit es sich um Liebe und Kunst handelt. Man braucht als Künstler in allen Fällen das Publikum als den unvermeidlichen Resonanzboden seines Wirkens, aber zugleich verachtet man es, es ist eben nur Werkzeug. Ähnlich ist die Stellung zum Partner. Er ist das unentbehrliche Echo meiner Gefühle, der Spiegel, der mir mein Eigenbild potenziert zurückstrahlt.

STIER: Venus steht mit Quinkunx im eigenen Zeichen, hat Sextil im Zeichen ihrer Erhöhung. Uranus hat Quadrat und Trigon im eigenen Zeichen.

Hier liegen die Verhältnisse wesentlich anders. Zwar besteht der Uranusegoismus auch hier, er ist aber von der eben beschriebenen

Form verschieden. Es entsteht hier der äußere Schein einer Treue, die sich in Wirklichkeit nur als der Starrsinn einer weitgetriebenen und konsequenten Anhänglichkeit an das Phantom zeigt, das man mit dem nun einmal gewählten Objekt um jeden Preis identifizieren will. Das zähe Festhalten an diesem Objekt wird hier geradezu Ehrensache.

Wenn man zu sagen pflegt, daß Liebe blind macht, dann können wir hier von einer Selbstverblendung sprechen, die nach außen hin niemals eingestanden wird, innerlich aber mit vollem Bewußtsein erfolgt.

JUNGFRAU: Venus steht im Zeichen ihres Falles, hat Trigon und Halbsextil im eigenen Zeichen. Uranus hat Quinkunx und Trigon im eigenen Zeichen.

Hier kommt es – ähnlich wie in Wassermann – zu einer resignierteren Einstellung, wenn auch aus anderen Gründen. Was hier in den Vordergrund tritt, ist wohl in erster Linie Abneigung gegen jeden Kampf und jede Unbequemlichkeit und die Neigung, mit allem, soweit irgendwie erträglich, auszukommen. Die innere Rastlosigkeit, die ja Uranus in Verbindung mit Venus stets bewirkt, soll meine intimste Angelegenheit bleiben, der soweit möglich keinerlei Einfluß auf die äußere Lebensführung zugebilligt wird. Die Tugend, die die Alten Sophrosyne nannten, wird wenigstens dem äußeren Schein nach angestrebt. Man pflegt Sophrosyne mit »weise Mäßigung« zu übersetzen, aber, in der Virgosprache ausgedrückt, wird sie zur weisen Resignation. Nicht nur meine Freuden, auch meine Leiden gehören mir allein. Dies ist die blasse Farbe, die hier der Narzißmus annimmt.

Wir wenden uns nun der Besprechung der *Konjunktion zwischen Venus und Neptun* zu.

Sie bietet uns ein wesentlich anderes Bild als die Konjunktion zwischen Venus und Uranus. Während die letztere den Menschen in hohem Grad auf seine eigene Gefühlswelt hinwies, dabei aber das Objekt, das äußerer und realer Ausgangspunkt der Venusgefühle war, unbeachtet ließ, so daß wir sagen konnten: mit Venus-Uranus liebt man an den Menschen vorbei, so verhält es sich anders, wenn Neptun sich zu Venus gesellt. Während unter Uranus der Mensch sich mehr und mehr in seiner Eigenart abschließt, sich gleichsam selbst in seiner Individualität gefangenhält, ist es Neptun, der Menschen öffnet und sie kosmisch aufschließt und in Verbindung mit Venus den Weg zum kosmischen Erleben freimacht und die Vorahnung aller Seligkeit, die aus dem Sichverströmen ins Kosmische fließt, einflößt. So können wir denn das

Eigentümliche des Venus-Neptun-Komplexes darin sehen, daß er uns lehrt, das Wesen, das unser Venuserlebnis schafft, als einen Boten des Kosmos zu erkennen, der, durch diese Funktion geadelt, in der Vorstellung des Menschen zu kosmischer Bedeutung wächst, wie immer die Rolle sein mag, die er durch eine bestimmte Gesellschaftsklasse im praktischen Leben zu spielen hat. Ob es sich demnach um einen sozial hohen oder niedrigen Rang handelt, Neptun entkleidet die betreffende Persönlichkeit und macht sie unmittelbar zum Überträger jener kosmischen schöpferischen Kräfte, denen gegenüber jegliches Wesen, männlich oder weiblich, sich wie das demütige Weib verhält – entsprechend den wunderbaren Worten Rilkes: Und meine Seele ist ein Weib von Dir und ist wie der Noemi Schnur, wie Ruth. Mithin erfüllt der Venus-Neptun-Komplex jeden so Geborenen mit einem tiefen Demutsgefühl – nicht so sehr gegenüber dem Menschen als gegenüber dem Erlebnis, dessen Überbringer der Partner vorstellt, der in einem gewissen Sinn auch umgangen wird, aber doch mit der Würde bekleidet, die ihm zukommt als Boten des Kosmos.

Allem Erotischen ist ein transzendentaler Zug beigemischt, der seinetwegen seiner Weltenferne im Bewußtsein des nicht höherentwickelten Menschen mehr als eine Verwirrung, Demütigung oder Erniedrigung darstellt. Auch im künstlerischen Schaffen wird sich dieser kosmisch-mystische Unterton bemerkbar machen; man neigt mit dieser Konstellation zu einem Schaffen, das sich unmittelbar an die kosmischen Geheimnisse heranwagt, sei es in der Musik oder in anderen Künsten. Immer aber bleibt im weitesten Sinn des Wortes die Liebe von einer innigen religiösen und anbetungsfreudigen Note begleitet.

Es muß hier aber auch auf die Schattenseite dieser zur Irrealität neigenden Veranlagung hingewiesen werden, die bewirkt, daß sich unter diesem Aspekt selten ein natürliches, echtes, menschliches und warmes Verhältnis zum Partner ergibt und daß die Forderung, dem Menschen zu geben, was dem Menschen gehört, und Gott, was Gottes ist, bei den meisten Menschen zu einer zeitlebens bestehenden Verwirrung führt; sie erzeugt in manchen Zeichen die erstaunlichsten und unvereinbarsten Gegensätze, die tief in die Lebensführung eingreifen und zuweilen, wenn auch in anderer Art als beim Venus-Saturn-Komplex, zu einem Doppelleben führen können, das sich freilich nicht darin äußert, daß die Venusfunktion in zwei einander widerstreitenden Arten verwirklicht wird, sondern darin, daß sich demselben Wesen gegenüber diese Funktion in zwei Gegensätze spaltet, von denen der eine Anbetung des Göttlichen ist, der andere aber Verachtung des Irdischen im Menschen. Vielleicht war dies niemals bei der abendländischen Menschheit so ausgeprägt wie im Mittelalter, wo neben der anbetenden Vergöttlichung der Frau die Herabwürdigung und Verachtung derselben Frau stand.

Wir gehen nun zu den einzelnen Zeichen über, wollen aber nur die Zeichen Fische bis Waage besprechen, die für die heute lebenden Generationen in Betracht kommen.

FISCHE: Venus steht im Zeichen ihrer Erhöhung, hat Sextil und Quinkunx im eigenen Zeichen. Neptun steht im eigenen Zeichen. Beide Planeten stehen in hohen Würden. Es kann angenommen werden, daß sich diese Stellung in überaus harmonischer Weise zeigt und daß sich die Früchte dieser Harmonie vorzugsweise darin zeigen, daß diese Generation aus dem Liebeserlebnis unmittelbar die stärksten Impulse für ihre Erhöhung zu gewinnen glaubte. In diesen Menschen lebte das Gefühl, daß sie durch das Liebesereignis geadelt werden, weil es den besseren und höheren Menschen in ihnen weckte und weil der dadurch gesetzte Entwicklungsimpuls gleichzeitig von einer tief religiösen Note begleitet war. Daraus ergab sich auch ein Gefühl tiefer Dankbarkeit gegenüber jenem Menschen, der als Vermittler dieses Impulses in ihr Leben trat.

WIDDER: Venus steht im Zeichen ihres Exils, hat Halbsextil im eigenen Zeichen und im Zeichen ihrer Erhöhung. Neptun hat Halbsextil und Trigon im eigenen Zeichen.
Venus ist in ungünstiger zodiakaler Position. So mag es hier zu einer ähnlichen Disharmonie gekommen sein, wie wir dies für das Mittelalter als charakteristisch beschrieben haben. Das Weib bzw. der Mann werden zur Intensivierung aller Lebensempfindung in das Leben eingefügt, gleichzeitig aber als niedriges und unwürdiges Werkzeug abgetan bis zur Verachtung. Man wird mit einer solchen Veranlagung versuchen, das Liebesereignis als Erhöhung seiner seelisch-geistigen Kräfte für seine eigene Entwicklung oder die eigene Schaffenskraft zu nutzen, es den Göttern zu danken, aber keine Spur von Dankbarkeit dem Menschen gegenüber zu empfinden, durch den einem diese Kraft zugeflossen ist. Auch im Künstlerischen besteht ähnliches: Man betet die Kunst an, aber man mißachtet das Werkzeug und selbst das Werk.

STIER: Venus steht mit Quinkunx im eigenen Zeichen, hat Sextil im Zeichen ihrer Erhöhung. Neptun hat Sextil und Quinkunx im eigenen Zeichen.

Hier darf man wohl das Gegenteil von all dem vermuten, was soeben für Widder ausgeführt wurde, nämlich eine pietätvolle Dankbarkeit gegenüber dem Werkzeug. Hier wird sich auch die religiöse Note stark ausprägen. Wir sehen eine Anbetung, die das Werkzeug nicht vergißt; es wird, solange es Träger der kosmischen Kräfte ist, hochgehalten. Und wenn diese Rolle zu Ende gespielt ist, wird die Dankbarkeit nicht aufhören. Daher werden wir auch eine gewisse Konstanz in den Empfindungen antreffen und einen verhältnismäßig langsamen Rhythmus des Entstehens und Vergehens aller Venus-Enthusiasmen in Leben und Kunst.

ZWILLINGE: Venus hat Halbsextil und Trigon im eigenen Zeichen, Quadrat im Zeichen ihrer Erhöhung. Neptun hat Quadrat im eigenen Zeichen, steht im Zeichen seines Exils.

Hier entsteht die Neigung, den Gefühlskomplex, den Venus-Neptun mit sich bringt, kritisch zu untersuchen, um durch Selbstanalyse möglichst hinter den seelischen Mechanismus dieses Mysteriums zu kommen. Was wir in unseren allgemeinen Betrachtungen über den Venus-Neptun-Komplex als seelische Spaltung oder als Doppelleben bezeichneten, das wird hier meist auf dieselbe Person konzentriert, die abwechselnd in den Himmel erhoben und in die Hölle gewünscht wird. Im ganzen wird man jedoch recht wenig zufrieden damit sein, beständig zwischen Himmel und Hölle hin- und hergeworfen zu werden. Das Resultat ist schließlich auch hier die chronische Undankbarkeit gegenüber den Menschen, zu denen man in ein solches Verhältnis geraten ist. Es kommt auch hier zu einer kritischen Scheidung zwischen dem Gefühl und dem jeweiligen Objekt. Ebenso schwankend ist auch die persönliche Einstellung zur Kunst als Brücke zum Kosmos, die einmal den Himmel öffnet und das andere Mal zu einer technischen oder ästhetischen Angelegenheit wird. Vielleicht endet die Unbefriedigtheit in einer philosophischen oder moralischen Kapitulation vor dem ewigen Rätsel.

KREBS: Venus hat Sextil und Quadrat im eigenen Zeichen, Trigon im Zeichen ihrer Erhöhung. Neptun hat Trigon und Quinkunx im eigenen Zeichen.

15. Vortrag

Der Venus-Neptun-Komplex wird hier wieder zu einer Quelle mannigfacher Leiden, die sich aus den entgegengesetzten Tendenzen beider Komponenten ergeben. Neptun in Krebs läßt den Menschen seine Gefühlswelt meiden; man flieht und fürchtet die Sentimentalität, während Venus in diesem Zeichen den Menschen mit einem hohen Zärtlichkeitsverlangen ausrüstet und besonders geneigt macht, sich helfend den Ärmeren und Schwächeren zuzuwenden. Daraus ergibt sich der seltsame Zug, den Hang zum Religiösen und Kosmischen im Liebeserlebnis aus den Tiefen und Niederungen des Lebens hervorzuholen und nicht zuletzt aus den Niederungen und Tiefen des eigenen Seelenlebens. Man sucht im Liebeserlebnis vor allem das Leid in sich zu vertiefen und diesem eine kosmische Bedeutung zu geben – Weltschmerz in der Liebe zu erleben und durch diese tief unglücklich zu werden. So macht diese Konstellation geneigt zur Selbstzerstörung und dazu, im Liebeserlebnis tiefste Demütigung zu erfahren, aufs tiefste verknechtet zu sein. Aber trotzdem wird kein Protest dagegen laut, aus dieser Demütigung entspringt vielmehr die innere Erhebung. Aber nicht immer gelingt dies, und darum ist diese Konstellation in Krebs besonders gefährlich, weil aus ihr eine seelische Verworrenheit entstehen kann. Im künsterischen Schaffen wird all das wesentlich die Wahl der Stoffe oder den Stil der Wiedergabe beeinflussen.

Löwe: Venus hat Quadrat und Sextil im eigenen Zeichen, Quinkunx im Zeichen ihrer Erhöhung. Neptun hat Quinkunx und Trigon im eigenen Zeichen.

In diesem Zeichen der Lebensbejahung und Freude am Dasein wird Neptun in der Verbindung mit Venus Impulse hervorwirken, die wie eine Mahnung zur Rückkehr zur Natur klingen. Es erwacht die Sehnsucht nach einer Seelenstimmung und nach einem Tun, wie es den Naturvölkern eigen ist, die unmittelbar in allem, was sich im Sexualleben und der Erotik ausdrückt, eine religiöse göttliche Offenbarung verspüren. Die Bejahung des Lebens wird zu einer natürlichen, wenn nicht gar religiösen Pflicht. Aber dies naturhaft religiöse Gefühl wird nicht in jener mittelalterlichen Weise empfunden, sondern eher in jener vorchristlichen, wie es im Bacchuskult oder in den Naturkulten alter, vielleicht sogar prähistorischer Zeiten hervortrat, wenn auch mit einem modernen Bewußtsein. Vielleicht kann dies zu einem Kult der Freude Anlaß geben, soweit sich diese auf das erotische Gebiet bezieht. In der Kunst macht sich ein ähnlicher Zug bemerkbar, sie wird Ausdruck höchster Lebensekstase.

JUNGFRAU: Venus steht im Zeichen ihres Falles, hat Halbsextil und Trigon im eigenen Zeichen. Neptun steht im Zeichen seines Exils, hat das Quadrat im eigenen Zeichen. Beide Planeten stehen ungünstig. Aber die Generation mit Neptun in Jungfrau ist gegenwärtig noch zu jung, um die Wirkungen des Venus-Neptun-Komplexes in diesem Zeichen bewußt erleben zu können. Hier mag eine Entwürdigung alles dessen eintreten, was wir in den bisher besprochenen Zeichen als den kosmisch-metaphysischen Hintergrund des Liebeserlebnisses kennengelernt haben. Es besteht eine ausgesprochen rationalistische, atheistische oder pantheistische, meist aber absolut materialistische Einstellung zum Sexualproblem, zum Erotischen und sogar zum künstlerischen Schaffen, so daß alles, was mit diesen Dingen zu tun hat, unter eine durchaus rationalistische Lebensauffassung gestellt wird. Die Kunst mit ihren rationalistischen Idealen erfaßt die Philosophie des täglichen Lebens. In bezug auf das Sexuelle mag hier die Idee der bewußten Aufzucht der Menschheit oder der Rasse zum obersten Prinzip erhoben werden, so daß es zur Gewissensfrage wird, ob die Wahl des Partners auch dem Genius der Gattung genehm sei. Man sieht etwas ungeheuer Ernüchterndes von dieser Konstellation ausgehen. Es ist ein moralisches Prinzip, das durchaus rationalistisch ist und hier die Stelle eines kosmisch inspirierten Gefühls vertritt. In der Kunst mag dies zu einer Gebrauchskunst führen, wie etwas Gebrauchsmusik, -Drama und -Roman mit dem Zweck, bestimmte Ideen bewußt und mit allen Mitteln künstlerischer Technik in die Menschen zu gießen: Psychotechnik im weitesten Sinn des Wortes.

WAAGE: Venus steht mit Quinkunx im eigenen Zeichen, hat Quinkunx im Zeichen ihrer Erhöhung. Neptun hat Quinkunx und Sextil im eigenen Zeichen.
  Hier entsteht wieder die Sehnsucht, die Gefühlswelt mit der Geistwelt zu durchdringen und ein von allen sozialen oder moralischen Vorurteilen und Hemmungen freies Leben zu erringen, soweit es das Venusgebiet betrifft, völlige Freiheit der Gefühle in Kunst und Liebe. Die Generation, innerhalb der diese astrologische Stellung möglich ist, ist derzeit noch ungeboren. Sprachen frühere Generationen von Gedankenfreiheit als einem allgemeinen menschlichen Ideal, so wird diese Generation unter dem Einfluß der Venus-Neptun-Konjunktion nach einer völligen Freiheit der Gefühle verlangen. Das Ideal der »Gefühlsfreiheit«, das Neptun in Waage mit sich bringen wird, erhält

aber durch die Verbindung mit Venus noch das Verlangen, geheiligte Rechte, die dieser Freiheit hinderlich sind, zu sprengen. Seelenfreiheit wird geltend gemacht. Hier mögen schwere Probleme des sexuellen Lebens, die Institution der Ehe betreffend, aufs neue aufgerollt werden, und dies nicht vom sozialen, sondern vom ethisch-religiösen Standpunkt aus. Hieraus mag manche seelische Verwirrung entspringen – soziale und religiöse Empfindungen in Einklang zu bringen wird eines der Hauptprobleme der künftigen Generationen darstellen. Es ist der Beginn einer Problemreihe, die mit Neptuns Eintritt in Waage ihren Anfang nimmt.

16. Vortrag

Wir haben nun die *Konjunktionen Mars mit Jupiter, Saturn, Uranus und Neptun* zu besprechen. Wir beginnen mit der Untersuchung des Mars-Jupiter-Komplexes. Aus den Marskräften entspringen alle Energien, die zur Verwirklichung drängen, alle Energien, die nach außen drängen, zur Betätigung in der äußeren Welt. Jupiter steht für Hoffnung, innere Zuversicht, Erfolgsgewißheit, Glaubenskraft, Überzeugungsmut, Vertrauen in die eigene Intuition, aber er ist auch der Planet des inneren Wachstums und der Expansionskräfte der Ich-Funktion.

Wenn sich diese beide Planeten durch die Konjunktion miteinander verbinden, dann kommt es zu einer Konkurrenz zwischen diesen beiden Einflüssen; der Jupitereinfluß ist mehr nach innen gerichtet, der Marseinfluß mehr nach außen. Man könnte demnach glauben, daß wir es hier mit einer überaus harmonischen Verbindung zu tun haben, weil sie das, was im Menschen selbst als Glaubenskraft und Überzeugung lebt, zwingt, sich nach außen durchzusetzen. Und dennoch ist diese Verbindung so harmonisch nicht, wie sie bei flüchtiger Betrachtung erscheint. Wir dürfen nicht übersehen, daß – und hierin liegt die Quelle mancher Disharmonien – zwischen beiden Tendenzen ein wichtiges Verbindungsglied fehlt, das nötig wäre, damit die Glaubens- und Überzeugungskraft ein Objekt in der äußeren Wirklichkeit findet, noch ehe die Marskräfte in Erscheinung treten. Wenn dies nicht der Fall ist, dann wird die Glaubens- und Überzeugungskraft durch Mars übersteigert, überspannt, übertrieben, ohne daß durch ein äußeres Objekt Ziel, Maß oder Grenze gesetzt werden. Wenn wir uns überlegen, daß schon im Schema des Tierkreises eine gewisse Gegensätzlichkeit zwischen Mars und Jupiter vorgebildet ist, indem die Erhöhung des Mars in dem Zeichen erfolgt, das der Jupitererhöhung entgegengesetzt ist – Steinbock und Krebs –, so wird begreiflich, warum die Konjunktion von Mars und Jupiter zunächst nicht unbedingt harmonisch ausfällt, zumal es sich um Kardinalzeichen handelt. Ein ähnliches Verhältnis besteht auch zwischen Sonne und Saturn. Bezüglich Venus und Merkur vermuteten wir im 11. Vortrag von *Planetenwelt und Mensch*, daß der ursprüngliche Platz der Merkurerhöhung in Skorpion liegt. Es wird, was zunächst durch den Glauben eingegeben ist, durch

16. Vortrag

Mars allzu früh zur Bewährung in die Handlung hinübergeleitet, ehe noch Kritik und Prüfung dazwischentreten können. Daraus ergibt sich Fanatismus, die Sucht, all das, woran wir glauben und wovon wir überzeugt sind, sofort in die Tat umzusetzen. Die retardierende Kraft der Vernunft ist ausgeschaltet, und an ihre Stelle tritt das blinde Vertrauen in eine unerprobte Intuition.

Darum werden wir als Begleiterscheinung des Mars-Jupiter-Komplexes zuweilen sehr üble Folgen antreffen wie: Überspanntheit, Aufgeblasenheit, Rechthaberei, Unduldsamkeit und vor allem die Sucht, alles auf eine Karte zu setzen und alle seine Energien in bloß einer Richtung zu betätigen, wohin die innere Intuition zu drängen scheint.

Nun wird aber die Gesamtwirkung dieser Konstellation davon abhängen, welcher der beiden Planeten die Oberhand behält. Ist Jupiter der stärkere Planet, dann wird der Fanatismus in einem edleren Sinn zutage treten; es tritt die leidenschaftliche Tat hinter den inneren Glauben zurück. Aber auch hier wird die Kritik der Vernunft zurückgedrängt. Dies wird vorzugsweise in Schütze, Fische und Krebs der Fall sein, aber auch in Stier und Waage, wo Mars von Natur aus schwach ist. Wo hingegen Mars der stärkere Planet ist – wie in Widder, Skorpion und Steinbock oder in Zwillinge und Jungfrau –, werden mehr die düsteren Seiten dieser Konstellation hervorkommen.

Wir wenden uns nun den einzelnen Zeichen zu.

In den *Feuerzeichen* steht die persönliche Überzeugung im Vordergrund; man setzt sich mit der ganzen fanatischen Kraft dieser Überzeugung für die ethischen Ideale ein, hinter denen die Unbeugsamkeit eines Willens steht, der sich unter allen Umständen ethisch gerechtfertigt glaubt. Was hier besonders auffällt, das ist das Fehlen der Rücksichtnahme auf praktische Erwägungen oder auf das auf kurze Sicht Nützliche. Dies gilt besonders für das Widderzeichen.

WIDDER: Mars steht mit Quinkunx im eigenen Zeichen, hat Quadrat im Zeichen seiner Erhöhung. Jupiter hat Trigon und Halbsextil im eigenen Zeichen, Quadrat im Zeichen seiner Erhöhung.

Wir treffen hier einen fanatischen Glauben an die eigene Sendung. Man hält sich zu Handlungen berechtigt, zu denen ein anderer nicht berechtigt ist. Quod licet Jovi, non licet bovi – es besteht eine ausgesprochene Herrenmoral in bezug auf die eigene Person. Man ist zum Herren geboren, und man rebelliert gegen das Schicksal, wenn es unvernünftig genug ist, einem den gebührenden Rang vorzuenthalten. Das Schicksal kann meinen Körper brechen, aber niemals die Kraft meines Willens, solange ich an sie glaube.

LÖWE: Mars hat Trigon und Quadrat im eigenen Zeichen, Quinkunx im Zeichen seiner Erhöhung. Jupiter hat Trigon und Quinkunx im eigenen Zeichen, Halbsextil im Zeichen seiner Erhöhung.
 Hier geht es weniger um die Herrenmoral als um das persönliche Prestige, das zu einer adligen Gesinnung verpflichtet, auf der das Prestige ruht. Der Fanatismus tritt hier in der gemilderten Form eines Eitelkeitkults auf, dessen wesentliches Objekt der Ruf einer Persönlichkeit ist, die ob ihrer Großzügigkeit über jede Eitelkeit erhaben ist. Es geht viel Kraft und warmes Lebenstemperament aus von dieser Konstellation.

SCHÜTZE: Mars hat Trigon und Halbsextil im eigenen Zeichen, Halbsextil im Zeichen seiner Erhöhung. Jupiter steht mit dem Quadrat im eigenen Zeichen, hat Quinkunx im Zeichen seiner Erhöhung.
 Hier ist der eigentliche Ort für die Entstehung des religiösen und Glaubens- oder Parteifanatismus, für Eiferertum und für das restlose Aufgehen im Kampf für das ethische Ideal ohne Kompromiß und ohne Gnade. Ibsens *Brand* mag als Paradigma hierher gehören.

Wir gehen nun zu den *Luftzeichen* über.

Hier geht es mehr um den Fanatismus der Prinzipien, der die Toleranz im Einzelfall nicht ausschließt; die rechte Hand soll nicht wissen, was die linke tut; und wenn sie es trotzdem weiß, dann soll sie es wenigstens nicht bemerken; das Prinzip muß unter allen Umständen hochgehalten werden.

WAAGE: Mars steht im Zeichen seines Exils, hat das Halbsextil im eigenen Zeichen, Quadrat im Zeichen seiner Erhöhung. Jupiter hat Sextil und Quinkunx im eigenen Zeichen, das Quadrat im Zeichen seiner Erhöhung.
 Der Fanatismus gilt hier mehr dem Prinzip der Gerechtigkeit der Form nach. Fiat justitia, pereat mundus, das ist Gerechtigkeit der Form nach – um jeden Preis, auch wenn die Welt deshalb zugrunde geht. Dieses theoretische Hängen an der absoluten Gerechtigkeit erschwert das Leben, das darum meist auf einem weniger radikalen Nebenkriegsschauplatz ausgefochten wird. So kann man das Prinzip kompromiß-

los weiterbestehen lassen, um dafür jederzeit bis zum letzten einzutreten mit allen geistigen Mitteln, über die man verfügt.

WASSERMANN: Mars hat Sextil und Quadrat im eigenen Zeichen, Halbsextil im Zeichen seiner Erhöhung. Jupiter hat Sextil und Halbsextil im eigenen Zeichen, Quinkunx im Zeichen seiner Erhöhung.

Das Prinzip der Gerechtigkeit wird hier zum Prinzip des Persönlichkeitsprestiges, insofern dies der Wahrung der geistigen Individualität und Eigenart gilt. Man ist es seiner geistigen Würde und der Kraft seiner Intuition schuldig, sich nicht in Diskussionen über das einzulassen, was man als das Richtige erkannt hat und worin man Autorität beansprucht. Stößt man auf Widerspruch, dann hüllt man sich in vornehmes oder auch verachtendes Schweigen. Es lohnt sich nicht, sich zu Argumenten herabzulassen, über die man längst hinausgewachsen ist.

ZWILLINGE: Mars hat Sextil und Quinkunx im eigenen Zeichen, Quinkunx im Zeichen seiner Erhöhung. Jupiter steht im Zeichen seines Exils, hat das Quadrat im eigenen Zeichen, Halbsextil im Zeichen seiner Erhöhung.

Mars ist der stärkere Planet. Hier treffen wir das Gegenteil von dem an, was wir in Wassermann fanden, nämlich das Nicht-Schweigen-Können; hier wird man sich stets darüber aufregen, wenn gegen das Prinzip Recht verstoßen wird, auch wenn dies in keiner Weise die eigenen Interessen berührt. Man kann bei keinem Unrecht ruhig zusehen, ohne durch sein Urteil einzugreifen, auch wenn man gar nicht um seine Ansicht gefragt oder um seine Intervention gebeten wird. Dies ist die Form, die hier der Fanatismus annimmt.

Wir wenden uns nun zu den *Wasserzeichen*. Hier haben wir den Fanatismus der Leidenschaft vor uns. Es geht hier nicht um ein theoretisches Prinzip wie in den Luftzeichen; es berührt sich der Jupiterfanatismus unmittelbar mit den Motiven des seelischen Lebens und wird so zu einem wichtigen Faktor der Lebensführung selbst, im Guten wie im Bösen.

KREBS: Mars steht im Zeichen seines Falles, hat Quadrat und Trigon im eigenen Zeichen. Jupiter steht im Zeichen seiner Erhöhung, hat Quinkunx und Trigon im eigenen Zeichen.

Die starke Leidenschaftlichkeit, die hier von Mars ausgeht, wird durch Jupiter in den Dienst aller edlen Regungen gestellt, die zur

Hilfsbereitschaft und zum Altruismus drängen. Der Fanatismus gilt allerdings auch hier einem Prestige, das mehr ein moralisches ist, dem Prestige des Menschen, der folgendes Gebot Goethes aus *Das Göttliche* rechtfertigen will: Edel sei der Mensch, hilfreich und gut. Dies soll jedoch kein theoretisches blutleeres Prinzip bleiben wie etwa in Zwillinge, sondern ein unausgesprochenes, durch die Lebensführung selbst bestätigtes, das freilich mehr zur Parteinahme für alle, denen Unrecht geschieht, als zum direkten Eingreifen durch die Tat verpflichtet.

SKORPION: Mars steht mit Quinkunx im eigenen Zeichen, hat Sextil im Zeichen seiner Erhöhung. Jupiter hat Halbsextil und Trigon im eigenen Zeichen, Trigon im Zeichen seiner Erhöhung.

Mars ist wohl der stärkere Planet, aber auch Jupiters zodiakale Stellung ist überaus kräftig. Von dieser Stellung gehen sehr starke Suggestivkräfte aus, die, von Mars unterstützt, in den Dienst der eigenen Persönlichkeit gestellt werden, insofern durch diese Kräfte das persönliche Machtgefühl ausgelebt werden kann. Im Gegensatz zum Mars-Jupiter-Komplex in Krebs, bei dem die altruistische Note so sehr in den Vordergrund trat, vergißt man hier niemals, das eigene seelische Interesse zu wahren; man hilft anderen gern, wenn man sie dadurch von sich selbst abhängig machen kann, sei es, daß man sie anschließend dauernd im eigenen Banne halten kann, sei es, daß man an ihrer Dankbarkeit die eigenen Seelenkräfte erhöht. So wirkt hier der Leidenschaftsfanatismus, der einen mit einer besonderen Jupiterwürde ausstattet, die durch ihre Suggestivkraft schwächeren Naturen gefährlich werden kann.

FISCHE: Mars hat Halbsextil und Trigon im eigenen Zeichen, Sextil im Zeichen seiner Erhöhung. Jupiter steht mit dem Quadrat im eigenen Zeichen, hat Trigon im Zeichen seiner Erhöhung.

Hier kommt es zu ähnlichen Auswirkungen wie in Krebs, nur daß es sich weniger um das persönliche Prestige handelt als um das Adelsprestige des guten Herzens, um die Erfüllung einer unpersönlichen allgemeinen Menschenpflicht. Hier ist man von Natur aus gern auf der Seite der Schwächeren, um ihrer Schwäche willen. Dieser seelischen Grundhaltung gilt der Fanatismus, der niemals Vernunftgründe sucht, noch sich auf sie stützen will; er handelt aus dem Urtrieb der Fischenatur selbst.

16. Vortrag

Wir wenden uns nun zu den *Erdzeichen*.

Hier kann man von einem Arbeitsfanatismus sprechen, von einem Durchdrungensein von Pflicht, jede einmal übernommene Arbeit mit möglichster Vollkommenheit zu leisten und in der Erfüllung dieser Pflicht die Rechtfertigung für den eigenen Wert zu sehen und an dieser Überzeugung selbst innerlich zu wachsen. Man hat die Pflicht, sich selbst unter allen Umständen durchzusetzen und vor allem sein Licht nicht unter den Scheffel anderer zu stellen.

STEINBOCK: Mars steht im Zeichen seiner Erhöhung, hat das Quadrat und Halbsextil im eigenen Zeichen. Jupiter steht im Zeichen seines Falles, hat Sextil und Halbsextil im eigenen Zeichen.

Der hier geschwächte Jupiter in Verbindung mit dem erhöhten Mars schafft alle Vorbedingungen für das, was wir einen Emporkömmling nennen. Man wird mit diesem Komplex leicht aus niederen Schichten in die höheren aufsteigen und sich – je nach den vorhandenen Kräften – eine höhere Position verschaffen. Ruhm- und Ehrsucht fehlen selten und werden leicht zu den Haupttriebfedern im Leben.

STIER: Mars steht im Zeichen seines Exils, hat Halbsextil im eigenen Zeichen, Trigon im Zeichen seiner Erhöhung. Jupiter hat Quinkunx und Halbsextil im eigenen Zeichen, Sextil im Zeichen seiner Erhöhung.

Der hier geschwächte Mars verbindet sich mit Jupiter zu einer mehr trotzigen Lebenshaltung. Man hat das Recht zu halten, was man hat, und man ist stolz auf solchen Besitz, er mag materiell oder geistig sein. Ist man arm, so ist man auch auf seine Armut stolz; man ist stolz auf seine Nationalität und Abstammung und auf alle positiven und negativen Talente. Aber hinter diesem Stolz verbirgt sich eine stets wache Reizbarkeit, die einer ständigen Furcht vor einem möglichen Angriff seitens der Umwelt oder gar des blinden Schicksals entspringt. Man sieht hier die Keime zu einem Verfolgungswahn entstehen. In keinem Fall ist man gewillt, etwas aufzugeben, woran man hängt, nicht einmal seine Irrtümer.

JUNGFRAU: Mars hat Quinkunx und Sextil im eigenen Zeichen, Trigon im Zeichen seiner Erhöhung. Jupiter steht im Zeichen seines Exils, hat Quadrat im eigenen Zeichen, Sextil im Zeichen seiner Erhöhung.

Die Stellung bringt ähnliches wie in Stier hervor, aber die Schwächung Jupiters untergräbt auch das Selbstvertrauen und hält das

Gefühl, gebunden zu sein, wach. Man fühlt sich durch die Ungerechtigkeiten des Weltenlaufs unterdrückt. Hier mag auch ein besonderer Neid entstehen, den man vielleicht im Gegensatz zu Steinbock als negative Ruhmsucht bezeichnen könnte. Man hat nicht den Mut, den wirklichen Ruhm zu suchen, fürchtet aber beständig, den niemals erlangten zu verlieren, man verteidigt sozusagen immer nicht vorhandene Güter. Selbstüberschätzung und eine verbissene Resignation in bezug auf die Dinge, die man niemals besaß, vereinigen sich zu einem psychologischen Komplex, der immer das Leben erschwert und, wo es auf die Tat ankäme, den Menschen in die Verborgenheit weist. Zuletzt zieht man es vor, im Hintergrund zu bleiben und dort die emsige Arbeit zu leisten mit all der fanatischen Konsequenz, die Mars-Jupiter einfordert.

Wir wenden uns nun zur Besprechung der *Mars-Saturn-Konjunktionen*.

Wir betreten damit ein besonders düsteres Gebiet, denn sowohl Mars als auch Saturn gelten in der Astrologie als Unglücksbringer, Mars als die infortuna minor und Saturn als die infortuna major. Die engere Zusammengehörigkeit dieser beiden Planeten wird auch dadurch unterstrichen, daß Mars im Saturnzeichen Steinbock seine Erhöhung hat. Nun repräsentiert Mars, wie bereits dargelegt wurde, alle aktiven Energien, im Aufbau oder Zerstören, nicht selten auch beides gleichzeitig.

Wenn nicht, wie im früheren Fall, Jupiter seine Kräfte zu Mars gesellt, sondern Saturn, dann ist der Einfluß, unter den die Marsenergien geraten, zunächst geeigneter, niederzuzerren, zu belasten, nicht zu beflügeln oder zu erheben. Nicht Glaube und Hoffnung unterstützen jetzt Mars, sondern Mühe, Sorge und Aussicht auf harte Arbeit, die wie eine schwere Last alle aufwärtsstrebenden Triebe niederhalten, gesellen sich zu Mars. Die Arbeit, die so von Mars erwartet wird, ist wie das Ackern in einem steinigen Boden, der langsam, träge und vielleicht auch gar nicht seine Früchte trägt. Um diese Arbeit leisten zu können, müssen übermäßige Anstrengungen gemacht werden – die saturnische Last mit ihrer ganzen Schwere muß getragen und überwunden werden. Daraus ergibt sich zunächst eine Folgeerscheinung, die überall eintritt, wo eine Kraft übermäßig beansprucht wird. Von dieser Kraft, die durch eine Last übermäßig beansprucht wird, können Feinheit und Sensibilität nicht verlangt werden. Diese Kraft muß recht derb zufassen; sie ist vor allem dazu geschaffen, die gröbste Arbeit mit den gröbsten Mitteln zu leisten. Man muß weit ausholen, wie etwa der Landarbeiter mit dem Dreschflegel. Wir gebrauchen hier diesen Vergleich nicht ohne Absicht. Es ist eine Tatsache, daß die Überbeanspruchung der Muskelkraft in den Jahren des raschen Wachstums sich in der besonderen Grobschlächtigkeit aller Muskelbewegungen bemerkbar macht, die infolge dieses Wachstums schon am folgenden Tag eine größere Belastung durch den eigenen Körper vorfinden als am vergangenen Tag und dadurch gezwungen werden, gröber aufzutragen, als es dem beabsichtigten Zweck entspräche. Dadurch entsteht bei dem heranwachsenden Menschen ein Verhalten, das diesen Jahren des raschen und darum unkontrollierten Wachstums den Kosenamen »Flegeljahre« verschafft hat. Die Flegeljahre sind die Jahre der Entwicklung, in denen der Mensch gezwungen wird, durch das unkontrollierte Wachstum seines Körpers stärkere Energien zu entfalten, als ersprießlich wären. Es liegt etwas Gewaltsames, fast Gewalttätiges, Robustes, Rohes, Zufahrendes in diesem äußeren Benehmen.

Wir brauchen das, was diesem äußeren Dreschflegel zugrunde liegt, nur auf das seelische, geistige und moralische Gebiet zu übertragen, um vor uns zu haben, was die Mars-Saturn-Konjunktion im allgemeinen bedeutet: das physische, seelische, geistige oder moralische Flegeltum, das jeweils die Gestalt annimmt, die dem Tierkreiszeichen entspricht, in dem sie stattfindet. So können wir verstehen, daß von diesem Komplex nicht selten Impulse der Abwegigkeit ausgehen, die dem Bestreben entspringen, das gesamte Leben, sei es bewußt oder unbewußt, unter die ungehemmte Gewaltsamkeit zu stellen, die überall am Werk ist, uns zu Lebensäußerungen zu verleiten, die die normalen, dem Individuum durch das soziale Leben und seine Gesetze auferlegten Grenzen durch einen übertriebenen Energieaufwand überschreitet. Fast könnte man sagen, daß ein Mensch, der unter dieser Konstellation geboren wurde, zeitlebens ein Flegel ist.

Wir wenden uns nun den einzelnen Zeichen zu.

In den *Feuerzeichen* nimmt dieses Flegeltum eine besondere Gestalt an. Was hier so sehr überspannt wird, sind alle Willens- und alle moralischen Anstrengungen, als hätten sie gegen eine beständige Belastung anzukämpfen, die Willen und moralische Kraft niederhält; man muß zu all dem, was in diesen Bereich fällt, einen recht energischen Anlauf nehmen, der sich dann auch in den Äußerungen entsprechend kundgibt; polternder Jähzorn, wo andere bloß erregt sind, Neigung zur Gewalttätigkeit, wo andere bloß schimpfen, Impulse der

Rache, wo andere sich bloß ärgern usw. Auf der anderen Seite finden wir das Entsprechende auch in der Entfaltung aller gutgemeinten Willensäußerungen, wie etwa in dem Fall, daß man andere zwingen will, das anzunehmen, was einem selbst als glückbringend erscheint, wie etwa die Tyrannei einer bestimmten Heilslehre etc.

WIDDER: Mars steht mit Quinkunx im eigenen Zeichen, hat das Quadrat im Zeichen seiner Erhöhung. Saturn steht im Zeichen seines Falles, hat das Quadrat im eigenen Zeichen, Sextil im Zeichen seiner Erhöhung.
Ein starker Mars verbindet sich mit einem geschwächten Saturn. Hier entwickelt sich Jähzorn, der überall auftritt, wo man auf moralischen Widerstand stößt. Es fällt besonders schwer, in solchen Fällen an sich zu halten und nicht Dinge zu tun, die später reuen. Selbstbeherrschung zu üben bildet eine der Hauptaufgaben des Lebens, die niemals ganz zu erfüllen gelingt. Aus der Latenz bricht dann zuweilen mit unbezwinglicher Kraft hervor, was so sorgsam verdrängt wurde. Man hat zeitlebens damit zu tun, die »Bestie« in seinem Inneren zu zähmen, und an diesem Kampf kann man innerlich gewaltig wachsen.

LÖWE: Mars hat Trigon und Quadrat im eigenen Zeichen, Quinkunx im Zeichen der Erhöhung. Saturn steht im Zeichen seines Exils, hat Quinkunx im eigenen Zeichen, Sextil im Zeichen seiner Erhöhung.
Auch hier ist Saturn geschwächt. Die Veranlagung ist im allgemeinen ähnlich der in Widder, aber ihre Äußerung ist doch recht verschieden. Es wird sich hier weniger um die streitbare Entfaltung all jener Energien handeln, als vielmehr darum, sie dem Prinzip der Selbsterhaltung zu unterstellen. Um diese herrscht ein stiller, aber nichtsdestoweniger hartnäckiger Kampf, der niemals ruht, auch dort nicht, wo diese Selbsterhaltung anderen vollkommen gesichert erscheint. Im Zusammenhang mit diesem stillen Kampf treten allerdings all die bei Widder beschriebenen Impulse sofort nach außen, wenn man in seiner Integrität angegriffen wird, so wie es etwa vom Löwen heißt, daß er den Menschen nur dann angreift, wenn er gereizt wird. Dann muß man auch hier mit Rücksichtslosigkeit und sogar Grausamkeit rechnen.

SCHÜTZE: Mars hat Trigon und Halbsextil im eigenen Zeichen, Halbsextil im Zeichen seiner Erhöhung. Saturn hat Halbsextil und Sextil im eigenen Zeichen, Sextil im Zeichen seiner Erhöhung.

16. Vortrag

Hier lebt das moralische Flegeltum, die moralische Tyrannei mit einem überspannten moralischen Grundsatz, dessen Verteidigung zu einem Lebensprinzip erhoben wird. Hier entstehen Glaubensstreiter, die bereit sind, das Evangelium der Liebe mit den grausamsten Mitteln zu verteidigen oder zu einem vermeintlichen Sieg zu führen. Wieder kann hier die Figur Brand in Ibsens gleichnamigem Drama als Paradigma angeführt werden.

Wir wenden uns nun zu den *Luftzeichen*.

Hier nimmt der Mars-Saturn-Komplex einen Charakter an, der nur scheinbar moralisch ist, in Wirklichkeit aber als überspitztes Erkenntnisprinzip anzusehen ist, das infolge dieser Überspitzung in das Praktische hinüberreicht. So entsteht hier tatsächlich etwas, was man als den Terrorismus der Meinung bezeichnen könnte. Dieser Terrorismus ist jedoch nicht etwas, womit man als Charakter steht und fällt, sondern man ist selbst unter dessen Druck geraten wie unter eine fremde Macht, deren Druck man nun auf andere wälzt.

WAAGE: Mars steht im Zeichen seines Exils, hat Halbsextil im eigenen Zeichen, Quadrat im Zeichen seiner Erhöhung. Saturn steht im Zeichen seiner Erhöhung, hat Quadrat und Trigon im eigenen Zeichen.

Hier ist es das Prinzip einer kalten und durchaus lebensfernen Gerechtigkeit, der gegenüber es keinen Kompromiß geben darf; das Prinzip bleibt aber innerhalb der Grenzen der Theorie. Nicht Michael Kohlhaas oder Brand, sondern noch am ehesten Shakespeares Shylock könnte hier als symbolische Figur genannt werden, aber auch nur, was die geistige Seite des Mars-Saturn-Komplexes angeht. Vielleicht kann hier die im Deutschen übliche Redewendung »das Kind mit dem Bade ausschütten« zeigen, wie ein Prinzip das Gute im Menschen auszulöschen vermag, wenn es über seine Grenzen zu wuchern beginnt.

WASSERMANN: Mars hat Sextil und Quadrat im eigenen Zeichen, Halbsextil im Zeichen seiner Erhöhung. Saturn steht mit Halbsextil im eigenen Zeichen, hat Trigon im Zeichen seiner Erhöhung.

Hier ist es nicht so sehr das Prinzip einer allgemeinen Gerechtigkeit als vielmehr das Prinzip der eigenen Meinung, die – zum theoretischen System ausgeweitet – die freie Entfaltung des eigenen Gedankenlebens tyrannisch einzwängt. Man ist bereit, dieser eigenen Gedankensystematik die grausamsten Opfer zu bringen. Aber dieser Glaube dient nicht der Wahrheit, sondern dem Fortbestand des eigenen, nur allzu fest geronnenen Gedankensystems. Intoleranz wird Tugend.

ZWILLINGE: Mars hat Sextil und Quinkunx im eigenen Zeichen, Quinkunx im Zeichen seiner Erhöhung. Saturn hat Trigon und Quinkunx im eigenen Zeichen, Trigon im Zeichen seiner Erhöhung. Das geistige Flegeltum, wenn wir diesen Ausdruck wiederaufnehmen wollen, zeigt sich hier in einer negativen Haltung. Glaubenslosigkeit und Skeptizismus verbinden sich fast zu einer feindlichen Einstellung gegen alle, die irgendeinem Glauben oder einer Überzeugung anhängen. Spitzfindigkeiten sind stets zur Hand; was aber hier fehlt, das sind meist wirklich überlegene Argumente, weil – uneingestanden – die innere Antriebskraft des Geistes fehlt. Hier ist die Stätte eines geistigen Nihilismus, der darauf aus ist, Anhänger zu gewinnen.

Wir gehen nun zu den *Wasserzeichen* über. Hier kann man von den Flegeljahren der Leidenschaften sprechen. In bezug auf diese Leidenschaften bleiben die so Geborenen für immer in der entsprechenden seelischen Verfassung. Man ist hemmungslos und läßt alle Rücksichten fallen, selbst die gegen die eigene Person. Was aber das Wesentliche ausmacht, ist, daß man selbst unter dieser Veranlagung leidet, die einen oft genug verführt, gerade gegen die grausam und mitleidlos zu verfahren, die einem innerlich nahestehen. Dies drückt sich in den einzelnen Zeichen recht verschieden aus.

KREBS: Mars steht im Zeichen seines Falles, hat Quadrat und Trigon im eigenen Zeichen. Saturn steht im Zeichen seines Exils, hat Quinkunx im eigenen Zeichen, Quadrat im Zeichen seiner Erhöhung.

Wir treffen hier eine besondere Verstocktheit an und die Neigung, gleichermaßen gegeneinander wie gegen sich selbst grausam zu sein, sich selbst zu quälen und sich und anderen das Gute zu versagen – aus einem pessimistischen Grundtrieb heraus. Nutzlose Askese, die sich mehr als nötig Freuden versagt, führt auch zur Teilnahmslosigkeit gegen die Leiden anderer. Hier kommt das Flegeltum nicht recht durch, weil dessen Energien sich innerlich verkriechen. Wird diese üble Veranlagung überwunden, dann können überaus wertvolle Antriebe zu ungeahnter Höherentwicklung entstehen.

SKORPION: Mars steht mit Quinkunx im eigenen Zeichen, hat Sextil im Zeichen seiner Erhöhung. Saturn hat Sextil und Quadrat im eigenen Zeichen, Halbsextil im Zeichen seiner Erhöhung.

16. Vortrag

Hier besteht die Kraftlosigkeit, die wir in Krebs antrafen, nicht. Die Leidenschaftlichkeit behält aber ihren düsteren Charakter. Grausamkeit und Eifersucht machen den Geborenen selbst zu einem Leidtragenden; aber hier besteht die Tendenz, andere an seinen eigenen Leiden leiden zu lassen; sie sollen mit mir leiden, und sie sollen vor allem an mir leiden. Dadurch kommt es im Gegensatz zu Krebs zu einer Gefühlsgemeinsamkeit zwischen mir und meinen Opfern, die mich mitleben müssen wie ich sie. Dies ist eine der merkwürdigsten Konsequenzen dieser Konstellation.

FISCHE: Mars hat Halbsextil und Trigon im eigenen Zeichen, Sextil im Zeichen seiner Erhöhung. Saturn hat Halbsextil und Sextil im eigenen Zeichen, Quinkunx im Zeichen seiner Erhöhung.

Die Wirkung dieser Konstellation erinnert ein wenig an das, was wir im Geistigen bei Zwillinge beobachten konnten. Freilich bezieht sich all das hier in erster Linie auf das Gefühlsleben und gleicht auch einem Flegeltum, da sich darin eine bemerkenswerte Respektlosigkeit ausdrückt, die im Gefühlsleben ähnlich der dortigen fast feindseligen Einstellung gegen den Glauben ist. Es macht sich die Neigung bemerkbar, herabzuziehen, was nicht die eigene Veranlagung teilt, es auf das eigene Niveau zu bringen und zu verunglimpfen. Dies geschieht jedoch nicht aus Bosheit, sondern aus dem Verlangen, in einer Welt leben zu dürfen, der man ebenbürtig sein kann. Unter dieser Anlage leidet man selbst zuweilen in hohem Maß, und der eigene Mangel an Demut kann die Seele schwer belasten, wenn man sieht, wie andere mit einer lebensfrohen, unbeschwerten und sonnigen Gefühlswelt geboren sind, die man bei sich selbst so schwer vermißt. Aber gerade darum können sich hier die stärksten Auftriebskräfte entwickeln, und man kann so fähig werden, anderen den Weg zu weisen, der aus den seelischen Niederungen aufwärts führt.

Wir gehen zu den *Erdzeichen* über.

Die Arbeit im steinigen Erdreich führt zu einer ungewöhnlichen Anspannung aller Kräfte, die fast überall mit zu großem Einsatz an die jeweilige Aufgabe herangebracht werden. Starrsinn, Unnachgiebigkeit wie auch Überschätzung des Arbeitsresultates, in den meisten Fällen aber auch Gewaltsamkeit in der Anwendung der Mittel, mit denen um jeden Preis das gesetzte Ziel erreicht werden soll, kennzeichnen im Erdbereich den Mars-Saturn-Komplex.

STEINBOCK: Mars steht im Zeichen seiner Erhöhung, hat Quadrat und Sextil im eigenen Zeichen. Saturn steht mit Halbsextil im eigenen Zeichen, hat Quadrat im Zeichen seiner Erhöhung. Beide Planeten stehen hier in Würden. Hier wird mit Unermüdlichkeit und Zähigkeit das gesetzte Arbeitsziel verfolgt, gesteigert durch das Bewußtsein, im Dienst der Allgemeinheit zu wirken, ob diese davon weiß oder nicht. Was hier an das Flegeltum erinnert, ist die immer wiederkehrende Anlauftätigkeit, das Verlangen, immer wieder eine Bresche zu schlagen, um durch das Hindernis hindurchzugehen; man wird niemals kapitulieren. Es besteht die Veranlagung zur Rücksichtslosigkeit und zur Mißachtung feinerer, sensiblerer Menschen. Es sind vor allem Menschen der Tat, die es nicht lieben, auf sentimentale Regungen Rücksicht zu nehmen. Die Konstellation erinnert ein wenig an Widder, aber es fehlt die Neigung zum Jähzorn.

STIER: Mars steht im Zeichen seines Exils, hat Halbsextil im eigenen Zeichen, Trigon im Zeichen der Erhöhung. Saturn hat Quadrat und Trigon im eigenen Zeichen, Quinkunx im Zeichen seiner Erhöhung.

Hier besteht dieselbe Beharrlichkeit, aber sie gilt weniger der Überwindung von Hindernissen als der Verteidigung des bereits Erreichten. Dabei besteht stets die geheime Angst, man könne verlieren, was man bereits sein eigen nennt, und diese Ängstlichkeit erzeugt eine geheime Angriffsbereitschaft gegenüber vermeintlicher Anfeindung, sowie eine geringe Neigung, irgend etwas aufs Spiel zu setzen oder sich auf Opfer einzulassen; man vergräbt sorgfältig das anvertraute Pfund. Man bringt in diesem Zeichen der Hingebung und des Dienens gerne Opfer, aber nur dann, wenn man sicher sein darf, daß es sich lohnt, sei es physisch oder moralisch.

JUNGFRAU: Mars hat Quinkunx und Sextil im eigenen Zeichen, Trigon im Zeichen seiner Erhöhung. Saturn hat Trigon und Quinkunx im eigenen Zeichen, Halbsextil im Zeichen seiner Erhöhung.

Hier ist der Mangel an Opferbereitschaft noch größer, wenn es sich um die soziale Anpassung an das Recht des anderen handelt, der ja auch leben will. Damit geht ein erheblicher Widerstand gegen jede Änderung des gewohnten sozialen Milieus einher. Sobald das eigene Interesse tangiert wird, muß man auf die härteste Gegenwehr und Rücksichtslosigkeit gefaßt sein. Sind jedoch die eigenen Interessen gesichert, dann mag man sich gerne auch für das Wohl anderer einsetzen oder wenigstens echauffieren.

17. Vortrag

Wir haben nun noch die *Konjunktionen des Planeten Mars mit Uranus und Neptun* zu besprechen.

Uranus war der Planet der Konzentration aller Kräfte, ihrer Zusammenschließung zu einer in sich geschlossenen, individuellen Einheit, der Planet steht für Selbstfindung und Selbstbestimmung. Wenn sich dieser Planet mit Mars verbindet, dann umgibt er die Marskräfte gleichsam mit einer Schale, in der sie bis zur Explosion reif werden. Ihre Spannung wächst bis zu jenem Grad, der ihnen die Sprungkraft einer bis zum äußersten gespannten Feder verleiht. Schon einmal konnten wir von dieser Sprungkraft sprechen, als wir Wassermann im allgemeinen untersuchten, dessen Interpret ja Uranus ist, jenes Zeichen, das dem Unterschenkel und damit den Sprungkräften des menschlichen Organismus entspricht. Die Wirkung der Mars-Uranus-Konjunktion wird also nicht mit der des Dreschflegels verglichen werden können, sondern mit der eines Explosivkörpers, und deshalb werden sich die Marskräfte in diesem Fall viel gefährlicher auswirken können als in der Verbindung mit Saturn, unter Umständen aber viel segensreicher. Dann wird sich das Zerstörende der Marskräfte bemerkbar machen, die Uranus' Schale, die sie bis dahin barg und in der sie sich verdichten konnten, mit einem Mal durchbrechen. Die durch die Mars-Uranus-Konjunktion veranlagte Kraft bleibt im Menschen lange verborgen und macht ihn dadurch sehr stark in seiner Eigennatur. Die Neigung zum Alleingehen und zur Selbstisolation macht diese Menschen fast durchweg zu Rebellen. Sie bleiben mit ihrer Kraft auch inmitten der regsten Geselligkeit allein und wollen es auch bleiben.

Wir gehen nun zu den einzelnen Zeichen über.

In den *Feuerzeichen* – in Anschauung der Uranuswirkung die »theologische Fakultät« – werden wir religiöse Inbrunst nicht erwarten; die kann Mars nicht geben, wohl aber eine offensive Bereitschaft, sofort außer sich zu geraten, wenn der eigene moralische Wille in seinen Äußerungen auf den Widerstand eines entgegengesetzten und mithin feindlichen Willens stößt. Hier heißt es nicht bloß: Wer nicht für mich ist, ist gegen mich, sondern: Gegen mich sein heißt, dem Bösen zu dienen, heißt böse und vestockt zu sein oder borniert.

WIDDER: Mars steht mit Quinkunx im eigenen Zeichen, hat das Quadrat im Zeichen seiner Erhöhung. Uranus hat Sextil und Quadrat im eigenen Zeichen.

Hier kann man das Wort vom »heiligen Egoismus« gebrauchen, der seine Heiligkeit von der Selbstanbetung der eigenen Individualität bezieht. Dieser Egoismus ist aber keineswegs praktisch, er zielt nicht auf Besitz, Reichtum oder äußere Macht; er bezieht sich vielmehr auf den unwidersprechlichen Primat meiner moralischen Existenz vor der jedes anderen. Dieser Egoismus kann heilig genannt werden, weil meine Existenz der Ausdruck eines höchsten Willens sein kann, der sich in meinem höchst individuellen Bewußtsein unmittelbar manifestiert.

LÖWE: Mars hat Trigon und Quadrat im eigenen Zeichen, Quinkunx im Zeichen seiner Erhöhung. Uranus steht im Zeichen seines Exils, hat Quinkunx im eigenen Zeichen.

Die Vorstellung von der eigenen Wichtigkeit und der Pflicht, sich dieser Wichtigkeit gemäß zu benehmen, ist hier ebenso entwickelt wie im Widder. Es fehlt aber die geharnischte Bereitschaft zum Kampf, den man gern vermeidet, solange es geht. Man will in Frieden gelassen werden, ebenso wie man auch wünscht, die anderen in Frieden zu lassen.

SCHÜTZE: Mars hat Trigon und Halbsextil im eigenen Zeichen, Halbsextil im Zeichen seiner Erhöhung. Uranus hat Sextil und Halbsextil im eigenen Zeichen.

Hier ist es nicht so sehr die Wichtigkeit der eigenen Existenz als die der eigenen religiösen Überzeugung – in Glauben oder Unglauben. Man kann mit den höchsten Graden der Unduldsamkeit rechnen, sobald die eigene Überzeugung in Frage kommt. Aber diese Unduldsamkeit bezieht sich nicht auf die Konfession, in die man durch Geburt oder durch freie Wahl eingegliedert ist, sondern auf den individuellen Glauben, über den es keine Diskussion geben kann noch soll.

Wir wenden uns zu den *Luftzeichen*. Wir siedeln nun von der theologischen zur philosophischen Fakultät hinüber. Hier kann man nicht mehr von Terroristen, sondern eher von Extremisten sprechen, d. h. von Menschen, die im Denken und in der Erkenntnis nur das Entweder-Oder kennen. Vor allem darf es keine Kompromisse geben; man darf nichts von dem aufgeben, was zur eigenen Individualität gehört, keiner Person und keiner Sache zuliebe. So besteht auch hier die gleiche Selbstbehauptung, nur mit dem Unterschied, daß sie jetzt nicht dem moralischen, sondern dem erkennenden Ich gilt. Mit meiner Meinung habe ich zu stehen und zu fallen.

WAAGE: Mars steht im Zeichen seines Exils, hat Halbsextil im eigenen Zeichen, das Quadrat im Zeichen seiner Erhöhung. Uranus hat Trigon und Quadrat im eigenen Zeichen.
 Was hier in den Vordergrund tritt, ist vor allem die Sucht, an sich richtige Erkenntnisse dadurch zu überspitzen, daß man die ihnen zugrundeliegende Methode mit beharrlichem Eifer auch auf solche Gebiete überträgt, auf denen sie dem normalen Denken unzuständig erscheint. In der Anwendung dieser geistigen Praxis erweist man sich als wahrer Tyrann. Der altrömische Grundsatz: »summum ius iniuria« wird hier niemals beachtet oder zumindest geleugnet: Recht kann niemals Unrecht sein, Unrecht niemals Recht. Die Ähnlichkeit mit dem Mars-Saturn-Komplex in diesem Zeichen ist auffallend. Das Unterscheidende zwischen beiden Konstellationen liegt jedoch darin, daß in diesem sonst so zur Konzilianz neigenden Zeichen die Selbstisolierung auftritt, die es unmöglich macht, Belehrungen irgendeiner Art entgegenzunehmen. Man bleibt zeitlebens ein zorniger Autodidakt oder redet sich wenigstens ein, es zu sein.

WASSERMANN: Mars hat Sextil und Quadrat mit eigenem Zeichen, Halbsextil im Zeichen seiner Erhöhung. Uranus steht mit dem Halbsextil im eigenen Zeichen.
 Hier finden wir ähnliches wie in Waage. Man möchte gerne Meister sein, ohne zuvor Schüler gewesen zu sein, es sei denn sein eigener. Man glaubt gar nicht, wieviel man so bei sich allein lernen kann. Damit hängt auch zusammen, daß man nur sehr ungern einen Widerspruch hinnimmt, ja sogar sofort eine feindliche oder beleidigte Stellung einnimmt. Soweit besteht mit dem Waagezeichen die größte Ähnlichkeit. Diese beiden Mars-Uranus-Komplexe in Waage und Wassermann unterscheidet, daß jene Überspitzung von Erkenntnissen, die wir bei Waage beschrieben, so gut es geht geheim bleibt und nur zum eigenen Gebrauch bestimmt ist, und an diese Stelle des Ideals der Gerechtigkeit tritt das Rechthaben. Wie denn auch anders: Ein Meister hat immer recht.

ZWILLINGE: Mars hat Sextil und Quinkunx im eigenen Zeichen, Quinkunx im Zeichen seiner Erhöhung. Uranus hat Trigon und Quinkunx im eigenen Zeichen.

Die Skepsis wird hier Glaubensartikel, der zwar nicht mit Feuer, aber doch mit dem Schwert verfochten wird. Aber auch dieser Glaubensartikel unterliegt der Skepsis. Sprachen wir früher von Extremisten irgendeines theoretischen Gedankens, so kann man hier von einer geistigen Verfassung sprechen, die den Extremisten zum Nihilisten macht. Man könnte sich für den Nihilismus begeistern, wenn es überhaupt dafür stünde. Darum besteht auch hier vorzugsweise bloß die Neigung, jedes Urteil durch die Methoden des Extremismus ad absurdum zu führen. Hier heißt es nicht: summa iustitia summa iniuria, sondern: summa intelligentia summa stupiditas.

Wir wenden uns nun zu den *Wasserzeichen*. Hier sind es die Gefühle, vor allem aber die Leidenschaften, die, oft lange zurückgehalten, plötzlich mit all der inzwischen angesammelten Spannung losbrechen. Was diese innere Spannung unterhält und niemals zur Ruhe kommen läßt, das ist das stets wache Wunschleben, das sich an sich selbst zu immer größerer Intensität steigert. Und hinter dieser Wunschkraft steht als der eigentliche Regisseur die Eigensucht, die so charakteristisch ist für den wäßrigen Uranus. In unseren Leidenschaften und der Wahl der Objekte offenbart sich das Individuelle unserer Wunschnatur.

KREBS: Mars steht im Zeichen seines Falles, hat Quadrat und Trigon im eigenen Zeichen. Uranus steht im Zeichen seines Exils, hat Quinkunx im eigenen Zeichen.

Hier äußert sich der Mars-Uranus-Komplex in schweigendem Trotz. Es besteht die Neigung, alle Unbill schweigend zu ertragen und den Schmerz sowie alle aufsteigenden Zornregungen so lange zu verbergen, bis es nicht mehr ertragen werden kann, worauf eine böswillige, zerstörende Handlung folgt. Dies wird sich besonders im Kindesalter bemerkbar machen. Hier ist in hohem Grade entwickelt, was wir bei Besprechungen des Planeten Uranus (*Planetenwelt und Mensch*, 18. Vortrag) den Ich-Schmerz genannt haben. Unfruchtbare, weil trotzige Reue mag dann oft solchen Entladungen folgen.

SKORPION: Mars steht mit Quinkunx im eigenen Zeichen, hat das Sextil im Zeichen seiner Erhöhung. Uranus hat das Quadrat und Sextil im eigenen Zeichen.

17. Vortrag

Mars steht hier in Würden. Hier kommt es zu einer hohen Konzentration der eigenen Wunschkräfte, die in Verbindung mit Mars Verwirklichungstendenzen entfachen, die jedoch nicht in erster Linie zu Handlungen führen, sondern zu jener eigentümlichen, physisch nicht näher erklärbaren Beeinflussung der Ereignisse, die innerhalb des persönlichen Interessengebietes liegen, die man fast als magische Beeinflussung bezeichnen könnte. Es scheint, als könnte man nicht nur Menschen, sondern auch Ereignisse in den Bann der eigenen Suggestivkraft zwingen. Versagt diese Kraft, dann mag man sich auf schwere Leidenschaftsausbrüche gefaßt machen.

FISCHE: Mars hat das Quinkunx und Trigon im eigenen Zeichen, Sextil im Zeichen seiner Erhöhung. Uranus hat Halbsextil und Sextil im eigenen Zeichen. Hier mag die Konjunktion von Mars und Uranus bewirken, daß die Kräfte des Mitleids sich in erster Linie auf die eigene Person konzentrieren. Wir werden daher einer besonders hartnäckigen Wehleidigkeit begegnen, einem konzentrierten Sich-selbst-Bedauern, das bis zum Wunsch nach Selbstzerstörung gehen kann, wenn durch die Überwertung der Mitleidskräfte diese schließlich in das Gegenteil umschlagen und der Selbstzüchtigung Platz machen. Ein fruchtloses, seelisches, geistiges und sogar physisches Flagellantentum kann sich hier einstellen, das hohe und geradezu exzessive Grade erreicht, in extremen Fällen begleitet von perversen Lustgefühlen.

Wir gehen zu den *Erdzeichen* über.

Hier betreten wir die »juristische« Fakultät. Auch hier gilt der Grundsatz: keine Konzessionen machen. Man rebelliert daher gegen alles, was nach Konvention oder Konzession aussieht. Man will nur von dem Recht wissen, das mit mir geboren ist. Es besteht keine Neigung, das Recht einer Mehrheit anzuerkennen, sofern es gegen die eigenen Interessen gerichtet ist. Man erkennt jedoch das Recht jedes einzelnen an, sein Recht einzufordern. Aber in allen Fällen habe ich den Vorrang. Hier ist der Ort für das Übermenschentum, das aber nur für die eigene Person zu fordern ist.

STEINBOCK: Mars steht im Zeichen seiner Erhöhung, hat Quadrat und Sextil im eigenen Zeichen. Uranus steht mit Halbsextil im eigenen Zeichen. Beide Planeten stehen in Würde. Man ist hier beständig gerüstet für den Kampf ums eigene Recht, das mir niemand streitig machen darf.

Dies führt unter Umständen zu einem Übermaß zwecklos angehäufter Energien, die daher früher oder später frei werden müssen und sich dann oft genug zerstörend bemerkbar machen, obwohl niemand dabei einen Nutzen hat. Nicht selten richtet sich der entstehende Schaden gegen die eigene Person.

STIER: Mars steht im Zeichen seines Exils, hat Halbsextil im eigenen Zeichen, Trigon im Zeichen seiner Erhöhung. Uranus hat Quadrat und Trigon im eigenen Zeichen.
Die Exilierung des Mars führt hier zu einer Involution all dessen, was wir soeben für Steinbock beschrieben haben. Der Mut des Rebellen wird hier zum Mut der Verzweifelten, der durch das Gefühl des Gelähmtseins oder auch der eigenen Minderwertigkeit beständig genährt wird. Hier entstehen Explosionen des Hilflosen, die mitunter zu den unerquicklichsten Erscheinungen gehören.

JUNGFRAU: Mars hat Quinkunx und Sextil im eigenen Zeichen, Trigon im Zeichen seiner Erhöhung. Uranus hat Quinkunx und Trigon im eigenen Zeichen.
Hier entstehen weniger Minderwertigkeitsgefühle. Die Explosionen, die hier möglich sind, resultieren aus der Ansammlung von mutlosen heimlichen Protesten gegenüber der Tatsache, daß es unverdienterweise anderen, Glücklicheren, bessergeht. Ein Lebenspessimismus entsteht, der aber mit einer gewissen weisen Mäßigung einhergeht und die katastrophale Explosion soweit als möglich wegen mangelnden Zutrauens in die eigenen Kräfte hinausschiebt. Was übrigbleibt, sind meist nur ohnmächtige Tränen der Wut, die in das Sacktuch fließen.
Vergessen wir nicht, daß Uranus der eigentliche Planet der Ich-Bejahung ist, aber auch zugleich der Planet aller Ich-Lust und allen Ich-Schmerzes, und daß Mars in Verbindung mit Uranus all das in uns wachrüttelt, was uns diese Ich-Lust oder Ich-Schmerz erproben läßt.

Wir gehen nun zur Besprechung der *Mars-Neptun-Konjunktion* über.

Diese Konjunktionen sind weder leicht zu verstehen, noch auch leicht zu tragen; ist doch Neptun ein Planet, dessen Wirkung tief ins Bewußtsein hineinreicht und den Menschen mit dem Jenseitigen in Verbindung bringt und in dieser Verbindung hält. Weil nun Neptun eine derart aufschließende Kraft in bezug auf das Übersinnliche, Kosmische besitzt, könnte es zunächst scheinen, daß wir in der

Verbindung von Mars und Neptun eine Vereinigung von Gegensätzen vor uns haben, ähnlich der zwischen Mars und Venus. Venus war der Planet, der dem Ewig-Weiblichen im Menschen entspricht. Venus läßt ihn bereitwillig Zukunftsimpulse aufnehmen und als Entwicklungsfaktor einbauen, Venus prägt den Menschen als Schaffenden, immer bereit, zu einer höheren Stufe aufzusteigen. Mars ist der Planet der Verwirklichungstendenzen und der Erfüllung in der Gegenwart; er hält alle unerschöpflichen Energien bereit, die immer wieder zur Erfüllung drängen. So ergab sich nun aus der Verbindung von Mars und Venus das Schöpferische im Menschen – sei es im rein Physiologischen, Geschlechtlichen, sei es in der Kunst –, aber auch die ganze leidenschaftliche Glut, die diesem Schöpfungsdrang innewohnt.

Nun entspricht aber in der Verbindung von Mars mit Neptun im Gegensatz zur Mars-Venus-Verbindung Neptun nicht ohne weiteres dem Ewig-Weiblichen – zumindest nicht auf der diesseitigen Ebene. Neptun bringt den Menschen zum Kosmisch-Jenseitigen in eine ähnliche Beziehung wie im Irdischen das Weibliche zum Männlichen. Auch hier sehen wir die Sehnsucht des Menschen über die Grenzen des Irdischen hinauswachsen in Jenseitiges, so daß wir auch hier von Entwicklungsimpulsen sprechen können, für die Neptun den Menschen öffnet, nur daß es sich bei dieser Sehnsucht nicht um eine Verbindung zwischen dem Weiblichen und Männlichen, sondern um die Verbindung zwischen dem Menschlichen und dem Göttlichen handelt.

Wenn Mars sich zu Neptun gesellt, dann wird er alle Kräfte einsetzen, um diese Verbindung zu verwirklichen, nur daß im Gegensatz zur Mars-Konjunktion es bei der unerfüllten Sehnsucht bleiben muß, weil die Verwirklichung des Jenseitigen im Diesseitigen unmöglich ist. So kommt es, daß wir bei dieser Konjunktion nicht dieselben Beziehungen zum Leidenschaftsleben erwarten können, die sich schöpferisch im Erotischen und Künstlerischen zeigen, sondern die Sehnsucht nach dem Unerfüllbaren und als Folge davon das Stehenbleibenmüssen auf halbem Weg. Dadurch entstehen Spannungen im Menschen, die nicht nach außen gelangen können, ja vielfach nicht einmal in das Bewußtsein vordringen und sich darum im Unterbewußten austoben müssen. Dies führt dazu, daß die Äußerungen dieses Aspektes in der Wirklichkeit stets einen unenträtselbaren Rest hinterlassen, der zu mancherlei seltsamen Leiden Anlaß gibt, zu mancherlei Verwirrung und vor allem zu Unklarheiten. Handelt es sich um das Künstlerische, das allermeist das Mittel ist, um jenen unerfüllbaren

Drang zu stillen, so werden wir es mit Kunstäußerungen zu tun haben, die im Gegensatz zu jenen, die aus der Mars-Venus-Beziehung entstehen, einen niemals zu verwirklichenden Rest in sich bergen. Nicht klassische Kunst wird aus dieser Verbindung erwachsen, sondern eine Kunst, die andeutet und mit dem vielleicht größeren Anteil ihres Wesens im Unterbewußtsein oder im Jenseitigen haftenbleibt. Unter allen Künsten, die hier ein Betätigungsfeld finden, wird es wohl die Musik sein, die am ehesten verspricht, harmonisierend auf diese inneren Spannungen einwirken zu können. Aber auch andere Künste, sofern sie das symbolische Element in den Vordergrund rücken und so das Hineinleben in die reale Verwirklichung verbieten, können diese Rolle übernehmen.

So wird sich die Mars-Neptun-Konjunktion zumindest bei dem höherentwickelten Menschen auswirken. Bei dem weniger entwickelten Menschen aber wird dieser im Unterbewußtsein stets verbleibende Spannungsreste nach Äußerungen suchen, die dann irgendeine rätselhafte Form der Leidenschaftlichkeit annehmen, einer Leidenschaftlichkeit, die dem Geborenen selbst rätselhaft erscheint, weil sie im Unterbewußtsein wurzelt und sich in einer völlig wirklichkeitsfremden Weise in die Welt vorschiebt, wo sie wie ein Gast aus einer anderen Welt ihr Unwesen treibt.

Es entsteht eine Neigung, die sich gegen alles Konventionelle richtet und in rücksichtsloser Weise durchzubrechen droht, wenn jene innere Spannung übermächtig wird. In andern Fällen äußert sich diese Neigung einfach im Übersehen jener realen Tatsachen, die zum momentanen Stimmungskomplex nicht passen. Dies kann zu zeitweise auftretenden Hemmungslosigkeiten im Psychischen verführen, die fast immer Anzeichen einer gewissen Gefühlsbrutalität aufweisen, die freilich ungewollt ist und aus der Uneinfügbarkeit jener großenteils unbewußten Spannungen in die Erfordernisse des praktischen Lebens resultiert. Eine gewisse Rätselhaftigkeit wird die Temperamentsäußerungen solcher Menschen begleiten, wobei es als besonders tragisch empfunden wird, daß es keine Form der Leidenschaftlichkeit gibt, die restlos beruhigt werden könnte.

Wir gehen nun zu den einzelnen Zeichen über, wobei wir, wie bei Uranus, nur den Tierkreisabschnitt von Fische bis Waage behandeln wollen.

17. Vortrag

FISCHE: Mars hat Halbsextil und Trigon im eigenen Zeichen. Sextil im Zeichen seiner Erhöhung. Neptun steht mit dem Quadrat im eigenen Zeichen.

Die Generation mit dieser Stellung war im ganz besonderen Maß mit den edlen Eigenschaften ausgestattet, die Neptun in diesem Zeichen zu geben vermag. Das Wesentliche dabei war, daß die Intuition, die gefühlsgeboren und fast hellsichtig auftrat, ihre Korrektur unmittelbar aus dem Seelischen selbst beziehen konnte, so daß wir sagen konnten, daß sich diese Menschen keiner Intuition überließen, die sich nicht vor einem seelischen Gerichtshof rechtfertigen ließ. In Verbindung mit Mars kann man hier wohl von einer edlen Leidenschaftlichkeit sprechen, die stets darauf aus war, die inneren Seelenspannungen in einer Weise zu lösen, die sich vor einem Gewissensforum rechtfertigen ließ, das im wesentlichen die Aufgabe hatte, das eigene Fühlen an dem Gefühl des anderen zu reinigen. Das Unharmonische dieser Konjunktion lag darin, daß es sich nicht um das tatsächliche, sondern um das unterstellte Gefühl des anderen handelte, der eigentlich nur der nach außen projizierte eigene Mensch war – tatwan asi. Man kann so ebenso rücksichtslos gegen diesen anderen sein, wie man erforderlicherweise gegen sich selbst sein muß.

WIDDER: Mars steht mit Quinkunx im eigenen Zeichen, hat das Quadrat im Zeichen seiner Erhöhung. Neptun hat Halbsextil und Trigon im eigenen Zeichen.

Hier ist Mars der stärkere Planet. Die oben angedeutete Schroffheit wird darum höhere Grade erreichen. Was besonders in den Vordergrund tritt, ist der Mut, mit dem man es auf sich nimmt, die aus der Intuition geschöpften eigenen Ideale den anderen aufzudrängen. Diese Ideale entstammen bestimmten ethischen Forderungen, deren Verwirklichung aber an den jeweils gegebenen Realitäten abgeschliffen wird, so daß es zu Kompromissen kommt, die sich gegebenenfalls von Tag zu Tag ändern. Es entsteht das seltsame Bild einer stets wechselnden Leidenschaftlichkeit, die aus der Intuition eines bestimmten moralischen Ziels hervorgeholt wird, das sich jedoch je nach den praktischen Erfordernissen unter Umständen recht rasch ändert. Hier offenbart sich auch ein künstlerischer Sinn, der in der Wahl seiner Symbole wenig Konstanz aufweist. Was aber dennoch konstant bleibt, das ist die besondere Aggressivität der Leidenschaftlichkeit, mit der teils eigene, teils fremde Ideale verfochten werden, wobei die Rücksichtslosigkeit, von der wir früher sprachen, fast immer von jenem Mut begleitet ist, den ein großer Lehrer den Mut zur Blamage nannte, den jeder wahre Idealist aufbringen muß. Mit dieser Stellung ist man niemals feig.

STIER: Mars steht im Zeichen seines Exils, hat Halbsextil im eigenen Zeichen, Trigon im Zeichen seiner Erhöhung. Neptun hat Sextil und Quinkunx im eigenen Zeichen.

Vielleicht kann man hier eher von Feigheit sprechen, weil fast immer die geheime, selten bewußte Furcht besteht, in seiner Gläubigkeit erschüttert werden zu können. So entsteht eine zähe Anhänglichkeit an den Glauben, mit dem man aufgewachsen ist, und das Verlangen, alle Grundsätze, die im Leben angenommen werden mußten, mit diesem Glauben der Kindheit im Einklang zu halten und sich gegen fremde Glaubensartikel so lange zu wehren, wie es geht, oder, wenn es nicht mehr geht, einen Modus zu finden, sie aus dem eigenen Fühlen hervorgehen zu lassen. Unter dem Einfluß der Marskräfte wird diesem Festhalten an der ursprünglichen Gläubigkeit ein starker Trotz entspringen. In künstlerischer Beziehung wird sich im allgemeinen das gleiche Festhalten am Überkommenen ergeben und die Neigung, all das, was zur weiteren Entwicklung der Kunst gehört, so anzusehen, als ob die neuen Impulse schon in den alten, überkommenen enthalten wären. Es gibt eben nichts wirklich Neues, das wertvoll genug wäre, das Alte zu verdrängen. Auch hier kann diese Sucht, das Alte gegen das Neue zu verteidigen, zu exzessiven Trotzausbrüchen führen, über die man nachher selbst erstaunt ist, als würde ein Fremder aus uns heraus handeln. Auch hier wird Musik viel zur Gewinnung der inneren Harmonie und zur Versöhnung mit sich selbst beitragen.

ZWILLINGE: Mars hat Sextil und Quinkunx im eigenen Zeichen, Quinkunx im Zeichen seiner Erhöhung. Neptun steht im Zeichen seines Exils, hat das Quadrat im eigenen Zeichen.

Die Flucht in die Musik steht auch hier im Vordergrund, nur entspringt sie anders gefärbten Grundbedingungen als in Stier. Was Neptun in Zwillinge beschert, das ist vor allem die Neigung, Geistiges und Seelisches immer wieder abwechselnd aufeinander stützen zu wollen, ohne mit diesen Versuchen jemals zu Ende zu kommen. Darum ist diese Stellung auch die Kardinalstellung für den geborenen Psychoanalytiker; denn der Psychoanalytiker untersucht die psychischen Vorgänge mit dem scharfen kritischen Verstand, holt aber die Schärfe dieses Verstandes aus seinem Gefühlsleben selbst hervor.

Daher gilt es unter den Psychoanalytikern fast als Dogma, daß nur der Neurotiker ein guter Psychoanalytiker sein kann.

Wenn sich nun Mars mit Neptun verbindet, dann kommt es zu einer besonderen Kraftladung des psychoanalytischen Bedürfnisses sowohl anderen als auch sich selbst gegenüber, was von einer ebensolchen Kraftlosigkeit der angeborenen Intuition begleitet ist, der sich jetzt die Skepsis zugesellt. So haben wir es hier mit Menschen zu tun, die mit den Seelenproblemen niemals fertig werden können und die Jenseitskomponente der Neptunwirkung niemals recht einbauen können in ihr seelisch-geistiges Leben. Dies führt auch in der Musik, die als Heilmittel in diesem Zwist besonders willkommen sein kann, dazu, auch sie zu einem Tummelplatz psychoanalytischer Probleme zu machen. Kaum eine andere Generation hat wohl soviel mit dem Darstellungsproblem in der Musik zu tun.

KREBS: Mars steht im Zeichen seines Falles, hat Quadrat und Trigon im eigenen Zeichen. Neptun hat Trigon und Quinkunx im eigenen Zeichen.

Hier stellen sich ähnliche Probleme ein wie in Zwillinge, jedoch mit dem Unterschied, daß hier eine starke Neigung besteht, die Gefühlswelt überhaupt zu verdrängen und den Verstand über das Seelische zu stellen, ohne daß dies gelingt. Die Seelen sind mit verdrängten Leidenschaftsresten überfüllt, und was davon ins Oberbewußtsein dringt, kehrt sich bewußt gegen die Neptunreste, die auf die Gewinnung der Beziehung zum Jenseitigen gerichtet sind. Hier ist die Musik schon weniger geeignet, erlösend zu wirken, und die musikalischen Begabungen, die hier entstehen, sind noch viel intellektueller, als dies schon bei Zwillinge der Fall war. Die Ausbrüche der Leidenschaftlichkeit, die hier beim Versagen der intellektuellen Hemmungen eintreten, sind schwer verständlich, auch für den Geborenen selbst, wenn plötzlich der entwürdigte Mars seinen ganzen Einfluß geltend macht.

LÖWE: Mars hat Trigon und Quadrat im eigenen Zeichen, Quinkunx im Zeichen seiner Erhöhung. Neptun hat Quinkunx und Trigon im eigenen Zeichen.

Hier stehen wir vor einer wesentlich anderen Art, in der sich die Neptunkräfte geltend machen, um die Beziehung zum Kosmischen herzustellen. Jenes Verbindungsglied wächst zwischen Mensch und Kosmos zu besonderer Bedeutung heran, das durch den eigenen Körper und die mit ihm gegebene Bejahung des Lebens und der

Lebensfreude präsentiert wird. Diese Lebensfreude beherrscht jetzt das Leidenschaftsleben und bewirkt die Zuwendung zum Menschlich-Allzumenschlichen. Ähnlich wie in Stier sehen wir hier einen gewissen Trotz, der sich überall dort durcharbeitet, wo der natürliche Anspruch auf Lebensgenuß und Freude in Frage gestellt war. Aber dieser Trotz ist bei weitem aggressiver; man ist so durchdrungen von dem eigenen Recht aufs Dasein, daß darüber das gleiche Recht des Nachbarn leicht vergessen wird. Wenn ich einmal voll befriedigt bin, dann werde ich mich auch um den anderen kümmern. Man könnte hier fast von einer antiken Lebensauffassung sprechen, wie sie den römischen Patriziern eigen war und am Beginn der Renaissance in Italien wieder auftrat. Ein Naturdienst erfaßt die Seelen, gestützt auf Wissenschaft und Philosophie, verbunden mit einer fetischartigen Verehrung alles Menschlich-Leiblichen.

JUNGFRAU: Mars hat Quinkunx und Sextil im eigenen Zeichen, Trigon im Zeichen seiner Erhöhung. Neptun steht im Zeichen seines Exils, hat das Quadrat im eigenen Zeichen.

Neptun steht im Zeichen seiner Vernichtung, und es scheint, als würde sich hier eine Art zu fühlen entwickeln, die einer Weltanschauung den Boden bereitet, die dem Stärkeren ein höheres Recht einräumt als dem Schwächeren – also nichts von dem, was wir bei Fische beschreiben konnten, sondern das Gegenteil. Mars in Verbindung mit Neptun erzeugt hier eine innere Gärung und Spannung, die das Recht des Stärkeren erwerben will und den anderen nur soweit berücksichtigt, als nötig erscheint, um das eigene Recht über das seine stellen zu können. Hier kommen vor allem die egoistischen Instinkte hervor, deren philosophischer Ausdruck das Naturrecht ist. Es ist schwer vorstellbar, in welcher Weise dieser Gedanke in der Musik wirksam werden sollte. In der mittelalterlichen Musik, die in der Fuge gipfelte, war die Gleichberechtigung aller Stimmen zum Sieg gelangt. Hier aber müßte ein neues Gefüge der Töne entstehen, das uns dieses Recht des Stärkeren in seiner moralischen Form nahebringt. Vielleicht ist das Leitmotiv in den Opern Richard Wagners eine Vorahnung jenes Kunststiles, der hier erwartet wird. Mehr kann begreiflicherweise hierüber nicht angedeutet werden.

WAAGE: Mars steht im Zeichen seines Exils, hat Halbsextil und Quadrat im eigenen Zeichen. Neptun hat Quinkunx und Sextil im eigenen Zeichen.

Hier kommt es zu einer wesentlich anderen Wirkung. Gerechtigkeit und Menschlichkeit auf dem Hintergrund einer religiös inspirierten wissenschaftlichen Basis sind jetzt die Ideale, denen Mars ein scharfer und unbestechlicher Anwalt wird, der allerdings in Verbindung mit Neptun zuweilen die Fassung verliert und so durch Leidenschaftsausbrüche manches verdirbt, was durch ruhige Überlegenheit leichter zu erreichen war. Ein religiöser Fanatismus begleitet durchs Leben, wobei jedoch dieses »Religiöse« nicht in konfessionellem Sinn verstanden werden muß. Eine Gefühlsreligion ist im Entstehen, die wohl im Metaphysischen wurzelt und Mensch an Mensch bindet durch das Verwandtschaftsgefühl einer gemeinsamen seelisch-geistigen Abstammung. Wieder kommt die Musik zu Ehren, die jetzt solche Elemente in sich aufnimmt, durch die sie – wenn man so sagen darf – mehr als früher fähig wird, ein Idiom zu sprechen, das über alle nationalen Verschiedenheiten hinausgreift und zur musikalischen Weltsprache werden kann.

18. Vortrag

Wir wenden uns nun dem letzten Kapitel unserer Untersuchung der Planetenkonjunktionen zu, und zwar jener Konjunktionen, die zwischen den drei äußersten Planeten möglich sind, zwischen Jupiter und Saturn, Jupiter und Uranus, Jupiter und Neptun, ferner zwischen Saturn und Uranus, Saturn und Neptun und schließlich zwischen Uranus und Neptun. Man pflegte diese Konjunktionen auch als die großen Konjunktionen zu bezeichnen. Aber dieser Ausdruck wurde früher nur auf die Jupiter-Saturn-Konjunktion angewendet, da Uranus und Neptun noch unbekannt waren.

Die eben genannten Konjunktionen sind anders zu verstehen als die bisher besprochenen, nicht etwa weil sie durch das große Spatium zwischen Mars und Jupiter von den kleineren Planeten getrennt sind und darum längere Bahnen in längeren Zeiten durchmessen, sondern weil sie insgesamt bereits Planeten der Grenze sind. Dies ist bei Jupiter noch nicht in dem Grad der Fall wie bei Saturn und Uranus, letzterer wurde von uns als eine Art transzendenter Inversion des Planeten Saturn gedeutet, wie Neptun als die transzendente Inversion des Planeten Jupiter.

Dazu kommt noch ein anderer Umstand. Die eben genannten Konjunktionen kommen infolge der langen Umlaufzeiten ihrer Konstituanten viel seltener zustande als die übrigen Konjunktionen. So ereignet sich die Jupiter-Saturn-Konjunktion nur einmal innerhalb von 20 Jahren, die Konjunktion zwischen Jupiter und Uranus einmal innerhalb von 14 Jahren, die Konjunktion zwischen Jupiter und Neptun einmal innerhalb von etwa 13 Jahren, Saturn tritt nur einmal innerhalb von 37 Jahren mit Neptun zusammen, während die Konjunktion zwischen Uranus und Neptun nur einmal innerhalb eines Zeitraums von etwa 160 Jahren geschieht.

Wir beginnen mit der Untersuchung der *Jupiter-Saturn-Konjunktionen*.

Diese »große Konjunktion« ereignet sich, wie bereits ausgeführt, je einmal innerhalb von 20 Jahren. Da aber die Umlaufzeiten dieser beiden Planeten – nämlich 12 Jahre für Jupiter und 30 Jahre für Saturn – sich verhalten wie 2 zu 5, so ergibt sich die merkwürdige Tatsache,

18. Vortrag

daß diese Konjunktionen stets im Zeichen derselben elementaren Qualitäten fallen, denn beide Planeten treffen zusammen, wenn Saturn ⅔ und Jupiter ⅓ des Tierkreises durchlaufen hat. Dies gilt jedoch nicht mit voller Exaktheit. Die große Konjunktion wiederholt sich tatsächlich nur zehnmal in den Zeichen derselben Qualität, um dann für einen gleichen Zeitraum in die benachbarte Qualität zu übersiedeln. So kommt es zu Perioden von 200 Jahren, während der die Jupiter-Saturn-Konjunktion die Zeichen einer bestimmten Qualität nicht wechselt, wenn man von kurzen Schwankungen absieht, wie dies etwa im Jahre 1881 der Fall war, wo die Jupiter-Saturn-Konjunktion außer in Stier vorübergehend auch in Widder stattfand.

Solchen »großen Konjunktionen« wurde seitens der Astrologen von jeher hohe Bedeutung zugemessen, sie wurden geradezu als Verkünder oder Vorboten großer geschichtlicher Ereignisse angesehen, besonders wenn diese Konstellationen in bestimmten Zeichen und unter gewissen astrologischen Begleiterscheinungen stattfanden. So sagte der gelehrte Rabbi Abrabanel (15. Jahrhundert) in einem Kommentar zum Buch *Daniel* das Erscheinen des Messias für eine Zeitepoche voraus, in der das Zusammentreffen von Jupiter und Saturn im Zeichen Fische geschehen soll.

Wir werden in einem späteren Abschnitt dieses Lehrganges noch auf diese großen Perioden von 200 Jahren zurückkommen. Im Leben des einzelnen spielen begreiflicherweise Perioden von so langer Dauer keine Rolle. Sie würden sich erst innerhalb eines Lebenslaufes bemerkbar machen, der weit hinausgreift über die Grenzen, die dem Menschenleben gezogen sind. Sie weisen somit auf Ereignisse hin, die bereits mit der Geschichte des Menschengeschlechts im allgemeinen zu tun haben, und deuten einen Stimmungswechsel in diesem Geschehen an, das alle 200 Jahre nach einem bestimmten Gesetz wechselt, wie etwa die Weltmonate des Platonischen Jahres.

Das persönliche Gepräge, das den innerhalb eines solchen Zeitabschnittes Geborenen mitgegeben wird, geht in der allgemeinen Charakteristik dieser Epoche unter, mag aber an jenen Repräsentanten bis zu einem gewissen Grad deutlicher zutage treten, die jeweils zur Zeit einer Jupiter-Saturn-Konjunktion geboren werden.

Wir wollen uns nun auf die Untersuchung jener Jupiter-Saturn-Konjunktion beschränken, die zwischen 1861 und 1961 stattfand.

Zunächst aber wollen wir eine allgemeine Betrachtung über diese Konstellation anstellen, gleichviel in welchem Zeichen sie sich ereignen mag, sowie über deren Einfluß auf den Menschen.

Wenn wir uns überlegen, daß Jupiter und Saturn die größten und massigsten Planeten darstellen, so drängt sich uns die Vorstellung auf, daß die Konjunktion dieser beiden Planeten, gleichgültig ob geozentrisch oder heliozentrisch gesehen, notwendig mit einer Verschiebung des Systemschwerpunktes einhergehen muß, die nicht ohne Einfluß auf den Erdkörper selbst bleiben kann. Steht dabei die Erde selbst zwischen Sonne und jenen beiden Planeten, d. h. besteht gleichzeitig die Opposition zwischen Sonne und Jupiter-Saturn – dann befinden sich diese beiden Planeten auch in ihrer »Rückläufigkeit« –, muß sich diese Verschiebung in einer Richtung bemerkbar machen, die nach jenen beiden Planeten hinweist, während in dem Fall, wo die Sonne selbst in jene Konjunktion einbezogen ist, diese Verschiebung selbst, soweit sie den Erdkörper betrifft, gleichzeitig sonnenwärts erfolgt und sich demgemäß weniger störend bemerkbar macht, da jetzt eher eine Stärkung der Sonnenkräfte eintritt, während in dem entgegengesetzten Fall das Ungewöhnliche und Ungewohnte in der Schwerpunktverteilung mehr in den Vordergrund tritt. Wir kommen hierauf in den einzelnen Darstellungen noch zurück.

Aus der Seltenheit dieser Konstellation ergibt sich als erstes Moment, daß die so Geborenen mit einer Eigentümlichkeit ausgerüstet sind, die wir als ungewöhnlich bezeichnen dürfen, und diese Eigentümlichkeit wird man nur bei bestimmten Generationen finden, um sich alsdann mit dem Grundcharakter dieser Generation zusammenzuschließen. Worin mag nun diese Eigentümlichkeit bestehen? Wir haben seinerzeit Jupiter und Saturn als die Former des menschlichen Schicksals gesehen, als die karmischen Planeten – Saturn als das Gedächtnis aller Entwicklung, Jupiter als den Bewahrer aller Guthaben, gesammelt auf diesem Entwicklungsweg; Saturn als den Schuldkomplex, Jupiter als den Verdienstkomplex. Dadurch werden beide Planeten in hohem Grad schicksalbestimmend, Saturn hemmend, Jupiter fördernd, beide als Bewahrer eines Zinsertrages, der bei Saturn im allgemeinen negativ, bei Jupiter positiv zu werten ist: Soll und Haben, Lohn und Strafe, so daß die Verbindung beider Planeten durch die Konjunktion jetzt so aussieht wie etwas, das mit Tilgung von Schuld zu tun hat oder wie die Jahresbilanz unseres Lebensbuches.

Das Karma tilgt sich, sei es, daß aus dieser Bilanz ein Überschuß an Haben oder ein Überschuß an Soll entsteht; in allen Fällen aber wird sich ergeben, daß der mit dieser Konjunktion Geborene in sich ein ständiges Bewußtsein dieser Abrechnung trägt. Sein ganzes Leben wird von der Vorstellung begleitet, vor dem Richter zu stehen und dessen Urteilsspruch zu erwarten, oder zumindest von dem Gefühl der Gerichtssaalatmosphäre, einem Gefühl, das anders Geborene in diesem Grad nicht kennen. Wir wollen dieses Gefühl das Karmagefühl nennen, um dafür eine vorläufige Bezeichnung zu haben; es ist das mehr oder minder deutliche Gefühl von einem Vormund, von dem man, wenn die Zeit gekommen ist, zur Verantwortung gezogen werden wird. Mit diesem Gefühl oder mit den Anstrengungen, es zu verdrängen, hat der so Geborene zeitlebens zu tun. Nicht nur die mit Jupiter-Saturn-Konjunktion Geborenen, sondern auch alle, die überhaupt eine Aspektverbindung dieser beiden Planeten in ihrem Horoskop haben, kennen dieses Gefühl des unter höherer Führung Stehens, gleichviel ob nun diese Führung als Druck oder als Erhebung empfunden wird. Das Gefühl, etwas leisten zu müssen, um dem stets zu erwartenden Richtspruch zu genügen, gesellt sich nun zu dem Karmagefühl hinzu und gibt ihm eine neue Färbung. Wir können von dem Missionsgefühl sprechen, von dem Gefühl, mit dem Leben zugleich die Rechtfertigung dieses Lebens zu übernehmen. Dadurch geht von dieser Konjunktion etwas aus, das man ganz allgemein mit der Uranuswirkung vergleichen könnte. Die Jupiter-Konjunktion mit Saturn wirkt wie ein neuer Planet, der den so Geborenen zwingt, sich stets selbst zu prüfen und vor allem sich selbst ernst und wichtig zu nehmen. Menschen mit dieser Konstellation sind fast ausnahmslos von der Wichtigkeit ihres Daseins, ja von der Pflicht, es ernst zu nehmen, überzeugt. Dazu gesellt sich eine überaus große Schicksalsempfindung, d. h. die stete Bereitschaft, alles als Schicksal, als karmisch erwirktes Schicksal aufzufassen und sein Verhalten danach zu richten.

Wir wenden uns nun den einzelnen Konjunktionen zu und beginnen mit der Konjunktion des Jahres 1861. Diese Konjunktion fand im Zeichen JUNGFRAU statt. Jupiter stand im Zeichen seines Exils, hatte Quadrat im eigenen Zeichen, Sextil im Zeichen seiner Erhöhung. Saturn hatte Trigon und Quinkunx im eigenen Zeichen, Halbsextil im Zeichen seiner Erhöhung.

Diese Konjunktion, die fast ein ganzes Jahr lang am Himmel stand, begann vor Mitte September und dauerte bis Mitte August 1862. Im März 1862 war vom 13. bis 19. auch Sonne mit in diese Konjunktion einbezogen. Während der Dauer dieser großen Konjunktion wechselte am 14. 2. Neptun vom Zeichen Fische in das Zeichen Widder hinüber, Uranus stand im Zeichen Zwillinge.

Wenn wir nun darangehen, die Bedeutung dieser großen Konjunktion zu untersuchen, dann mag es nützlich sein, den allgemeinen Charakter dieser Konjunktionen in *Erdzeichen* festzustellen, da ja auch die späteren Konjunktionen der Jahre 1882, 1901, 1921, 1941 in Erdzeichen fielen. Diese Tatsache bringt es mit sich, daß das Karma- oder Missionsgefühl seine Gegenstände ausschließlich dem handelnden Eingreifen in die Wirklichkeit entnehmen muß. Nicht das Gefühls- oder Gedankenleben, sondern das Tun und was von ihm objektiv erkennbar wird, bildet hier das Gebiet, für das Schicksalsempfindlichkeit und inneres Gericht am höchsten entwickelt sind. Man fühlt sich dem eigenen Gewissen gegenüber nicht so verantwortlich wie für die nach außen gesetzte Tat. So kommt es zu einer Lebenseinstellung, die wir wohl im Vergleich mit Epochen, in denen die große Konjunktion in Wasser, Luft oder Feuer stattfand, als die materiellste unter ihnen bezeichnen dürfen. Um eine solche Epoche in der Geschichte wieder anzutreffen, müßte man um 800 Jahre zurückgehen, d. h. bis ins 12. Jahrhundert und weiter in das 4. Jahrhundert. In die Zukunft gehend, würden wir den nächsten irdischen Jupiter-Saturn-Zyklus erst wieder im 28. Jahrhundert antreffen.

Wir gehen nun zum Jahr 1861/62. Der allgemeine Hintergrund der Seelen- und Geistesverfassung der beiden Generationen, die durch das Datum des 14. 2 geschieden sind, ist im 20. Vortrag von *Planetenwelt und Mensch* hinlänglich geschildert. Selbstzucht und weise Zurückhaltung waren beiden Generationen eigen sowie das Gebot, zuerst vor der eigenen Tür zu kehren, ehe man seine Kritik an andere wendet. Das Missionsgefühl, das hier entstand, bezieht sich, dem Zeichen Jungfrau entsprechend, darauf, durch die eigene Haltung in praktischem Leben den anderen ein Vorbild sein zu können. Kants kategorischer Imperativ – Handle so, daß die Maxime deines Handelns zu einer allgemeinen Gesetzgebung tauglich sei –, drückt aus, was dieses Missionsgefühl gewesen sein mag, wobei es nicht so wichtig war, daß diese Maxime in etwas anderem zu bestehen brauchte als darin, den anderen niemals ein Gegenstand des Anstoßes zu sein oder dazu Anlaß zu geben.

Wir kommen zum Jahr 1881. Diese Konjunktion war von kürzerer Dauer. Sie begann Anfang März in den letzten Graden des Zeichens Widder; Mitte April wurde sie gradgenau, wobei sie in das Zeichen Stier übersiedelte, und blieb sodann bis gegen die Mitte des Monats Juni wirksam. Vom 20. bis 25. April war auch Sonne in diese Konjunktion einbezogen.

Wieder mag zunächst auf die allgemeine Charakteristik der entsprechenden Generation Bezug genommen werden. Ihr wesentlichstes

18. Vortrag

Merkmal ist Fleiß und Ausdauer auf einem Arbeitsfeld von enger Begrenzung. »Im kleinsten Punkt die größte Kraft« mag hier eine Art Motto der Lebensführung sein, die nicht nach Neuem ausschaut, solange das Alte und Gewohnte sich noch nutzen läßt oder solange ihm noch neue Seiten abgewonnen werden können. Nun müssen wir hier zwei Arten der Jupiter-Saturn-Konjunktion auseinanderhalten.

WIDDER: Jupiter hat Trigon und Halbsextil im eigenen Zeichen, das Quadrat im Zeichen seiner Erhöhung. Saturn steht im Zeichen seines Falles, hat Quadrat und Sextil im eigenen Zeichen.
 Jupiter ist der stärkere Planet, während Saturn recht ungünstig steht. Das Missionsgefühl ist hier, daß der Geborene sich berechtigt glaubt, alles, was nicht in seiner Linie liegt, rücksichtslos beiseite zu schieben oder, wenn nötig, aus dem Weg zu räumen, gleich dem Kalifen Omar, der die Alexandrinische Bibliothek vernichtete, weil sie überflüssig sei, wenn sie nur den Koran enthielt, und schädlich, wenn sie anderes enthielt. Es ist für so geborene Menschen schwierig, mit dieser Schonungslosigkeit und Härte sich in den Geist der Zeit harmonisch einzufügen. Findet diese Konjunktion jedoch in

STIER statt, dann hat Jupiter Sextil und Quinkunx im eigenen Zeichen, Sextil im Zeichen seiner Erhöhung; Saturn hat Trigon und Quadrat im eigenen Zeichen, Quinkunx im Zeichen seiner Erhöhung.
 Dann wirkt sich dieser Komplex weit harmonischer aus, weil jetzt das Missionsgefühl sich mehr im Dulden als im Kämpfen ausdrückt, in der Forderung, jedem Kampf und jeder Aggression so lange auszuweichen, wie es nur irgend geht, und so in allen Fällen solche Lösungen von Konflikten zu suchen oder zu versuchen, durch die nicht neue Konflikte hervorgerufen werden, die uns in unserer friedlichen Arbeit stören könnten. Die bei Widder stets vorhandene Versuchung, andere als Treppe für die persönlichen Ziele zu benützen, beschränkt sich hier auf das Abwarten friedlich und freundlich gegebener Gelegenheiten, von denen die meisten überdies ungenutzt versäumt werden.
 Wir kommen nun zum Jahr 1901. Die Konjunktion begann im Februar dieses Jahres wirksam zu werden und erreichte ihre volle Exaktheit im November und Dezember, währte noch während des Januars 1902, um gegen Ende des Monats zu schwinden. In der Zeit vom 9. bis 16. Januar war auch Sonne in diese Konjunktion einbezogen, und vom 22. bis 26. Juni 1901 war Sonne in Opposition. Die Konjunktion ereignete sich im Zeichen

STEINBOCK: Jupiter stand im Zeichen seines Falles, hatte Halbsextil und Sextil im eigenen Zeichen. Saturn stand mit dem Halbsextil im eigenen Zeichen, hatte das Quadrat im Zeichen seiner Erhöhung. Wieder erscheint es nicht unwichtig, die allgemeine Charakteristik der Generation, die in dieser Zeit geboren wurde, kurz zu schildern. Da müssen wir vor allem beachten, daß während des obengenannten Zeitabschnittes der Planet Neptun vom Zeichen Zwillinge in das Zeichen Krebs hinübersiedelte, so daß wir es eigentlich mit zwei verschiedenen Lebenseinstellungen zu tun haben. Dieser Zeichenwechsel erfolgte zweimal, während die Konjunktion von Jupiter und Saturn am Himmel stand, am 20. Juli 1901 von Zwillinge in Krebs und am 26. Dezember von Krebs in Zwillinge. Uranus stand während der ganzen Zeit dieser großen Konjunktion in Schütze.

Beiden Generationen eigentümlich ist die Unsicherheit ihrer Lebensphilosophie, die bei Neptun in Zwillinge beständig zwischen dem Vertrauen in das Denken und in das Fühlen schwankt und damit niemals zu Ende kommt; dazu gesellt sich eine starke, aber aussichtslose Sehnsucht, aus diesem Dilemma durch Glauben herauszufinden, der ein für allemal jene Unsicherheit beseitigen könnte. Bei Neptun in Krebs scheidet die Gefühlswelt als Konkurrent um die Gewinnung einer eindeutigen Lebensphilosophie zwar aus, aber gerade dadurch wächst jene Unsicherheit um so mehr, weil mit dem Verdrängen der Gefühlswelt auch die Sehnsucht nach dem Glauben verdrängt wird und so das Individuum in einer glaubenslosen Isolation mit sich allein bleibt, einem Zustand, dem nur der moralisch Starke auf die Dauer gewachsen bleibt. Die Schwachen sieht man nach allerlei Idealen und geistigen Richtungen haschen, die sozusagen durch die Luft flattern; sie probieren es eine Zeitlang mit ihnen. Und nun zu der großen Konjunktion selbst. Auch hier werden wir wieder die gleichen charakteristischen Merkmale antreffen: die Schicksalempfindlichkeit, das sich in hohem Grad Ernst-Nehmen, das Gefühl, immer vor dem Richter zu stehen, mit einem Wort: das Missionsgefühl. Aber das Zeichen Steinbock, in dem diese Konjunktion stattfindet, gibt diesem Missionsgefühl sein besonderes Gepräge. Bedenken wir vor allem, daß der Planet Jupiter sich hier im Zeichen seiner tiefsten Erniedrigung befindet, während Saturn im eigenen Zeichen seine volle Kraft entwickelt. Hier wird der Fall eintreten, daß das Bestreben, sich ernst zu nehmen, überwertig wird und daß die Generation, die mit dieser Konjunktion in Steinbock geboren wurde, die Neigung mitbekommt, sich zu überschätzen und vor allem zu überschätzen, so daß hier leicht

18. Vortrag

eine übergroße Wehleidigkeit diesem Schicksal gegenüber entsteht – in allen Fällen besteht hier die Gefahr einer an dem Missionsgefühl stets aufs neue genährten Egozentrik. Die Tragkraft dieses Missionsgefühles mag aber hier höher zu veranschlagen sein als bei der Konjunktion im Jahre 1881.

Zwanzig Jahre später wiederholt sich die Konjunktion in Jungfrau. Wir gehen nun zu der Konjunktion im Jahre 1921 über. Sie begann im Juni dieses Jahres und erreichte ihre volle Kraft Mitte August bis 25. September. Am 26. September trat Jupiter in das Zeichen der Waage, wohin am 8. Oktober Saturn nachfolgte. Dort hielt sich die Konjunktion mit schwindender Kraft bis etwa Ende November, um sich dann aufzulösen. Im Juni 1922 näherten sich die beiden Planeten wieder bis zu einer Distanz von 8, um dann endgültig auseinanderzuweichen. Wir haben es also hier mit zwei Konjunktionsbildern zu tun: Jungfrau und Waage und dazwischen mit der gemischten Konjunktion (Jupiter und Waage, Saturn und Jungfrau).

Versuchen wir wieder zunächst die Generation zu beschreiben. Diese Generation prägen Unzufriedene; sie hat das Schicksal, zwischen zwei Zeiten zu stehen, die eine war mit ihren Idealen zu Ende gekommen, das Ideal der neuen Zeit war noch nicht aufgegangen. Aber diese Unzufriedenheit ist das Resultat einer niemals eingestandenen inneren Kraftlosigkeit, die sich in einer ebenso kraftlosen Revolte äußert, die man am besten als »passive Resistenz«, wenn nicht gar als Kultursabotage bezeichnen könnte. Man leidet an der eigenen Energielosigkeit, die dem fehlenden positiven Ideal entspringt. So entsteht ein leichtfertiger Hedonismus, verbunden mit einer unverkennbaren Verantwortungslosigkeit gegenüber der Zukunft, aber auch der Vergangenheit, der man wenig Dank weiß. Sie ist schuld an all dem gegenwärtigen Elend. Weh mir, daß ich ein Enkel bin.

Fragen wir uns nun, welcher Art das Missionsgefühl dieser Generation sein mag, die mit Konjunktion Jupiter-Saturn in Jungfrau geboren wurde.

JUNGFRAU: Jupiter steht im Zeichen seiner Vernichtung, hat das Quadrat im eigenen Zeichen, Sextil im Zeichen seiner Erhöhung. Saturn hat Trigon und Quinkunx im eigenen Zeichen, das Halbsextil im Zeichen seiner Erhöhung.

Hier müssen wir zwischen den beiden Fällen unterscheiden, die durch den Zeichenwechsel beider Planeten gegeben sind. Was zunächst Jungfrau anbelangt, so mag hier wieder die Wichtigkeit der eigenen Person im Vordergrund stehen, die den Blick für die Wichtigkeit des nicht mit meinen Interessen unmittelbar Verbundenen einengt, wenn nicht gar völlig abblendet. Das Missionsgefühl besteht auch hier, aber sein Ziel verschwimmt im unklaren. Vielleicht leistet man der Gesellschaft den besten Dienst, wenn man die eigene Individualität zur möglichsten Reife bringt; man sieht in diesem Dienst am eigenen Selbst die initiale Aufgabe seines Daseins. Findet die Konjunktion in Waage statt, dann ändert sich das Bild.

WAAGE: Jupiter hat Sextil und Quinkunx im eigenen Zeichen, das Qudrat im Zeichen seiner Erhöhung. Saturn steht im Zeichen seiner Erhöhung, hat Quadrat und Trigon im eigenen Zeichen.
Hier sind beide Planeten günstig gestellt. Der Egoismus tritt in den Hintergrund. Die Konjunktion steht in unmittelbarem Gegensatz zur gleichen Konjunktion in Widder. Dort bestand die Neigung, auf dem Rücken anderer emporzukommen; hier kommt es zu der Neigung, sich selbst zur Stufe für andere zu machen und dann mit ihnen aufzusteigen. Die Selbstüberschätzung weicht hier eher dem Gegenteil, und darin mag man in diesem Fall eine Art Missionsgefühl sehen. Man will anderen helfen und dadurch auch sich selbst.

Wir kommen nun zum Jahr 1941. Die Konjunktion steht jetzt im Zeichen Stier.

Sie begann bereits im Juni 1940, erreichte ihre volle Exaktheit Ende Juli, behielt während der Monate August, September, Oktober, November und Dezember nahezu unverändert, sowie während der Monate Januar und Februar 1941, um dann von Ende März an ziemlich rasch zu schwinden.

Zu dieser Generation gehören die zwischen 1935 und 1942 Geborenen, so daß erst die am Ende dieser Zeitspanne Geborenen die große Konjunktion in ihrem Geburtshoroskop aufweisen. Dazu gesellte sich überdies die Stellung Uranus' in Stier; zu einer Konjunktion der drei Planeten kam es aber nicht.

Wir haben es also mit den letzten Ankömmlingen einer Generation zu tun, die schon mit der Ahnung einer neuen Zeit, die mit Uranus in Zwillinge und Neptun in Waage anhebt, geboren wurde, aber selbst noch mit den Anschauungen der eben abgelaufenen Sieben-Jahr-Epoche gesättigt ist. Diese Generation übernahm von der vorausgegangenen als Erbe die Tendenz, wenn nicht gar die Mission, das gigantische Schneckenhaus zu vollenden, dessen Bau die frühere Generation geplant hatte: alle Lebensinteressen auf einem engen Feld zu konzentrieren, innerhalb dessen sie physisch, seelisch, geistig und moralisch souverän sein sollte. Gegen alles Fremde habe man sich möglichst abzuschließen und allem zu mißtrauen, das nicht auf dem eigenen Boden wuchs. Hier entsteht ein merkwürdiger Trotz, der unzugänglich macht für alle Einflüsse, die den Glauben an das mitgeborene Recht auf den »eigenen Boden« erschüttern könnten. Man will alles sich selbst zu verdanken haben und ist geneigt, auch das von anderen Übernommene als das »eigene Eigentum« anzusehen, das mir von anderer Seite widerrechtlich weggenommen wurde und jetzt zu seinem rechtmäßigen Besitzer zurückkehrt. Die damit gegebene gewaltsame Einengung des eigenen Gesichtsfeldes wird schließlich zur Grundlage eines moralischen Systems von »Recht, das mit mir geboren ist«, ein System, das wieder niederzureißen die Aufgabe der folgenden Generation sein wird. Wir sehen hier unter dem Einfluß der Jupiter-Saturn-Konjunktion tatsächlich ein Missionsgefühl entstehen, das durchaus von dieser Welt ist und den Vorrechten dient, die jeder für sich in Anspruch zu nehmen berechtigt ist, der die Kraft hat, sie durchzusetzen. Es liegt etwas Prometheisches in dieser Haltung, ein ungeheurer Trotz mit allen negativen Tendenzen, der nur schwer mit in die nächste Epoche mit Uranus in Zwillinge und Neptun in Waage hinübergelebt werden kann. Damit schließen wir vorläufig unsere Betrachtungen über die Jupiter-Saturn-Konjunktionen.

Wir gehen nun zu den *Jupiter-Uranus-Konjunktionen* über.

Diese Konjunktionen sind im wesentlichen anders zu beurteilen als die besprochenen Konjunktionen zwischen Jupiter und Saturn, da diese Planeten noch den Grundkomplex der sieben heiligen Planeten angehören, während in der Konjunktion zwischen Jupiter und Uranus bereits eine Verbindung entsteht, die über diese Geschlossenheit der sieben heiligen Planeten hinausgreift und uns so vor eine Tatsache stellt, die nicht mehr den Charakter des Menschen betrifft, sondern viel eher seine Stellung zu seinem Charakter.

Erinnern wir uns daran, was das Wesentliche war, das von der Jupiter-Saturn-Konjunktion ausging. Es war die besondere Schicksals- oder karmische Empfindlichkeit, das Geführtwerden und das vor dem Dichter Stehen, mit anderen Worten das Missionsgefühl des Erdenwallens und der damit verbundene Ernst, mit dem das eigene Sein als kosmisch bedingt erlebt wurde.

Ganz anders stellt sich die Grundwirkung dar, die die Verbindung von Jupiter und Uranus mit sich führt. Uranus ist jener Planet, der die

Zusammenschließung der sieben heiligen Planeten zu einer Einheit herzustellen bestrebt ist und sie derart unter eine Grundempfindung stellt, die in ihrer besonderen Art von dem Tierkreiszeichen abhängt, in dem Uranus seinen jeweiligen Platz hat. Wir haben den Vergleich mit den vier Fakultäten unserer Hochschulen gemacht, die in der Lebensschule der menschlichen Entwicklung die vier Grundrichtungen der elementaren Qualitäten des Tierkreises widerspiegeln. Wenn nun Jupiter in den Strahlenbereich des Uranus tritt, dann tritt zu der Uranuswirkung eine besondere Sanktion durch Jupiter, als würde – um bei dem Vergleich mit der Hochschule zu bleiben – eine Promotion des Geborenen zur Doktorwürde geschehen. Dies legt die Auffassung nahe, daß der Geborene sich in der Richtung, in der Uranus wirkt, ausgezeichnet fühlt und sich in dieser Besonderheit so empfindet, als würde ihm eine gewisse Würde verliehen durch eine »Selbstbestimmung«. Andererseits bringt diese Selbstbestimmung auch wieder ein erhöhtes Verantwortungsgefühl hervor, das unter Umständen einen peinigenden Grad erreichen kann und so empfunden werden mag, daß hier keine Berufung auf das Geführtwerden, auf Gunst oder Ungunst des Schicksals möglich ist, sondern daß für alles, was das Schicksal bringt, in hohem Grad die Selbstverantwortlichkeit besteht, so daß der Gedanke, für das eigene Schicksal verantwortlich zu sein, im viel höheren Grad Besitz vom Menschen ergreift, als durch die Vernunft begründet werden kann. So entsteht schließlich die Vorstellung von einer »Individualgesetzlichkeit« und von dem Recht auf sie.

Dies führt weiter dazu, daß eine geringe Neigung besteht, sich der so empfundenen Individualgesetzlichkeit eines anderen zu beugen. Die Jupiter-Uranus-Konjunktion verleiht eine geringe Neigung, der Suggestion eines anderen zu unterliegen oder auch nur zugänglich zu sein, und eine erhöhte Neigung, sie selbst auszuüben. Dadurch entsteht eine beträchtliche Härte und Schwerveränderbarkeit der Eigengesetzlichkeit, die wir mit den sogenannten Edelmetallen und ihrem Verhalten zu anderen chemischen Stoffen vergleichen können, insofern es zum Wesen solcher Edelmetalle gehört, daß sie von anderen chemischen Stoffen nur unter seltenen Bedingungen angegriffen werden können. Ganz besonders gilt dies vom Gold. Es scheint sogar, als wenn Jupiter im Sinn dieser unveränderlichen Edelmetalle selbst eine veredelnde Wirkung auf den Gesamtcharakter des Horoskops in der Verbindung mit Uranus in den so geborenen Menschen einstrahlen würde.

Halten wir als charakteristisches Merkmal fest, daß hier die Bereitschaft besteht, alles, was durch Vererbung oder auch durch den

18. Vortrag

Zeitgeist, durch die Eigenart der betreffenden Generation, der der Geborene angehört, zustande gekommen ist, auf das Verantwortungskonto der »Eigengesetzlichkeit« zu setzen, sie als persönliche, im eigenen Charakter wurzelnde Bestimmungen anzusehen.

Wir gehen nun zu den einzelnen Konjunktionen über, die innerhalb des Zeitraumes von 1872 bis zur Gegenwart stattfanden. Die Konjunktionen zwischen Jupiter und Uranus ereignen sich alle 14 Jahre einmal, also in kürzeren Zwischenräumen als die Jupiter-Saturn-Konjunktionen. Bei der Besprechung werden wir wegen ihres wesentlich anderen Charakters auf die Schilderung des Zeitgeistes verzichten.

Die Konjunktionen, die hier zu behandeln sind, ereigneten sich in den Jahren 1872, 1885/6, 1900, 1914, 1927/8 und 1941. Wir beginnen mit der Konjunktion im Jahr 1872.

Sie begann als gemischte Konjunktion schon im November 1871 mit Uranus retrograd 1 Löwe und Jupiter 29 Krebs. Im Januar trat Uranus in das Zeichen Krebs zurück; die Konjunktion wurde im Juni völlig gradgenau auf 28 Krebs. Am 25. Juni trat Jupiter in das Zeichen Löwe, wohin am 28. Juni Uranus nachfolgte. Im August löste sich diese Konjunktion auf.

KREBS: Jupiter steht im Zeichen seiner Erhöhung, hat Trigon und Quinkunx im eigenen Zeichen. Uranus hat Quinkunx und seine Opposition im eigenen Zeichen.

Wenn wir die oben gegebene Charakteristik der Jupiter-Uranus-Konjunktion auf das Krebszeichen übertragen, dann können wir wohl davon sprechen, daß hier eine Gewissensbelastung im Sinn der Verantwortlichkeit für den eigenen Charakter gegeben ist, ob man nicht zu egoistisch, zu sehr in den eigenen Interessen gefangen sei. Es entspricht der Grundveranlagung dieser Generation, zu dem Seelenleben des Nachbarn eine Brücke zu suchen, nicht gleichgültig neben ihm zu gehen, weil das eigene Gewissen nicht die seelische Isolation verträgt. Aber der hier erhöhte Jupiter macht diese seelische Einstellung zu einer Frage, die das Gewissen in hohem Grad beunruhigt.

LÖWE: Jupiter hat Trigon und Quinkunx im eigenen Zeichen, das Halbsextil im Zeichen seiner Erhöhung. Uranus hat seine Opposition und Quinkunx im eigenen Zeichen.

Hier fühlt man sich vom Seelenleben des Nachbarn weit unabhängiger; das Gewissen ist nach dieser Richtung frei von Beunruhigungen.

Die egoistische Komponente tritt mehr in den Vordergrund, und das Gewissen wird damit beschäftigt, ob man nur in allen Lebenslagen selbst lebendig genug und in seiner Eigenart stark genug geblieben ist. Man will lieber selbst Autorität sein als eine andere anerkennen. Eine Veranlagung zum Hedoniker ist unverkennbar. Bei der gemischten Konjunktion entstehen oft tiefgehende Konflikte zwischen hedonistischem und altruistischem Fühlen.

Wir kommen nun zu der Konjunktion 1885/6. Sie begann Ende November im Zeichen Waage, erreichte ihren Höhepunkt schon Mitte Dezember, bestand als enge Konjunktion bis Anfang März 1886 und löste sich von da ab langsam auf. Ende März trat Jupiter in das Zeichen Jungfrau zurück, so daß von da ab eine noch wirksame, wenn auch nicht mehr gradnahe gemischte Konjunktion weiterbestand, die sich von Juli ab wieder mehr zusammenschloß. Am 16. Juli trat Jupiter erneut in das Zeichen Waage; wieder kam es Mitte August zu einer gradgenauen Konjunktion, die dann von Mitte September ab rasch schwand.

WAAGE: Jupiter hat Sextil und Quinkunx im eigenen Zeichen, Quadrat im Zeichen seiner Erhöhung. Uranus hat Trigon und Quadrat im eigenen Zeichen.

Diese Konstellation betrifft eine ganze Gruppe von Menschen, die insgesamt dem Leben gegenüber eine bei weitem mutlosere Einstellung haben, als wir das bei den vorausgegangenen Jupiter-Uranus-Konjunktionen gesehen haben. Sie haben die Neigung zu einer erzwungenen Bescheidenheit und Fügsamkeit, das Schicksal meistern zu wollen durch Warten oder durch ein Warten auf die Hilfe durch Gleichgesinnte oder Gleichgestimmte oder auch durch nur nachbarlich verbundene Genossen. Diese selbst werden weniger gesucht als begrüßt, wenn sie kommen. Das Gewissen aber, das durch Jupiter-Uranus-Konjunktion immer wieder wachgerüttelt wird, stellt unermüdlich die Frage, ob man selbst in den so entstehenden Verbindungen oder ob der andere der geeignete Partner sei. Es besteht die Neigung, aus dieser labilen Lebensenergie, die fast zur Trägheit wird, eine Tugend zu machen. Das Schicksal, das man sich so erwirkt, ist mit einer immer wiederkehrenden Resignation verbunden.

Die gemischte Konjunktion mit Jupiter in Jungfrau ändert an der eben gegebenen Charakteristik nur insofern etwas, als jetzt die Resignation wächst, aber auch die innere Unzufriedenheit, die man,

18. Vortrag

solange es geht, vor sich selbst zu verheimlichen trachtet. Man tritt gern in einer Rüstung auf, die stärker ist als man selbst.

Wir wenden uns nun zum Jahr 1900. Die Konjunktion ereignete sich in Schütze. Sie begann Ende Januar wirksam zu werden, erreichte Ende März ihren Höhepunkt, wich dann langsam bis Mitte August; von da ab wurde sie wieder enger und Mitte Oktober gradgenau. Die Planeten trennten sich dann langsam; im Laufe des Dezember verlor sich die Konjunktion gänzlich.

SCHÜTZE: Jupiter steht mit dem Quadrat im eigenen Zeichen, hat Quinkunx im Zeichen seiner Erhöhung. Uranus hat das Sextil und Halbsextil im eigenen Zeichen.

Die Konjunktion betrifft eine Generation, aus der sie eine gewisse Unbarmherzigkeit und Gefühlskälte hervorholt, die sich ebenso gegen die eigene wie gegen die fremde Person richtet, während man selbst keineswegs im Innern gefestigt ist, sondern sich stets nach dem schwer zu erringenden Glauben sehnt und um ihn kämpft. Durch Jupiter wird dieses Ringen um den Glauben zu etwas, was das Gewissen ganz besonders beunruhigt und bedrückt. Hier ist der Platz, wo im Gegensatz zur konfessionellen die Individualreligion enstehen sollte. Es ist eine recht unharmonische Stellung, weil der äußerlich zur Schau getragenen Unduldsamkeit kein innerer Glaube die Waage hält, der stark genug ist, sie zu rechtfertigen. In diesem Jupiterzeichen macht sich die Störung durch Uranus um so mehr bemerkbar, als die Prophetennatur sich so durch Uranus auf sich selbst gestellt von ihren wahren Quellen abschneidet.

Wir kommen zum Jahr 1914. Die Konjunktion ereignete sich im Zeichen

WASSERMANN: Uranus steht mit dem Halbsextil im eigenen Zeichen. Jupiter hat das Sextil und Halbsextil im eigenen Zeichen, Quinkunx im Zeichen seiner Erhöhung.

Uranus ist der stärkere Planet. Die Konjunktion begann bereits Ende Januar wirksam zu werden, erreichte ihren Höhepunkt Mitte März, schwand Mitte April, um erst Anfang September wieder enger zu werden; im Oktober näherten sich die beiden Planeten bis zu 5, wichen dann im November auseinander; von Mitte November an schwand die Konjunktion ziemlich rasch.

In diesem Uranuszeichen fördert der Planet in Verbindung mit

Jupiter ganz besonders die Sucht nach Eigengesetzlichkeit. Man verlangt nach dem Recht auf das individuelle, höchst persönliche Sein, und der Ausbau des Egoismus als ethische Pflicht wird gefördert. Vielleicht ist der Ausdruck »sacro egoismo«, der in dieser Zeit entstand und überall verstanden wurde, tatsächlich zugleich das Motto dieser Konstellation in Wassermann. Diese Generation kann sehr wohl unterscheiden zwischen dem, was zu ihr gehört, und dem, was nicht zu ihr gehört. Alle Erschütterungen des Gewissens kommen in erster Linie aus der Frage, ob nicht das Recht des anderen, sondern ob das eigene Recht vernachlässigt wurde, was geradezu eine Pflichtverletzung darstellt; die Individualität muß konsequent ausgebildet werden.

Wir gehen nun zur nächsten Konjunktion der beiden Planeten. Sie ereignete sich 1927/28. Sie begann bereits Ende Mai 1927 als gemischte Konjunktion mit Jupiter Ende Fische und Uranus Anfang Widder. Am 6. Juni trat Jupiter in das Zeichen Widder, worauf diese Konjunktion als enge, fast gradgenaue Konjunktion bis 11. September weiterbestand. Jupiter trat an diesem Tag in das Zeichen Fische zurück. Die Konjunktion bestand dann als gemischte Konjunktion weiter, bis am 5. November auch Uranus in das Zeichen Fische zurückging. In diesem Zeichen wurde die Konjunktion, die bis zu 6 auseinandergewichen war, wieder enger. Am 13. Januar 1928 trat Uranus wieder in Widder ein, wohin ihm am 24. 1. Jupiter nachfolgte. Die Konjunktion hielt sich dann bis Ende Februar, worauf sie rasch verschwand. Wir behandeln zuerst die Jupiter-Uranus-Konjunktion in

WIDDER: Jupiter hat Trigon und Halbsextil im eigenen Zeichen, das Quadrat im Zeichen seiner Erhöhung. Uranus hat Sextil und Quadrat im eigenen Zeichen.

Die mit dieser Konstellation Geborenen sind harte und eigenwillige Menschen; sie glauben, daß die Probleme des Lebens im Sturm genommen werden müssen. Sie sind von dem Gedanken getragen, daß der zielbewußte Wille das Schicksal entscheidet und daß man die Pflicht hat, seines Schicksals Schmied zu sein. In dem Dilemma, ob man Hammer oder Amboß zu sein habe, muß es geradezu als eine Sünde gegen sich selbst erscheinen, wenn man die zweite Möglichkeit wählt.

Handelt es sich um Fische als Ort der Konjunktion, dann ändert sich das Bild wesentlich.

FISCHE: Jupiter steht mit dem Quadrat im eigenen Zeichen, hat Trigon im Zeichen seiner Erhöhung. Uranus hat Halbsextil und Sextil im eigenen Zeichen.
Hier überwiegen die revolutionären Tendenzen. Auch hier besteht die Forderung, seines Schicksals Schmied zu sein. Aber die Energien werden jetzt aus der auf das höchste gesteigerten Unzufriedenheit, d. h. aus der negativen oder der passiven Kraft, wenn nicht gar der schwer zu ertragenden Urkraft des Wollens hervorgeholt. Durch Jupiter allein inspiriert, möchte man lieber leiden als handeln – aber Uranus fügt zu dieser Ergebenheit die Rebellenkraft. Man beginnt sich gegen die eigene Tugend aufzulehnen.
Bei der gemischten Konjunktion mit Jupiter in Fischen und Uranus in Widder wird der Widerspruch geringer. Die edle Zurückhaltung äußert sich hier so, daß der Gedanke der Humanität niemals aus der Lebensphilosophie, wie sie in Widder geschildert wurde, verdrängt wird.

Wir wenden uns nun zur nächsten Jupiter-Uranus-Konjunktion. Sie begann Anfang April 1941 im Zeichen Stier. Sie erreichte Anfang Mai ihre volle Kraft. Am 27. Mai trat Jupiter in das Zeichen Zwillinge; die jetzt gemischte Konjunktion schwand dann gegen Mitte dieses Monats. Sie war im Gegensatz zu den früheren Konjunktionen nur von kurzer Dauer.

STIER: Jupiter hat Sextil und Quinkunx im eigenen Zeichen, das Sextil im Zeichen seiner Erhöhung. Uranus hat Quadrat und Trigon im eigenen Zeichen.
Hartnäckigkeit und ein ungewöhnlicher Lebenstrotz sind Eigentümlichkeiten, die diese Konjunktion mit sich bringt. Nicht kapitulieren, auf seinem Platz ausharren, lieber brechen als sich biegen lassen. Die militante Unbescheidenheit einer frei gewählten Bescheidenheit, die mit dem, was man mit Stolz sein eigen nennen darf, zufrieden ist, verbunden mit der Entschlossenheit, dies zu hüten und niemals aufzugeben, sind die charakteristischen Merkmale dieser Konstellation in Stier. Fast könnte man von Treue sprechen, wäre es nicht gerade die moralische Seite dieses Begriffes, die hier dem schärfsten Protest begegnet, den der uranisch gerichtete Verstand einlegt. Nicht einmal die Treue gegenüber dem eigenen Wesen will man sich eingestehen. Es ist der Eigenwille, der sich an seiner eigenen Kraft bricht, der hier dominieren will, selbst um den Preis aller positiven Güter.

Bei Jupiter in Zwillinge und Uranus in Stier verliert die Konjunktion ihre Einheitlichkeit; der Blick stiehlt sich hier sacht hinüber zu fremden Interessengebieten, die man den eigenen vergeblich eingliedern möchte. Der Versuch, andere nach dem eigenen Bild zu modeln, wird immer wieder von neuem unternommen, ohne Rücksicht auf Mißerfolg oder Erfolg, die nachher beide gleich unwesentlich werden. Beide Arten der Konjunktion haben die seltsame Verbindung von Stärke und Schwäche.

19. Vortrag

Wir haben uns nun mit den *Konjunktionen zwischen Jupiter und Neptun* zu befassen. Sie wiederholen sich innerhalb eines Zeitraumes, der etwas kürzer ist als 13 Jahre. Innerhalb des Zeitraums, der für uns in Betracht kommt, ereignete sich diese Konjunktion in den Jahren 1868 und 1869 in Widder, 1881 und 1882 in Stier, 1894 in Zwillinge, 1906 und 1907 in Krebs, 1919 und 1920 in Löwe, 1932 und 1933 in Jungfrau; 1945 wird diese Konjunktion in Waage stattfinden.

Neptun ist der Planet, durch den die Beziehung des durch Uranus in sich abgeschlossenen und verfestigten Horoskop zum Kosmischen hergestellt wird, wodurch dies aus seiner Isolation befreit und für die Gesamtstrahlung des über dem Sonnensystem stehenden Fixsternhimmels geöffnet wird. Wenn Jupiter in den Strahlengang Neptuns tritt, dann wird etwas zustande kommen, was aussieht wie ein Sich-Bewußtwerden-Wollen oder -Sollen dieser Jenseitsbeziehung, wie ein Drang nach Rechtfertigung vor der Ewigkeit.

Nicht ein »Originalgenie« sein wollen, wie dies durch die Promotion der Uranuskräfte durch Jupiter geschah, sondern im Gegenteil ein bewußtes Werkzeug des »Zeitgeistes« sein wollen unter Opferung der im Diesseitigen befangenen egoistischen Regungen, um so den Anschluß an die jenseits dieser Egoismen waltenden, allgemein menschheitlichen Impulse zu finden. Daraus ergibt sich eine priesterliche Seelenbeschaffenheit in bezug auf eine feierliche Haltung gegenüber dem Ich. Hier tritt nicht die Steigerung der Schicksalsempfindlichkeit ein, sondern eher eine demütige Haltung gegenüber dem Schicksal und den Aufgaben, die es verlangt, etwas wie eine Opferbereitschaft, die mit einer gewissen Feierlichkeit sich selbst betrachtet in bezug darauf, wie man das Leben trägt und erträgt. So kommt es fast zu einer Entpersönlichung, der Mensch fühlt sich dem Schicksal gegenüber als »Repräsentant der ganzen Menschheit«. Die individuellen Züge, die sich hier ergeben, sind schwer zu fassen, denn sie betreffen einerseits die eben geschilderte Grundeinstellung, andererseits aber die besonderen Modulationen, entsprechend den sich stetig ändernden Grundbedingungen der jeweiligen Zeitepoche.

Wir beginnen nun mit der Untersuchung dieser Konstellation.

WIDDER: Jupiter hat Trigon und Halbsextil im eigenen Zeichen, das Quadrat im Zeichen seiner Erhöhung. Neptun hat Trigon und Halbsextil im eigenen Zeichen.

Die Konjunktion begann sich Ende Juni 1868 zu formen, näherte sich mehr und mehr dem Wert von 3 Distanz; von Mitte September an löste sie sich auf. Erst Anfang Februar 1869 wurde sie wieder wirksam, erreichte Mitte Februar ihre volle Exaktheit, schwand allmählich und löste sich etwa Mitte März vollkommen auf.

Die Generation, die diese Konjunktion aufwies, war es wohl, die es als eine moralische Pflicht betrachten konnte, sich in jedem Moment des Lebens als Dolmetscher des Zeitgeistes zu fühlen und ihm das zu geben, was ihm gebührt. Wir können diese Einstellung als restlos loyal bezeichnen; es besteht keine Tendenz, gegen den Strom zu schwimmen, soweit die Wirkung der Jupiter-Neptun-Konjunktion hier reicht. Man steht zu den Idealen, die der Zeitgeist verkündet. 1881 und 1882 wiederholte sich die Konjunktion in Stier.

STIER: Jupiter hat Quinkunx und Sextil im eigenen Zeichen, das Sextil im Zeichen seiner Erhöhung. Neptun hat Quinkunx und Sextil im eigenen Zeichen.

Die Konjunktion begann Anfang Juni 1881, wurde Mitte dieses Monats exakt und erlosch Ende Juli; von Mitte November ab wurde sie wieder wirksam und währte bis etwa Mitte Februar 1882; danach schwand sie rasch.

Die Gesamtwirkung war wohl ähnlich der eben beschriebenen, aber sie wirkte sich weniger aktiv als passiv aus und führte mehr zu einer Lebensträgheit aus Ergebenheit in das nun einmal Vorhandene und insbesondere in das Milieu, innerhalb dessen man geboren. Man empfindet es als Pflicht, die Stelle, an die man gestellt ist, auszufüllen und den Boden, den man von den Vätern ererbt hat, sei er auch noch so steinig, weiter zu bebauen. Dies gilt sowohl in materiellem wie in geistigem Sinn. Es handelt sich um Menschen, die am schwersten zu einem Wechsel ihrer Weltanschauung zu bringen sind, weil sie es wie eine heilige Pflicht empfinden, die Priester ihrer Mentalität zu sein.

Wir kommen nun zum Jahre 1894. Die Konjunktion ereignete sich im Zeichen Zwillinge. Sie begann im Mai, erreichte Ende Mai ihre volle Exaktheit und schwand Anfang Juli langsam. Sie war nur von kurzer Dauer.

ZWILLINGE: Jupiter steht im Zeichen seiner Vernichtung, hat Quadrat im eigenen Zeichen, Halbsextil im Zeichen seiner Erhöhung. Neptun steht im Zeichen seiner Vernichtung, hat das Quadrat im eigenen Zeichen.

Beide Planeten stehen ungünstig. Gefühls- und Geistesleben ringen miteinander in einem Kampf, in dem es niemals Sieger oder Besiegte gibt. Jupiters Kraft kann hier eigentlich nichts anderes gewähren, als das fortwährende Schwanken zwischen diesen beiden Polen der Innerlichkeit zu autorisieren. Im Gegensatz zur Konstellation in Stier besteht hier keine starke Anhänglichkeit an das ererbte Gut, sondern eine Geneigtheit zum Gesinnungswechsel, der mit einer geradezu medialen Anpassungsfähigkeit an die geistigen und seelischen Stimmungen und Strömungen verbunden ist und den besonderen Vorzug dieser Einstellung darin erblickt, jeder Wahrheit innerlich aufgeschlossen zu bleiben. Es ist hier eine geistige und seelische Heimatlosigkeit, die den festen Boden ersetzt, der so sehr in Stier verteidigt wurde. Hier stellt sich keine »falsche Pietät« und kein »falsches Vorurteil« hindernd in den Weg. So mag diese Konstellation mit einem gewissen Stolz verbunden sein, sich frei von Vorurteilen zu wissen oder zu glauben, verbunden mit dem Verlangen, solche Vorurteile bei anderen möglichst auszutilgen.

Wir wenden uns zu der Konjunktion in den Jahren 1906 und 1907. Sie ereignete sich im Zeichen Krebs. Sie begann bereits im September 1906 wirksam zu werden, erreichte Ende Oktober ihren Höhepunkt und verlor sich gegen Ende des Jahres. Von Mitte April 1907 begann sie erneut, erreichte die größte Kraft im Mai und löste sich von Mitte Juni an rasch auf.

KREBS: Jupiter steht im Zeichen seiner Erhöhung, hat Trigon und Quinkunx im eigenen Zeichen. Neptun hat Trigon und Quinkunx im eigenen Zeichen.

Die Generation mit Neptun in Krebs ist auf der Flucht vor aller Romantik und Sentimentalität; sie ist stets auf der Suche nach einem Gesetz, das die Problematik der Innerlichkeit entlasten könnte. Gerade die Suche nach solchen Gesetzen trägt wesentlich dazu bei, dem Menschen seine »Eigen«art zu entziehen und ihm die Sehnsucht nach einer Ordnung einzupflanzen, in der er sich solchen Gesetzen von objektiver Gültigkeit unterwerfen könnte – nur, daß diese Gesetze nicht ohne transzendentalen Rückhalt sein dürfen. Ganz besonders ist hier wieder die starke Ergebenheit in das Walten einer Gesetzmäßig-

keit am Werk, die sich nicht im Gefühl verankert, sondern in der Strenge einer nach kosmischen Notwendigkeiten begriffenen Geltung.
1919/20 fand die Jupiter-Neptun-Konjunktion im Zeichen Löwe statt. Sie begann Mitte August 1919, erreichte Ende September ihren Höhepunkt, wich dann langsam auseinander, um von Mitte Dezember an wieder zusammenzugehen; ab Februar 1920 wurde die Konjunktion wieder eng und blieb so bis Anfang Juni, worauf sie sich rasch auflöste.

LÖWE: Jupiter hat Quinkunx und Trigon im eigenen Zeichen, Quinkunx im Zeichen seiner Erhöhung. Neptun hat Quinkunx und Trigon im eigenen Zeichen.

Hier erreicht das Verlangen nach Glück einen hohen Grad, das Glück wird zum Maßstab aller Wertungen, die Lebenseinstellung ist durchaus eudaimonistisch – Unglück nimmt dem Leben jeden Sinn. Hier tritt die Neigung auf, das Leben in einem dauernden Rauschzustand hinzubringen, in dem sich alles Individuelle mit dem Universellen durchdringt, um in ihm zu verlöschen. Jeder ist seines Glückes Priester.

Wir kommen zu den Jahren 1932/33. Die Konjunktion begann etwa Mitte August 1932 im Zeichen Jungfrau und erreichte Mitte September ihre volle Exaktheit, verlor sich dann etwa Mitte Oktober. 1933 kam es im Mai wieder zu einer Annäherung der beiden Planeten bis zu 6; von Anfang Juni an erlosch die Konjunktion vollständig.

JUNGFRAU: Jupiter steht im Zeichen seines Exils, hat das Quadrat im eigenen Zeichen, Sextil im Zeichen seiner Erhöhung. Neptun steht im Zeichen seines Exils, hat das Quadrat im eigenen Zeichen.

Die Wirkung dieser Konstellation könnte man wohl am ehesten als ein Wiedererwachen des Renaissancegedankens, vielleicht als dessen letztes Aufflackern beschreiben: Rückkehr zu etwas, was schon einmal da war und seine letzten Quellen in der Natur selbst hat, in der Natur des Menschen, wie sie vor aller Zivilisation da war, Rückkehr zu prähistorischen Elementen des Menschendaseins und zu einer urtümlichen Form des religiösen Empfindens, soweit es das Verhältnis zum Ich betrifft. Beide Planeten sind entwürdigt: Die Suche nach der Menschenwürde erlangt höchste Bedeutung, eine seltsame Mischung von Realismus und Metaphysik. Die Gefahr einer völligen Desorientierung und Entwurzelung des Ich-Bewußtseins beunruhigt ständig das seelische Gleichgewicht.

19. Vortrag

Die nächste Jupiter-Neptun-Konjunktion fällt in das Jahr 1945. Sie beginnt als gemischte Konjunktion Anfang Juli (Jupiter in den letzten Graden Jungfrau, Neptun Anfang Waage). Am 26. August tritt Jupiter in das Zeichen Waage, die Konjunktion wird dann Ende September völlig exakt und weicht dann langsam auseinander, um Anfang November völlig zu verschwinden.

WAAGE: Jupiter hat Quinkunx und Sextil im eigenen Zeichen, das Quadrat im Zeichen seiner Erhöhung. Neptun hat Quinkunx und Sextil im eigenen Zeichen.

Wenn sich Jupiter und Neptun in diesem Zeichen verbinden, dann wird die persönliche Haltung des so geborenen Menschen zu seinem Ich vor allem dadurch gekennzeichnet, daß das »allgemein Menschliche« zum Maßstab des Eigenwertes erhoben wird. Man weiß sich in der Gemeinschaft derer, für die das Leben und seine Wechselfälle die bewußte Einbürgerung in die Menschheit selbst darstellen, und mit diesem Organismus ist man durch die unverbrüchliche Lebensgemeinschaft unmittelbar verbunden. Nur auf dem Hintergrund solcher Verbundenheit erfüllt sich, was wir als das feierliche Bekenntnis des Menschen zu seinem Ich bezeichnen konnten.

Wir haben nun noch die Konjunktionen zwischen den Planeten Saturn und Uranus, Saturn und Neptun und schließlich noch die Konjunktion zwischen Uranus und Neptun zu besprechen, die allerdings während des Zeitraums, der für uns in Betracht kommt, nicht eingetreten ist.

In der *Konjunktion zwischen Saturn und Uranus* haben wir ein Bild vor uns, das wesentlich andere Züge aufweist als die Konjunktion zwischen Jupiter und Uranus, wenn auch diese beiden Bilder eine gewisse Ähnlichkeit zeigen. Uranus ist der Planet der Selbstbestimmung und Eigengesetzlichkeit, der Eigenfestigkeit des Horoskops; in der Verbindung mit Jupiter entstand hier das Gefühl des Ausgezeichnetseins durch die Tatsache der bewußt gewordenen Eigengesetzlichkeit und Selbstbestimmung, es entstand das Gefühl einer besonderen Würde, die mit der Vorstellung verbunden ist, eine hochwertige Individualität zu sein, die ihr eigenes Schicksal bestimmen darf, der Stolz des freien Menschen, der allen Gewalten zum Trotz, wie immer das Leben sich gestalten mag, doch immer noch selber da ist. Daraus entwickelte sich die ethische Forderung, die vor allem an sich selbst gestellt wird, die Charakterfestigkeit über alles hochzuhalten.

Wenn wir nun an die Stelle Jupiters den Planeten Saturn setzen, dann ändert sich das Bild in einer Weise, die vor allem von dem Geborenen selbst schmerzlicher und schwerer zu tragen ist. Auch diese Konjunktion bringt es mit sich, daß die Aufmerksamkeit des Menschen in hohem Grad auf das Ich hingelenkt wird und auf die Eigengesetzlichkeit dieses Ich, nur daß dies jetzt nicht als Würde empfunden wird, sondern vielmehr als eine Belastung des eigenen Gewissens. Die Eigengesetzlichkeit und die damit verbundene innere Geschlossenheit stellt sich eher als ein höchst unwillkommener Kerker dar, in den das Ich gebannt ist. Die besondere Belastung, die dadurch entsteht, macht sich in einem eigenartigen Widerstreit bemerkbar, der durch die Reibung an den Wänden dieses Kerkers entsteht, dessen innere Einrichtung man eigentlich liebt, während man sich auf der anderen Seite nach der Freiheit sehnt, nach dem Freiwerden von den Eigenfesseln, diese Befreiung aber fürchtet. Es entsteht so eine eigentümliche Angst, die zeitlebens mit dieser Konstellation verbunden ist; wir könnten sie die Freiheitsangst nennen, die in der Vorstellung wurzelt, es könnte einmal geschehen, daß man in Freiheit sich von außen betrachten müßte, während man sich bis dahin immer nur von innen betrachtet hat. Mit anderen Worten: Man leidet mit dieser Konstellation zeitlebens an seinem Ich wie unter einer Last, von der befreit zu werden unmöglich ist. Die mit diesem Zustand notwendig verbundene innere Wehleidigkeit erinnert ein wenig an die Wehleidigkeit, wie sie allen Fischegeborenen eigentümlich ist, so daß wir, wie wir seinerzeit sagen konnten, daß die Jupiter-Saturn-Konjunktion eine Art Uranus vorstelle, jetzt sagen können, die Saturn-Uranus-Konjunktion stelle eine Art Neptun dar, nur daß dieser Neptun ein feiger Neptun ist, der nur die Sehnsucht beschert, sich von außen betrachten zu dürfen, zugleich aber den seltsamen Wunsch, daß diese Sehnsucht sich nie erfülle. So kommt es, daß anstelle der Würde der Eigengesetzlichkeit, die Jupiter in Verbindung mit Uranus bringt, ein anderes Gefühl entsteht, das wie ein Alpdruck auf dem Menschen liegt und ihn dazu nötigt, das Eingekerkertsein in die eigene Natur immer wieder in voller Intensität zu erleben. Das Gefühl, nicht aus seiner Haut heraus zu können, beherrscht das Leben.

Diese Konjunktion, die ebenfalls zu den »großen Konjunktionen« zu rechnen ist, ereignet sich nur alle 46 bis 47 Jahre einmal. Während des Zeitraums, der uns interessiert, fand diese Konjunktion bloß zweimal statt, und zwar während der Jahre 1896/1898 und später 1941/1943.

19. Vortrag

Wir beginnen mit der erstgenannten Konjunktion. Sie fand teils in Skorpion, teils in Schütze statt, teils bestand sie als gemischte Konjunktion mit Uranus in Skorpion, Saturn in Schütze. Sie begann im Januar 1896 wirksam zu werden; die Distanz betrug 6 bis 7, im Juni und Juli betrug sie sogar 8. Erst ab September verringerte sich die Distanz; Ende des Jahres wurde die Konjunktion gradgenau und blieb dann in enger Distanz bis Ende November 1897 bestehen. Während dieser Zeit wechselte Saturn mehrfach das Zeichen. Am 7. Februar trat Saturn in das Zeichen Schütze; am 10. April trat er wieder in das Zeichen Skorpion zurück; am 27. Oktober trat er wieder in Schütze und blieb dort. Am 2. Dezember 1897 trat auch Uranus in das Schützezeichen ein. Die Konjunktion wich jetzt wieder auseinander, wurde im April bereits unwirksam, verengte sich aber im Juli wieder. Am 4. Juli ging Uranus wieder in Skorpion zurück; nun bestand die Konjunktion als gemischte Konjunktion bis 10. September weiter; wieder trat Uranus in Schütze ein. Von Mitte Oktober an erlosch diese Konjunktion.

SKORPION: Saturn hat Sextil und Quadrat im eigenen Zeichen, Halbsextil im Zeichen seiner Erhöhung. Uranus hat Sextil und Quadrat im eigenen Zeichen.

Hier dominiert vor allem, was wir bei der Besprechung des Skorpionszeichens die magische Wunschkraft genannt haben, das ist eine Wunschkraft, die so empfunden wird, als würde sie schicksalgestaltend wirken können, so daß in Verbindung mit Saturn die Vorstellung entsteht, als wäre man für seine Wünsche verantwortlich, an denen nicht nur das eigene, sondern auch das fremde Schicksal hängt. Diese Verantwortlichkeit erscheint aber als Last, weil diese Wünsche selbst keine ethische Farbe haben, weil sie wie alle Wünsche im Grund amoralisch sind und sich größtenteils nicht mit dem decken, was wir eigentlich wollen. In seiner ethischen Natur fühlt man sich für die Wünsche nicht verantwortlich. Aber sie wirken, sie sind da, und man kann sie nicht abweisen, die ethische Kraft ist aber zu schwach, gegen die Macht dieser Wünsche aus dieser Konstellation heraus aufzukommen. Die Wünsche aufzugeben ist aber unmöglich, weil man sie als die Dekoration des Kerkers, in dem das eigene Ich gefangen ist, so sehr liebt. Wenn man überlegt, wie ein solcher Konflikt getragen werden mag, dann kann man ihn wohl am ehesten mit der Situation eines unglücklich Liebenden vergleichen, der gleichwohl von seinem Objekt nicht lassen kann.

So versinkt man jeden Tag wieder in diesen Wünschen, die sich meist vor dem ethischen Gewissen überhaupt nicht verantworten lassen. Wenn wir weiter daran denken, wie sehr die Skorpionnatur mit dem sogenannten Narzißmus behaftet ist – und besonders wenn Uranus sie vertritt –, dann können wir hier fast von einer unglücklichen Liebe zu sich selbst sprechen. Und so wie man von der unglücklichen Liebe zu sagen pflegt, daß sie die dauerhafteste ist, so ist auch diese unglückliche Selbstliebe das Dauerhafteste im Leben.

SCHÜTZE: Saturn hat Sextil und Halbsextil im eigenen Zeichen, Sextil im Zeichen seiner Erhöhung. Uranus hat Halbsextil und Sextil im eigenen Zeichen.

Hier tritt zwar eine ähnliche Gesamtwirkung auf, aber es fehlt die narzißtische Note und damit auch die »unglückliche Selbstliebe«. Aber sie fehlt nicht ganz, sie rückt nur vom Wasser in das Feuer und damit auf das moralische Gebiet. Es ist das Nicht-anders-Können, was hier einerseits als Belastung, andererseits aber als moralische Charakterstärke empfunden wird, und diese wird lästig. Man möchte sich von der Eigengesetzlichkeit befreien, die zu tragen man oft zu schwach ist. So kommt es auch hier zu einem ähnlichen Konflikt. Versuchen wir, diesen näher zu beschreiben. Es besteht auch hier das Verlangen, sich von außen zu sehen, sich nach einem Maßstab beurteilen zu können, der nicht aus der eigenen Natur stammt und doch ihr gemäß ist. Wieder beginnt die Verantwortlichkeit für die eigene Natur mächtig einzugreifen, aber die Art, wie dies geschieht, unterscheidet sich wesentlich von dem früheren Fall (Skorpion). Was hier als schicksalsverantwortliche Last in der eigenen Natur auftritt, das ist der Anspruch auf absolute Traditionslosigkeit in ethischer Beziehung. Man will sein eigener Gesetzgeber sein, frei von allen Hemmungen eines durch Tradition gebundenen Gewissens. Was wir oben die Liebe zum Kerker nannten, wird hier zum Verlangen, nicht etwa sich selbst in erster Linie zu lieben, sondern sich selbst treu zu bleiben. Die Gewissenslast, die dieses Verlangen mit sich bringt, besteht hier darin, daß der Maßstab, nach dem der Eigenwert solcher Ethik bestimmt werden könnte, falls er nur für mich und nicht auch für alle anderen Geltung gewinnen könnte, allen Wert als Maßstab verlieren würde und mich mit mir völlig allein ließe. Mit anderen Worten: aus einem Kerker in einen anderen gehen. Hier hilft nichts als den Glauben an sich selbst niemals zu verlieren und damit jenem Konflikt, solange es geht, zu trotzen. Die Konstellation in Schütze beinhaltet somit einen schweren Konflikt:

19. Vortrag

nicht unglückliche Liebe zu sich selbst (wie in Skorpion), sondern ein Ketzerglaube an sich selbst, an die eigene Kraft, und zugleich die ständige Furcht, in dieser Kraft erschüttert zu werden. Das Grundleiden bleibt auch hier dasselbe: das aus sich Herauswollen, um zu einem objektiven Maßstab zu gelangen, und doch in diesem Verlangen stets subjektiv bleiben zu müssen.

Wir kommen nun zu der gemischten Konjunktion. Uranus ist noch in Skorpion, Saturn aber bereits in Schütze.

Hier wie bei allen »gemischten Konjunktionen« tritt eine Auflockerung des Komplexes ein, der durch eine einheitliche Konjunktion veranlagt wird. Die beiden Elemente des jeweiligen Komplexes treten auseinander, sie können in der Selbstschau voneinander getrennt werden, die in der Konjunktion verschleierten Konflikte werden bewußter und damit der Selbstanalyse zugänglich. In unserem Fall bleibt die innere Belastung mit den Wunschkräften bestehen, aber es entsteht gleichzeitig das deutliche Gefühl einer gewissen inneren Hilflosigkeit gegenüber der Übermacht dieser Kräfte, und das Verlangen nach einem ethischen Maßstab wächst, ohne jenes Gefühl der Hilflosigkeit zu vermindern; ja dieses Verlangen wird selbst zu einer inneren Belastung. Es fehlt der Mut zur Amoralität – die unglückliche Liebe zu sich selbst wirkt sich mit der ganzen Intensität einer verbotenen Leidenschaft aus.

Wir kommen zum Jahr 1941/42. Die Konjunktion begann um Mitte Juni im Zeichen Stier, in den letzten Graden, verengte sich Anfang August bis zu 2. Am 7. August trat Uranus in das Zeichen Zwillinge; nun bestand die Konjunktion als gemischte Konjunktion weiter bis zum 6. Oktober, an dem Tag ging Uranus wieder in Stier zurück; nun bestand die Konjunktion weiter, sich von März ab mehr und mehr verengend, bis sie Anfang Mai völlig exakt wurde. Am 9. Mai trat Saturn in das Zeichen Zwillinge, so daß es abermals zu einer gemischten Konjunktion kam, nur mit vertauschten Plätzen. Dies währte jedoch nur wenige Tage. Am 15. Mai trat auch Uranus wieder in das Zeichen Zwillinge. Die Konjunktion wurde abermals exakt und löste sich hierauf langsam, bis sie im Laufe des August völlig verschwand. Diese Konjunktion bestand über ein ganzes Jahr.

Ende Dezember 1942 und im Januar 1943 kam es noch einmal zu einer kurzen, aber nicht mehr sehr wirksamen Widerholung der Konjunktion in Zwillinge.

Wir haben hier vier Fälle vor uns: beide Planeten in Stier, beide Planeten in Zwillinge, Saturn in Stier, Uranus in Zwillinge und Uranus in Stier, Saturn in Zwillinge.

STIER: Saturn hat Trigon und Quadrat im eigenen Zeichen, Quinkunx im Zeichen seiner Erhöhung. Uranus hat Trigon und Quadrat im eigenen Zeichen.
  Wieder ist das Gefühl der Ohnmacht da, das Gefühl, der eigenen Natur nicht entrinnen zu können. Aber es fehlt das Stimulans der Wunschkraft; an ihre Stelle tritt das Gefühl einer trotzigen Resignation und einer fast stumpfen Ergebenheit. Was 46 Jahre vorher ein unbändiges Wünschen war, weicht jetzt dem Gefühl der gebundenen Hände, gegen das sich alle Energie eines moralischen Trotzes in fruchtlosem Kampf erschöpft. Ein gefesselter Prometheus, der den Glauben an die eigene Kraft verloren hat und nun an den Folgen der sich selbst gegenüber niemals eingestandenen Ohnmacht leidet.

ZWILLINGE: Saturn hat Quinkunx und Trigon im eigenen Zeichen, Trigon im Zeichen der Erhöhung. Uranus hat Quinkunx und Trigon im eigenen Zeichen.
  Die Ohnmacht weicht der Unsicherheit im Geistigen. Die Grenzen zwischen allen Gegensätzen verschwimmen und machen die Ratlosigkeit zur Dauererscheinung. Die Extreme berühren sich. Das ist ein alter Satz, aber daß dies gerade immer wieder zur Tatsache wird, ist schwer zu tragen, ob es gleich den eigentlichen Reichtum ausmacht. In meinem Labyrinth gibt es zuviel der Ariadnefäden; wüßt' ich doch, welcher der echte ist und ob es einen solchen überhaupt gibt.
  Nun zu dem dritten Fall: Uranus in Zwillinge, Saturn in Stier.
  Das Gefühl der stumpfen Ergebenheit schwindet, es weicht der inneren Nötigung, überall nach Auswegen zu suchen, deren Möglichkeit mir helfen soll, das Belastetsein mit meiner angeborenen Natur erträglich zu finden. Ich kann jederzeit aus meiner Haut heraus, wenn ich nur richtig will.
  Und endlich der vierte Fall: Saturn in Zwillinge, Uranus in Stier.
  War im dritten Fall Uranus der stärkere Planet, so ist es jetzt Saturn. Darum ist jetzt das Gefühl der Belastung größer. Die Not wird zur Tugend, und diese Tugend ist es jetzt, die mich belastet. Zuerst einmal jenseits von Gut und Böse sein, jenseits von Wahr und Falsch, und dann noch einmal in Freiheit wählen können! Warum ist das unmöglich! Hier werden bei den so geborenen Menschen viele Probleme

19. Vortrag

angetroffen, die unbewußt oder bewußt ihn niemals zur Ruhe kommen lassen werden.

Wir wenden uns nun zur *Konjunktion von Saturn und Neptun*. Diese Konjunktion ereignet sich ungefähr alle 37 Jahre. Sie bestand innerhalb des Zeitraumes, der für uns in Betracht kommt, in den Jahren 1881/82 und 1917/18.

Diese Konjunktion wird wohl in ihrer Wirkung zu dem entgegengesetzten Effekt führen, insofern alle Belastung mit unserer Erbvergangenheit, die Saturn mit sich führt, jetzt durch Neptuns Einfluß sich in einer seltsamen Weise ins Kosmische verflüchtigt. Man hat jetzt weder die Neigung, sich für die Erblast verantwortlich zu fühlen, noch auch auf sie stolz zu sein; man hat sie zu tragen und aus ihr wie aus einem anvertrauten Pfund den reichsten Lebensertrag zu gewinnen, den einen die eigene Entwicklungsstufe gewinnen läßt.

Wir gehen nun zu den einzelnen Konjunktionen über.

1881/82/83. Die Konjunktion begann Anfang Juli in Stier und schwand, ohne Exaktheit zu erreichen, Anfang Oktober. 1882 wiederholte sich die Konstellation von Mitte März ab und wurde Ende April völlig exakt, löste sich dann langsam und schwand von Mitte Juli ab wieder. Eine abermalige Wiederholung der Konjunktion ereignete sich Anfang Dezember 1882 und hielt bis Mitte März 1883 an.

STIER: Saturn hat Trigon und Quadrat im eigenen Zeichen, Quinkunx im Zeichen seiner Erhöhung. Neptun hat Sextil und Quinkunx im eigenen Zeichen.

Die oben kurz skizzierte allgemeine Charakteristik wirkt sich im Zeichen Stier in besonderer Weise aus. Auch hier werden wir die Ergebenheit in all das antreffen, womit die Natur uns ausgestattet hat, sowohl was die inneren als auch die äußeren Voraussetzungen unserer irdischen Situation angeht, in die hinein wir geboren wurden. Das moralische Ideal einer weitgehenden Zufriedenheit mit dem Gegebenen und das Nichthinausblicken über die dadurch gezogenen Grenzen heiligt diese Grenzen zugleich und führt dazu, daß wir uns innerhalb dieser Grenzen fast zeitlos fühlen und von einer »besseren Zukunft« gar nichts erwarten, was nicht in unserer Gegenwart bereits da ist. Unser Ich ist die Welt, und an den Grenzen dieser Welt müssen wir uns selbst beruhigen.

Wir kommen zu den Jahren 1917 und 1918. Die Konjunktion begann bereits 1916, zunächst als gemischte Konjunktion mit Saturn in Krebs und Neptun in Löwe Anfang Oktober. Am 17. Oktober trat auch Saturn in das Zeichen Löwe. Am 8. Dezember 1916 trat Saturn wieder in das Zeichen Krebs zurück. Ende Januar 1917 löste sich die Konjunktion, um erst Anfang Juni wieder wirksam zu werden, wobei Saturn noch immer in Krebs stand. Am 24. Juni betrat Saturn abermals das Zeichen Löwe; die Konjunktion wurde Ende Juli gradgenau und blieb unter langsamer Lösung bis etwa Ende September bestehen. Erst Anfang Februar 1919 näherte sich Saturn wieder dem Planeten Neptun auf Aspektweite. Die Konjunktion schloß sich dann wieder enger zusammen und blieb bis Ende Mai bestehen.

Wir haben somit zwei Fälle zu besprechen. Wir beginnen mit der Stellung beider Planeten in Löwe.

LÖWE: Saturn steht im Zeichen seines Exils, hat Quinkunx im eigenen Zeichen, Sextil im Zeichen seiner Erhöhung. Neptun hat Trigon und Quinkunx im eigenen Zeichen.

Auch hier entsteht ein Gefühl der Zeitlosigkeit, aber in einem wesentlich anderen Sinn, als wir das bei Stier sahen. Vielleicht könnte man, was hier den Inhalt dieses Gefühls ausmacht, am ehesten mit den Worten charakterisieren, die Schiller in seinem Gedicht *Siegesfest* gebraucht:

»Morgen können wir's nicht mehr,
darum laßt uns heute leben.«

Sich mit dem Rauschzustand des Heute erfüllen können ist Ethik und Religion. Es ist das Hauptritual des Lebens und der Inhalt aller Dankbarkeit gegen Gott und Natur.

Und nun zur gemischten Konjunktion: Saturn in Krebs, Neptun in Löwe. Auch hier steht Saturn in negativer Würde.

Die Grundstimmung bleibt, aber Saturns Stellung in Krebs verändert das Bild. Es gleicht jetzt weniger dem Epikuräismus als dem Stoizismus. Die düstere Note gehört Saturn, die heitere Neptun. Vielleicht mag der Ausklang aller Lebensfreude doch immer wieder zeigen, daß alles nur Illusion ist. Gibt es im ersten Fall im Lebenskampf weder Sieger noch Besiegte, so gibt es in diesem zweiten Fall, der gemischten Konjunktion, auf beiden Seiten nur Besiegte!

19. Vortrag

Wir hätten nun noch die *Konjunktion zwischen Uranus und Neptun* zu besprechen.

Da sich die Umlaufzeiten dieser beiden Planeten ungefähr wie 1 zu 2 verhalten, die Umlaufzeit Neptuns aber ungefähr 160 Jahre währt, so folgt hieraus nicht nur, daß die Begegnung zwischen beiden Planeten nur etwa alle 160 Jahre stattfindet, sondern daß sie auch immer in dasselbe Zeichen fallen müßte. Es geschehen aber diese Begegnungen nur zweimal in demselben Zeichen und rücken dann langsam vor; die letzte Begegnung ereignete sich in den 40er Jahren des vorigen Jahrhunderts, und die nächste Begegnung wird erst um das Jahr 1992 geschehen. Die letzte Konjunktion fand im Zeichen Fische statt.

Versuchen wir, uns in aller Kürze ein Bild von der Wirkung dieser Konjunktion zu machen. Uranus verdichtet und verfestigt, Neptun löst auf. Es neutralisieren sich diese beiden Kräfte in ähnlicher Art, wie dies seinerzeit durch den Vergleich mit dem astatischen Nadelpaar anläßlich der Besprechung des Fischezeichens dargelegt wurde. Unter solchem Einfluß mag eine Gabe entstehen, die wir zwar nicht als Medialität bezeichnen können, wohl aber als die Gabe, sich mit besonderer Intensität in den Zeitgeist einzufühlen und zu dessen Dolmetscher, ja vielleicht sogar zu dessen Vollzugsorgan zu werden oder sich zumindest als solches zu fühlen. Die höchste und edelste Form, in der ich mich als Individualität erlebte, ist, mich ganz und widerspruchslos dem Zeitgeist hinzugeben und mich seiner Führung anzuvertrauen. Ein religiöser Grundton ist unverkennbar. Hier heißt es nicht bloß: Dein Wille geschehe, sondern: Mein Wille sei der Abglanz Deines Willens. Es kommt hier die Gabe, sich dem Strom der innerlich gefühlten allgemeinen Entwicklungstendenz seiner Zeit anzuvertrauen, sich nicht gegen ihn zu stellen.

Wir werden im nächsten Kapitel der Opposition der beiden Planeten begegnen und dann Gelegenheit haben, sie zu analysieren.

20. Vortrag

Wir wollen nun darangehen, uns ein Bild von der Bedeutung der übrigen Aspekte zu machen, die wir freilich nicht mit derselben Ausführlichkeit behandeln können, wir wir dies in bezug auf die Konjunktionen taten. Abgesehen davon, daß eine solche Arbeit den Umfang mehrerer Bände annehmen müßte, kann auf sie auch noch aus einem anderen Grund verzichtet werden, der sich unmittelbar aus der Aspektbildung selbst ergibt, denn in der Konjunktion ruht bereits das Verständnis der Bedeutung aller übrigen Aspektverbindungen, wenn wir bedenken, daß in diesen nur getrennt zutage tritt, was in der Konjunktion in enger Verbindung veranlagt ist. Das Wesentliche und die Besonderheit der Konjunktion war darin gegeben, daß die einzelnen Bestandteile des Planetenkonzerts, die in der Konjunktion in so enger Verbindung auftreten, innerhalb des Bewußtseins einen untrennbaren Komplex bilden, dessen Zerlegung in die einzelnen Bestandteile erst im Lauf eines langen, erfahrungsreichen Lebens in der Selbstschau möglich wird. Diese Eigentümlichkeit haftet nur der Konjunktion an.

Nun treten bei allen anderen Aspekten die Konstituanten, die sich in der Konjunktion zu einem Komplex vereinigen, auseinander und werden daher dem Geborenen selbst als unterscheidbare Elemente seiner Wesenskonstitution erkennbar und stellen sich weiter in der Bewährung seiner hiermit gegebenen Konstitution als etwas dar, was dem Geborenen selbst teils zum Glück, teils zum Unglück wird, wie er es versteht, und darauf beruht im wesentlichen die sehr vulgäre Unterscheidung in günstige und ungünstige Aspekte. Wir haben ganz am Anfang des *Testaments der Astrologie* darauf hingewiesen, daß der wesentliche Unterschied zwischen diesen beiden Aspekten darin zu finden ist, daß die sogenannten ungünstigen Aspekte die Planeten, die durch sie in engere Verbindung gebracht werden, in dieser Verbindung isolieren, während die günstigen Aspekte größere Möglichkeiten der Verbindung mit der Gesamtkonstellation eröffnen und überdies zu einer reichen Aussaat harmonischer Punkte im Umkreis des Zodiakus führen. Dies wurde an Hand der Spiegelfunktion und der Reflexionsgesetze der sich dabei ergebenden geometrischen Figuren gezeigt.

Der erste Aspekt, den wir nun einer eingehenden Untersuchung unterziehen wollen, mag die sogenannte Opposition sein. Wir wollen dabei von dem Gedanken ausgehen, daß der Schlüssel zur Deutung der verschiedenen Aspektbilder bei Zugrundelegung der bisher gewonnenen Einsichten am einfachsten zu finden ist, wenn wir uns vorstellen, es würden sich an beiden Aspektpunkten Konjunktionen der betreffenden Planeten bilden, die nun gegeneinander auszuwerten sind. Dieser Gedanke, dem ein konstruktiver Wert in bezug auf die spezifische Wirkungsweise aller Aspektbilder und deren Beurteilung zugemessen werden darf, soll hier zunächst auf den Oppositionsaspekt angewendet werden.

Die Opposition gilt von alters her als ungünstiger Aspekt, als ein Aspekt, der den Geborenen mit den Wirkungen beider Planeten belastet. Die Betrachtungen, die wir nun anzustellen haben, werden uns aber zu einer Auffassung bringen, die nicht ohne weiteres mit einer so pessimistischen Auslegung dieses Aspektes übereinstimmt. Es scheint vielmehr, daß in der Opposition ebenso viele günstige wie ungünstige Möglichkeiten liegen, zunächst ganz gleichgültig, um welche Planeten es sich dabei handelt.

Erinnern wir uns vor allem daran, was über diesen Aspekt bereits im allgemeinen ausgeführt wurde, daß nämlich durch ihn eine ähnliche Isolierung seiner beiden Konstituanten zustande kommt, wie dies bei der Konjunktion der Fall ist, weil ja die Planeten, die sich in einem Winkel von 180° gegenüberstehen, sich gegenseitig in ihrer Abspiegelung unaufhörlich wiederholen und so ihre gegenseitige Fesselung immer mehr betonen. Aber diese Fesselung ist nicht so einseitig, wie dies bei der Konjunktion der Fall ist, weil jetzt zwei Tierkreiszeichen und überdies auch zwei verschiedene Häusergebiete in unmittelbare Mitleidenschaft gezogen werden, und zwar solche Tierkreiszeichen und Häuser, die schon von Haus aus zueinander in der Beziehung gegenseitiger Ergänzung stehen. Es wurde schon darauf hingewiesen, daß die entgegengesetzten Zeichen sich so ergänzen, daß jedes der beiden Zeichen die Richtung angibt, in der das andere weiterentwickelt werden muß, um zu einer höheren Vollkommenheit gebracht zu werden. Tatsächlich lehrt uns die Erfahrung, daß Menschen mit vorzugsweiser Betonung der wechselweise entgegengesetzten Tierkreiszeichen starke, sich gegenseitig ergänzende Beziehungen gewinnen und daß die gegenseitigen Anziehungskräfte, die von so miteinander verbundenen Horoskopen ausgehen, ungeheuer stark werden können. Ähnliches gilt auch von den Häusern. Es liegt also der Gedanke nahe, daß durch den Oppositionsaspekt eine hier schlummernde günstige Möglichkeit gegeben ist; die Möglichkeit, durch einen allerdings harten, sich meist innerlich abspielenden Kampf zur Harmonisierung seines Horoskops zu gelangen in einem Grad, wie dies durch keinen anderen Aspekt möglich ist. Das Ungünstige dieses Aspekts aber liegt darin, daß, ehe dieser der Entwicklung des Menschen dienende Oppositionsaspekt erkannt wird, harte Kämpfe hervorgerufen werden, deren alleiniger Sinn es sein kann, den Geborenen auf diesem ihm vorgewiesenen Pfad zu rügen oder zu bestrafen, bis daß dieser Sinn erkannt wird.

Das andere ergibt sich aus der Tatsache, daß in jedem Oppositionsaspekt der eine der beiden Planeten unter, der andere über dem Horizont anzutreffen ist, der eine also seinen Aufenthalt in einem der Häuser 1 bis 6, der andere in einem der Häuser 7 bis 12 hat. Dies legt uns nahe, in der Opposition noch etwas anderes zu sehen als die bloße Gegenüberstellung zweier Planeten in zwei sich ergänzenden Zeichen oder Häusern. Es wird der Planet, der sich in der Region der Heredität oder Notwendigkeit befindet, wohl durch den anderen Planeten, der sich im Bereich der Freiheit aufhält, nun an den Geborenen die Forderung stellen, ihn aus der Passivität zu lösen und mit ihm das vererbte Gut gleichzeitig in Freiheit zu setzen. Es wird so aussehen, als würde der über dem Horizont stehende Planet seinen Widerpart auffordern, sich mit ihm in seinem Zeichen und Haus zur Konjunktion zu vereinigen.

Was nun die Planeten selbst angeht, die sich durch die Opposition verbinden, so wird hier ganz besonders zu beachten sein, ob durch eine solche Opposition Planeten zu einer Gegensätzlichkeit gebracht werden, die schon durch ihre besondere Natur im Gegensatz zueinander stehen, wie etwa Sonne und Mond, Sonne und Saturn oder Uranus, Mond und Saturn oder Uranus, Venus und Mars, Jupiter und Merkur oder Neptun und Merkur, oder Planeten, die einander verhältnismäßig fremd sind. In dem ersteren Fall wird die Oppositionswirkung zwar schärfer, aber doch einheitlicher erlebt werden, daher dürfen solche Oppositionen durchaus als die günstigeren bezeichnet werden.

Ehe wir nun darangehen, die Oppositionen zwischen je zwei Planeten im einzelnen zu untersuchen, müssen wir unsere allgemeinen Betrachtungen noch dahin erweitern, daß wir die einzelnen Oppositionsfelder, die durch die Gliederung des Tierkreises gegeben sind, daraufhin untersuchen, welche Entwicklungswege und -möglichkeiten durch sie gegeben sind. Wir werden sechs Entwicklungswege zu beschreiben haben.

20. VORTRAG

Das erste Oppositionspaar Widder und Waage enthält die Forderung, den ungestümen Willen unter die Herrschaft der Erwägung zu stellen, die im Geist die Gesetze des richtigen Weges, auf dem der Wille sich zu bestätigen hat, formt, während andererseits durch Widder die Verwirklichung jener im Geist geschaffenen Wege durch den moralisch gerichteten Willen erfolgen soll. Es wird zu beachten sein, welches der beiden Zeichen über dem Horizont steht. Im wesentlichen werden diese Gegensätze immer auftreten, wo Feuer und Luft in Opposition treten, wobei die Forderung entsteht, das Moralische an dem Vernünftigen und das Vernünftige an dem Moralischen zu messen.

Stier und Skorpion bilden das zweite Oppositionspaar. Der Gegensatz, der hier auftritt, ist der Gegensatz zwischen Machterringung und Machtverteidigung, zwischen dem Wunsch nach Macht und dem Festhalten daran. Der Gegensatz zwischen Wasser und Erde kommt hier zu Wort. Es entsteht die Forderung, das Wunsch- und Begehrungsleben aus dem Traum in die Wirklichkeit zu stellen und durch die Reibung an den Möglichkeiten der realen Welt dieser fruchtbringend einzufügen, umgekehrt aber die Wirklichkeit nicht zu einer Schranke werden zu lassen, die sich schließlich als die Schranke einer materialistischen Resignation erweist, die das Ende aller Wünsche und das Verlangen nach dem Bestreben zu werden droht.

Das dritte Oppositionspaar, wieder zwischen Luft und Feuer schwingend, bringt das Gut des Glaubens und der moralischen Intuition – Schütze – in Gegensatz zu dem Element des Zweifelns und des Suchens – Zwillinge. Das ist nun eine andere Schattierung des Gegensatzes, dem wir schon bei Widder und Waage begegnet sind. Das hier gegebene Entwicklungsproblem heißt: durch Zweifel zum Glauben gelangen oder den Glauben in sich stets durch Widerlegung und Besiegung aller Zweifel beständig erneuern und festigen.

In dem vierten Oppositionspaar Krebs und Steinbock (wieder Wasser und Erde) offenbart sich ein Gegensatz, der insofern eine gewisse Ähnlichkeit mit dem ersten Oppositionspaar Widder und Waage aufweist, als es sich auch hier um zwei Kardinalzeichen handelt, nur daß dieser Gegensatz sich jetzt im Seelischen und Physischen auswirkt. Zum Unterschied gegenüber dem zweiten Oppositionspaar handelt es sich jedoch hier nicht um Machterringung und Machtverteidigung, sondern um den Gegensatz von tatkräftiger Ausübung einer Pflicht in vollem Verantwortungsbewußtsein und der Scheu vor etwaiger Schuld und Verantwortlichkeit, die man seelisch auf sich nimmt durch jede Tat, mit der man den Weg von innen nach außen betritt.

Das fünfte Oppositionspaar Löwe und Wassermann, das zwischen Feuer und Luft schwingt, zeigt wieder eine gewisse Ähnlichkeit mit dem zweiten Oppositionspaar (Stier und Skorpion), insofern es sich hier um zwei Glieder der fixen Modalität handelt, nur daß sich der Gegensatz, der dort um das Machtgefühl zentriert war, sich hier wieder zwischen Wille und Gedanke auslebt. Im wesentlichen geht es um die Rechtfertigung des Ich-Willens und des Ich-Gedankens. Im Gegensatz des theoretischen und des praktischen Ich-Wertes erkraftet sich der Individualitätswert insofern, als in Feuer die elementare Lebensintensität alle Kräfte eines gesunden Daseins- und Lebenswillens spendet, während in Luft sich ein kraftloses geistiges Nachbild gestaltet (Wassermann), aus dem im Gegensatz zu jenem wärmenden Ich-Ideal resultiert, das sich um so kräftiger wähnt, je weniger es sich der Wirklichkeit verbindet. »Wohl denen, die des Wissens Gut nicht mit dem Herzen zahlen« mag hier eine Art Warnungstafel sein, die den Entwicklungsweg kennzeichnet; aber auch eine andere Warnungstafel mag hier aufgerichtet sein: Vergiß auch im intensivsten Lebensrausch niemals, daß du ein Adeliger der Schöpfung bist durch den Geist.

Im sechsten Oppositionspaar Jungfrau und Fische wiederholt sich etwas ähnliches wie bei Zwillinge und Schütze, aber es kommt hier darauf an, Seelisches und Physisches in Einklang zu bringen. Dieser Gegensatz, der hier dem Gegensatz zwischen Zweifel und Glaube analog ist, ist der Gegensatz zwischen praktischem Egoismus und seelischem Altruismus. Der erstere macht den praktischen Nutzen zum Maßstab aller Wertung, der zweite die seelische Aufopferungsfähigkeit. Ich-Behauptung und Ich-Verströmung ringen um das Vorrecht, beide können aneinander Richtung und Halt gewinnen.

Es läge nun nahe, auch über die sechs Gruppen, die sich aus der Zuordnung der opponierten Häuser ergeben, zu sprechen. Aber damit würden wir vorgreifen. Hier haben wir uns auf die Analyse der zodiakalen Aspekte allein zu beschränken.

Wir wollen nun unserem Plan gemäß zunächst die Opposition jener Planeten betrachten, die schon allein durch die sie beherrschenden Tierkreiszeichen in eine verschwiegene Opposition gebracht werden; das sind, wie bereits erwähnt, Sonne mit Saturn und Uranus, Mond mit Saturn und Uranus, Merkur mit Jupiter und Neptun, Mars mit Venus und schließlich Sonne und Mond selbst, die allerdings nicht als zodiakal opponiert angesehen werden dürfen, sondern als die entgegengesetzten Pole einer im Menschen-Ich verwirklichten Einheit. Wir beginnen mit diesem letzten Fall.

Es wurde über diese Opposition bereits gesprochen, und die hier möglichen zwölf Fälle unter den 144 möglichen *Sonne-Mond-Stellungen* abgehandelt. Hier mag darüber ergänzend noch einiges hinzugefügt werden. Es wird stets so aussehen, als würde der über dem Horizont stehende Planet das Bestreben haben, den unter dem Horizont stehenden zu sich hinaufzuziehen, um dann in dem betreffenden Haus mit ihm eine Konjunktion einzugehen, um dann in dem betreffenden Tierkreiszeichen und Haus jene Konjunktionswirkung zu erreichen, die wir bereits bei der Behandlung der Konjunktionen beschrieben haben, wobei dann das über dem Horizont stehende Zeichen den Ausschlag gibt. Immer aber wird, weil Sonne und Mond die beiden Komponenten unserer Ichheit sind, die unser überirdisches und unser irdisches Erbgut darstellen, die Opposition von Sonne und Mond dem Menschen den stärksten Antrieb geben, sich in seiner inneren Natur zu festigen und die Freiheit seiner Ich-Bestimmung zu erreichen. Wir werden darum in den meisten Fällen selbständige, in sich gefestige Naturen heranreifen sehen, die begreifen müssen, wie alle Zwiespältigkeit, die sich aus dem moralischen Grundcharakter und den vererbten Neigungen ergibt, eben dieser Festigung und Konsolidierung des Ich-Kerns zu dienen hat. Dem Lebenskampf, in dessen Verlauf dieses Ziel erreicht werden soll, ist durch die entsprechenden Zeichen und Häuser sein eigentliches Gebiet angewiesen. Es mag nun gezeigt werden, wie wir das früher Dargelegte im Einzelfall anzuwenden haben.

Es stehe in einem Horoskop etwa Sonne in Fische und Mond in Jungfrau; es handle sich ferner um eine Taggeburt, Sonne ist also über, Mond unter dem Horizont. Hier werden im Kampf um die innere Festigkeit die Sonnenkräfte die Oberhand gewinnen. Aber der Kampf bleibt gleichwohl bestehen; es ist der Kampf zwischen seelischer Aufopferungsfähigkeit oder Dienstbarkeit gegenüber dem praktisch Nützlichen. Dieser Kampf bildet im wesentlichen den Inhalt aller Lebenskonflikte, die mit der moralischen Festigung des so Geborenen als dem Ziel seiner Entwicklung zusammenhängen. Aber allen Anfechtungen zum Trotz, die sich aus einer dem praktischen Nutzen verhafteten Erbnatur ergeben mögen, wird hier das Sonnen-Ich den niemals zweifelhaften Sieg davontragen. Dies wird um so leichter der Fall sein, je höher über dem Horizont die Sonne sich befindet, um so schwieriger, je tiefer die Sonne steht, d. h. Sonne im 12. oder 7. Haus ist hier der relativ ungünstigste Platz.

Handelt es sich bei dieser Opposition jedoch um eine Nachtgeburt, dann hat es das Sonnen-Ich weit schwieriger, sich sieghaft durchzusetzen. Der Kampf gegen die anfangs dominierende Erbnatur mobilisiert alle Kräfte des beunruhigten Gewissens, aber man folgt immer wieder der Erbnatur, die das Gewissen einlullen will und es doch nicht vermag. Die Entwicklung strebt einem Kompromiß im Zeichen Jungfrau zu. Wieder sind hier im Sinn des Sonnensieges die Fälle die günstigeren, in denen Mond am tiefsten steht, im 12. oder im 7. Haus, und Sonne im 6. oder 1. Haus. Aber ehe es zu jenem Kompromiß kommt, gilt wohl jene allgemeine Charakteristik, die wir für Mond in Jungfrau und Sonne in Fische finden.

Es wird jetzt verständlich, worin eigentlich das Unharmonische dieses Oppositionsaspektes besteht. Es wird ja von dem Geborenen in allen Fällen verlangt, daß er die in seiner zweiten Natur zunächst brachliegendenVererbungsgüter mit seiner Sonne durchstrahle, so daß sie dieser nutzbar gemacht werden können, statt ihr zu widerstreiten. Es liegt aber beim Geborenen selbst, ob er seinen Oppositionsaspekt voll zu durchleben vermag oder ob er dem Kampf, der diese Lebensarbeit begleitet, auszuweichen sucht. Geschieht das letztere, dann werden die Schwierigkeiten, die sich aus diesem Ausweichen ergeben, immer verstärkter wiederkehren.

Wir wenden uns nun den Oppositionen der übrigen Planeten zu und beginnen mit jenen Planetenpaaren, die von Natur aus die beiden Pole einer im Tierkreis präformierten Zusammengehörigkeit bilden. Wir beginnen mit dem Planetenpaar *Mars-Venus*.

Schon früher wurde das Wesentlichste über die Mars-Venus-Aspekte und im besonderen über die üblen Aspekte, Quadrat und Opposition, formuliert. Wir verweisen auf das dort Gesagte, wollen aber die ganze Stelle hierhersetzen, um dem Leser die Arbeit des Nachschlagens zu ersparen.

Die Mars-Venus-Aspekte sind besonders wichtig, weil es sich hier um die Verbindung der beiden Pole einer Polaritätsgruppe handelt. Sowohl die harmonischen als auch die unharmonischen Aspekte schaffen hier ein Kraftfeld, innerhalb dessen sich beide Planetenfunktionen gegenseitig zur größten Kraftentladung steigern. Im Falle des Sextils oder Trigons haben wir es mit produktiven Begabungen zu tun, die sich jedoch gleichzeitig mit einer parallel gehenden reproduktiven verbinden. Die unharmonischen Aspekte wirken sich in ähnlichem Sinn aus und tragen viel dazu bei, in der künstlerischen Betätigung die sonst schwer zu ertragenden inneren Spannungen abzureagieren.

20. Vortrag

Alle Aspekte zwischen Mars und Venus wirken sich begreiflicherweise auch in der Erotik mit besonderer Intensität aus. Hier entsteht eine Veranlagung, die ähnlich dem Effekt der Mond-Mars-Verbindung zu einer chronischen Reizbarkeit führt, die sich je nach den betroffenen Tierkreiszeichen als eine im Physischen, Seelischen, Geistigen oder Moralischen wurzelnde Bereitschaft zum Erleben eines stets unbefriedigt bleibenden, aufs höchste angestachelten erotischen Verlangens kundgibt. Dies gilt ausnahmslos für die sogenannten üblen Aspekte.

Betrachten wir nun die Mars-Venus-Opposition zunächst in jenen Zeichen, deren Interpreten jene beiden Planeten vorstellen, das sind die Oppositionsgruppen Stier-Skorpion und Waage-Widder, und setzen wir den Fall, daß jeder der beiden Planeten im eigenen Zeichen steht. Es verhalten sich die beiden Planeten so zueinander, daß von Mars alle Impulse der Verwirklichung ausgehen, alle Impulse der Erfüllung dessen, was in Venus als Impuls der Hoffnung und Erwartung lebt.

Steht nun Mars in Widder und über dem Horizont, dann wird diese Opposition in ihrer Wirkung der Konjunktion beider Planeten in Widder ähnlich werden. Der ungestüme Erfüllungsdrang kommt der ruhigen Erwartung zuvor und zerstört durch Ungeduld, die sich nicht selten mit Rücksichtslosigkeit paart. Es entsteht die Neigung, unreife Früchte zu pflücken und den gärenden Most dem geklärten Wein vorzuziehen. Steht Venus über dem Horizont, dann gleicht die Stellung mehr der Konjunktion beider Planeten in Waage. Gespannte Erwartung wird so lange als möglich erhalten und die Erfüllung um dieser Erwartung willen hinausgezögert. Man sucht den Zustand des immer Bereitseins auf das höchste Maß zu steigern und kultiviert mit allen männlichen Energien das Weibliche in sich. Fast ist es, als sollten die schönsten Lieder ungesungen bleiben.

Tauschen Mars und Venus die Plätze und geraten beide Planeten in die Zeichen ihres Exils, dann entsteht ähnliches, nur mit dem Unterschied, daß die Opposition jetzt eine mildere Form annimmt; jeder der beiden Planeten tritt gleichsam in der Verkleidung seines Partners auf und erleichtert dadurch den Ausgleich.

Steht Mars in Skorpion und Venus in Stier, dann geraten beide Planeten in den Kampf um die Macht, um die seelische Macht. Mars in Skorpion, über dem Horizont, gestaltet diesen Kampf leidvoll; man achtet die Wirklichkeit nicht und zieht sie unbekümmert um alle Grenzen, die durch die Gesetze dieser Wirklichkeit gezogen sind, in die Welt eines unersättlichen Wunschlebens, das vor nichts haltmacht.

Steht Venus über dem Horizont, dann entstehen Entsagungstendenzen, die anstelle der im vorigen Fall gegebenen sadistischen Note die masochistische setzen, die Niederhaltung des Machttriebes öffnet den Blick für ein bescheideneres Glück. Tauschen Mars und Venus die Plätze im Tierkreis, dann mildern sich auch hier die Gegensätze, soweit sie im äußeren Leben sichtbar werden, aber der innere Seelenkampf wird intensiver. Der Energieverbrauch, den dieser innere Kampf mit sich führt, steht in umgekehrtem Verhältnis zu der äußeren Passivität, die, wenn sie gelegentlich durchbricht, zu kurz dauernden, in sich kraftlosen Explosionen führen kann.

Wir gehen nun zu dem *Oppositionspaar Jupiter-Merkur* über und behandeln diese Stellung in den Zeichen Schütze-Zwillinge und Fische-Jungfrau.

Über die Gegensätze, die durch Jupiter und Merkur gegeben sind, wurde bereits ausführlich gesprochen. Es sind im wesentlichen die Gegensätze, die sich in der Erkenntnis als die Kraft der Intuition einerseits und im begrifflichen Denken andererseits darstellen. Was in der Intuition als unmittelbare Wahrheit erlebt wird, das soll durch das begriffliche Denken so interpretiert werden, daß es sich gleichzeitig als das Ergebnis der reinen Logik darstellt. Beide Erkenntniskräfte sind so aufeinander angewiesen, aber beiden ist gleichzeitig der Drang nach völliger Unabhängigkeit von der jeweils anderen eigen. Aus dem Widerspiel beider Erkenntniswege erwachsen alle Schwierigkeiten, die durch die Opposition der beiden Planeten entstehen und die im allgemeinen als der Widerstreit zwischen Glaube und Vernunft bezeichnet werden können. Je nachdem ob sich dieser Widerstreit mehr im Theoretischen oder im Praktischen abspielt, haben wir das Tierkreisfeld Schütze-Zwillinge oder Fische-Jungfrau vor uns. Und je nachdem, welcher Planet über dem Horizont steht, wird sich entscheiden, ob bei dem Versuch, beide Gegensätze zu harmonisieren, es der Glaube sein wird, der sich des Leitfadens der Vernunft, oder die Vernunft, die sich des Leitfadens des Glaubens zu bedienen hat, um endlich jenes Ziel zu erreichen, vor das der Oppositionsaspekt so viele Irrtümer und Hindernisse gesetzt hat.

Steht nun Jupiter in Schütze über dem Horizont und Merkur in Zwillinge, dann dominiert der Glaube und wird zum geheimen Maß für all das, was der kritische Verstand sich selbst an Kraft zutraut; es wird so das logische Denken zum unwilligen Diener, ja geradezu zum Interpreten eines von ihm stets verleugneten Glaubens. Steht Merkur über dem Horizont, dann liegen die Verhältnisse ähnlich, jedoch mit dem Unterschied, daß es zu einer scharfen Trennung beider Gebiete kommt; solange das kritische Denken sich stark genug wähnt, seinen Weg allein zu finden und zu gehen, sieht es im Glauben nicht mehr als das Resultat eines zu früh verlorenen Vertrauens in die Richtkraft der Vernunft. Der Glaube hat sich den Entscheidungen der Vernunft anzupassen.

Steht Jupiter in Zwillinge und Merkur in Schütze und sind somit beide Planeten exiliert, dann tritt der seltsame Fall ein, daß sich beide Planeten als ihr Widerpart verkleiden. Es verknechtet sich das Denken an das unkritische Vorurteil wie an ein Glaubensdogma, während der Glaube sich gern als die allein entscheidende, vernunftgemäße Richtkraft gebärdet. Hier besteht ein wesentlicher Unterschied zwischen über und unter dem Horizont nicht.

Steht Jupiter in Fische und Merkur in Jungfrau, dann verschiebt sich das Problem der beiden Antagonisten auf das mehr praktische Gebiet. Was jetzt einander gegenübersteht, ist die aus dem Mitleid und Mitfühlen entspringende Intuition und der am sozialen Mitleben und Mittun sich erprobende Intellekt oder, auf die Erkenntnis selbst übertragen: naturphilosophische Intuition und naturwissenschaftliche Forschung, auf ethischem Gebiet; Altruismus als Lebensweisheit und wohlverstandener Egoismus als soziales Prinzip. Ist Jupiter über dem Horizont, dann ist es das Herz, das im Widerstreit zwischen Altruismus und Egoismus zuletzt das entscheidende Wort spricht; ist Merkur über dem Horizont, dann erlaubt man dem Herzen erst dann zu sprechen, wenn der Kopf keinen Einspruch erhebt.

Tauschen die beiden Planeten ihre Plätze, steht also Jupiter in Jungfrau und Merkur in Fische, dann verschwimmen die oben beschriebenen Gegensätze wieder; es ist, als würde man mit dem Herzen denken und mit dem Kopf fühlen, so daß seltsamerweise hier die Überbrückung der Gegensätze leichter geschieht, dafür aber innerlich nicht bis zu völliger und bewußter Klarheit gelangt. Auch hier besteht ein wesentlicher Unterschied zwischen über und unter dem Horizont nicht.

Wir gehen nun zu dem *Oppositionspaar Sonne-Saturn* über.

Wir sagten, daß der Lebenskampf, den uns diese Opposition auferlegt, im wesentlichen der Kampf gegen all die Atavisten sei, die, aus der Erbvergangenheit herüberkommen, sich nun als die eigentlichen Hemmungen unserer moralischen Freiheit erweisen und uns daran hindern, die fruchtbare und segensreiche moralische Kontinuität zwischen Vergangenheit und zukünftiger Entwicklung herzustellen, wobei wir unter Vergangenheit das Mitschleppen all jener »Vergehungen« verstanden, aller Irrwege der Entwicklung, deren konservierte Schlacken nun den freien Weg in die Zukunft mehr oder weniger verschließen. Diese Opposition kann sich als ein wahrer Segen erweisen, weil sich an jenem Kampf die Kräfte stählen, wie etwa die Muskelkräfte eines Schwerarbeiters. Wir betrachten nun zunächst diese Opposition in dem Zeichenpaar Löwe-Wassermann.

Steht Sonne in Löwe über dem Horizont, dann wird der Lebensoptimismus und die Intensität des Lebenswillens wie ein stetes Gesundheitselixier all das Grämliche und Düstere, das aus den Regionen der Vergangenheit immer wieder auftaucht, in der wärmenden Sonne allmählich so verwandeln, daß es leichter und leichter wird, um schließlich, wenn der Sieg errungen, zu schwinden wie ein beängstigender Traum vor dem erwachenden Tag.

Steht Saturn über dem Horizont, dann droht die Vergangenheit mit all dem Niederzerrenden, das sie mit sich bringt, übermächtig zu werden. Uralte, längst überwunden geglaubte Triebe und Gedanken melden sich mit fast elementarer Kraft und wollen uns wieder zurückwerfen in unsere Vergangenheit. Es ist, als ob Saturn aus der Sonne in Löwe eine Sonne in Wassermann machen wollte, woraus schließlich, wenn der Sieg über die Vergangenheit doch erreicht wird, das Ideal einer mehr weltabgewandten, rein geistigen Lebensführung resultiert.

Tauschen die beiden Planeten ihre Plätze, dann wird das Gesamtbild ein wenig düsterer. Beide Planeten sind exiliert. Ist dabei die Wassermannsonne über dem Horizont, dann wird der Hang zu einem asketischen Leben zu Erscheinungen eines chronischen Pessimismus führen, der weder sich noch den anderen Freude zugesteht. Man meidet die Rosen, die am Wege blühen, wegen der Dornen, aber man preist sie, weil sie einen vor allen seichten Lüsten bewahren helfen.

Steht aber Saturn über dem Horizont, dann wird das »Entbehren sollst du, sollst entbehren« zum wohlgehaßten Wahlspruch. Es ist, als wäre man ob einer geheimen Schuld gleich Tannhäuser zu einer Bußfahrt verurteilt, als fürchte man beständig, für jede, auch die kleinste Abweichung von jenem Pfad bestraft zu werden.

Nun noch einige Worte über die Opposition Sonne-Uranus in denselben Zeichen. Zunächst: Sonne in Löwe und Uranus in Wassermann, eine Stellung, die ja nur für eine bestimmte Generation in Betracht kommt. Die Veranlagung zur Selbstbeobachtung und Selbstkritik wird hier zu einer fast quälenden Selbstkontrolle erhoben, die das Leben um die großen Linien seines inneren Zusammenhangs bringt. Das Heute verliert seinen Zusammenhang mit dem Gestern, und das stets gegenwärtige Detail gewinnt absolute Wichtigkeit. Es gleicht das Leben einer beständigen Widergeburt mit allen Begleiterscheinungen dieses schmerzvollen Aktes.

Steht Sonne über dem Horizont, dann hilft eine natürliche Lebenswärme und -lust über das Lästige hinweg, aber die Sucht nach der eigenen Vivisektion bleibt keinen Augenblick vergessen. Steht Uranus über dem Horizont, dann kann man diese Stellung fast günstiger nennen, weil die jetzt gemilderten Sonnenkräfte das Ich-Interesse herabmindern und dadurch den Uranuskräften erlauben, sich sozusagen im Theoretischen auszuleben. Man sieht der Selbstvivisektion zu, als wäre es das Experiment an einem Objekt.

Bei Uranus in Löwe und Sonne in Wassermann tritt tatsächlich ein objektives Verhältnis ein, eine Selbstentfremdung, die gleichzeitig mit einer gesteigerten Intensität des innerlichen Wachseins verbunden ist. Dieser scheinbare innere Widerspruch führt nicht selten zu einer permanenten innerern Ruhelosigkeit, die aufs seltsamste mit der äußeren ruhigen Objektivität kontrastiert. Bei Sonne über dem Horizont überwiegt diese äußere Ruhe, bei Uranus über dem Horizont die innere Unruhe.

Wir gehen nun zu dem *Oppositionspaar Mond-Saturn* in den Zeichen Krebs und Steinbock über.

Erinnern wir uns zunächst daran, was wir über die Bedeutung der Mond-Saturn-Aspekte bereits aussagen konnten. Von dem Gedanken ausgehend, daß wir in Mond die »Tierschlacke«, in Saturn aber die Universalschlacke unserer Entwicklung antreffen, konnten wir verstehen, daß die Mond-Saturn-Aspekte es insgesamt mit den Atavismen unserer Tierseele zu tun haben, d. h. mit allem Triebhaft-Leidenschaftlichen, das durch sie geweckt wird. Unter der Herrschaft der »bösen« Mond-Saturn-Aspekte führen alle noch tierhaft-leidenschaftlichen Impulse unter der Schwelle des Bewußtseins ihr Leben fort und beängstigen von hier aus beständig das bessere Gewissen und erfüllen es mit Trauer über die immer wieder mißlungenen Versuche, sie unter die Gewalt des moralischen Willens zu bringen. Sie wirken wie ein verborgener Krankheitsherd im Körper, der die allgemeine Vitalität um viele Grade herunterdrückt. Darum ist die seelische Gedrücktheit ein fast niemals fehlendes Kennzeichen dieser Konstellation. Man kann tatäschlich von einer Zwangsveranlagung sprechen, deren Wesen es ist, den Menschen in seiner Gemütsverfassung unter einem dauernden Druck zu halten.

Handelt es sich nun um die Opposition in den genannten Zeichen, dann wird hier in besonderem Grad die seelische Ohnmacht im Kampf um die Höherentwicklung zutage treten, sobald dieser Kampf aus der Verborgenheit des seelischen Lebens in die Arena des tätigen Lebens hervorzutreten gezwungen ist.

Steht nun Mond in Krebs über dem Horizont, dann dominiert das Leidenschaftsleben trotz dem auf ihm lastenden Gewissensdruck; man hat es schwer, aus der stets nachfolgenden Reue zu lernen, vielmehr gewöhnt man sich an sie wie an den schlechten Nachgeschmack einer im Genuß angenehmen Speise.

Steht Saturn (Steinbock) über dem Horizont, dann ist dieser Fall günstiger zu beurteilen als der frühere, weil hier die Möglichkeit besteht, den seelischen Druck auf einem Gebiet des äußeren Lebens abzureagieren und sich soweit wie sinnvoll von ihm zu befreien. Es ist im wesentlichen jede mit Mühen und Anstrengungen verbundene Arbeit, die als Heilmittel gewählt wird, um die innere Belastung in eine äußere zu verwandeln.

Tauschen Mond und Saturn die Plätze, steht also Saturn in Krebs und Mond in Steinbock, dann ändert sich das Bild ein wenig. Steht dabei Mond über dem Horizont, dann ist der Effekt dieser Opposition der eben beschriebenen Seelenverfassung ähnlich, aber das Betätigungsfeld liegt jetzt mehr im Bereich der seelischen Energien, die hier oft genug in recht negativer Weise verzettelt werden, um eine geheime Minderwertigkeit vor sich und den anderen zu verschleiern.

Steht Saturn (Krebs) über dem Horizont, dann ist es, als hätte man an sich selbst den ärgsten Feind, der es stets zu verhindern weiß, daß die Tatsachen des Lebens, worum immer es sich handeln mag, zu unseren Gunsten ausschlagen. Was hier am schwersten fällt, das ist im Vertrauen auf sein Glück etwas zu wagen.

Nun noch einige Worte über die *Mond-Uranus-Opposition*.

Im Gegensatz zur Mond-Saturn-Opposition beherrscht hier ein Zustand permanenter innerer Spannung und latenter Erregung das Gesamtbild. Das Disharmonische dieser Stellung liegt darin, daß ein bestimmtes Ziel, an das sich diese innere Spannung zu wenden hätte und an dem sie sich entladen könnte, fehlt, so daß diese, beständig auf der Suche nach einer sinnvollen Betätigung, sich bei allerlei meist recht

20. Vortrag

verschiedenen Anlässen zu entladen sucht, die ein von vornherein gegebenes Ziel ersetzen sollen. Die Unbefriedigtheit, die auf jede derartige Entladung folgt, kennzeichnet die ganze Schwere des Unbehagens einer derartigen Veranlagung, das so lange das Leben begleitet, bis nicht eine klare Zielsetzung ihm ein Ende macht. Dann kann sich jene innere Unrast sogar als recht wohltätig erweisen, weil sie verhindert, daß man sich je auf halbem Weg zufriedengibt. Aber auch in solchen Fällen wird es von Zeit zu Zeit geschehen, daß die innere Spannung gleich einem Explosivkörper wieder zerstört, was bis dahin aufgebaut wurde.

Wir betrachten nun wieder das Zeichenpaar Krebs-Steinbock. Steht Mond in Krebs und über dem Horizont, dann haben wir es mit einer im wesentlichen romantischen Veranlagung zu tun; Wunschträume bilden jetzt die geheime Feder, die die innere Spannung aufrechterhält und oft genug den Sinn für die Realitäten des Lebens trüben und sogar verwirren. Die Intensität solcher Wunschträume kann unter Umständen auf andere schwächere Naturen einwirken, so daß diese in den Bann solcher Romantiker geraten, deren Leben bis zu einem hohen Grad mitleben und so helfen, das Irreale eines in dem bloßen Dienst an der Seelenspannung zugebrachten Lebens in die Realität umzusetzen.

Steht Uranus (Steinbock) über dem Horizont, dann dominiert die Idee einer praktischen Zielsetzung, und der romantische Beigeschmack bleibt mehr geheim; er ist sozusagen die künstlerische oder seelische Würze, der Traum, der die Erfüllung eines niemals schlummernden Ehrgeizes in der Phantasie vorausnimmt, aber von Tag zu Tag in seinem Inhalt wechselt.

Tauschen Mond und Uranus die Plätze, dann ist eine Stellung gegeben, die erst in den 50er Jahren dieses Jahrhunderts eintreten wird. Das Problem, das durch diese Opposition aufgeweckt wird, besteht in der Hinüberleitung eines nimmermüden Sehnsuchtslebens in die Praxis sozialer Gemeinschaft, die in erster Linie als eine seelische Gemeinschaft empfunden wird, in der jeder mein Genosse wird, sobald ich ihn seelisch zu verstehen imstande bin. Aber die Undurchdringlichkeit der Wand, die mich praktisch von dem anderen scheidet, vereitelt immer wieder, was in idealer Absicht begonnen wurde. Diese Wand ist und bleibt der Traum von der besonderen Wichtigkeit des eigenen Selbst.

21. Vortrag

Wir haben nun die Betrachtungen, die wir das letzte Mal begannen, fortzusetzen und auf die Oppositionen solcher Planetenpaare auszudehnen, die nicht schon durch ihre Dolmetscherfunktion im Dienst entgegengesetzter Tierkreiszeichen in einem natürlichen, polaren Gegensatzverhältnis zueinander stehen.

Da ist nun zunächst eine Polarität, die ebenfalls bereits im Schema der Planetenzuordnung zu bestimmten Zeichen des Tierkreises vorgebildet ist, aber eher als Polarität zweiten Grades anzusehen ist.

Ein solches Verhältnis besteht beispielsweise zwischen Mars und Saturn, sofern die Zeichen Widder und Waage in Betracht kommen, wobei Mars im eigenen Zeichen (Widder), Saturn aber im Zeichen seiner Erhöhung (Waage) steht. Steht andererseits Mars in Waage und Saturn in Widder, dann stehen beide Planeten im Zeichen ihrer Schwächung. Ein ähnliches Verhältnis ist gegeben, wenn die Opposition zwischen Jupiter und Saturn in den Zeichen Krebs und Steinbock geschieht. Steht dabei Saturn in Steinbock und Jupiter in Krebs, dann sind beide Planeten in Würden; wechseln aber diese Planeten ihre Plätze, dann stehen sie in den Zeichen ihrer Schwächung.

Da diese Opposition zu den sogenannten großen Oppositionen gehört, wird sie erst später in einem besonderen Kapitel behandelt werden, in dem wir auch die äußerst wichtigen Quadratstellungen zwischen diesen beiden Planeten sowie die übrigen großen Oppositionen besprechen werden.

Innerhalb des Zeitraumes, der für uns in Betracht kommt, ereignete sich die Opposition zwischen Saturn und Jupiter nur zweimal in den genannten Zeichen, wobei jedesmal Jupiter in Krebs und Saturn in Steinbock stand. Dies geschah in den Jahren 1871 und 1930.

Schließlich haben wir in diesem Zusammenhang auch noch die Oppositionen zwischen Neptun und Merkur in den Zeichen Fische und Jungfrau, Neptun und Venus in denselben Zeichen, Neptun-Merkur in Schütze-Zwillinge, Uranus-Mars in Steinbock-Krebs und Mond-Uranus in Steinbock-Krebs zu untersuchen.

21. Vortrag

Wir beginnen unsere Betrachtungen mit der *Opposition Mars-Saturn*. Erinnern wir uns zunächst daran, was über den Charakter der Mars-Saturn-Aspekte im allgemeinen bereits ausgeführt wurde.

Ist Mars in Widder und Saturn in Waage, dann entsteht eine Veranlagung, die uns anfangs unbewußt, später aber immer bewußter dazu nötigt, der angeborenen Neigung zur Zügellosigkeit und der immer bereiten Streitbarkeit eines starken und unnachgiebigen Willens ein hemmendes ethisches Prinzip der Gerechtigkeit entgegenzuhalten. Den Ausgleich zwischen der sozialen Gerechtigkeit und dem Urtrieb eines schrankenlosen Wollens zu finden, wird zum eigentlichen Leitmotiv des Lebens. Steht dabei Mars über dem Horizont, dann wird sich der oben angedeutete Zwiespalt in der äußeren Lebensführung viel auffallender bemerkbar machen, aber auch die Konsequenzen der siegreich bestandenen Konflikte. Steht Mars unter dem Horizont, dann ist die so gegebene Veranlagung viel schwerer zu tragen, weil die Marsenergien sich nicht in dem Tätigkeitsfeld der äußeren Umwelt entladen können und daher innerlich zu einer weit höheren Spannung wachsen. Wie hier die Marsenergien verwertet werden, entzieht sich meist dem auf das Äußere gerichteten Blick. Mühsam gebändigte Urtriebe finden schließlich den Weg zu ihrer Umwandlung in mehr oder weniger schöpferische Tendenzen in Kunst und heilsamer Arbeit in jedem Sinn des Wortes.

Tauschen Mars und Saturn die Plätze und steht jetzt Saturn in Widder und Mars in Waage, dann haben wir es mit einer bedeutend intensiveren Oppositionsstellung zu tun. Das Streben nach dem Ausgleich zwischen den oben geschilderten Extremen tritt hier weit heftiger auf, aber die Schwierigkeiten, zu jenem Ausgleich zu gelangen, sind ebenfalls weit größer. Die messerscharfe Unterscheidung zwischen Recht und Unrecht belästigt das eigene Gewissen zuweilen in fast krankhafter Weise mit der Intensität einer Zwangsneurose. Gelingt es, diese Stimme des Gewissens einzulullen, dann kann sich der Weg zu Verbrechen auftun, die im kleinen oder großen an das erinnern, was man den Cäsarenwahn genannt hat. Ist Mars über dem Horizont, dann kann ein düsterer Ehrgeiz vorherrschen; steht Saturn über dem Horizont, dann kann jene Düsterkeit Grade erreichen, die schließlich zu einer zornigen Resignation führen oder gar zu einem Selbsthaß oder schließlich zu einer endgültigen Verachtung des Lebens und der eigenen Person.

Wir wenden uns nun zu den *Jupiter-Mars-Oppositionen.*
Wie bereits erwähnt sind hier Steinbock und Krebs die betroffenen Zeichen. Alle Mars-Jupiter-Aspekte haben mit Überzeugungstreue zu tun und der Bereitschaft, für sie eine Lanze zu brechen. Im Fall der Opposition aber wird diese Überzeugungstreue auf ein bestimmtes Gebiet eingeengt und dort zur höchsten Intensität gebracht, was naturgemäß infolge der mangelnden Anpassung früher oder später zu Konflikten führen muß, gleichgültig ob diese aus Reibungen mit den äußeren oder eigenen, inneren Realitäten entspringen. Das Entweder-Oder wird zum Problem auf dem Lebenswege.

Findet diese Opposition nun in den Zeichen Krebs und Steinbock statt, dann wird der fanatische Einsatz aller Kräfte für das, was als Recht empfunden wird, durch die Idee der »Billigkeit« entweder ergänzt oder eingeschränkt. Es muß, ehe zur Tat geschritten wird, die Billigung durch einen seelischen Beirat eingeholt werden, der zu dem Prinzip des Rechtes das Prinzip der Gnade fügt. Die damit gegebene zwiespältige Veranlagung fällt aber recht verschieden aus, je nachdem, ob beide Planeten in den Zeichen ihrer Würde oder ihrer Schwäche stehen.

Steht Mars in Steinbock und Jupiter in Krebs, dann wird der Geborene es als seine Mission empfinden, ein Hüter des Rechts und ein Hort der Schwachen zu sein. Steht dabei Mars über dem Horizont, dann wird er als Streiter für seine Überzeugung in den offenen Lebenskampf eintreten. Ist jedoch Mars unter dem Horizont, dann wird man es eher mit einem Verteidiger als mit einem Kämpfer zu tun haben.

Anders liegen die Verhältnisse, wenn Mars und Jupiter ihre Plätze tauschen. Hier tritt mehr die negative Seite jenes Rechtsfanatismus hervor. Man wird zum Ankläger gegen jedes wirkliche oder vermeintliche Unrecht in der Welt, unter dessen Existenz und Möglichkeit man selbst am meisten leidet. Ist dabei Mars unter dem Horizont, dann bleibt es meist bei einer kraftlosen, aber nicht minder intensiven Auflehnung gegen das Übel und die Ungerechtigkeit in der Welt. Ist Mars über dem Horizont, dann kann es zu einem aggressiven Querulantentum kommen, das zuweilen gefährliche Grade erreichen kann, wenn etwa die politische Bühne betreten wird.

Wir wenden uns nun der *Opposition zwischen Neptun und Venus* in den Zeichen Fische und Jungfrau zu.

Für die gegenwärtig noch lebenden Generationen kommt wohl nur jene Opposition zwischen den beiden Planeten in Betracht, bei der Neptun in Jungfrau und Venus in Fische anzutreffen ist. Diese Stellung ist nur bei den zwischen 1928 und 1942 Geborenen anzutreffen. Der Jenseitshintergrund aller im Erotischen wurzelnden Gefühle bedingt ein inneres Widerstreben gegenüber allen Impulsen der psychologischen Rationalismen, die dieser Generation eigen sind, durch die sich der eigentliche Sinn des Lebens nur durch ein wissenschaftliches Eindringen in die Natur erkennen läßt. So wie alle Metaphysik an der triumphalen Physik verblutet, so verblutet alle Erotik an der klaren Einsicht in ihre Illusionskraft, die vor der Sonne des Wissens verblaßt wie die Gebilde der Nacht vor dem erwachten Tag. Aber die in Fische erhöhte Venus erhebt sich siegreich über alles Menschenwissen und allen Menschenwahn und läßt sich ihren Thron nicht rauben. Die Konflikte, die diesem Sieg vorangehen, bilden den wesentlichen Inhalt der Opposition. Steht dabei Venus über dem Horizont, dann wird man eher geneigt sein, sich zu diesem Sieg zu bekennen, im entgegengesetzten Fall werden die rationalistischen Impulse mit größerer Kraft in das Leben eingreifen.

Wir wenden uns nun zu der *Oppositionsstellung zwischen Merkur und Neptun*, wobei Merkur im Zeichen Fische und Neptun im Zeichen Jungfrau steht. Beide Planeten stehen im Zeichen ihrer Schwächung.

Das Eigentümliche der Merkurstellung im Neptunzeichen Fische sahen wir darin, daß das Denken hier eine ungewöhnliche Versatilität aufweist im logischen Verarbeiten aller, auch der widersprechendsten geistigen Einflüsse, die der Umgebung entnommen werden, während es andererseits diesem Denken an produktiver Ursprünglichkeit in hohem Grad mangelt. Durch die Opposition mit Neptun im Zeichen Jungfrau wird diese Merkurgabe jedoch auf ein Gebiet hingelenkt, aus dem sie ihre eigene Rechtfertigung zu gewinnen trachtet, die darin besteht, daß alles Denken nur ein untergeordnetes Werkzeug solcher Intuitionen sein kann, die aus dem Reservoir eines Universalbewußtseins entspringen, in dem sich alle Gegensätze menschlichen Hoffens lösen. Hier kann es zu einer Philosophie des Opportunismus im geistigen Sinne kommen, der dem Indifferentismus verwandt und doch wegen seines positiven Inhalts entgegengesetzt ist.

Ist nun Merkur über dem Horizont, dann wird sich all dies mehr in der Praxis auswirken, ist jedoch Merkur unter dem Horizont, dann wird sich häufig genug erweisen, daß fehlende aktive Impulse die Schuld daran tragen, daß man so viele der sich bietenden Gelegenheiten verpaßt und ungenutzt vorbeigehen läßt, obwohl man sie rechtzeitig erkannt hat.

Noch ist der *Opposition zwischen Uranus in Steinbock und Mars in Krebs* zu gedenken. Hier wird die bewußte, allzu bewußte Zielbestimmtheit dieser Generation mit Empfindlichkeiten verbunden sein, die alle Widerstände, die der Lebenskampf mit sich bringt, übertreibt und den Geborenen leicht in die seelische Verbitterung drängt, die in keinem Verhältnis zu den tatsächlichen Lebensumständen steht. Steht dabei Mars über dem Horizont, dann wird jene Wehleidigkeit leicht zu überspannten Energieaufwendungen führen können, die sich zum Schaden des so Geborenen auswirken. Steht Uranus über dem Horizont, dann mag der Fall eintreten, daß bei wirklichem oder vermeintlichem Fehlschlagen sofort ein anderer Weg gegangen wird, der für den Moment mehr Erfolg zu versprechen scheint. Unzufriedenheit und Unrast sind die treuesten Begleiter.

Ehe wir nun zu den sogenannten großen Oppositionen übergehen, wollen wir uns noch einmal den wesentlichen Sinn des Oppositionsaspektes vor Augen halten und die bisher noch nicht besprochenen Oppositionen kurz behandeln.

Erinnern wir uns daran, daß wir in dem Oppositionsaspekt den wichtigsten Aspekt gesehen haben, der in eindeutiger Weise einen Entwicklungsweg weist, auf dem er all das, was durch jene beiden Planeten hervorgewirkt wird in Charakter und Schicksal, zu einer Einheit umzugestalten hat, um das Disharmonische dieses Aspektes aufzulösen und als Stufe zur Vervollkommnung in seinen Lebensweg einzubauen. Zu dieser Auffassung wurden wir dadurch genötigt, weil die einander entgegengesetzten Tierkreiszeichen zusammen eine Vollkommenheit bilden. Besondere Wege zu solcher Vollkommenheit, wie sie sich aus der Architektur des Tierkreises ergeben, müssen von denjenigen beschritten werden, die wenigstens eine solche Opposition in ihrem Geburtshoroskop besitzen, weil die Planeten, die zur Oppositionswirkung zusammentreten, die Eigentümlichkeit besitzen, jede Abweichung von diesem Weg zu bestrafen, so daß der Geborene gleichsam auf einem Pfad zu schreiten genötigt ist, der links und rechts von scharfen Schwertern bewacht ist. Ähnliches mag es in manchen

Mythologien und astralen Phantasien geben. Im *Koran* wird eine Brücke beschrieben, die aus einem Bogen besteht, der einem scharf geschliffenen Schwert gleicht. Weicht man aber von dieser Brücke ab, dann stürzt man in die Tiefe. Dieser Brücke gleicht die Opposition. Sie ist der Weg, der zum Heil füht, aber es ist ein dorniger und schmerzensreicher Weg. Was aber die Opposition wesentlich prägt, ist, daß der Geborene zum Beschreiten dieses Weges gezwungen ist. Die beiden opponierten Planeten gewinnen durch ihre Oppositionsstellung eine Kraft, durch die sie sich gegenseitig in ihrer Wirkung steigern. So schlummern in jedem Oppositionsaspekt gleichermaßen die Kräfte des Heils und des Unheils, je nachdem, ob der Geborene es versteht, die ihm in die Wiege gelegten Gaben zum Segen oder zum Fluch zu gebrauchen. Nun haben wir bereits die Oppositionen jener Planeten besprochen, die schon durch ihre Dolmetschfunktion einander opponierter Tierkreiszeichen eine gegenseitige Polarität aufweisen. Wir haben aber dabei nur jene Fälle herausgegriffen, in denen die entsprechenden Planeten sich auch tatsächlich in jenen Zeichen aufhalten. Nun wollen wir den bisherigen Ausführungen noch einiges Ergänzende hinzufügen, wobei wir stets im Auge behalten, was wir über die sechs Oppositionspaare der Zeichen und Häuser bereits, wenn auch nur schematisch, ausgeführt haben.

Die im folgenden kurz behandelten Oppositionen betreffen Planeten, die zwar keine Polarität aufweisen, aber doch eine gewisse Ähnlichkeit in ihrer Wirkung: Mars und Saturn und auch Uranus, also die Gruppe der sogenannten »Übeltäter«, und Jupiter und Venus als sogenannte »Wohltäter«.

Mars und Saturn in Opposition werden grundsätzlich von ähnlicher Wirkung sein wie in der Konjunktion, nur daß jetzt dem Geborenen die Möglichkeit gegeben ist, einen vorgezeichneten Weg zu beschreiten, um so aus jenem Aspekt Heil oder Unheil hervorzuholen oder auch beides, bis der Sieg errungen ist. Diese Opposition ist meist leichter zu tragen als die Konjunktion, und die Erfahrung lehrt, daß tatsächlich dieser gewaltsame oder auch gewalttätige Aspekt, dieser Dreschflegelaspekt, wie wir ihn nannten, sehr wohl heilbringend verwertet werden kann. Wir konnten oft sehen, daß gerade aus dieser Schicksalsgabe heraus es die Geborenen verstanden haben, einen bestimmten Beruf zu wählen, der es ihnen möglich machte, das Unheil zum Heil zu wenden. Es gibt z. B. nicht wenige Chirurgen, die diesen Aspekt im Geburtshoroskop haben. Das Messer des Chirurgen soll zum Heil Wunden setzen, das des Verbrechers dagegen zum Unheil. Aber auch Fleischhauer, Hufschmiede, Boxer etc. mögen diese Opposition durch ihren Beruf so auswirken, daß ihr das Zerstörende und die Rohheit der Kraftanwendung genommen wird. Gelingt es nicht, den Aspekt auf diese Weise zu verändern, dann müssen alle jene Leiden in Kauf genommen werden, die durch das Abirren von dieser Messerbrücke entstehen.

Bei der *Opposition zwischen Mars und Uranus* handelt es sich um einen ähnlich gewaltsamen Aspekt, der sich aber weniger in Handlungen als vielmehr in der inneren Spannung ausdrückt, die jenen Handlungen entspricht, aber doch niemals zu ihnen führt. Solch innere Spannungen mögen gelegentlich zu katastrophalen heftigen Entladungen führen, deren Heilswirkung wohl darin bestehen mag, daß sie eine Reinigung der Leidenschaften anbahnen mögen, wie Aristoteles es vom Drama fordert.

Die *Opposition* zwischen den beiden Glücksbringern *Venus und Jupiter* wird ähnliches bringen wie die Konjunktion, nur daß auch hier wieder der Pfad zu beschreiben ist, auf dem die Gefahren besonders deutlich werden.

Hier entsteht die Neigung, sich in dem inneren Glückserlebnis berauschend zu bespiegeln. Dies führt zu einem Narzißmus, den ich seiner besonderen Artung wegen als Polykrateskomplex bezeichnen möchte. Es besteht die Neigung, ja geradezu der Zwang, mit seinem Glück zu prahlen; diesem Glück oder der Tatsache, ein Glückskind zu sein, gilt die Eitelkeit, die sich bis zur Hybris steigert. Man überschätzt das Glück und den Zauber, den man um sich selbst zu verbreiten glaubt.

Die *Opposition zwischen Sonne und Jupiter* vermehrt den Sonnenstolz, den wir anläßlich der Besprechung der Sonne-Jupiter-Konjunktion beschreiben konnten. Die überspannte Einschätzung oder Überschätzung der eigenen Würde führt zu allerlei Schwierigkeiten seitens der Umwelt. Aber auch vor dem eigenen Gewissen steht man nicht so selbstsicher da, wie man der Umwelt erscheinen möchte. Dann kann jener Stolz auch noch Trotz erhalten. Ihn abzubauen ist eine wesentliche Forderung, die diese Opposition stellt.

21. Vortrag

Mond-Venus-Opposition: Auch hier handelt es sich um eine Eitelkeit, die sich jedoch mehr auf die äußere Erscheinung bezieht als auf die Vorstellung vom inneren Wert. Man wirbt um Gunst; bewußt oder unbewußt tritt eine Koketterie auf, die der Entfaltung des eigenen oder vermeintlich eigenen Charmes dient. Hier ist es wichtig, die Zeichen und auch die Häuser in Betracht zu ziehen, aus denen heraus sich die Opposition formt. Die Aufgabe geht im wesentlichen dahin, wirklich zu werden, was man zunächst bloß scheinen möchte, oder, wenn man die Eitelkeit als solche erkannt hat, sie in ihr Gegenteil zu verwandeln. In vielen Fällen mag die Stellung der Sonne wesentlich dazu beitragen, den vorgezeichneten Weg leichter zu finden und zu gehen.

Venus-Saturn-Opposition: In dieser Stellung sind all die Konsequenzen enthalten, die wir schon bei der Besprechung der Konjunktion zwischen den beiden Planeten kennengelernt haben. Aber hier erscheinen sie als eine Lebensaufgabe. Es wird dem Geborenen zwangsweise auferlegt, was er sonst freiwillig auf sich nehmen würde, jene seltsame Askese, von der wir seinerzeit sprachen, und der damit verbundene Entbehrungsweg mit all seinen düsteren Folgen und Auswüchsen. Sie alle zusammen bilden das Dornengestrüpp am Entwicklungsweg, der aus der erdgebundenen Sinnlichkeit zur inneren Reinheit emporstreben will.

Mond-Jupiter-Opposition: Auch wieder ein Eitelkeitsaspekt, der mit einer Größenvorstellung einhergeht, die mit dem Aberglauben an den eigenen Vorrang oder gar Adel verbunden ist, zu dem man durch seine Geburt berufen ist. Der Ehrgeiz, als das auch gelten zu wollen, was man von sich selbst hält, bringt manch bittere Enttäuschungen im Leben. Aus ihnen rechtzeitig zu lernen, wird hier wesentliche Aufgabe.

Wir wenden uns nun zu den sogenannten »großen Oppositionen«. Wir betrachten zunächst die *Oppositionen zwischen Jupiter und Saturn.* Sie sind ebenso selten wie die Konjunktionen zwischen den beiden Planeten und ereignen sich in Abständen von etwa zwanzig Jahren.

Auch die Oppositionen wiederholen sich seit mehr als hundert Jahren stets zwischen den Zeichen derselben elementaren Gruppe, und zwar zwischen Erde und Wasser mit einer einzigen länger dauernden Ausnahme.

1852 befand sich Jupiter in Stier und Saturn in Skorpion. Die Opposition dauerte von Ende Mai bis September.
1870 befand sich Jupiter in Zwillinge und Saturn in Schütze. Die Opposition dauerte von Ende Juli bis November (dies ist die Ausnahme).
1871 befand sich Jupiter in Krebs und Saturn in Steinbock. Die Opposition dauerte von Juni bis Mitte Juli.
1891 befand sich Jupiter in Fische und Saturn in Jungfrau. Die Opposition dauerte von Anfang April bis Ende August.
1892 Im Dezember kam es ebenfalls zu einer kurzen Opposition, wobei Jupiter in Widder und Saturn in Waage stand. Diese dauerte von Ende Dezember 1892 bis Ende Januar 1893.
1909 Ende Dezember kam es wieder zu einer Opposition mit Jupiter in Waage und Saturn in Widder. Dies dauerte bis Mitte Februar 1910. Diese Stellung erinnert an die Opposition 1892/93.
1911 befand sich Saturn in Stier und Jupiter in Skorpion. Diese Opposition begann schon Mitte November 1910, erlosch aber Ende Dezember. Mitte April 1911 bis Mitte Mai wiederholte sie sich, erneuerte sich im Oktober desselben Jahres und blieb bis Anfang November bestehen.
1930 stand Jupiter wieder in Krebs und Saturn in Steinbock, wie etwa sechzig Jahre vorher. Die Opposition begann Mitte Juli 1930 und dauerte bis Mitte August, wiederholte sich Mitte Dezember bis Mitte Januar 1931, kehrte Ende Mai zurück und blieb bis Ende Juni bestehen.

Die nächste Opposition zwischen Jupiter und Saturn ist für 1950/51 zu erwarten. Jupiter wird wieder in Fische und Saturn in Jungfrau stehen wie 1891.

Wir wenden uns nun den einzelnen Oppositionen zu. Im allgemeinen kann von allen Jupiter-Saturn-Oppositionen, in welchen Zeichen auch immer sie stattfinden mögen, ausgesagt werden, daß sie gleich den Konjunktionen ein Missionsgefühl hervorrufen, d. h. die Vorstellung, daß man vom Schicksal zu einer bestimmten Sendung ausersehen ist, eine bestimmte Aufgabe zu erfüllen hat, deren Vollstrecker man zu sein hat, gelte diese Aufgabe inneren oder äußeren Forderungen. Was aber das Unterscheidende ist zwischen Konjunktion und Opposition, das ist der Umstand, daß im letzten Fall die Schwierigkeiten, die der Erfüllung jener Aufgabe entgegentreten, mit besonderer Intensität empfunden werden, so daß man leicht dazu gelangen kann, sich als ein

Opfer der auferlegten Mission zu fühlen, die einem das Schicksal gegen den eigenen Willen abnötigt. Dies wird insbesondere hervortreten, wenn bei dieser Opposition Wasser und Erde beteiligt sind.

Im Jahr 1871 fand die Opposition Jupiter in Krebs und Saturn in Steinbock statt. Das damit gegebene Kernproblem lautet: Dienen oder Herrschen. Beide Planeten stehen in positiven Würden. Die Antwort auf jene Frage wäre wohl: »Herrsche, um zu dienen«, wenn Jupiter über dem Horizont steht, und »Diene, um herrschen zu dürfen« für Jupiter unter dem Horizont.

Etwa sechzig Jahre später wiederholte sich diese Opposition, aber die Generation, die sie betraf, verband mit der Idee des Dienens und Herrschens andersgeartete Grundvorstellungen. Für die aus den siebziger Jahren stammende Generation mit Neptun in Widder und Uranus in Krebs erwuchs die Frage Dienen oder Herrschen nicht aus einem inneren Gespaltensein zwischen Ideal und Wirklichkeit; das Problem war lediglich persönlich, aber in keiner Weise ethisch oder sozial.

Anders liegen die Verhältnisse für jene jetzt noch junge Generation, die aus den dreißiger Jahren des 20. Jahrhunderts stammt. Die Frage Herrschen oder Dienen wird erst in zweiter Linie zu einem persönlichen Problem, dessen Sinn sich erst im Rahmen eines allgemeinen sozialen Problems gestaltet. Sich mit ihm auseinanderzusetzen wird soziale Pflicht. Die mit dieser Opposition Geborenen leiden unter dem Widerstreit beider Extreme, der ihnen den Gegensatz zwischen theoretischer Einsicht und praktischem Versagen immer wieder erneut ins Bewußtsein rückt. Bei Jupiter über dem Horizont empfindet man mehr die Fessel einer harten sozialen Lebensmaxime, die die eigene Freiheit bedroht; bei Saturn über dem Horizont wird man schon mit dem Gefühl geboren, daß Arbeit zwar nicht, wie ein bekanntes Sprichwort sagt, das Leben versüßt, daß sie aber fast die einzige Rechtfertigung des menschlichen Daseins überhaupt ist.

Wir kommen nun zu den Jahren 1891/92. Jupiter steht jetzt in Fische und Saturn in Jungfrau. Das Hauptproblem, das den unter dieser Opposition Geborenen mitgegeben ist, spielt zwischen Egoismus und Altruismus. Schon werden auch die Keime eines weiteren Problems fühlbar, das freilich erst etwa sechzig Jahre später mit dieser Opposition verbunden sein wird, nämlich das Problem von Sozialismus und Individualismus.

Dazu aber kommt noch die Tatsache, daß mit der Stellung des Planeten Saturn in Jungfrau eine stete und beklemmende Sorge verbunden ist, ob wir denn auch wirklich, was uns durch das Leben zugefallen ist oder als Aufgabe angelastet ist, mit genügender Sorgfalt verwaltet haben. Durch die Opposition mit Jupiter entsteht eine psychologische Situation, die sowohl die altruistischen als auch die egoistischen Antriebe lähmt und mit eigensinniger Kritik mindert. Was aber hier im Vordergrund bleibt, ist das Bestreben, den Antagonismus von Altruismus und Egoismus aus der persönlichen Moral zu eliminieren und mit einer sozialen Moral zu verbinden, bei der das Kriterium des sozial »Nützlichen« schließlich den Ausschlag gibt. So kommt es hier leicht zu einem seltsamen Kompromiß zwischen beiden opponierten Prinzipien, der dem persönlichen Egoismus alle Möglichkeiten offenhält, die sich hinter dem breiten Rücken des »sozialen Egoismus« verbergen lassen. So kommt es auch hier wieder zu einem Missionsgefühl, das uns aufträgt, den eigenen Egoismus nutzbringend in den weiterreichenden gesellschaftlichen Egoismus einzubauen.

Wir haben nun noch über die kurzdauernde Opposition zwischen Jupiter und Saturn zu sprechen, die von Dezember 1892 bis Januar 1893 am Himmel stand, wobei Jupiter in Widder und Saturn in Waage stand. Der Gegensatz, der sich hier auftut, ist der Gegensatz zwischen dem Willen und der Vernunft. Keines der beiden Prinzipien soll zum Schaden des anderen überwertig werden. Es nimmt sich, was hier entstehen will, fast aus wie Kants kategorischer Imperativ, der aber nicht als Lösung, sondern vielmehr als Belästigung durch widerstreitende Impulse empfunden wird, die lähmend auf jede Entschlußkraft wirken. Wir können hier von einer Gewissenslast sprechen, die in fast krankhafter Weise auch die geringfügigsten Entscheidungen mit einem Verantwortungsgefühl belasten, das in keinem Verhältnis zu den tatsächlichen Folgen solcher Entscheidungen steht, wie z. B., ob man diesen oder jenen Hut aufsetzen soll etc.

Wir kommen nun zum Jahr 1909/10. Von Dezember bis Februar hatten wir dieselbe Opposition mit vertauschten Zeichen. Jupiter stand in Waage und Saturn in Widder. Diese Opposition ist schwerer zu tragen als die eben geschilderte. Das Missionsgefühl, das hier entsteht, hat Ähnlichkeit mit dem Missionsgefühl eines Künstlers oder einer Person, die ein Künstler zu sein glaubt. Man setzt eine poetische Lizenz für seine Lebensführung voraus und ist jederzeit bereit, diesem »Künstlerideal« alle persönlichen Rücksichten zu opfern. Dieser ideale Heroismus, der sich zunächst stets zuungunsten der anderen auswirkt, kann sich auf hohem oder niedrigem Niveau abspielen. Steht Jupiter über dem Horizont, dann fühlt man sich leicht als das Opfer der

Gewöhnlichen. Ist Saturn über dem Horizont, dann wird früher oder später die Diskrepanz zwischen eingebildeter Mission und der eigenen Leistung zu einer Lebenskrise führen, in der das Gefühl einer Minderwertigkeit eine nicht geringe Rolle spielt.

1910/11 kam es dann zu der eigentlichen Opposition mit Jupiter in Skorpion und Saturn in Stier. Das wesentlichste Merkmal dieser Opposition ist eine psychologische Verfassung, die ich als wehleidige Intoleranz bezeichnen möchte. Bedenkt man, daß diese Oppositionsstellung zeitlich zusammenfiel mit der Opposition von Uranus und Neptun aus den Zeichen Steinbock und Krebs, dann entsteht der Wunsch, die eigene Engstirnigkeit und Beschränktheit, das Gefangensein im mitgeborenen Vorurteil einer freiwilligen Selbstbestimmung geradezu wie eine Auszeichnung anzusehen, die einem das Recht gibt, autoritativ aufzutreten. Aber dieser Wunsch bleibt doch am Ende nur ein Wunsch, weil er von einem geheimen Veto begleitet wird, das in schmerzhafter Weise daran mahnt, daß es ein höheres und freieres Geistesleben gibt, dem man im geheimen entgegenstreben möchte, das zu erreichen einem aber versagt bleibt. Despotie ohne Selbstvertrauen, Eigensinn wider Willen, reizbare Schwäche mit dem Kraftgefühl des freiwillig im Kampf abseits stehenden Helden bezeichnen die wesentlichsten Züge der unter jener Opposition Geborenen.

Steht dabei Jupiter über dem Horizont, dann ist dies die weitaus günstigere Stellung. Die Suggestivkräfte, die Jupiter in Skorpion verleiht, unterstützen den Glauben an die eigene Sendung und stärken das Vertrauen in die Richtigkeit des eigenen Weges. Steht Saturn über dem Horizont, dann tritt mehr der Starrsinn hervor, der harte und schmerzhafte Zusammenstöße mit der Umwelt unvermeidbar macht.

Wir wenden uns nun zu den *Oppositionen zwischen Uranus und Jupiter.* Sie fanden in den Jahren 1865, 1879/80, 1893, 1906/07, 1920/21 und 1933/34 statt.

Alle genannten Oppositionen ereigneten sich zwischen den Elementen Erde und Wasser, also in der weiblichen Kategorie des Tierkreises, mit Ausnahme der Opposition im Jahre 1933/34 mit Uranus in Widder und Jupiter in Waage.

Um die Bedeutung der Opposition zwischen Uranus und Jupiter zu verstehen, wollen wir uns zunächst daran erinnern, was wir über die Konjunktion beider Planeten aussagten. Wir nannten Uranus den Stabilitätsprüfer des Horoskops; durch Uranus erhalten wir erst das Bewußtsein einer Besonderheit und einer Einmaligkeit unserer Individualität, die wir an allen Lebensereignissen zu erproben und zu bewähren haben. Vereinigen sich Uranus und Jupiter durch die Konjunktion, dann tritt zu jenem Auf-sich-selbst-Gestelltsein noch die Vorstellung der besonderen Würde, zu jener »Selbstbewährung« zugelassen zu sein. Damit aber entsteht zugleich das Gefühl, für unsere Eigenart, ja für alles, was zu unserer individuellen Bestimmung gehört, verantwortlich zu sein.

Wenn nun aber diese beiden Planeten in Opposition zueinander stehen, dann macht sich das Beschwerliche, ja sogar Quälende dieses Verantwortlichkeitsgefühls in hohem Grad bemerkbar. Die Krone unseres Eigenkönigtums wird zur drückenden Last, die niemals von uns genommen werden kann. Die Forderung, unter allen Umständen sich selber treu zu bleiben, steht wie ein lästiger und unsichtbarer Warner hinter allen unseren Entschlüssen und Handlungen, auch dann, wenn es sich um ganz geringfügige Angelegenheiten handelt.

Wir wollen die einzelnen Oppositionen untersuchen. Sie fanden, wie bereits erwähnt, fast ausnahmslos zwischen Erde und Wasser statt. Dies bedeutet, daß fast immer, wenn es zu jener Opposition kam, die Verantwortlichkeit für unseren Charakter aufs engste verknüpft ist mit der peinlichen Vorstellung, daß wir diesen Charakter zum großen Teil unseren Vorfahren zu verdanken haben und daß dessen Wurzeln somit zurückreichen in die unerforschlichen Tiefen einer jenseits unseres Bewußtseins liegenden Vergangenheit, aus der gewisse Seiten unserer Charakteranlage herüberwehen wie die Mahnung an ein geheimes Schuldkonto, für das wir zu zahlen haben als verantwortliche Erben.

Wieder sind es die Grundprinzipien von Altruismus und Egoismus, die hier in Widerstreit geraten. Jupiter im eigenen Zeichen ist offenbar der stärkere Planet. Das Streben geht dahin, die egoistischen Triebe zu erkennen und abzubauen oder zu verwandeln, so daß sie einer Eigenentwicklung nutzbar gemacht werden können, die einer Lösung der Interessen von den irdischen Bedingungen zusteht, um so aus dem kleinlichen Egoismus zu fliehen und in Freiheit unser wahres und höheres Ich zu finden. Diese dauernde Flucht vor dem eigenen Egoismus kann zu vielen harten Kämpfen und Konflikten führen.

Im Jahr 1893 ereignet sich dann die nächste Opposition zwischen Uranus und Jupiter. Uranus steht jetzt in Skorpion und Jupiter in Stier. Diese Opposition war von kurzer Dauer und dauerte von Mitte April bis Mitte Mai.

Der Gegensatz, der hier zwischen den beiden Zeichen schwingt, ist der Gegensatz zwischen dem Wunsch nach Machtergreifung und

21. Vortrag

Machtverteidigung. Der Wunsch nach Machtergreifung oder Machterweiterung schweift in die Ferne und ist in erster Linie auf Erweiterung des seelischen Einflusses auf andere gerichtet. Der Wunsch nach Machtverteidigung ist aufs engste verknüpft mit dem Begriff einer stolzen Bescheidenheit, die es für unnötig hält, dem eigenen Reichtum noch etwas hinzuzufügen.

Ist nun Jupiter in Stier und Uranus in Skorpion, dann erreicht die Spannung zwischen diesen Gegensätzen die höchsten Grade. Man will, auch wenn man nicht mit dem Pfund wuchert, den Anspruch auf die höchsten Zinsen niemals aufgeben. Das Schicksal ist es mir schuldig, das Kapital meiner Individualität zu verzinsen und mir den besonderen Platz anzuweisen, der meiner Einmaligkeit entspricht.

Steht dabei Jupiter über dem Horizont, dann wird der Stolz, der sich niemandem beugen will, zum hervorstechenden Charakteristikum, aber auch die schmerzliche Resignation, die jetzt aus dem Uranusbereich herüberklingt.

Wir kommen zu den Jahren 1906/07. Jupiter ist in Krebs und Uranus in Steinbock. Die Opposition begann Anfang August und dauerte bis Anfang Oktober, sie wiederholte sich von Mitte Mai bis Ende Mai 1907. Zu dieser Zeit kam es auch zu einer engen Konjunktion zwischen Neptun und Jupiter, so daß jetzt auch noch die Opposition von Uranus und Neptun hinzutrat. Dies macht es notwendig, die Opposition von 1906 und 1907 gesondert zu behandeln.

Wieder geht es um den Gegensatz von Herrschen und Dienen. Aber dieser Gegensatz tritt hier in einer eigenartigen Verkappung auf, da er sich innerhalb der eigenen Individualität entwickelt und formt. Beide Planeten stehen in Würden: Jupiter im Zeichen seiner Erhöhung und Uranus (unserer Auffassung nach) im eigenen Zeichen. Überdies handelt es sich um zwei Kardinalzeichen. Die beiden Gegensätze, die hier aufeinanderstoßen, sind das absolute Alleingängertum in Form einer freiwillig gewählten Selbstisolierung, die erfordert, einen klar erkannten und meiner Individualität gemäßen Weg, unbeeinflußt durch sentimentale Gefühlsregungen, nur sachlichen Erwägungen folgend, konsequent weiterzugehen, und auf der anderen Seite das Bestreben, das Gefühlsmanko, das jene strenge Sachlichkeit notwendigerweise mit sich führen muß, dadurch auszugleichen, daß man jenen Sentimentalitäten ein besonderes Gebiet im Leben zuweist, auf dem sie meine Sachlichkeit nicht stören können. Dies sieht fast aus wie eine Veranlagung zu einem Doppelleben oder einer Spaltung der Persönlichkeit, die aber, weil sie vom Bewußtsein beherrscht wird, pathologische Grade nicht erreicht. Was aber das Wesentliche jener Opposition bleibt, ist das Schwanken zwischen kalter Sachlichkeit und unsachlicher Gefühlsromantik, das bald das eine, bald das andere Prinzip zum herrschenden machen möchte. Der innere Kampf ist schwer und oft genug verwirrend.

1907 ist auch Neptun in diese Oppositionsstellung verwickelt. Zu dem oben Ausgeführten tritt nun etwas hinzu, was einer tiefen Sehnsucht nach einem Zustand entspricht, in dem wir, ohne das Besondere unserer Individualität und die Sachlichkeit unserer Selbstbestimmung aufzugeben, im grenzenlosen Allbewußtsein untertauchen, um so wieder aus diesem Erlebnis die Bestätigung, ja vielleicht sogar die Sanktionierung unseres Ich heimzubringen. Aus solchen Veranlagungen heraus mag der Wunsch nach einem klösterlichen Leben in einer selbstgewirkten Zelle entstehen, die man wohl zeitweise verlassen darf, in die man aber immer wieder zurückkehrt.

Wir kommen nun zu der Opposition von 1920/21. Uranus steht in Fische und Jupiter in Jungfrau. Diese Opposition dauerte von Ende August 1920 bis Ende September und wiederholte sich 1921 von Ende März bis Anfang Juli. Sie ist das Spiegelbild der Opposition von 1879/80.

Die Trägheit und Wehleidigkeit der Generation mit Uranus in Fische wurde bereits beschrieben. Der Widerstreit zwischen den Antrieben des Egoismus und Altruismus findet keine kämpferische Veranlagung vor. Man fühlt sich eher als Opfer jener widerstreitenden Tendenzen und als Märtyrer geboren. Der Egoismus verzettelt sich in fruchtlosen Protesten gegen dieses Schicksal. An solchen Ideen und Empfindungen wächst die Vorstellung von der eigenen Wichtigkeit; die höchste Leistung kann vielleicht die Einsicht in die Unwichtigkeit der eigenen Existenz sein.

Wir kommen zu den Jahren 1933/34. Diese Opposition, die sich zwischen Feuer und Luft abspielt, stellt uns vor eine Wende im Rhythmus der Oppositionen zwischen Uranus und Jupiter. Auch die nächste Opposition im Jahr 1948 wird zwischen Feuer und Luft stattfinden mit Uranus in Zwillinge und Jupiter in Schütze.

Die Opposition der Jahre 1933/34 ereignet sich zwischen Uranus in Widder und Jupiter in Waage und dauerte von Mitte Dezember 1933 bis März 1934.

Diese Konstellation gehörte einer Generation, die wir mit dem Ausdruck »Lebensstürmer« zu charakterisieren versuchten. Der so Geborene fühlt in sich die Kraft, alle Energien einzusetzen für ein Ziel, dessen Verwirklichung er um so näher glaubt, je weniger er auf die Vernunft hört. Aber gerade der Umstand, daß sie sich nicht zum Schweigen bringen lassen will, läßt jene Konflikte entstehen, die durch diese Opposition gegeben sind. Der Geborene steht zeitlebens dem Dilemma gegenüber, wem mehr zu mißtrauen ist: der Vernunft oder dem eigenen Willen. Steht dabei Jupiter über dem Horizont, dann ist man eher geneigt, Konzessionen zu machen, aber die bedenkenlose Bereitschaft, die Verantwortung für Folgen zu übernehmen, die sich vernünftigerweise unmöglich voraussehen lassen und überhaupt die menschliche Verantwortung übersteigen, bleibt bestehen. Dies gilt in noch gesteigertem Maß, wenn Uranus über dem Horizont steht. Nicht der Zweck, sondern allein der Mut heiligt die Mittel.

Wir wenden uns nun zu der *Opposition zwischen Saturn und Uranus*. Diese fand innerhalb des Zeitraums, der uns hier interessiert, nur zweimal statt.

Die erste der beiden Oppositionen ereignete sich Mitte März bis Mitte Juni 1873, Mitte Januar 1874 bis Mitte März 1874, Mitte Juli 1874 bis Ende August 1874, Mitte Dezember 1874 bis Anfang Februar 1875 und Anfang September 1875 bis Ende Dezember 1875.

Uranus steht in Löwe und Saturn in Wassermann. Die Konjunktion zwischen beiden Planeten wurde bereits besprochen. Wir konnten feststellen, daß die von dieser Konjunktion ausgehende Wirkung im Gegensatz zur Jupiter-Uranus-Konjunktion den Geborenen mit seiner Eigenart und seiner Individualwürde eher beschwert. Man trägt schwer an dieser Würde, während man mit Jupiter-Uranus diese Würde mit Stolz trägt. Was die Opposition beschert, ist ein beständiger Ansporn, immer sich selbst treu zu bleiben, mit dem wenig beneidenswerten Gefühl, diese Pflicht als unangenehm zu empfinden.

Steht Uranus in Löwe, dann werden die Impulse der Lebensfreude und der Daseinsfreude, die mit diesem Zeichen verbunden sind, zu einem lästigen Zwang, das Leben zu genießen. Man hält all das, was diese Freude mindert, für einen Angriff auf die eigene Individualität und den ihr vorgezeichneten Weg. Aber zugleich mischt sich in diese eudaimonistische Lebenstendenz ein asketischer Zug: Man muß die kleinen Freuden meiden, um sich die größeren zu erhalten. Dies gleicht dem Lebensweg eines Hypochonders, der seine Gesundheit nur durch Vermeidung all dessen aufrechterhalten kann, was ihn eigentlich freut.

Wir gehen nun zu der zweiten Opposition über. Sie begann Anfang

September 1918 und dauerte bis Mitte Februar 1919. Sie fand zwischen denselben Zeichen statt, aber Uranus stand jetzt in Wassermann und Saturn in Löwe.

Die Wirkung dieser Stellung ist ähnlich der eben beschriebenen. Aber der Unterschied zwischen den beiden Oppositionen ist schon durch die Tatsache allein genügend gekennzeichnet, daß Uranus im eigenen Zeichen, also in positiver Würde steht, während Saturn im Zeichen seiner Vernichtung eine negative Würde erhält. Uranus ist der stärkere Planet, die Belastung mit der eigenen Individualität wird jetzt leichter getragen und der Zwang zur Lebensfreude gar nicht als solcher empfunden; daher wird auch jener asketische Zug, den wir oben beschrieben, kaum bemerkt, weil selbst der Verzicht auf die kleinen Freuden zugunsten der größeren in seiner Bedeutung hinter Freude, immer ich selbst sein zu dürfen, zurücktritt.

Im August 1919 kam es wieder zur Opposition beider Planeten an der Grenze zwischen Wassermann und Fische einerseits und Löwe und Jungfrau andererseits. Diese Opposition dauerte nur kurze Zeit, von Anfang bis Ende August. Mitte März 1920 festigte sich dann die Opposition zwischen Fische und Jungfrau und dauerte bis Ende Juni 1920.

Die oben beschriebene Ich-Last bleibt bestehen, aber man begnügt sich damit, sie hinzunehmen, ohne andere Konsequenzen hieraus zu ziehen als die einer passiven Lebensresistenz, bei der man noch am besten fährt. Dazu kommt noch ein Verhalten der Umwelt gegenüber, das ich als »Ich-Wehleidigkeit« bezeichnen möchte oder als eine Überempfindlichkeit, die sich überall angetastet fühlt, auch wo nicht der geringste objektive Anlaß dafür besteht.

Wir wenden uns nun zu den *Oppositionen zwischen Saturn und Neptun*. Erinnern wir uns daran, was über die Konjunktion der beiden Planeten bereits ausgeführt wurde. Unter der Wirkung dieser Konstellation ist man geneigt, sich von sich selbst in einer eigentümlich traumhaften Weise zu distanzieren. Es ist fast, als würde man sich selbst mitsamt der eigenen Individualität, die Uranus so sehr in den Mittelpunkt rückte, als etwas vom Kosmos bloß Geträumtes ansehen, als etwas Unwirkliches und vielleicht sogar Unwichtiges, weshalb wir denn auch für unsere Eigenart in keiner Weise verantwortlich sind. Alles, was mit meiner Verantwortlichkeit zusammenhängt, verliert sich ins Kosmische. Dies mag der gesamten Lebenshaltung eine gewisse Überlegenheit geben, etwa im Sinn eines orientalischen Fatalismus.

21. Vortrag

Stehen aber nun die beiden Planeten in Opposition, dann führt jene Lebenshaltung leicht zu schweren Konflikten, wenn nicht gar zu einer permanenten Unsicherheit in der Beurteilung aller Tatsachen des Lebens.

Wir wollen nun die beiden Oppositionen besprechen, die während des uns hier interessierenden Zeitraumes stattfanden.

Die erste begann Anfang Januar 1899 und dauerte bis Anfang Juni 1899. Mitte Juli 1900 wiederholte sich diese Opposition und dauerte bis zum 16. Oktober.

Neptun stand in Zwillinge und Saturn in Schütze. Am 17. Oktober übersiedelte Saturn in das Zeichen Steinbock; die Opposition blieb nun als gemischte Opposition bestehen und dauerte bis Anfang November. Was die Opposition in den Zeichen Zwillinge und Schütze betrifft, so mag das fatalistische Element sich hier in einem merkwürdigen Gegensatz zwischen moralischem Leichtsinn und theoretischem Gewissenskonflikt auswirken, der darum theoretisch genannt werden darf, weil wir uns mit unserem moralischen Ich gar nicht in ihn einbeziehen wollen. An solchen Konflikten, die jedoch meist ohne besondere Schwierigkeit verdrängt werden, ist das Leben überaus reich.

Ist Saturn in Steinbock, dann fühlt man sich lästigerweise mitverantwortlich für alles, was mit und durch einen geschieht, obwohl der Hauptverantwortliche doch immer der unergründliche kosmische Zufall bleibt, von dem wir selbst die unwilligen Zeugen sind.

Wir gehen nun zu der Opposition zwischen Saturn und Neptun, die 1935/36 stattfand. Saturn befindet sich jetzt in Fische und Neptun in Jungfrau. Die Opposition begann Anfang Mai 1935 und dauerte bis Ende Juli. Anfang September 1936 wiederholte sich diese Opposition in denselben Zeichen und dauerte bis Mitte Januar 1937.

Wieder handelt es sich um den uns bereits bekannten Gegensatz zwischen Altruismus und Egoismus. Aber in diesem Fall erhält der Gegensatz ein recht eigentümliches Gesicht. Saturn in Fische regt zu Selbstanklagen aller Art an und erweckt das Gefühl der Mitschuld an allen Mißlichkeiten, die mich und meine Umgebung betreffen. Tritt nun Neptun in Opposition zu Saturn, dann wird diese so negative Form des Altruismus überkompensiert durch die Neigung, sich als Werkzeug höherer Kräfte zu fühlen, die mir das Recht einräumen, diese Kräfte in den Dienst meiner Absichten zu stellen, sofern diese aus der Idee entspringen, ein mit dem Ganzen der Menschheit organisch verbundener Teil zu sein. Der Egoismus als Weltprinzip erteilt so auch dem kleinlichen persönlichen Egoismus eine Sanktion. Was aber bestehenbleibt, ist auch hier ein beständiges Schwanken zwischen jenen Gegensätzen, die sich niemals in harmonischer Weise praktisch verbinden lassen.

Wir wenden uns nun zu der letzten der großen Oppositionen, zur *Opposition zwischen Uranus und Neptun*.
Diese Konstellation währte mit Unterbrechungen mehr als sechs Jahre, von 1905 bis 1911.

1905 Anfang Februar bis Mitte Juni;
1906 Mitte Januar bis Mitte Juni; Ende Dezember bis
1907 Mitte Juli; Mitte Dezember bis
1908 Anfang März; Mitte Mai bis Anfang September; Mitte November bis
1909 Ende Januar; Ende Juni bis
1910 Anfang Januar; Mitte Juli bis Ende Dezember;
1911 Mitte August bis Mitte Dezember.

Über diese Opposition wurde bereits Wichtiges ausgesagt, als es galt, den Zeitgeist jener Epoche zu kennzeichnen, die durch Uranus in Steinbock und Neptun in Krebs beherrscht wird. Die Generation, die dieser Epoche entstammt, ist eine Generation der »strengen Sachlichkeit« und der Gefühlsflucht. Sie unterscheidet auf das genaueste zwischen dem, was der Natur gemäß ist und daher in ihrer Linie liegt, und dem, was abseits dieser Linie liegt und daher nicht zu ihr gehört, was ihrer Art wesensfremd ist. Daraus ergibt sich eine weitgehende Strenge gegenüber allem Fremden und auf der anderen Seite eine gewisse Unfähigkeit, Dinge wahrzunehmen, die außerhalb eines Blickfeldes liegen, das gleichsam durch eine monochromatische Brille eingeschränkt ist und sich in dem Unvermögen zeigt, fremde Gedankengänge wohlwollend in sich aufzunehmen. Damit wiederholen wir im wesentlichen, was wir als charakteristisch für die Stellung Uranus in Steinbock an anderer Stelle bereits ausgeführt haben. Tritt nun die Neptunstrahlung aus dem opponierten Zeichen hinzu, dann tritt etwas recht Seltsames ein, das aussieht wie eine unglückliche Liebe zu der Möglichkeit eines Liberalismus oder, allgemeiner ausgedrückt, zu einer Aufschließung unseres Wesens gegenüber der Universalität aller hier möglichen Einflüsse. Die Schwierigkeiten des Lebensweges sind im wesentlichen der Ausdruck einer unrealisierbaren Sehnsucht nach irgendeiner Gemeinsamkeit, wenn nicht gar des Untertauchens in der Allgemeinheit – unrealisierbar, weil die Beschränkung des eigenen Wesens auf ein kompromißloses Entweder-Oder nicht aufgegeben werden kann. Was hier von dem Individuum verlangt wird, ist der Gewinn einer geistigen Weitherzigkeit; aber gerade dieser Forderung kann die Opposition der beiden Planeten nur sehr schwer entsprechen, nicht etwa, weil gegen eine solche Weitherzigkeit ein angeborener Widerstand besteht, sondern weil die Unfähigkeit besteht, den Mangel einer solchen Weitherzigkeit klar zu erkennen. Man glaubt, die Schranken seiner »Eigen«art gar nicht durchbrechen zu müssen, um dieselbe Blickweite zu erreichen, die sich sonst nur einer metaphysischen Perspektive ergibt. Es beschert somit diese Opposition eine harte, positive Lebenseinstellung und gleichzeitig eine dauernde Unzufriedenheit mit dieser, die wohl verdrängt, auf die Dauer aber nicht überwunden werden kann.

Damit beschließen wir das Kapitel der Oppositionen. Es mag jedoch hier, ehe wir uns einem anderen Kapitel zuwenden, eine wichtige Anmerkung gemacht werden, die in gewissem Sinn dem Folgenden vorgreift.

Der Oppositionsaspekt ist fast immer auch gleichzeitig mit dem sogenannten Parallelaspekt verbunden. Da dieser, wie wir später sehen werden, eine gewisse Ähnlichkeit mit der Konjunktion aufweist, ergibt sich hieraus wieder eine nahe Beziehung zwischen Konjunktion und Opposition.

Es wird daher wesentlich zum Verständnis der Opposition beitragen, wenn wir uns stets vor Augen halten, was wir über die Konjunktion der entsprechenden Planeten in beiden der in Betracht kommenden Zeichen ausgesagt haben, und versuchen, die Gesamtwirkung aus diesen beiden Komponenten zusammenzusetzen. Diese Hilfsvorstellung mag uns manch gute Dienste leisten.

22. Vortrag

Wir nehmen nun Abschied von den Oppositionen, um uns dem zweiten der sogenannten »ungünstigen« Aspekte, dem *Quadrat* zuzuwenden.

Der Quadrataspekt gilt der allgemeinen Annahme zufolge als der ungünstigste unter den Aspekten, ungünstiger selbst als die Opposition. Wenn der Ausdruck »ungünstig« überhaupt einen Sinn hat, dann dürfen wir uns dieser Wertung im allgemeinen anschließen. Eine kurze Überlegung wird uns zeigen, daß die Schwierigkeiten, die dem Geborenen aus der Quadratstellung zweier Planeten erwachsen, größer sind als die Schwierigkeiten, die aus der Oppositionsstellung derselben Planeten entstehen, daß aber andererseits die Quadratstellungen etwas in sich tragen, was diese Schwierigkeiten leichter überwinden hilft.

Wenn wir uns daran erinnern, was wir seinerzeit über das Wesen der Quadratstellung unter Anwendung der Spiegeltheorie ausgeführt haben, so können wir dies leicht zusammenfassen: Jede Quadratstellung trägt zwei Oppositionen in sich, die zueinander ins Kreuz gestellt sind. Schon der Ausdruck Quadrat deutet auf jene ursprüngliche Vorstellungsweise hin, daß nämlich durch zwei Planeten, die sich unter einem Winkel von 90 Grad anblicken, zwei weitere Punkte am Himmelszelt als Spiegelpunkte gesetzt werden, die jenen Winkel von 90 Grad zu einem vollkommenen Quadrat erweitern. Damit ist sogleich die Begründung dafür gegeben, warum das Quadrat jene Schwiergkeiten ins sich birgt: weil wir statt einer zwei Oppositionen vor uns haben und somit dem Geborenen auferlegt ist, zwei voneinander verschiedene Entwicklungswege gleichzeitig zu gehen, die, wenn sie mit Erfolg beschritten werden, die Ergänzung der einseitigen, nur die weiblichen oder die männlichen Zeichen einbeziehende Opposition darstellen, da jetzt alle vier Elemente – mithin beide Geschlechter – zur Vereinigung gebracht werden.

Hinzu kommt aber noch ein Zweites, das den Quadrataspekt komplizierter erscheinen läßt als den Oppositionsaspekt. Im Fall der Opposition hatten wir stets einen der Planeten über, den anderen unter dem Horizont; im Fall des Quadrataspektes aber werden wir oft beide Planeten über oder unter dem Horizont antreffen. Ein weiteres zu unterscheidendes Merkmal besteht darin, daß die zodiakale Opposition immer zugleich eine mundane Opposition ist und daß die beiden Oppositionen ferner auch einen sogenannten Parallelaspekt miteinander bilden, was beim Quadrataspekt nur ausnahmsweise und nur für bestimmte Grade des Tierkreises eintreten kann. Die Grade, die hier in Betracht kommen, sind: um 15 Grad Stier, Löwe, Skorpion und Wassermann, mithin insgesamt Tamas-Quadrate.

Auf der anderen Seite besteht jedoch wieder eine Tatsache, die das Quadrat gegenüber der Opposition etwas günstiger erscheinen läßt, nämlich die Tatsache, daß durch das Quadrat nicht bloß zwei, sondern immer alle vier Zeichen derselben Modalität miteinander verbunden werden. So wie es nun drei Kategorien von Oppositionen gibt, nämlich Rajas-, Tamas- und Sattwa-Oppositionen, so gibt es auch drei Gattungen von Quadraten, die den drei Modi entsprechen.

Es wird, wenn an den Menschen die Aufgabe herantritt, ein Quadrat zu durchleben, früher oder später die Entscheidung verlangt, welchen der beiden Oppositionswege, die in jedem Quadrat schlummern, er zu seinem Hauptweg wählt, jenem Weg, der dadurch charakterisiert ist, daß er einem schmalen Pfad gleicht, auf dem rechts und links die scharfen Dornenspitzen des Schicksals bereit sind, jede Abweichung zu bestrafen.

Handelt es sich um ein Quadrat zwischen Venus und Uranus, so wird nun durch die Spiegelung der seltsame Fall eintreten – und das ist bei allen Quadraten der Fall –, daß es zur Entstehung zweier kongruenter Quadrate kommen wird, an deren vier Spitzen sich die Konjunktionen der beiden Planeten wiederholen. Steht dabei Venus in Widder und Uranus in Steinbock, dann wird durch die Spiegelung zu den primären Eigentümlichkeiten einer Venus in Widder noch als weitere Bestimmung hinzutreten, daß etwas von den Eigentümlichkeiten einer imaginären Venus in Steinbock, Krebs und Waage sich beimischt, was den Charakter dieser Venus in Widder modifiziert. Ebenso wird zu dem Uranus in Steinbock noch ein weiterer imaginärer Uranus in Krebs, Waage und Widder hinzutreten. Es wird so zu vier ins Kreuz gestellten Spiegelkonjunktionen zwischen den beiden Planeten kommen. Dies wird bei der Auslegung von Quadratstellungen unbedingt berücksichtigt werden müssen. Es wird aber durch diese Tatsache manche Frage ihre natürliche Beantwortung erhalten, wie etwa die Frage, woher es kommt, daß z. B. ein Mars in Löwe, falls ein Quadrataspekt auf ihn fällt (etwa von Saturn aus Stier), Skorpionseigentümlichkeiten verleiht. Mit den obigen Bemerkungen ist ein wichtiger Fingerzeig für die Deutung der Quadratstellungen gegeben.

Wir haben bereits darauf hingewiesen, daß durch den Quadrat-Aspekt stets die Zeichen ein und derselben Modalität betroffen werden. Wir können demnach von Rajas-, Tamas- und Sattwa-Quadraten sprechen.

Welcher von den beiden ins Kreuz gestellten Wegen vom Geborenen beschritten wird, mag im wesentlichen davon abhängen, welcher von den beiden Planeten der stärkere ist, sei es zodiakal oder mundan, das heißt: welcher der beiden Planeten etwa in einer zodiakalen Würde steht oder durch seine spiegelbedingte Versetzung in ein anderes Zeichen derselben Modalität eine solche Würde erhalten würde. Ähnliches gilt dann auch von der mundanen Stellung.

Gewöhnlich mag es ja so sein, daß bald er eine, bald der andere der beiden Wege begangen wird und dieser Wechsel das ganze Leben hindurch dauert. Nun wird es sich zeigen, daß jene beiden Wege, die hier in Betracht kommen, stets eine gewisse innere Verwandtschaft zueinander zeigen, da sie ja derselben Modalität angehören, so daß wir von Rajas-, Tamas- und Sattwa-Wegen sprechen können.

Betrachten wir zunächst die beiden Rajas-Wege; das sind die Wege zwischen Widder und Waage und zwischen Krebs und Steinbock. Beide Wege haben gemeinsam, daß sie den Geborenen zwingen, sich mit Wille und Tat in den Lebenskampf hineinzustellen. Es nehmen daher die Rajas-Quadrate den Menschen physisch am stärksten in Anspruch. Die Rajas-Quadrate verlangen die Tat, und das Maß des Leidens bestimmt sich dadurch, daß er einen anderen Weg, diese Konstellation auszuwirken, nicht finden kann als den Weg der kämpferischen Tat mit all ihren inneren und äußeren Reibungen.

Anders ist es mit den Tamas-Quadraten. Sie zeigen die Eigentümlichkeit, daß der Konflikt, der bei den Rajas-Quadraten äußerlich so sichtbar wird, hier meist verschwiegen bleibt und daß die Schwierigkeiten, gerade weil sie nicht so sehr nach außen gebracht werden können, den Menschen seelisch viel mehr belasten. Was ihn hier so stark belastet, das ist die immer wiederkehrende traurige Überzeugung von der relativen Unveränderbarkeit der Anlagen, die mit diesem Tamas-Quadrat gegeben sind, und der damit verbundene Schmerz über den Zweifel an der Richtigkeit des eingeschlagenen Weges. Was Mißerfolg im äußeren Leben ist, ist nutzlose Reue im inneren Leben. Verlangen die Rajas-Quadrate vom Menschen die Tat, so verlangen die Tamas-Quadrate die Reinigung des seelischen Lebens.

Die Sattwa-Quadrate haben es mit jenen ins Kreuz gestellten Lebenswegen zu tun, die zwischen Fische und Jungfrau einerseits und

Schütze und Zwillinge andererseits liegen. Sie dienen beide der Gewinnung eines geistigen Leitfadens, der durch das Lebenslabyrinth führen soll. Der Kampf um den Besitz dieses Ariadnefadens kennzeichnet die Schwierigkeiten, die solche Quadratstellungen mit sich bringen, die ihre spezielle Determination durch die Häuser erhalten, die derart mitbetroffen werden.

Aus dem Ausgeführten geht hervor, daß alle Quadrate den sich entwickelnden Menschen viel häufiger aus einer Bahn in die andere schleudern, als dies bei den Oppositionen der Fall ist. Nur daß es sich bei der Aussaat von so vielen Aspektpunkten auch andererseits wieder um mehr Möglichkeiten handelt und ein Entwicklungsweg, wenn die Schwierigkeiten hier übergroß werden, mit einem anderen, in dieser Phase des Lebens vielleicht leichter zu beschreitenden, ausgetauscht werden kann. Das ist etwas, was das Durchleben eines mit Quadraten gesegneten Horoskops so abwechslungsreich gestaltet und die Möglichkeiten der Modulation so reich macht.

Wer etwa eine unaspektierte Sonne in Krebs hat, der hat nur eine Sonne; wer aber darauf das Quadrat eines anderen Planeten, etwa Mars oder Saturn, hat, der hat nun noch eine sekundäre Sonne in Widder, eine in Waage und eine in Steinbock.

Die Quadratstellungen zwischen Sonne und Mond wurden bereits im 6. Vortrag von *Planetenwelt und Mensch* ausführlich besprochen. Für sie gilt jedoch das oben Ausgeführte darum nicht, weil Sonne-Mond zusammen einen polar gespaltenen Planeten bilden.

Wir wenden uns nun zu den *Trigonen*. Sie gelten als die günstigsten Aspekte, die überhaupt möglich sind. Doch wird sich zeigen, daß auch hier gewisse Einschränkungen bestehen. Zunächst wird durch die Trigonstellung zweier Planeten noch ein dritter Punkt des Tierkreises ausgespiegelt, durch den erst das Dreieck entsteht, von dem der Aspekt seinen Namen erhielt. Das Dreieck – in diesem Fall das gleichseitige Dreieck – galt von jeher als der symbolische Ausdruck der größten Vollkommenheit, was in diesem Fall durch die Tatsache gegeben ist, daß die drei Eckpunkte des Dreiecks alle drei Modi ein und derselben elementaren Qualität miteinander zu einer Einheit zusammenschließen. Somit können wir hier von einem Feuer-, Luft-, Wasser- oder Erd-Trigon sprechen. Stehen demnach zwei Planeten im Aspekt von 120 Grad zueinander, dann ist dadurch die vollkommene Geschlossenheit innerhalb der betreffenden Qualität mit dem höchsten Grad der Festigkeit erreicht. Außerhalb dieser Qualität besteht diese Festigkeit nicht. Dadurch entsteht nun eine Eigentümlichkeit des Trigons, die wir eher als ungünstig ansehen dürfen. Das Hingewiesensein des Menschen bezüglich seiner inneren Festigkeit auf einen verhältnismäßig geringen Umfang seiner Standfläche bewirkt, daß das Hinausgehen aus diesem sicheren Bereich ihn unsicherer erscheinen läßt, als er ohne dieses Trigon wäre. Hier müßte man dem Geborenen warnend zurufen: Bleib, solange es geht, innerhalb der Grenzen deiner Festung, und versuche nicht mutwillig, sie zu verlassen, auf daß du nicht in die Irre gehst.

Nun gibt es im ganzen vier Trigone, die den vier Elementen entsprechen.

Das *Feuertrigon* gibt dem Menschen Festigkeit und Geschlossenheit im moralischen oder Willensbereich. Dabei mag das Wort »moralisch« im guten oder üblen Sinn verstanden werden. Immer werden wir es mit Menschen mit starkem Willen zu tun haben, sei es im Guten oder Bösen, aber in jedem Fall mit Menschen, die mit voller Überzeugung wollen und in der inneren Festigkeit dieses Willens die Erfüllung ihres moralischen Gesetzes sehen sowie die Rechtfertigung ihres Glaubens.

Im *Lufttrigon* ist diese Festigkeit nicht moralischer, sondern geistiger Art. Hier kann man darum auch nicht von Überzeugungstreue sprechen, sondern von einer inneren Sicherheit oder dem Gefühl des Gesichertseins oder des Zuhauseseins, solange es sich um geistig Erfaßbares handelt. Die Festigkeit, die so dem Geborenen gegeben ist, geht aber sofort verloren, wenn aus diesem sicheren Gebiet herausgegangen wird, um sich etwa auf das moralische oder physische Gebiet zu begeben. Dann sieht man so Geborene schwankend und unsicher werden, unsicherer, als sie ohne dieses Trigon wären.

Ähnliches gilt von dem *Wassertrigon*. Überall dort, wo es auf das Seelische ankommt, fühlen die so Geborenen sich zu Hause. Das Seelische, Freud und Leid sind ihr eigentliches Element, in dem allein sie leben können und zu leben wünschen, wie der Fisch im Wasser.

Das *Erdtrigon* läßt den Menschen sein eigentliches Lebenselement allein in seinem Wirken sehen und finden. Nur dort, wo er durch die physische Tat wirken kann, fühlt er sich zu Hause und in seinem Inneren gesichert.

Nun geht aus all dem bereits hervor, worin die Schattenseite des Trigon-Aspektes besteht. Sie besteht im wesentlichen darin, daß einerseits das Austreten aus diesem gesicherten Hafen den Menschen unsicherer erscheinen läßt, als er ohne einen solchen Besitz wäre, und andererseits darin, daß die Entwicklungsbreite innerhalb eines Trigons verhältnismäßig gering ist, weil jene positiven Züchtigungen fehlen, die durch Opposition oder Quadrat gegeben sind. Nur durch gleichzeitig bestehende Oppositionen oder Quadrate, die sich mit jenen Trigonen verbinden, wird ein solches Horoskop aus der ruhigen Trägheit seiner inneren Geschlossenheit gerissen werden können. So wünschenswert es sein mag, in seinem Horoskop einen Ruhepunkt zu haben, so sehr ist es gleichzeitig im Interesse einer intensiven Weiterentwicklung zu wünschen, daß zu einem schon bestehenden Trigon zumindest eine Opposition oder ein Quadrat sich hinzugesellt. Insbesondere dann, wenn einer der beiden Planeten des Trigons gleichzeitig von einem solch »ungünstigen« Aspekt getroffen wird, wird das Trigon in lebhaftere Schwingungen geraten, die die intensivere Weiterentwicklung initiieren.

Die Geborgenheit, die er Trigonaspekt verschafft, wird in solchen Fällen noch verstärkt, wo es sich um ein sogenanntes großes Trigon handelt, d. h. um ein Trigon, an dem sich drei Planeten beteiligen. In diesem Fall sind es insbesondere die Trigone zwischen Sonne, Saturn und Jupiter oder Sonne, Mond und Jupiter oder Saturn, die diese Geborgenheit mit sich bringen, als stünde man unter höherer Führung.

Wir wenden uns nun zum *Sextil*. Beim Sextil haben wir ein Sechseck vor uns. Dieser Aspekt wird weicher als das Trigon, weil die Beschränkung auf nur eine Qualität hier nicht besteht, aber die Beschränkung auf zwei Qualitäten, die entweder der männlichen Gruppe (Feuer-Luft) oder der weiblichen Gruppe (Erde-Wasser) angehören. Dadurch entstehen gewisse Beziehungen zum Oppositionsaspekt, der in jedem Sextil schlummert, hier aber eher günstig wirkt, weil er die Möglichkeit der »Ergänzung« durch das opponierte Zeichen offenhält. Was das Sextil vom Trigon unterscheidet, ist in erster Linie die geringere Festigkeit; dafür besteht jedoch nicht jene Unsicherheit, die dort beim Verlassen der einen Qualität, auf die das Trigon beschränkt ist, sofort auftritt. Das Sextil gleicht einem Reisepaß durch den halben Tierkreis, während das Trigon nur ein Reisepaß durch ein Viertel des Tierkreises ist. Haben wir also etwa in einem Horoskop Sonne in Krebs und Uranus in Skorpion, dann wird der Effekt den Geborenen weit inaktiver ins Leben stellen, als wenn Sonne das Sextil von Uranus aus Jungfrau empfängt, in welchem Fall auch Steinbock ein Wort mitzureden haben wird.

Wir haben nun noch das Halbsextil und seine »tranzendente« Umkehrung, den Quinkunx sowie das Halbquadrat und dessen ebenfalls transzendente Umkehrung, das Eineinhalbquadrat oder Sesquiquadrat, zu besprechen.

Was zunächst das *Halbsextil* angeht, so wurde über die allgemeine Charakteristik bereits das Wesentliche ausgeführt. Es bildet als Spiegelungseffekt ein Zwölfeck aus, das demnach, die Exaktheit des Aspekts vorausgesetzt, alle Zeichen des Tierkreises ableuchtet. Man könnte von einer Indifferenz dieses Aspektes sprechen und ihm mit dieser Auffassung jede Bedeutung absprechen. Eine kurze Überlegung zeigt jedoch, daß diese scheinbare Indifferenz auch eine positive Seite aufweist, deren Wichtigkeit weit größer ist, als sie auf den ersten Blick erscheint. Es liegt – und das darf durchaus nicht übersehen werden – in dieser scheinbaren Indifferenz ein versöhnendes Element, ein Element der Ausgleichung aller Härten, die die übrigen Konstellationen in sich tragen; jedes Semisextil gibt dem Geborenen die Fähigkeit, sich mit dem bitteren Geschmack, den das Durchkosten weniger günstiger Aspekte notwendigerweise hinterläßt, auszusöhnen. Man könnte so das Halbsextil mit jenem Ingrediens vergleichen, das die Ärzte einer bitteren Medizin beifügten, um sie genießbar zu machen und deshalb das »Korrigens« nannten.

Ganz besonders fühlbar wird diese Wirkung, wenn das Halbsextil sich zu einem anderen Aspekt hinzugesellt. Es erweitert dann ein Quadrat zu einem Trigon oder verengt es zu einem Sextil. Es erweitert ein Sextil zu einem Quadrat, formt ein Trigon aus einem Quinkunx oder eine Opposition aus dem Quinkunx usw.

Haben jene beiden Planeten, die zur Halbsextilbildung zusammentreten, eine besondere zodiakale oder mundane Würde, dann wird man solche Aspektbilder besonders beachten müssen. Dahin gehören etwa Sonne in Löwe mit Mond in Krebs, Merkur in Zwillinge mit Venus in Stier, Mars in Skorpion und Sonne in Waage (negative Würde) oder Saturn in Steinbock und Jupiter in Schütze etc.

Der *Quinkunxaspekt,* zu dem wir nun übergehen, kann als die Umkehrung des Halbsextils angesehen werden. Auch durch den Quinkunx werden durch Spiegelung die zwölf Zeichen des Tierkreises angeleuchtet. Aber während dieser Vorgang sich, soweit das Halbsextil in Betracht kommt, durch ein einmaliges Abschreiten des Tierkreises von Nachbarzeichen zu Nachbarzeichen erfüllt, muß der Quinkunx den Kreis des Zodiakus fünfmal durchwandern, um wieder zum Ausgangspunkt zurückzukehren. Wir könnten demnach die Reihenfolge der Zeichen unter der Herrschaft des Halbsextils mit der chromatischen Tonfolge in der Musik vergleichen, die dem Quinkunx zugehörigen jedoch mit der Reihenfolge der Töne in einem Quartenzirkel, der sich erst nach dem Durchschreiten von fünf Oktaven wieder schließt.

Wenn wir nun versuchen, uns den Unterschied zwischen Halbsextil und Quinkunx durch ein geometrisches Bild klarzumachen, dann entspricht die Auswirkung des ersteren dem in den Tierkreis eingeschriebenen Zwölfeck, die des letzteren dem Zwölfstern. Das Durchleben des Quinkunx setzt demnach eine fünfmalige »Überschreitung« des Kreises voraus, die des Halbsextils jedoch überhaupt nicht. Darum zählten wir den Quinkunx gleich dem Eineinhalbquadrat zu den »transzendenten« Aspekten. Es ist demnach der Quinkunx ein Aspekt auf lange Sicht. In ihm schlummert ein Appell zur Weiterentwicklung, zur Erweiterung seines Wirkungskreises. Darum darf angenommen werden, daß sich seine Wirkung erst allmählich im Laufe des Lebens bemerkbar machen wird. Folgen wir dem Linienzug des Zwölfsterns nach beiden Richtungen, d. h. in der Richtung der Zeichen oder gegen diese Richtung, so gelangen wir, ausgehend vom Zeichen Widder, zu folgender Reihe: Widder, Jungfrau, Wassermann, Krebs, Schütze, Stier, Waage, Fische, Löwe, Steinbock, Zwillinge, Skorpion und zurück zu Widder; die Reihe läßt sich auch umkehren.

Setzen wir an Stelle der Zeichen die herrschenden Planeten, so ergibt sich die folgende Reihe:

Mars Pluto,	Merkur,	Saturn Uranus,	Mond,	Jupiter Neptun,	Venus,		
Venus,	Jupiter Neptun,	Sonne,	Saturn Uranus,	Merkur,	Mars Pluto	und umgekehrt.	

Man darf annehmen, daß ein Quinkunx zwischen solchen Planeten, die in dieser Reihe als unmittelbar benachbart auftreten, als besonders wirksam anzusehen ist. Dagegen werden wir einen Quinkunx-Aspekt zwischen Mond und Mars, oder Merkur und Jupiter, bzw. Neptun, oder Venus und Uranus bzw. Saturn, Sonne und Mars bzw. Pluto als mehr oder weniger inaktiv ansehen können.

Wie ist nun die Bedeutung dieses Aspekts in einem bestimmten Horoskop zu beurteilen? Der wesentlichste Schlüssel zur Beurteilung dieser Bedeutung liegt darin, zu erkennen, daß durch jene Quinkunxverbindung der betreffenden Planeten und der Zeichen, in denen sie ihren Platz haben, die gegebene Anlage zum Anlaß genommen werden soll, in der durch den Quinkunx gegebenen Richtung weiter fortzuschreiten in seiner Entwicklung. Schwerlich wird vor Eintritt der geistigen und moralischen Reife dieser Aspekt wirksam ausgearbeitet werden können. Ein Beispiel mag dies klarmachen. Es stehe in einem Horoskop Sonne auf 15° Löwe und Mond auf 15° Steinbock. Wir haben es mit einem Menschen zu tun, der seiner Anlage nach Eudaimonist ist. Glücklich zu sein ist die vornehmste Pflicht des Menschen. Die weitere Entfaltung dieser Anlage führt zum Zeichen Zwillinge, d. h. zu einem Scheideweg. Die Entscheidung soll getroffen werden zwischen engherzigem Egoismus und der Idee des Beglückens anderer durch das Weitertragen eines unbesiegbaren Lebensoptimismus. Diese Entscheidung ist besonders wichtig, weil das nächste Zeichen, das im Linienzug der Spiegelung liegt, Skorpion ist, der bereits zur Entfaltung seelischer Macht drängt. Die komplementäre Spiegelung führt jedoch von Löwe ausgehend zu Fische, was die Verbreitung von Freude um sich herum geradezu zu einer heiligen Mission werden läßt.

Im speziellen Fall hat man natürlich das Gesamtbild des Horoskops zu berücksichtigen und nicht zuletzt die Häuser, die durch den Aspekt unmittelbar betroffen sind.

Wir wenden uns nun zur Betrachtung des *Halbquadrats* und seiner transzendenten Umkehrung, des *Eineinhalbquadrats*. Über diese beiden Aspektbilder wurde bereits Wesentliches ausgeführt. Es konnte gezeigt werden, wie durch das Spiegelgesetz aus dem Halbquadrat ein Achteck entsteht, aus dem Eineinhalbquadrat jedoch der Achtstern, zu dessen Zustandekommen ein dreimaliges Abschreiten des Kreises erforderlich ist.

Wie wir ausgeführt haben, ist das beiden Aspektbildern gemeinsame Kennzeichen, daß bei der Abspiegelung stets eines der drei Gunas leer ausgeht.

Besteht also beispielsweise ein Halbquadrat zwischen Jupiter in Steinbock und Merkur in Wassermann, so werden bei der Weiterspiegelung dieses Aspekts weder Jupiter noch Merkur in ihr eigenes Zeichen gelangen können. Dies ist jedoch der einzige Fall dieser Art, weshalb wir das Halbquadrat zwischen Planeten in Rajas und Tamas als den härtesten Aspekt in dieser Gruppe bezeichneten.

Der Ausfall eines Gunas bei beiden Aspektbildern hat zur Folge, daß die Gesamtwirkung stets unbefriedigend bleiben muß, weshalb man denn auch beide Aspekte unter die »ungünstigen« Aspekte eingereiht hat.

Sextil und Trigon, wenn zu Sechseck und Dreieck erweitert, erfassen sämtliche drei Gunas und sind daher in dieser Beziehung gesättigte und harmonische Aspekte. Quadrat und Opposition erfassen jedoch nur je ein Guna und bleiben daher ungesättigt.

Halb- und Eineinhalbquadrat erfassen, wie bereits ausgeführt wurde, nur je zwei Gunas. Fehlt nun Sattwa, dann stehen sich Rajas und Tamas ohne die ausgleichende Komponente der Sattwa-Funktion fremd gegenüber, wo nicht gar feindlich. Fehlt Rajas, dann fehlt der ausgleichenden Tendenz des Sattwa das eigentliche Motiv. Fehlt Tamas, dann gilt dasselbe, nur daß jetzt die Unruhe am größten ist, weil der eigentliche Schwerpunkt fehlt, so daß die innere Spannung niemals zur Ruhe kommt.

Besteht beispielsweise ein Halbquadrat zwischen Mars und Venus mit Venus in Widder (Raja) und Mars in Fische (Sattwa), dann werden Konflikte entstehen, die niemals zur Ruhe kommen und sich bei jeder erdenklichen Gelegenheit immer wieder einstellen. Steht Venus in Widder und Mars in Zwillinge, dann gilt ähnliches mit jener Modifikation, die jetzt durch das geänderte Zeichen – Zwillinge statt Fische – bedingt ist.

Steht jedoch Venus in Widder und Mars in Wassermann, fehlt also Sattwa, dann wird die Wirkung dieses Aspekts niemals so recht in voller Realität erlebt werden, er bleibt vielmehr hinter der Wirklichkeit als bloße Bereitschaft bestehen, als bloße Erwartung eines Konflikts, der in Wirklichkeit niemals eintritt. Dies sind bloß Andeutungen, die im gegebenen Fall jedesmal aufs neue verwertet werden müssen, wenn es auf die Deutung dieses Aspekts ankommt.

Für das Eineinhalbquadrat gilt ähnliches. Worin besteht aber nun der Unterschied in der Wirkung beider Aspekte?

Geometrisch betrachtet haben wir es mit dem Unterschied zwischen Achteck und Achtstern zu tun. Das besagt, daß im Gegensatz zum Halbquadrat das Eineinhalbquadrat implicite die Idee, wenn nicht gar die Forderung einer Weiterentwicklung enthält, die sich auf drei einander folgende Entwicklungsphasen erstreckt oder auf ein dreimaliges Abschreiten des Zodiakus, ehe es zu einem harmonischen Abschluß kommt, der freilich infolge eines fehlenden Gliedes der Trinität doch niemals vollkommen erreicht werden kann. Wir mögen daher bei der Deutung dieses Aspekts niemals außer acht lassen, in welcher der drei Lebensperioden, wie sie anläßlich der Analyse der Uranusfunktion beschrieben wurden, der Geborene steht, dessen Horoskop uns zur Deutung vorliegt.

Bei der Deutung des Quinkunx mag sogar der Gedanke entstehen, daß das Durchleben dieses Aspekts über die normale Grenze eines Menschenlebens hinausweist in eine Zukunft, die in diesem Erdenleben nicht mehr erfüllbar ist, aber wie das Licht eines fernen Leuchtturms richtunggebend in dieses Leben hineinstrahlt.

Es wäre nun noch einiges über den sogenannten *Quintilaspekt* hinzuzufügen, dem von manchen Astrologen eine besondere Bedeutung beigemessen wird. Es ist ein Aspekt von 72°, d. h. dem fünften Teil des Kreisbogens. Dieser Aspekt wird den günstigen Aspekten zugerechnet. Eine kurze Überlegung mag uns dazu helfen, etwas mehr über diesen Aspekt auszusagen. Er repräsentiert sich uns in zwei Formen: als dem Kreis eingeschriebenes regelmäßiges Fünfeck und als dem Kreis eingeschriebener Fünfstern. Über die letztgenannte Figur wurde bereits in der *Allgemeinen Grundlegung* ausführlich gesprochen. Sie ist unter dem Namen »Zeichen des Mirkokosmos« bekannt, und dessen wesentlichstes Merkmal ist das Verhältnis des in sich isolierten Bewußtseins zum Allbewußtsein. Wir können demnach vom Quintil erwarten, daß dieser Aspekt eine Selbstbeschränkung mit sich bringt, die dem Bestreben gleicht, einen fixen Punkt zu gewinnen, ein Sprungbrett für jede Weiterentwicklung innerhalb der durch jene Beschränkung gezogenen Grenzen.

Erwägen wir, daß durch den Linienzug der beiden Figuren stets fünf von den zwölf Zeichen des Tierkreises betroffen werden, während sieben unberührt bleiben, dann wird klar, daß von jenen fünf Zeichen stets zwei derselben elementaren Qualität angehören müssen, wodurch eine bestimmte Qualität den Vorrang vor den anderen erhält.

Von den Gunas werden es stets zwei sein, die jene stärkere Betonung erhalten, während das dritte sozusagen in der Minorität bleiben muß.

Mit dieser Betrachtung verlassen wir das Gebiet der zodiakalen Aspekte. Ihre Deutung verlangt von dem Astrologen ein hohes Maß an Einsicht in die Menschenseele und das Zusammenspiel all der im Einzelfall im Horoskop verankerten Anlagen sowie der mit diesen gegebenen Möglichkeiten der Weiterentwicklung. In dem Grad, wie der Astrologe selbst nach und nach sein eigenes Horoskop lebt, wird er sich von der allzu platten Unterscheidung zwischen guten und bösen Aspekten freizumachen wissen. Er wird lernen, die in jedem Fall eigenartige Musik zu verstehen, die aus dem Zusammenklang der

Einzeltöne und Akkorde der Geburtsgestirnung zu ihm spricht, sofern sein Ohr dieser Musik zugänglich ist. So mag jedes individuelle Horoskop einem Merkbuch gleichen, das dem Geborenen mitgegeben wurde, damit er daraus in jeder Lebensphase lerne, sich selbst und die Umwelt besser zu verstehen; je reifer er im Laufe seines Lebens geworden ist, desto mehr mag ihm dieses Büchlein sagen, desto mehr Fragen mag es ihm beantworten und ihn schließlich lehren, das Vergangene aus dem Späteren zu begreifen, das Vergangene, das oft genug so sinnlos schien, als er mitten darinnen stand. Über diesen Gegenstand, auf den wir hier nur hindeuten können, soll im Anhang zu diesem Lehrgang noch ausführlich gesprochen werden.

Im nächsten Vortrag soll nun einiges über den sogenannten Parallelaspekt hinzugefügt werden.

23. Vortrag

Wir haben uns heute mit dem sogenannten *Parallelaspekt* zu befassen. Dieser Aspekt gehört nicht in die Reihe der bisher betrachteten zodiakalen Aspekte. Er hängt nicht von der Winkelstellung der geozentrischen Planetenorte in der Ekliptik ab. Es liegt diesem Aspekt eine Idee zugrunde, die mit anderen Voraussetzungen zu tun hat, und zwar mit Voraussetzungen, die sich auf die Drehung der Erde um ihre eigene Achse und somit auf den Äquator beziehen.

Man versteht unter dem Parallelaspekt zwischen zwei oder mehreren Planeten die Übereinstimmung ihrer Deklinationen, ihre Abstände vom Äquator, gleichgültig ob nördlich oder südlich des Äquators.

Soweit dabei die astronomischen Bedingungen, die diesem Aspekt zugrunde liegen, in Betracht kommen, wurde das Wesentliche bereits im 2. Vortrag dieses Buches ausgeführt.

Zunächst mag daran erinnert werden, daß das wesentliche Merkmal der durch diesen Aspekt gesetzten Planetenbeziehung die Bogengleichheit ist, die zwischen Auf- und Untergang der betreffenden Planeten von ihnen durchwandert werden. Dies gilt für den Fall, daß sich beide Planeten auf derselben Seite des Äquators befinden.

Haben jedoch die beiden Planeten die gleichen, aber entgegengesetzten Deklinationen, dann bildet der eine der beiden Bogen die Ergänzung des anderen zu einem vollen Kreis. Mit anderen Worten: Beträgt die Zeit zwischen Auf- und Untergang des einen Planeten x, dann beträgt sie bei dem anderen 24 minus x. Die Parallelität zwischen beiden Fällen mag aber darin gefunden werden, daß die Bögen sofort ihre Werte tauschen, wenn der Beobachter seinen Platz von der einen Halbkugel der Erde auf die andere verlegt, bei demselben Breitengrad.

Der Parallelaspekt ist anscheinend völlig unabhängig von der Ekliptik, da er sich bloß auf die Drehung der Erde um ihre Achse bezieht. Dies ist jedoch nur scheinbar der Fall. Denn wenn auch die diesem Aspekt zugrundeliegende Betrachtungsweise unabhängig sein kann von der Bewegung der Erde um die Sonne, so kann diese Tatsache doch nicht aus der Wirklichkeit selbst ausgeschaltet werden. Ist doch vor allem die Neigung der Erdachse gegen die Ekliptik, also gegen die Erdbahn, selbst die Ursache der verschiedenen Tages- und Nachtbögen überhaupt. Es lag daher der Gedanke nahe, die Deklinationen der einzelnen Planeten auf die Ekliptik zu projizieren und mit jenen Ekliptikorten in »Parallele« zu setzen, die die gleichen Deklinationswerte aufweisen. Da es jedoch, von Widder- und Waagepunkt abgesehen, beide die Deklination 0° aufweisen, und abgesehen von Krebs- und Steinbockpunkt, die beide die Deklination 23½ aufweisen, zu jeder zwischen diesen Werten liegenden Deklination vier Ekliptikpunkte der gleichen Deklination gibt, so könnten aus der Fülle aller in Betracht kommenden Deklinationen vier besondere Fällle herausgegriffen werden, die zugleich die Form zodiakaler Aspekte annehmen können. Es sind die folgenden Fälle:

1. Deklination 11°/29' entsprechend den Ekliptikpunkten:
   0° Stier, Skorpion, Jungfrau, Fische.
2. Deklination 16°/21' entsprechend den Ekliptikpunkten:
   15° Stier, Skorpion, Wassermann, Löwe.
3. Deklination 20°/10° entsprechend den Ekliptikpunkten:
   0° Schütze, Zwillinge, Wassermann, Löwe.

Der Fall 2 schafft Quadratbeziehungen, ist also besonders scharf anzusehen, er unterstreicht mit besonderer Intensität die Tamasmodalität. Diese Deklination erweist sich als besonders resistent.

Die Fälle 1 und 3 schaffen Sextile und Trigone, sind also als mild und günstig anzusehen.

In allen Fällen besteht (was ja für alle Deklinationen überhaupt gilt) eine stillschweigende Opposition, die zum Wesen des Parallelaspektes selbst gehört.

Worin besteht nun das Wesentliche der Parallelwirkung überhaupt? Es wird wohl darin zu suchen sein, daß die beiden parallelen Planeten tatsächlich einander parallel gehen und daß der eine, der untrennbare Begleiter des anderen, gewissermaßen dessen Schatten oder Spiegelbild darstellt. Darum wird auch nichts von der Charakteristik der verschiedenen Tierkreiszeichen, in deren Bereich sich die Planeten befinden, auf das Parallelverhältnis übergehen. Es treten vielmehr die beiden Planeten mit ihrer reinen Charakteristik in das Parallelverhältnis ein. Die beiden Planetenkräfte mischen sich etwa so, wie sich Farben im Farbenkreisel mischen; es färbt stets ein Planet auf den anderen ab, und diese Farbenmischung bleibt unwandelbar bestehen, solange das Horoskop selbst in Kraft bleibt. In dieser Tatsache liegt ein wesentlicher Unterschied gegenüber der Konjunktion, bei der nicht nur das Zeichen, in dem die Konjunktion stattfindet, entscheidende Wichtigkeit besitzt, sondern auch die Würden und Schwächen, die die betreffenden Planeten durch ihre Stellung in einem bestimmten Zeichen aufweisen. Es kann deshalb tatsächlich der gewählte Vergleich mit der Mischfarbe hier von einigem Wert für die Beurteilung dessen sein, was durch den Parallelaspekt in das Horoskop eintritt. Demzufolge wird jeder der beiden Planeten in allen Beziehungen, die astrologisch möglich sind, stets mit jener Mischfarbe auftreten.

Welches ist nun die jeweilige Farbkomponente, die von den einzelnen Planeten ausgeht?

Sonne in Parallelaspekt gibt ein ruhiges, lebensbejahendes Kraftgefühl mit starker Ich-Betonung.

Mond schafft für seinen Partner in Parallelaspekt den stärksten Resonanzboden der hereditären Veranlagung.

Merkur gibt die stärkste Erkenntnishilfe und macht die Funktion seines Partners im Menschen bewußt.

Venus ist, wenn man so sagen darf, ein schönfärbender Planet; sie zieht aus jedem Planeten, zu dem sie sich durch die Parallele gesellt, das Schönste und Beste hervor.

Mars stärkt die Wirkung seines Partners mit Energie und stärkt dessen Widerstandskraft.

Jupiter erfüllt seinen Partner mit Selbstbewußtsein, Stolz, Machtgefühl und vor allem mit einem sieghaften Optimismus.

Saturn lähmt die Kraft seines Partners, verdüstert und gibt die Farbe einer lästigen Selbstkritik und Minderwertigkeit.

Uranus intensiviert die Wirkung jedes Planeten und mahnt überdies zur Wahrung der Eigenart.

Neptun entpersönlicht, macht weitherzig und passiv jedem Einfluß zugänglich.

Nun wollen wir uns den einzelnen Parallelen zuwenden und sie mit kurzen Schlagworten charakterisieren.

Sonne: parallel
Mond: starke Charaktergeschlossenheit, die erste und zweite Natur halten sich gegenseitig die Waage.
Merkur: Das Denken geht stets die Wege, die in der Richtung des grundsätzlichen Wollens liegen und kann mit diesem niemals in Widerspruch geraten. Keine Neigung zur Selbstkritik.
Venus: Auch hier ein auffallender Mangel an Selbstkritik, Selbstzufriedenheit, immer in Erwartung des großen Glücks, absolut optimistisch.

23. Vortrag

Mars: Starke Charakterfestigkeit und Energie, gleichgültig ob im Guten oder Bösen, herrisches Auftreten ist gepaart mit naivem Mut.
Jupiter: Selbstvertrauen, Stolz, aufrechtes Wesen, hohe Vorstellung von der eigenen Würde, siegesgewiß.
Saturn: Ernst, schwer am eigenen Charakter tragend, nichts leicht nehmend, arbeitsam, pflichtbewußt.
Uranus: Rastlos, revolutionär, immer zum Widerspruch geneigt, ein Selbstsucher.
Neptun: Zeitlos, gläubig, traditionslos, Vorurteilen widerstrebend ohne Schwerpunkt, jenseits von Gut und Böse.

Mond: parallel
Merkur: Vorherrschende Intellektualität, Veranlagung, sich selbst zum geistigen Dolmetscher aller Erlebnisse zu machen, logisch und kritisch, feine Beherrschung der Sprache als Ausdrucksmittel.
Venus: Schöngeistig, Neigung zur Zärtlichkeit, liebesbedürftig, seelisch anschmiegsam, sentimental.
Mars: Unbeherrscht, leidenschaftlich, reizbar, wenig moralische Hemmungen aufbringend.
Jupiter: Naives Vertrauen in das Sieghafte der eigenen Persönlichkeit und ihre Wirkung auf andere.
Saturn: Gefühl des Belastetseins mit der eigenen Persönlichkeit, erbbeladen.
Uranus: Überspannt in den Forderungen an sich und die anderen und darum friedlos, Unruhe liebend.
Neptun: Psychische Antenne für jede Beeinflussung, atavistische Hellfühligkeit.

Merkur: parallel
Venus: Sehr harmonische Veranlagung, Geistiges und Seelisches widerspruchslos vereinigt, überlegene Ausgeglichenheit im Seelischen und Geistigen, künstlerischer Sinn.
Mars: Kritische Intelligenz, Neigung, sie zum Fundament aller praktischen Energien zu machen. Spekulativ mit sophistischem Einschlag.
Jupiter: Vertrauen in die Kraft der (eigenen) Vernunft. Glaube und Vernunft stützen sich gegenseitig.
Saturn: Ernst und systematisch, Neigung, das Denken zu den äußersten Konsequenzen zu führen; selbstquälerisch spekulativ, mißtrauisch.

Neptun: Gläubig und leichtgläubig, der Logik abhold.

VENUS: parallel
Mars: Große Lebendigkeit im Schöpferisch-Erotischen und an diesem Lebensgebiet immer interessiert. Oft leidenschaftliche Hingabe an Kunst und Kunstausübung; Vorherrschaft des emotionellen Faktors.
Jupiter: Dem Glückserlebnis jederzeit aufgeschlossen und restlos ergeben, sowohl im Nehmen als auch im Geben.
Saturn: Gelähmtes Glücksgefühl mit asketischen Neigungen, Gewissensveto, Spätreife im Feld des Erotischen, Mischung von Leidenschaft und Kälte.
Uranus: Neigung zur Selbstisolierung im Glückserlebnis, Gefühlsegoismus, Neigung zu Extravaganzen im Erotischen, abenteuersüchtig.
Neptun: Schwärmerisch, nach Selbstvergessenheit verlangend, Neigung zu Anbetung und religiöser Hingabe.

MARS: parallel
Jupiter: Selbstbewußt, kampfbereit für die eigene Überzeugung, Eiferer in moralischer Beziehung, Neigung zu Übertreibungen in jeder idealen Forderung.
Saturn: Neigung zu Energieschwüngen, wenig Sinn für Schwächlichkeit, übertriebene Härte in allen Entscheidungen, Unnachgiebigkeit.
Uranus: Hochgespannte innere Energie, Neigung zu Exzessen, oft mit selbstzerstörerischen Tendenzen.
Neptun: Unbeständigkeit mit wechselnden Tendenzen, unberechenbar, Rätsel für sich selbst und andere, besonders in seelischer und moralischer Beziehung.

JUPITER: parallel
Saturn: Schicksalsergeben ohne Fatalismus, Gefühl des Geführtwerdens, pflichtbewußt, verantwortungsbereit.
Uranus: Glaube an die eigene Kraft, sich nicht beugen wollen.
Neptun: Religiös, priesterhaft, würdige Ergebenheit gegenüber dem Höheren.

23. Vortrag

SATURN: parallel
Uranus: Nicht schicksalsergeben, gegen Schicksal und höhere Mächte rebellierend, Märtyrer- oder Heldenkomplex, in Erwartung innerer Wandlung und der Erwerbung höherer Gaben.
Neptun: Mystischer Grundton im Erleben alles Geschehens, Neigung zu okkulten Studien und Meditationen, der »Welt« entfremdet von Geburt an.

URANUS: parallel
Neptun: Leichte Entwurzelbarkeit und Einwurzelbarkeit, nirgends zu Hause, auf ewiger Wanderschaft – ein fremder Gast auf dieser Erde.

Immer bleibt der Schlüssel zum Verständnis der Hilfsgedanke, wo immer der eine der Planeten am Werke ist, mischt stets der andere seine Eigenfarbe mit ein. Wir haben es in solchen Fällen stets mit einem Doppelgestirn an Stelle des einfachen zu tun. Besteht beispielsweise in einem Horoskop eine Mars-Jupiter-Parallele, dann gibt es in diesem Horoskop keine reine Jupiter- oder Marswirkung. Stets wird die Jupiterfarbe Mars begleiten und stets die Marsfarbe Jupiter.

Es kann aber auch eine Parallelbeziehung zwischen einem Planeten und einem bestimmten Ekliptikpunkt bestehen. Hier kommt vor allem der Aszendent und das Medium coeli in Betracht. Auch hier müssen wir an den Fall denken, daß einer dieser Punkte die Deklination von 12, 16 oder 20 Graden mit einem Planeten gemeinsam hat. Der damit gleichzeitig gegebene zodiakale Aspekt wird von besonderer Tragweite sein.

Wenn wir nach einer allgemeinen Formel suchen, die uns helfen soll, den Sinn dieser Parallele zu verstehen, so mag uns dabei etwa folgende Erwägung leiten.

Der Aszendent steht an der Grenzscheide zwischen Heredität und Freiheit. Der in den Häusern 12 bis 7 auszufechtende Kampf um die Gewinnung der Freiheit wird daher wesentlich mit der Rolle des Planeten verknüpft sein, die diesem Planeten im Lebenskampf zugedacht ist, und dem Lebensgebiet oder Haus, in dem der Planet beheimatet ist. Eine allgemeine Analyse aller hier möglichen Fälle würde sich auf nicht weniger als 108 Kombinationen erstrecken. Es soll dies hier gar nicht versucht werden. Dagegen mag an einem Beispiel gezeigt werden, wie man sich eine solche Deutung im Einzelfall vorzustellen hat.

Wir wollen zu diesem Zweck ein Horoskop heranziehen, das uns auch noch später als Paradigma dienen soll.

Der Aszendent ist bei 4° Krebs, also nahe dem Sonnenwendepunkt. Das vermindert demnach die Zahl der hier möglichen Kombinationen, da Planeten mit so hohem Deklinationswert sich nur in der Nähe der Krebs-Steinbock-Achse, d. h. in Krebs oder Zwillinge, Schütze oder Steinbock befinden können. Demnach kommen auch nur vier Häuser in Betracht, nämlich die Häuser 1 und 12, 6 und 7. Dies gibt nicht 108, sondern bloß 36 verschiedene Fälle. Dabei ist stets daran zu denken, daß auch der Deszendent, der sich ja in Parallele zum Aszendenten befindet, in den Gesamtkomplex dieser Konstellation miteinbezogen ist. Auch der Deszendent steht an der Grenze zwischen Heredität und Freiheit. Was aber hier entscheidend auftritt, das ist die Hoffnung auf den Erfolg jenes Lebenskampfes im Zusammenstoß mit den Beschränkungen, die uns die Umwelt auferlegt.

In dem obigen Fall finden wir Merkur im 1. Haus, Mond im 12. Haus und Mars im 7. Haus in Parallele mit dem Aszendenten. Analysieren wir nun diese einzelnen Komponenten.

Mars parallel Aszendent und Deszendent: Der Geborene wird stets bei allen Äußerungen, die aus seinem Freiheitsverlangen entspringen, auf feindliche Gegenwirkungen stoßen, die wirklich oder eingebildet seinen Lebenskampf erschweren und ihn selbst zu einem Rebellen gegen die Umwelt zu machen drohen.

Merkur: (im Verein mit Mars) Haß, wenn nicht Verachtung alles Unlogischen und Zwecklosen. Zurückhaltende Ökonomie und Sparsamkeit, Anwandlungen von Geiz.

Mond: Beweglich, anpassungsbereit. Im Verein mit Merkur: scheinbare Nachgiebigkeit, reservierte Defensive im Lebenskampf. Reizbare Passivität, große geistige Beweglichkeit.

Nun noch einige Worte über die Parallele zu Medium und Immum coeli. Waren die Parallelen mit Aszendent und Deszendent entscheidend für den inneren Lebenskampf, so sind die Parallelen mit Medium coeli und Immum coeli entscheidend für den äußeren Lebenskampf und seine Härten, an denen sich der Charakter und der Lebenswille erproben. Parallelen mit Jupiter, Sonne oder Venus werden geeignet sein, das Vertrauen in die eigene Kraft oder die Gunst des Schicksal zu erhöhen und damit Erfolge herbeizurufen oder was man als solche ansieht. Saturn verzögert und erschwert; die Sorge in jeder Form umschwebt den Geborenen und läßt ihn niemals aus.

Mars und Uranus sorgen dafür, daß der Geborene niemals zur Ruhe kommt.

Neptun parallel mit Medium coeli und Immum coeli macht den

23. Vortrag

Geborenen traumbefangen und besonders empfänglich für alles Irreale. Die Phantasie verfälscht die Wirklichkeiten, der Tagtraum ist lebendiger als der Nachttraum und schafft allerlei Surrogate, die helfen sollen, den äußeren Kampf nach Möglichkeit zu vermeiden.

Wir schließen mit den obigen Betrachtungen die Lehre von den Aspekten ab. Noch wollen wir aber, wenn auch in aller Kürze, einiger astrologischer Tatsachen gedenken, die von jeher in der Astrologie hohe Beachtung gefunden haben. Zunächst wollen wir Stellung nehmen zur sogenannten Rückläufigkeit der Planeten, sodann zur Frage der Bedeutung der Mondknoten und endlich zum sogenannten Glückspunkt.

Alle Planeten, mit Ausnahme von Sonne und Mond, weisen zu Zeiten eine *rückläufige Bewegung* auf, d. h. eine Bewegung, die gegen die Ordnung der Tierkreiszeichen geschieht. Auch innerhalb der normalen Bewegung zeigen sich bei allen Planeten gewisse Schwankungen. Die normale Bewegung, d. h. die Bewegung in der Richtung der Zeichen (man hat diese Bewegung auch die »rechtläufige« oder »orthograde« Bewegung genannt), jener Planeten, die rückläufig werden können, weist zu Zeiten eine maximale Geschwindigkeit auf und zu Zeiten eine minimale, die man als Stillstand bezeichnet, um nachher in die entgegengesetzte Richtung umzulenken, wobei es wieder zu einem Maximum der Bewegung mit nachfolgendem langsam erreichtem Stillstand kommt, nach dem wieder die Rechtläufigkeit eintritt.

Nun war die Tatsache, daß Planeten diese seltsame Umkehr ihres Bewegungsmodus zeigen, von jeher und insbesondere in jenen Zeiten, da noch am geozentrischen Standpunkt festgehalten wurde, beunruhigend.

Für den heliozentrischen Standpunkt besteht jedoch keine Schwierigkeit, diesen seltsamen Bewegungsmodus aufzuklären. Das Altertum, das an dem geozentrischen Standpunkt festhielt, hat uns die sehr geistreiche, aber sehr komplizierte Hypothese der sogenannten »Epizyklen« beschert, als deren Hauptvertreter der berühmte Astronom und Astrologe Ptolemäus gilt. Es ist hier nicht der Ort, auf die dieser Hypothese zugrundeliegenden Gedankengänge einzugehen, durch die nicht nur die Rückläufigkeit, sondern auch die wechselnde Geschwindigkeit, insbesondere der Mondbewegung, erklärt werden sollte.

Das Kopernikanische System machte all diesen Spekulationen ein Ende, deren wesentliche Vorstellung war, daß die Planeten eine Kreisbahn um die Erde beschreiben, während der Mittelpunkt dieses

Kreises auf einem anderen (sekundären) Kreis fortrückt. Im Sinne der heute geltenden Anschauungen gibt es eine wirklich rückläufige Bewegung der Planeten überhaupt nicht.

Gerade der Umstand, daß das heliozentrische System uns zeigt, daß alle Planeten, die Erde eingeschlossen, um die Sonne kreisen, und zwar in derselben Richtung, nämlich von Westen nach Osten, in welcher Richtung ja auch die Achsendrehung unseres Planeten geschieht, eben dieser Umstand ist es, der Kant und seinen Zeitgenossen Laplace zu der Annahme führte, daß alle Planeten nur ausgesetzte Teile der Sonne sind, die sich ihrerseits im selben Sinn um ihre Achse dreht. Mit anderen Worten: Für einen Beobachter, der etwa seinen Standpunkt auf der Sonne selbst hätte, gäbe es nur die Rechtläufigkeit der Planeten. Eine Ausnahme würde nur der Mond machen, der tatsächlich für jenen Beobachter etwa zwei Wochen lang im Erdenmonat rückläufig erscheinen würde.

Wenden wir uns nun wieder dem irdischen Beobachter zu, und fragen wir uns, wodurch jene scheinbare Rückläufigkeit zustande kommt. Wir müssen hier zunächst zwei Gruppen von Planeten unterscheiden: die sogenannten inneren Planeten Merkur und Venus, und die äußeren Planeten Mars, Jupiter, Saturn, Uranus, Neptun und Pluto. Für jede dieser Gruppen ist die Ursache ihrer scheinbaren zeitweisen Rückläufigkeit eine andere.

Die inneren Planeten Merkur und Venus haben eine wesentlich kürzere Umlaufzeit als die Erde, und ihre Bewegung wird immer dann rückläufig erscheinen, wenn diese Planeten auf ihrer Bahn so stehen, daß die Sonne zwischen ihnen und der Erde steht, so daß jener Teil ihrer Bahn, der jetzt, von der Erde aus betrachtet, hinter der Sonne liegt, den Schein der Rückläufigkeit erhält. Anders ausgedrückt wird es sich dabei um ein Oppositionsverhältnis zwischen diesem Planeten und der Erde handeln, wenn man die gegenseitige Stellung von der Erde und dem entsprechenden Planeten von der Sonne aus betrachten würde. Immer wenn sich die Sonne zwischen einem der inneren Planeten und der Erde befindet, haben wir es mit der Rückläufigkeit zu tun, aber nicht nur dann, wenn die genaue Opposition zwischen Erde und Venus oder Erde und Merkur stattfindet, sondern auch in einem gewissen »Orbis«, wobei zu beachten ist, daß der höchste Grad dieser Rückläufigkeit wohl im Moment der genauen Opposition erreicht wird.

Anders liegen die Verhältnisse für die sogenannten äußeren Planeten. Hier wird die scheinbare Rückläufigkeit immer dann zustande kommen, wenn sich die Erde zwischen Sonne und dem betreffenden Planeten befindet, dieser also geozentrisch in Opposition zur Sonne steht. Jeder Planet, der die Opposition zur Sonne hat, ist rückläufig. Es ist ohne weiteres verständlich, daß nicht nur die genaue Opposition zwischen Sonne und einem Planeten dessen Rückläufigkeit bedingt, sondern daß auch hier ein gewisser Orbis besteht, der um so größer ist, je ferner der betreffende Planet der Sonne ist. Dieser Orbis ist demnach am kleinsten bei Mars; der Orbis reicht hier bis etwa 30° zu beiden Seiten der Oppositionsstelle, so daß noch die beiden Quinkunx-Aspekte zwischen dem retrograden Mars und Sonne möglich sind. Bei Jupiter kann der Orbis der Rückläufigkeit noch die Trigonorte der Sonne erreichen. Bei Saturn kann diese Stelle noch überschritten werden und bei Uranus und Neptun bis fast an das Quadrat heranreichen. Ein Sextil zwischen Sonne und einem rückläufigen Planeten ist jedoch unmöglich.

Das zeigt, daß die Auffassung, wonach ein rückläufiger Planet im allgemeinen ungünstiger wirkt als ein rechtläufiger, bis zu einem gewissen Grad begreiflich ist, und zwar vor allem deshalb, weil die Rückläufigkeit in ihrem höchsten Ausmaß stets mit der Sonnenopposition zusammenfällt. Was bedeutet die Rückläufigkeit als solche?

Wenn man im Geburtshoroskop nichts anderes zu sehen imstande ist als die Momentfotografie einer Gestirnung, der durch eben jene Momentfotografie eine unnatürliche Dauer verliehen wurde, dann wäre es völlig belanglos, ob ein Planet recht- oder rückläufig ist, da er ja in jenem Momentbild keinerlei Bewegung aufweist. So dürfen wir aber das Horoskop nicht ansehen. Wir müssen es als eine, wenn auch ganz kurze, doch lebendige Phase des kosmischen Lebens betrachten und jeden Planeten, so wie er im Geburtsbild erscheint, in seiner Bewegung erfassen. Da stellt sich nun das Geburtshoroskop als absichtlich festgehaltene Phase einer kontinuierlichen Bewegung dar, das, wenn wir den Gedanken der Rechtläufigkeit darauf anwenden, etwa mit der Strömung in einem Fluß verglichen werden kann, in dem das »Rückläufige« erscheint wie etwas, das sich gegen den Strom durchzusetzen und innerhalb seines Umkreises die Kraft dieses Stromes aufzuhalten oder zu brechen versucht. Es werden sich demgemäß jene Punkte des Horoskops, die sich der Strömung zu widersetzen scheinen, als Hindernisse entpuppen, die der natürlichen Entwicklung oder dem natürlichen Weiterleben des Horoskops entgegenstehen und mithin die Aufgabe erschweren, diese retrograden Punkte in die lebendige Weiterentwicklung des Horoskops harmonisch mitzunehmen.

Hier zeigt sich nun etwas, das mit den schon in früheren Vorlesungen entwickelten Gedankengängen konform geht und seinerzeit als Wesen des Oppositionsaspektes überhaupt betrachtet wurde. Es zeigt sich nämlich, daß wir es mit Schwierigkeiten zu tun haben, die die bewußte oder unbewußte Aufmerksamkeit des Geborenen auf ein bestimmtes Lebensgebiet hinlenken und dort festhalten. So werden sich diese Punkte, die im Horoskop als retrograde Bewegung eines Planeten aufscheinen, dadurch bemerkbar machen, daß sie die bewußte oder unbewußte Entwicklungsarbeit des Menschen in einem höheren Grad beanspruchen als die, die sich im Sinn der Strömung weiterbewegen.

Überlegen wir uns, was dies tatsächlich bedeutet. Der retrograde Planet kommt von einem Punkt her, der bereits stromabwärts lag, ehe der Mensch geboren wurde. Er kommt aus der Zukunft in die Gegenwart zurück und will weiter stromaufwärts in die Vergangenheit! Es ist, als müsse jemand, der zu schnell vorwärts geeilt war, nun wieder in die Vergangenheit zurück, um von dort etwas zu holen, das er mitzunehmen vergessen hatte. Mahner an die Vergangenheit sind insgesamt diese retrograden Punkte, sie sind vergangenheitsgewendet, sie sind retardierende Momente der Weiterentwicklung des Horoskops. Sie zeichnen sich durch eine größere Sprödigkeit oder Trägheit aus; sie sind in ihren Wirkungen schwerer umzuwandeln als die rechtläufigen Kraftpunkte des Horoskops. Das ist das Wesentliche dessen, was sich im allgemeinen über die Frage der Rückläufigkeit sagen läßt.

Nun sind diese allgemeinen Gesichtspunkte auf jene Fälle anzuwenden, die für die Deutung des Horoskops wichtig sind. Da treten nun gewisse Fälle auf, die besondere Beachtung verdienen. Zunächst werden wir die Tatsache der Recht- oder Rückläufigkeit überall dort in Betracht ziehen müssen, wo ein Aspekt nicht völlig gradgenau ist, sondern entweder noch nicht erreicht oder schon überschritten ist. Hier wird natürlich die Frage der Recht- oder Rückläufigkeit beider Komponenten eine Rolle spielen müssen, denn nur mit Berücksichtigung dieser Tatsache werden wir feststellen können, ob der Aspekt sich bereits erfüllt hat oder ob er sich erst gelöst hat und nun wieder der Erfüllung zustrebt; ob – mit anderen Worten – sich die beiden Planeten in Applikation oder Separation befinden.

Liegt die Erfüllung des Aspektes erst in der Zukunft, dann wird anzunehmen sein, daß die Energien, die durch den Aspekt ausgelöst werden, so sind, daß sie einem »Crescendo« in der Musik des

23. Vortrag

Horoskops entsprechen, daß sie zu diesem auffordern, daß sie jene Seelenstimmung bringen, die in der Musik von dem Ausführenden gefordert wird, wenn er zu einem Crescendo ansetzt. Ist aber der Aspekt bereits erfüllt und in Lösung begriffen, dann wird eher die Stimmung eintreten, die dem Abklingen nach einem Höhepunkt entspricht. Ein Aspekt, der sich löst, wird im allgemeinen den Menschen friedvoller antreffen als der Aspekt, der sich erst bildet.

Es ist aber noch ein dritter Fall zu erwägen. Dies ist der Fall, in dem ein Aspekt kurze Zeit vor der Geburt, also noch im embryonalen Leben, bestanden hat, sich inzwischen gelöst hat und nun wieder seiner vollen Erfüllung zustrebt. Wir werden es mit einer Aspektbildung zu tun haben, der wir ganz besondere Aufmerksamkeit zuwenden müssen, weil sie eine gewisse Intensivierung ihrer Komponenten in sich birgt und eine gewisse Dauerhaftigkeit im Leben und seinem weiteren Ablauf verspricht. Immerhin wird es sich dabei bereits um recht feine Nuancen der Beurteilung handeln.

Es gibt aber noch andere und sogar wichtigere Erwägungen, die im Zusammenhang mit dem Problem der Rückläufigkeit in Frage kommen. Zunächst kommt hier die Tatsache in Betracht, daß ein Planet, der während seiner Wanderung durch ein Tierkreiszeichen rückläufig angetroffen wird, längere Zeit in diesem Zeichen verweilen wird, als wenn diese Rückläufigkeit nicht besteht. Dies gilt jedoch nicht für den Fall, daß ein Planet, kurz nachdem er ein neues Zeichen erreicht hat, rückläufig wird. Denn jetzt hat er die Tendenz, wieder in das eben erst verlassene Zeichen zurückzukehren. Wird also ein auf 1° Wassermann stehender Mars dort rückläufig, dann charakterisiert ihn das Zeichen Wassermann, aber die Tendenz, in das Zeichen Steinbock zurückzukehren, gibt ihm das Attribut der Fremdheit in seinem neuen Zeichen. Es ist, als wäre Mars zu schnell in den Wassermann übergesiedelt, bevor er dort noch heimisch werden konnte. Er hat seinen Steinbockcharakter noch nicht völlig aufgegeben. Vielleicht könnte man diesen Umstand mit dem vergleichen, was man in der Musik einen »Vorhalt« nennt. Der Mars, der zwar schon in Wassermann steht, aber noch die Sehnsucht nach dem Steinbock hat, gehört noch in eine andere musikalische Strömung hinein. Er bildet dort, wo er nun angelangt ist, einen Fremdkörper und muß sich erst akklimatisieren.

Ganz anders, ja fast entgegengesetzt liegt der Fall, wenn wir nicht an den Zeichenwechsel denken, sondern an den Übergang eines Planeten von einem Hause in das andere, denn hier kommt die Rückläufigkeit fast mit entgegengesetztem Vorzeichen zur Auswirkung.

Die mundane Bewegungstendenz ist der Richtung der Zeichen ihrem Wesen nach entgegengesetzt. So kommt es zu der paradoxen Tatsache, daß ein Planet, je schneller er sich im rechtläufigen Sinn bewegt, um so länger in dem betreffenden Haus verweilt. Mond verweilt durchschnittlich am längsten in einem Haus, denn seine Bewegung ist fast 12 bis 13 Grad täglich, also unvergleichlich größer als die jedes anderen Planeten. Die mundane Stellung des Mondes muß darum als besonders bedeutsam angesehen werden.

Umgekehrt wird der rückläufige Planet in einem Haus das Bestreben haben, es so schnell wie möglich zu verlassen, um so schneller, je größer der Wert seiner Rückläufigkeit ist. Hieraus ergibt sich, daß die mundane Bedeutung eines rückläufigen Planeten ein wenig abgeschwächt wird. Aber diese Abschwächung kommt der Wirkung der sogenannten »Übeltäter« eher zugute. Ein rückläufiger Saturn wird demnach, was seine mundane Bedeutung angeht, weniger ungünstig zu beurteilen sein als ein rechtläufiger.

24. Vortrag

Wir wenden uns nun einem Kapitel zu, das sowohl in den Lehren der alten überlieferten Astrologie als auch in den Lehrmeinungen der neueren Astrologen eine bedeutende Rolle spielt, den *Mondknoten*. Auch die Mondknoten gehören gleich den vier Merkpunkten des Horoskops: Aszendent, Deszendent, Himmelsmitte und Himmelstiefe zu den »empfindlichen Punkten« des Horoskops, das heißt zu solchen Punkten, die nicht die Stellung eines bestimmten Planeten betreffen, sondern infolge ihrer astronomischen Bedeutung unabhängig von der Position dieses oder jenes Planeten eine wesentliche Rolle in der Konfiguration des Horoskops spielen. Beim Parallelaspekt haben wir bereits solche Punkte kennengelernt. Es gehören hierher auch solche Ekliptikpunkte, die nicht unmittelbar Ausdruck astronomischer Tatbestände sind, sondern ihren angenommenen Funktionswert gewissen Erwägungen verdanken, die im Zusammenhang mit astronomischen Tatsachen, wenn man so sagen darf, mehr oder weniger künstlich konstruiert wurden. Zu diesen gehört vor allem der sogenannte »Glückspunkt« und noch eine Reihe anderer Punkte, die nach Analogie dieses Punktes von neueren Astrologen konstruiert wurden. Darüber mehr in unserem nächsten Vortrag. Für heute wollen wir uns bloß mit den Mondknoten befassen.

Man versteht unter den Mondknoten die beiden Schnittpunkte zwischen Mondbahn und Ekliptik. Es ist nicht schwer sich vorzustellen, warum diese Punkte als empfindlich aufgefaßt werden konnten. In diesen Punkten, die gleichermaßen Punkte der Sonnen- und der Mondbahn sind, vereinigen sich in gewissem Sinn die Sonnen- und Mondenergien. Wenn wir uns vorstellen, daß die Sonne Jahr um Jahr in der Ekliptik ihre Spur hinterläßt, so daß wir in ihr ein mit Sonnenenergien gleichsam geladenes Kraftfeld vor uns haben, dann können wir uns ebenso vorstellen, daß auch die Mondbahn ein mit Mondenergien geladenes Kraftfeld darstellt. Nun wären diese Schnittpunkte, in denen die beiden Energien zusammenströmen, eine rein zodiakale Angelegenheit, wenn nicht eben der Mond der Trabant der Erde wäre. Die Mondknoten würden demnach eine Verbindung zwischen Sonnenbahn und Erde darstellen, ähnlich wie auch Aszendent und Deszendent als Schnittpunkte zwischen Horizont und Ekliptik eine solche

Verbindung darstellen, und ebenso wie auch Widder- und Waagepunkt Schnittpunkte zwischen Ekliptik und Erdäquator sind. Wenn wir diese drei Kategorien empfindlicher Punkte in eine Reihe bringen, dann scheinen die Äquinoktialpunkte sowie die Mondknoten mehr die zodiakale Seite, Aszendent und Deszendent mehr die mundane Seite zu betonen. Es besteht jedoch zwischen all den drei Kategorien eine bemerkenswerte Analogie.

Für die Mondknoten und ihre astrologische Deutung kommt aber etwas hinzu, was spezifisch ist für diese Deutung. Und das ist die verschiedene, ja geradezu entgegengesetzte Wertung der beiden Punkte, von denen der eine als günstig, der andere aber als ungünstig in seiner astrologischen Wirkung angesehen wurde. Es ist auf den ersten Blick nicht einzusehen, worin diese unterschiedliche Wertung ihren Grund haben sollte, aber wir müssen trotzdem einer so geheiligten Tradition gegenüber soviel Respekt aufbringen, daß wir uns bemühen, einen Schlüssel zum Verständnis dieser Tatsache zu finden, die in der alten Astrologie wie ein Dogma auftritt. Als günstiger Mondknoten galt und gilt noch immer der »aufsteigende« Mondknoten, Drachenkopf genannt, als ungünstiger der »absteigende«, Drachenschwanz genannt. Man nennt jenen Mondknoten aufsteigend, den der Mond erreicht, wenn er, von Süden kommend, die Ekliptik kreuzt, absteigend den genau opponierten Punkt der Ekliptik. Schon aus dieser einfachen Definition geht hervor, daß wir es hier vielfach mit bloß virtuellen Punkten der Mondbahn zu tun haben. Denn wenn der Mond etwa zwei Wochen später, von Norden kommend, die Ekliptik abermals kreuzt, dann liegt dieser jetzt absteigende Mondknoten nicht mehr genau an der dem früheren aufsteigenden opponierten Stelle. Unabhängig davon wie die Äquinoktialpunkte sich in bezug auf den von uns sogenannten zweiten Tierkreis in langsamer, aber stetig fortschreitender Bewegung befinden – die unter dem Namen der Präzession des Frühlingspunktes bekannt ist –, weisen auch die Mondknoten eine Art Präzession auf, die nur ungleich schneller erfolgt. Während nämlich der Frühlingspunkt jährlich nur um etwa 50 Sekunden vorrückt und demnach erst nach etwa 25 000 Jahren wieder zu seinem Ausgangspunkt zurückkehrt, beträgt die jährliche Wanderung der Mondknoten etwa 20⅓ Grad, so daß die Rückkehr zum Ausgangspunkt nach etwa 18 Jahren und 7 Monaten erfolgt. Diese Periode war bereits im Altertum bekannt und gab den Astronomen die Grundlagen für die Vorausberechnung von Sonnen- und Mondfinsternis.

Verweilen wir nun ein wenig bei den Bezeichnungen auf- und absteigender Mondknoten. Es ist offensichtlich, daß diese Bezeichnungen sich nur auf die nördliche Halbkugel der Erde beziehen können. Aber sie sind nun einmal gleich den Bezeichnungen »Frühlings- und Herbstpunkt« als technische Ausdrücke in die Astronomie eingegangen, obwohl auch diese Bezeichnungen auf der südlichen Halbkugel ihre Bedeutung tauschen müßten.

Kehren wir nun zu der Frage zurück, was wohl die Ursache dafür sein mag, daß der aufsteigende Mondknoten als günstig, der absteigende aber als ungünstig galt und noch gilt.

Wieder mag es sich dabei zunächst bloß um die Analogie zwischen aufsteigendem Mondknoten und Frühlingspunkt handeln, der ja auch als »aufsteigender Sonnenknoten« bezeichnet werden könnte, sofern die nördliche Halbkugel in Betracht kommt. Und wie etwa der Frühling als Symbol des erwachenden Lebens, der Herbst als Symbol des Sterbens erlebt wird, so kann diese Bedeutung auf die beiden Mondknoten übertragen worden sein.

Aber dem steht entgegen, daß niemals in der Astrologie der Widderpunkt als günstig, der Herbstpunkt aber als ungünstig gegolten hat.

Vielleicht kommen wir unserem Problem ein wenig näher, wenn wir an die seltsamen Ausdrücke »Drachenkopf« und »Drachenschwanz« anknüpfen.

Wahrscheinlich haben diese Ausdrücke ihre Wurzel in der Tatsache, daß diese beiden Punkte die Orte der Ekliptik sind, an denen oder in deren Nähe sich jene astronomischen Ereignisse abspielen, die sich von jeher der menschlichen Betrachtung mit besonderer Eindringlichkeit aufdrängten und das Gemüt des primitiven Menschen mit Angst und Schrecken erfüllten. Es sind die Orte, an denen allein die Sonnen- und Mondfinsternisse zustande kommen, wenn sich Sonne und Mond in Konjunktion oder Opposition treffen. In der Anschauung der Naturvölker setzten sich diese Ereignisse in der Weise in mythologische Vorstellungen um, als wollte ein furchtbarer Drache Sonne und Mond verschlingen. Wenn dies aber tatsächlich so ist, dann wäre erst recht nicht einzusehen, warum nicht beide Mondknoten als gleich ungünstig angesehen wurden oder im besten Fall der aufsteigende als der weniger ungünstige.

Es ist immerhin bemerkenswert, daß jene mythologische Vorstellung nicht nur dem primitiven Seelenzustand der Naturvölker entsprach. Wir finden ähnliches beispielsweise in China zu einer Zeit hoher Zivilisation. Dort bestand seit undenklichen Zeiten der Glaube, daß Sonnen- und Mondfinsternis auf die Zukunft des Reiches einen bösartigen Einfluß hätten, weshalb man Sonne und Mond vor dem Eintritt der Finsternis durch Gebete und Zeremonien besänftigen müsse. Die Finsternisse wurden daher als wichtige Staatsereignisse betrachtet. Bei der Sonnenfinsternis am 4. März 1821, die der russische Gesandte Timkowsky in China beobachtete, wurden in Peking in allen Tempeln Pauken und Glocken in Bewegung gesetzt, die Beamten standen überall feierlich auf ihren Posten, das Volk war bestürzt und richtete Gebete zum Himmel, damit der große Drache die Sonne nicht fresse.

Das würde den Gedanken nahelegen, daß beiden Mondknoten dieselbe ungünstige Wirkung anhafte, jedoch nur dann, wenn Sonne und Mond sich in Konjunktion oder Opposition begegnen.

Nun muß der Schritt vom Aberglauben zur Wissenschaft, zu unserer Wissenschaft, vollzogen werden.

Behalten wir von dem oben Ausgeführten bloß im Gedächtnis, was über die Analogie mit Frühlings- und Herbstpunkt sowie mit Aszendent und Deszendent vorgebracht wurde. Erinnern wir uns ferner daran, daß wir in den Mondknoten jene Punkte sehen, in denen Mond- und Sonnenenergien sich mischten, so daß wir vom Lebensschwerpunkt sprechen konnten, und sehen wir von all dem ab, was über die Finsternis gesagt wurde; versuchen wir wieder, wie auch bei früheren Anlässen, unseren eigenen Weg der Meditation zu sehen. Stellen wir uns daher zunächst nicht vor, daß Sonne oder Mond sich an jenen Punkten tatsächlich befinden, sondern daß der Mond einen jener Punkte bloß erreichen will, daß er zu diesem Punkt hinstrebt.

Wenn nun der Mond vom Süden kommend (immer vom Standpunkt der nördlichen Halbkugel aus betrachtet) den jetzt »aufsteigenden« Knoten passieren will, dann wird er einen höheren Stand am Himmel einnehmen, als er ihn bis dahin hatte, sozusagen in die Elevation eingehen, sich über den Horizont erhöhen, auch dann, wenn dieser aufsteigende Mondknoten im Geburtshoroskop unter dem Horizont liegt. Das Gegenteil wird der Fall sein, wenn der Mond den absteigenden Knoten passieren will.

Nun war uns Mond immer nur Repräsentant unserer zweiten Natur, unseres Erb-Ich und damit all unserer ererbten Anlagen, Fähigkeiten, Talente und Untalente, Neigungen und Abneigungen, kurz all dessen, was uns durch Heredität zugeflossen ist. Dann würde der aufsteigende Mondknoten der Punkt sein, der signifikant ist dafür, daß der dort ankommende Mond das Bestreben haben wird, all diese Erbanlagen zum Sieg zu führen, während an dem entgegengesetzten Punkt die Tendenz entstehen wird, diese Anlagen nicht höher zu entwickeln, sondern mit ihnen vor der Sonnenkraft zu fliehen. Klarer mag dieser Gedanke werden, wenn wir die beiden Mondknoten in Analogie mit Frühlings- und Herbstpunkt betrachten. Wenn die Sonne den Frühlingspunkt erreicht, dann will es Frühling werden (für die nördliche Halbkugel), wenn sie den Herbstpunkt passiert, dann will es Herbst werden. Im Frühling werden die Hoffnungen lebendig für die Entfaltung des Lebens in der äußeren Welt; im Herbst ist es umgekehrt, da richten die Blicke des Menschen sich auf sein Inneres. Der aufsteigende Mondknoten bedeutet den Frühlingspunkt der Mondnatur. An diesem Punkt knüpfen alle Hoffnungen an, alle Hoffnungsfreudigkeit für die Entfaltung der zweiten Natur. Im absteigenden Mondknoten, dem Herbstpunkt der Mondnatur, tritt die entgegengesetzte Neigung ein: Keine Hoffnungsfreudigkeit, mit seiner zweiten Natur durchzukommen oder gar, sie zur ersten zu machen, unsere Mondnatur verbirgt sich vor dem Antlitz der Sonne.

Das mag nun einer der Gründe sein, weshalb der aufsteigende Knoten als günstig, der absteigende als ungünstig galt, weil sich die durch die Mondknoten geförderte harmonische Vereinigung von Sonnen- und Mondnatur auf der einen Seite für den Geborenen erleichtert, auf der anderen Seite wesentlich erschwert. Wenn wir uns ferner überlegen, daß das, was astronomisch den aufsteigenden Mondknoten von dem absteigenden unterscheidet, die Beziehung von Nord und Süd ist, dann muß sich dies auch geltend machen, je nachdem ob sich der aufsteigende Mondknoten selbst nördlich oder südlich des Äquators befindet.

Befindet sich der aufsteigende Mondknoten in den Zeichen Widder bis Jungfrau, dann sind Verhältnisse gegeben, die von vornherein dem aufsteigenden Mondknoten günstiger sind als in den Zeichen Waage bis Fische. Dagegen wird der absteigende Mondknoten in den Zeichen Widder bis Waage aus denselben Gründen in seiner ungünstigen Wirkung abgeschwächt. In den Zeichen Waage bis Fische hingegen werden wir das Gegenteil finden. Hier verstärkt sich die ungünstige Wirkung des absteigenden Mondknotens und schwächt sich die günstige des aufsteigenden Mondknotens. Doch wird auch hier zu bedenken sein, daß das proportionale Verhältnis zwischen den beiden Mondknoten nicht in allen Zeichen dasselbe sein wird. Das Mißverhältnis zwischen ihnen wird wohl in der Nähe des Äquators am geringsten, in der Nähe der Sonnwendpunkte am stärksten sein.

Damit mag die alte Überlieferung übereinstimmen, die dem aufsteigenden Mondknoten als Platz seiner Erhöhung das Zeichen Zwillinge zuwies und Schütze als Platz seines »Falls«.

Fassen wir nun das Resultat des Bisherigen kurz zusammen, so können wir sagen: Der aufsteigende Mondknoten gibt Zutrauen zu den Kräften unserer Mondnatur und ihrer Verbindungsfähigkeit mit den Sonnenkräften zu einer harmonischen Ausgestaltung unserer Lebensenergien. Der absteigende Mondknoten versagt uns dieses Vertrauen und erschwert die Harmonisierung in jeder Beziehung.

Es liegt nun die Aufgabe vor uns, diese allgemeine Einsicht auf das Leben selbst anzuwenden, soweit Astrologie uns da den Weg weisen kann.

Aber ehe dies geschieht, muß noch einmal mit allem Nachdruck betont werden, daß das oben Ausgeführte nur für die nördliche Halbkugel der Erde gilt. Für die südliche Halbkugel gilt stets das Umgekehrte. Hieraus folgt weiter, daß um den Erdäquator herum eine Zone der Indifferenz anzunehmen ist, innerhalb der die Bedeutung der Mondknoten ihre Gegensätzlichkeit nahezu vollkommen verliert, die dann wächst, um je höhere Breiten es sich handelt.

Die erste Spezifikation jenes allgemeinen Grundsatzes wird sich ergeben, wenn wir die Mondknoten in Beziehung setzen zu dem Kraftfeld jenes Hauses, in dem sie sich aufhalten.

Betrachten wir zuerst das Häuserpaar 1 und 7. Steht der aufsteigende Mondknoten im 1. Haus, dann werden die Menschen alles Glück von ihrer persönlichen Entfaltung erwarten. Gleichzeitig steht der absteigende Mondknoten im 7. Haus, d. h. der Umstand, daß die Menschen alles Glück von der Ausstrahlung und dem vollen Ausleben ihrer eigenen Persönlichkeit erwarten, schwächt die Aussicht, dieses Glück durch Verbindung mit einem anderen Menschen in gleicher Weise fördern zu können, da dessen Interessen und die Rücksicht auf diese der freien Entfaltung der Persönlichkeit doch nur hemmend gegenüberstehen würden.

Steht aber der aufsteigende Mondknoten im 7. Haus und der absteigende im 1. Haus, dann werden wir Menschen vor uns haben, die in dem Moment, da sie allein stehen, das Leben mit einer gewissen Furchtsamkeit betrachten, Menschen, die in allen Fällen einer Stütze bedürfen und sofort aufleben, wenn sie irgendeine lebendige menschliche Bindung finden, die sie tröstet und ihnen hinweghilft über den mangelnden Lebensmut.

Steht der aufsteigende Mondknoten im 2. Haus, dann wird man ein gehobenes Vertrauen vorfinden in alles, was zu den eigenen Erbanlagen, Fähigkeiten, zu dem »Vermögen« schlechtweg gehört, und man wird den Wunsch haben, daß es immer so bleibt. Die Lebenshoffnung wird überall da eine harte Beeinträchtigung erfahren, wo an diesem Besitzstand, sei er materieller, geistiger oder seelischer Art, das Schicksal zu rütteln beginnt. Aus demselben Grund wird auch, da ja jetzt der absteigende Mondknoten im 8. Haus steht, jeder Anlaß zu einer inneren Veränderung, zu einer Veränderung überhaupt, als unglückhaft, schmerzhaft, als alle Hoffnung und Freude verdüsternd empfunden werden.

Steht aber der aufsteigende Mondknoten im 8. Haus und der absteigende im 2. Haus, dann werden wir entwicklungsfreudige Menschen vor uns haben, die erst dann fühlen, daß sie ihrer Eigenart gemäß leben, wenn sie ihr Herz an nichts hängen, das ihr Lebenstempo beeinträchtigen könnte, und nichts schwerer ertragen, als an irgendeine Scholle gebunden zu werden, welcher Art sie auch sei.

Steht der aufsteigende Mondknoten im 3. Haus, dann wird der Mensch Freude an Geselligkeit und Gemeinschaftsleben haben. Er wird überall mit Entwicklungsgenossen zusammen seine Entwicklung durchmachen wollen und wird unglücklich sein, wenn er seinen Weg allein suchen oder gehen müßte. Es steht gleichzeitig der absteigende Mondknoten im 9. Haus, im Haus der geistigen Einkehr. Man sucht bei den Genossen und durch die Geselligkeit mit ihnen beständig Schutz vor der Nötigung, mit sich selbst tiefer gehende Bekanntschaft zu machen. Steht aber der aufsteigende Mondknoten im 9. Haus und der absteigende im 3. Haus, dann haben wir den geborenen Philosophen vor uns, dessen Lebensweg dadurch gekennzeichnet ist, daß er überall Hoffnung, Freude und inneren Trieb darauf lenkt, sich zu vervollkommnen und im Verkehr mit sich selbst sich geistig immer mehr zu vertiefen, während der Zwang zur Geselligkeit ihn unter allen Umständen unglücklich machen wird.

Der aufsteigende Mondknoten im 4. Haus lenkt die Lebensfreude des Menschen von allen Wegen ab, die in die Öffentlichkeit führen oder führen könnten. Man will im engeren Kreis, womöglich unbeobachtet und vor allem ungestört von jedem Fremden, sein Leben vollbringen. Man ist am meisten befriedigt, wenn man sich in einem geistig oder seelisch verwandten Kreis in Gemeinsamkeit mit diesem entwickeln kann und scheut die feindliche Öffentlichkeit.

Steht der aufsteigende Mondknoten im 10. Haus und der absteigende im 4. Haus, dann drängt es den Menschen dazu, von sich reden zu machen, über sich hinaus zu wirken und sich in Verbindungen mit der Umwelt einzulassen, in denen er selbst das tätige, schaffende, wirkende, kämpfende und vielleicht sogar herrschende Element ist. Hingegen empfindet er all das als unangenehme Fessel, was ihn an Haus, Familie oder an den kleineren Kreis verwandter Menschen binden könnte, den er dem größeren Kreis jederzeit aufzuopfern bereit ist.

Steht der aufsteigende Mondknoten im 5. Haus und demgemäß der absteigende im 11. Haus, dann ist der so Geborene nur glücklich, wenn er seine seelische Macht ausspielen kann, sei es in der Liebe oder in anderen Beziehungen, die mit dem Kraftfeld des 5. Hauses zusammenhängen. Hier besteht volles Vertrauen in diese Macht und jeden Erfolg auf diesem Gebiet. Dagegen ist gerade diese Veranlagung den Forderungen ungünstig, die aus Freundschaften gestellt werden. Man empfängt wohl gerne Liebe und spendet sie auch gerne, aber die Pflichten der Freundschaft sind unangenehm. Von der Freundschaft wird nur das genommen, was dem erotischen Erlebniskomplex ähnelt.

Steht der aufsteigende Mondknoten im 11. Haus und der absteigende im 5. Haus, dann besteht schon von Jugend an ein starkes Freundschaftsbedürfnis: Das Leben wäre leer und sinnlos ohne sie und vor allem glücklos. Dagegen besteht Hoffnungslosigkeit und Furcht in bezug auf alle Verstrickungen in das Liebesereignis.

Steht der aufsteigende Mondknoten im 6. Haus, dann besteht ein unbezwinglicher Freiheitsdrang und ein beständiges Bangen um die eigene Gesundheit, sofern sich jede Beeinträchtigung dieser Gesundheit zugleich als Hemmung der Freiheit darstellt. Ganz im allgemeinen kann die so gegebene Situation als eine Veranlagung bezeichnet werden, die das Glück in der Unabhängigkeit von allem sucht, was krank machen könnte. In Situationen, die die eigene Freiheit einschränken, fühlt sich der Geborene krank.

Steht der aufsteigende Mondknoten im 11. Haus und der absteigende im 6. Haus, dann sucht man gerade das, was man mit der eben geschilderten Veranlagung flieht. Man hat viel eher den Mut zur Krankheit als zur Gesundheit. Das führt zu einer seltsamen Lebenseinstellung, die den so Geborenen erst dann hoffnungsfreudig aufleben läßt, wenn er die Pforten des Kerkers vor sich aufgetan sieht. Für denjenigen, der diese Stellung hat, hat sie keine Schrecken. Aber er flieht die Freiheit, mit der er nichts anzufangen weiß, weil er ihr nicht gewachsen ist, weil er sich von der Freiheit kein Glück erhofft, die für ihn stets nur eine verbotene Frucht bedeutet.

24. Vortrag

Man muß das eben Ausgeführte nicht zu wörtlich nehmen; es sollte hier nur ein Hinweis auf die Schwierigkeiten und auf die Hilfen gegeben werden, die sich aus der Geburtskonstellation ergeben in bezug auf das, was wir alle anstreben: unsere zweite Natur mit der ersten zu durchdringen.

Steht an der Stelle des auf- oder absteigenden Mondknotens ein Planet, so wirkt dieser Planet, welcher immer es sein mag, gemäß der gehobenen oder verminderten Hoffnungslosigkeit optimistischer oder pessimistischer, als er sonst auftreten würde. Dies wird sowohl in zodiakaler wie auch in mundaner Beziehung zu beachten sein.

Wir wenden uns nun der Besprechung des sogenannten *Glückspunktes* zu, der gleichfalls in der alten Astrologie eine bedeutende Rolle spielte. Er gehört zu den sensitiven Punkten des Horoskops. Wie auch andere sensitive Punkte, die später in Analogie zu dem Gülckspunkt erfunden wurden, verdankt er seine Entstehung nicht einem realen astronomischen Tatbestand. Der Glückspunkt ist das Resultat einer bloßen Spekulation, und er entsprang dem Bestreben, nach einem Punkt zu suchen, in dem sich Sonne, Mond und Aszendent zu einer Gesamtwirkung vereinigen. Einen solchen Punkt gäbe es streng genommen nur, wenn sich Sonne in Konjunktion mit Mond am Aszendenten oder Deszendenten befände. Aber auch solche Fälle könnten hierzu gezählt werden, in denen zwischen jenen drei Punkten ein klares Aspektverhältnis bestünde. Die Regel zur Auffassung des Glückspunktes geht aber beträchtlich weiter.

Sie lautet: Die Distanz zwischen den Längengraden von Sonne und Mond bestimmt den Abstand des Glückspunktes vom Aszendenten. Schon Ptolemäus macht darauf aufmerksam, daß hier ein Unterschied zwischen Tag- und Nachtgeburt zu machen ist, so daß folgende Regel aufgestellt werden kann:

Taggeburt: Aszendent + Mond – Sonne
Nachtgeburt: Aszendent + Sonne – Mond.
Zunehmender Mond: Taggeburt: Aszendent + Distanz
                  Nachtgeburt: Aszendent – Distanz
Abnehmender Mond: Taggeburt: Aszendent – Distanz
                  Nachtgeburt: Aszendent + Distanz

Bei dieser Regel wird zur Ermittlung der Distanz stets der kleinere Längenwert vom größeren abgezogen.

Versuchen wir nun, uns klarzumachen, was der Sinn dieser Berechnung ist.

Die Winkelstellung wird zwischen den beiden Himmelslichtern in eine recht enge Beziehung zum Aszendenten gebracht. Aber das erinnert offenkundig an die alte Hermesregel. Wir konnten anläßlich der Besprechung dieser Regel bereits darauf hinweisen, daß, obwohl in dieser Regel der Sonnenstand mit keinem Wort erwähnt wird, er dennoch verschwiegenerweise eine wichtige Rolle spielt. Befindet sich doch bei normaler Schwangerschaftsdauer die Geburtssonne stets im Quadrataspekt zur Empfängnissonne. Die Winkelstellung, die im Moment der Empfängnis zwischen Sonne und Mond bestand, wird also im Geburtshoroskop die Distanz der Sonne vom Aszendenten bestimmen. Die Distanz zwischen Sonne und Mond im Geburtshoroskop spiegelt die Distanz zwischen Geburtssonne und Empfängnisaszendent wider und schließlich die Distanz zwischen Geburtsmond und Geburtsaszendent, zwischen Empfängnismond und Empfängnisaszendent.

Es läßt sich infolge dieser Wechselbeziehung leicht zeigen, daß die Glückspunkte des Empfängnishoroskops und des Geburtshoroskops sich stets in Quadratstellung zueinander befinden müssen. Was läßt sich nun aus all diesen Umständen schließen?

Zunächst ergibt sich, daß der sogenannte Glückspunkt tatsächlich die Resultate der drei Elemente darstellt, die sich im Moment unserer Geburt zusammenschließen, um irdisches und überirdisches Ich für die Dauer des Erdenlebens zu verschmelzen und dem so geeinten Menschen seinen ihm zukommenden Platz anzuweisen. Aber dieser Glückspunkt weist darüber hinaus auf einen geheimen Zusammenhang zwischen Empfängniszeit und Geburtsmoment hin, der unmittelbar mit dem Lebensrhythmus der Eltern und vielleicht auch deren Vorfahren zu tun hat. Der Glückspunkt ist so zugleich der Überbringer karmischer Bedingungen als deren Frucht wir unsere momentane Erdgestalt übernehmen müssen, und mit ihr all das, was von der Geburt an in dem nun abrollenden Leben zufolge als Glück oder Unglück empfunden wird. In diesem Sinne mag wohl der Ausdruck »Glückspunkt« nicht übel gewählt sein.

Aber hier ist nun leider die Quelle für mancherlei Mißverständnisse, die sich in die Praxis der astrologischen Auslegung eingeschlichen haben, vorzugsweise, weil man mit dem Wort »Glück« Vorstellungen verband, die sich sehr von dem ursprünglichen Sinn dieses Wortes entfernen und in erster Linie auf das physische Wohlergehen, ja geradezu auf materielle Güter und deren Besitz sowie auf greifbare Erfolge im äußeren Leben bezogen werden. Forschen wir diesem Wort ein wenig nach.

Glück, mittelhochdeutsch »gelücke«, englisch »luck«, bedeutet ursprünglich den unerwarteten Zufall, gleich ob günstig oder ungünstig. Daher auch die Redewendung: good luck und bad luck. Später wandelte sich der Begriff Glück in dem Sinn, daß man darunter mehr den uns günstigen Zufall verstand, der unabhängig von unserem Tun oder Wirken den Weg zu uns fand.

Der lateinische Ausdruck »fortuna« deutet auf etwas hin, was uns zugetragen wird: »Fortuna est coeca – das Glück ist blind« heißt ein wohlbekanntes lateinisches Sprichwort.

Aber diese Auffassung vom Glück läßt sich schwerlich mit dem vereinigen, was seinen astrologischen Bedingungen nach der »Glückspunkt« bedeutet.

Persönlichkeit wird im Sinn unseres Gesamtwesens verstanden, nicht bloß im Sinn der Maske, die wir für die Dauer eines Erdenlebens zu tragen haben. Sie bildet allerdings eine der drei Komponenten jenes Gesamtwesens, dargestellt durch den Aszendenten. Aus diesem Gedanken ergeben sich zwei Betrachtungsweisen: die zodiakale, die die Lage des Glückspunktes in dem betreffenden Tierkreiszeichen, und die mundane, die die Lage dieses Punktes in dem betreffenden Haus untersucht.

Ehe wir nun an diese Untersuchung herangehen, wollen wir noch einmal kurz zusammenfassen, was sich als die allgemeine Bedeutung des Glückspunktes ergab.

Der Glückspunkt ist ein karmischer Punkt des Horoskops. Der im Geburtshoroskop bestehende Aspekt zwischen Sonne und Mond weist ihm seinen Platz an in einem bestimmten Haus. In diesem Haus erfüllt sich die Glücks- oder Unglücksbereitschaft des Menschen gemäß dem Grad, in dem sich die Spannung zwischen den beiden Ich-Komponenten der Harmonisierung nähert oder ihr widerstrebt.

Konjunktion zwischen Sonne und Mond: Glückspunkt im 1. oder 12. Haus.
Sextil zwischen Sonne und Mond: Glückspunkt im 3. oder 10. Haus.
Opposition zwischen Sonne und Mond: Glückspunkt im 6. oder 7. Haus usw.

Der Glückspunkt

Wir wollen nun in aller Kürze eine schematische Übersicht geben über die sich hier ergebenden Möglichkeiten.

Steht der Glückspunkt im 1. Haus, dann wird das »Wie« jedes Erlebens weit wichtiger als das »Was«. Diese Stellung unterstreicht ganz besonders die subjektive Seite von allem, was uns zustößt, und die Art, wie es aufgenommen wird. Das Maß der inneren Ausgeglichenheit wird entscheidend für das, was wir Glück nennen. Das »Nicht-aus-unserer-Haut-heraus-Können« wird mit besonderer Intensität erlebt, Glück und Unglück bestimmend.

Steht der Glückspunkt im 12. Haus, was gleichfalls bei Neumondhoroskopen eintreten kann, dann kommt es zu ähnlichen Wirkungen. Auch hier steht die Beschäftigung mit sich selbst im Vordergrund, aber sie geht in eine wesentlich andere Richtung. Man ist nur glücklich, wenn man für sich selbst allein sein kann, möglichst unbelästigt von den anderen. Der Grad, in dem das erreicht werden kann, bestimmt Glück oder Unglück.

Halbsextil oder Halbquadrat zwischen Sonne und Mond gibt dem Glückspunkt seinen Platz im 2. oder 11. Haus.

Steht der Glückspunkt im 2. Haus, dann werden alle Anstrengungen, mit dem Pfund zu wuchern, stets rege erhalten und jeder, selbst der geringste Erfolg bereits auf das Glückskonto gebucht. Solange man hierin nicht erlahmt, fühlt man sich, auch bei äußerer Armut, reich. Das bezieht sich auf jedes »Vermögen«, mit dem man geboren wurde.

Steht der Glückspunkt im 11. Haus, dann wird das »Vermögen« zum Korrelat der Fähigkeit, Freunde zu erwerben und niemals im Dienst an der Freundschaft zu erlahmen. »Und die Treue, sie ist kein leerer Wahn!« mag hier als Motto gelten. Wer bereit ist, anderen zu helfen und ihnen seine Freundschaft zu schenken, dem wird auch wieder geholfen. Der Grad, in dem wir dieser Forderung genügen können, bestimmt Glück und Unglück.

Sextil und Quintil, unter Umständen sogar das Quadrat zwischen Sonne und Mond verweisen den Glückspunkt ins 3. bzw. 10. Haus.

Steht der Glückspunkt im 3. Haus, dann ist es die Freude an der Geselligkeit, die das Lebensglück am intensivsten macht; es ist nicht wie im 1. Haus die Idee der Freundschaft mit der ihr innewohnenden Hilfsbereitschaft; es ist das Erleben der Gemeinsamkeit und des Beisammenseins schlechtweg. Der Glückspunkt in diesem Haus gibt eine Anziehungskraft und macht sympathisch. Die Gabe, Menschen an sich ziehen zu können, beglückt; sie erweist sich als Segen in vielen mißlichen Lagen.

Steht der Glückspunkt im 10. Haus, dann ist alles Glück im Leben aufs engste verknüpft mit dem Drang, irgendwie im Rampenlicht der Öffentlichkeit zu stehen und die Blicke der anderen bewundernd auf sich zu lenken. Ehrgeiz, Eitelkeit und Ruhmsucht wollen befriedigt werden, sei es in Wirklichkeit oder auch nur in der Einbildung. Aber die im Glückspunkt ruhende karmische Kraft mag oft genug selbst gegen den Wilen des Geborenen dazu führen, ihn erfolgreich in die Öffentlichkeit zu stellen.

In wundervoller Weise hat Ibsen in seinem Drama *Die Kronprätendenten* (2. Akt) in einem Gespräch zwischen dem Jarl Skule und Bischof Niklas eine astrologische Stellung beschrieben, die dem Glückspunkt im 10. Haus etwa in Konjunktion mit Jupiter und Sonne entsprechen kann.

Bischof Nikolas:	Wer vollbringt die größte Tat in der Welt?
Jarl Skule:	Die vollbringt der größte Mann.
Bischof Nikolas:	Aber wer ist der größte Mann?
Jarl Skule:	Der mutigste.
Bischof Nikolas:	So spricht der Krieger. Ein Priester würde sagen: der gläubigste; ein Weiser: der erfahrenste. Aber von ihnen ist es keiner. Der glücklichste vollbringt die größten Taten.

Die Quadratstellung zwischen Sonne und Mond, eventuell auch Trigon oder Sextil, bringt den Glückspunkt ins 9. bzw. ins 4. Haus. Beide Häuser sind Stätten der inneren Einkehr, wenn auch in unterschiedlichem Sinn.

Steht der Glückspunkt im 4. Haus, dann entsteht hier ähnlich wie im 10. Haus ein Mittelpunktdrang, der sich jedoch nicht auf die große Öffentlichkeit bezieht. Es gilt dieser Drang mehr der Entfaltung persönlichen Einflusses auf die nächste Umgebung, die man mit der eigenen Wesensart so zu durchtränken wünscht, daß sie und alle Menschen, die zu ihr gehören, gleichsam zu Wahlkindern, Wahlsöhnen oder Wahltöchtern werden, zu Ästen am Baum der eigenen Wesensentwicklung. Mit diesem Mittelpunktdrang übernimmt man aber auch eine Vaterpflicht, in deren Pflege allein man sich glücklich fühlt. Der Grad, in dem man fähig ist, diesem Patriarchat Genüge zu tun, entscheidet über Glück und Unglück.

Steht der Glückspunkt im 9. Haus, dann hat man die Anwartschaft darauf, in der Schule des Lebens ein Vorzugsschüler zu werden. Das

Glück, sich solch einer inneren Berufung bewußt zu sein, aber sie auch erfüllen zu können, macht hier den Inhalt des Glückspunktes aus.
Trigon, aber hauptsächlich Eineinhalbquadrat und Quinkunx bringen den Glückspunkt ins 5. oder 8. Haus. Die beiden zuletzt genannten Aspekte wurden von uns als transzendente Aspekte bezeichnet, d. h. als Aspekte, die sich erst nach mehrfacher Durchschreitung des Zodiakus völlig zum Kreis schließen und so über die Dauer des gegenwärtigen Erdenlebens hinauszugreifen scheinen. Von diesem Gesichtspunkt aus könnte, wie dies ja auch wirklich geschah, das 5. Haus in Verbindung gebracht werden mit dem »künftigen« und das 8. mit dem vergangenen Leben. So sind denn das 8. und das 5. Haus karmische Häuser katexochen, eine Tatsache, die die karmische Note des Glückspunktes wesentlich unterstreicht.

Steht der Glückspunkt im 5. Haus, dem Haus der lebendigen Tradition und des Leitfadens, der die aufeinanderfolgenden Generationen verbindet, dann kann alles Glück darin bestehen, ein bewußtes Glied in dieser Kette des ewigen Lebens sein zu dürfen, und alles Unglück, sich dieser Würde unwert erwiesen zu haben. Dies gilt für alle Lebensbeziehungen, die in diesem Haus den Menschen erwarten. Ernst und Spiel werden hier zu jenen Gegenpolen, aus deren Wechselwirkung künftiges Karma aufkeimt.

Steht der Glückspunkt im 8. Haus, im Haus des inneren Gerichtes und der großen Wandlung, dann wird es wichtig, unerledigtes Karma aufzuarbeiten, und der Grad, in dem diese Aufgabe, bewußt oder mehr unbewußt, gelingt, bestimmt unsere innere Zufriedenheit und Ruhe oder das Gegenteil, d. h. die innere Zwiespältigkeit und Unrast.

Die Opposition zwischen Sonne und Mond bringt den Glückspunkt in den Bereich des Deszendenten, d. h. ins 6. oder 7. Haus.

Steht der Glückspunkt im 6. Haus, dann tritt ähnliches ein wie im 5. Haus. Man fühlt sich auch hier als Glied einer Kette, die aber nicht die Kette der lebendigen Tradition ist, sondern die Kette einer durchgehenden Organisation, die von den höchsten bis zu den tiefsten Sprossen einer Himmelsleiter reicht. Auf irgendeiner Sprosse dieser Leiter ist unser karmisch bedingter Platz. Das Bewußtsein, ihn richtig auszufüllen, bedingt unser Glück; es gibt uns die Anwartschaft auf unseren Aufstieg. Sich nützlich erweisen zu können, beglückt; das Gefühl, zu nichts tauglich zu sein, macht unglücklich.

Steht der Glückspunkt im 7. Haus, dann ist eine Stellung gegeben, die die stärkste Forderung nach harmonischer Verschmelzung jener Polaritäten stellt, die durch die Gegenzeichen der Sonne-Mond-

Opposition angezeigt werden. Die Partnerschaft im Leben und ihre Wahl erhält entscheidende Bedeutung für alles, was in erster Linie glückshaft oder unglückshaft empfunden wird. Sympathien und Antipathien weisen hier die Wege, wo noch das Unbewußte nicht das Bewußtsein erreicht hat. Die Gabe, zu der einem gemäßen Umgebung hinzufinden oder diese um sich zu sammeln, erleichtert den Lebensweg.

Hiermit sind begreiflicherweise bloß Andeutungen gegeben. Es mögen aber nun noch einige Bemerkungen hinzugefügt werden, die sich auf die zodiakale Lage des Glückspunktes beziehen. Zunächst bringt der Umstand, daß Empfängnis- und Geburtsstellung des Glückspunktes bei normaler Dauer der Schwangerschaft stets im Quadrat zueinander stehen, es mit sich, daß das entsprechende Guna: Kardinal, Fix oder ausgleichend in seiner karmischen Bedeutung besonders unterstrichen wird. Da auch die Sonnenorte in beiden Horoskopen die Quadratstellung zueinander innehaben, kommt hier noch ein zweites Guna hinzu, während das dritte nicht in diese Beziehung eingeht. Unter Umständen wird es sich sogar nur um ein einziges Guna handeln.

Der Glückspunkt in einem Rajaszeichen erweckt die stärksten Impulse des Suchens nach dem »Glück«, dies kann in der Verwirklichung eines Ideals (Widder), in rastloser Arbeit (Steinbock), im Sinnen oder Dichten (Waage) oder im Erträumen von allerlei Surrogaten (Krebs) bestehen, die an die Stelle der Wirklichkeit gesetzt werden.

Der Glückspunkt in einem Tamaszeichen schafft das Glücksideal der Bescheidenheit oder Zufriedenheit, wohl auch der Selbstgenügsamkeit, sei es im Bewußtsein der eigenen Kraft (Löwe), der eigenen Fähigkeiten (Stier), der eigenen Ideenwelt (Wassermann) oder der persönlichen Macht (Skorpion).

Der Glückspunkt im Sattwazeichen schafft ein Glücksideal der Unabhängigkeit und des Nicht-Gebundenseins an starre Begriffe oder Formeln: Weltwanderer im Moralischen (Schütze), im Geistigen (Zwillinge), im Seelischen (Fische) oder Physischen (Jungfrau).

Noch ist des Umstands zu gedenken, daß sich ein Planet in Konjunktion mit dem Glückspunkt befindet. In diesem Fall wird die Beziehung dieses Planeten zu Sonne und Mond mit besonderer Sorgfalt zu prüfen sein sowie die etwaigen Aspekte zu anderen Planeten. Diese würden dadurch miteinbezogen in die karmische Funktion des Glückspunktes.

Es wären nun noch einige Worte über die ziemlich große Zahl von sensitiven Punkten zu sagen, die von älteren und neueren Astrologen in Analogie zum Glückspunkt hinzukonstruiert wurden, für die wir jedoch eine sachliche Begründung nicht finden. Es sind mehr als 15 solcher Punkte angegeben worden, die durchaus den Eindruck der Willkürlichkeit machen. Das Ineinanderspiel all dieser Punkte und eventuell ihrer Parallelen scheint mir mehr Ähnlichkeit zu haben mit den Methoden der durch ihr Alter keineswegs geheiligten »Leberschau« oder der Weissagung aus dem Kaffeesatz. Ich muß gestehen, daß ich für meine Person mehr Vertrauen zur Methode des Kartenaufschlagens habe – nämlich überhaupt keines.

Es könnte ja immerhin geschehen, daß mit irgendeinem Transit über den »Punkt für Krankheit und Tod«, zum Beispiel Aszendent + Mars – Saturn oder Aszendent + Saturn – Mars, der Tod eines Verwandten meines Großonkels oder eines Freundes oder Bekannten, der irgendeine Bedeutung in meinem Leben hat, zusammenfällt. Astrologen, die gern solche Statistiken unter Vernachlässigung aller Gegeninstanzen sammeln und publizieren, mögen sich selbst bei solchen »Beweisen« beruhigen. Sie tragen wesentlich dazu bei, die Astrologie selbst bei dem denkenden Leser zu diskreditieren.

25. Vortrag

Ich möchte eine Frage behandeln, die sehr oft an den Astrologen herantritt und in der praktischen Deutung der Horoskope von großer Wichtigkeit ist: nämlich ob es für die Deutung gleichgültig ist, ob es sich um ein männliches oder ein weibliches Horoskop handelt, und wenn nicht, worin der Deutungsunterschied besteht.

Der Anfänger kann zu dieser Frage kaum Stellung nehmen, da schon eine intensive Durchdringung des astrologischen Gedankengutes nötig ist, ehe man sich dieser feineren Nuancierung zuwenden darf.

Zunächst muß ausgesprochen werden, daß wir nach dem Stand der heutigen Astrologie nicht in der Lage sind, aus der Geburtskonstellation das Geschlecht zu erkennen. Es mag vielleicht unzweifelhafte Kennzeichen geben, wir kennen sie aber nicht.

Nun unterliegt es aber keinem Zweifel, daß gerade von astrologischem Standpunkt betrachtet die beiden Geschlechter in gewisser Beziehung polare Gegensätzlichkeiten darstellen, die bewirken, daß die Gesamtheit der Sternenwirkung von Personen verschiedenen Geschlechtes auch in einer polar entgegengesetzten Weise aufgenommen wird. Wir wollen nun versuchen, uns wenigstens einige der Richtlinien klarzumachen, die wir unbedingt berücksichtigen müssen, wenn wir nicht Fehler begehen wollen, die dann zu schweren Enttäuschungen bei den Betroffenen führen.

Es ist kein Geheimnis, daß der männliche und der weibliche Organismus auf gewisse Reagenzien verschieden anspricht, und es ist anzunehmen, daß dies auch in bezug auf die Strahlenwirkungen der Fall sein wird, die vom Kosmos ausgehen. Nun drängt sich zunächst logischerweise die Frage auf, was wir denn als »männlich« und was wir als »weiblich« bezeichnen, denn nur durch die Beantwortung dieser Frage wird sich uns auch das Unterscheidende in astrologischer Beziehung erschließen.

Männlich und weiblich bilden die beiden Urpolaritäten der Manifestation des Kosmos, aus deren Vereinigung sich erst die Wirklichkeit dieses Kosmos ergibt. Als das Männliche sehen wir alles Wirkende, als das Weibliche das, was die Wirkung aufnimmt, empfängt. Ein Wirken ohne etwas Aufnehmendes würde ins Leere gehen. Und doch sind die Funktionen dieser beiden Urpolaritäten durchaus verschieden, wie das

Geschlecht und Horoskop

Licht verschieden ist von dem Spiegel, der es aufnimmt und zurückwirft. Der Spiegel ist es, durch den jedes ausgesendete Licht sich erst zum Bild gestaltet. Das Zurückwerfen und Gestalten, das Formen ist des Weiblichen eigentliche Funktion, es hervorzurufen die Funktion des Männlichen. Somit ist weiblich all das, was eine Wirkung aufnimmt, verarbeitet und zurückgibt. Es ist der Sinn alles Weiblichen, nicht zu produzieren, sondern zu reproduzieren, ohne das allerdings die Produktion gar nicht verwirklicht werden könnte. Jede Produktion bedarf, um Gestalt anzunehmen, der Reproduktion. Alle Kräfte der Reproduktion haben zu tun mit Aufnehmen, Verarbeiten, Formen, Gestalten, Festhalten und Bewahren. Darin kann man nun das Eigentümliche des Weiblichen überhaupt sehen, daß es sozusagen für diese genannten Kräfte ausersehen ist. Daraus ergibt sich eine zweite wesentliche Bestimmung des Weiblichen: der Hüter des Bestehenden zu sein. Konservativ im weitesten Sinn des Wortes ist alles Weibliche.

Umgekehrt ist das Männliche stets darauf gerichtet, all das zu verändern, was durch das Weibliche konserviert wurde, der Entwicklung neue Impulse zuzutragen, mit denen ein möglicher Kompromiß einzugehen ist. Alle Entwicklung ist somit die Synthese von etwas Vergangenem, durch das Weibliche Konserviertem, mit neuen, eigentlich zunächst zerstörenden Impulsen. Wenn man somit auf die Entwicklung oder Manifestation überhaupt blickt, so sieht man ein Kontinuum zweier stets wechselnder Phasen, von denen die eine vergangenheits-, die andere zukunftsgerichtet ist, aus deren Zusammenströmen sich erst die Entwicklungsreihe als solche ergibt. Eine solche Entwicklungsreihe stellen nun auch jene Gebilde dar, die wir in ihrer Gesamtheit als den Tierkreis bezeichnen, die als lebendig immer wieder in sich zurückkehrend und doch weiterschreitend alle Kriterien dieser teils vergangenheits-, teils zukunftsgerichteten Impulse darstellen müssen. Aus diesem Gefühl heraus hat man von jeher den Tierkreis selbst als ein Zwei-Phasen-Ereignis angesehen, stets folgt auf ein männliches ein weibliches, auf ein weibliches ein männliches Zeichen. Der Tierkreis ist das stets und immer wiederkehrende sich vollziehende Ereignis der Vereinigung von männlich und weiblich, gewissermaßen in ein Zeitspektrum auseinandergezogen, in dem diese gleichzeitigen Phasen in ein Nacheinander aufgerollt sind. In gewissem Sinn kehrt dieser Gegensatz von dem Männlichen als der zukunftsgerichteten Phase und dem Weiblichen als der vergangenheitsgerichteten Phase wieder in dem Gegensatz von Tag und Nacht bzw. in dem Gegensatz von »über« und »unter« dem Horizont.

Dem entspricht wohl auch die linguistische Tatasche, daß in allen Sprachen der Tag männlichen und die Nacht weiblichen Geschlechts ist. Die sechs Häuser, die unter dem Horizont liegen, sind insgesamt vergangenheitsgewendet und somit weiblich: Die sechs Häuser über dem Horizont sind zukunftsgerichtet und ihrem Geschlecht nach männlich. In unserer Sprache ausgedrückt heißt das: Weiblich ist alle Heredität, männlich die Entwicklungsarbeit, die von dem Geborenen zu leisten ist, wenn er sich von den Fesseln der Heredität in den sechs Arbeitsfeldern der Häuser über dem Horizont loszulösen beginnt.

Nun haben wir in unserem Horoskop zwei Planeten, die von jeher als Repräsentanten des Männlichen und Weiblichen galten: Sonne als Repräsentant der männlichen und Mond als Repräsentant der weiblichen Polarität; der Mond ist der Vergangenheit zugewendet, er ist der Hort aller unserer ererbten Anlagen und der Signifikator dessen, was wir die Persönlichkeit genannt haben, die Summe aller Talente; Sonne ist nicht das Maß unserer Talente, sondern unseres Genies, des nicht durch Heredität Geformten, sondern des stets lebendigen Impulses zu neuer, stets tätiger Entwicklungsarbeit.

Nun ist dieser Gegensatz zwischen männlich und weiblich aber noch viel tiefergehend und wirkt sich aus in der Organisation unseres Lebens selbst, derzufolge jene Glieder dieses Leibes, die den männlichen Tierkreiszeichen entsprechen, auch der männlichen Polarität zuzuweisen sind und umgekehrt die übrigen der weiblichen. Mit anderen Worten: Was in unserer Organisation der Erde und dem Wasser entspricht, physischer Leib, Ätherleib und Astralleib, ist weiblicher Natur; sie sind der eigentliche Sitz des Gedächtnisses. In ihnen tragen wir die Last vergangener karmischer Wirkungen, durch sie leiden wir. Alles Weibliche, da es der Vergangenheit zugewendet ist, ist auch in erster Linie dem Leiden zugewendet. In unserem Mentalleib und den höheren Gliedern unserer Wesenheit besitzen wir den männlichen Anteil unserer Organisation. Sie entsprechen der Luft und dem Feuer. Das ist soweit alte Tradition.

Aus dem eben Angedeuteten kann ohne weiteres entnommen werden, daß sich bei jedem, sei er in seinem physischen Leib männlich oder weiblich, die männlichen und weiblichen Konstituanten des Horoskops in mannigfaltiger Weise durchdringen, so daß es wenigstens in diesem Sinn kein bloß weibliches oder bloß männliches Individuum geben kann. Darauf hat in der letzten Zeit Otto Weininger in seinem Werk *Geschlecht und Charakter* mit besonderer Schärfe hingewiesen. Es gibt demnach in der Wirklichkeit kein Wesen, das dem vollkommen entsprechen würde, was er als typisch männlich oder typisch weiblich beschreibt. Beides sind bloße Gedankenkarikaturen. In Wirklichkeit ist jedes Individuum aus Männlichem und Weiblichen gemischt, allerdings in verschiedenen Graden.

Nun deckt sich dies nahezu vollkommen mit den aus der Astrologie gewonnenen Einsichten, aber nicht nur mit diesen, sondern auch mit den Tatsachen der Naturwissenschaft. Wir wissen, daß die embryonale Anlage des Menschen zunächst doppelgeschlechtlich ist und daß, allerdings von einem sehr frühen Zeitpunkt an, die spezifischen Organe der einen Geschlechtlichkeit sich entwickeln, während die der anderen sich zurückbilden, aber daß sie doch niemals ganz aus dem Organismus verschwinden. Im Kindesalter ist diese Mischung beider Polaritäten viel offenkundiger und trägt wesentlich dazu bei, die Geschlechtscharaktere noch in einer verschwommenen Gleichgewichtslage zu halten; erst die Pubertät bringt die eigentliche Entscheidung. Ins Astrologische übersetzt würde dies bedeuten, daß erst nach der ersten Rückkehr des Planeten Jupiter auf den ursprünglichen Ort das Horoskop seine volle Determination als männlich oder weiblich erhält.

Nun ist gerade in der alten Astrologie die Unterscheidung zwischen männlich und weiblich recht weit getrieben worden. Die mittelalterlichen Astrologen bei ihrem Bestreben, ein System bis in seine letzten Konsequenzen auszubauen, gerieten derart in Gefahr, ein in vielen Fällen leeres Formgerüst wirklichkeitsfremden Denkens der lebendigen Wirklichkeit aufzuzwingen und sich nicht mit jenen Erfahrungen zu begnügen, die ihnen recht gaben, und die übrigen zu übersehen. Man versuchte die abwechselnde Folge von männlichen und weiblichen Zeichen des Tierkreises auf jedes einzelne Zeichen zu übertragen. Der erste Grad eines jeden Zeichens sollte männlich, der zweite weiblich sein usw.

Mehr innere Konsistenz hat der Versuch, jedes Zeichen in zwölf Teile zu je zweieinhalb Graden zu teilen, so daß sich innerhalb jedes Zeichens gewissermaßen die Struktur des gesamten Tierkreises in kleinerem Maßstab wiederholt. Dabei bleibt allerdings die Frage offen, ob man den ersten Abschnitt immer wieder mit dem Analogen des Zeichens Widder zu beginnen habe oder mit dem Analogen des jeweiligen Zeichens selbst. Die letztere Auffassung würde in Übereinstimmung sein mit der bereits in *Tierkreis und Mensch* erwähnten Unterteilung der einzelnen Zeichen in je drei Dekanate.

Wichtiger erscheint die Einteilung der Planeten selbst in männliche und weibliche Planeten. Sonne, Mars und Saturn wurden als männlich angesprochen, Mond und Venus als weiblich, während Jupiter und Merkur als doppelgeschlechtlich galten.

Astrologisch gesehen ist aber nur Sonne absolut männlich und Mond absolut weiblich. Mars als Herr des Widder ist männlich, als Herr des Skorpions weiblich, Venus als Herr des Stiers weiblich, als Herr der Waage männlich, Jupiter als Herr des Schützen männlich, als Herr der Fische weiblich, Merkur als Herr der Zwillinge männlich, als Herr der Jungfrau weiblich.

Nun haben diese Planeten, je nachdem sie in dem einen oder anderen Zeichen stehen, mit dem Geschlechtswandel auch noch andere Eigenschaften gewonnen; insbesondere werden diese Planeten, wenn sie in Feuer- oder Luftzeichen stehen, die männlichen zukunftsgerichteten Tendenzen aufweisen, wenn sie in Wasser- oder Erdzeichen stehen, die weiblichen vergangenheitsgerichteten Tendenzen.

Merkur in Zwillinge ist immer ein suchender Merkur, der auf das Finden ausgeht, ein erfindender, mentaler Merkur. Merkur in Jungfrau ist nicht so sehr dem Erfinden und Finden auf dem mentalen Plan als auf dem physischen Plan ergeben, verwertend und ausführend. Darum wirkt Merkur in Zwillinge wohl schöpferisch, aber in demselben Grad auch zerstörend, in Jungfrau aber aufbauend und verwirklichend. Venus in Waage ist wieder suchend, schöpferisch, nach Freiheit strebend, neue Wege im Geistigen anbahnend, zukunftplanend, liebespendend; die weibliche Venus in Stier bewahrend, treu, opferwillig, dienend, ergeben. Mars in Widder streitbar, waghalsig, kämpfend, verletzend, zerstörend, niemals beharrend, immer vorwärtsstrebend. Mars in Skorpion stark im Wünschen, leidenschaftlich, aggressiv in der Verteidigung, sich selbst Leiden zufügend. Jupiter in Schütze verkündend, prophetisch, Jupiter in Fische vergangenheitsgewendet, verzeihend, Schuld tilgend. Saturn in Wassermann genial, schöpferisch im Geistigen. Saturn in Steinbock fleißig, sich mühend, ausführend, gewissenhaft.

Sinngemäß ist von diesen Andeutungen Gebrauch zu machen bei der Beurteilung der Stellung der Planeten in anderen Tierkreiszeichen.

Eingehend besprochen wurde die Stellung der Planeten in den einzelnen Zeichen in *Planetenwelt und Mensch*.

Welche Anwendung läßt sich nun in bezug auf das bisher Angeführte machen, je nachdem wir ein männliches oder weibliches Horoskop vor uns haben? Zunächst werden wir hier vier verschiedene Fälle zu berücksichtigen haben.

Der männliche Planet befindet sich in einem männlichen Horoskop in einem männlichen Zeichen.
Der männliche Planet befindet sich in einem männlichen Horoskop in einem weiblichen Zeichen.
Der weibliche Planet befindet sich in einem männlichen Horoskop in einem männlichen Zeichen.
Der weibliche Planet befindet sich in einem männlichen Horoskop in einem weiblichen Zeichen.

Für das weibliche Horoskop gibt es dementsprechend ebenfalls vier Fälle.

Der weibliche Planet befindet sich in einem weiblichen Horoskop in einem weiblichen Zeichen.
Der weibliche Planet befindet sich in einem weiblichen Horoskop in einem männlichen Zeichen.
Der männliche Planet befindet sich in einem weiblichen Horoskop in einem weiblichen Zeichen.
Der männliche Planet befindet sich in einem weiblichen Horoskop in einem männlichen Zeichen.

Dies eröffnet eine große Zahl von Möglichkeiten der Mischung von Männlichem und Weiblichem. Steht etwa beispielsweise in einem weiblichen Horoskop Mond in Krebs, Merkur in Jungfrau, Venus in Stier, Mars in Skorpion, Jupiter in Fische und Saturn in Steinbock, dann werden sich diese Planeten in einer für die weibliche Natur spezifischen Weise mit voller Kraft auswirken. Ist aber das Umgekehrte der Fall und steht in einem weiblichen Horoskop Merkur in Zwillinge, Mond in Löwe, Venus in Waage, Mars in Widder, Jupiter in Schütze und Saturn in Wassermann, dann werden diese Planeten schwächer wirken, sie werden nicht mit jener zukunftsgerichteten Kraft auftreten, mit der sie in einem männlichen Horoskop auftreten würden, denn sie gehören ja einem weiblichen Individuum. Wir haben dann einen Typus vor uns, der maskulin wirkt, ohne wirklich männlich zu sein. Die Planeten wollen gleichsam das männliche Geschlecht annehmen, ohne dazu imstande zu sein. Es wird dann beispielsweise ein Merkur in Zwillinge immer etwas von Merkur in Jungfrau in sich tragen; er wird nur scheinbar die Kraft eines Zwillinge-Merkur haben. Man wird beständig versuchen, Vergangenes auf Zukünftiges anzuwenden, wodurch viel von der Eigenart des Zwillinge-Merkur verlorengehen wird. Ähnlich verhält es sich mit Venus in Waage in einem weiblichen Horoskop.

Analoges gilt von den männlichen Horoskopen. Hier werden wieder die Planeten in ihren weiblichen Zeichen, z. B. Mars in Skorpion, Jupiter in Fische oder Saturn in Steinbock, schwächer wirken als in ihren männlichen Zeichen. Stehen alle Planeten in Wasser oder Erde, dann haben wir wieder einen ausgesprochen femininen Typus vor uns. In einem männlichen Horoskop gibt z. B. Venus in Stier weibliche Charakterzüge, aber diese Venus wird gleichwohl etwas von der produktiven Art der Waage-Venus aufweisen; aber der feminine Einschlag bleibt bestehen.

Die Beachtung all dieser feinen Nuancen wird dem psychologisch vorgebildeten Astrologen bei der Deutung gute und wichtige Dienste leisten. Es ist jedoch unmöglich, auf alle diese Details einzugehen, ohne ihnen dadurch eine größere Wichtigkeit zu geben, als ihnen in Wirklichkeit zukommt.

Wir möchten nun zum Abschluß dieses Kapitels einiges zur Abhängigkeit des einen Geschlechtes vom anderen hinzufügen, soweit sich dies aus dem oben Angeführten ergibt und dabei die gegenseitige Stellung von Sonne und Mond ins Auge fassen; es werden sich dabei mannigfaltige Kombinationen der Mischungstypen ergeben.

Stehen in einem männlichen Horoskop Sonne und Mond in männlichen Zeichen, dann ist die Abhängigkeit von dem weiblichen Partner gefärbt, daß der Mann unbedingt der herrschende Teil sein will. Stehen aber in einem männlichen Horoskop Sonne und Mond in weiblichen Zeichen, dann entsteht mehr die Neigung zu dienen und anzubeten.

Stehen im weiblichen Horoskop Sonne und Mond in weiblichen Zeichen, dann tritt die Neigung auf, als Weib zu herrschen, d. h. durch jene Mittel, die von Natur aus weiblich sind und darum geeignet sind, den Mann gerade in seiner Männlichkeit anzuziehen und festzuhalten.

Stehen in einem männlichen Horoskop Sonne im männlichen und Mond im weiblichen Zeichen oder im weiblichen Horoskop Sonne im weiblichen und Mond im männlichen Zeichen, dann handelt es sich um mehr ausgeglichene Veranlagungen, in denen eine starke Abhängigkeit von der Natur des Partners nicht in demselben Maße besteht wie in den obengenannten Fällen. Steht aber beim Mann Sonne im weiblichen und Mond im männlichen Zeichen und beim Weib Sonne im männlichen und Mond im weiblichen Zeichen, dann entsteht eine sehr starke Abhängigkeit vom Partner, die zuweilen sogar die Geschlechtsunterschiede übersehen kann. Hier entsteht die stärkste Bedürftigkeit danach, diese eigentlich widersprechende und unharmonische Veranlagung durch den Partner überwunden zu sehen. Die verhältnismäßig harmonischste Stellung ist eine, bei der die gegenseitige Abhängigkeit wohl vorhanden ist, wie etwa, wenn beim Mann die Sonne männlich und beim Weib der Mond weiblich ist, aber nicht solche Grade erreicht, daß sie störend im Leben auftreten kann. Dann kommt es zu einer Saturation, die es nicht zu starken Exzessen kommen läßt.

Auch die Stellung der übrigen Planeten in männlichen oder weiblichen Zeichen mag hier berücksichtigt werden. Venus in Wasser- oder Erdzeichen beim Mann gibt stets einen leicht femininen Einschlag im erotischen Erlebniskomplex, nach Erobert-Werden verlangend, Venus, beim Weib in männlichem Zeichen stehend, gibt einen leicht maskulinen Einschlag und macht zugleich aggressiv und abwehrend.

Stehen in den Horoskopen zweier Menschen verschiedenen Geschlechts, die zueinander in ein erotisches Verhältnis geraten, Mars des einen Partners in Quadrat oder Opposition mit Venus des anderen, dann muß mit einer intensiven gegenseitigen Anziehung gerechnet werden, die sich zu Zeiten in das Gegenteil verkehrt. Ähnliches gilt auch von der gegenseitigen Stellung von Mond und Venus.

Es muß noch einmal betont werden, daß all das nur aphoristisch zu nehmen ist. Der Astrologe hat stets in Fällen, wo das Gegenseitigkeitsverhältnis zweier Personen in Frage kommt, das Ganze dessen, was das Horoskop aussagt, in Betracht zu ziehen.

26. Vortrag

Die Aufgabe, die nun vor uns liegt, ist ohne Zweifel die schwierigste und verantwortungsvollste unter allen Aufgaben, die die Astrologie sich selbst zu stellen vermag: auf Grund des Geburtshoroskops eines Menschen dessen Lebenslauf vorherzusagen oder seine mutmaßliche Biographie zu schreiben, ohne dazu andere Quellen zu benützen als die Kenntnis seiner Geburtsdaten und der astronomischen Tatsachen der Gestirnsbewegung. Aus der Beschaffenheit der Geburtsgestirnung und den Gesetzen der Weiterwanderung der Gestirne von ihren natalen Plätzen sollen sich dem astrologischen Wissen all jene Tatsachen ergeben, die in ihrer Abfolge nicht nur das äußere Bild des biographischen Geschehens, sondern auch das innere Leben in seinem Ablauf und das seelische Schicksal des Menschen gestalten.

Man hat diese Aufgabe auch mit dem Namen »Zukunftsdeutung« bezeichnet. Aber gerade diese Bezeichnung hat nicht wenig dazu beigetragen, die Astrologie so sehr in Verruf zu bringen, sobald sie es unternimmt, das Rätsel der zukünftigen Ereignisse entschleiern zu wollen. Wohl die Hauptschuld an jenem Verruf ist der Leichtfertigkeit und der mangelhaften Vorbildung so vieler gewerbsmäßiger Sterndeuter zuzumessen, die ohne tiefere Einsicht und ohne alle theoretische Grundlage, vor allem aber ohne jeden Respekt vor den Tiefen des kosmischen Geheimnisses und der Menschenseele mit dreister Hand den Schleier wegziehen, der verhüllt, was dem profanen Blick verborgen bleiben soll.

So darf es niemand wundern, wenn solches Unterfangen schon am Beginn erfolglos bleiben mußte, da ohne Kenntnis des wahren Zauberwortes, das allein den Weg zu jenem Schleier sichtbar macht, auch die exakteste Rechnung kein Licht in die Dunkelheit bringen konnte, die den Zugang zu jenem Weg schützend umhüllt.

In jenen alten Zeiten, in denen das astrologische Wissen entstand, war der Zugang zu diesem nur nach langen und ernsten Prüfungen den Würdigen erlaubt, nachdem sie durch eine viele Jahre während Vorbereitung, die nicht nur der Erkennung äußeren Wissens, sondern noch mehr der inneren geistigen und moralischen Schulung galt, sich die Eignung erworben hatten, esoterische Erkenntnisse begreifen zu können. Darum haben auch wir versucht, in vorbereitenden Studien

Die Vorhersage

zunächst das astrologische Problem in seinen grundlegenden Tiefen zu erfassen, und sind schließlich dazu gelangt, zwei Grundtatsachen – den Menschenleib und die Zahl – als die Hauptquellen astrologischen Wissens zu erkennen. In fünf aufeinanderfolgenden Teiluntersuchungen haben wir versucht, die Grundlagen zu entwickeln, die uns den Schlüssel zur Geburtskonstellation in die Hand geben sollten. Ohne diese Arbeit kann das Folgende nicht verstanden werden.

Für uns bildet die eingangs kurz charakterisierte Aufgabe keineswegs etwas, was zu Recht als »Zukunftsdeutung« bezeichnet werden dürfte, wie sich im Verlauf dieser allgemeinen Orientierung über die Grenzen und den Umfang dieser Aufgabe noch zeigen wird. Es scheint vielleicht nicht so wichtig, mit welchem Wort etwas bezeichnet werden soll, das in dem Augenblick, in dem man davon spricht, noch nicht real geworden ist, sondern erst zu einem späteren Zeitpunkt Realität wird. Es erscheint vielleicht sogar unzweckmäßig, sich durch den Gebrauch eines bestimmten Wortes einer noch unbestimmten Sache bemächtigen zu wollen. Ob wir demnach von Zukunftsdeutung oder Vorhersage oder gar von einer Vorschau oder dergleichen sprechen, mag so lange als gegenstandslos angesehen werden, wie wir uns nicht über das Problem selbst und seine Bedingungen ein einigermaßen brauchbares Bild gemacht haben. Wir wollen daher zunächst, um uns für eine Vorhersage einzuschulen, eine allgemeine Betrachtung über die Möglichkeiten solchen Unterfangens anstellen und uns dabei des Begriffs Prophetie bedienen, um der Entscheidung zwischen Vorhersage und Zukunftsdeutung für den Augenblick auszuweichen.

Da haben wir vorerst zwischen zwei Arten der Prophetie zu unterscheiden. Die erste beruht auf dem Hellsehen oder dem »zweiten Gesicht«. Was sich so dem inneren Auge des Propheten darstellt, beruht auf keinerlei vernunftgemäßem Denken. Solche Zukunftsvisionen, soweit sie aus der sehr umfangreichen Literatur, die diesen Gegenstand betrifft, bekanntgeworden sind, beschränken sich auf einzelne, meist unzusammenhängende und stets fragmentarische Ausschnitte zukünftiger Geschehnisse, die sie teils in realen Bildern, teils in symbolischen Einkleidungen darstellen. Mit solchen Zukunftsvisionen hat Astrologie nichts zu tun.

Was im Rahmen des astrologischen Wissens als Prophetie angesehen werden kann, läßt sich nun auf drei verschiedene Formeln bringen, die drei verschiedene Arten der Zukunftsdeutung in sich bergen.

Die erste dieser drei Arten möchte ich die *mathematische* nennen. Sie bezieht sich auf die Vorausbestimmung rein astronomischer Ereignisse. Wenn etwa erzählt wird, Thales von Milet sei der erste gewesen, der eine Sonnenfinsternis vorhersagte, so gibt uns dies ein sehr markantes Beispiel für diese Art der Prophetie. Von dieser Art sind alle astronomischen Vorausbestimmungen, die heute anhand der zahlreichen Tabellen, die zu diesem Zweck von verschiedenen Autoren ausgearbeitet wurden, von jedem Laien mühelos durchgeführt werden können. Sie alle beruhen auf dem Vertrauen in die restlose Gültigkeit der Gesetze der Sternenbewegung einerseits und des mathematischen Kalküls andererseits. In diese Gruppe gehören aber nicht nur die Vorausbestimmungen astronomischer, sondern auch physikalischer Geschehnisse, soweit sie aufgrund unseres heutigen Wissens dem mathematischen Kalkül zugänglich sind. So können wir beispielsweise genau aussagen, nach welcher Zeit der Schall einer in einer bestimmten Entfernung abgeschossenen Kanone unser Ohr erreichen wird etc.

Von einer wesentlich anderen Art ist die zweite Gattung von Prophezeiungen, die ich die *naturhistorischen Prophezeiungen* nennen möchte. Wenn etwa ein Kundiger ein bestimmtes Vogelei betrachtet und nach Feststellung der betreffenden Spezies nicht nur voraussagt, welche Vogelart sich daraus entwickeln wird, sondern auch den Zeitpunkt bestimmt, in dem der Vogel das Ei verlassen wird, dann haben wir ein Beispiel vor uns, das uns eine Vorhersage zeigt, die nicht auf Mathematik beruht, sondern auf der Kenntnis einer »lebendigen Entwicklung«. Würde man die Gesetze dieser Entwicklung vollkommener kennen, als dies derzeit der Fall ist, dann wäre man wohl in der Lage, noch viel weiterreichende Voraussagen zu machen.

Hierher gehört vielleicht auch jene oft zitierte Stelle aus Kants *Kritik der praktischen Vernunft:* »Man kann also einräumen, daß, wenn es für uns möglich wäre, in eines Menschen Denkungsart, so wie sie sich durch innere sowohl als äußere Handlungen zeigt, so tiefe Einsicht zu haben, daß jede, auch die mindeste Triebfeder dazu uns bekannt würde, ingleichen alle auf diese wirkenden äußeren Veranlassungen, man eines Menschen Verhalten auf die Zukunft mit Gewißheit so wie eine Mond- oder Sonnenfinsternis ausrechnen könnte.«

In der Tat, würde man die Gesetze nicht nur der allgemeinen Entwicklung, sondern auch die der Entwicklung des Individuums vollkommen kennen, dann hätten wir einen der wesentlichsten Schlüssel zu Vorhersagen, soweit sie sich auf den Menschen und seinen Lebenslauf beziehen, wenn die ersten Zähne eines Kindes erscheinen werden, wenn auch nicht mit mathematischer Genauigkeit, wann etwa die Pubertät eintreten wird; wieviel die Größenzunahme in den kommenden Jahren betragen wird etc.

All solche Prophetie beruht gleichfalls auf einem Vertrauen: auf dem Vertrauen in das Bestehen gewisser Naturgesetze; und auch hier spielt wieder etwas hinein, was man als ein Stück Mathematik oder als das Analogon der Mathematik bezeichnen könnte: der Glaube an die Existenz gewisser Rhythmen im Leben, die sich nicht nur im Leben des einzelnen erfüllen, sondern nach schwer durchschaubaren Gesetzen von einer Generation auf die nächste übergehen. Auch was wir mit dem recht dunklen und unpräzisen Ausdruck »Vererbung« bezeichnen, ist nicht viel mehr als das Zugeständnis solch existierender Rhythmen.

Aber es gibt noch eine dritte Art der Prophetie, die von jenen beiden anderen wesentlich verschieden zu sein scheint – wenigstens auf den ersten Blick. Wir möchten diese Prophetie die *moralische Prophetie* nennen und das, was durch sie vorhergesagt wird, die »Verheißung«. Um dies klarzumachen, möchte ich ebenfalls ein Beispiel wählen, das ich jedoch etwas ausführlicher behandeln muß. Ich entnehme dieses Beispiel der Bibel, und zwar dem 5. Buch Moses, Kapitel 6, Vers 3: »in dem Lande, das von Milch und Honig fließt, das Gott der Herr, der Gott deiner Väter, dir verheißen (wenn du seine Gesetze hältst und seine Gebote erfüllst)«. Dieses Land, das man tatsächlich das Land der Verheißung genannt hat, mag vom historischen, also rein exoterischen Standpunkt als Palästina angesehen werden, und Milch und Honig sind Symbole der Fruchtbarkeit und des Reichtums an Nahrungsmitteln. Für das esoterische Denken jedoch ist mit diesem Land, in dem Milch und Honig fließen, eine moralische Verheißung ausgesprochen, deren Reichweite unübersehbar ist, eine Verheißung, die in die fernste Zukunft weist. Lassen Sie mich kurz ausführen, was mit jener Prophezeiung gemeint sein mag, die ich wegen ihres Inhalts eine »ewige Prophezeiung« nennen möchte. Es ist eine Tatsache, daß wir in dem gegenwärtigen Zustand unseres leiblichen Seins als Begleiterscheinungen unseres Stoffwechsels beständig Stoffe ausscheiden, die als giftige Substanzen – etwa die durch die Atmung ausgestoßene Kohlensäure oder die durch Niere und Darm ausgeschiedenen Endprodukte des Stoffwechsels – das Leben des Nachbarn gefährden. Mein der Selbsterhaltung dienender Stoffwechsel gefährdet so direkt Leben und Gesundheit meines Nebenmenschen! Dies gilt jedoch nicht nur im physischen Sinn, sondern auch im seelischen und geistigen Sinn; denn auch da gibt es das Analogon jener giftigen Ausscheidungsprodukte.

26. Vortrag

Es gibt jedoch zwei Sekrete des Leibes, die nicht nur Gift für den Nachbarn sind, sondern sogar dessen Leben fördern: Milch und Honig. Die Muttermilch gibt nicht nur dem Kind Nahrung, sie enthält auch etwas weniger Substantielles, ein Vitamin – das freilich der medizinischen Wissenschaft unbekannt ist –, das Vitamin der Mutterliebe, die des Kindes erste seelische und geistige Nahrung wird. Und der Honig? Auch dieses Sekret, das reinste Nahrung ist, enthält ein Vitamin, ein Vitamin der »Höherentwicklung«; denn die mit diesem Vitamin gespeiste Bienenlarve entwickelt sich zur »Königin« des Bienenreiches.

Das eben Ausgeführte ist für uns Symbol für eine Prophezeiung, die als moralische Prophezeiung die höchste und letzte Stufe des reinen und fleckenlosen Menschen vorausnimmt, die dem Nachbarn im weitesten Sinn des Wortes zur Speise wird, eines Menschen, der die göttlichen Gebote des Lebenswandels erfüllt hat.

Und auch diese Vorhersage, die nach ihrer Erfüllung den Menschen jenseits seines Horoskops stellt, beruht auf einem Vertrauen, auf dem Vertrauen in das höchst moralische Gesetz der Vervollkommnung des Menschen und der damit eng verbundenen Kraft seines Wirkens und seines kosmischen Echos. Wir können es das Gesetz des Karmas nennen.

Wir werden in unserer Untersuchung sehen, in welcher Weise jene drei Formen der Prophetie sich gegenseitig ergänzen und in ihrem Zusammenwirken erst ermöglichen, was wir eine astrologische Voraussagung nennen.

Diese setzt sich dem Ausgeführten zufolge aus drei Elementen zusammen. Das erste Element ist rein astronomischer Natur. Es hat zu tun mit der Errechnung nachgeburtlicher Gestirnsbilder und ihrer Beziehung zum Geburtshoroskop.

Das zweite Element ist nicht mehr rein astronomischer Natur. Es hat zu tun mit der Weiterentwicklung des Menschen selbst, der ja mit seinem Horoskop nicht eine tote Himmelsfigur mitbekommen hat, sondern ein Gesamtgebilde, das – wenn der Ausdruck erlaubt ist – der momentan festgehaltenen Schwingungsphase eines kosmischen, weit gespannten Rhythmus entspricht, dessen Fortgang an der Zeit bis zu jenem Grad bestimmbar ist, in welcher der geborene Mensch diesen Rhythmus in seinem Leben widerspiegelt. So sagt uns dieses zweite Element nach, welchen Gesetzen meine Entwicklung vom Geburtstag an fortschreiten wird – gemäß der mir durch meine Geburtskonstellation aufgeprägten kosmischen Marke.

Das dritte Element endlich zeigt uns den Anspruch, den der Mensch gemäß den beiden eben beschriebenen Bedingungen an sein Schicksal stellt. Aber es lehrt uns auch erkennen, welchen Einfluß der Geborene selbst auf die Gestaltung seines Schicksals gewinnen kann, wenn er beginnt, an seiner moralischen Konstitution bewußt weiterzuarbeiten, sei es im Guten oder im Bösen, sobald er ernstlich versucht, sich über die Stufe zu erheben, die ihn dazu verurteilt, den »Weg des Toren« zu wandeln. Dann werden die Sterneneinflüsse, die sich gemäß dem ersten und zweiten Element geltend machen, eine andere Form annehmen, weil sie das Subjekt, zu dem sie gelangen, den Geborenen, nicht mehr auf derselben Stufe seiner Entwicklung antreffen, auf der er, den Weg des Toren wandelnd, stehen würde.

Damit haben wir die wesentlichsten Voraussetzungen für astrologische Prophetie charakterisiert.

Aber schon aus diesen recht allgemeinen Andeutungen geht hervor, welche Ansprüche wir an den Astrologen stellen müssen, der einen Blick in die »Zukunft« tun will.

Ist es nicht seltsam, daß das deutsche Wort »Zukunft« selbst schon jene drei Formen der Vorherbestimmung in sich trägt, wenn man genauer auf seinen Sinn eingeht. Denn dieses Wort deutet nicht nur auf das, was »im Kommen« ist, was kommen wird und sogar muß, es deutet auch darauf hin, daß dieses Kommende zu uns kommen und daß es uns zukommen wird, d. h. die Erfüllung dessen bringen wird, worauf wir ein Recht haben, was wir uns verdient haben als Ausdruck einer höheren Gerechtigkeit.

Das lateinische Wort »futurum« ist noch merkwürdiger. Die Endung »urum« – das Gerundium – nennt ein Geschehen, das sich eben gerade vorbereitet, das sich gestalten will und nach unbekannten oder vielleicht auch unerkennbaren Gesetzen aus dem Gegenwärtigen entspringt, naturnotwendig aus ihm geboren wie ein Kind aus dem Mutterleib, aber noch im Zustand der embryonalen Verborgenheit. In diesem lateinischen Ausdruck für Zukunft ist keine Beziehung zu dem einzelnen Menschen erkennbar, den sie betrifft. Es klingt in diesem Ausdruck die antike Auffassung wieder, derzufolge sich alles zukünftige Geschehen über den Kopf des Menschen hinweg gestaltet und ihn selbst als Teil dieser Zukunft mit einbezieht. Er kann sie nicht ändern noch wenden, er hat auf sie sowenig Einfluß wie auf Sternenlauf und Gezeiten. Soweit hat das Futurum keine Beziehung zum Menschendasein und -schicksal. Etwas anders steht es um das Wort »fatum«. Dieses Wort, das mit dem Wortstamm »fari«, »sagen«, zusammenhängt (vgl. »fas« – »Recht«), deutet auf eine Auffassung hin, derzufolge, was da kommen soll, für den Menschen die Erfüllung eines Urteilsspruches ist, der über ihn gesprochen wurde von höheren Mächten, gegen den es keine Berufung gibt. Hier klingt leise etwas von dem an, was wir in das Gebiet der moralischen Vorhersage wiesen, aber dem antiken Denken blieb die moralische Wurzel des durch das Fatum Verhängten dem gemeinen Bewußtsein verborgen. Darum heißt »Fatalist« sein sich dem Urteilsspruch bedingungslos unterwerfen im geheimen Vertrauen auf die Gerechtigkeit der höheren Mächte, deren Führung wir unterliegen.

Nun finden alle hier erwähnten Auffassungen des Zukünftigen ihren entsprechenden Ausdruck in verschiedenen astrologischen Deutungsarten, durch die aus der Geburtskonstellation Aufschlüsse über das Schicksal des Menschen gewonnen werden und dessen Lebenslauf vorhergesagt wird.

Es ergeben sich so tatsächlich zwei wesentlich verschiedene Methoden der Vorhersagung, deren eine – wir nennen sie die antike – die zukünftigen Ereignisse im Leben ohne Berücksichtigung des speziellen Individuums zu bestimmen sucht. Für diese Methode ist »Schicksal« etwas außerhalb des Menschen Stehendes und demgemäß etwas völlig Fremdes, das ihn trifft wie eine verirrte Kugel, blindlings, ohne Warnung, ohne Beziehung zu seinem Charakter, und der Mensch ist selbst wie ein lebloses Ding, dessen einziger Vorzug es bleibt, über das, was ihn trifft, Schmerz oder Freude zu empfinden oder sich in philosophischer Ruhe mit der Erkenntnis zu wappnen, daß das Schicksal blind und verständnislos einem unerbittlichen Kausalgesetz folgt, über dessen Unvernunft man sich mit der letzten Weisheit trösten mag, daß im Grunde genommen alles eitel sei.

Dem steht eine andere Methode der astrologischen Vorhersage gegenüber, wir möchten sie die biologische nennen, die das Schicksal abhängig macht oder in unlöslichem Zusammenhang sieht mit des Menschen Gesamtanlage, wie sie die Geburtskonstellation gibt, wie all jene Gestirnungen, die gewisse Merkmale dieser Gesamtanlage konstituieren, aber auch die Einbruchstellen sind für ein ihnen adäquates Schicksalsmoment, sei es in günstigem, sei es in ungünstigem Sinn.

So mag Mars in Opposition zu Saturn nicht nur eine Anlage zur Gewaltsamkeit ausdrücken, sondern zugleich auch die Gefahr, das Opfer von außen kommender Gewalt zu werden.

Hier spielt bereits hinein, was wir die moralische Prophezeiung nannten. Aber in diesem Zusammenhang wird nun auch deutlicher, in welcher Weise es dem Menschen in die Hand gegeben ist, sein Schicksal zu wenden, wenn er in voller Erkenntnis darangeht, jenen Hang zur Gewaltsamkeit selbst abzubauen und so jene gefährliche Einbruchsstelle für äußere Gewalt zu schließen.

Zwischen jenen beiden Methoden besteht ein allerdings nicht leicht erkennbarer Zusammenhang. Tatsächlich sehen wir Anhänger der ersten Auffassung, die wir die antike nannten, ihren Klienten nicht selten den Rat geben, gewisse äußere Änderungen vorzunehmen, um einem drohenden Ereignis zu entgehen: zum Beispiel während einer bestimmten Zeit keine Reise zu unternehmen oder nicht auf die Straße zu gehen oder sich in ein anderes Land zu begeben etc. Die Nutzlosigkeit solcher Versuche muß wohl schon den Alten besonders eingeleuchtet haben, wie so manche Legenden beweisen, vielleicht am klarsten die Ödipus-Sage, die zeigt, wie gerade durch die Bemühung, das Schicksal abzuwenden, es erst recht herbeigerufen wird.

Aber trotzdem mögen solche Ratschläge so ganz zwecklos nicht sein, wenn sie den Klienten zu einem moralischen Energieaufwand nötigen, der schon einer Arbeit an der moralischen Konstitution nahekommt.

Wir wollen nun darangehen, all das, was bisher recht allgemein ausgeführt wurde, auf die Astrologie selbst anzuwenden, und, soweit dies möglich ist, bis in die letzten Konsequenzen zu verfolgen.

Zunächst müssen wir uns einen möglichst klaren Überblick über die in Betracht kommenden astronomischen Arbeitsmethoden verschaffen. Aber ehe dies geschieht, wollen wir noch einen kurzen Blick auf das leider sehr traurige Kapitel astrologischer Prophezeiung werfen, das nicht wenig dazu beigetragen hat, die einst heilige Sternenweisheit gänzlich in Verruf zu bringen, mißbraucht von der großen Zahl sich »Astrologen« nennender Dilettanten, die häufig genug ohne allgemine wissenschaftliche oder geistige Schulung, ja ohne Kenntnis selbst der einfachsten astronomischen Grundtatsachen anhand von allerlei Tabellen und Regeln sich anmaßen, an dem hohen Geheimnis des Kosmos und des Menschen mit dreister Hand zu rühren, und dies ohne Gewissensbisse. Sie sind es, die Schuld daran tragen, daß ernste Forscher, die dazu berufen wären, mehr Licht in das Dunkel menschlicher Ungewissenheit zu bringen, es so sehr scheuen, mit Astrologie überhaupt zu tun zu haben. Darum erscheint es an dieser Stelle nicht unwichtig, einige Worte über den astrologischen Unfug unserer und vergangener Zeiten zu sagen, wenn wir so nennen dürfen, was von seiten der »Astrologen« dem Publikum geboten wurde, das sich

26. Vortrag

freilich im wesentlichen nicht für das astrologische Wissen, sondern lediglich für das künftig zu erwartende eigene Schicksal interessierte. Diesem Interesse mußte der Astrologe, der sich nun einmal dieses Gewerbe gewählt hat, gerecht werden, ja er mußte geradezu alles darauf anlegen, unfehlbar zu erscheinen wie die Sterne selbst, die unverrückbar ihre vorgeschriebene Bahn durch die Räume ziehen. Die Forderung der Unfehlbarkeit, die stillschweigend zu allen Zeiten an die Astrologen gestellt wurde, beruht wohl auf der psychologisch verständlichen Übertragung der Unwandelbarkeit der kosmischen Gesetze und der Gesetze der Mathematik, d. h. der astronomischen Exaktheit, auf die Sternendeutkunst und ihre Adepten. Was Wunder, wenn die geheime Ehrfurcht vor den kosmischen Gewalten, sofern sie den Astrologen zugute kam, von diesen in Anspruch genommen wurde, die sich als Priester des kosmischen Geheimnisses fühlten. Liegt es doch in der menschlichen Natur, den so leicht erworbenen Nimbus des Geheimnisvollen für die eigenen Zwecke zu nutzen und ihn um jeden Preis aufrechtzuerhalten. Ahnungslosigkeit und Sehnsucht nach dem Wunder verbanden sich so mit der Geschicklichkeit der Sterndeuter zu jenem peinlichen Konglomerat aus Halbwissen und mehr oder weniger unbewußtem Volksbetrug, das für leider so viele, die von wahrer Astrologie nichts wissen, Astrologie darstellt.

Einige Daten, die wir Rudolf Falbs Werk *Sterne und Menschen* entnehmen, mögen hier Platz finden; sie gehören größtenteils der antiken Welt an, weisen aber eine nicht zu verkennende Ähnlichkeit mit manchen Erscheinungen unserer Zeit auf: »Im alten Rom war es vorzüglich die Frauenwelt, die auf der Seite der Astrologen stand. Der römische Satyrendichter Juvenal schildert in seiner 6. Satyre, »Die Ehefrau« betitelt, eine Dame, die sich in allen ihren Handlungen nach den Aussprüchen der Astrologen richtet. »Will sie eine Meile weit sich spazierenführen lasssen, so sucht sie in dem Buch [Ephemeride?] die Stunde dazu auf, liegt sie krank im Bette, so läßt sie den Astrologen Petosiris kommen, damit er ihr sage, wann sie Speise zu sich nehmen dürfe; zuckt vom Reiben ihr der Augenwinkel, so fragt sie ihren Lebensstern, welche Salbe sie gebrauchen müsse.« Tacitus erzählt, daß die Gemächer der Poppäa, der Gemahlin des Kaisers Nero, immer voll Astrologen gewesen seien, die ihr jeden Augenblick Rede stehen mußten. – Die römischen Behörden setzten die ganze Macht ihrer Edikte gegen die Astrologen ein, jedoch ohne Erfolg. Vespasian verbot den Astrologen das Betreten italischen Bodens, hielt sich aber selbst einen Leibastrologen. Doch hatte dieses Verbot recht ernste Hintergründe. Die römischen Kaiser sahen wohl ein, daß die Wißbegierde des Volkes um das Schicksal seiner Regenten gefährliche Folgen haben könnte. Daher genügte eine Weissagung, welche die Person des Kaisers zum Gegenstande hatte, ein crimen laesae maiestatis zu konstatieren. Doch die Astrologen wurden durch diese Verfolgungen nur noch berühmter. Juvenal schildert dies mit den Worten: »Das bringt der Kunst Vertrauen, wenn rechts und links die Hand vom Eisen klirrt und der Mann lange im Kerker saß. Kein Astrolog, der nicht schon einmal verurteilt war, hat Genie!« Bei den Juden und Arabern war es verboten, sich mit Astrologie zu beschäftigen. Nichtsdestoweniger waren es gerade die Araber, durch die die Astrologie in Europa wiederbelebt wurde. Im 10. Jahrhundert war es die Universität zu Cordova, die geradezu ein Zentrum für das Studium der Astrologie geworden war. Auch in Italien kam im Mittelalter die Astrologie zu hoher Blüte. Die Päpste begünstigten vielfach die Astrologie. Julius II. und Leo X. hatten an ihrem Hofe einen deutschen Astrologen namens Paul von Middelburg, der später Bischof wurde. Dante sprach sein Verdammungsurteil über mehrere Astrologen seiner Zeit. In der Hölle läßt er sie mit umgedrehten Köpfen herumgehen, so daß sie, die im Leben alles voraussehen wollten, nun immerfort rückwärts sehen müssen und statt der Zukunft die Vergangenheit zu betrachten gezwungen sind.

Von dem berühmten Astrologen und Professor der Medizin in Bologna, Cardaneus, weiß Falb folgende Geschichte zu erzählen: Er sei seiner Stelle enthoben worden, weil er dem göttlichen Heiland das Horoskop stellte und dessen Leben astrologisch erklären wollte. Er glaubte zuversichtlich an seine eigenen Prophezeiungen und sagte auch die Zeit seines Todes voraus (1575). Aber als dieses verhängnisvolle Jahr bereits zu Ende ging und er sich noch immer recht wohl befand, wurde es ihm bange um seinen astrologischen Ruf, und er hungerte sich selbst zu Tode, »damit da erfüllt würde, was der Prophet vorausgesagt hat«.

Falb berichtet weiter von dem Tübinger Professor Stoffler, der aus der Konjunktion von Mars, Jupiter und Saturn im Zeichen Fische für das Jahr 1524 den Untergang der Welt durch eine neue Sintflut prophezeite. Und schon bauten sich viele Menschen Boote und Kähne, ja ein Arzt in Toulouse namens Auriol ließ sich ein Schiff nach dem Muster der Arche Noah zimmern. Im Monat Februar sollten sich die Schleusen des Himmels öffnen. Der Monat kam und brachte eine schreckliche Trockenheit.

Diese Auswahl aus Falbs Buch mag genügen. Er war ein erbitterter Gegner der Astrologie, die freilich für ihn ein Buch mit sieben Siegeln bleiben mußte, da er nur jene Beispiele vor Augen hatte, die ihn dazu verleiteten, die gesamte Astrologie teils als Aberglauben, teils als Schwindel abzuurteilen, was um so bedauerlicher ist, als dieser geniale und durchaus originelle Gelehrte über die Geschichte der Astronomie und Astrologie umfassende Kenntnisse besaß. Immerhin läßt er der Astrologie soweit Gerechtigkeit widerfahren, als er auch Tacitus' Ansicht über Astrologie zitiert: »Unzweifelhaft ist alles, was uns begegnet, vom ersten Augenblick unserer Geburt an bestimmt; aber die Unwissenheit der Wahrsager läßt sie oft in ihren Prophezeiungen irren, und dadurch gerät eine Kunst in Mißkredit, deren Realität klar durch die Erfahrung unseres und der vergangenen Jahrhunderte erprobt ist.«

Nun ist es tatsächlich auch heute wieder so, daß die Astrologie, der man als einer Art Weltanschauung einige Berechtigung zugestehen mag, solange sie bei allgemeinen Betrachtungen bleibt, sofort in das Gebiet des dunkelsten und gefährlichsten Aberglaubens verwiesen wird, wenn sie den Anspruch erhebt, im einzelnen die Zukunft vorhersagen zu können. Aber gerade das Wort »Aberglaube«, mit dem der Aufgeklärte jene alte Wissenschaft von sich weist, soll jetzt noch einer eingehenden Prüfung unterzogen werden, weil sich an jenes Wort die ganze Verachtung knüpft, die der modern Denkende nicht nur für die Astrologie, sondern insbesondere für die Astrologen bereit hat. Aber es läßt sich leicht zeigen, daß Aberglaube und Wissenschaft auf demselben Holz wachsen, daß sie Geschwister sind vom Beginn wissenschaftlicher Forschung an und daß all das, was wir Aberglauben nennen, viel eher durch die Wissenschaft zustande kam als den Glauben. Aberglaube ist, wenn man so sagen darf, eine Art illegale Wissenschaft. Denn worauf beruht er? Er beruht genauso wie die exakte Wissenschaft auf Beobachtung, nur daß die Beobachtungen des Aberglaubens von der Wissenschaft mißachtet werden, sie seien auf einer falschen Theorie aufgebaut, deren Unrichtigkeit vom Aberglaubischen nicht erkannt wird. Hinzu kommt in vielen Fällen auch noch, daß der Abergläubische nur jene Beobachtungen gelten läßt, die seine Theorie stützen, während er die ihr widersprechenden absichtlich oder unabsichtlich übersieht. Der Abergläubische hängt mehr an seiner Theorie als an den Fakten, der Wissenschaftler ist jederzeit bereit, das klärende Experiment heranzuziehen, wo dies möglich ist; der Abergläubische scheut das Experiment und wählt vorzugsweise Materien, die das Experiment ausschließen oder als zu riskant erscheinen lassen.

Einige Beispiele mögen dies klarmachen. Wenn in gewissen Teilen Afrikas eine Sonnen- oder Mondfinsternis beginnt, dann versammeln sich die aus den Dörfern herbeieilenden Neger unter der Führung ihrer Priester mit Trommeln und allerlei Lärminstrumenten und beginnen einen enormen Spektakel, begleitet von lautem Schreien und drohenden Gesten, um den großen Drachen zu verscheuchen, der sonst die Sonne oder den Mond verschlingen würde; die Erfahrung lehrt sie, daß sie jedesmal Erfolg haben. In unseren Zeiten veranstaltet die Landbevölkerung zu Zeiten sommerlicher Dürre Bittprozessionen zu verschiedenen geheiligten Plätzen mit der Bitte um Regen – und auch sie haben Erfolg, wenn auch nicht immer sogleich.

Andererseits lassen sich viele Beispiele dafür anführen, daß vielfach dem Aberglauben zugerechnete »Erfahrungen« in der Wissenschaft mündeten und dort legitimiert wurden. Dahin gehört beispielsweise das sogenannte »Versehen« werdender Mütter und trächtiger Tiere; ferner zahlreiche Erscheinungen der Grenzgebiete des Seelenlebens wie Hypnotismus, Mesmerismus, ferner viele andere Erscheinungen, wie sie Maximilian Perty in seinen noch immer klassischen Werk *Die mystischen Erscheinungen der menschlichen Natur* mit großer Sorgfalt gesammelt hat.

Wir sehen die Grenze zwischen Wissenschaft und Aberglaube in steter Bewegung, woran vielleicht die logische Unsicherheit der Kausalfunktion unseres Denkens schuld ist, die freilich nicht zu allen Zeiten mit derselben Intensität empfunden wurde.

Um nun die Verbindung mit dem Folgenden herzustellen, mag noch einer vierten Art der Prophetie gedacht werden, die eigentlich ein Ergebnis der drei eben charakterisierten Formen darstellt und geradezu als das Paradigma aller astrologischen Vorhersagungen gelten kann. Ich möchte sie hier die Fahrplanprophetie nennen.

Wenn ich einen Eisenbahnfahrplan ansehe, dann finde ich, daß morgens um 7 Uhr 45 ein Eilzug in der Richtung Nord abgehen wird. Und tatsächlich: Wenn sich die Zeiger der Bahnhofuhr unter dem entsprechenden Winkel an den erforderlichen Stellen des Zifferblattes einstellen, dann fährt der Zug ab.

Ist diese Beobachtung nun Aberglaube oder Wissenschaft? Es mag Aberglaube sein, wenn ich glaube, daß die Zeiger der Uhr den Zug in Bewegung setzen (was ja vielleicht sogar mit Hilfe gewisser technischer Vorrichtungen tatsächlich geschehen könnte), und es ist kein Aberglaube, wenn ich das nicht glaube. Es ist aber auch nicht Wissenschaft, wenn ich weiß, daß zwischen der Abfahrt des Zuges und der Zeigerstellung der Uhr kein zwangsläufiger und unmittelbarer Zusammenhang besteht. Wenn nun diese regelmäßige Beobachtung der Koinzidenz von Zugabfahrt und Zeigerstellung weder dem Aberglauben noch der Wissenschaft zuzurechnen ist – was ist sie dann? Und worauf beruht mein Vertrauen in die Gültigkeit des Fahrplans?

Nun, dieser Fahrplan und die auf ihn gestützte Vorhersage zeigt wirklich eine überraschende Ähnlichkeit mit dem Wesen der astrologischen Vorhersage. Das Zifferblatt mit der Zeigerstellung in einem bestimmten Moment kann dem Geburtshoroskop entsprechen, jede weitere Zeigerstellung dem Fortgang der Gestirnung, bezogen auf den Anfangsstand – aber nur wer den Fahrplan kennt und zu nutzen weiß, ist imstande, die Uhr und was sie uns sagen kann zu verstehen. Man erwartet von solch einem Beispiel nicht mehr, als darin enthalten ist; es ist nur ein Vergleich, und seine Bedeutung ist beschränkt, wie dies notwendig bei allen Vergleichen der Fall ist, aber trotzdem enthält er mehr, als auf den ersten Blick erkennbar ist.

Denn wie zwischen Uhr und Zugabfahrt menschliche Wesen stehen, die die stumme Sprache der Uhr in menschliche Entschlüsse und Handlungen verwandeln, so steht zwischen Himmelsgestirnung und dem Geschehnis, das sie durch sie verwirklicht oder verwirklichen wird, auch wieder ein Mensch mit seinem Leben, Leiden, Denken, Fühlen und Wollen, und dieser Mensch bin ich, das notwendige und unentbehrliche Bindeglied zwischen Sternenlauf und Schicksal. Es ist Sammellinse und Prisma zugleich, wodurch das, was als kosmische Kraft einstrahlt, sich umwandelt in den Beitrag, den der Mensch auf seine Art zum universellen Geschehen liefern kann und muß, innerhalb der engen Grenzen, die durch Zeit und Raum auf diesem Planeten gezogen sind.

Und nun wollen wir zu unserem Ausgangspunkt zurückkehren und das Ergebnis unserer Erwägung auf unsere eigentliche Disziplin übertragen.

Es werden sich drei Arten der astrologischen Kalkulation ergeben, die als besondere Teile der astrologischen Technik von alters her unter besonderen Bezeichnungen zusammengefaßt wurden.

Die erste Art der Prophetie, die wir die mathematische nennen, führte in der Astrologie zu der Lehre von den Transiten.

Darunter versteht man eine Lehre, die es mit der Errechnung jener Zeitmomente zu tun hat, in denen beim Fortgang der Gestirnsbewegung von der Geburt an die einzelnen Planeten an solche Punkte des Himmelszeltes gelangen, die im Geburtshoroskop durch Planeten oder andere wirksame Punkte – wie etwa die Aspektstellen der Planeten oder auch durch Häuserspitzen – besetzt sind. Die Bedeutung dieser astronomischen Vorgänge wird festzustellen sein.

Die zweite Art der Prophetie, die wir die naturhistorische oder jetzt vielleicht besser die biologische nennen können, findet ihre astrologische Entsprechung in der Lehre von den Direktionen. Sie beruht auf der Vorstellung, daß das Geburtshoroskop sozusagen ein eigenes Leben besitzt und damit die Fähigkeit, sich nach besonderen ihm innewohnenden Gesetzen weiterzuentwickeln, die mit der Eigenbewegung der Erde sowohl um ihre Achse als auch um die Sonne zu tun haben und nach einem besonderen Schlüssel daraus abgeleitet sind, dessen Anwendung auf den Einzelfall einem besonderen astrologischen Kalkül unterliegt. Dies bedient sich auch hier wieder der Mathematik, wird aber darüber hinaus von der Lehre der Selbstentwicklung des Horoskops geleitet. Der Begriff Direktion hängt mit der Tatsache zusammen, daß der Astrologe, der sich dieser Methode bedient, gleichsam bestimmte Stadien dieser Entwicklung vorausnimmt, indem er einen bestimmten Punkt des Horoskops, es sei ein Planetenort oder ein anderer wichtiger Punkt, zu einem anderen Punkt im Geist »hindirigiert« und nach der Länge des Kreisbogens nicht nur die Zeit bestimmt, wann das entsprechende Ereignis eintreten soll, sondern auch, welcher Art es sein wird.

Die dritte Art der Prophetie, die moralische, hat bis jetzt wenig Beachtung gefunden und muß deshalb in diesem Lehrgang mit besonderer Sorgfalt behandelt werden. Sie berücksichtigt vor allem, in welchem Entwicklungszustand sich das Individuum zu jenen Zeiten befindet, in denen die errechneten Ereignisse fällig werden, um daraus zu entnehmen, was sie dann für den Menschen bedeuten mögen und welchen Rat wir dem Horoskopeigner geben können in bezug auf die moralischen Anstrengungen, die er zu machen hat, um sein Schicksal soweit zu meistern, wie ihm sein Horoskop erlaubt.

Und nun wenden wir uns wieder von der Astrologie weg und dem Astrologen und seiner Aufgabe zu. Fast scheint sie alle menschlichen Fähigkeiten zu übersteigen; hat doch sogar ein auf den Höhen alles menschlich Erreichbaren stehender Mann wie Kepler aufs schmerzlichste die Grenzen empfunden, die hier menschlicher Kunst gezogen sind, wenn er in bezug auf die Astrologie bekannte: »Den allgemeinen Ideen dieser Wissenschaft stimme ich zu, das Besondere bleibt zweifelhaft und unsicher.« Und Ptolemäus, der Verfasser des Tetrabiblos, sagt: »Niemals wird es geschehen, daß ein Wissender alle Einzelheiten voraussagen kann, wie gleicherweise der Sinn nicht Einzelheiten der Form, sondern den allgemeinen Eindruck der Form der Dinge aufnimmt.« Und doch reizt es den menschlichen Verstand immer wieder, anhand dessen, was er im allgemeinen als absolut verbindlich erkennt, auch das einzelne soweit als möglich der Erkenntnis zugänglich zu machen. Aber um solcher Versuchung nicht zu erliegen, mögen solche Aussprüche der Großen dem Bewußtsein des Astrologen stets wie eine Gewissenswarnung gegenwärtig bleiben und ihm die ganze Last der Verantwortung deutlich machen, die er auf sich nimmt, wenn er jene allgemeine Erkenntnis in die Praxis hinüberleitet. Tatsächlich müssen wir vom Astrologen, ähnlich wie vom Arzt und Seelsorger, verlangen, daß er gewisse Voraussetzungen erfüllt, von denen vielleicht die wichtigsten eine eingehende Erkenntnis der menschlichen Natur, verbunden mit einem inbegriffenen hohen Maß an Selbsterkenntnis, möglichste Freiheit von persönlicher Eitelkeit und ein wohlwollendes Gemüt sind. Nicht jedermann ist zum Astrologen geeignet.

Solange das Studium der Astrologie bloß den Zwecken der Selbsterkenntnis dient – und das ist ja ihre vorzüglichste Bestimmung –, bleiben alle hieraus entspringenden Verbindlichkeiten das stille Geheimnis des Suchenden. Wird dieser aber zum Berater seiner Mitmenschen, dann gelten für ihn all jene Anforderungen, die man mutatis mutandis an den Arzt zu stellen berechtigt ist.

Auf Hermann Nothnagel geht der oft zitierte Satz zurück: Nur ein guter Mensch kann ein guter Arzt sein. Wir möchten diesem Satz ein anderes Motto gegenüberstellen, das von Terenz stammt: Homo sum, humani nil a me alienum puto. Ich bin ein Mensch, nichts Menschliches wähne ich mir fremd. Nur wer das von sich bekennen darf, kann ein guter Astrologe sein.

Ehe wir aber nun diese einleitenden Bemerkungen abschließen, müssen wir noch zu einer Fragestellung nehmen, die sich uns mit unabweisbarer Eindringlichkeit aufdrängt: Ist wirklich durch jene dreifache Gliederung der Vorhersage oder Zukunftsdeutung all das erschöpft, was zum Bereich der »Vorhersage« gehört? Greift ihr Umfang, soweit sie zukünftiges Geschehen betrifft, nicht weit hinaus über die Grenzen eines individuellen Menschenlebens, sozusagen über die »Biographie« des einzelnen? Steht nicht dieses individuelle Menschendasein mit seiner Biographie selbst wieder in einem viel umfassenderen Geschehen, ist nicht eben jedes Menschen Biographie nur ein Einzelkapitel in einer umfassenderen Biographie, etwa der Familien- oder der Volksbiographie und schließlich mit dieser der Menschheitsbiographie, die wir die Weltgeschichte nennen? Und hat demzufolge nicht jedes Einzelschicksal seine innere Abhängigkeit von jener Familien-, Volks- oder Menschheitsgeschichte, durch deren Schicksal sein individuelles mitbetroffen ist? Und weiter: Unterliegt nicht jedes Einzelschicksal jenen astrologischen Gesetzen, die das Zeitgeschehen im allgemeinen bestimmen? Und wenn ja – gibt es dann vielleicht ein Massenschicksal, das im einzelnen aus meinem individuellen Horoskop gar nicht herausgelesen werden kann, weil die Gesetze, die jenes Massenschicksal bestimmen, jenseits meines Einzelhoroskops liegen?

All diese Fragen drängen zu einer Lösung, ehe wir es unternehmen können, mit unserer eingangs gestellten Aufgabe zu beginnen.

27. Vortrag

Wir haben die allgemeinen Richtlinien entwickelt, die bestimmend sind für die Vorhersage all dessen, was im Leben des einzelnen Menschen gemäß der Gestirnung seiner Geburt Bedeutung erlangen wird. Diese Richtlinien wiesen auf drei Arten des astrologischen Kalküls hin, die wir im folgenden einzeln zu betrachten haben. Wir bezeichneten diese drei Wege als die Lehre von den Transiten, die Lehre von den Direktionen und schließlich als die Lehre – und hier muß ein neuer Name erst gefunden werden – die Lehre von der Schicksalsreife des Menschen auf Grund dessen, was er selbst in sich durch seine Arbeit an seiner moralischen Entwicklung mit seiner Geburtskonstellation zur Entfaltung bringen konnte, sei es im Guten oder Bösen.

Aber nachdem wir diese drei Wege astrologischer Betrachtung an uns haben vorüberziehen lassen, drängte sich uns der Zweifel auf, ob all diese Erwägungen ausreichend seien, ein vollständiges Zukunftsbild vom Lebenslauf des Menschen zu formen, ob mit anderen Worten das Einzelhoroskop jedes Menschen auch wirklich alle Bedingungen enthält, die für die Lösung dieser Aufgabe in Betracht kommen, ob nicht am Ende, was wir da mit dem Geburtshoroskop des einzelnen in unserer Hand halten, nur das letzte Kapitel im Buch der Schicksalsnotwendigkeiten ist, das gar nicht recht verstanden werden kann, wenn wir nicht auf die Vorgeschichte zurückgreifen, wie das letzte Kapitel eines Romans allein uns keinen Einblick gewährt in den Zusammenhang, aus dem allein sein Inhalt verständlich wird.

Ist nicht das Schicksal jedes Menschen aufs engste verknüpft mit der Geschichte der Gemeinschaft, in der allein sein Leben möglich ist? Muß nicht jeder Mensch das Leben dieser Gemeinschaft in hohem Grad mitleben, gleichviel ob diese Gemeinschaft eine dauernde oder vorübergehende ist, ob sie eine bloß geographische, politische oder eine andere Gemeinschaft ist, ob sie in der ethnographischen Zugehörigkeit zu einem bestimmten Volk besteht, dessen allgemeines Schicksal dann auch mein persönliches mitbestimmt? Und kann das, was mich so betrifft, dann in meinem individuellen Horoskop aufgefunden werden, oder steht all das, was bloß indirekt, auf dem Umweg über das Gemeinschaftsschicksal zu mir gelangt, über meinem Horoskop und gehört eigentlich in das Horoskop dieser Gemeinschaft – oder gibt es am Ende gar kein Gemeinschaftshoroskop? Einige Beispiele mögen klarmachen, um was es geht. Wenn bei einer Erdbebenkatastrophe Tausende von Menschen zugrunde gehen, handelt es sich dann um ein Gemeinschaftsschicksal oder um so und so viele Einzelschicksale? Dieselbe Frage gilt für Massenkatastrophen wie Krieg, Pestilenz, Feuers- und Wassernot, Verkehrsunfälle etc. Tatsächlich hat man versucht, z. B. bei Schiffskatastrophen, die Einzelhoroskope der vielen Reisenden durch ein Überhoroskop – etwa das des Schiffes oder das des Kapitäns – zu ersetzen, wodurch die Einzelhoroskope ihre Bedeutung verlieren. Das Problem, das hiermit aufgeworfen wird, deckt tatsächlich die Unzulänglichkeit von solchen Deutungsmethoden und Kalkulationen auf, die darauf gerichtet sind, alles den Geborenen Betreffende aus dem Horoskop herauszulesen.

Aber gerade dieses Problem verliert sofort seine Bedeutung als Problem, wenn wir uns darüber klarwerden, daß alles, was wir zur wirklichen Biographie des Menschen rechnen, nur das sein kann, was zum Lebenslauf des Menschen gehört. Der Untergang eines Schiffes, auch des Schiffes, auf dem der Geborene sich befindet, gehört nicht zum Menschen, wohl aber der Schrecken und all das Ungemach, das er aus diesem Anlaß erlebt – und dies muß allerdings im Sternbild seiner Geburt aufzufinden sein. Nicht was, sondern wie ich erlebe, ist wirklich Bestandteil meiner Biographie, und was außerhalb dieses »wie« bleibt, geht an mir vorbei, als existierte es nicht.

Dies führt uns sofort zu einer weiteren Frage, die so oft gestellt wird: Kann man den Zeitpunkt des Todes im Horoskop feststellen? Nach Keplers Worten ist der Tod nicht in den Sternen geschrieben. In der Tat gehört ja der Tod nicht mehr in die Biographie, er gehört in die Biographie der Überlebenden, denen er nahestand. Der Tod kann nicht erlebt werden; was aber dem Tod unmittelbar vorausgeht, das stellt sich in unendlich verschiedenen Variationen dar, von wirklichem Todesentsetzen bis zum sanften, beseligenden Einschlafen. All das gehört dann in die Biographie des Menschen, die aber in diesem Fall nur von ihm selbst geschrieben werden dürfte – eine Selbstbiographie. Freilich könnten die meisten von uns eine solche einigermaßen vollkommene Biographie erst rückschauend am Ende ihres Lebens schreiben oder nach dem Tod vom jenseitigen Port aus gesehen, wo dann wohl das meiste von dem, was wir hier erlebten, vermutlich in einem anderen Lichte erscheinen würde, als es erschien, da es unmittelbar an uns herantrat. Da wird sich zeigen, daß so manches, was beim

27. Vortrag

unmittelbaren Erleben als besonders wichtig erschien, sich später als bedeutungslos erweist, so manches, was uns als ungünstig erschien, später als segensreich bezeichnet werden muß und daß umgekehrt anfangs als gegenstandslos und gleichgültig gewertete Vorkommnisse sich in der Folge als höchst bedeutsam für unser Leben entpuppten und schließlich scheinbar Günstiges sich in der Folge als das Gegenteil herausstellte. All diese Tatsachen müssen wir sorgfältig prüfen, um zu einer einigermaßen verantwortbaren Zukunftsdeutung zu gelangen.

Wir müssen uns über den wesentlichen Unterschied klarwerden, der zwischen Biographie in unserem Sinn und Tagebuch besteht. Die Biographie, richtig verstanden, ist die Legende, fast möchte man sagen die Mythologie unseres Lebens, die Erkenntnis der gegenseitigen Zusammenhänge der Einzelphasen unserer Entwicklung, wofür die täglichen Ereignisse der symbolische Ausdruck einer hinter ihnen liegenden seelisch-geistigen Arbeit sind. Das Tagebuch ist die Chronik der Lebensereignisse, die Biographie enthüllt ihren Sinn. Das Horoskop soll uns beide verstehen lehren, es soll uns lehren, die noch ungeschriebenen Seiten des Tagebuchs an der Biographie als kosmische Tatsache zu erraten.

Wenn wir uns nun den Voraussagungen selbst zuwenden, wie sie sich in der Praxis der Astrologen ergeben, und dabei zunächst von all dem absehen, was wir bisher kritisch über die Natur solcher Voraussetzungen von einem allgemeinen Gesichtspunkt aus vorbringen konnten, dann könnten wir ein Schema aufstellen, das uns einen Einblick gewährt in die Zuverlässigkeit solcher Voraussetzungen überhaupt, wie sie zum Repertoire der sogenannten praktischen Astrologen gehören.

Wir können zunächst sechs Gruppen unterscheiden, die sich beziehen auf:

1. Ereignisse, die eintreten und vorausgesagt wurden.
2. Ereignisse, die nicht eintreten, aber vorausgesagt wurden.
3. Ereignisse, die eintreten, aber nicht vorausgesagt wurden.
4. Ereignisse, die nicht eintraten und auch nicht vorausgesagt wurden.
5. Ereignisse, die nicht eintraten, deren Nichteintreten vorausgesagt wurde.
6. Ereignisse, die eintraten, deren Nichteintreten jedoch vorausgesagt wurde.

Von diesen sechs Möglichkeiten können die erste und die fünfte als positive Erfolge der astrologischen Vorhersage gelten, wenn auch mit gewissen Einschränkungen, die sich aus dem Inhalt der Voraussagungen ergeben. Wenn etwa einem Kaufmann, der täglich viele Briefe erhält, für einen bestimmten Tag das Eintreffen eines Briefes angekündigt wird, so darf diese zweifellos richtige Vorhersage kaum als Erfolg gewertet werden. Ähnliches gilt von Punkt 5, wenn etwa einem jungen und gesunden Menschen vorausgesagt wird, er werde am nächsten Tag nicht erkranken.

Der Fall 4 mag als indifferent gelten; er findet in Fall 5 eine präzisere Fassung.

Die Fälle 2 und 6 müssen als unleugbare Mißerfolge angesehen werden, wenn auch hier gewisse Einschränkungen gemacht werden müssen, von denen später die Rede sein wird.

Für den ernst strebenden Astrologen bleibt es stets wichtig, die sogenannten Gegeninstanzen, also Fall 2 im Verhältnis zu Fall 1 sowie Fall 3 und Fall 6 kritisch im Auge zu behalten, um nicht in den Fehler so vieler Astrologen zu verfallen, nur die Erfolge im Gedächtnis zu behalten und sowohl die Mißerfolge als auch die fehlenden Erfolge zu vergessen oder nicht zu beachten. Was nun aber gerade die Mißerfolge anbelangt, so darf man nicht in den entgegengesetzten Fehler verfallen, diese sogleich gegen die Astrologie auszuspielen. Abgesehen von der oben ausgeführten Tatsache, daß so manches, was im ersten Moment wie Glück aussieht, sich später als das Gegenteil herausstellen mag und umgekehrt sich Unglück in Glück verwandeln kann, sind es gerade die Mißerfolge, von denen sich die meisten später als Fehldiagnosen des betreffenden Astrologen, nicht aber als Instanzen gegen das astrologische Kalkül überhaupt erweisen, wenn man den Dingen auf den Grund geht. Diese Fehldiagnosen sind vielmehr in den meisten Fällen ähnlich wie in der Medizin auf Irrtümer in der Interpretation einzelner Elemente zurückzuführen, auf deren genauer Kenntnis allein eine richtige Diagnose aufgebaut werden kann.

Illustrieren wir dies zunächst durch einige Beispiele aus der Medizin. Ein Arzt erfährt, daß jemand ein Zehntel Gramm Morphin auf einmal eingenommen hat. Das ist eine lebensgefährliche Dosis; man muß sofort etwas dagegen unternehmen. Aber die Tatsachen strafen seine Bedenken Lügen. Dem Patienten geschieht nichts. Wie war das möglich? Der Patient ist Morphinist, er hat seinen Körper durch steigende Dosen allmählich immun gemacht gegen jene unter normalen Umständen fast tödliche Dosis. Hätte der Arzt diese Tatsache gekannt, so hätte er jene Fehldiagnose nicht gestellt. Im astrologischen Geburtsbild haben wir Ähnliches zu berücksichtigen.

Wenn infolge von Transiten oder Direktionen zu einem bestimmten Zeitpunkt Ereignisse fällig werden, die wir als ungünstig ansehen müssen, so kann es geschehen, daß sich zu derselben Zeit günstige Einflüsse bemerkbar machen, die dazu führen, daß die ungünstigen Einflüsse gemildert oder sogar aufgehoben werden und umgekehrt. Es kann Horoskope geben, die durch ihren Aufbau schon so geartet sind, daß sie eine gewisse Immunität gegen gewisse Schicksalsschläge garantieren.

Es besteht beispielsweise in einem Horoskop ein sogenanntes großes Trigon zwischen Sonne, Mond und Jupiter. Dann wird ein Transit des Planeten Mars oder Saturn über einen dieser Plätze gleichzeitig im Trigon zu den beiden anderen Orten stehen. Wir können somit von einem glücklichen Horoskop sprechen, soweit jenes große Trigon in Frage kommt. Werden doch in diesem Fall sogar die Transite über eine der drei Oppositionsstellen dadurch gemildert, daß gleichzeitig Sextile zu den beiden anderen Punkten entstehen. Nur die Quadrattransite behalten in solchen Fällen ihre ungünstige Wirkung.

Weist aber ein Horoskop umgekehrt ein großes Quadrat auf, eine Stellung, die man auch ein Kreuz zu nennen pflegt, aus zwei oder gar vier Quadraten, die somit zugleich auch zwei Oppositionen in sich schließen, dann haben wir ein ausgesprochen unglückliches Horoskop. Nehmen wir den milderen Fall, daß es sich nur um zwei Quadrate handelt mit einer einzigen hieraus resultierenden Opposition. Dann ist jeder Transit über einen der drei Planeten jetzt zugleich auch der Transit über die Quadratstelle oder die Oppositionsstelle der anderen an diesem Kreuz beteiligten Planeten. Dies mag sich in besonderem Grad fühlbar machen, wenn es sich im Geburtshoroskop um eine Quadratstellung zwischen Mond, Mars und Saturn handelt und der transitierende Planet Mars oder Saturn ist. Es kann ein Horoskop aber auch so beschaffen sein, daß gleichzeitig mit »ungünstigen« Transiten oder Direktionen immer auch günstige auftreten. Dann kann es zu einer gegenseitigen Neutralisierung kommen oder auch zu einem bloßen Nebeneinander, zu einem Glück im Unglück oder Pech im Glück.

Die Berücksichtigung all dieser Umstände macht die große Anzahl der »Fehlprognosen« begreiflich, insbesondere in jenen Fällen, in denen vorzugsweise die Methode der sogenannten Direktionen angewendet wurde. Auch hier ist die mögliche Koinzidenz günstiger und ungünstiger Anzeigen zu berücksichtigen. Es darf jedoch nicht übersehen werden, daß es sich im Bereich der Direktionstechnik um Methoden handelt, die auf ideellen Vorgängen am Planetenhimmel aufgebaut sind, von denen es im Kalkül der modernen Astrologen bereits eine so große Zahl gibt, daß es – allerdings hinterher – nicht schwerfällt, fast zu jedem Ereignis eine der vielen Direktionsmethoden heranzuziehen, die man vorher nicht in Betracht gezogen hat.

Unsere Aufgabe ist es, unbeeinflußt durch Erfolg oder Mißerfolg konkreter Vorhersagungen, die einzelnen Methoden kritisch und so objektiv wie möglich auf ihren Wert zu untersuchen. Dabei werden wir uns wie bisher bemühen, die überlieferten Lehren, soweit sie dieser Prüfung standhalten, mit den in den vorausgegangenen Büchern entwickelten Grundsätzen in Einklang zu bringen.

Unter diesen Voraussetzungen wenden wir uns nun zunächst der Lehre von den Transiten zu.

Rufen wir uns nochmals ins Gedächtnis, was wir unter dem Ausdruck Transit verstehen. Im allgemeinen versteht man unter Transit die Überschreitung bestimmter, im Grundhoroskop veranlagter wichtiger Punkte durch die nach der Geburt weiterwandernden Gestirne. Unter diesen wichtigen Punkten sind nicht nur die Planetenorte selbst zu verstehen, sondern auch alle Aspektstellen der Planeten in der Ekliptik, ferner die Häuserspitzen, die ganze Ausdehnung der Häuser selbst, sodann die sogenannten »empfindlichen Punkte« und die Stellen der Mondknoten.

Es muß jedoch hier eine wichtige Anmerkung gemacht werden, die sich auf die Ermittlung des genauen Zeitpunkts eines solchen Übergangs bezieht. Dieser Zeitpunkt ist in den meisten Fällen mit voller Exaktheit nicht zu bestimmen, weil es sich in den meisten Fällen gar nicht um das Zustandekommen einer exakten Überschreitung der im Wurzelhoroskop festgehaltenen Planetenorte oder anderer wichtiger Punkte handeln kann. Denn eine solche exakte Überschreitung würde die völlige Kongruenz des radikalen Platzes mit dem des transitierenden Planeten im Moment des Transites zur Voraussetzung haben, d. h. die völlige Übereinstimmung nicht nur der Längen, sondern auch der Breiten von transitierenden Planeten und dem Radixort, dem der Transit gilt. Mit Ausnahme der Transite der Sonne über ihren eigenen Ort, ferner über ihre Aspektorte, über die Orte der Mondknoten sowie über die Häuserspitzen und die sogenannten empfindlichen Punkte der Ekliptik oder schließlich über solche Planetenorte, die tatsächlich

27. Vortrag

die Breite 0° aufweisen, kann es sich – von seltenen Spezialfällen abgesehen – nur um Näherungswerte handeln, deren Zeitmoment mit Genauigkeit nicht festgestellt werden kann. Die Übung, Transite als exakt anzusehen, wenn bloß die Längen des transitierenden Planeten und des Radixortes übereinstimmen, und anschließend den Zeitpunkt aus den Ephemeriden »sekundengenau« zu errechnen und weiter für diesen Moment gar ein Hilfshoroskop zu konstruieren mit sekundengenauer Bestimmung aller Häuserspitzen, kann daher nicht energisch genug zurückgewiesen werden.

Im Geburtshoroskop haben wir die Konstitution des Geborenen vor uns, die alles noch im Keim aufweist, was später zur Realität wird, sei es gemäß der Weiterentwicklung, sei es auch gemäß dem, was ihn im Zusammenhang mit dieser Entwicklung von außen treffen wird als sein äußeres Schicksal. All das, was so als bloßer Keim oder als bloße Möglichkeit veranlagt ist, sehen wir nach bestimmten Gesetzen heranreifen und schließlich zu gewissen Zeiten fällig werden, fällig wie die reife Frucht, die vom Baum fällt. Diese Fälligkeitstermine sind es, über die uns die Transite Aufschluß geben. In jeglicher Konstellation des Geburtshoroskops liegt schon die Ahnung eines künftigen Geschehens verborgen, das nach denselben Gesetzen, die die Planeten an ihren Ort riefen, zur gegebenen Frist gemäß dem unwandelbaren Gang der Planeten-Uhr fällig werden muß.

Der Ausdruck »fällig« ist ungemein charakteristisch, sehr wahrscheinlich einer primitiven physikalischen Auffassung entlehnt, die sich auf die Beobachtung bezieht, daß ein Körper, der sich bis dahin in Ruhe befand oder in Ruhe gehalten wurde, nun plötzlich freigegeben wird und zu Boden fällt. In diesem Moment verwandelt sich die bis dahin bloß potentielle Energie in aktuelle Energie. Der gespannte Bogen entsendet den Pfeil. Aber die Körper fallen nach bestimmten Gesetzen. Es war kein Geringerer als Aristoteles, der den Vorgang dahin deutete, daß der Körper, der nun frei fällt, seinen Ort sucht. So mögen die im Horoskop ruhenden latenten Kräfte sich im Zustand des Suchens befinden, solange sie nicht freigegeben sind, und der Moment, in dem sie aus ihrer Gebundenheit gelöst werden, ist der Moment ihrer »Fälligkeit«.

Als ein solcher auslösender Faktor ist nun der »Transit« im Sinne unserer Definition anzusehen. Schon die Geburt des Menschen ist eine Art Transit, ein transitorisches Ereignis, es ist gebunden an einen Moment im Sternenlauf von sekundenhafter Dauer, und das Individuum, das diesem Moment Dauer gibt, weil es sich als selbständiges

Wesen in jenem Moment aus dem kosmischen Leben löste, wird so zum Bewahrer jener transitorischen Sternenphase auf Lebenszeit. Nach denselben Gesetzen, nach denen jene transitorische Sternenphase zustande kam, wandern nun die Gestirne weiter, und alle künftigen Sternenphasen beziehen sich für das Individuum auf den von ihm selbst festgehaltenen, transitorischen Geburtsmoment.

Dieser Gedanke, daß in dem Geburtshoroskop gleichsam der Akkord festgehalten wird, der durch die Planetenwelt klang, als der Mensch geboren wurde, ein Akkord, der nun den Grundton bildet in der Skala allen künftigen Geschehens, dieser Gedanke kann uns vielleicht helfen zu verstehen, wie Transite überhaupt wirken.

Kehren wir zu einem Vergleich zurück, der uns schon bei der Untersuchung des Wesens der Aspekte manch guten Dienst geleistet hat, und betrachten wir das Grundhoroskop tatsächlich wie einen musikalischen Akkord, in dem jeder wirksame Punkt in der Geburtskonstellation einen akustischen Bestandteil bildet. Dann können wir jeden solchen wirksamen Punkt dem Klang einer gespannten Saite gleichsetzen und uns fragen, unter welchen Umständen dieser Klang oder Ton, der in der gespannten Saite ruht wie die potentielle Energie, ehe sie aktuell wird, zur Wirksamkeit gebracht werden kann.

Es sind im allgemeinen vier Fälle möglich, in denen die ruhende Saite aus ihrer Ruhe geholt werden kann.

Der erste dieser vier Fälle tritt ein, wenn die Saite direkt angezupft, angestrichen, angeschlagen oder auf eine andere mechanische Art zum Schwingen gebracht wird.

Der zweite Fall ist gegeben, wenn in der Umgebung der Saite ein mit ihrem Eigenton identischer erklingt; sie wird dann nach einem physikalischen Gesetz mitklingen.

Der dritte Fall tritt ein, wenn zwar nicht ein identischer, aber ein im Sinn der akustischen Lehre verwandter Ton in der Umgebung der Saite erklingt.

Der vierte Fall ist gegeben, wenn eine gewaltige Erschütterung eintritt, die gar nicht musikalischen Ursprungs sein muß, wenn jemand z. B. mit der Faust auf den Klavierdeckel haut.

Zu diesen vier Fällen gibt es nun tatsächlich die entsprechenden astrologischen Analoga.

Der erste Fall wird vorliegen, wenn Planeten bei ihrem Fortgang an jene zodiakalen Plätze kommen, an denen sich astrologisch wichtige Punkte des Grundhoroskops befinden, also auch die Häuserspitzen und schließlich die gesamte Ausdehnung der Häuser selbst, also ein beträchtlicher Teil der Ekliptik. In diese Gruppe gehört all das, was wir bisher als zum Transit gehörend angesehen haben.

Der zweite Fall wird vorliegen, wenn beim Weiterschreiten der Planeten Aspektbilder zustande kommen, die mit Aspektbildern des Grundhoroskops identisch sind. Wenn also im Grundhoroskop eine Opposition zwischen Mond und Saturn vorliegt, dann werden wir, wenn sich zu irgendeinem Zeitpunkt eine solche Opposition am Himmel bildet, was ja allmonatlich eintritt, erwarten können, daß der Wurzelaspekt zum Mitschwingen gebracht wird (indirekter Transit).

Der dritte Fall ist verhältnismäßig wenig beachtet worden. Wir werden uns deshalb mit diesen indirekten Transiten etwas ausführlicher zu befassen haben. Ein Beispiel soll klarmachen, worum es sich in diesem Fall handelt. Jemand hat Mond im 12. Haus seines Geburtshoroskops; dann wird jedesmal, wenn der Mond über den Osthorizont aufsteigt, ein leises Anklingen der Radixstellung erfolgen. In diesem Fall handelt es sich um eine Art des indirekten Transits, die wir als Mundantransit bezeichnen.

Und nun zum vierten Fall. Er bezieht sich überhaupt nicht auf verwandte oder ähnliche Konstellationen, sondern auf Konstellationen von besonderer Kraft, wie etwa die sogenannten großen Konjunktionen und Oppositionen oder kosmische Erschütterungen wie Sonnenfinsternisse an exponierten Punkten des Zodiakus. Diese Konstellationen werden alle Einzelhoroskope beeinflussen, ob sie nun darin einen Angriffspunkt im Sinn der drei eben beschriebenen Möglichkeiten vorfinden oder nicht.

Diese vier Gruppen können sich im Einzelfall auch untereinander verbinden.

Wir wollen nun, um uns für unsere Aufgabe einzuschulen, mit der vierten Gruppe beginnen und zunächst solche astrologische Tatsachen ins Auge fassen, von denen derartige allgemeine Erschütterungen größeren oder geringeren Grades ausgehen. Hierher gehört, abgesehen von den bereits erwähnten großen Konjunktionen oder Anhäufung einer größeren Zahl von Planeten an bestimmten markanten Punkten des Tierkreises, auch das Erscheinen außerordentlicher Himmelsgäste wie Kometen oder Meteore.

So erwartete man beispielsweise für das Jahr 747 der römischen Zeitrechnung, das Jahr 6 v. Chr., das Erscheinen eines großen Menschheitsführers auf Grund einer Jupiter-Saturn-Konjunktion im Fischezeichen, die von manchen mehr rationalistisch orientierten Astrologen als der Stern von Bethlehem gedeutet wird.

Im Mai 1941 fand eine merkwürdige Planetenanhäufung im Zeichen Stier statt. Abgesehen von der großen Konjunktion zwischen Jupiter und Saturn gesellten sich noch Uranus, Venus und Merkur hinzu und schließlich Sonne selbst. In diesem Jahr fanden demnach drei große Konjunktionen in demselben Zeichen statt: Jupiter-Saturn, Jupiter-Uranus und Saturn-Uranus. Nach den vom englischen Astrologen E. O. Carter herausgegebenen astrologischen Magazin machte einige Jahre vor Ausbruch des Zweiten Weltkriegs ein Gegner der Astrologie auf diese zu erwartende Konstellation aufmerksam und forderte die Astrologen auf, nun vorauszusagen, was die Wirkung dieser außerordentlichen Konstellation sein werde. Er erhielt jedoch nur ausweichende Antworten, da die Astrologen fürchteten, ihren Ruf aufs Spiel zu setzen.

Die Konjunktion zwischen Jupiter und Saturn wiederholt sich alle 20 Jahre, die Konjunktion zwischen Jupiter und Uranus alle 14 Jahre und die Konjunktion zwischen Saturn und Uranus alle 46 bis 47 Jahre. Das Zusammentreffen aller drei Konjunktionen in demselben Zeichen ist jedoch ein überaus seltenes Ereignis. Ein solches Zusammentreffen hat vor etwa 12000 Jahren stattgefunden, als am Vorabend eines ungeheuren Krieges der letzte Rest von Atlantis, die Insel Poseidons, versank.

Dies führt uns nun zu anderen allgemeinen Perioden, deren Rhythmus jenen Erschütterungen gleichzusetzen ist. Nun hat aber die Kenntnis solcher astronomisch bedingter Rhythmen im Lauf der Zeiten dahin geführt, auch solche Rhythmen als bloße Analogien zu konstruieren, denen astronomische Tatsachen unmittelbar nicht zugrunde liegen, deren Vorbild offensichtlich der Sieben-Tage-Rhythmus der Woche sowie die Sieben-Zahl der Planeten und schließlich die esoterische Bedeutung der Zahl Sieben selbst ist, worüber bereits in der *Allgemeinen Grundlegung* und in *Planetenwelt und Mensch* ausführlich gesprochen wurde. Diese Sieben-Tage-Periode finden wir bereits im ersten Kapitel der Bibel in Gestalt der sieben Schöpfungstage, von denen der siebente als Sabbath besonders geheiligt ist. Es ist hier aber nicht der Ort, näher auf die esoterische Bedeutung des Sabbath einzugehen. Es mag nicht unerwähnt bleiben, daß es innerhalb des hebräischen Kultlebens in Anwendung der Sieben-Tage-Periode auch eine Sieben-Jahre-Periode gab, wobei entsprechend dem Sabbath jedes siebente Jahr als ein Sabbathjahr oder Brachjahr angesehen wurde; eine weitere Periode von sieben mal sieben Jahren wurde von dem sogenannten Jubeljahr gefolgt, in dem alles erworbene Eigentum wieder an den ursprünglichen Besitzer zurückgegeben werden mußte, so daß wir es hier mit einer Art »Apokatastasis« zu tun haben.

Wie dem immer sei – eine Beziehung zu irgendwelchen astronomischen Tatsachen ist in solchen Zeitrhythmen nicht zu erkennen.

Kehren wir zu der siebentägigen Wochenperiode zurück, so finden wir hier schon seit den ältesten Zeiten die Vorstellung, daß sie mit der Siebenzahl der Planeten insofern in engeren Zusammenhang gebracht wurde, als jedem der sieben Planeten der Reihe nach die Herrschaft über einen bestimmten Tag der Woche eingeräumt wurde. Aber diese Reihe entsprach nicht der Abfolge der Planeten, die ihnen im Ptolemäischen System angewiesen war, also nicht der Reihe, die mit Saturn begann und mit Mond endete. Diese Reihe ist die folgende:

Saturn, Jupiter, Mars, Sonne, Venus, Merkur, Mond.

Die Reihe der Wochentagsregenten erhalten wir aus der obigen Reihe, wenn wir stets zwei Planeten überspringen:

Saturn – Samstag, Sonne – Sonntag, Mond – Montag, Mars – Dienstag, Merkur – Mittwoch, Jupiter – Donnerstag, Venus – Freitag.

Der hiermit gegebene Rhythmus wird in seiner zyklischen Gestalt noch deutlicher, wenn wir die sieben Planeten in der Ptolemäischen Reihenfolge an die Spitzen des Siebensterns setzen und dann den Strahlen dieses Siebensterns folgen. Wir kommen so zu einem Zyklus, der tatsächlich in sich selbst zurückläuft. Aber es fällt schwer, eine astronomische Begründung für diese zyklische Inversion der Planetenreihe aufzufinden. Ein Analogon hierfür können wir aus der Musik gewinnen. Setzen wir etwa die sieben Töne der diatonischen Skala, also C, D, E, F, G, A, H an die Spitzen des Siebensterns, so daß wir die Bestandteile dieser Reihe in Quint- oder Quartdistanz einander folgen lassen – z. B. von F ausgehend in der Reihenfolge: F, C, G, D, A, E, H –, und folgen wir dann den Strahlen des Siebensterns, so erhalten wir die in sich selbst zurücklaufende diatonische Reihe.

Es scheint, daß der Ausbau des Systems dazu geführt hat, diesen auf uralte Tradition zurückgehenden Wochentagsrhythmus auch auf größere Zeitperioden anzuwenden. Eine Sieben-Jahr-Periode wurde zur Wochenperiode konstruiert, und so entstand das astrologische Dogma von den sogenannten Jahresregenten. Man kann diese Lehre heute ruhig als obsolet ansehen. Abgesehen davon, daß es mehrere einander widersprechende Methoden für die Bestimmung dieses Jahresregenten gibt, ist es derzeit bei dem Wirrwarr, der durch die wiederholten Kalenderrevisionen im Lauf der Zeiten verursacht wurde, kaum mehr möglich, zu den einzelnen Jahren die entsprechenden Regenten zu finden. Dieser Wirrwarr, an dem die Geschichte des Kalenderwesens seit den ältesten Zeiten krankt, entspringt dem unerfüllbaren Wunsch, die Länge des Tages mit der des Jahres in ein einfaches Verhältnis zu bringen, die Woche auf das Jahr aufzuteilen oder Sonnen- und Mondlauf im Lauf eines Sonnenjahres in Einklang zu bringen.

Der gegenwärtig geltende Kalender, der im wesentlichen auf den durch Julius Caesar im Jahr 45 v. Chr. eingeführten und später unter Papst Gregor XIII. im Jahre 1582 korrigierten Kalender zurückgeht, legt den Jahresbeginn auf ein Datum fest, das weder astronomisch noch astrologisch gerechtfertigt ist. Wohl war es die Absicht Caesars bzw. dessen astronomischen Beraters Sosigenes, der von Caesar aus Ägypten, dem klassischen Land des Kalenderwesens, nach Rom berufen worden war, den Jahresbeginn auf den Tag zu verlegen, an dem die Sonne das Zeichen Steinbock betrat, aber die römischen Astrologen erhoben damals Einspruch dagegen, weil an jenem Tag der Mond im Zeichen Waage stand, also im Quadrat zur Sonne. So wurde denn der Jahresbeginn um eine Woche, also bis zum Neumond, hinausgeschoben. Vielleicht können wir darin eine Konzession an das alte, im Orient gebräuchliche Mondjahr sehen, das stets mit einem Neumondtag begann. Wie dem immer sei: Keineswegs kann der Wochentagsplanet des jeweiligen 1. Januars als Jahresregent angesehen werden.

Ist also der gegenwärtige Neujahrstag astrologisch vollkommen bedeutungslos, welcher Tag gilt dann als Jahresanfang? Der alte römische Numa-Kalender setzte den Jahresbeginn auf den Tag des Frühlingsäquinoktiums. Aber dieser Kalender geriet sehr bald in Unordnung, weil die genaue Dauer des Sonnenjahres nicht mit genügender Exaktheit bekannt war. Die Frage nach dem eigentlichen Jahresbeginn bleibt offen. Dasselbe gilt auch vom Tagesbeginn. Im Abendland ließ man den Tag mit Sonnenaufgang beginnen, im Morgenland mit Sonnenuntergang. Das würde dem Frühlings- oder Herbstpunkt entsprechen. Gegenwärtig lassen die Astronomen den Tag mit dem Mittag »mittlerer Sonnenzeit« beginnen, während die bürgerliche Zeitrechnung den Tagesanfang von der vorausgehenden Mitternacht beginnen läßt. Das würde den Punkten der Sonnenwende entsprechen.

Aber abgesehen von dieser Verwirrung existiert noch eine andere

Errechnung des Jahresregenten, unabhängig davon, wann das Jahr beginnt.

Was zunächst die Reihenfolge der Jahresregenten betrifft, so ist diese seit alters her nicht die Reihe der Tagesplaneten, sondern die alte Ptolemäische Reihe; sie beginnt mit Saturn und schreitet fort zu Mond. Um den Jahresregenten zu ermitteln, dividiert man einfach die Jahreszahl durch sieben; der Rest gibt dann die Reihenzahl des Planeten. Suchen wir also etwa den regierenden Planeten für 1939, so ergibt der Rest 0, das ist gleich 7, also Mond.

Beginnt man jedoch die Reihe mit Sonne und setzt Mars an den letzten Platz: Sonne – 1, Venus – 2, Merkur – 3, Mond – 4, Saturn – 5, Jupiter – 6, Mars – 7, dann wird Mars zum Regenten des Jahres 1939. Für 1914 erhält man Saturn etc.

Die letztere mit Sonne – 1 ist die heute allgemein geltende Methode. Es soll nicht unerwähnt bleiben, daß es noch eine andere Methode gibt, die die Anhänger einer durchaus unastronomischen Astrologie nutzen, die mit Buchstaben und Zahlen operiert, die zum Teil mit dem alten Tarot zusammenhängen. Diese Methode ist in einem unter dem Namen Comte C. de Saint-Germain veröffentlichten Buch über *Praktische Astrologie* beschrieben: Je 36 aufeinanderfolgende Jahre bilden einen Zyklus, der unter der Herrschaft eines bestimmten Planeten steht. Diese Planetenherren folgen einander in der umgekehrten Reihenfolge der Wochentagsregenten. Auf den Saturnzyklus folgt ein Venuszyklus, dann ein Jupiterzyklus usw. Innerhalb eines jeden Zyklus von 36 Jahren folgen die Jahresregenten in der alten Ordnung aufeinander, also Saturn, Jupiter, Mars etc. Wichtig ist jedoch, daß das erste Jahr eines jeden Zyklus mit dem Herrn des Zyklus beginnt, so daß am Ende eines jeden Zyklus ein Sprung erfolgt. So war etwa der Zyklus von 1801 bis 1836 ein Venuszyklus und begann demnach mit dem Venusjahr 1801 und endete mit dem Venusjahr 1836; der nächste Zyklus, ein Jupiterzyklus, begann mit dem Jahr 1837, das ein Jupiterjahr war, und endete mit dem Jupiterjahr 1872 usw.

Nach dieser Methode war 1914 ein Saturnjahr innerhalb des Marszyklus, der von 1909 bis 1944 reichte, und das Jahr 1939 ein Venusjahr. Der Beginn des 30jährigen Krieges 1618 fiel nach derselben Methode in einen Merkurzyklus und stand unter dem Jahresregenten Merkur. Nach unserer gegenwärtigen Kalenderrechnung war das Jahr 1618 ein Mondjahr. – Wir können wohl aus all den oben ausgeführten Gründen die Lehre von den Jahresregenten einstweilen ruhig beiseite lassen.

Ähnlich verhält es sich mit den Planetenstunden. Im Lauf der 24

DIE VORHERSAGE

Stunden eines jeden Tages wechseln die Planeteneinflüsse stündlich in der Reihenfolge der Jahresregenten. Auch diese Annahme beruht auf bloßer und durchaus nicht klar verstandener Überlieferung.

Wieder tritt die Frage nach dem Tagesbeginn in den Vordergrund: Mittag, Mitternacht, Sonnenaufgang oder Sonnenuntergang. In allen Fällen wird sich zeigen, daß die Stundenregenten von der geographischen Länge abhängen und im Fall der Orientierung nach Sonnenaufgang oder -untergang auch von der geographischen Breite. Eine besonders verwirrende Rolle dürfte hier der 180. Längengrad oder der Meridian des Datumswechsels spielen, wobei dieser Datumswechsel an dem wirklich gewählten Längengrad nur einen versuchsweisen Ausweg aus den Schwierigkeiten darstellt, die die Kugelgestalt der Erde mit sich bringt; an dieser Schwierigkeit ist die Astrologie des Altertums achtlos vorübergegangen.

Hierzu gesellen sich noch andere Schwierigkeiten, die ursprüngliche Sechs- und später Zwölfteilung der Tages- und Nachtperiode. Wir wollen darum auch diese Lehre von den Stundenplaneten vorläufig ruhen lassen und versuchen, neue Gesichtspunkte zu gewinnen, von denen aus die Kategorie vier unserer Transitlehre erfolgreicher behandelt werden könnte.

28. Vortrag

Wir beginnen die Untersuchung der Transite mit den transitorischen Vorgängen, die insgesamt der vierten Gruppe zugerechnet werden können, weil sie für alle Horoskope in gleicher Weise gelten und eine unmittelbare Beziehung zum Einzelhoroskop nicht erkennen lassen. Es sind jene Transite, die durch die Achsendrehung der Erde allein zustande kommen und darum als reine Mundantransite bezeichnet werden können. Hierher gehört vor allem die Wanderung aller Planeten durch die zwölf Häuser im Verlauf eines Erdentages. Aber die mit dieser Wanderung verbundene Wirkung hat nur in bezug auf einen Planeten im bürgerlichen Leben wirkliche Beachtung finden können. Nur in bezug auf einen Planeten war die Beobachtung seiner Wirkung tatsächlich fast lückenlos, weil sich dieser Wirkung niemand entziehen konnte: der Sonne. Ihr Eintritt in die Eckhäuser wird zum Markstein im Leben aller Menschen.

Erreicht die Sonne den Osthorizont, geht sie also auf, dann wird es Morgen, ein neuer Tag bricht an, und es erneuert sich das Leben, wie durch eine sekundäre Geburt. Es erneuern sich alle Probleme des Lebens, die während der Nacht »vergessen« waren. Wie die Sonne den Horizont überschreitet, so überschreitet auch unser Leben jene Grenze, die zwischen Schlaf und Wachen gezogen ist, zwischen innerer und äußerer Welt und dem Hingegebensein an diese beiden Pole unseres Lebens.

Schon das Wort Morgen selbst bedeutet eine Grenze oder Abgrenzung. Wir sprechen tatsächlich von Merkpunkten und von Marksteinen; um ein bestimmtes Stück Ackerland abzugrenzen, spricht man auch von »Morgen«. Durch den heraufdämmernden Morgen wird der Mensch aus dem vergangenen Gestern in das Heute hinübergeleitet, aus der Region der Nacht, in der niemand wirken kann, in die »Wirklichkeit« des neuen Tages.

Darum war dieser Moment für all die Menschen, die sich dem kosmischen Ereignis des Sonnenaufganges hingeben konnten, die Zeit des Morgengebetes. Der mit Sonnenaufgang erwachende Mensch sieht sich vor neue Aufgaben gestellt, neue Hoffnungen und neue Befürchtungen stellen sich ein; noch wirft das Gestern mit seinen nicht zu Ende gebrachten Vorsätzen seine Schatten auf das Heute.

Aber auch die Sonne hat ihre volle Kraft noch nicht erreicht; ihre Kraft wächst langsam bis zum Mittag an. Hat die Sonne nach Durchwanderung des 10. Hauses die Mittagshöhe erreicht und schickt sie sich nun an, das 9. Haus zu betreten, dann entsteht ein seltsames Ruhebedürfnis, gleichsam die Sehnsucht, in der Arbeit innezuhalten, um wieder für eine kurze Zeit zu sich zu kommen. Mittagspause – Mittagessen, und gar nicht so selten Nachmittagsschläfchen. Durchschreitet die Sonne dann das 8. Haus, meldet sich bereits leise das Verlangen nach Verinnerlichung. Erreicht die Sonne das 7. Haus, dann fühlt man: Es will Abend werden, Feierabend; man beginnt, sich von der Tagesarbeit zu lösen, und man ahnt, wenn die Sonne sinkt, die andere Welt; die Dämmerung verwischt alle festen Konturen, die Farben fließen ineinander, die Phantasie beginnt ihr Werk und schafft seltsame Gedanken- und Gefühlsassoziationen und lehrt uns Zusammenhänge, die jenseits aller scharfen Logik liegen, und ruft neue Möglichkeiten herbei, die jetzt über alle Beschränkungen der Tageswirklichkeiten hinauswachsen. Längst Vergangenes wacht wieder auf und will neue Wirklichkeit werden jenseits aller greifbaren Realität, und wie die äußeren Konturen sich verwischen, so verwischen sich jetzt auch die Grenzen zwischen Vergangenheit, Gegenwart und Zukunft, bis die Sonne im 5. Haus mit dem Schlaf den Menschen gänzlich der Zeitlosigkeit übergibt. Er verliert die Individualität seines Taglebens und wird sozusagen der Gattung zurückgegeben, bis er, wenn die Sonne das 4. Haus durchschreitet, mit seinen Vätern vereint wird. Er verliert jetzt auch seinen eigenen Willen und stärkt sich an dem Stamm, dem er entsprossen ist und durch den er an der Kraft des Universums teilhat.

Überschreitet die Sonne dann den unteren Meridian, dann beginnt langsam das Erwachen. Die Persönlichkeit, die schon ausgelöscht war, beginnt sich langsam durchzuarbeiten in den kommenden Tag. Es ist der unterbewußte Vorgang, aus dem heraus sich die Träume im 2. und nachher auch im 1. Haus gestalten, bis die über dem Horizont aufsteigende Sonne den Menschen der Realität wieder zurückgibt. Das ist im ganzen die Sonnenlegende unseres täglichen Lebens.

Aber diese Legende wird wohl niemals in voller Reinheit zu beobachten sein, weil zugleich mit dem Sonnenlauf auch all die anderen Planeten ihren Einfluß geltend machen, je nach ihrer momentanen Situation aus anderen Häusern heraus, die nicht mehr den bloßen Blick auf die Uhr, sondern erst an Hand der Ephemeriden errechnet werden kann. Dieser Umstand bringt es mit sich, daß diese Planeteneinflüsse sich der alltäglichen Beobachtung fast völlig entziehen. Nur in dem Fall, da ein Planet sich in Konjunktion mit der Sonne befindet, und nur für die Dauer dieser Konjunktion wird sich eine bestimmte Färbung dieser allgemeinen Sonnenlegende im täglichen Leben bemerkbar machen. Ähnliches gilt auch von der Opposition.

Besteht beispielsweise eine Sonne-Jupiter-Konjunktion, dann wird für die Dauer dieser Konstellation, d. h. für einige Tage, ein Optimismus die tägliche Sonnenlegende begleiten. Besteht jedoch eine Sonne-Saturn-Opposition, dann wird man das Gegenteil beobachten können.

Es ist aber nicht zu übersehen, daß diese allgemeine Legende vom täglichen Sonnenleben des Menschen sich aus dem Hintergrund des individuellen Horoskops in einer bestimmten Weise reflektiert, die auf der mundanen Verteilung der einzelnen Planeten in dem jeweiligen individuellen Horoskop beruht, in erster Linie aber auf der Stellung der Geburtssonne selbst.

Hat jemand beispielsweise die Sonne im 12. Haus, dann wird jeder Morgen ihn nicht nur mit der Last aller für diesen Tag zu erwartenden Aufgaben und Pflichten bedrücken, sondern auch mit der immer wieder erwachenden Sehnsucht, solcher Sorgen ein für allemal ledig zu sein. Aber diese Grundstimmung wird sehr wesentlich mitbeeinflußt werden durch die von Monat zu Monat wechselnde Stellung der transitiernden Sonne, je nachdem, welches Haus dieser Planet eben gerade durchwandert. Dies führt uns sogleich zu einer weiteren Betrachtung. Die Sonne wandert ja im Jahr durch den gesamten Tierkreis und somit nach und nach durch alle zwölf Häuser. Was können wir nun über die besondere Bedeutung dieses mundanen Sonnentransits aussagen?

Da wird es nötig sein, daß wir, ehe wir an diese wichtige Frage herangehen, uns erinnern, was wir früher bereits ausgeführt haben.

Beginnen wir wieder mit der Betrachtung jener Wirkungen des jährlichen Sonnenlaufes, die für alle Menschen in gleicher Weise gelten: dem Jahresrhythmus. Erreicht die Sonne vom Süden kommend den Äquator, dann stehen wir einem Ereignis gegenüber, das seit jeher den gewaltigsten Eindruck auf die Menschheit der nördlichen Halbkugel machte. Es wird Frühling, und an dem Wiedererwachen der Natur erneuern sich alle Lebensimpulse; es ist, als würde eine neue Jugend über uns kommen, ein neuer Lebenszyklus anbrechen, geschwängert mit der Hoffnung, daß wir in diesem neuen Zyklus bessermachen, was wir in dem abgelaufenen verdarben. Und um dieser Hoffnung willen, daß das neue Jahr nicht wieder aufs Haar dem alten gleiche und wir von der qualvollen Wiederholung des endlos Gleichen, von solcher Versklavung an das ewig Vergangene frei sein werden, wurde in alten Zeiten das Frühlingsopfer gebracht – das Menschenopfer. Darüber haben wir bereits ausführlich im 1. Vortrag von *Tierkreis und Mensch* gesprochen. Aus solchen Hoffnungen heraus erwächst die Frühlingsstimmung, eine Stimmung, in der sich Todeswehmut und Lebenssehnsucht vermählen. Die Impulse des sich wieder erneuernden Lebens richten sich gleichzeitig wider die bloße Wiederholung. Dies ist nicht ein bloßes Wortspiel; wir finden diesen Zusammenhang auch in anderen Sprachen, wie etwa im Englischen: again und against. Das Widderzeichen selbst mit seinem Doppelhaken symbolisiert diese Tatsache auf das deutlichste.

Diese Grundstimmung erklärt, daß die Völker des Abendlandes in der vorchristlichen Zeit das neue Jahr mit dem Tag der Frühlings-Tag-und-Nachtgleiche begannen. Es vollzieht sich da wohl etwas ähnliches, wie wenn die Sonne auf ihrer jährlichen Wanderung den Aszendenten eines bestimmten Horoskops erreicht. Wir werden über die damit gegebene Analogie noch ausführlich sprechen. Nun hat es aber mit diesem individuellen Neujahr des einzelnen die Schwierigkeit, daß den wenigsten unter uns der zodiakale Ort ihres Aszendenten genau genug bekannt ist, um den betreffenden Tag als ihren Neujahrstag feiern zu können. Darum wurde seit alters her nicht der Sonnentransit über den Aszendenten, sondern der Sonnentransit über den Platz der Sonne selbst im Geburtshoroskop als der Beginn eines neuen Jahreszyklus, also der sogenannte Geburtstag, gefeiert.

Das zweite wichtige Ereignis im jährlichen Lebensrhythmus tritt ein, wenn die Sonne den Ort der Sommerwende erreicht. Das Leben in der äußeren Welt, das Hingegebensein an Natur und Ackerarbeit hat seinen Höhepunkt erreicht, man sehnt sich nun nach Ruhe, nach Erholung, nach den Ferien, um wieder zu sich selbst zu kommen, um den bei der Arbeit vergessenen inneren Menschen wiederzufinden; man ist am Tag müde geworden. Schon beginnt man nach den Früchten seiner Arbeit Ausschau zu halten und der Erntezeit zu gedenken.

Ist es nicht auch hier wieder ähnlich, wie wenn die Sonne nach Überschreitung der Mittagshöhe sich anschickt, das 9. Haus zu betreten? Die Mittagspause will gehalten sein, vielleicht auch das kurze Nachmittagsschläfchen, das uns wieder einen Schimmer der inneren Welt zurückgeben soll. Die Sonne beginnt zu sinken und damit leise daran zu mahnen, daß es Abend werden will, und mit dem Abend werden all die Sehnsüchte nach der heimatlichen Seele wieder zum Leben erwachen.

Ein dritter wichtiger Moment ist gekommen, wenn die Sonne im Fortgang ihrer zyklischen Wanderung den Herbstpunkt erreicht. Wieder ist es die Zeit der Tag- und Nachtgleiche. Aber der Stimmungsinhalt dieser Jahreszeit ist verschieden von dem der Frühlingsgleiche. Galt dies dem Erwachen aller äußeren Lebenstriebe, so gilt nun die Herbststimmung dem Erwachen einer seltsamen Sehnsucht, die man fast eine Sehnsucht nach dem Jenseits der Natur nennen könnte, nach all den geheimen urlebendigen, aber stets den äußeren Sinnen verborgenen Trieben, die im Inneren der Natur schaffen und bilden und von dem Äußeren der Natur nur wie von einem Schleier verhüllt werden, hinter den blicken zu können nun der eigentliche Lebensinhalt wird.

Aber so wie die Blätter der Bäume im Herbst welken müssen, damit sich die Lebenskräfte der Natur wieder in sich zurückziehen und neuerlich erkraften können, so muß auch der Mensch, wenn der Abend gekommen ist, wenn im Sinn jener mundanen Analogie die Sonne ihr 6. Haus betritt, sich in sich selbst zurückziehen, um seine inneren Kräfte zu erneuern und an dieser Erneuerung wieder zu gesunden. Auch dieser Moment ist ein Neujahr der Seele, wie der Frühlingsmoment ein Neujahr des Körpers war.

Darum feierten die orientalischen Völker – insbesondere die Hebräer – ihr Neujahr im Herbst am ersten Neumondtag im Zeichen der Waage, am ersten Tag des Monats Tischri, der nach einer geheimen Überlieferung der Geburtstag Abrahams war.

Wir haben nun noch den vierten Kardinalpunkt zu betrachten, den Punkt der Wintersonnenwende. Die Sonne erreicht ihren tiefsten Stand, sie betritt das Zeichen Steinbock. Es ist die längste Nacht, und langsam beginnt der Tag wieder zu wachsen. Der Mensch muß nun seiner inneren Welt wieder entrissen werden; er muß dem kommenden Tag neu gerüstet entgegenleben, um am neuen Tag zu beweisen, daß er in der Nacht durch innere Arbeit reifen konnte. Die innere Arbeit muß sich schaffensbereit in äußere Arbeit umsetzen, um ihren Wert erproben zu können und der Welt ihre Früchte darzubringen. Ein neues Jahr beginnt auch hier, ein Neujahr der Arbeit und der Werktätigkeit. Die Wintersonnenwende ist tatsächlich jener Tag, mit dem die abendländische Welt gegenwärtig ihr Neujahr beginnt, und es ist jener Tag, an dem nach der Überlieferung Jesus Christus geboren wurde.

Übertragen wir wieder diesen Merkpunkt auf das Einzelhoroskop, dann entspricht er der Spitze des 4. Hauses.

Wenn die Sonne auf ihrer Jahresreise die Spitze des 4. Hauses überschreitet, dann erwacht in uns etwas, was der Wintersonnenwende entspricht. Ein Gefühl erwacht, das ich die Hoffnung auf die Auferstehung nennen möchte.

Nun haben wir vier Grundstimmungen, die durch den Sonnenlauf nacheinander geweckt werden und den vier Jahreszeiten entsprechen: Frühling – Aszendent, Herbst – Deszendent, Sommer – Medium coeli, Winter – Imum coeli.

Diese Tatsache führt uns notwendigerweise zu der Folgerung, daß sich die Abfolge der subjektiven Jahreszeiten und ihres Stimmungsinhalts in der umgekehrten Reihenfolge darstellt, als dies in der Natur geschieht. Es folgt demnach im inneren Erleben des Menschen auf seinen Frühling sein Winter, hernach sein Herbst und hernach sein Sommer.

Wir haben hier im allgemeinen vier Typen von Menschen vor uns:

1. Menschen, deren Aszendent in der Nähe des Frühlingspunktes liegt – in Widder oder Fische oder Anfang Stier, wir wollen sie Menschen des äußeren Frühlings nennen –, haben ihren inneren Frühling, wenn es außen Frühling ist; sie haben ihren inneren Winter, wenn es außen Sommer ist, ihren inneren Herbst, wenn es außen Herbst ist, und ihren inneren Sommer, wenn es außen Herbst ist.
2. Menschen, deren Aszendent in der Nähe der Sommerwende liegt, in Krebs oder Zwillinge oder Anfang Löwe, wir wollen sie Menschen des äußeren Sommers nennen –, haben ihren inneren Frühling, wenn es außen Sommer ist; sie haben ihren inneren Winter, wenn es außen Herbst ist, ihren inneren Herbst, wenn es außen Winter ist, ihren inneren Sommer, wenn es außen Frühling ist.
3. Menschen, deren Aszendent in der Nähe des Herbstpunktes liegt – in Waage, Jungfrau oder Anfang Skorpion, wir wollen sie Menschen des äußeren Herbstes nennen –, haben ihren inneren Frühling, wenn es außen Herbst ist, sie haben ihren inneren Winter, wenn es außen Sommer ist, ihren inneren Sommer, wenn es außen Winter ist, und ihren inneren Herbst, wenn es außen Frühling ist.
4. Menschen, deren Aszendent in der Nähe der Winterwende liegt – Steinbock, Schütze oder Anfang Wassermann, wir wollen sie Menschen des äußeren Winters nennen –, haben ihren inneren Frühling, wenn es außen Winter ist, ihren inneren Winter, wenn es außen Herbst ist, ihren inneren Herbst, wenn es außen Sommer ist, und ihren inneren Sommer, wenn es außen Frühling ist.

Das oben Ausgeführte gilt für die nördliche Halbkugel. Für die südliche Halbkugel gilt das gleiche, nur müssen wir in diesem Fall jedes Zeichen mit dem ihm entgegengesetzten vertauschen.

Menschen des äußeren Frühlings sind demnach die, deren Aszendent in Waage, Jungfrau oder Anfang Skorpion usw. liegt. Es entspricht auf der südlichen Halbkugel der Fall A dem Fall C, der Fall B dem Fall D, der Fall C dem Fall A und der Fall D dem Fall B.

Dies mag uns eine allgemeine Vorstellung geben, wie die Menschen, je nach der Lage ihres Aszendenten – die einzelnen Jahreszeiten erleben.

Wir wenden uns nun der Besprechung der Sonnentransite im einzelnen zu, wobei wir zunächst zwei Fälle zu unterscheiden haben: 1. die Wanderung der Sonne durch die zwölf Häuser des Horoskops und 2. die Wanderung der Sonne über die einzelnen Planetenorte des Horoskops. Dies wird uns vor Tatsachen stellen, die sich Jahr um Jahr stets zu denselben Kalenderzeiten wiederholen, wenn auch nicht absolut gleich, weil sich mit den Wirkungen der Sonnentransite auch die Wirkungen der übrigen Planetentransite verbinden und weil der Mensch selbst in dem Grad, wie er älter wird, sich nach astrologischen Gesetzen, die wir erst in einem späteren Abschnitt behandeln werden, weiterentwickelt. Die Gesetze dieser Weiterentwicklung des Menschen werden wir in dem Abschnitt behandeln, der die uralte Lehre von den sogenannten Progressionen zum Gegenstand hat.

Kehren wir zunächst zu den Sonnenstransiten zurück, und versuchen wir, das allgemeine ihrer Wirkung in einem kurzen Satz zu erfassen. Da scheint mir ein deutsches Sprichwort dieser Wirkung am nächsten zu kommen: Die Sonne bringt es an den Tag. Man kann die Sonne als Transitor mit einem hellen Licht vergleichen, das Punkt für Punkt unseres Horoskops blitzartig anleuchtet, das somit in den Brennpunkt unseres Bewußtseins rückt, was an all jenen Punkten, die so nach und nach in den Lichtkegel der Sonne geraten, potentiell veranlagt ist. Es ist das Charakteristische der Sonnenübergänge, bewußt zu machen, was bis dahin sozusagen im Schatten des Bewußtseins lag und auch nachher wieder in ihn zurückkehren wird. Aber dieses Bewußtsein ist zugleich unser moralisches Bewußtsein, an dessen Funktion wir nicht nur als Zuschauer, sondern gleichzeitig mit unserem Willen teilhaben; es ist ein Bewußtsein, das uns für die Art unseres Charakters verantwortlich halten will. Was »an den Tag kommt«, das ist die ganze Fülle unserer unterbewußten Charaktertriebe.

So kommt es, daß sich an manchen Tagen Charakterseiten unseres Wesens enthüllen, die sonst verhüllt bleiben, so kommt es, daß wir an manchen Tagen zu Handlungen neigen, zu denen wir zu anderen Zeiten in keiner Weise aufgelegt sind; daß wir zu gewissen Zeiten Stimmungen zugänglich sind, die uns sonst fremd sind; daß wir an bestimmten Tagen Dinge bemerken, die zu anderen Zeiten außerhalb unseres Interesses liegen; daß wir an manchen Tagen an Selbstvorwürfen und Gewissensbissen besonders zu leiden haben etc.

Wir wollen nun zunächst den Gang der Sonne durch die einzelnen Häuser verfolgen; in jedem verweilt die Sonne etwa einen Monat.

Der Aufenthalt der Sonne im 1. Haus bedeutet für den Menschen eine zustimmende Bestätigung der Tatsache seines Daseins; man freut sich wieder einmal an seiner Existenz, oder man versteht, daß man sich, einmal geboren, mit diesem Faktor abfinden muß, aber man kann es nicht verhindern, daß solche Gedanken wieder in einem lebendig werden, wenn die Sonne das 1. Haus durchwandert. Zu diesen Zeiten ist das Leben mit besonderer Intensität auf die Gegenwart konzentriert, und alle Gedanken an Vergangenes und Zukünftiges verlieren an Aktualität.

Durchwandert die Sonne dann das 2. Haus, dann besinnt man sich wieder mehr auf das, was man hat, was man sich erarbeitet hat, sei es im materiellen Sinn des Wortes oder im geistigen Sinn, es sei im Guten oder Bösen; der Ausgleich zwischen Soll und Haben beginnt das Bewußtsein in irgendeiner Form zu belasten. Man möchte gern seiner Schulden ledig werden, und gute Vorsätze beginnen unsere Ruhe zu stören. Vielleicht ist es erlaubt, hier im Sinn der Ausdrucksweise mancher modernen Psychologen von einem »Inventarkomplex« zu sprechen.

Durchwandert die Sonne das 3. Haus, dann sind wir mehr zur Zersplitterung als zur Konzentration geneigt. Man ist nicht mehr so gern allein mit sich, man sucht Anschluß an andere, und man sucht, was man im Deutschen so treffend Zerstreuung nennt. Man will wieder von anderen lernen und seinen Gesichtskreis erweitern. Es ist, als wollte man von sich selbst wegstreben.

Durchwandert die Sonne das 4. Haus, dann beginnt sich leise die Sorge um die Zukunft zu melden. Was wird das Morgen bringen? Je nach der optimistischen oder pessimistischen Grundstimmung wirkt der Gedanke an die Zukunft anfeuernd oder drückend. Aber er ist da und läßt sich nicht abweisen. Und noch etwas mischt sich ein. Das ist die Sorge um das Erhaltenbleiben der Kontinuität unseres Lebens und Strebens, um die Selbstbewahrung unseres moralischen Ich im Fortgang der Ereignisse. Man will, solange es angeht, nicht mit seiner Vergangenheit brechen oder ihr untreu werden.

Durchwandert die Sonne das 5. Haus, dann werden unsere Wünsche und Begehren mächtig angefacht. Ein Drang nach Expansion, nach Erweiterung oder Befestigung unseres persönlichen Einflusses drängt sich in unser Bewußtsein und macht uns oft genug mit Impulsen zu schaffen, die wir schon als überwunden angesehen hatten. Wir wollen wieder einmal Erfolge heimbringen, welcher Art immer sie sein mögen.

Durchwandert die Sonne das 6. Haus, dann tritt etwas auf, was aussieht wie die Mahnung zur Vorsicht, vielleicht auch zur Selbstkritik, die aber den anderen verborgen bleiben soll. Der Gedanke an den anderen und unsere innere und äußere Abhängigkeit von ihm beginnt uns zu beschäftigen, wenn nicht gar zu belästigen. Das soziale Problem in seinen tausendfältigen Erscheinungsformen drängt sich in der jeweils für den Geborenen charakteristischen Art in den Vordergrund. Nur sich selbst nicht verlieren, trotz all der Einflüsse, die das soziale Leben mit sich bringt, das eigene Wesen unversehrt erhalten wird jetzt zur mehr oder minder bewußten Mahnung.

Durchwandert die Sonne das 7. Haus, dann wird der Sinn für den Wert persönlicher Verbindungen und die Notwendigkeit ihrer Pflege wieder lebendiger, aber gleichzeitig wird noch etwas anderes im Menschen lebendig, das ist die leise Angst, man könnte dieses Leben vergeblich gelebt haben. Viel unnützer Wust ist angesammelt, und die Frage, was damit zu geschehen habe, wird wieder einmal bedeutungsvoll. Wie läßt sich das Altgewordene in uns verjüngt in das weitere Leben einfügen, sozusagen als Dungmittel für eine neue Saat?

Durchwandert die Sonne das 8. Haus, dann erwachen meist Befürchtungen, wir könnten verlieren, woran wir am meisten hängen, als müßten wir stets gewärtig sein, zum Aufgeben von etwas gezwungen zu werden, dessen Verlust wir nur schwer verschmerzen würden.

Durchwandert die Sonne das 9. Haus, dann geraten die Menschen wieder in den Zustand einer Lebensbilanz, wie wir das bereits im 7. Haus sahen; aber diese Bilanz betrifft hier mehr die moralische Seite. Es gilt allerlei Versuchungen zu widerstehen, um den eigenen Charakter zu bewahren und ihm treu zu bleiben, soweit wir durch das Leben in der Selbstkenntnis bereits fortgeschritten sind, soweit sich uns der Zugang zu unserem wahren Wesen bereits aufgetan hat. Um diese Zeit kann es zu bedenklichen Schwankungen und sogar Krisen kommen, die man wohl als Krisen des Charakters und der Selbstwertung bezeichnen darf. Durchwandert die Sonne das 10. Haus, dann wendet sich der Blick des Menschen mehr der Rolle zu, die er in den Augen der anderen spielt und von der eigenen Person weg. Hier ist man am meisten von sich entfernt, ja man wird hier sogar in einem gewissen Sinn leichtsinnig, insofern die Innerlichkeit schwer anspricht und leicht das Gefühl entstehen kann, als wäre man sich selbst abhanden gekommen, als sähe man sich in der äußeren Welt handeln nach einer allgemeinen Schablone, der zu folgen geradezu soziale Pflicht geworden ist. Dies erstreckt sich sehr weit hinein bis in alle Verpflichtungen des Lebens, soweit diese unter dem Richtmaß einer allgemeinen Kontrolle stehen. Für viele Menschen mag dies als Erleichterung im Leben empfunden werden, daß sie nun ein wenig Ruhe vor sich selbst haben dürfen.

Durchwandert die Sonne das 11. Haus, dann fühlt man die geringste Neigung zur Einsamkeit, ja man leidet geradezu unter dem Gedanken, einsam werden zu können oder gar zu müssen. Man möchte zerrissene Fäden wieder anknüpfen und mit allen Menschen gut sein, selbst wenn nur in der Phantasie. Man sehnt sich nach geteiltem Glück und geteilter Freude.

Durchwandert die Sonne das 12. Haus, dann ist man wieder mit sich allein und nicht immer in guter Gesellschaft. Man möchte sich selbst gern entfliehen und kann es nicht. Um diese Zeit entstehen oft Gedanken, durch die Last der eigenen Vergangenheit der Freiheit beraubt zu sein, seinen Weg nach eigener Entscheidung wählen zu können: Es ist nun einmal so gekommen, und nun muß man diesen Weg weitergehen. Aber demnach möchte man doch wieder einmal einen Anlauf nehmen, aus der alten Bahn herauszugehen, wenn auch nur in der Gestalt eines edlen Vorsatzes. Und das mag vielen genügen.

Wir wenden uns nun der Wanderung des Mondes durch die zwölf Häuser des Grundhoroskops zu. Dieser Zyklus der Mondtransite wiederholt sich allmonatlich, ist aber der Beobachtung und Kontrolle viel schwerer zugänglich als der Sonnenzyklus. Hatten wir für diesen das Schlüsselwort: Die Sonne bringt es an den Tag, so gilt für die Mondwanderung viel eher: Der Mond verhüllt und verschleiert. »Der Mond trügt«, sagten die Alten – Luna mendax.

Erinnern wir uns daran, daß wir das, was die Sonne repräsentiert, unsere erste Natur nannten oder unser moralisches Ich, und daß wir in

Mond den Repräsentanten unserer zweiten Natur sahen, unser Erb-Ich. Und dieses Erb-Ich ist es, dessen Energien, durch den Mondlauf geweckt, sich vor unsere moralische Ich-Natur stellen wollen, um sie zu verhüllen, wenn nicht gar zu entstellen. All das, was Sonne bei ihrem Gang durch die zwölf Häuser aufweckt, wird durch Mond so entstellt, daß dieses Gestirn uns verführt, hinter der angenommenen Maske eines allgemeinen Erb-Ich zu verbergen, was zu unserer moralisch verantwortlichen ersten Natur gehört.

Weckt Sonne auf, was zu dem Männlichen in uns gehört, so weckt Mond auf, was unser Weibliches angeht, d. h. das Seelen- und Körperhafte in uns, das Macht gewinnen will über unsere Sonnennatur.

Durchwandert Mond das 1. Haus, dann mahnt er uns mit besonderer Kraft, vorsichtig zu sein und in keinem Fall unser Innerstes preiszugeben, er macht uns furchtsam in unserem moralischen Ich und lehrt uns Schutz zu suchen hinter dem Schild ererbter Instinkte, zu handeln, wie ein anderer an unserer Stelle handeln würde, um der Verantwortung für unser wahres Wollen zu entgehen.

Durchwandert Mond das 2. Haus, dann fühlt man sich in der Situation eines Menschen, der den Neid der anderen und ihre Mißgunst fürchtet; man schämt sich fast seiner Vorzüge, soweit diese individuell sind. Man will lieber arm als reich scheinen. Dies gilt in jeder Beziehung, sowohl in physischer als auch in geistiger.

Durchwandert Mond das 3. Haus, dann ist es die Kritik der anderen, die man besonders fürchtet; man sucht ihr zuvorzukommen durch möglichste Indifferenz oder dadurch, daß man sich der zu erwartenden Kritik schon von vornherein, wenn auch nur zum Schein, unterwirft. Entweder schweigen oder den anderen nach dem Munde reden. Was hier beschrieben wurde, ist nicht mehr als eine flüchtige Neigung, die etwa zwei bis drei Tage anhält, solange der Mond im 3. Haus verweilt.

Durchwandert der Mond das 4. Haus, dann fühlt man sich am sichersten zu Hause, man ist nicht geneigt, sich allzuweit vom Haus zu entfernen, wobei dieses Zuhause all das vorstellt, woran wir gewohnterweise hängen.

Durchwandert der Mond das 5. Haus, dann gilt unsere Furchtsamkeit dem Gedanken, wir könnten unsere geheimen Wünsche verraten und dadurch das immer feindliche Schicksal herausfordern, ihre Erfüllung zu vereiteln. Dies ruft einen Zustand innerer Spannung hervor, aber man wagt es nicht, ihn zu verraten.

Durchwandert der Mond das 6. Haus, dann ist man meist recht empfindlich und reizbar und hat große Mühe, dies zu verbergen; man möchte es um jeden Preis vermeiden, sich eine Blöße zu geben – es fehlt der Mut, sich zu blamieren. Ein ständiges Mißtrauen läßt die Menschen zu solchen Zeiten mehr als sonst auf der Hut sein.

Durchwandert der Mond das 7. Haus, dann entsteht ein Anlehnungsbedürfnis, das zuweilen sehr stark ist, aber man möchte nicht, daß die anderen es zu sehr merken, denn man weiß, daß dies mehr einer vorübergehenden Laune entspricht, die vielleicht schon morgen wieder verfliegt.

Durchwandert Mond das 8. Haus, dann tritt ähnliches ein wie im 6. Haus. Wieder entsteht eine gewisse Reizbarkeit, die aber jetzt aus einer Neigung zur Selbstverurteilung entspringt, die aus dem Unterbewußtsein hervorwirkt und vor dem eigenen Gewissen nicht eingestanden wird. Zustände seelischer Depression sind während dieser Zeit nicht selten.

Durchwandert Mond das 9. Haus, dann gesellt sich zu der geschilderten Grundstimmung ein innerer Protest, da man jetzt den anderen keine Gelegenheit geben will, sich überlegen zu zeigen, weil wir selbst ein wenig entmutigt sind. Sie sollen sich deshalb nicht besser vorkommen, weil sie primitiver sind.

Durchwandert Mond das 10. Haus, dann verträgt man vollends keinen Tadel; man will gelobt werden und ist begierig nach Anerkennung seitens der anderen. Auch hierin verbirgt sich eine geheime Angst, durchschaut zu werden. Es ist vor allem wichtig, den Schein zu wahren und dem offiziell geltenden Maßstab gerecht zu werden.

Durchwandert Mond das 11. Haus, dann entsteht eine Stimmung, in der man das Verlangen hat, geliebt zu werden oder wenigstens als jemand zu gelten, der beliebt und geschätzt ist bei jedermann.

Durchwandert Mond das 12. Haus, dann wird man friedfertig und meidet jeden Kampf, weil hier jeder Kampf weh tut und fordert, aus der Verborgenheit herauszugehen und damit etwas aufs Spiel zu setzen, das zu riskieren man nicht mutig genug ist. Eine vornehme Resignation bewahrt am besten die Integrität unseres wahren Wesens.

Damit ist ein Kalender eines zwölffachen Stimmungswechsels gegeben, der sich allmonatlich wiederholt, aber jeden Monat verbunden mit einer anderen mundanen Sonnenstellung, so daß sich die analoge Stimmung erst nach Ablauf eines Jahres wiederholt. Es wird sich also die zu Mond im 8. Haus gehörende Stimmung anders erleben, wenn Sonne gleichzeitig im 3. Haus steht, als im nächsten Monat, wenn Sonne dann das 4. Haus durchwandert. Wer ein Tagebuch führt, könnte da recht interessante Wahrnehmungen machen. Um aber das bisher entrollte Bild zu vervollständigen, wird es nötig sein, die Transite von Sonne und Mond über die einzelnen Planetenorte des Grundhoroskops zu untersuchen. Dies soll der Gegenstand des nächsten Kapitels sein.

Nun können wir aber von diesem Kapitel nicht Abschied nehmen, ohne noch mit wenigen Worten des Einflusses zu gedenken, der von der täglichen mundanen Wanderung des Mondes durch die zwölf Häuser eines bestimmten Ortes abhängt. Dieser Einfluß scheint jedoch von mehr untergeordneter Bedeutung zu sein und neben dem Sonneneinfluß fast zu verschwinden.

Da ferner infolge der Eigenbewegung des Mondes dessen mundane Wanderung durch die zwölf Häuser durchschnittlich um etwa 50 Minuten länger dauert als die der Sonne, so wechselt die Zeit von Mondaufgang, Kulmination, Untergang etc. von Tag zu Tag, da ja unsere Uhren nicht nach der Mondzeit, sondern nach der Sonnenzeit orientiert sind. Wenn wir ein allgemeines Schlüsselwort für die Deutung des mundanen Mondganges suchen, dann scheint es vielleicht am aufschlußreichsten, wenn wir sagen, daß Mond ängstlich macht in bezug auf all das, was Sonne an täglicher Stimmung in dem betreffenden Haus hinterläßt. Dazu kommt noch, daß jene feinen Nuancen der einzelnen Mondstimmungen mit den gleichzeitig bestehenden Sonnenstimmungen Verbindungen eingehen, d. h. allgemein gesprochen, von der entsprechenden Mondphase abhängen. Man kann ruhig annehmen, daß diese feinen Stimmungsnuancen nur dort ins Bewußtsein treten, wo eine besondere Mondempfindlichkeit vorhanden ist, wo also eine besonders starke Bindung an die Erbmasse besteht oder eine besondere Gewissenslast mitgeschleppt wird, die sich auf Vergangenes und Verdrängtes bezieht. Die Periode der Kindheit oder eine ins spätere Alter weit vorgeschobene infantile Veranlagung sind die häufigste Grundlage für jene Mondempfindlichkeit.

Wir wollen nun aus der Fülle der Möglichkeiten nur einige wenige markante Fälle herausgreifen, um an ihnen zu zeigen, welche Erwägungen zu einer astrologischen Deutung der Mondphasen hinleiten.

Wir gehen von der Neumondstellung aus: Sonne und Mond gehen gleichzeitig durch die einzelnen Häuser des Ortes. Betreten beide Gestirne im Aufgang das 12. Haus, dann wird an solchen Tagen das Gefühl der Belastung mit den kommenden Aufgaben des Tages stärker in Erscheinung treten als an anderen Tagen: Man hat »gestern« soviel versäumt, wird man das nachholen können? Bei den alten Völkern des Orients, bei denen zweifellos die Mondempfindlichkeit weit intensiver war als bei den westlichen Völkern, war der Neumondtag als der Tag des Monatsbeginns ein hoher Feiertag, der durch Gebet und Opfer gefeiert wurde, um in dieser Feier eine Stärkung der Seelenkräfte zu gewinnen. Die Ängstlichkeit erreicht ihren Höhepunkt, wenn sich die Neumondstellung zur Sonnenfinsternis verdichtet, besonders dann, wenn diese am Mittag, also nahe der Spitze des 10. Hauses stattfindet. Psychologisch mag es leicht verständlich erscheinen, daß das Gefühl der kosmischen Abhängigkeit von dem Nachtgestirn sich dem Bewußtsein der Naturvölker weit mehr aufdrängte als das Gefühl einer Abhängigkeit von dem Tagesgestirn. Denn abgesehen von dem Umstand, daß eine direkte Beobachtung der Sonne wegen ihres Glanzes unmöglich war, während der Mond mit seinem milden Licht unmittelbar mit bloßem Auge beobachtet werden konnte, war es die stets und periodisch wechselnde Mondgestalt, die die Aufmerksamkeit des Menschen in besonderem Maß zum Himmel lenkte. Denn während der Sonnenlauf durch die zwölf Häuser stets mit der Tageseinteilung parallel ging, kam der Mond Tag um Tag fast eine Stunde später an den Platz, den er am Vortag eingenommen hatte, und setzte neben den alltäglichen Sonnenrhythmus einen neuen, von jenem abweichenden Mondrhythmus.

So kam es, daß die alten Völker die Unterabteilungen des Sonnenjahres nach dem Mond allein regelten, der damit zum eigentlichen Zeitregler wurde. Alles, was – abgesehen von der Dauer des Sonnenjahres, dessen Länge durch geraume Zeit nicht mit voller Genauigkeit bestimmt werden konnte – vom Zeitfaktor abhing, wurde als Mondfunktion gedeutet. Neumond, Vollmond und die Viertelstellungen wurden besonders beachtet und in Beziehung zum täglichen Leben gebracht. Was aber das Wesentliche an solchen Beobachtungen blieb und auch in die moderne Astrologie übernommen werden konnte, das war und blieb die Idee eines kurzfristigen Rhythmus der Weltmaschinerie, die wahrscheinlich in jenen ältesten Zeiten den ersten empirischen Anstoß für die Annahme einer Siebenerperiode gab, die alles kosmische Geschehen durchzog, deren einfachster Ausdruck die Woche ist.

Wenn wir uns nun den Mondstimmungen zuwenden, die mit dem mundanen Mondlauf in Verbindung mit dem mundanen Sonnenlauf auftreten, dann müßten wir auf die Analyse von nicht weniger als 144 Einzelfällen eingehen, was angesichts der geringen Bedeutung solch flüchtiger und sogar meist unbeachteter Augenblicksschwankungen wohl mit Recht als überflüssige Arbeit angesehen werden dürfte.

Wir wollen uns daher mit nur wenigen Bemerkungen bescheiden. Zunächst begegnen wir hier der im Volksglauben tief verwurzelten Meinung, daß der zunehmende Mond allen Unternehmungen günstig, der abnehmende Mond aber ungünstig sei. Das heißt mit anderen Worten, daß der Vollmondstag der Beginn einer 14tätigen Unheilsperiode, der Neumond hingegen der Beginn einer 14tätigen Heilsperiode sei. Hierauf näher einzugehen ist hier nicht der Ort; wir haben es hier bloß mit den Stimmungen zu tun, die des Mondes mundane Wanderung begleiten. Nun ist es tatsächlich so, daß der im Moment der scheidenden Sonne am Osthimmel auftauchende volle Mond etwas Unheimliches mit sich bringt. Der Vollmond im 13. Haus, der die scheidende Sonne ablöst, wirkt tatsächlich wie die Laterne eines Nachtwächters, der vielleicht zugleich ein Gefängniswärter sein kann, der uns in unsere Zelle weist, um darüber nachzusinnen, was wir am Tag versäumt haben.

Erreicht dann der Vollmond die Mittagshöhe, ist es also Mitternacht, dann trifft er die meisten von uns im Schlaf. Das Erb-Ich, nun aus dem Unterbewußtsein hervorwirkend, gewinnt die Oberhand über das jetzt ausgeschaltete individuelle Ich; der unsichtbare Kampf zwischen jenen beiden Polen der Ich-Natur mag sich in einer unter Umständen hohen Grad erreichenden Intensität unserer Träume offenbaren. Vielleicht wäre es nicht uninteressant, gerade die Vollmondträume zu psychoanalysieren, um den jeweiligen Stand der Bilanz zwischen Freiheit und Knechtschaft, zwischen Hoffnung und Angst innerhalb unserer Seelenkräfte kennenzulernen. Wird die Mitternachtsstunde wachend verbracht, dann ergibt sich wohl als Resultat des sich im Bewußtsein widerspiegelnden Kampfes ein Seelenzustand, der in fast allen Fällen den Menschen auf der Flucht vor sich selbst zeigt.

Der untergehende Vollmond im 7. Haus mit der aufgehenden Sonne im 1. Haus ist dann wie das Einschlafen all der unterbewußten Vergangenheitsbeschwerden, die wohl vor dem Licht des aufdämmernden Tages verblassen, aber doch das Gefühl hinterlassen, daß noch eine Rechnung aussteht, die wir zu begleichen haben, ehe wir uns frei fühlen dürfen.

Von der Betrachtung der Viertelstellungen können wir hier Abstand nehmen, da es uns an dieser Stelle ja nur darauf ankam, einige Beispiele für die mit der mundanen Wanderung der Planeten im Lauf eines Tages wechselnden Stimmungen zu geben.

Hierzu kämen dann noch die anderen Planeten, über die wir im nächsten Kapitel noch einige flüchtige Bemerkungen nachzutragen haben. Von ungleich wichtigerer Bedeutung sind aber die zodiakalen Transite der Planeten über die Häuser und die Planetenorte des Geburtshoroskops, über die in den nächsten Kapiteln ausführlich gesprochen werden soll.

29. Vortrag

Es wären nun noch die übrigen Planeten in bezug auf ihre tägliche mundane Wanderung einer ähnlichen Betrachtung zu unterwerfen, wie dies bezüglich Sonne und Mond im vorhergehenden Kapitel geschah. Die sich aus einer solchen Betrachtung ergebenden Folgerungen sind jedoch nicht wichtig genug, um eine in solche Details gehende Untersuchung zu rechtfertigen. Tatsächlich fand diese mundane Wanderung bei den praktischen Astrologen nur insoweit Beachtung, als sie sich fragten, welche Unternehmungen zu einer bestimmten Stunde des Tages oder der Nacht zu tun oder zu unterlassen seien. Für gewisse Unternehmungen, die etwa mit dem Beruf zusammenhängen, mag man es für angeraten erachten, eine Stunde zu wählen, in der Jupiter oder Venus kulminieren, und Stunden zu vermeiden, in denen etwa Saturn das 10. Haus passiert. Vielleicht mag dabei auch die alte Lehre von den Planetenstunden mitherangezogen und es als besonders günstig angesehen werden, wenn diese Kulmination von Jupiter, Venus oder auch des Geburtsgebieters oder des Herrn eines hilfreichen Hauses (wie etwa des 11. Hauses) mit einer gleichsinnigen Planetenstunde zusammenfällt.

Von der Anwendung einer Tabelle der täglichen Planetenstunden möchten wir aber ernstestens abraten. Ihr Gebrauch ist schon dadurch in Frage gestellt, daß über den Moment des Tagesbeginns keine Übereinstimmung unter den Astrologen besteht. Vielleicht hat jene Ansicht am meisten für sich, nach der der Sonnenaufgang die erste Planetenstunde einleitet. Die nächste Frage betrifft die Dauer einer sogenannten Planetenstunde. Beginnen wir die erste Tagesstunde mit dem Sonnenaufgang, also mit dem Eintritt der Sonne in das 12. Haus, dann liegt es nahe, die Planetenstunden mit den Häusern so in Zusammenhang zu bringen, daß wir die Sonne selbst zum Regulator der Planetenstunden und ihrer Dauer machen. Es würden dann je zwei Planetenstunden auf jedes Haus entfallen. Die Planetenstunden wären demnach auf der nördlichen Halbkugel bei Sonne in Widder bis inklusive Jungfrau länger, in den Zeichen Waage bis Fische kürzer als die Dauer einer gewöhnlichen Stunde. Auf der südlichen Halbkugel gälte das Umgekehrte. Andererseits könnte man sich statt nach dem Sonnenlauf einfach nach unseren Räderuhren richten. Wir stellen jedermann die Auswahl frei, da die Theorie der Planetenstunden außerhalb unserer Lehre liegt.

Wir setzen nun unsere Betrachtungen über die zodiakale Wanderung der Planeten über die Häuser und die Planetenstellen des Geburtshoroskops fort. Sonne und Mond haben wir bereits auf ihrer zodiakalen Wanderung verfolgt, aber von den Transiten über die Planetenorte wurde noch nicht gesprochen.

Wir wollen zunächst die Transite der Sonne über die einzelnen Planetenorte des Geburtshoroskops besprechen. Von all diesen Transiten, die sich alljährlich an ungefähr denselben Kalendertagen wiederholen, ist der Transit über den Platz der nativen Sonne der einzige, dessen Zeit mit voller Exaktheit bestimmbar ist, weil hier stets mit der gleichen Länge des Ekliptikortes auch die gleiche Deklination und die gleiche Breite, nämlich 0°, gegeben ist. Für alle anderen Sonnentransite wäre die genaue Zeitbestimmung nur in solchen Fällen erreichbar, in denen die Breite des betreffenden Planeten im Wurzelhoroskop gleichfalls 0° betrüge. Da dies jedoch meistens nicht der Fall ist, muß man sich mit der Länge des transitierten Planeten als dem tatsächlichen Planetenort allein begnügen. Wir können es daher nicht gutheißen, wenn versucht wird, von dem allerdings genau bestimmbaren Moment des Überganges der Sonne über die Länge des betreffenden Ekliptikortes ein Hilfshoroskop zu berechnen mit allen Häuserspitzen, Aszendenten und dem Medium und dann weitgehende Schlüsse zu ziehen, da ein solches Hilfshoroskop nur näherungsweise Gültigkeit beanspruchen kann.

Anders liegen die Verhältnisse allerdings in bezug auf den Sonnenübergang über den eigenen Platz des Geburtshoroskops. Von dem in diesem Fall mit voller Exaktheit ermittelbaren Zeitmoment hat man denn auch seit alters her ein besonderes Horoskop errichtet: das sogenannte Geburtstags- oder Solarhoroskop.

Von diesem Solarhoroskop und seinen Deutungsmöglichkeiten soll an dieser Stelle noch nicht die Rede sein; wir wollen unsere Aufmerksamkeit lediglich der Tatsache zuwenden, daß durch den Übergang der Sonne über die einzelnen Planetenorte ein besonderer Vorgang im Leben eingeleitet wird, den wir vielleicht am besten verstehen, wenn wir uns vorstellen, daß während der Zeit eines solchen Transits die besondere Bedeutung des betreffenden Planeten innerhalb unserer Gesamtkonstitution sich lebhafter als zu anderen Zeiten in unser Bewußtsein vordrängt, sei es, daß unsere Selbstschau sich jenem Element unserer Gesamtanlage mit besonderer Intensität zuwendet, sei es, daß derselbe Effekt durch äußere Ereignisse ausgelöst wird, die zu anderen Zeiten den Weg zu unserem Selbst nicht finden würden.

Damit ist einer der Schlüssel zum Verständnis der Sonnentransite gegeben. Ein anderer Schlüssel wäre darin zu finden, daß während der Dauer eines solchen Transits etwas in unser Leben eintritt, das wie eine vorübergehende Konjunktion zwischen Sonne und dem betreffenden Planeten wirkt, als würde uns für eine kurze Zeitspanne ein Impuls eingepflanzt, der uns in Wirklichkeit gar nicht gehört und uns auch wieder verläßt, wenn der Transit der Sonne über ihren eigenen Platz einer Sonne-Sonne-Konjunktion gleichkäme, die ja astronomisch unvorstellbar ist. Und doch kann dieser Gedanke zum Ausgangspunkt für die Deutung des Geburtstagsmomentes genommen werden.

Nun kommt aber noch ein Moment hinzu, das bei der Deutung solcher Transite niemals außer acht gelassen werden sollte, und das ist nicht nur die Bedeutung des Hauses, in dessen Bereich der Transit geschieht, sondern auch die Bedeutung des Hauses, dessen Herr der transitierte Planet ist. Auch das Haus, dessen Herr der transitierende Planet ist, trägt ein wenig zum Gesamteffekt bei.

Steht also die transitierende Sonne im Wurzelhoroskop im 12. Haus und ist sie gleichzeitig der Herr des 3. Wurzelhauses und betrifft ferner der Sonnentransit die Wurzelsonne selbst, dann kann erwartet werden, daß der Geburtstag ein Gefühl stummer Resignation mit sich bringen wird, verbunden mit der Sehnsucht, an diesem Tag nicht allein gelassen zu werden, wenn nicht andere wesentliche Einflüsse mitbeteiligt sind. Es muß dem psychologischen Einfühlungs- oder Kombinationsvermögen des einzelnen Astrologen überlassen bleiben, das individuelle Geburtstagserlebnis in jedem Einzelfall zu rekonstruieren.

Wir haben es hier nur mit den allgemeinen Richtlinien zu tun, die an die Deutung der einzelnen Planetenübergänge herangebracht werden können. Wir beginnen nun mit den Sonnenübergängen.

Sonne über Sonnenort: Die Rückkehr der Sonne zu ihrem nativen Platz schließt gleichsam einen Kreis, einen Lebenskreis, ein Ereignis, das sich Jahr um Jahr wiederholt und einer Einkreisung unseres Ich-Kerns durch die Jahr um Jahr wiederholte Rückkehr zu all dem, was unsere Individualität ausmacht, nahekommt. Wie etwa der Stamm eines Baumes Jahr um Jahr einen neuen Jahresring ansetzt, so erfährt auch unser Sonnen-Ich alljährlich zur Zeit des Geburtstages, was es heißt, wieder um ein Jahr »älter« geworden zu sein.

Ist es nicht seltsam genug, daß das Wort »Alter« und »altern« auf einen geistigen Kern hinweist, in dem sich mehrere Bedeutungen zu einer einzigen verdichten. In dem Wortstamm »alt« liegt die Bedeutung des Sich-Ver»änderns«, des Anders-Werdens; es liegt darin aber auch die Idee des Wachsens einer Dimension, die von unten nach oben weist: Altus, die Höhe. Wir altern, wir werden »anders«, aber wir werden anders nach dem Gesetz, nach dem wir angetreten sind. Wir bekommen alljährlich unser nulljähriges Ich wieder zurück, damit wir an dem inzwischen erfolgten Alterungsprozeß beurteilen können, wie weit wir in der Richtung nach oben vorgedrungen sind, wenn sich der Ring um unser Sonnen-Ich wieder um einen Grad verdichtet hat. In den meisten Fällen mag dieser vielfach nur im Unterbewußtsein sich abspielende Vorgang recht peinlich empfunden werden und das Geburtstagsgefühl als das Resultat einer Begegnung des um ein Jahr gealterten Menschen mit seinem Sonnen-Ich. Es scheint mir, als wenn der uralte Brauch, das Geburtstagskind zu beschenken oder ihm wenigstens alles Gute zu wünschen, aus dem Bestreben entsprungen ist, das Peinliche des Geburtstagserlebnisses so gut wie möglich zu verwischen und dem Gefeierten so über den Tag hinwegzuhelfen. Die Freude am eigenen Geburtstag ist daher im Kindesalter noch am ungetrübtesten, da das Sonnen-Ich noch nicht recht wach geworden und daher auch noch unfähig ist, die Selbstbegegnung zu erleben, man freut sich auf die zu erwartenden Geschenke. Ist jedoch der Mensch älter und reifer, dann sollte er gerade an diesem Tag der rückkehrenden Sonne darangehen, eine Jahresbilanz zu versuchen, wobei gerade die Astrologie ihm ein unparteiischer Wegweiser sein kann.

Wir wenden uns nun den übrigen Sonnenübergängen zu. Dabei ist im allgemeinen zu beachten, unter welchen Aspekteinwirkungen der transitierte Planet selbst steht, da ja all diese Einwirkungen durch den Sonnenstransit mit aufgeweckt werden; ist doch, wie bereits ausgeführt, dieses Aufwecken ein integrierendes Moment aller Sonnentransite: Die Sonne bringt es an den Tag. Schon konnten wir bei der Verfolgung der zodiakalen Wanderung der Sonne durch die zwölf Häuser dieses »an den Tag bringen«, in die Helle des Bewußtseins heben, im einzelnen beobachten. Es ist tatsächlich so, als ob durch den Eintritt der transitierenden Sonne in ein bestimmtes Haus dieses, falls es in der Nativität unter dem Horizont lag, nun über den Horizont gehoben wird und so in ein »Tag«haus verwandelt wird; es ist, als ob durch den Transit der Sonne über einen bestimmten Planeten eine Verantwortung dafür von uns abgefordert wird, wie wir mit den entsprechenden Planetenkräften gewirtschaftet haben: Die Sonne bringt es an den Tag.

SONNE ÜBER MONDPLATZ: Mond als der Repräsentant unseres Erb- und Gewohnheits-Ich oder unserer zweiten Natur gerät für die Dauer des Sonnentransits unter die richtende Kontrolle unserer ersten Natur. Wieder wird zu berücksichtigen sein, in welchem Haus der Transit geschieht und von welchem Haus Mond der Herr ist. Es kann leicht geschehen, daß an solchen Tagen Vorsätze gefaßt werden, die sich auf die innere Arbeit an unserem Gewohnheits-Ich beziehen und zu einer besseren Harmonisierung der beiden Grundnaturen unseres Wesens führen sollen. An solchen Tagen kann die Unzufriedenheit mit den aus der Vergangenheit resultierenden Lebensgewohnheiten mitunter groß werden. Meist liefert hier das Hauptmaterial das Haus, dessen Herr der Mond ist.

SONNE ÜBER MERKURPLATZ: Dieser Transit hängt in seiner Wirkung wesentlich davon ab, ob Merkur einen besonders wichtigen Platz im Horoskop einnimmt oder ob er Herr eines wichtigen Hauses ist. Im allgemeinen gilt von diesem Transit, daß er uns kritisch, wenn nicht gar mißtrauisch macht gegen die eigene geistige Kapazität. Auch dieser Sonnentransit ist meist eher unangenehm, weil ja das plötzliche Hereindringen eines bis dahin im Dunkel gewesenen Merkmals unserer gesamten Veranlagung ins volle Bewußtsein fast niemals erfreulich ist.

SONNE ÜBER VENUSPLATZ: Die Hilfsvorstellung einer flüchtigen Sonne-Venus-Konjunktion mag uns manch guten Dienst leisten bei der Deutung dieses sich alljährlich wiederholenden Ereignisses, dessen wesentliches Merkmal eine Belebung aller Zukunftshoffnungen sein kann, verbunden mit einer Neigung, sich selbst und den anderen die wirklichen oder vermeintlichen Fehler zu verzeihen. Eine opferfreudige Stimmung mag hier für kurze Zeit in den Geborenen einziehen, doch hängt auch hier viel von dem Haus ab, in dem der Transit stattfindet, und von dem Haus oder den Häusern, die Venus besetzt.

SONNE ÜBER MARSPLATZ: Die Marsenergien werden hier in der speziellen Bedeutung aufgeweckt, die ihnen im Geburtshoroskop zukommt. An solchen Tagen mag man sich zu Energieschwüngen aufgelegt fühlen, über die man an anderen Tagen nicht in demselben

Grad verfügt. Die Folgen mögen nicht immer zur eigenen Zufriedenheit ausfallen. Auch hier hängt leider viel von den mitbetroffenen Häusern ab. Ist beispielsweise Mars Herr des 6. Hauses, dann kann die Neigung zu solchen impulsiven oder unvorsichtigen Betätigungen entstehen, durch die die eigene Gesundheit gefährdet wird.

Es soll nun hier eine Bemerkung eingeschaltet werden, die sich auf unser Verhältnis zu anderen Personen bezieht, die infolge ihres Geburtshoroskops mit hineingezogen werden in die Transite unseres eigenen Horoskops. Mit anderen Worten: Zuweilen wirken andere Menschen auf uns wie astrologische Transite. Befindet sich etwa ein Planet oder ein anderer wichtiger Punkt im Horoskop meines Nachbarn an demselben zodiakalen oder mundanen Platz wie irgendein wichtiger Punkt meines Horoskops, dann ist mein Nachbar gleichsam ein Dauertransit in meinem Leben und ich in seinem. Gemeinsame astrologische Transite an solchen Punkten werden niemals ohne Einfluß auf unser gegenseitiges Verhältnis bleiben können. – Darüber in einem späteren Teil mehr und Ausführlicheres.

SONNE ÜBER JUPITERPLATZ: An solchen Tagen sind wir optimistisch aufgelegt; das Vertrauen in die Zukunft wird gestärkt, ein Kranker mag neuen Lebensmut fassen. Zuweilen sind es an anderen Tagen unbemerkt bleibende Kleinigkeiten, die uns mit neuen Hoffnungen erfüllen. Immerhin mag man solche Tage als Glückstage ansehen. Es wird zumindest etwas geschehen, an dem sich unser Selbstgefühl steigert und die Vorstellung von unserem Eigenwert erhöht. Die Minderwertigkeitsregungen weichen für eine kurze Zeit von uns.

SONNE ÜBER SATURNPLATZ: Dieser Übergang weckt wieder auf, was Jupiter beschwichtigt. Vor allem sind es die Vergangenheitsbelastungen, die uns mehr oder weniger bedrücken, mehr als an anderen Tagen. Der in die Vergangenheit gerichtete Blick läßt die Zukunft im dunkeln. Wieder sind hier vor allem die betroffenen Häuser zu beachten. Ist Saturn in guter und starker Position, dann mag der Sonnentransit einer Mahnung gleichkommen, der eingeschlagenen Linie und sich selbst treu zu bleiben. »Wohl dem, der seiner Ahnen gern gedenkt.« Ein ungünstig gestellter Saturn wird sich während der Zeit des Sonnentransits in Selbstvorwürfen ergehen, die mit dem Schwinden des Transits wieder verblassen. Solche Seelenzustände können jedoch zuweilen ungünstigen äußeren Geschehnissen die Tür öffnen.

SONNE ÜBER URANUSPLATZ: Während der Dauer dieses Transits scheint es, als ob im Menschen die Neigung zu protestieren in den Vordergrund gerückt wird; man ist widerborstig, und selbst friedfertige Menschen zeigen besondere Neigung zum Eigensinn, der ihnen vielleicht sonst fremd ist. Wieder hängt sehr viel von der Stellung des Uranus im Gesamtbild der Persönlichkeit ab. Trotzige Anwandlungen werden auch an solchen Tagen kaum fehlen. Eine gewisse Ähnlichkeit mit Saturn ist hier unverkennbar. Was aber hier besonders in den Vordergrund tritt, das ist das Bekenntnis zum eigenen Wesen. Heute will ich einmal ich selber sein.

SONNE ÜBER NEPTUNORT: Hier zeigt sich die Neigung, entweder unter Unklarheiten zu leiden oder sich in solche zu flüchten; man sollte an solchen Tagen schwerwiegenden Entscheidungen möglichst ausweichen.

Was im allgemeinen von den Sonnentransiten über die einzelnen Planetenorte gilt, das gilt auch mutatis mutandis für die Sonnentransite über die Aspektstellen der Planetenorte. Dabei muß jedoch berücksichtigt werden, in welches Haus die entsprechende Aspektstelle fällt. Da die Sonnentransite Jahr um Jahr auf die gleichen Kalendertage fallen, ist es leicht möglich, sich ein besonderes Jahrbuch anzulegen, in dem die einzelnen Tage, auf die die Transite der Sonne fallen, entsprechend charakterisiert werden. Im großen und ganzen darf jedoch der Wert solcher Aufzeichnungen nicht allzu hoch angeschlagen werden. Sie bilden eigentlich mehr eine innere Angelegenheit des Menschen und sind von vorwiegend psychologischem Interesse.

Ähnlich verhält es sich auch mit den nun zu untersuchenden Mond-Transiten, die sich allmonatlich wiederholen und in ihrer Wirkung nur von flüchtiger Dauer sind. Von weit größerer Bedeutung sind die Transite der langsamer gehenden Planeten, also die Neptun-, Uranus-, Saturn-, Jupiter- und Marstransite.

Zunächst aber wenden wir uns den Mondtransiten zu. Das wesentlichste Merkmal dieser Transite ist, daß sie Stimmungen mit sich bringen, die uns den Einflüssen der transitierten Planeten kritiklos unterwerfen. Durch die Mondtransite wird eher eine Stärkung aller Planeteneinflüsse hervorgerufen und eine geringe Neigung, sich ihnen zu widersetzen. Es ist, als ob die Mondübergänge uns ein Stück unbewußter Kindheitserinnerungen zurückbrächten, Erinnerungen an die Zeit, da wir noch mehr den Mond auslebten und die Sonne noch nicht recht durchgekommen war. Aber all dies nimmt mehr eine vorübergehende Stimmung an, die allerdings, wenn andere Einflüsse sich hinzugesellen, die in derselben Richtung wirken, entscheidende Bedeutung erlangen können.

MOND ÜBER SONNENPLATZ: Dieser Transit ist anders zu beurteilen als der Sonnentransit über den Mondplatz. Es ist wie eine Heimkehr aus der Fremde, wie fühlen uns unserem höheren Ich zurückgegeben und in diesem Gefühl selbst gebessert und erhöht.

MOND ÜBER MONDPLATZ: Diesem Transit wird von alters her große Bedeutung beigemessen. Er wird ähnlich behandelt wie der Geburtstagstransit der Sonne, und man errichtet von diesem Moment ein besonderes Horoskop mit Aszendent und Medium coeli nebst allen Zwischenhäusern. Da aber der exakte Zeitpunkt dieses Transits wegen der von Monat zu Monat wechselnden Deklination und Breite nicht ermittelt werden kann, so wird die Rückkehr des Mondes zu seiner nativen Länge als entscheidend angesehen und von diesem Zeitmoment das sogenannte Lunar-Horoskop errichtet, mit dem wir es an dieser Stelle aber nicht zu tun haben. Was der Mond-Mond-Transit in erster Linie herbeiführt, ist nicht die Heimkehr zu unserem höheren Ich, sondern vielmehr das fatale Gefühl, im Strom der Notwendigkeiten eines Schicksals zu schwimmen, das aus unserer Erbnatur entspringt, aus der wir nicht herauskönnen. Dieses fatale Gefühl ist jedoch in den seltensten Fällen peinlich, vielfach ist es sogar angenehm, weil es uns jeder Verpflichtung enthebt, gegen etwas ankämpfen zu sollen, womit wir uns in unserer Mondnatur identifizieren. Eine wohlige Resignation mag uns in solchen Momenten tröstlich umfangen.

MOND ÜBER MERKURPLATZ: Eingewurzelte Denkgewohnheiten werden hier leicht mit der Objektivität einer strengen Logik verwechselt. Wir unterliegen leicht dem Vorurteil vorurteilsfrei zu sein, wenn wir in Wirklichkeit eher urteilslos sind. Im allgemeinen kann dieser Transit nicht als günstig angesehen werden, auch wenn wir selbst damit recht zufrieden sein sollten.

MOND ÜBER VENUSPLATZ: Eine sanfte Zeit mit Zärtlichkeitsregungen, einer Neigung zum Sich-Hingeben und zur Weichheit nebst allen Regungen, die, soweit sie das Venusgebiet betreffen, aus dem unterbewußten Kindheitsleben in das Bewußtsein einstrahlen, bilden den

Stimmungshintergrund dieses Transits. Wieder ist es wichtig, das Haus oder die Häuser mit heranzuziehen, deren Herr Venus ist, sowie das Haus, in dem der Transit erfolgt.

MOND ÜBER MARSPLATZ: Die Auferweckung infantiler Leidenschaftsregungen mahnt zu solchen Zeiten zu besonderer Vorsicht. Das Hauptmerkmal ist das Vorherrschen einer stärkeren Reizbarkeit sowohl in physischer als auch in seelischer und geistiger Beziehung. Wieder sind die entsprechenden Häuser wohl zu beachten.

MOND ÜBER JUPITERPLATZ: Hier neigt man zu einer optimistischeren Grundstimmung, die in besonderem Grad das Selbstgefühl betrifft. Die Vorstellung vom eigenen Wert hilft, Unangenehmes zu verdrängen und Schweres leichter zu nehmen. Ein naives Selbstvertrauen macht mitunter sogar recht leichtsinnig, wenn nicht geradezu leichtfertig. Im ganzen wirkt dieser Transit wie ein edler Wein, ein Sorgenbrecher für kurze Zeit.

MOND ÜBER SATURNPLATZ: Das schlechte Gewissen wacht auf; man fühlt sich durch allerlei unerledigte Vergangenheitsreste beunruhigt. Auf alle Fälle bringt dieser Transit uns mehr oder weniger bewußt mit der Vergangenheit in Berührung; es ist, als ob eine bestimmte Erinnerungsbereitschaft an Vergessenes oder Verdrängtes aufgeweckt würde, die zu anderen Zeiten schläft. Der Unterschied gegenüber dem Sonnentransit besteht im wesentlichen darin, daß es hier bei der Beunruhigung bleibt, ohne daß ein moralisches Gericht über uns selbst damit verbunden wäre.

MOND ÜBER URANUSPLATZ: Dieser Übergang mag eine Zeit gespannter Erwartung bringen: Etwas Überraschendes soll kommen. Vielleicht bleibt es auch nur bei der bloßen Neugier; man findet manches interessant, woran man zu anderen Zeiten interesselos vorbeigeht. In der Erwartung von etwas Unerwartetem mag hier manche Vorsicht außer acht gelassen werden. Man sei besser auf der Hut.

MOND ÜBER NEPTUNPLATZ: Dieser Übergang rührt leicht an den in jedem Menschen schlummernden Jenseitsinstinkt. Ein stilles Begreifen all dessen, was durch bloße Logik des gemeinen Denkens niemals erfaßt werden kann, will sich in das Bewußtsein hinaufarbeiten; doch bleibt es meist innerhalb der Grenzen einer bloß launigen Ahnung befangen. Tausendfach sind die Formen, in denen sich dies äußern kann. Hier hängt wie bei allen Mondtransiten viel von der Rolle ab, die das Neptunische im Leben des betreffenden Menschen spielen mag.

Die Bedeutung der Mondtransite ist mit dieser flüchtigen Betrachtung nicht erschöpft. Wenn man außer den Planetenplätzen auch noch deren Aspektstellen beachtet, dann wird Mond geradezu zu einem Regler der ganzen Skala all der Regungen, die unser tägliches Leben und sogar die Motive des nächtlichen Traumlebens begleiten. Wenn wir in späteren Abschnitten dieses Buches die sogennanten »Direktionen« behandeln, dann werden wir in den Mondtransiten noch eine andere Funktion kennenlernen. Wir werden dann in dem transitierenden Mond einen Torwart erkennen, dessen Funktion es ist, eine Eingangspforte zu öffnen, durch die die Schicksalskomponente den Zugang zu unserem Horoskop findet und so den Punkt bestimmt, an dem diese zunächst unser Wesen ergreift, sei es in gutem oder schlimmem Sinn.

Die englischen Ephemeriden bringen für jeden Tag eine genaue Zeitangabe für jeden sich bildenden Mondaspekt mit den übrigen Planeten. Diese Daten, die eine wesentliche Hilfe für die später zu behandelnden Sekundärdirektionen bieten, haben als bloße Transite nur in solchen Fällen Bedeutung, wo sie gleichzeitig auf wichtige Punkte eines individuellen Horoskops fallen; sie sind dann im Sinn der oben gegebenen und im weiteren zu behandelnden Mondtransite zu werten. Meist wird es sich in all diesen Fällen mehr um den Aufenthalt des Mondes in einem bestimmten Haus handeln, wobei Mond etwas von der ihm durch seine ephemeren Aspekte aufgeprägten Farbe auf das betreffende Haus übertragen kann.

Wir wenden uns nun den Merkurtransiten zu. Wieder betrachten wir zunächst die Wanderung dieses Planeten durch die zwölf Häuser des Horoskops und dann den Transit über die einzelnen Planetenorte. Da Merkur geozentrisch an die Sonne gebunden ist, dauert diese Wanderung etwa ein Jahr, wobei jedoch zu bedenken ist, daß infolge der zeitweisen Rückläufigkeit dieses Planeten ein und derselbe Planetenort unter Umständen mehrmals innerhalb desselben Monats überschritten werden kann. Über die Bedeutung der sogenannten »Rückläufigkeit« haben wir bereits in *Mensch und Erde* gesprochen.

Um nun die Bedeutung der Merkurtransite zu verstehen, gilt es zunächst wieder ein Schlüsselwort zu finden, wie dies bei Sonne geschah: »Die Sonne bringt es an den Tag.«

29. Vortrag

Merkurs Bedeutung als Transitor werden wir vielleicht am besten verstehen, wenn wir in ihm jene Kraft erkennen, die uns dazu nötigt, allem, was in den Bereich unserer Erfahrung gerät, einen Sinn abzugewinnen und es dadurch der Grundrichtung unseres Wesens richtig einzuordnen. Die Forderung, mit der Merkur als Transitor an uns herantritt, ist mithin zwar keine moralische, aber doch eine Forderung nach dem richtigen, mit unserem Wesen übereinstimmenden und möglichst ökonomischen Gebrauch all dessen, was uns aus den entsprechenden Feldern des Tierkreises, die in den Bereich eines bestimmten Hauses fallen, an Möglichkeiten zufällt. In den meisten Fällen wird wohl Merkur zugleich mit Sonne durch ein Haus wandern oder durch das unmittelbare Nachbarhaus.

Durchwandert Merkur das 1. Haus, dann beschäftigt einen mehr oder weniger bewußt der Gedanke, daß es das Leben verlangt, sich, wo immer man steht, zu bewähren; man soll sich nicht mehr zutrauen, als man seinen Fähigkeiten nach leisten kann. Allerdings stimmt diese Bilanz niemals ganz, und so mancher mag sich mit dem lateinischen Satz trösten: Ut desint vires, tamen est laudanda voluntas. – Hier ist der Platz, wo Minderwertigkeitsregungen leicht entstehen.

Durchwandert Merkur das 2. Haus, dann begegnen wir in uns sehr häufig dem Zwiespalt zwischen Sparsamkeit und Verschwendung. Der »Inventarkomplex«, den wir bei Sonne, das 2. Haus durchwandernd, erwähnten, nimmt hier eine andere Form an; er gilt jetzt nicht der Frage, was man hat, sondern wie man es am besten verwerten könnte, wie man mit dem Pfund wuchern könnte oder ob dies überhaupt ratsam sei.

Durchwandert Merkur das 3. Haus, dann entstehen Tendenzen, die der Wiederbelebung unseres Verkehrs mit anderen gelten, sollte dieser unterbrochen worden sein, oder der Intensivierung bestehender Verbindungen. In allen Fällen finden wir jedoch wieder die kritische Erwägung, die zur Vorsicht mahnt, sowohl gegen die anderen als auch gegen sich selbst.

Durchwandert Merkur das 4. Haus, dann entsteht wieder eine Tendenz, die eigene Linie im Denken einzuhalten und sich so wenig wie möglich von ihr zu entfernen. Auch hier ist ähnlich wie im 2. Haus das Bestreben unverkennbar, mit dem anvertrauten Pfund zu wuchern und den Lehren, die man in der Jugend bekommen hat, treu zu bleiben. Dies mag bis zu einem gewissen Grad als Hemmung empfunden werden, als ein Nicht-heraus-Können aus der eigenen Haut und als Knechtschaft gegenüber eingeerbten Vorurteilen. Aber all dies mag an der Tatsache nichts ändern, daß die geschilderten Tendenzen unausrottbar bestehen.

Durchwandert Merkur das 5. Haus, dann tritt fast das Gegenteil von dem ein, was soeben beschrieben wurde. Man unterliegt leicht einem geistigen Leichtsinn, der es möglich macht, es mit dem Festhalten an der eigenen Meinung nicht allzu ernst zu nehmen. Man fühlt sich durch die eigene Linie nicht allzusehr gehemmt. Zu solchen Zeiten kann auch eine sonst fremde Neigung zum Opportunismus vorübergehend von uns Besitz ergreifen.

Durchwandert Merkur das 6. Haus, dann hält die soeben beschriebene Neigung noch weiter an, aber es fehlt hier der Leichtsinn. An seine Stelle tritt ein Opportunismus, der mit der Selbsterhaltung unmittelbar zu tun hat und bereit ist, wenn auch nur zum Schein, allerlei Zugeständnisse an die Umgebung zu machen, von der die Anerkennung unserer geistigen Position abhängen kann.

Durchwandert Merkur das 7. Haus, dann kann man nicht von einer Neigung zum Opportunismus sprechen. Vielleicht ist, was hier auftritt, eher eine Neigung zur Konzilianz; man sucht bei anderen Verständnis für das eigene Denken und ist geneigt, den anderen den gleichen Dienst zu leisten.

Durchwandert Merkur das 8. Haus, dann scheint es, als wenn zu solchen Zeiten das eigene Denken das Vertrauen in die alten eingefahrenen Geleise seiner Logik zu verlieren begänne; man sucht neue Nahrung für das eigene Denken durch eine passivere Hingabe an all das, was aus den Bereichen der Phantasie einströmt. Auch das ist eine Konzilianz, aber sie hat nichts zu tun mit den anderen, sondern mit der eigenen Person.

Im 9. Haus kommt es dann direkt zu eklektischen Tendenzen, vielleicht sogar zu plagiatorischen Anwandlungen, die allerdings meist unbewußt bleiben. Immerhin ist die Neigung unverkennbar, den Vorrat seiner geistigen Mittel möglichst zu vermehren oder wenigstens zu intensivieren, um damit mit größerem Nutzen weiterarbeiten zu können.

Durchwandert dann Merkur das 10. Haus, strebt man danach, diesen Nutzen auch wirklich heimzubringen, also etwas zu leisten, was vor dem Forum der Öffentlichkeit bestehen kann. Es soll das eigene Ansehen gemehrt und zu Ehren gebracht werden; der Drang nach Erfolg im tätigen Leben, welcher Art immer er auch sein mag, stellt sich auch dort ein, wo er sonst gar nicht bestand. Zumindest spielt man in Gedanken mit solchen Erfolgsphantasien.

Durchwandert Merkur das 11. Haus, dann ist es die Freundschaft, die auf ihren Wert hin geprüft wird, und der alte lateinische Spruch: »Manus manum lavat« – Eine Hand wäscht die andere – rückt beträchtlich in den Kreis unserer Interessen.

Durchwandert Merkur das 12. Haus, dann nimmt nicht selten die Tendenz zur Klugheit ein wenig Schlauheit an; eine Klugheit, die sich scheut, als solche aufzutreten, weil der Mut fehlt, sich der Kritik auszusetzen.

All das, was jetzt beschrieben wurde, bezieht sich bloß auf transitorische Stimmungen, die von Monat zu Monat wechseln und in ihrer Gesamtheit nur leicht chromatische Nuancen der Grundfarbe darstellen, die durch die natale Stellung des Planeten Merkur ein für allemal gegeben ist.

Wir wenden uns nun den Transiten des Planeten Merkur über die einzelnen Planetenorte zu. Diese erfolgen, da Merkur ein »sonnegebundener« Planet ist, mindestens einmal jährlich, meist aber öfter, da Merkur zur Zeit seiner Rückläufigkeit denselben Planetenort auch dreimal passieren kann. Fällt dann ein solcher Transit des rückläufigen Merkur mit dem Sonnentransit über denselben Planetenort zusammen, dann kann es auch zu einer »Merkurfinsternis« am transitierten Planetenort kommen. In diesem Fall würde die Wirkung des Merkurtransits hinter der des Sonnentransits zurücktreten.

MERKUR ÜBER SONNENORT: Die allgemeine Formel für den Sinn dieses Transits könnten lauten: Wuchere mit dem anvertrauten Pfund. Dieser Transit wiederholt sich Jahr für Jahr um die Zeit unseres Geburtstages. Kehrt er als retrograder Transit wieder, dann könnte er so gedeutet werden, daß die Frage in uns auftaucht, ob wir denn auch verstanden haben, was der erste Transit von uns wollte. Der nun wieder folgende rechtläufige Transit heischt dann die Anwort auf jene Frage hin. Es ist eine Gewissensfrage, die hier durch Merkur gestellt wird und demzufolge an unser moralisches Ich appelliert. Sie gehört zu den Vorboten oder den Nachwehen der Geburtstagszeit und geht mit dem Erlöschen des Transits wieder vorüber.

MERKUR ÜBER MONDORT: Die Wirkung dieses Transits ist ähnlich der soeben beschriebenen, nur daß die hier entstehende Frage nicht moralischer Natur ist, sondern eher zu tun hat mit der Aufstellung einer Geschäftsbilanz – mit dem »Haben«, aber nicht mit dem »Soll«. Es ist ein Transit, der je nach den begleitenden Umständen zum Sparen oder auch zum Verschwenden nötigt, in beiden Fällen aber dazu, sich an seinem »Guthaben«, wenn der Ausdruck erlaubt ist, zu »sonnen«. Hier könnte es in Abwandlung des Goethe-Wortes: Was du ererbt von deinen Vätern hast, erwirb es, um es zu besitzen, heißen: Erfreue dich auf alle Fälle dessen, was du hast, und frage nicht weiter.

MERKUR ÜBER MERKURORT: Wie in allen derartigen Fällen, in denen ein Planet seinen natalen Platz überschreitet, wird die Aufmerksamkeit des Geborenen mit besonderer Intensität, bewußt oder unbewußt, auf jene Seite seiner Gesamtveranlagung hingelenkt, deren Ausdruck die betreffende Planetenfunktion darstellt. Hinzu kommt jedoch noch die besondere Bedeutung des oder der beiden Häuser, deren Herr in dem betreffenden Horoskop Merkur ist. In allen Fällen wird aber auch hier der Gedanke der Nutzbarkeit mit hineinspielen.

MERKUR ÜBER VENUSORT: Die Neigung, die Gefühlserlebnisse zu intellektualisieren, taucht vorübergehend auf. Dichterische oder schriftstellerische Anwandlungen sind nicht selten Begleiterscheinungen. Zuweilen entladen sich diese in einer Neigung zur Geschwätzigkeit, die sonst nicht vorhanden ist, zuweilen aber auch in plötzlich auftretenden »Eingebungen«. Besteht im Grundhoroskop ein günstiges Verhältnis zwischen den beiden Planeten, dann mag dieser Transit neue künstlerische Impulse mit sich bringen.

MERKUR ÜBER MARSORT: Dieser Transit bringt meist eine Mahnung zur Vorsicht mit sich und wird gegebenenfalls zur Zurückhaltung raten, wenn sonst das Temperament zu entscheiden pflegt. Der Grundsatz: Respice finem! – Bedenke das Ende – wie es im Lateinischen heißt, mag zu solchen Zeiten den Geborenen bewußt oder unbewußt beeinflussen.

MERKUR ÜBER JUPITERORT: Es ist nicht leicht, eine allgemeine Formel für die Wirkung dieses Transits aufzustellen. Im allgemeinen bestärkt dieser Transit in allem, was zur Überzeugung gehört, und macht erfinderisch in der Wahl von Argumenten und Ausreden sowohl vor anderen, als auch vor dem eigenen Gewissen; es besteht jedoch keine Neigung, darum einen Streit vom Zaun zu brechen; man ist im wesentlichen auf Selbstverteidigung eingestellt.

MERKUR ÜBER SATURNPLATZ: Zur Zeit dieses Transits fühlt man sich versucht, einen Strich durch alles Vergangene zu machen, mit dem sich abzumühen nur unfruchtbar und sogar schädlich sein mag. Hier gilt zumindest der erste Teil des Goetheschen Spruches: »Willst du dir ein hübsch' Leben zimmern, mußt um Vergangenes dich nicht kümmern...« Ist man gefallen, so hat man aufzustehen und weiterzugehen. Es ist aber nicht verboten, aus dem Vergangenen zu lernen.

MERKUR ÜBER URANUSPLATZ: Ein Transit, der vorübergehend Impulse des Trotzes bringt, des aktiven oder des ohnmächtigen, je nach der Grundnatur des Gesamthoroskops. Gerade deshalb, weil Uranus einen Individualkoeffizienten des Horoskops darstellt, ist es schwierig, hier eine allgemeine Regel aufzustellen.

MERKUR ÜBER NEPTUNPLATZ: Wenn dieser Transit überhaupt zur Wirkung kommt, dann besteht sie wohl darin, daß man insgeheim auf ein Wunder hofft, wie etwa Ibsens Tesman am Ende der *Nora-Dichtung*. Vielfältig sind die Möglichkeiten, um die hier die Gedanken kreisen.

Bei der Deutung dieser Merkurtransite hat man wieder auf das Haus zu achten, in dem sie stattfanden, und auf die Bedeutung der Häuser, deren Herr Merkur in dem betreffenden Horoskop ist.

30. Vortrag

Wir haben nun den Planeten Venus bei seinem Gang durch die zwölf Häuser und über die einzelnen Planetenorte zu verfolgen und die Wirkungen dieser Transite zu studieren.

Gleich den Merkurtransiten finden auch die Venustransite alljährlich einmal statt mit fallweiser Wiederholung durch eventuelle Rückläufigkeit, da auch Venus, geozentrisch angesehen, an die Sonne gebunden ist. Aber der Umstand, daß die größte Distanz zwischen Sonne und Venus 48° beträgt, macht nicht nur die Rückläufigkeit zu einem selteneren Ereignis, sondern auch den Fall, daß Sonne und Venus gleichzeitig dasselbe Haus durchwandern.

Betrachten wir nun zunächst die zodiakale Wanderung des Planeten Venus durch die einzelnen Häuser des Horoskops. Wieder wird es darauf ankommen, ein möglichst allgemeines Schlüsselwort für das zu finden, was die transitierende Venus in das Haus bringt, das sie gerade durchwandert. Erinnern wir uns daran, daß einer der wesentlichsten Einflüsse des Planeten Venus die Empfänglichkeit für alles Gute und Schöne ist. Sie macht den Menschen vor allem dankbar und dadurch unempfindlich für das Häßliche und Böse, als stünde er unter dem Einfluß eines glückbringenden Zaubers. Unter diesem Einfluß meidet man jeden Kampf und sogar jede Verteidigung, da man den Anlaß zu beiden übersieht und vergißt. Daraus ergibt sich unmittelbar das Schlüsselwort, das wir suchen: Venus beschönigt alle Dinge.

In diesem Wort liegt aber auch schon der Hinweis auf das Transitorische und Trügerische dieser Venustransite. Immerhin können wir sagen, daß durch den Aufenthalt dieses Planeten alles Ungünstige, das mit dem betreffenden Haus durch sonstige Einflüsse verbunden wäre, zumindest gemildert wird. Durch Venus bekommt man die Gabe, die rauhe und häßliche Wirklichkeit umzudichten und zu verschönern.

Durchwandert Venus das 1. Haus, dann kommt ein Friede über uns; wir werden friedfertig mit einer inneren Entschlossenheit zur Amnestie, wenn nicht gar zur Amnestie für alles Böse, das uns widerfahren, und dadurch geeignet, auch das Wohlwollen der anderen auf uns zu ziehen.

Durchwandert Venus das 2. Haus, dann beherrscht uns Leichtsinn in bezug auf all das, was das 2. Haus vorstellt. Man gibt und spendet gern, aber das Geben kommt nicht aus dem Herzen, sondern aus der Tasche.

Durchwandert Venus das 3. Haus, dann möchte man mit allen Menschen gut sein, man ist weich und versöhnlich gestimmt und geneigt, Menschen auf der Straße zu grüßen oder sogar anzusprechen, an denen man sonst achtlos vorüberzugehen pflegte. Man findet plötzlich Menschen annehmbar, die man zu anderen Zeiten nicht ausstehen konnte.

Durchwandert Venus das 4. Haus, dann tritt häufig die Neigung auf, andere zu protegieren oder die Protektion anderer zu suchen, indem man ihnen die eigene angedeihen läßt. Dies ist jedoch meist ein unbewußter Vorgang, dessen äußerer Ausdruck das Bedürfnis sein mag, sich in die Gunst anderer einzuschmeicheln. Es ist ein beglückendes Gefühl, anderen Komplimente zu machen.

Durchwandert Venus das 5. Haus, dann werden die Menschen sehr leicht das Opfer der Liebeskrankheit werden und verhältnismäßig leicht derartigen Einflüssen erliegen. Es besteht immer die Bereitschaft, ins Feuer zu geraten. Schließlich hängt es von der Lage des 5. Hauses im Tierkreis ab, zu welcher Jahreszeit dies zu geschehen pflegt. Liegt beispielsweise das 5. Haus in Steinbock und ist demnach Jungfrau Aszendent, dann werden so geborene Menschen im Winter am leichtesten entflammbar sein. Man könnte auf Grund einer Häusertabelle leicht den Liebesrhythmus eines jeden Menschen feststellen. Wenn sich zwei Menschen, wie man zu sagen pflegt, auf den ersten Blick ineinander verlieben, was selten genug vorkommt, dann müßten sie entweder den gleichen Aszendenten oder unmittelbar benachbarte Aszendenten haben. Es darf jedoch nicht übersehen werden, wie viele andere Einflüsse hierbei noch mitspielen.

Durchwandert Venus das 6. Haus, dann wird leicht ein seelischer Zustand im Menschen hervorgerufen, den man im allgemeinen als Euphorie bezeichnet. Das ist der Zustand eines gehobenen Lebensgefühls, auch wenn man krank ist. Man ist jetzt den Wirkungen heilender Medikamente zugänglicher, wie auch allen anderen segnenden und helfenden Impulsen. Aber man fühlt auch selbst Hilfsbereitschaft und Nächstenliebe in sich aufkeimen, wenn man auch oft genug zu schwach ist, sie durch die Tat zu bekräftigen.

Durchwandert Venus das 7. Haus, dann ist man besonders optimistisch in bezug auf alle für die Dauer bestimmten Verbindungen. Man ist geneigt, Verträge auf lange Sicht zu schließen, ohne daran zu denken, daß man sie später bereuen könnte. Dieser Optimismus setzt sich leicht auch gegen die Stimme der Vernunft durch. Unerwartete Heiraten können unter der Wirkung dieses Transits infolge eines plötzlichen Entschlusses erfolgen.

Durchwandert Venus das 8. Haus, dann wird man besonders mild im Urteilen und Verurteilen. Man ist nicht geneigt, irgend etwas auf die Spitze zu treiben. Dieser Transit macht vorübergehend unmoralisch insofern, als das Gewissen leicht eingelullt wird: Es ist schon nicht so schlimm gewesen. Die Phantasie neigt zu angenehmeren Tagträumen, durch die die harte Wirklichkeit freundlich umgefälscht wird.

Durchwandert Venus das 9. Haus, dann ist man zu allerlei Kompromissen geneigt und leicht gegen seine Überzeugung nachgiebig, nur um Reibungen aus dem Weg zu gehen. Man fühlt sich vielleicht ein wenig erhaben über alle, denen dies gar so wichtig ist. Man huldigt vorübergehend dem Grundsatz einer hedonistischen Philosophie wie im 6. Haus dem Verlangen nach Euphorie.

Durchwandert Venus das 10. Haus, dann ist die Zeit gekommen, wo man sich gerne einen Urlaub gönnen möchte. Dies kann sogar zu einer vorübergehenden Vernachlässigung der Berufspflichten führen, die einem selbst aber gar nicht als solche erscheinen. Die Neigung, Lästiges auf morgen zu verschieben, mag hier als eine der Erscheinungen auftreten, die der Venustransit durch das 10. Haus mit sich bringt. Der Fortfall gewisser Hemmungen kann hier sogar Erfolge einbringen, wie sie sich sonst nur bei Glücksspielen einstellen, wenn Fortuna einem wohlgesinnt ist.

Durchwandert Venus das 11. Haus, dann gerät man leicht in die Stimmung, die durch Schillers Worte: »Diesen Kuß der ganzen Welt« ausgedrückt wird. Die ganze Ode *An die Freude* jauchzt aus, was Venus an dieser Stelle des Horoskops sagen will. Zu solchen Zeiten ist man zu allerlei weitgehenden Freundschaftsdiensten geneigt, die auf sich zu nehmen man sonst sich wohl überlegen würde. Aber solche, wenn auch vorübergehende Gesinnung mag leicht dazu angetan sein, die Segnungen der Freundschaft und ihre Hilfe herbeizurufen.

Durchwandert Venus das 12. Haus, dann wird wohl der hauptsächliche Effekt darin bestehen, daß das Gefühl der Verlassenheit wesentlich gemildert wird. Man wird abgeschaltet von der Erlebnisbereitschaft für Vereinsamung, Anfeindung oder Verfolgung. Der Satz: »Liebet eure Feinde« wird auf einmal, wenn auch meist nur im Unterbewußtsein, begriffen und beeinflußt von hier aus die psychologische Grundeinstellung, solange der Transit währt.

Es darf bei der Deutung der hier kurz beschriebenen Transitwirkungen nicht übersehen werden, daß sich diese mit den Wirkungen all der anderen gleichzeitig bestehenden Planetentransite zu einem stets wechselnden psychologischen Bild zusammenschließen, dessen Umrisse, gleich Wolkengebilden über einer Landschaft, über unser Grundhoroskop dahinziehen. Wir werden am Ende dieser Vortragsreihe einige Beispiele bringen, an denen wir diese ephemeren Transiteinflüsse in ihrer Gesamtheit aufzeigen wollen.

Wir wenden uns nun der Betrachtung der Marstransite zu. Mars, der erste der Planeten, die außerhalb der Erdbahn um die Sonne kreisen, ist nicht mehr wie Merkur und Venus sonnegebunden. Seine Transite wiederholen sich daher nicht alljährlich, sondern in Abständen von je zwei Jahren an denselben Stellen des Tierkreises. Seine Wanderung durch das Gebiet eines Hauses dauert demgemäß durchschnittlich zwei Monate, was zur Folge hat, daß seine Wirkung als Transitor auf jedem der zwölf Lebensgebiete nachhaltiger ausfallen wird als die der bisher behandelten Transitoren.

Versuchen wir zunächst, uns eine allgemeine Vorstellung zu bilden von der Funktion des Planeten Mars als Transitor, dann werden wir zu einer antagonistischen Tendenz hingeleitet, die zwischen der Venus- und der Marsfunktion besteht. Hatte die transitierende Venus die Funktion, alles, was in ihren Bereich kam, zu mildern und zu beschönigen, ja sogar unsere Energien einzulullen, so hat Mars die Funktion, unsere Widerstandskraft und unsere Unnachgiebigkeit herauszufordern, um uns zu veranlassen, eine Kraftprobe zu leisten. Es ist etwas Kriegerisches, was plötzlich im Menschen erwacht oder ihm selbst gegen seine Natur aufgezwungen wird und darum auch keineswegs immer zu seinem Heil ausschlägt, denn er wird häufig genug gezwungen, seine Kräfte auf jenem Gebiet, auf dem der Transit geschieht, zu übersteigern. Es ist nicht allzu schwierig, sich vorzustellen, welche Folgen sich hier einstellen können, insbesondere dort, wo es sich um mehr oder weniger unausgeglichene Menschen handelt. Vielfältig sind die Reaktionen des Geborenen in ihrer physischen, seelischen, geistigen oder moralischen Äußerung; immer aber bleibt das Schlüsselwort für die Deutung dieses Transits das Herausgefordertwerden zu einer Kraftprobe oder das Gefühl, ihr widerstehen zu sollen.

Durchwandert Mars das 1. Haus, dann empfindet man jeden Zusammenstoß mit der äußeren Wirklichkeit als eine Herausforderung durch das Schicksal. Man ist geneigt, Anstoß an Dingen zu nehmen, die einem zu anderen Zeiten ganz gleichgültig sind. Man stößt sich leichter an, weil man empfindlicher ist gegen alle Insulte, zu denen sogar die gewöhnliche Sinneswahrung gehört, und man reagiert heftiger auf alle Krankheitserreger, in welchem Sinn immer man dieses Wort verstehen will. Die Abwehr fällt stärker aus, als ersprießlich wäre, und kann dadurch zuweilen mehr Schaden anrichten als die »Krankheits«ursache selbst.

Durchwandert Mars das 2. Haus, dann fühlt man sich in seinem Besitz bedroht und genötigt, allerlei Sicherheitsvorkehrungen zu treffen, an die man sonst nicht denkt. Es kann geschehen, daß man gerade durch solche Bemühungen die Aufmerksamkeit der anderen unliebsam auf sich zieht.

Durchwandert Mars das 3. Haus, dann macht er wieder in hohem Grad empfindlich gegen jede Kritik, der man sich beständig ausgesetzt glaubt. Man sucht oft gerade den Streit, nur weil man sich einer schärferen Beurteilung durch die anderen gegenüber wähnt, als dies in Wirklichkeit der Fall ist. Das Hervorkommen einer negativen Eitelkeit kann zu Zeiten dieses Transits recht lästig werden.

Durchwandert Mars das 4. Haus, dann tritt ähnliches auf wie im 2. Haus. Man fühlt sich in den Grundfesten seiner Überzeugungen, soweit diese auf altgewohnten oder ererbten und für gesichert erachteten Voraussetzungen beruhen, nicht mehr so sicher, daß sie nun nicht der Verteidigung bedürften. Man muß sich dazu rüsten, sie zu verteidigen, auch gegen sich selbst, um sich in diesem stillen Verteidigungskampf die alte Sicherheit zurückzuerobern. Zuweilen mag aber dieser Kampf so still nicht sein, wenn er dazu führt, sich gegen diejenigen aufzulehnen, die bisher unsere Wegweiser gewesen sind, sei es persönlich oder durch Lehre und Tradition. Der Zwist, der hieraus erwachsen kann, kann unter Umständen tief in unser Leben eingreifen.

Durchwandert Mars das 5. Haus, dann tritt hier leicht eine Übersteigerung der Ansprüche auf, die man an sich oder den Partner stellt, es sei ein Partner in Spiel, Liebe oder auch ein Schüler, kurz in allen Fällen, in denen es auf eine Kraftprobe des Einflusses und der seelischen Macht der eigenen Persönlichkeit ankommt oder wenigstens auf den Grad der Genugtuung, die die Erhöhung des Machtgefühls einbringen mag. Das Entweder-Oder, das hier häufig genug auftritt, führt leicht zu Konsequenzen, die man später gar sehr zu bedauern hat.

Durchwandert Mars das 6. Haus, dann fordert er Kraftproben ab, die sich auf die Widerstandsfähigkeit und den Härtegrad unseres Gesamtorganismus beziehen. Hier können diese Kraftproben vor allem in der Gestalt von allerlei Krankheiten auftreten, deren Hauptcharakteristik die Vehemenz ist, mit der der Körper sich zur Wehr setzt. Man trotzt den Krankheitskeimen. Zu solchen Trotzkrankheiten gehören aber auch die Folgen von Unfällen, die ihrerseits aus einer Trotzeinstellung gegenüber der Bosheit des »Schicksals« entspringen. Man setzt sich bewußt oder unbewußt gewissen Gefahren aus, um so den Handschuh aufzunehmen, den einem ein böswilliges Schicksal hinwirft. Dies pflegt man auch mit dem Ausdruck »Mutwilligkeit« zu bezeichnen.

Durchwandert Mars das 7. Haus, dann bringt er etwas von dem Entweder-Oder, das wir im 5. Haus kennenlernten, mit hinein in das Haus der Dauerverbindung und der Ehe, das auch hier wie eine Herausforderung des Beharrungssinnes erscheint, den wir von uns wie von dem Partner erwarten. Auch hier kann ein Mutwille auftreten, der darin besteht, daß man sich oder auch den Partner harten Proben aussetzt in bezug auf Verläßlichkeit und Verträglichkeit. Hier kann es leicht zu kritischen Situationen kommen, in deren Meisterung die richtig verstandene Antwort auf jene Herausforderung besteht.

Durchwandert Mars das 8. Haus, dann kann es zu irgendwelchen Gewissensbelastungen kommen, denen gegenüber die Widerstandskraft herausgefordert wird, als stände sie vor einem inneren Gerichtshof. Es ist die moralische Festigkeit des Menschen, der hier die Herausforderung gilt. Man muß stark genug sein, um dem inneren Ankläger zu widerstehen oder wenigstens standzuhalten. Man muß trachten, den Fangarmen seiner Vergangenheit zu entrinnen, um frei und unbeschwert weiterleben zu können.

Durchwandert Mars das 9. Haus, dann wird man eine starke Neigung zum Eigensinn heraufkommen sehen. Aber dieser Eigensinn ist nicht der Ausdruck der Stärke, sondern eher der Furcht, man könnte durch Nachgiebigkeit die eigene Linie verlieren und damit das Recht auf seine geistige Individualität. Aber dieser künstlich übertriebene Eigensinn, der vielfach sich bloß als ein prinzipieller Trotz kundgibt, nötigt zuweilen den Geborenen, verlorene Positionen, an die er selbst nicht glaubt, mit aller Macht zu verteidigen, um hernach die notwendige Niederlage um so schwerer zu empfinden.

Durchwandert Mars das 10. Haus, dann ist es tatsächlich die »Lebenshärte«, die im Kampf gegen den Herausforderer eingesetzt werden soll. Antriebe des Ehrgeizes melden sich, die sonst den Geborenen nicht zu belästigen pflegen, und machen ihn empfindlich gegen sonst gleichgültige Gegnerschaft, ja sie rufen diese geradezu auf den Plan, so daß hier neue und ungewohnte Widerstände entstehen, die zu anderen Zeiten, mit geringeren Ansprüchen an Geltung, gar nicht bemerkt wurden.

Durchwandert Mars das 11. Haus, dann beginnt das seelische Verhältnis zu den Menschen unserer nächsten Umgebung zum Gegenstand erhöhter Empfindlichkeit zu werden. Geringfügige Anlässe erhalten plötzlich ungewohnte Bedeutung und werden überschätzt oder mißdeutet, sei es in gutem oder üblem Sinn. Die Mahnung zur Vorsicht, die zuweilen dem Mißtrauen bedenklich verwandt ist, kann hier leicht in ihren seelischen Auswirkungen zurückstrahlen.

Durchwandert Mars das 12. Haus, dann will das Gefühl, daß man im Grunde genommen doch am Ende immer allein ist, uns niemals ganz verlassen. Es macht uns abwechselnd resigniert oder pessimistisch, immer aber, wenn auch meist im Unterbewußtsein, rebellisch und egoistisch, auch wenn einem sonst solche Empfindungen fernliegen.

Wir haben nun Venus und Mars auf ihrer Wanderung durch die zwölf Häuser begleitet; nun wollen wir die Transite dieser beiden Antagonisten über die einzelnen Planetenorte untersuchen. Wieder gilt es zunächst, ein allgemeines Schlüsselwort zu finden für die Deutung dieser Transite. Beginnen wir zunächst mit Venus. Wenn wir diese Transite überschauen, dann werden wir erkennen, daß das Wesentliche dieses Ereignisses in einer eigentümlich besänftigenden Wirkung besteht, die vielleicht in der Weise beschrieben werden kann, daß ein schützender Schleier über die aktiven Kräfte der betreffenden Planeten gezogen wird, gleich einer sanften Narkose, deren Zweck es ist, Schmerz und Unlustgefühle nicht aufkommen zu lassen. Diese Transite sind allerdings nicht in der Lage, unangenehme Ereignisse abzuhalten, aber doch in der Lage, den Geborenen so umzustimmen, daß er während der Dauer des Transits gegen schmerzliche Erfahrungen abstumpft und sogar fähig wird, sie ins Angenehme umzudeuten. Die Alten nannten Venus im Vergleich zu Jupiter das kleine Glück. Damit sollte ausgedrückt werden, daß Venus nicht so sehr äußere Glückszufälle beschert, als vielmehr das innere Glück der Erlebniskraft des Glücksrausches und der Schönheit, in deren Glorienschein wir uns selbst erheben. All das mag der Wirkung einer Fata Morgana ähnlich erscheinen, denn auch diese ist etwas Transitorisches.

Wir gehen nun zu den einzelnen Planeten über. Überschreitet Venus den Sonnenort, dann tritt etwas ähnliches ein wie beim Durchgang durch das erste Haus. Man strahlt Freude und Wohlwollen aus und gewinnt dadurch Anziehungskräfte für die anderen Menschen. Der

Transit währt allerdings nur kurze Zeit. Aber auch eine Fata Morgana kann unter Umständen lebensrettend wirken; wenn ein solcher Transit in der Epoche des Unglücks geschieht, dann kann auch eine vorübergehende Steigerung des Lebensgefühls sehr viel helfen.

Venus über Mondort: Zu solchen Zeiten wird man wohl besonders nachgiebig und weich sein und in hohem Grad sentimentalen Anwandlungen zugänglich. Man erlebt, was man im praktischen Leben eine »schwache Stunde« zu nennen pflegt. In solchen Zeiten kann man sich zu leichtsinnigen Handlungen oder Äußerungen hinreißen lassen, die gar nicht zu der moralischen Linie zu passen scheinen, die man sonst ohne große Mühe einhält.

Venus über Merkurort: Man ist geneigt zu mehr wohlwollender Kritik, man sucht Härten zu vermeiden oder abzuschwächen, und man kann sogar seinen Gegner bewundern. Die Märchenwelt erhält vorübergehend Realität.

Venus über Venusort: Dieser Transit, eine Art Venusgeburtstag, bringt wohl die Erneuerung aller im Geburtshoroskop vorhandenen Tendenzen entsprechend dem Reifezustand des Geborenen, der inzwischen im Lauf des Lebens erreicht wurde. Doch mögen zu solchen Zeiten gewisse Rückfälle eintreten, weil dieser Transit auch zur Nachsicht gegen sich selbst geneigt macht.

Venus über Marsort: Alles, was mit Mars zusammenhängt, wird durch diesen Transit und für seine Dauer gemildert und abgeschwächt. Diese Milderung oder Abschwächung kann in sehr verschiedener Weise geschehen. Man läßt etwa an solchen Tagen, wie man zu sagen pflegt, »fünfe grade sein«, oder man setzt die Kräfte seiner Phantasie ein, um sich über gewisse Härten hinwegzulügen. Hier sind es meist Unterlassungen, die für den Moment manch Gutes einzubringen scheinen.

Venus über Jupiterort: Dieser Transit mag viel dazu beitragen, das Selbstgefühl über Gebühr zu heben. Das mag unschädlich sein, kann aber auch dazu führen, daß der Geborene seine »starke Stunde« erlebt und dann über die Stränge schlägt, sich selbst zum Wohlgefallen, aber nicht den anderen. Der vorübergehende Mangel oder gänzliche Wegfall kritischer Eigenhemmungen, der für den Moment angenehm empfunden wird wie ein leichter Weinrausch, mag hinterher manche Enttäuschung einbringen.

VENUS ÜBER SATURNORT: Im allgemeinen kann man von diesem Transit aussagen, daß durch ihn die Empfindung für jede moralische Last ein wenig eingelullt wird: »Einmal ist keinmal.« Heute ist ein Ausnahmetag, ein Feiertag, ein wirklicher Sabbath. Wieder einmal so recht jung sein, wenn auch nur für einen Tag. Zum Unterschied gegenüber dem Transit über Jupiter mag gesagt sein, daß es sich hier um keinerlei Rauschzustand der Seele handelt, sondern bloß um aufkeimende Wunschstimmungen, die mit dem Vorübergehen des Transits auch wieder rasch verblassen.

VENUS ÜBER URANUSORT: Dieser Transit mag die Neigung bringen, sich sozusagen unter das Volk zu mischen, um einmal wenigstens vor sich selbst ein Mensch zu sein wie alle anderen. Das ist man ja im Grunde genommen ohnehin; aber das Gefühl, es aus freier Wahl sein zu dürfen, mag für den Augenblick beglücken. Es ist etwas daran, zur Majorität zu gehören. Man ist dann sozusagen unter einem sichereren Schutz als unter dem Schutz eigener Überzeugungen.

VENUS ÜBER NEPTUNORT: Die Augen öffnen sich für das alltägliche Wunder. Die Grenze zwischen Wirklichkeit und Traumwelt verschwimmt in ein merkwürdiges Gefühl, das uns sagen will, daß alles nur Übergang ist. Alle Realität ist trügerisch und vergänglich. »Die Gefühle nur sind wahr«, wie es in Grillparzers *Der Traum ein Leben* heißt.

Damit haben wir die einzelnen Venusstimmungen beschrieben, die sich im Laufe eines Jahres entsprechend den Tagen der Venustransite als transitorische Ereignisse einstellen.

Wir haben nun in analoger Weise die Übergänge des Planeten Mars über die einzelnen Planetenorte zu charakterisieren. Auch hier mag das Schlüsselwort »Herausforderung« seine volle Geltung behalten. Jede der Planetenfunktionen wird durch den Marsübergang herausgefordert, als gelte es, ihre Kraft zu bewähren und sich für jede erforderliche Abwehr bereitzuhalten.

MARS ÜBER DEN SONNENORT: Hier gilt die Herausforderung unserem moralischen Grundcharakter. Jede Kleinigkeit im Verlauf des täglichen Lebens avanciert zu einem Prüfstein für die Konsequenz und die Festigkeit unseres moralischen Charakters, und man kämpft mit aller Energie gegen Windmühlen. Solche Moralausbrüche mögen in den Augen der anderen unverständlich erscheinen, wo nicht gar lächerlich oder krankhaft. Man selbst wird sie nicht anders beurteilen, sobald der Transit vorbei ist.

Mars über Mondort: Hier gilt ähnliches, nur daß sich die Wirkung dieses Transits nicht auf den moralischen Charakter, sondern mehr auf die Neigungen oder sogar auf die körperlichen Zustände bezieht. Es kommt hier zu einer leidenschaftlichen Stellungnahme für und wider, zu einem eigentümlich gespannten Seelenzustand, den man am besten mit dem Ausdruck Reizbarkeit bezeichnet. Man benimmt sich vielfach ungehemmt und läßt Rücksichten außer acht, die man sonst nicht leicht vergißt. Man kann sehr verletzend werden, aber auch leicht Verletzungen erleiden, die durch die eigene Unachtsamkeit entstehen.

Mars über Marsplatz: Hier gilt, wie in allen anderen Fällen dieser Art, daß Mars manches aufweckt, was durch die Radixstellung dieses Planeten veranlagt ist, aber zur Zeit latent geworden sein mag. Man verjüngt sich sozusagen an diesem Marsgeburtstag, der jedes zweite Jahr wiederkehrt, in seiner Mars-Natur. Man fühlt alte Marsimpulse wieder heraufdrängen, als gelte es, einen neuen Frühling zu erleben, eine Stimmung, die sich je nach dem Lebensabschnitt des Menschen und seinem Alter recht verschieden in ihren Auswirkungen darstellt.

Mars über Jupiterplatz: Die Stimmung, die diesen Transit begleitet, hat zu tun mit dem Hochhalten der eigenen Würde und der eigenen Wichtigkeit. Zu solchen Zeiten ist man Minderwertigkeitsempfindungen weniger zugänglich, aber man empfindet jede wirkliche oder vermeintliche Blamage oder Unzulänglichkeit um so intensiver und quälender.

Mars über Merkurort: An solchen Tagen wird man ein wenig rechthaberisch erscheinen und logischen Argumenten nicht recht zugänglich, weil es wichtiger ist, recht zu behalten, als recht zu haben. Die Gedankenassoziationen folgen meist einer in dieser Richtung verlaufenden Linie und gruppieren sich wie Entlastungszeugen für uns und Belastungszeugen gegen eventuelle Gegner um einen imaginären Richtplatz.

MARS ÜBER VENUSORT: Die Venuskräfte erscheinen an solchen Tagen wie verdunkelt, wenn nicht gar abgeschaltet, sie fliehen vor der Leidenschaft und überlassen Mars das Feld. Aber es ist kein froher Sieg, den Mars hier davonträgt. Hier können dem Sadismus verwandte Stimmungen entstehen, die, wenn der Transit vorbei ist, dem Geborenen selbst fremd und seiner unwürdig erscheinen.

MARS ÜBER SATURNORT: Dieser Transit wirkt ähnlich dem Marstransit über den Mondort, unterscheidet sich aber im wesentlichen dadurch, daß seine Auswirkung nicht so sehr seelisch oder körperlich als vielmehr schicksalhaft empfunden wird. Der Reizbarkeit, die wir dort beobachten konnten, entspricht hier mehr das Gefühl eines machtlosen Zorns, der sich nicht gegen bestimmte Personen, auch nicht gegen die eigene richtet, sondern gegen das unerwünschte Eintreten von Konsequenzen längst abgetaner, der Vergangenheit angehörender Ereignisse oder Gedanken. Aber nicht diese vergangenen Ereignisse selbst sind es, die jetzt den Geborenen belästigen, sondern das Gefühl, für sie noch immer verantwortlich und so mit einem plötzlich erwachten Schuldgefühl vor neue Erlebnisse gestellt zu sein, ohne die alten Rechnungen beglichen zu haben. Wie auch bei allen anderen Transiten hängt hier viel von der Stellung ab, die der transitierte Planet im Grundhoroskop einnimmt.

MARS ÜBER URANUSORT: Man wird hier herausgefordert, seinen Wert in das richtige Licht zu setzen, und leidet darunter, daß man es nicht kann, daß man verkannt und nicht gebührend beachtet wird. Man ist hier leicht veranlaßt, aus der angemessenen Reserve hervorzutreten, sich vorzudrängen und jede Vorsicht außer acht zu lassen.

MARS ÜBER NEPTUNORT: Auch hier werden wir es mit Antrieben zur Unbeherrschtheit zu tun haben, die ganz unerwartet eintreten. Solche Leidenschaftsausbrüche können hart an die Grenze des Erlaubten gehen. Hierzu können auch künstlerische Exzesse gerechnet werden, ebensogut wie andere Exzesse.

Wir wenden uns nun den Transiten des Planeten Jupiter zu. Jupiter gehört mit Saturn, Uranus und Neptun der Gruppe der äußeren Planeten an, die von Mars durch eine größere Zone getrennt ist, innerhalb der die sogenannten Planetoiden um die Sonne kreisen. Diese kommen für dieses Kapitel nicht in Betracht. Die größere

Entfernung dieser äußeren Planeten von der Sonne bedingt auch eine entsprechend längere Umlaufzeit, die bei Jupiter 12, bei Saturn 30, bei Uranus 84 und bei Neptun etwa 160 Jahre beträgt. Dies hat zur Folge, daß der Transit dieser Planeten über die einzelnen Häuserstrecken sowie auch über die Planetenorte beträchtlich länger dauert als die Transite der bisher besprochenen Planeten. So kommt es, daß Jupiters Durchgang durch ein Haus durchschnittlich ein volles Jahr währt, ein Durchgang Saturns etwa zweieinhalb Jahre, ein Durchgang Uranus' etwa sieben Jahre und ein Durchgang Neptuns etwa 14 Jahre.

Es ist begreiflich, daß während einer so langen Zeit der anhaltende Einfluß eines jeden dieser langsamen Planeten alle in den Bereich der entsprechenden Häuser fallenden Transite der schnelleren Planeten überschatten und ihnen die eigene Farbe aufzwingen wird. So wird beispielsweise ein Marstransit durch ein Haus, das unter dem überschattenden Einfluß Jupiters oder Saturns steht, sich anders auswirken als ein Marstransit durch ein Haus, das zur Zeit eine solche Überschattung nicht aufweist. Man mag es daher begreiflich finden, daß man infolge ihres länger dauernden Einflusses auf ein bestimmtes Lebensgebiet gerade diese Gruppe der äußeren Planeten als die der »Schicksalsplaneten« bezeichnete, denn unter ihre Ägide fällt eine ganze Reihe kleinerer Transite, die durch die langsamen Planeten ihre gemeinsame »Schicksalsmarke« erhalten.

Wir beginnen mit Jupiter. Zunächst wollen wir die Wanderung dieses Planeten durch die zwölf Häuser des Grundhoroskops verfolgen. Wir haben bereits erwähnt, daß Jupiter durchschnittlich etwa ein Jahr in jedem Haus verweilt. Während dieses Zeitraums wandern Sonne einmal, Merkur und Venus ebenfalls einmal, Mond aber zwölf- bis dreizehnmal durch das von Jupiter überschattete Haus, so daß in diesem Jahr die Transite von Sonne, Merkur und Venus und Mond mit dem des Jupiter während bestimmter Monate zusammentreffen. Suchen wir nun wieder nach einem Schlüsselwort für die Transitfunktion des Planeten Jupiter, dann werden wir den Tatsachen am nächsten kommen, wenn wir sie in einer Schutzwirkung suchen, die Jupiter ausübt, deren einfachster Ausdruck es ist, Böses abzuhalten, den Geborenen in eine schützende Decke zu hüllen, die im wesentlichen wirkt wie ein Talisman. Wenn ungünstige Transite an anderen Stellen des Horoskops stattfinden, dann sehe man sich danach um, wo Jupiter steht, denn aus dem betreffenden Haus heraus wird uns eine Hilfe bereitet, der wir vertrauen dürfen, ein rettendes Medikament, zu dem wir unsere Zuflucht nehmen können.

Durchwandert Jupiter das 1. Haus, dann ist das wesentlichste Kennzeichen eine Erneuerung des Lebensmutes und der Zukunftshoffnungen. Es ist, als könnte man wieder ein neues Leben beginnen und alle trüben Vergangenheitserinnerungen vergessen. Es muß jedoch hier eine wichtige Anmerkung gemacht werden, die sich auf die Dauer des Aufenthaltes des transitierenden Planeten in einem bestimmten Haus bezieht. Diese hängt begreiflicherweise von der Ausdehnung des betreffenden Hauses ab. Ist beispielsweise Krebs oder Löwe auf der nördlichen Halbkugel oder Steinbock oder Wassermann auf der südlichen Halbkugel aufsteigend, dann wird das 1. Haus von geringerer Ausdehnung sein und demgemäß auch die Wirkung des Transitors in diesem Haus von kürzerer Dauer. Man wird, mit Krebs Aszendent auf der nördlichen Halbkugel geboren, sich dieser Erneuerung des Lebensmutes nur etwa ein halbes Jahr lang erfreuen; auch kann es geschehen, daß während dieser Zeit von den obengenannten Transitoren, Sonne, Mond, Merkur und Venus, nur Mond allmonatlich mit Jupiter zusammentrifft. Ist jedoch das betreffende Haus – in diesem Fall das 1. Haus – von größerer Ausdehnung, wie etwa bei Wassermann oder Fische Aszendent auf der nördlichen Halbkugel oder Jungfrau oder Löwe auf der südlichen Halbkugel, dann wird der geschilderte Gemütszustand auch von längerer Dauer sein, und die obengenannten Planeten können dann unter Umständen sogar zweimal mit Jupiter zusammen Gäste dieses Hauses sein und Mond in extremen Fällen sogar 18mal. Man sieht aus dieser Betrachtung, wie ungleich Jupiter die Erdenkinder behandelt. Wer aber in einem Häuserpaar so schlecht davonkommt, wird in den meisten Fällen durch ein anderes dafür entschädigt, wie z. B. mit Krebs Aszendent auf der nördlichen Halbkugel durch ein geräumiges 11. und 5. Haus.

Wir gewinnen so unter Berücksichtigung dieser Verhältnisse einen wichtigen Beitrag zum Kapitel der »Zwölf Legenden vom Erdenwallen des Menschen«. Noch wären einige Bemerkungen zur Frage der Rückläufigkeit der äußeren Planeten hinzuzufügen. Wir haben über diesen Punkt bereits gesprochen. Seit alters galt die Rückläufigkeit als ein ungünstiges Moment, das bewirkt, daß durch sie der betreffende Planet – in unserem Fall Jupiter – in der Entfaltung seiner guten Einflüsse gehemmt wird. Wir wissen heute, daß es eine tatsächliche Rückläufigkeit nicht gibt, sondern nur eine scheinbare, durch die sogenannte parallaktische oder perspektivische Verschiebung bedingte. Rückläufigkeit als solche ist bloß der Ausdruck für gewisse Konsequenzen des geozentrischen Aufbaus der Astrologie selbst.

Wenn aber trotzdem an jener alten Überlieferung festgehalten wird, so mag der Grund hierfür wohl darin liegen, daß die Periode der Rückläufigkeit bei den äußeren Planeten eben die Zeitspanne umfaßt, während der sich der betreffende Planet in geozentrischer Opposition zur Sonne befindet oder in Opposition zu den an die Sonne gebundenen Planeten Merkur und Venus.

Ziehen während Jupiters Aufenthalt im 1. Haus Mond, Venus und Merkur an Jupiter vorbei, dann erhalten sie von Jupiter einen beträchtlichen Kraftzuschuß an Optimismus. Ziehen diese Planeten während der gleichen Zeitperiode aber durch das 7. Haus und blicken den retrograden Jupiter aus der Opposition an, dann muß man mit einer wesentlichen Beeinträchtigung des Lebensoptimismus, ja sogar mit fallweise eintretenden Depressionen rechnen. Man beachte besonders den in diese Zeit fallenden Neumondtag.

Noch ist zu beachten, in welchem Haus sich gleichzeitig Jupiters stärkster Antagonist Saturn aufhält, worüber wir im nächsten Kapitel ausführlich sprechen werden.

Durchwandert Jupiter das 2. Haus, dann wendet sich der Lebensoptimismus vor allem den eigenen Begabungen und Fähigkeiten zu; man hat allen Grund, vielleicht sogar die Pflicht, sie möglichst hoch einzuschätzen, und keinen Grund zu Minderwertigkeitsanfällen. Aber auch hier ist der retrograde Jupiter aus den oben angeführten Gründen weniger günstig.

Durchwandert Jupiter das 3. Haus, dann kann er uns immun machen gegen jede feindliche Kritik, dafür aber nicht immun gegen Schmeichelei und Huldigung; andererseits wird man mit der eigenen Kritik nicht allzu vorsichtig sein, ja man neigt hier geradezu zu einer Freimütigkeit, die zuweilen an Überheblichkeit grenzt. Hier kann die gelegentliche Konjunktion mit Sonne, Mond und Venus all das eben Beschriebene verstärken, während Merkurs Gegenwart mehr ausgleichend wirkt.

Durchwandert Jupiter das 4. Haus, dann melden sich Gedanken, die mit der Fürsorge für diejenigen zu tun haben, die zu dem engeren Kreise des Geborenen gehören; dies gilt insbesondere für die reiferen Lebensjahre. Man will nicht umsonst gelebt haben, man will von seinem Tun eine Spur hinterlassen, die dauert und dem eigenen Namen Ehre macht, unbekümmert um öffentliche Anerkennung – als unbekannter Soldat im Leben.

Durchwandert Jupiter das 5. Haus, dann erscheint er als ein Gegenmittel gegen jede Art von unglücklicher Liebe sowie von Mißerfolgen und Blamagen. Aber eben der Umstand, daß solche

Erlebnisse nicht mit derselben mißlichen Gefühlsbetonung empfunden werden, hebt das Selbstvertrauen, das ja die Vorbedingung jedes wirklichen oder vermeintlichen Erfolges ist. Hier können wir manche Umdeutung von Mißerfolgen zu Erfolgen beobachten, wodurch am Ende wirkliche Erfolge vorbereitet werden können, denn – und darauf muß wohl geachtet werden – mit diesem gehobenen Selbstvertrauen wächst vor allem die Suggestivkraft des Menschen.

Durchwandert Jupiter das 6. Haus, dann wird seine Wirkung dazu beitragen, unsere Stellung im sozialen Leben angenehmer zu machen. Man wird allerlei Tadel etwaiger Vorgesetzter leichter ertragen, weil das Demütigende solcher Erlebnisse nicht durchkommt. Es ist, als hätte man ein Vorbeugungsmittel gegen jede Kränkung eingenommen, das auf lange Zeit wirkt wie eine Schutzimpfung gegen allerlei Infektionen. Dies gilt auch im rein körperlichen Sinn. Der retrograde Jupiter verdirbt allerdings hier manches.

Durchwandert Jupiter das 7. Haus, dann wirkt er fast wie Lessings Wunderring, der die Gabe hat, vor Gott und Menschen angenehm zu machen. Er erweckt dem Menschen leicht Sympathien und erweist sich als ein guter Geist im Vermitteln zwischen Menschen. Er segnet alle Verbindungen und Verträge, die unter seiner Ägide geschlossen werden, weil er den Menschen vertragsbereit macht und willig, das Beste einzusetzen für die Dauerhaftigkeit eingegangener Beziehungen.

Durchwandert Jupiter das 8. Haus, dann gewährt er seine Hilfe bei allen Schwierigkeiten, die sich aus moralischen Konflikten ergeben; er stärkt vor allem die ethische Kraft der Überzeugung und schwächt die Gegenkraft utilitaristischer Argumente. Es ist, als sollte man gleich Luther in jedem Moment zum Schicksal sagen dürfen: Hier stehe ich, ich kann nicht anders. Gott helfe mir. Amen.

Durchwandert Jupiter das 9. Haus, dann wirkt er wie ein gütiger und verstehender Richter; man ist geneigt, sich selber vieles zu verzeihen und seine Vergangenheit mit einer liebenden Freundlichkeit an seinem geistigen Auge vorbeiziehen zu lassen. Hat man gefehlt oder ist gefallen, so hat man aufzustehen und weiterzugehen. Reue ist zwecklos.

Durchwandert Jupiter das 10. Haus, dann muß man mit fallweise auftretenden Ehrgeizimpulsen rechnen, die fast immer dann eintreten, wenn Mond gleichzeitig durch dieses Haus zieht. Man versucht sich auszuzeichnen, welches Gebiet dies immer auch betreffen mag. Während dieser Zeit wird man leichter die Protektion von Förderern finden, weil ja auch die innere Aufmerksamkeit und Erwartung auf diesen Punkt mehr oder weniger bewußt gerichtet ist.

Durchwandert Jupiter das 11. Haus, dann tritt ähnliches ein wie im 7., aber auch wie im 5. Haus. Es ist, als wirkten Sonne und Venus zusammen, um das innere Glück erkennen zu lassen, das den Besitz einer anderen Seele begleitet.

Dieser Gemütszustand mag wohl besonders zu solchen Zeiten herrschen, wenn Venus und Sonne gleichzeitig durch das 11. Haus gehen. Darum mögen auch Mißhelligkeiten zwischen Freunden hier seltener vorkommen, da der auf die ferneren Ideale gerichtete Blick das Nähere weniger bedeutend erscheinen läßt und geringere Anlässe leicht übersieht.

Durchwandert Jupiter das 12. Haus, dann geht ein mächtiger Segen von ihm aus, denn er spendet die Illusion der Freiheit. Im Grunde genommen kann mir nichts Arges geschehen, solange der Glaube an die Kraft und den Sieg des Guten in mir lebendig bleibt. Dies ist im wesentlichen die Stimmung, die der das 12. Haus durchschreitende Jupiter diesem einprägt. Wieder hat man die Zeiten wohl zu beachten, in denen Jupiter rückläufig ist. Dann kann es geschehen, daß dieser Glaube zuweilen auf harte Proben gestellt wird, insbesondere wenn Sonne oder Merkur das 6. Haus durchziehen.

Wir wenden uns nun zu den Übergängen Jupiters über die einzelnen Planetenorte des Geburtshoroskops.

Geht JUPITER ÜBER DEN PLATZ DER SONNE, dann wird eine Phase des Lebens eintreten, in welcher man scheinbar ein neues Leben beginnt, an das wieder neue Hoffnungen geknüpft werden. Veränderungen, die in dieser Zeit eintreten, werden als vielversprechend empfunden. Man blickt hoffnungs- und erwartungsvoll in die Zukunft und vergißt darüber, was man bisher gelitten hat.

JUPITER ÜBER MONDPLATZ: Was hier eintritt, mag mehr einer hochgespannten Glückserwartung entsprechen. Es ist, als wäre einem ein Los geschenkt worden, von dem man natürlich erwartet, daß es den Haupttreffer gewinnen wird. Solches Glücksvertrauen gewinnt auch leicht das Vertrauen anderer: »... und wenn Ihr nur Euch selbst vertraut, vertrauen Euch die andern Seelen.« Hier mögen sich manche dem Geborenen zur Zeit günstige Konsequenzen einstellen.

JUPITER ÜBER MERKURPLATZ: Dieser Transit bringt leicht ein gehobenes Vertrauen in die eigenen geistigen Fähigkeiten und insbesondere in das eigene Urteil und die eigene Urteilsfähigkeit, was häufig genau zur

Folge hat, daß man zu solchen Zeiten den Widerspruch anderer schwer verträgt, ja selbst die Mahnungen der eigenen logischen Bedenken einer vermeintlichen Intuition zuliebe außer acht läßt. Dies kann bei retrogradem Jupiter besonders sichtbar werden.

JUPITER ÜBER VENUSPLATZ: Die Wirkung ist ähnlich der eben besprochenen, bezieht sich aber auf ein anderes Gebiet. Es ist das Glücksgefühl im Erleben alles Schönen, das hier zum charakteristischen Merkmal wird und dazu führt, daß man alles Häßliche geflissentlich übersieht und sich selbst in dem mehr oder weniger bewußten Gefühl dieser Tatsache erhöht glaubt. Es ist eine Feiertagsstimmung, die für diese Zeit über den Geborenen kommt und ihn darüber die Wirklichkeit vergessen läßt. »Ein Augenblick, gelebt im Paradiese, ist nicht zu teuer mit dem Tod gebüßt.«

JUPITER ÜBER MARSPLATZ: Unter dem Einfluß dieses Transits reifen Entscheidungen zur Verwirklichung, zu denen es bis dahin noch nicht kommen konnte, da die Entschlußkraft fehlte oder nicht stark genug war, um bis zur Tat durchzudringen. Was hier durch Jupiter bewirkt wird, mag am ehesten dem Impuls entsprechen, ein für allemal irgendeinen Gordischen Knoten zu durchhauen, um so einen inneren Konflikt für alle Zeit zu beenden.

JUPITER ÜBER JUPITERORT: Dieser Transit unterstreicht vor allem die Bedeutung der Jupiterfunktion im Geburtshoroskop; er bringt sozusagen die Wichtigkeit der Rolle zum Bewußtsein, die Jupiter in der Geburtskonstellation zugewiesen ist, und vermehrt die Achtung vor der eigenen Individualität und dem, was man sich selber schuldig ist. Er fordert dazu heraus, die eigene Würde, wie man sie eben versteht, hochzuhalten. Unter dem Einfluß dieses Transits mögen so manche Entscheidungen anders ausfallen als zu anderen Zeiten.

JUPITER ÜBER SATURNORT: Zu dieser Zeit wird man beobachten können, daß vom Menschen verlangt wird, er solle etwas in Ordnung bringen oder eine Entscheidung treffen, durch die allerlei bis dahin angehäuftes Konfliktmaterial beseitigt wird. Diese Entscheidung – und das ist das Wesentliche – ist entweder wirklich oder scheinbar von schicksalsmäßiger Bedeutung. Immer aber wird es darauf ankommen, daß der Geborene sich zu einem Entschluß gedrängt sieht, der einen moralischen Konflikt beenden soll.

JUPITER ÜBER URANUSORT: Dieser Transit lenkt die Gedanken des Menschen in der Weise auf das eigene Ich hin, daß all das, was man als zu seiner besonderen Individualität gehörig ansieht, als eine Auszeichnung hingenommen wird, sei es im positiven oder auch in einem mehr negativen Sinn. Es ist nicht etwa Selbstzufriedenheit, was sich hier einstellt, auch nicht Selbstanbetung noch Selbstverachtung; es ist weit eher das Gefühl, mit seinem Ich allein zu sein und hieraus die Konsequenzen ziehen zu müssen, also diese Isolation zugleich als seine Würde zu empfinden.

JUPITER ÜBER NEPTUNORT: Die Wirkung dieses Transits ist der soeben besprochenen fast entgegengesetzt und doch in mancher Beziehung wieder ähnlich. Was sich hier ergibt, das ist das seltsame Gefühl des »Sich-von-sich-selber-Lösens«. Es ist, als wäre man, fast wie im Traum, ein Zuschauer seiner eigenen Existenz, als sähe man sich wie im Film agieren, höre sich sprechen und wüßte gleichzeitig, daß, was man da sieht und hört, zu einem selbst gehört, ohne daß man dafür so recht verantwortlich wäre. Dieses seltsame Gefühl mag kaum ins Bewußtsein treten; der Effekt bleibt jedoch oft eine gar nicht so geringfügige Auflockerung des moralischen Bewußtseins, verbunden mit einer Verschleierung des Gefühls für die nüchterne Realität.

31. Vortrag

Wir haben uns jetzt mit den Transiten des Planeten Saturn zu befassen. Von alters her ist diesen Übergängen besondere Schicksalsbedeutung beigemessen worden. Die Transite über bestimmte Punkte des Horoskops wurden geradezu als krisenhafte Momente im Leben angesehen, die nach gewissen Zeitperioden immer wiederkehren. In diesem Zusammenhang war es insbesondere die Sieben-Jahr-Periode, die als eine Schicksalsperiode ersten Ranges angesehen wurde. Unabhängig von allem astrologischen Kalkül hat Prof. Swoboda (Wien) in einem Werk über das Siebenjahr den Nachweis versucht, daß tatsächlich diese Periode im organischen Leben aller Lebewesen und insbesondere des Menschen eine große und wichtige Rolle spielt.

Astrologisch liegt dieser Periode der folgende Tatbestand zugrunde. Die Umlaufzeit des Saturn beträgt 29 bis 30 Jahre. Sie dauert also so viele Jahre wie die synodische Umlaufzeit des Mondes Tage. Auf das eigentümliche Verhältnis zwischen Mond und Saturn im esoterischen Sinn wurde in früheren Abschnitten dieses Werks bereits wiederholt hingewiesen. Auf Grund der Umlaufzeiten beider Planeten entspräche dem Sieben-Tage-Zyklus der Woche, d.h. dem vierten Teil des Mondmonats, der Sieben-Jahre-Zyklus des Saturn als der vierte Teil seiner Umlaufzeit, und in diesem Sinn könnte man von einer Saturn-Woche sprechen. Nach Ablauf von sieben Jahren wird sich tatsächlich Saturn in einer Quadratstellung zu seinem früheren Platz befinden, nach 14 Jahren etwa an dem Oppositionspunkt und nach weiteren sieben Jahren wieder in einer Quadratstellung. Beginnt man nun diese Sieben-Jahr-Periode von einem markanten Punkt des Horoskops aus zu zählen, dann wird man verstehen, daß von solchen kritischen Übergängen des Saturn meist aufregende und peinliche Ereignisse unglücklichen Charakters erwartet wurden. Finden sich in einem Horoskop mehrere solche markante Punkte, dann wird man erkennen, daß mehrere Sieben-Jahr-Perioden vorhanden sind.

Ehe wir nun darangehen, Saturn auf seiner Wanderung durch die zwölf Häuser des Horoskops zu begleiten, wollen wir versuchen, allgemeine Richtlinien für die Deutung dieser Transite aufzufinden. Aus allem, was bereits über die Bedeutung des Planeten Saturn ausgesagt werden konnte, ergeben sich wertvolle Anhaltspunkte für die Deutung seiner Transitfunktion. Es bringt uns der transitierende Saturn zur gegebenen Zeit die Begegnung mit unserer Vergangenheit. Er beschert uns die Folgen all der unaufgearbeitetn Vergangenheitsreste, soweit diese aus den Lebensgebieten der einzelnen Häuser aufsteigen, wie immer wir uns auch dazu stellen mögen. Er zeigt unsere Versäumnisse auf, und beim Übergang über die einzelnen Planetenorte enthüllt er all die schwachen Punkte der betreffenden Seiten unserer Veranlagung und dessen, was wir aus diesen Veranlagungen hervorholen konnten. Er ist gleichsam der Bote unseres »Anti-Ego«, wie wir es seinerzeit beschrieben haben, der Bote, der zur gegebenen Stunde an der Schwelle unseres Bewußtseins erscheint.

Um dies deutlicher zu machen, wollen wir diesmal von dem bisher eingeschlagenen Weg ein wenig abgehen und zunächst den Saturnübergang über Sonne beschreiben, weil dieses Ereignis die Wirkung des Saturn als Transitor am eindringlichsten erkennen läßt.

Tatsächlich ist der ÜBERGANG DES SATURN ÜBER DEN PLATZ DER SONNE ein Ereignis, das kaum unbeachtet vorübergehen kann. Was sich da einstellt, das kann man im allgemeinen als eine Verdunkelung der Lebenskräfte bezeichnen, also eine Lebensverfinsterung in jedem Sinn des Wortes. Was sich da verfinsternd vor die Sonne stellt, ist die Vergangenheit, die in diesem Moment mit ungeahnter Kraft erwacht und alles Unerledigte oder Verdrängte ins Bewußtsein heben will und als eine Last, die verlangt, jetzt bewältigt zu werden, selbst dann, wenn dies völlig unmöglich geworden ist. Die Stimmung, die hier eintritt, gleicht der Seelenverfassung eines Delinquenten, der vor seinen Richter treten soll. Vielfach bleibt es bloß bei dieser Stimmung, ohne daß ein wirklicher Zusammenstoß mit der Vergangenheit eintritt. Dieser Zusammenstoß kann sich in tausend verschiedenen Arten zutragen. Es können Ereignisse eintreten, durch die wir herausgefordert werden, dieselben Fehler zu begehen, um an der Unmöglichkeit, sie zu vermeiden, schmerzlich zu erkennen, wie wenig wir von oder aus der Vergangenheit gelernt haben. Meist bleibt das Charakteristische solcher Saturnverfinsterung der Umstand, daß aus unserer Erinnerung bei dieser Vergangenheitsschau all die sympathischen Züge unseres Wesens verschwinden und nur das hassenswerte Zerrbild – unser Anti-Ego – übrigbleibt, das Kompendium alles Häßlichen und Verdrängten, mit dem wir uns nun identifizieren sollen. Es ist wieder Tag des Gerichtes.

Nun ist aber mit diesem Tag des Gerichtes gleichzeitig etwas verbunden, das in unseren Zeiten Eingang in die Rechtsprechung der meisten Länder gefunden hat: die sogenannte »bedingte Verurteilung« mit einer bestimmten Bewährungsfrist. Meist ist es so, daß die erste Etappe dieser Bewährungsfrist abläuft, wenn Saturn seinen zweiten Übergang über die Sonne im Stadium seiner Rückläufigkeit ausführt. Hat man bis dahin seine Vergangenheit gerechtfertigt, dann wird der zweite rechtläufige Übergang dem Menschen seine Erhöhung bringen. Die Rechtfertigung der Vergangenheit kann in mancherlei verschiedenen Formen auftreten, deren allgemeinste die Lösung von der Vergangenheit bezeichnet werden könnte. Diese Lösung, die meist schmerzhaft ist und in allen Fällen die Hauptforderung darstellt, die vom transitierenden Saturn ausgeht, kann sehr verschiedene Formen annehmen, von einem katastrophenartigen Bruch mit der Vergangenheit angefangen bis zu jener rein inneren Wandlung, aus der der Mensch wie durch eine zweite Geburt erneuert hervorgeht. Gleichviel, ob es das äußere Schicksal ist, das uns katastrophenartig trifft, indem es uns zwingt, Haus, Hof und die gewohnte Wohnung aufzugeben, ob es etwa eine Krankheit ist, die unsere körperliche Wohnung betrifft, oder ob das innere moralische Gericht zu jener Wandlung führt, die nun den Menschen und damit das ganze Horoskop umgestaltet.

Es konnte nicht fehlen, daß dieses alle 30 Jahre wiederkehrende Ereignis von so großer Tragweite im Leben auch in den verschiedenen Religions- und Kultsystemen entsprechende Würdigung fand. Ist es doch eben gerade diese Begegnung mit dem Anti-Ego, die in der Terminologie der Rosenkreutzer als die Begegnung mit dem »Hüter der Schwelle« bezeichnet wurde. Darum waren auch diese Religionssysteme stets beflissen, dem Menschen einen Ausweg aus jener Krise zu zeigen, die vor der Erneuerung steht. Im wesentlichen sind es drei Richtlinien, die uns gegeben wurden. Der Buddhismus lehrt die vier großen Wahrheiten erkennen: die Wahrheit vom Leiden, die Wahrheit von den Ursachen des Leidens, die Wahrheit von der Aufhebung des Leidens und die Wahrheit von dem Pfad, der zur Aufhebung des Leidens führt. Die Grundforderung heißt: Loslösung von jeder Art des Anhängens. Das Christentum lehrt den Weg der verzeihenden Liebe, durch die allein wir unserer Vergangenheit ledig werden können. Der Apollinische Gott lehrt: Erkenne dein wahres Ich. Welchen der drei Wege immer wir gehen mögen, er lehrt uns die Krise jener Wandlung so zu bestehen, daß sich in ihrem Feuer unsere Vergangenheit so verzehrt, daß wir auf unseren vergangenen Menschen blicken, als wäre er ein Fremder, unser Nächster, den wir durch unser Verzeihen von seiner Schuld gelöst haben.

Was wir hier beschrieben haben, bleibt wohl bei den meisten Menschen ein nur dunkel empfundenes Ereignis. Vielleicht empfinden sie nur das Peinliche eines Vorgangs, dessen Ursachen sie bloß den äußeren Ereignissen zuschreiben; die Begegnung mit der Vergangenheit kann jedoch niemandem erspart bleiben. Nicht jedermanns Gedächtnis ist so aufgeschlossen, daß er diese Begegnung als solche begreift; darum muß nochmals betont werden, daß die Art, wie dieser Transit ins praktische Leben eingreift, so verschieden sein kann, je nachdem, ob bei einem Menschen die Pforten des Vergangenheitsgedächtnisses leicht in den Angeln beweglich sind oder ob diese Pforten durch irgendwelche Umstände allzu fest verriegelt sind. Im ersteren Fall werden es nur äußerliche, oft sogar geringfügig aussehende Ereignisse sein, durch die er genötigt wird, sich dem inneren Gericht zu stellen; im anderen Fall werden es heftige und tief einschneidende Ereignisse sein, die ihn derart zu erschüttern vermögen, daß sich die verrosteten Angeln jener Pforte zu lösen beginnen.

Fast immer wird Saturn das im Menschen aufrütteln, was wir ein Schuldgefühl nennen. Wer wirklich frei ist von Schuld und Fehler, bei dem wird der Saturnübergang ein verhältnismäßig harmloses Ereignis sein, ja ihm geradezu das bescheren, was bei anderen Menschen erst nach schweren Erschütterungen eintritt, nämlich die Fähigkeit, gerade in solchen Momenten eine höhere Stufe der Entwicklungsleiter zu erklimmen.

Es gilt nun, eine Formel oder ein Schlüsselwort zu finden, das uns in einfacher Weise bei dem nun folgenden Studium der Saturnübergänge leitet. Diese Formel kann vielleicht so ausgesprochen werden, daß die Saturnübergänge unsere Sorge oder Fürsorge mit besonderer Kraft auf irgend etwas hinlenken, das zum Pflichtenkreis des Menschen gehört. Ist der Mensch bereits innerlich aufgeschlossen, so wird er es in solchen Momenten mehr oder weniger freiwillig auf sich nehmen, sich mit der Vergangenheit auszugleichen. Ist er nicht aufgeschlossen, dann wird ihn das Schicksal dazu zwingen. Die Art, in der das hier geschieht, hängt wesentlich davon ab, an welcher Stelle des Horoskops dieser Übergang erfolgt.

Wir beginnen nun mit der Wanderung Saturns durch die einzelnen Häuser.

Durchwandert Saturn das 1. Haus, dann wird schon der Transit über den Aszendenten eine Herabstimmung des Frühlingserlebnisses bringen, das an diesen Punkt geknüpft ist und in besonderem Grad geweckt wird, wenn Sonne diesen Punkt überschreitet. Mit Saturns Eintritt in das 1. Haus beginnt das Lebensgefühl sich zu verdüstern; ein unerklärlicher Druck lastet auf uns; es ist, als ob die Helligkeit selbst das Sonnenlicht trüben würde. Das dauert auch an, wenn Saturn das 1. Haus durchschreitet, was bei den einzelnen Aszendenten von verschiedener Dauer ist. Was hier eintritt, kann man mit einer Lähmung der Lebensenergien vergleichen, die je nach dem Grundcharakter des Menschen mehr seine physische, seelische, moralische oder geistige Seite betrifft, meist aber von einem dieser Gebiete auch auf die anderen überstrahlt. Das hervorstechendste Merkmal bleibt die Depression, der herabgeminderte Lebensmut. Was hier zum Pflichtenkreis des Menschen gehört und worauf seine Aufmerksamkeit gelenkt werden soll, das ist das Gebot, sich aufzuraffen und den eigenen Lebenswillen gegen das Anti-Ego zu setzen. Die helfenden Kräfte mag man, soweit dies astrologisch erkennbar ist, in erster Linie aus jenem Haus beziehen, in dem sich der transitierende Jupiter gerade aufhält. Aber auch die Positionen der anderen Planeten müssen wohl beachtet werden. Einige Beispiele, die wir am Ende dieses Kapitels bringen werden, sollen zeigen, in welcher Weise die bis dahin gegebenen Anweisungen im Speziellen anzuwenden sind. Ganz besonders wird aber zu berücksichtigen sein, in welchem Lebensalter der entsprechende Saturntransit geschieht.

Durchwandert Saturn das 2. Haus, dann entstehen andere Sorgen, die sich insbesondere auf das Erhaltenbleiben des Besitzstandes in jeder Form beziehen. Hier kommt es dem Menschen zum Bewußtsein, daß ihm auch all das entzogen werden kann, was er für den gesichertsten Bestandteil seiner Habe gehalten hat; dahin gehören auch seine Fähigkeiten sowohl in physischer als auch in seelischer und geistiger Beziehung.

Es ist merkwürdig genug, daß die alten Sprachen die Auffassung erkennen lassen, als könnte man durch die Furcht allein den drohenden Verlust abwenden. So sagten z. B. die Lateiner: Timeo, ne pluviat; also nicht: ich fürchte, es könnte regnen, sondern: ich fürchte, damit es nicht regne. Sie schrieben dem Gefühl einer intensiven Furcht reale Abwehrkräfte zu. Aber diese Furcht ist wertlos, wenn sie nicht im Sinn des Saturnerlebnisses dahin führt, uns durch eine innere Wandlung vom Anhängen derart loszulösen, daß wir damit dem Schicksal den Wind aus den Segeln nehmen. Vielleicht mag sich hier der Gedanke einstellen, daß wir überhaupt kein gesichertes Anrecht auf unser Eigentum haben, daß uns alles Eigentum bloß geliehen ist und daß wir zu Verwaltern dieses Eigentums eingesetzt sind und uns in diesem Amt nach bestem Wissen zu bewähren haben. Haben wir auch richtig mit dem Pfund »gewuchert«?

Durchwandert Saturn das 3. Haus, dann gilt seine Warnung unserem Verkehr mit unseren Mitmenschen. Er mahnt dazu, vor der eigenen Tür zu kehren, ehe wir den Nachbarn beschuldigen. Die buddhistischen Lehren nicht minder als die christlichen verbieten es, schlecht von den Nachbarn zu sprechen oder zu denken. Die Zeit dieses Transits wird uns durch mancherlei üble Erfahrungen dahin bringen, zu erkennen, wie die Mißachtung dieser Gebote schließlich auf uns selbst zurückfällt. Schulden dieser Art werden uns zu solchen Zeiten besonders quälen.

Durchwandert Saturn das 4. Haus, dann wird die Sorge, die den Menschen befällt, weit tiefer gehen als im 3. Haus. Es wird sich in erster Linie um seine Beziehung zu den Eltern handeln, dann aber zu jenen Menschen, denen er in gewissem Sinn Dank schuldig ist, weil sie seine Führer und Erzieher waren. Es ist das Pietätsgefühl im weitesten Sinn, das hier Saturns Angriffspunkt bildet. Fehlt dieses Pietätsgefühl, dann werden Ereignisse auf den Plan treten, die zu schweren Schädigungen führen: Verlust des Heims, der Eltern oder Führer, Entwurzelung in physischer oder geistiger Beziehung und vielleicht sogar Verlust der Selbstachtung oder des Selbstvertrauens. Natürlich geht auch diese Zeit wieder vorüber. Man lerne aber in dieser Zeit den Segen dessen verstehen, was wir im weitesten Sinne Dankbarkeit nennen.

Durchwandert Saturn das 5. Haus, dann reicht die Wirkung dieses Transits tief hinein in die unterbewußten Regionen unseres Seelenlebens und weckt das Verantwortungsgefühl für alles, was zum Hereditätskomplex des Menschen gehört, also für all das, wofür er sich eigentlich unverantwortlich gehalten hat sein Leben lang, für die anscheinenden Zufälligkeiten seines Lebens, in die er mitverflochten wurde wie durch höhere Schicksalsgewalten oder durch ererbte Tradition und Gewohnheit. Die Bedenkenlosigkeit, mit der man Liebe und deren Konsequenzen auf sich nahm, weil dies nun einmal der Naturlauf ist, das Sich-treiben-Lassen vom Strom des »Ewig-Gestrigen«, wie es Schiller in seinem *Wallenstein* nennt, wird mit einem Mal in seltsamer Weise zum Stein des Anstoßes in der Selbstschau, als hätte man sich dafür zu rechtfertigen vor einem unsichtbaren Richter, der fragt: Warum hast du gar nichts gegen dein Anti-Ego unternommen, warum hast du dich so sehr hinter seinem breiten Rücken versteckt und es für dich handeln lassen? Das Saturnische hier sind allerlei Hemmungen, die sich entweder in äußerer oder innerer Gestalt kundgeben und die bis dahin im Schoß des Gewohnheitsmäßigen geboren geglaubte Aktivität lähmen. Früher oder später tritt das im Leben jedes Menschen ein, und Saturn als Transitor des 5. Hauses mag solche Epochen am ehesten herbeiführen.

Durchwandert Saturn das 6. Haus, dann erzeugt er vor allem die Sorge um die Erhaltung der Harmonie in unseren Beziehungen zum Gemeinschaftsleben und nicht zuletzt um das Fortbestehen unserer physischen und geistigen Gesundheit. Jede Störung dieser Harmonie nimmt die Form einer Krankheit an, die nach Heilung verlangt. Was aber diesem Transit das eigentlich Saturnische verleiht, das ist der Umstand, daß – bewußt oder unbewußt – der Gedanke geweckt wird, daß Gesundheit soziale Pflicht sei und daß jede Krankheit ein Versuch sei, sich der sozialen Pflicht zu entziehen. Die Krankheit selbst ist dann eine Strafe für diesen Fluchtversuch, den man eben als Gegenleistung auf sich nehmen muß, wenn man aus dem sozialen Pflichtenkreis austritt. Ist man stark genug, um mit Überzeugung außen stehen zu können, dann ergeben sich hier zu solchen Zeiten die mannigfaltigsten Konflikte solchen Alleingängertums. Die »Krankheit«, die durch Saturn ausgelöst wird, kann auch der Anfang einer inneren Wandlung sein, die dazu bestimmt ist, die Eingliederung in eine höhere Gemeinschaft vorzubereiten (Einweihungskrankheit). In diesem Sinn ist Saturn ein Wegbereiter für Uranus.

Durchwandert Saturn das 7. Haus, dann entstehen Krisen, die sich auf die Tragfähigkeit von Dauerverbindungen beziehen, die wir bereits eingegangen sind oder im Begriff sind einzugehen. Die letzteren werden in den meisten Fällen eine Verzögerung erleiden infolge von allerlei Bedenken, die aus dem Gedanken der Verantwortung entspringen, die wir mit dem Eingehen einer solchen Verbindung auf uns zu nehmen haben. Im ersteren Fall müssen wir damit rechnen, daß Ereignisse eintreten, die die bereits bestehenden Verbindungen schweren Belastungsproben unterwerfen. Auch hier wird der Reifezustand des Menschen entscheidend sein für die Form, in der sich diese Prüfungen abspielen werden, von heilsamen Gewissenskonflikten bis zu tatsächlichen Brüchen.

Durchwandert Saturn das 8. Haus, dann beginnt der Gedanke an Tod und Wandlung aufzuwachen. Das Vergänglichkeitsproblem und die Idee der Selbstaufopferung nehmen Gestalt an. Es können äußere Anlässe ins Leben treten, die den Menschen zwingen, seine Schulden in einer eher materiellen Art abzuzahlen. Es wird dieser Transit den Menschen in irgendeiner Form vor das Gericht bringen, oder er bringt ihm die Vorstellung, vor Gericht stehen zu müssen aus Anlässen, die ohne diesen Transit unbeachtet bleiben. Das Tor zum inneren Gerichtshof hat sich geöffnet, und wieder hängt es vom Reifegrad des Menschen ab, wie er sich dazu stellt. Hier können während dieser Zeit auch gewisse Neurosen entstehen, die durch das Wegschauenwollen von diesem geöffneten Tor ausgelöst werden (Verdrängungsneurose). Wie dem immer sei, Wandlung und Tod werden als saturnische Ideen dem Menschen in dieser Zeit nahegebracht.

Durchwandert Saturn das 9. Haus, dann treten Gedanken auf, die mit dem Testament zu tun haben. Es ist uns zumute, als sollten wir nicht von hier weggehen, ohne einen Beweis hinterlassen zu haben, daß wir nicht ganz vergeblich gelebt haben. Die Sorge darum, etwas zu hinterlassen, das einen Beweis dafür geben kann, daß wir mit dem Pfund gewuchert haben, ist die typische Saturnsorge des 9. Hauses. Wer nicht in jungen Jahren stirbt, wird dies zwei- oder dreimal erleben. Aber auch in jungen Jahren mag dieser Saturntransit ähnliche Gedanken auslösen, die dem Wunsch gleichen, etwas für die Unsterblichkeit zu tun. Man denke etwa an Alexanders Ausspruch: »18 Jahre! Und noch nichts für die Unsterblichkeit getan!«

Durchwandert Saturn das 10. Haus, dann entsteht die Sorge um die Rechtfertigung des Platzes, den wir im öffentlichen Leben einnehmen oder einnehmen sollten. Diese Sorge mag sich in vielen Fällen zunächst als bloße Brot-Sorge darstellen, als die Sorge, ob man denn auch genug verdient, ob man imstande ist, seine Rolle zur Zufriedenheit des Chefs zu spielen, ob man den richtigen Beruf ergriffen hat oder, falls man erst vor der Berufswahl steht, welchen Beruf man ergreifen soll und ob man überhaupt einem Beruf gewachsen ist. Ist der Mensch nicht geneigt, solche Sorgen als moralische Äußerungen seines Wesens in sich aufkommen zu lassen, dann werden allerhand äußere Ereignisse eintreten, die ihn darauf stoßen wie etwa: Mißerfolg im Beruf, Tadel seitens der Vorgesetzten, Krach oder Entlassung, Bankrott und derartiges. Hier kann auch Verlust des Ansehens eintreten, wenn der Beruf auf diesem als einer wesentlichen Stütze des Wirkens aufgebaut war. Es darf aber niemals übersehen werden, daß solche Gewissenskrisen, die eigene Unzulänglichkeit betreffend, genügend stark erlebt werden, um die »Wandlung« vorzubereiten, damit auch hier dem äußeren Schicksal der Wind aus den Segeln genommen wird. Das Schicksal stößt niemanden in die rechte Bahn, der sie bereits aus eigener Erkenntnis gefunden und betreten hat.

Durchwandert Saturn das 11. Haus, dann ist es das Verhältnis zu den

Freunden und Helfern, das der Saturnsorge unterworfen wird. Sie betrifft hier unsere Assimilations- und Opferbereitschaft. Es ist das Ideal der Freundschaft selbst, das hier einer Revision unterzogen wird. Der für das Saturnerlebnis noch nicht herangereifte Mensch wird hier die Projektion der eigenen Unzulänglichkeiten in Gestalt mannigfacher Enttäuschungen erleben. Er wird erfahren müssen, wie die Freunde sich rätselhafterweise von ihm abwenden, ohne zu begreifen, daß es die Folgen einer schlechten Aussaat der Freundschaftsidee durch ihn sind, deren Folgen jetzt auf ihn zurückfallen und Krisen gleichen, wie sie im Verlauf von körperlichen Krankheiten aufzutreten pflegen, um die Entscheidung in diesem Kampf um die Gesundheit herbeizuführen.

Durchwandert Saturn das 12. Haus, dann betrifft unsere Sorge das Fortbestehen unserer Freiheit oder das Erringen der Freiheit. Hier kann sich, ähnlich wie wir das im 8. Haus sahen, Angst vor dem Gericht, Furcht vor Einkerkerung geltend machen, nicht etwa bloß im juristischen Sinn, sondern als Angst vor dem schlechten Gewissen, Furcht vor Isolierung im seelischen, geistigen oder moralischen Sinn, die Angst, von der Gemeinschaft der Menschen ausgeschlossen werden zu können, die Angst, einsam und verlassen zu werden; die Angst zurückzubleiben, während die anderen weitergehen, die Angst, vor dem Ziel zu versagen, und schließlich die Angst, sich selbst zu verlieren. Die Vergangenheit droht, übermächtig zu werden und den Weg in die freie Zukunft zu verstellen. Hier gilt Schönbergs Wort, dessen Dichtung *Die Jakobsleiter* mit den Versen beginnt, die er dem Erzengel Michael in den Mund legt: »Man hat weiterzugehen! Nicht rechts noch links blicken und nicht rückwärts!«

Damit sind die Grundstimmungen gekennzeichnet, die sich während der Dauer eines Saturnumlaufes, also im Verlauf von etwa 30 Jahren, aneinanderreihen, auf deren Hintergrund die mehr kurzfristigen Transite der schnelleren Planeten mit ihren besonderen Einflüssen sich abspielen wie etwa die wechselnden harmonischen Klänge über einem ruhenden Orgelpunkt. Nach dieser Periode von 30 Jahren oder einem Menschenalter wiederholt sich derselbe Zyklus, aber er trifft jetzt den inzwischen gereifteren Menschen an und wirkt sich demgemäß in veränderter Weise aus. Was sich aber unverändert wiederholt, das ist der Wesenskern des Saturnerlebnisses, das wir in seinen Grundzügen zu schildern versuchten.

Und nun wenden wir uns zu den Übergängen Saturns über die einzelnen Planetenorte.

31. Vortrag

Der ÜBERGANG SATURNS ÜBER DEN PLATZ DER SONNE wurde bereits besprochen. Hier mögen noch einige ergänzende Betrachtungen hinzugefügt werden. Es werden die Saturnübergänge bezüglich ihrer Schwere sich im allgemeinen danach richten, ob das Horoskop als Ganzes mehr Trigone oder Sextile oder mehr Quadrate oder Oppositionen aufweist. Daß sie in letzterem Fall schwerer ausfallen werden, ist einleuchtend. Die Sonne bedeutet aber im Horoskop nicht bloß das moralische Ich, sondern auch den Vater oder Führer und im Horoskop des Weibes auch den Mann. Da kann es geschehen, daß Ereignisse, die den Vater oder den Mann betreffen, sich in unserem Horoskop so auswirken, daß sie uns belasten wie mit einer schweren Verantwortung. Es kann aber auch geschehen, daß die eben genannten Personen uns das Ereignis, das uns treffen sollte, abnehmen. Der Saturnübergang kann von dem anderen Menschen, der mit uns in der beschriebenen Weise verbunden ist, abgefangen werden. Es kann uns von unserer eigenen Vergangenheit lossprechen. Es darf nicht gering eingeschätzt werden, daß gerade in solchen Momenten des Saturnüberganges von einem anderen Menschen Hilfe kommt, der dann die Rolle des Beichtvaters oder Vertrauten übernimmt. Der Helfende muß dann das Schicksal auf sich nehmen. Aber der höher Entwickelte kann das leicht tun, da er keine Schuld hat an unserer Vergangenheit. Nur dieser kann uns »absolvieren«.

SATURN ÜBER MONDORT: Im Gegensatz zu Sonne bedeutet Mond nicht unser moralisches Ich, sondern unser Erb-Ich, den Inbegriff all dessen, was durch Vererbung in unseren Leib gekommen ist und in unsere seelisch-geistige Konstitution. Mond ist das Reservoir aller angestammten Begabungen und Gewohnheiten. Es ist Tatsache, daß Saturns Übergang über den Mondplatz von den meisten Menschen als schwerer empfunden wird als sein Übergang über den Sonnenplatz, weil das Mondhafte in uns dem Bereich des Willens nicht so unmittelbar zugänglich ist wie unsere Sonnennatur und weil das Sich-trennen-Sollen von unserem gewohnten Leben und die Forderung nach Umwandlung dieses Lebens viel mehr an die vitalen Kräfte unseres leiblichen und seelischen Lebens rührt als die Forderung nach moralischer Erneuerung. Deshalb wirkt der Saturntransit über dem Mondplatz viel elementarer. Es geht etwas Lähmendes von ihm aus, ähnlich dem Saturnübergang über den Aszendenten. Es ist, als würde eine schwere Lebenshemmung über uns hereinbrechen, als sollten wir von Haus und Hof vertrieben werden. Der Saturnübergang über Mond wirkt wie ein Elementarereignis, das kein Problem für unseren Willen darstellt. Es ist nicht die Begegnung mit unserer moralischen Vergangenheit, und im Brennpunkt dieses Saturnereignisses steht nicht das Gericht über unser moralisches Ich, sondern was hier an den Menschen herantritt, ist die Forderung, nicht an dem zu hängen, was in Wahrheit zu unserem wahren Wesen gar nicht gehört, sondern ihm nur vorgelagert ist, um es vor uns selbst zu verhüllen. Wir sollen verzichten lernen auf all das, was nur zu unserer zweiten Natur gehört, um die erste in Freiheit zu setzen. Hat man sich so befreit, dann kann eine Verjüngung eintreten, die körperhaft und seelenhaft empfunden wird, wie ein Reinigungsbad.

Mond bedeutet aber nicht nur die weibliche Seite unseres Wesens, sondern auch die Mutter, die Schwester, kurz ein weibliches Wesen, das mit uns verbunden ist nach Geschwisterart; im Horoskop des Mannes auch die Frau und dies in besonderem Grad. Und auch hier kann es geschehen, daß das Mond-Saturn-Erlebnis abgenommen wird durch ein anderes Wesen. Die Mutter, die Frau kann es auf sich nehmen, und umgekehrt kann auch der Mann ein Unheil, das sonst die Frau treffen würde, auf sich nehmen. Hier handelt es sich meist weniger um eine Beichte, sondern um etwas, was einer Bruder- oder Schwesterpflicht gleicht, was nicht wie ein Lossprechen von Vergangenheit ist, sondern etwas, was aus dem Mitleiden quillt. Die Saturnübergänge über den Mondplatz können unter Umständen die Vitalität des Menschen bis zur Vernichtung herabstimmen. Wenn dieser Transit im 8. Haus erscheint, kann er recht verhängnisvoll werden.

SATURN ÜBER MERKURORT: Hier kommt es zu allerlei Belastungen des Gedankenlebens. Bei Menschen, die gewohnt sind, produktiv zu sein, kann es hier zu sterilen Perioden kommen, deren Rückwirkung im Seelischen, ja selbst im Moralischen schwer empfunden wird. Solch geistige Hemmungen können in extremen Fällen dahin führen, daß der betroffene Mensch sich selbst vor jeder Kommunikation mit anderen absperrt. Die Gedankenassoziationen sind verlangsamt, man wird träge, läßt Briefe unbeantwortet, versäumt allerlei Wichtiges. Handelt es sich hierbei um das 6. Haus, so können vorübergehend der Melancholie ähnliche Zustände eintreten, besonders dann, wenn auch Mond beteiligt ist (z. B. Mond-Konjunktion-Opposition oder Quadrat Merkur).

SATURN ÜBER VENUSORT: Dieser Übergang wird wohl kaum ohne stärkere Herabstimmung der sonst allem Schönen und der Freude zugewendeten Impulse bleiben, die Venus beschert. Es kann sogar geschehen, daß in solchen Zeiten mehr das Häßliche oder zumindest das Gefühl von der Nichtigkeit aller Ideale und ihrer Phantomhaftigkeit vom so betroffenen Menschen Besitz ergreift. Hier hängt wohl auch viel von den Venusaspekten ab, die von dem Saturnübergang mit betroffen werden. Man beachte insbesondere auch hier wieder, in welchem Haus oder in welchen Häusern Venus Herr ist.

SATURN ÜBER MARSORT: Die Wirkung dieses Transits ist wesentlich anders als etwa die Wirkung des Marsübergangs über Saturn. Handelte es sich dort um eine Aktivierung, um eine Herausforderung der Saturnenergien, um eine rebellische Einstellung gegenüber allen Mahnungen eines Gewissens, das uns Längst-Vergangenes mit erneuter und unwillkommener Energie zum Bewußtsein bringen will, so wird man jetzt eher das ohnmächtige Opfer solcher »Gewissensanschuldigungen«, die sich zuweilen recht lähmend vor all das stellen, was die Gegenwart von uns an tatkräftigem Handeln verlangt. Man muß nun einmal so weitermachen, wie man es früher getan hat. Es treten Neigungen zur Lethargie auf. In krankhaften Fällen kann es hier zu einem Zustand kommen, den die Psychiater der älteren Schule »Abulie« nannten, d. h. die Neigung, in einem Zustand völliger Passivität zu verharren. Willensträgheit oder völlige Resignation wäre vielleicht eine sinngemäße Übersetzung des Ausdrucks Abulie.

SATURN ÜBER JUPITERORT: Ganz anders wirkt sich dieser Transit aus; er bringt uns die Mahnung, nicht zu vergessen, daß wir zu einem Zweck auf der Welt sind, daß wir eine Aufgabe zu erfüllen haben auch dann, wenn das gegen unsere momentane Neigung geht. Es ist das Gefühl, an einem Scheideweg zu stehen, und das Unbehagen, das damit verbunden ist. Dadurch unterscheidet sich Saturn über Jupiter von Jupiter über Saturn, Jupiter drängt zu einer moralischen Entscheidung. Saturn läßt uns die Nötigung zur Entscheidung wie ein aus der Vergangenheit herüberklingendes Schuldgefühl erleben, das wir zuerst aus dem Weg räumen müssen, ehe wir unsere innere Freiheit wieder erlangen können.

SATURN ÜBER DEM EIGENEN PLATZ: Dieser Transit ereignet sich im 30. und danach im 60. Lebensjahr des Menschen. Im 60. Lebensjahr ereignet er sich gleichzeitig mit der Wiederkehr Jupiters an seinen natalen Platz, im 30. Lebensjahr mit der Oppositionsstellung Jupiters zu seinem natalen Ort. Beide Jahre bilden somit einen Markstein im Leben. Es sind Marksteine der Entwicklung des Menschen, die ein allgemeines, für alle Menschen gültiges Entwicklungsgesetz verhüllen. Es wird durch die Wiederkehr der Jupiter-Saturn-Beziehung, die sich im 30., ganz besonders aber im 60. Lebensjahr ereignet, vom Menschen ein Rechenschaftsbericht gefordert. Dabei kehrt das Aufleben aller Beziehungen wieder, die Saturn schon im Radixhoroskop aufweist, nur daß der Mensch im allgemeinen vor dem 30. Lebensjahr noch nicht vor die innere Nötigung gestellt wurde, sich Rechenschaft davon zu geben, wie sich Vergangenheit, Gegenwart und Zukunft in seinem Leben als permanente Phasen zusammenfügen oder zusammenfügen sollten.

SATURN ÜBER URANUSORT: Dieser Transit setzt in allen Fällen einer Belastungsprobe aus, die sich auf seinen Individualwert bezieht, auf seine Voll- oder Minderwertigkeit vor dem eigenen Gewissen. Wieder wird es wesentlich sein, das Haus zu beachten, in dem der Transit stattfindet, oder das Haus, dessen Herr Uranus ist. Da ferner dieser Transit im Lauf eines Lebens dreimal, in ganz seltenen Fällen sogar viermal geschehen kann, so ist stets die Lebensperiode mitzubeachten, in die der Transit fällt.

SATURN ÜBER NEPTUNPLATZ: Hier tritt fast das Gegenteil von dem ein, was durch den Saturntransit über Uranus ausgelöst wurde. Dieser Transit lullt unsere Vorstellung von der Eigenwertigkeit ein, stimmt sie herab, so daß wir unter dem Einfluß dieses Transits uns oft genug veranlaßt sehen, Dinge zu tun, die wir gar nicht verantworten wollen, unter deren Folgen wir später leiden. Es sieht dann so aus, als hätten wir sie im Rausch begangen. Zuweilen tritt unter dem Einfluß dieses Transits eine Steigerung unserer Seelenkräfte auf; es ist dann, als wären wir über uns selbst hinausgeschoben und zu Leistungen befähigt, die jenseits der Schwelle unserer normalen Leistungsfähigkeit liegen, ohne daß wir uns dabei einer besonderen Kraftanstrengung bewußt werden. Der Gedanke an Voll- oder Minderwertigkeit kommt zu solchen Zeiten nicht auf.

Wir möchten diesen Abschnitt nicht abschließen, ohne noch eine kurze Betrachtung anzufügen, die sich auf die Begegnung Saturns mit jenen Planeten bezieht, die zugleich die Herren der Eckhäuser sind.

Diese Betrachtung kann sinngemäß auch auf die übrigen Planeten als Transitoren angewendet werden.

Saturns Begegnung mit dem Herrn des 1. Hauses: Sie bringt stets eine trübe Stimmung mit sich, die unter Umständen bis zum Lebensüberdruß anwachsen kann. Die speziellen Modifikationen ergeben sich aus der Natur des transitierten Planeten und des Hauses, in dem der Transit geschieht.

Saturns Begegnung mit dem Herrn des 10. Hauses bringt uns die Verantwortlichkeit nahe, sei es, daß wir uns nun den Folgen unserer Handlungen gegenübersehen, sei es, daß sie uns von außen her vorgehalten werden, so daß Ruf und Ansehen gefährdet erscheinen. Wieder ist die Natur des transitierenden Planeten und das Haus zu beachten.

Saturns Begegnung mit dem Herrn des 4. Hauses: Hier gilt ähnliches, nur daß es sich in diesem Fall um den engeren Kreis der Familie bzw. um den unmittelbaren persönlichen Wirkungskreis handelt.

Saturns Begegnung mit dem Herrn des 7. Hauses bringt stets eine Mahnung mit sich, im Festhalten an eingegangenen Bindungen konsequent zu bleiben, um nicht mit der Lösung solcher Bindungen oder Verbindungen einen Teil seines eigenen Wesens mit aufzugeben. Nur wer anderen treu bleibt, kann auch sich selbst treu bleiben.

Bei der speziellen Beurteilung jedes Transits kommen stets mindestens drei Häuser in Betracht: das Haus, in dem der Transit geschieht, das Haus oder die Häuser, deren Herr der transitierende Planet ist, und das Haus oder die Häuser, deren Herr der transitierte Planet ist. Erst durch die Berücksichtigung aller dieser Umstände kann ein Urteil über die Bedeutung des jeweiligen Transits gewonnen werden. Man sieht, wie durch die Weiterwanderung der Planeten vom Moment der Geburt an die einzelnen Lebensgebiete des Horoskops ständig in immer wechselnde Beziehungen zueinander gebracht werden, die sich zu manchen vorausberechenbaren Zeiten zu entscheidenden Ereignissen zusammenschließen.

32. Vortrag

Wir haben uns mit den Uranus- und Neptuntransiten zu befassen und werden dabei denselben Vorgang einhalten, wie dies bei den sieben alten Planeten geschah. Wir werden zuerst untersuchen, welche Einflüsse diese Planeten in das jeweilige Haus tragen, das sie durchwandern, und anschließend die Wirkung betrachten, die sich beim Übergang über die einzelnen Planetenorte einstellte.

Wir haben die jenseits der Saturnbahn kreisenden Planeten als transzendente Planeten bezeichnet, um damit anzudeuten, daß ihre Wirkung nicht ohne weiteres auf dieselbe Ebene gebracht werden kann wie die der alten sieben Planeten; sie sind vielmehr als eine jenseitige Entsprechung der inneren Planeten anzusehen, die sich um jene Grenzlinie gruppieren, die durch die Saturnbahn gegeben ist. Diese Grenzlinie zeigt uns ein doppeltes Gesicht, dessen Augen gleichzeitig nach innen und außen gerichtet sind: dem Innen des Horoskops zugewendet die irdische Konstitution des Menschen und dem Außen des Horoskops zugewendet die kosmische Konstitution des Menschen widerspiegeln. In diesem Sinn betrachtet wäre Saturn selbst nur die eine Seite eines planetarischen Kraftpunktes, dessen andere Seite Uranus heißt. Mit anderen Worten: Uranus wäre die Jenseitsgestalt Saturns, Neptun folgerichtig die Jenseitsgestalt Jupiters und Pluto die Jenseitsgestalt des Mars... Demnach würde Uranus nicht nur der Jenseitsinterpret des Zeichens Wassermann, sondern auch des Zeichens Steinbock sein, Neptun ebenso der Zeichen Fische und Schütze und Pluto der Zeichen Widder und Skorpion.

Wir wenden uns nun dem Planeten Uranus zu. Wir sahen in Uranus vorzugsweise den »Stabilitätsprüfer« des Gesamthoroskops, wir sahen von ihm jenen Impuls ausgehen, der uns nötigt, alle im Horoskop veranlagten Fähigkeiten zu einer Einheit zusammenzuschließen, die den Festigkeitskern unseres Ich bildet, soweit sich dieses an den Aufgaben erprobt, die das irdische Leben stellt. Wir werden also durch Uranus beständig auf unser Ich hingelenkt und dauernd im Zustand eines Prüflings festgehalten. Wir dürfen aber nicht vergessen, daß unser Prüfer ein Doppelwesen ist, der sich aus zwei Komponenten zusammensetzt, die zugleich unser empirisches und unser transzendentes höheres Ich vorstellen. In einem seiner späteren Romane hat der vielgeschmähte Karl May eine solche Prüfung seines empirischen Ich dargestellt, der er selbst als stummer Zeuge beiwohnen durfte (Ardistan und Dschinnistan).

Es muß allerdings beachtet werden, daß es meist den späteren Lebensaltern vorbehalten bleibt, diese Stabilitätsprüfung im Bewußtsein zu erfahren, während der Eintritt solcher Prüfungen im jugendlichen Alter erst später, oft viel später in seiner Bedeutung begriffen wird.

Es zeichnet sich jetzt bereits mehr oder minder deutlich ab, wie wir die Uranustransite zu deuten haben.

Jede Prüfung bringt ein Element der Unsicherheit und der Unruhe in unser Leben. Dies wird sich sowohl auf die Häuser beziehen, die Uranus durchwandert, als auch auf die einzelnen Planetenorte. Es wird dabei auch wesentlich das Lebensalter zu berücksichtigen sein, in das der betreffende Transit fällt. Da eine volle Uranusrevolution 84 Jahre dauert, werden es im allgemeinen nur wenige Menschen sein, die die Wanderung dieses Planeten durch alle zwölf Häuser ihres Horoskops oder den Übergang über alle Planetenorte auch wirklich erleben; es werden demnach einzelne Lebensgebiete oder Seiten ihrer Gesamtveranlagung gar nicht durchgeprüft werden. Manche Lebensgebiete werden erst im späteren Alter herangezogen werden, andere wieder in früherer Jugend. Dieser Umstand bildet ein wesentliches Element für die Beurteilung des Reifegrades des Menschen. Immer aber wird es sich bei solchen Prüfungen darum handeln, uns ins Bewußtsein zu bringen, daß das Diesseits und das Jenseitsideal mit seinen moralischen Forderungen zur Kongruenz gebracht werden sollen, eine Aufgabe, die kaum jemals ohne schwere Erschütterungen bewätigt werden kann.

Wir wollen nun Uranus auf seiner Wanderung durch die zwölf Häuser des Horoskops verfolgen, wobei es wichtig wird, von welchem Haus aus Uranus seine Wanderung beginnt. Vergessen wir dabei nicht, daß der Aufenthalt Uranus' in jedem Haus durchschnittlich etwa sieben Jahre dauert. Die Ereignisse, die Uranus bringt, während er die ersten vier Häuser durchwandert, werden in das erste Lebensdrittel fallen, von jenem Haus aus gerechnet, das er im Geburtshoroskop besetzt, die Ereignisse der folgenden vier Häuser in das zweite und die Ereignisse der letzten vier Häuser in das letzte Drittel des Lebens.

Was können wir nun von den Uranustransiten im allgemeinen erwarten? In erster Linie wird es sich um eine Erschütterung des Bodens des betreffenden Hauses handeln, um ein Erdbeben. Die Ereignisse, die da eintreten, weisen keine Konstanz auf, sie werden so erlebt, als müßte man stets auf eine Überraschung gefaßt sein. Man lebt im Gefühl einer ungeminderten Spannung. Das kann angenehm sein, solange die Farbe, die dadurch den Ereignissen aufgeprägt wird, den Reiz der Neuheit besitzt, solange wir fähig bleiben, uns diesem Reiz hinzugeben. Aber es kann auch recht unangenehm sein, wenn es sich um ein Alter handelt, in dem man das Neue bereits zu fürchten beginnt, wenn die Zeit kommt, wo wir »was Gut's in Ruhe schmausen mögen«. Haben wir aber diese Ruhe im Innern nicht vorher schon gefunden, dann wird der Uranustransit jene Erschütterungen bringen, die dem Haus entsprechen, durch das er schreitet.

Durchwandert Uranus das 1. Haus, dann muß es wohl in erster Linie zu einem Konflikt zwischen Persönlichkeit und Individualität kommen. Findet dieser Transit im jugendlichen Alter oder zu einer Zeit statt, da diese Unterscheidung im Bewußtsein noch nicht wach geworden ist, dann kommt es meist zu einer Steigerung aller Impulse der Hartnäckigkeit und des Eigensinns; die damit verbundene Betonung der Egozentrizität kann solche Grade erreichen, daß dem Geborenen der Gegensatz zwischen sich und der Umwelt mit besonderer Intensität zum Bewußtsein kommt, es sei denn, daß er sich die Unterordnung der ihn umgebenden Menschen erzwingen kann. Rücksichtslosigkeit sowie Nichtachtung der Umwelt und ihrer Interessen stellt sich ein oder auch das Gefühl, von dieser Umwelt nicht genügend gewürdigt, wenn nicht gar angefeindet zu werden. Im Alter kommt es hier mehr zu Selbstanklagen, über der Sorge um das vergängliche Ich das wahre Ich vernachlässigt zu haben. Es ist unmöglich, aber auch unnötig, all die Konsequenzen zu schildern, die sich hieraus im Physischen, Seelischen, Geistigen und Moralischen ergeben.

Durchwandert Uranus das 2. Haus, dann werden die auftretenden Erschütterungen sich auf das Soll und Haben im Geschäftsbuch des Lebens beziehen. Die Sorge hält ihren Einzug, die Sorge um alles, was wir unser nennen. Im späteren Leben tritt die Frage auf, was wir denn eigentlich mit Recht »unser« nennen dürfen, und schließlich mag die Forderung entstehen, sich all der Dinge zu entledigen, die unmöglich durch das Nadelöhr gebracht werden können.

Durchwandert Uranus das 3. Haus, dann treten Erschütterungen auf, die sich auf das unmittelbare Zusammenleben mit den Geschwistern beziehen, worunter nicht nur die leiblichen Brüder oder Schwestern zu verstehen sind, sondern all die, mit denen wir als unseren Zeit- und Raumgenossen in Verbindung sind. Im früheren Lebensalter treten allerlei Streitigkeiten auf, vermeintliche oder wirkliche Gleichberechtigung betreffend. Vorübergehende oder dauernde Trennung von Geschwistern oder Wahlgeschwistern, Unterbrechung der Kommunikation mit Gleichgesinnten stellen sich ein. Im späteren Alter gewinnt das Problem mehr und mehr an Bedeutung, das man mit den Worten »Individualität und Gemeinschaft« vielleicht am besten charakterisieren könnte. Hier droht am Ende die Vereinsamung.

Durchwandert Uranus das 4. Haus, dann treten Erschütterungen auf, die unser Verhältnis zu den Eltern und Führern betreffen. Was in uns geweckt wird, das ist vor allem der Protest gegen ihre Autorität. Sind wir zu jung und kann es demgemäß zu einem solchen Protest noch gar nicht kommen, dann schiebt sich doch etwas wie Entfremdung zwischen uns und unsere Erzieher, zuweilen durch äußere Ereignisse schwerwiegender Natur ausgelöst. Später ist es unsere Fähigkeit zur Demut, die der transitierende Jupiter auf die Probe stellt. Hier spielen sich auch all die Probleme ab, die wir mit dem Schlagwort »Väter und Söhne« bezeichnen dürfen. Aber im übertragenen Sinn ist dieses Problem auch auf den eigenen Lebensgang anwendbar, wenn wir im Alter an all die Verfehlungen gegenüber den Eltern und Lehrern denken, deren wir uns schuldig gemacht haben, und nun ähnliches durch unsere wirklichen oder die Wahlkinder erfahren müssen. Schließlich wandelt sich im Alter dieses Problem abermals und nimmt jetzt die Gestalt der Forderung an, zu sich selbst heimzufinden, heimzufinden zu unserem transzendenten Ich.

Durchwandert Uranus das 5. Haus, dann hängt, was in das Leben tritt, seiner äußeren Gestalt nach sehr wesentlich vom Lebensalter des Geborenen ab, in das der Transit fällt. Stürme des Gefühlslebens bilden hier ein wesentliches Merkmal. Aber sie betreffen nicht ausschließlich das erotische Gebiet. Wie wir bereits in den allgemeinen Betrachtungen über das Wesen der Häuser ausführten, ist es die Entfaltung der seelischen Macht oder der Macht über andere Seelen, die in diesem Haus die wichtigste Rolle spielt. Was Uranus vor allen hier auf die Probe stellt, ist der egoistische Anteil an all den Angelegenheiten, die in den Bereich dieses Hauses fallen. Der Titel eines Buches mag hier erwähnt werden, weil er das Uranusproblem des 5. Hauses beleuchtet: Die Lieblosigkeit der Liebe. Der Verfasser wollte mit diesem Titel ausdrücken, wie weit oft die Liebesleidenschaft entfernt ist von wahrer Liebe. Da ist es oft so, als wenn der erotische Partner gleichzeitig der Feind wäre, der überwunden werden muß. So manche Mythen deuten auf diese urtümliche Veranlagung im Seelenleben des Menschen hin, auf den Komplex von Erotik und Grausamkeit. In späteren Jahren wird der das 5. Haus transitierende Uranus uns dahin bringen, diese egoistische Note zu überwinden. Es werden Ereignisse eintreten, die uns nötigen, hier zu lernen, wie man dem Eigentrieb zu entsagen hat. Sinngemäß wird das eben Ausgeführte auch auf das Verhältnis zu den Schülern und Kindern angewendet werden müssen. Wieder: Väter und Söhne, Lehrer und Schüler; denn hier liegt ein ähnliches Problem: Eifersucht zwischen Lehrer und Schüler.

Durchwandert Uranus das 6. Haus, dann stellen sich Erschütterungen ein, die im weitesten Sinn einer Gesundheitsprüfung gleichen. Ist der Gesamtzustand unseres Wesens innerlich gefestigt? Sind wir in Harmonie mit unseren inneren und äußeren Leben? Entspricht unser gegenwärtiger Reifezustand den Forderungen, die wir an uns selbst und die Umwelt an uns zu stellen berechtigt sind? In jüngeren Jahren kann eine Krankheit dem Wunsch zu Hilfe kommen, einer inneren Prüfung auszuweichen. Wer nicht geneigt ist, zur Maturitätsprüfung anzutreten, den können äußere Ereignisse wachrütteln und das Leben um so schwerer gestalten, je weniger man geneigt ist, es als Prüfung anzusehen. Die Hauptfrage, die hier gestellt wird, lautet: Wie ist es für mich möglich, in einer höheren Gemeinschaft harmonisch aufzugehen, ohne dabei mein Selbst aufzugeben? Diese Frage bezieht sich auf alle vier Ebenen: die physische, seelische, geistige und moralische Ebene.

Tritt Uranus in das 7. Haus ein, dann werden alle Verbindungen einer neuerlichen Belastungsprobe unterworfen, für die wir schon durch Uranus' Durchgang durch das 6. Haus innerlich bis zu einem gewissen Grad präpariert wurden. Diese Belastungsprobe bezieht sich jetzt nicht so sehr auf unsere persönliche Eignung als auf die innere Bereitschaft, an diesen Verbindungen und den sich aus ihnen ergebenden Aufgaben zu wachsen. Welcher Art immer diese Verbindungen sein mögen, sie werden sich während dieser Zeit wechselnd gestalten und den Charakter des Transitorischen in sich tragen, oder sie werden von uns so angesehen oder erlebt, als wären sie niemals fest genug, um sich auf sie verlassen zu können. Wem kann ich vertrauen: Soll ich dem Vater oder dem Freund gehorchen? Oder später: Soll ich Gott oder den Menschen gehorchen? Die Sehnsucht nach Freiheit und Unabhängigkeit mit der gleichen Sehnsucht nach Gemeinschaft harmonisch auszugleichen wird hier zum eigentlichen Problem, das wieder jene Erschütterungen schafft, die hier der Uranustransit mit sich führt.

Durchwandert Uranus das 8. Haus, dann treten die schwersten Erschütterungen all unserer Lebensgrundlagen ein. Wir werden unsicher gemacht in allem, was wir bis dahin für unerschütterlich gehalten haben, wir sehen den Boden unter unseren Füßen wanken, und es ist, als müßten wir aufs neue eine Rechtfertigung für unser Dasein und unsere Eigenart erbringen; und hinter allem lauert wieder der Todesgedanke und der Gedanke des Gerichts. Wieder hängt viel vom dem Lebensalter ab, in dem dieser Transit stattfindet, anders ausgedrückt, von der Distanz zwischen Uranus und 8. Haus im Geburtsbild, in der Richtung der Zeichen gemessen. Vielleicht läßt sich in einer allgemeinen Formel das Wesentliche dieses Uranustransites dahin zusammenfassen, daß es jedesmal um ein Abschied-nehmen-Müssen von etwas Unersetzlichem geht, um ein Sterben-Müssen.

Durchwandert Uranus das 9. Haus, dann handelt es sich nicht mehr um das Sterben, sondern um den Leitgedanken des Lebens. Die Erschütterungen, die hier eintreten, sind religiöse oder Glaubenskonflikte. Hier geht es um die Erweiterung des Gesichtskreises durch Aufnahme neuer Eindrücke oder Lehren, die geeignet sind, uns über innere Gewissenskonflikte hinüberzuhelfen, die oft durch erstaunlich geringfügige Anlässe in ihrer vollen Schwere ausgelöst werden. Alle Arten von Enscheidungen fallen recht schwer, und man ist oft genug befriedigt, wenn eine fremde Autorität oder ein äußerer Zwang uns unserer Verantwortung entheilt. Aber auch diese Lösung ist nicht von Dauer, solange wir nicht zu dem Glauben hingefunden haben, der »aus eigner Seele quellen kann«.

Durchwandert Uranus das 10. Haus, dann treten wieder Erschütterungen auf, die mit dem äußeren Wirken und mit unserem Wirkungskreis zu tun haben. Im allgemeinen muß man mit allerlei Wechselfällen rechnen, die den Beruf betreffen und ein Moment der Unruhe in dessen Ausübung hineintragen. Es mag sein, daß man dem alten Beruf neue Seiten abgewinnt oder gezwungen wird, es zu tun. Auch rein äußerliche Momente können hinzukommen wie Ortswechsel, Wohnungswechsel, der Verlust der Möglichkeit, seinen Beruf auszuüben, verbunden mit dem Zwang, einen neuen Beruf zu ergreifen. Es können sich Gewissensfragen melden, ob man dem Beruf gewachsen ist oder ob man durch sein Wirken eine sittliche Aufgabe erfüllt, die meinem und der anderen Fortschritt in Wahrheit dient. Das Verhältnis von Beruf und Berufung und die Frage, wie weit diese beiden Dinge in Einklang stehen, wird wichtig und kann unter Umständen quälend empfunden werden. Wieder hängt es vom Reifezustand des Geborenen ab, ob das, was Uranus bringt, mehr das innere oder das äußere Leben betrifft.

Durchwandert Uranus das 11. Haus, dann treten Erschütterungen auf, die das Gebiet der Freundschaft betreffen. Hier werden wir häufig genug eine Überspannung in der Auffassung von Freundschaft antreffen, die sich auch schon in früher Jugend bemerkbar machen kann. Neue Freundschaften mögen entstehen oder bestehende in die Brüche gehen oder alte, längst vergessene erneuert werden. Die Gewissensfrage, welchen Anteil am Freundschaftsleben mein oder des Partners Egoismus hat, kann man sich recht unwillkommen aufdrängen. Unter dem Einfluß dieses Transits kann es geschehen, daß wir selbst unsere Einstellung zu unseren Freunden sozusagen von Tag zu Tag ändern und das Echo solch schwankenden Verhaltens von der anderen Seite zurückkommen sehen. Das schwerste Problem, das sich hier ergibt, ist, sich selbst und dem anderen die Treue zu halten oder den wahren Weg zur Treue überhaupt zu finden.

Durchwandert Uranus das 12. Haus, dann entsteht die Gefahr, unser Selbst überhaupt zu verlieren und sich in ohnmächtigem Rebellentum gegen die eigene Natur und die der anderen aufzureiben; die Sehnsucht nach innerer Ruhe bleibt unbefriedigt; das Gefühl, in seinem niederen Ich eingekerkert zu sein, kann hohe Grade erreichen und schließlich zu einem Zustand peinlicher Resignation anwachsen, unterbrochen von ebenso peinlichen Anfällen von Reue oder von Energieschwüngen, die meist nicht von langer Dauer sind. Die Wege, die aus solchen Situationen herausführen können, sind mannigfach; aber das allgemeine Rezept ist hier allein die Liebe, die stets opferbereit bleibt.

Wir wenden uns nun zu den Uranustransiten über die einzelnen Planetenorte. Dabei wird wieder die Lebensperiode zu beachten sein, in die der jeweilige Transit fällt.

Im allgemeinen kann als das charakteristische Merkmal dieser Transite angesehen werden, daß sie das Uranische jedes einzelnen Planeten aufwecken, d. h. daß sie den Geborenen dazu drängen, die betreffenden Planetenkräfte oder die ihnen entsprechenden Seiten seiner Veranlagung mit dem Stempel seiner individuellen Eigenart zu versehen und seiner Individualität gemäß auszuleben. Dabei wird in den meisten Fällen ein Konflikt mit den Gesetzen der allgemeinen menschlichen Entwicklung unvermeidlich sein. Es werden sich also auch hier wieder Probleme ergeben, wie sie aus den Transiten über die Gebiete der einzelnen Häuser erwuchsen, nur daß sie sich jetzt nicht auf einzelne Lebensgebiete, sondern auf die einzelnen Seiten unserer Grundveranlagung beziehen. Das Hauptproblem wird sich hier ergeben, wie wir den Konflikt zwischen den sozialen und den antisozialen Ichkräften zu meistern imstande sind.

Wir beginnen mit URANUS ÜBER SONNENORT: In welches Lebensalter dieser Transit fallen wird, läßt sich leicht aus der Geburtskonstellation ersehen. Dies gilt auch von allen anderen Planetenorten. Da ist es nun wichtig, sich dessen zu erinnern, was bereits anläßlich der Planetenfunktion des Uranus über die zwölf aufeinanderfolgenden Sieben-Jahr-Perioden des menschlichen Lebens ausgeführt wurde. Fällt der Uranustransit in das erste Drittel seiner Umlaufzeit, also in die ersten 28 Lebensjahre, dann haben wir es mit Problemen zu tun, die mit der Einbürgerung des Menschen in die Bedingungen seines physischen Leibes und dessen Fähigkeiten und seiner Festigung im Zusammenstoß mit der Umgebung zusammenhängen. Während der folgenden zweiten Periode von 28 Jahren entstehen Probleme, die sich mit der Einbürgerung des Menschen in den sozialen Körper und in die Bedingungen des Lebens in diesem Körper beschäftigen: Wie bewahre ich meine Individualität innerhalb des Gemeinschaftslebens? In der letzten Periode von 28 Jahren schließlich entstehen Probleme, die zu tun haben mit meiner Eingliederung in ein geistiges Reich, das jenseits aller an Materie haftenden Bedingungen ist.

Wenden wir uns nun im einzelnen der Sonne zu, dann können wir von Prüfungen der Ich-Bewährung sprechen. Aber dieses Ich und seine Freilegung aus dem Schutt ererbter Anlagen und anerzogener Gewohnheiten und Vorurteile erfordert eine mehr oder weniger lange Lehrzeit, und es ist des Uranus Funktion, dieser Lehrmeister zu sein, der Lehrmeister, der uns hilft, unser wahres Ich zu finden und zu bewahren, allen Schwierigkeiten zum Trotz. Daher sind all die Wirrnisse, die der Transit des Uranus über den Sonnenplatz bringt, der Ausdruck von Kämpfen um die Selbstbewahrung. Zunächst gilt dieser Kampf der Bewährung unseres physischen Seins. In früher Jugend treten zur Zeit solcher Transite jene Bewährungskämpfe auf, die wir als »Kinderkrankheiten« bezeichnen. Aber diese Kinderkrankheiten beziehen sich nicht ausschließlich auf unser körperliches Sein, sie beziehen sich weiter auch auf unsere Eingewöhnung in das Denken und Erkennen der jeweiligen Zeitepoche, in die wir hineingezogen wurden. Das sind die Kinderkrankheiten im Geistigen, die das Lernen im weitesten Sinn mit sich bringt. Später kommen dann die Konflikte und Leiden entsprechend jener Stufenleiter der Lebensschule. In welcher Weise diese Lernkonflikte ins Leben eingreifen, hängt astrologisch wohl von dem Haus ab, in dem die Sonne ihren natalen Platz hat. Zusammenfassend können wir sagen, daß die Kämpfe, die der Uranustransit über den Sonnenort mit sich bringt, der Loslösung unseres wahren Ich aus den Banden des Erb-Ich dienen, die um so heftiger und tragischer ausfallen werden, je mehr wir geneigt sind, uns mit unserem Erb-Ich zu identifizieren und nicht auf die Stimme unseres wahren Ich zu hören, weil wir dessen Stimme fürchten.

Der Übergang des URANUS ÜBER DEN MONDPLATZ zeigt gewisse Ähnlichkeiten mit dem Saturntransit über den Sonnenort. Aber das Schuldgefühl, das dort herüberweht aus unserer Vergangenheit, fehlt hier. All die Wirren, die hier entstehen, sind so, daß wir wohl unter ihnen leiden, aber zugleich auch fühlen, daß wir sie konsequenterweise auf uns nehmen müssen, weil wir außerstande sind, unsere Natur, aus der sie entspringen, zu ändern. Sie kommen über uns gleich einem Elementarereignis und haben keine Beziehung zu unserem Schuldenkonto. Wir sind demgemäß verurteilt, all die Kämpfe, die der Lebensperiode entsprechen, in die der Transit fällt, unsere Gesamtveranlagung gemäß schutzlos mitzumachen und erleben sie demzufolge mit ungeminderter Intensität. Hier können unter Umständen schwere seelische oder auch geistige Störungen auftreten oder auch Krisenkrankheiten des Körpers.

URANUS ÜBER MERKURPLATZ: Hier wirkt Uranus wie ein gewaltiges Stimulans, durch das das Denken beständig angetrieben wird, sich über die eigene Kraft hinaus zu steigern und sich Aufgaben zu stellen, denen es in irgendeinem Sinn gar nicht gewachsen ist, sei es, daß die so entstehenden Probleme das Maß der individuellen Kapazität übersteigen oder überhaupt die Grenzen, die menschlicher Erkenntniskraft gezogen sind. All diese hier dem Individuum abgeforderten Anstrengungen führen etwas Quälendes mit sich, das, je nach der Stellung Merkus im Geburtsbild, den Geborenen zu gesteigerter Aktivität im Geistigen oder zu schweren Störungen seiner geistigen Gesundheit veranlassen können.

URANUS ÜBER VENUSPLATZ: Hier kommt es gleichfalls zu einer Stimulation all dessen, was Venus in dem betreffenden Horoskop bedeutet, sofern es sich um die Grundanlagen des Menschen handelt. Auch hier werden dem Geborenen Leistungen abgefordert, die seine Fähigkeiten übersteigen oder die Möglichkeiten, die ihm zur Verfügung stehen. Was hier zuweilen auf eine harte Probe gestellt wird, ist die Hoffnungsfreudigkeit und die Fähigkeit, sich höheren Impulsen gegenüber zu öffnen oder offen zu halten. Der Lebensoptimismus, ohne den wir nun einmal nicht leben können, schlägt entweder in

Pessimismus um oder führt zu Exzessen, die unter dem Motto »Nach mir die Sintflut« ausgelebt werden. Gelingt es, diese Impulse zu überwinden, dann mag gerade die Kraftanstrengung, die dabei aufgewendet wird, dazu beitragen, daß hier schöpferische Leistungen auf geistigem Gebiet zustande kommen, die den besonderen Stempel der eigenen Individualität tragen und helfen, diese auf eine höhere Stufe der Entwicklung zu tragen. Wieder spielt das Lebensalter, in dem dieser Transit geschieht, eine wesentliche Rolle.

URANUS ÜBER MARSPLATZ: Erhöhter Lebenstrotz ist wohl das hervorstechendste Merkmal dieses Transits. Selbstbehauptung allen feindlichen Gewalten zum Trotz! Nicht kapitulieren! Entsprechend dem Haus, in dem der Transit geschieht, wird dieser Eigentrotz oder Eigenwille sich verschieden auswirken. Das Dilemma, das hier entsteht, heißt nicht wie in dem Venusfall: Sterilität oder Produktivität, sondern: Biegen oder Brechen bzw. Gebogen- oder Gebrochenwerden. Die Frage: Bist du stark genug, um du selbst bleiben zu können?, wird zur bewußten oder auch unbewußten Gewissensfrage.

URANUS ÜBER JUPITERPLATZ: Machte Uranus über Mars trotzig, so entsteht beim Übergang über Jupiter eine Neigung zur Überheblichkeit und zur Überschätzung der eigenen Bedeutung oder des Wertes der eigenen Leistungen. Man traut sich viel zu und ist Ermahnungen anderer schwer oder nur widerwillig zugänglich. Größenphantasien und entsprechende Tagträume stellen sich hier leicht ein. In späteren Jahren entstehen Konflikte, die sich aus der Diskrepanz zwischen der Vorstellung vom eigenen Wert und den tatsächlichen Leistungen oder der Einschätzung der Umgebung, die diese für uns übrig hat, ergeben. Der Blick in den Spiegel ist jetzt weit weniger erfreulich als in der Jugend.

URANUS ÜBER SATURNORT: Das Wesentliche dieses Transits ist die Auferweckung des Gewissens und die bis zum Krankhaften gesteigerte Empfindlichkeit des Verantwortungsgefühls, hinter dem sich in diesem Fall alte, nicht beglichene Schulden verbergen. Das Uranische in all diesen Vorgängen wird dadurch kenntlich, daß das Maß der seelischen Erschütterungen, die hier eintreten, in keinem plausiblen Verhältnis zu den oft geringfügigen Anlässen steht, die sie hervorrufen. Diese Anlässe werden sich stets aus dem Funktionsbereich des Hauses ergeben, in dem der Transit geschieht.

URANUS ÜBER URANUSPLATZ: Dieser Transit tritt erst jenseits des 80. Lebensjahres ein und kündigt, wenn er überhaupt erlebt wird, das herannahende Lebensende an, mit all den Begleiterscheinungen, die sich als Resultat der Gesamtanlage des Horoskops und der Möglichkeiten seiner Entwicklung ergeben. Dieser Transit übergibt den Menschen seinem höheren Selbst und läßt ihn mit diesem allein. Von den in manchen Fällen in den ersten Lebensmonaten geschehenden kurzfristigen Schwankungen Uranus' um den eigenen Ort kann hier wohl abgesehen werden.

URANUS ÜBER NEPTUNORT: Wenn wir uns vor Augen halten, was wir bei früheren Anlässen über die Funktion dieser beiden Planeten aussagen konnten, dann können wir als den Haupteffekt dieses Transits die Aufweckung des Unbewußten in uns sehen, das zum Bewußtwerden drängt. Die Ahnung des Kosmischen, das sich symbolisch in allen Ereignissen des Lebens ähnlich wie im Traum verkappt, naht sich dem Tagesbewußtsein in verschiedenen Gestalten und will festgehalten werden. Das Problem von Traum und Wirklichkeit bricht mehr oder minder deutlich in das Leben ein und beruhigt uns in unserer Seele. Wieder hängen die Ereignisse, die in diesen seltsamen Wandlungen des Bewußtseins das auslösende Moment zu spielen haben, mit dem Haus zusammen, in dem dieser Übergang geschieht. Die Weltanschauung, mit der das betreffende Individuum gemäß dem Charakter seiner Generation geboren wurde, wird hier auf die Probe gestellt. Was nun wieder an diesem Transit die eigentlich uranische Note ausmacht, das ist das Verlangen, in diesem Konflikt zwischen Traum und Wirklichkeit sein Selbst nicht zu verlieren und alles, was wir zum Traum oder Traumartigen rechnen, von uns zu distanzieren. Wer nicht stark genug oder willens ist, diese Distanzierung zu berücksichtigen, kann hier in schwere Situationen geraten, die der Wanderung durch ein Labyrinth gleichen, aus dem man den Ausgang nicht findet.

33. Vortrag

Wir haben nun noch die Neptuntransite zu behandeln. Über die astrologische Funktion dieses Planeten und wie wir sie zu verstehen haben, wurde bereits ausführlich gesprochen. Vielleicht mag es angebracht sein, uns einiges ins Gedächtnis zurückzurufen, das uns helfen kann, Neptun als Transitor zu deuten. Wenn man von dem in jüngster Zeit entdeckten Planeten, dem der Name Pluto gegeben wurde, absieht, so ist es Neptun, den wir als den jüngstentdeckten anzusehen haben. Er ist der Planet, von dem Schopenhauer sagte, er sei aus Unkenntnis so genannt worden, sein wahrer Name müsse Eros sein. Schopenhauer bringt diese Auffassung vom Wesen Neptuns in Zusammenhang mit einer wohl nicht ganz ernst gemeinten Würdigung der astrologischen Bedeutung der Planeten, derzufolge sie nach dem Grad ihrer Entfernung von der Sonne die aufeinanderfolgenden Lebensperioden des Menschen beherrschen. Daher beherrscht Neptun das höchste Alter, in dem es zum normalen Entwicklungsgang gehört, daß der Mensch sich von der Erde und aller irdischen Bestimmung loslöst, um nach dem Hinscheiden des Körpers in den Kosmos wieder aufgenommen zu werden. Neptun repräsentiert also die Kraft, die den Menschen aus seiner individuellen Beschränkung herauslöst. Dringt diese Kraft ins Bewußtsein des Menschen, dann wird sie zum Ausdruck des Eros.

Wir haben nun in diesem Lehrgang sowohl Uranus als auch Neptun einer besonderen Analyse unterzogen, weil über deren Funktion eine alte Tradition nicht besteht, und haben diese beiden Planeten in einen gewissen Gegensatz zueinander bringen können. Wir sahen in Uranus jene Kraft, die bestrebt ist, den Menschen auf sich selbst zu stellen, gegen den Kosmos abzuschließen und ihn so in diesem Zustand innerer Verfestigung gegen den Kosmos zu stellen, obgleich er doch nur ein Teil dieses Kosmos ist und ohne ihn unmöglich.

In Neptun hingegen sahen wir den Planeten, dessen Funktion wir in Analogie bringen konnten mit der Funktion der menschlichen Haut. Die Haut hat eigentlich eine Doppelfunktion: Sie schließt einerseits den menschlichen Körper gegen die Außenwelt ab (Uranus), andererseits aber bildet sie durch die ihr eingelagerten Sinnesorgane eine Brücke zur Außenwelt, durch die sich diese Außenwelt in demselben

Maß Eingang in unser Innen verschafft, wie wir ihn in die Welt gewinnen. Übertragen wir dieses Bild ins Kosmische, dann können wir in Neptun jene Kraft sehen, die dem Menschen ein transzendentales Sinnesorgan gibt, einem Fenster vergleichbar ist, das in die Mauer eingelassen wird, die Uranus um unser Ich legte. Es tritt durch Neptun eine Auflockerung der Grenzen ein, die Uranus um unser Ich zog, und die strenge Scheidung zwischen Ich und Nicht-Ich wird aufgelöst.

Gäbe es jenseits der Saturnbahn nur den Planeten Neptun, dann würde es keine Gegenkraft geben gegen die völlige Verströmung unseres Ich im Allbewußtsein, der Gegensatz zwischen Ich und Nicht-Ich wäre nicht vorhanden.

Nun ist gerade dieser Gedanke geeignet, die Funktion Neptuns als Transitor einigermaßen zu verstehen. Solch eine Auflockerung der Individualität besteht eigentlich für alle Menschen in der frühen Kindheit, wo es noch keine strenge Abgrenzung zwischen Ich und Nicht-Ich gibt, wo der Mensch die Vorstellung »objektiv« im Gegensatz zu »subjektiv« noch nicht bilden kann. Wenn das Kind die Augen schließt, glaubt es unsichtbar zu sein. Tatsächlich bringt Neptun als Transitor etwas von der Psyche jener Kindheit und Jugend zurück.

Wir wollen nun wieder den Transit Neptuns durch die zwölf Häuser des Horoskops untersuchen. Durchschnittlich dauert diese Wanderung Neptuns durch ein Haus etwa 14 Jahre. Es ist begreiflich, daß wegen der langen Dauer dieses Transits eine Gewöhnung an den Lebensgrundton eintritt und schon aus diesem Grund die Wirkung dieses Transits meist nicht recht zum Bewußtsein kommt. Es gibt aber für diese Tatsache noch andere tiefer liegende Gründe.

Wenn Neptun ein bestimmtes Haus betritt, dann drückt sich dies zunächst darin aus, daß wir den Gedanken an all die Möglichkeiten und Konsequenzen, die mit dem betreffenden Lebensgebiet zusammenhängen, entweder nicht beachten oder vor uns selbst verschleiern. Wenn hier ein Vergleich erlaubt ist, so ist es der mit dem sogenannten »blinden Fleck« unseres Auges, das ist der Punkt, an dem der Sehnerv in die Netzhaut eintritt. Mit anderen Worten: In unserem Gesichtsfeld befindet sich stets ein »Loch«, aber dieses Loch bemerken wir nicht, weil wir selbst für dieses Loch blind sind. Für die Zeit, während der Neptun ein bestimmtes Haus transitiert, sind wir nicht geneigt, die Angelegenheiten dieses Hauses besonders zu beachten; sie fallen in die Gegend des blinden Flecks.

Nun werden wir auch hier wieder das Lebensalter zu beachten haben, in das der Transit fällt. Für jeden Menschen wird, da die

Umlaufzeit Neptuns etwa 160 Jahre dauert, nur etwa die Hälfte der Anzahl der Häuser, also allerhöchstens sechs bis sieben Häuser, in Betracht kommen. Im allgemeinen mag, was die Auflockerung der individuellen Ich-Charakteristik angeht, eine Formel aufgestellt werden, die sich auf die vierstufige Elementarnatur des Menschen selbst bezieht und in jener Analogie zum Tierkreis steht, die wir in den beiden ersten Vorträgen dieses Buches ausführlich behandelten. Demnach teilten wir auch die Häuser in vier elementarische Gruppen ein und unterschieden:

                3 Feuerhäuser : 1, 5, 9,
                3 Lufthäuser   : 3, 7, 11,
                3 Wasserhäuser : 4, 8, 12,
                3 Erdhäuser   : 2, 6, 10.

Demzufolge können wir uns vorstellen, daß es sich beim Durchgang Neptuns durch ein Feuerhaus um eine Herabminderung des moralischen Verantwortungsgefühles handelt, beim Durchgang durch ein Lufthaus um eine Auflockerung der strengen Gesetze der Logik und ihrer Mechanik durch das Hineindringen der Gefühle, die den Rang einer Logik für sich beanspruchen, beim Durchgang durch ein Wasserhaus um das Heraufkommen eines Mißtrauens gegenüber der Gefühlswelt und beim Durchgang durch ein Erdhaus um ein ebensolches Mißtrauen gegenüber der naturgegebenen »Wirklichkeit«.

Wenden wir uns nun den einzelnen Häusern selbst zu. Durchwandert Neptun das 1. Haus, dann erlebt man ein seltsames Dahinschwinden aller festen Konturen des eigenen Seins; man ist den Einflüssen der anderen ungewohnt ausgeliefert, ohne daß man selbst es merkt. Es ist, als würde man sich selbst nach den Wünschen der anderen modellieren und zu jedem das Gesicht machen, von dem man heimlich spürt, daß es ihm genehm ist. Diese scheinbar opportunistische Tendenz hat jedoch ganz andere Quellen; sie entspringt aus einem dem Selbsterhaltungstrieb fast entgegengesetzten Impuls der Selbstopferung, der aber nicht moralischen, sondern viel eher amoralischen Gründen entspringt oder der Stillegung des moralischen Willens und seiner Impulse selbst. Hier kommt es fast zu einer Umkehrung des Goethewortes: »Du glaubst zu schieben, und du wirst geschoben«, nämlich: In deinem Geschobenwerden liegt deine Aktivität!

Durchwandert Neptun das 2. Haus, dann tritt ein Zustand ein, in dem wir geneigt sind, unsere Gaben ungenutzt zu lassen, wir denken nicht daran, mit dem Pfund zu wuchern, und wenn dies doch geschieht, dann geschieht es nicht aus irgendeinem Pflichtgefühl heraus; man ist geneigt, seine Gaben und Fähigkeiten zu verschwenden, ohne an ihre Verwertung zu denken. Diese Sorglosigkeit bedeutet in bezug auf die materiellen Güter eine Vernachlässigung jener Interessen, die mit jedem materiellen Besitz verbunden sind.

Durchwandert Neptun das 3. Haus, dann begegnen wir häufig einer zuweilen weitgehenden Wahllosigkeit im Umgang mit anderen, über deren wirkliche Gesinnung uns gegenüber wir uns den weitestgehenden Illusionen hingeben, wie sie gerade zu unseren Wünschen oder Befürchtungen passen. Dieser Zustand kann leicht zu allerhand Unvorsichtigkeiten führen, man ist dem »Tratsch« nicht nur zugänglicher als zu andern Zeiten, man trägt auch seinerseits einen guten Teil dazu bei, da man sich in dieser Hinsicht leicht gehenläßt, weil unter Neptuns Einfluß im 3. Haus die momentane Laune so sehr zum Stellvertreter eines tiefer gehenden Verantwortungsbewußtseins für das wird, was nur allzu flüchtig ausgesprochen wird. Auch hier zeigt sich wieder eine gewisse Ähnlichkeit mit dem infantilen Leben.

Durchwandert Neptun das 4. Haus, dann zeigt sich eine oft beträchtliche Auflockerung dessen, was man im allgemeinen mit dem Begriff »Pietät« bezeichnet. Wenn wir den Inhalt all dessen, was Gegenstand unserer Pietät ist, mit dem Ausdruck »Vater-Land« bezeichnen dürfen, dann kommt es unter Neptuns Führung hier zuweilen zu einer tatsächlichen Entwurzelung. Wir werden tolerant, nicht aus tiefer gehender Einsicht, sondern aus der mangelnden Energie, für irgend etwas klar Umrissenes eine Lanze zu brechen, vielleicht nicht einmal für die Toleranz selbst. Ein weitgehendes Desinteresse an allen »Ismen« die die Farbe einer bestimmten Partei tragen, macht den Weg frei für ein Denken, das um so leichter alles verstehen möchte, weil es nichts zu verzeihen hat.

Durchwandert Neptun das 5. Haus, dann tritt ähnliches ein, wenn auch auf einem anderen Lebensgebiet. Eine bis dahin meist ungewohnte Weitherzigkeit will von uns Besitz ergreifen. Lessing sagt an einer Stelle: »Wer gleich höflich ist gegen alle, wird dadurch gerade gegen die unhöflich, gegen die er höflich sein sollte!« Die Höflichkeit des Weltmannes gehört in dieses Kapitel, weil sie diejenigen herabsetzt, die uns näherstehen müßten. Wer die allgemeine Menschenliebe zuhöchst setzt, kann leicht dazu gelangen, die »Nächsten«liebe außer Kraft zu setzen oder in ihr zu erlahmen. Wenn man durchaus die Liebe unter ein Moralgesetz stellen will, dann kommt man leicht in Konflikt mit dem Wesen der Liebe selbst; sie steht jenseits der menschlichen

Moralsetzung. Ist die wahre Liebe amoralisch oder metamoralisch? Diese Frage bildete wohl eines der Hauptprobleme in Ibsens Dramen. Das Indifferente, das wir schon im 4. Haus unter Neptuns Führung heraufkommen sahen, breitet sich auch auf die Kunst und sogar die Lehre im allgemeinen aus. Wenn die allgemeine Idee der Relativität irgendwo ihren rechtlichen Platz hat, so ist es hier im 5. Haus, wenn es Neptun zu Gast hat. Machte Ibsen in seiner *Wildente* das Ideal zur Lebens»lüge«, so kann es hier dazu kommen, daß man diese Lebenslüge in voller Erkenntnis zum Ideal erhebt. Die Lebensphilosophie der Stoiker und Kyniker schwingt als unbewußter Unterton bei allen Erlebnissen leise mit.

Durchwandert Neptun das 6. Haus, dann werden auch auf dem Gebiet des sozialen Lebens und seiner Organisation sowie auch im leiblich-organischen Leben die Kompetenzen verwischt. Es kommt zu allerlei Störungen des Gleichgewichts, die nicht recht definierbar sind. Man fühlt sich, wenn überhaupt, eher dem Untergebenen als dem Vorgesetzten verantwortlich, man verlangt nach einer möglichst weitgehenden Nivellierung aller Gegensätze, da diese nur aus dem Mangel an höherer Einsicht entspringen. Man sucht bewußt oder unbewußt nach einer allgemeinen Formel, unter deren schützendem Dach sich alle Gegensätze zusammenfinden wie alle Menschen schließlich in Adams Schoß. Die Krankheiten, die wir hier finden, sind Ausgleichs- oder Kompensationsbestrebungen des Organismus. Diese Kämpfe um einen Kompromiß können unter Umständen sehr heftig werden.

Durchwandert Neptun das 7. Haus, dann müssen wir auch hier mit der Auflockerung gewisser Normen rechnen, die das engere Zusammenleben der Menschen und insbesondere das Zusammenleben in einer auf Dauer berechneten Verbindung betrifft. Schon in Radixhoroskop bedeutet Neptun im 7. Haus der konventionellen Auslegung zufolge den Ehebruch, eine Untergrabung der monogamen Ehe. Der Durchgang Neptuns durch das 7. Haus wird aber anders zu deuten sein. Vor allem gilt die neptunische Auflockerung der festen Bindung des Gedankens an das Wort. Man versucht, jenseits des Wortes zu denken und in seinem Gedankenleben einer allzu strengen Logik zu entfliehen. Aber in ähnlicher Weise macht sich auch das Bedürfnis geltend, jenseits der gesellschaftlichen Normen zu leben und sich von ihnen soweit als möglich frei zu machen dem Recht gemäß, das »mit uns geboren ist«. Dies gilt in gleicher Weise auch von der Religion. Was die Einrichtung der religiösen und bürgerlichen Ehegesetze angeht, so mag sich die hier eintretende Auflockerung darin äußern, daß der

»Ehebruch« in der Weise modifiziert wird, daß hier jeder äußere Zwang schon ein Bruch der Ehe ist und ein Vergehen gegen das Ehe-Ideal, das nur in voller Freiheit beider Teile verwirklicht werden kann. Wieder wird Alter und Reifegrad des Menschen für die Beurteilung dieses Transites wichtig sein.

Durchwandert Neptun das 8. Haus, dann macht sich etwas Seltsames bemerkbar. Hier entsteht die Neigung, das Leben und alle Vorgänge so zu erleben, als wären sie ein Traum, hinter dem eine höhere Wirklichkeit steht, die sich in diesem Lebenstraum nur in halbrealen Symbolen kundtut. Grillparzers *Der Traum ein Leben* illustriert die Natur dieser Seelenstimmung in unvergleichlicher Weise. Die Ahnung, daß wir am Rand des Erwachens stehen, kann teilweise mit voller Deutlichkeit bewußt werden.

Durchwandert Neptun das 9. Haus, dann betrifft die neptunische Auflockerung nicht nur das Realitätsgefühl im praktischen Leben, sondern das seelisch-geistige und das moralische Leben selbst. Der Zweifel am Wert jeglicher Äußerung des Lebens, ja des Lebens selbst, kommt in einer nihilistischen Lebensphilosophie zum Ausdruck, die den Wert aller Philosophie anzweifelt, auch der eigenen. Die neuzeitliche Philosophie des »als ob« mag hier eine vorübergehende Lösung des Lebensproblems versprechen: Auch wenn wir nichts wissen können, ist es doch am besten, so zu tun, als ob wir etwas wüßten, um uns nicht selbst völlig aufzugeben. Die große Reise wird zu einer Fahrt ins Unbestimmte.

Durchwandert Neptun das 10. Haus, dann entsteht die Tendenz, die Wirklichkeit traumhaft zu degradieren und bei diesem Prozeß tatkräftig mitzuhelfen, indem man versucht, aus dem Leben ein Schauspiel zu machen, in dem man Akteur, Dichter und Zuschauer zugleich sein darf. Durch diese Illusionierung des Lebensernstes kann man nun dahin gelangen, jeden Beruf nur soweit ernst zu nehmen, als er zu dieser Illusionierung beitragen kann. So kann es dazu kommen, daß der Beruf unter dem Einfluß des transitierenden Neptun vernachlässigt wird um vermeintlicher höherer Zwecke willen oder daß man sich aus seinem Beruf das heauszuholen versucht, was man als Berufung ansieht.

Durchwandert Neptun das 11. Haus, dann entsteht ähnliches wie im 5. Haus. »Wer zu mir kommt, ist mein Freund«, es gibt keine Exklusivität. Die Freundschaft wird dehnbar; man kann der Freund zweier Feinde sein. Es liegt etwas Unpersönliches in der Idee der Freundschaft, die nun unter Neptuns Einfluß eine Metamorphose durchmacht, die ihr den Charakter eines Rauscherlebnisses gibt, wie es Schiller in seinem *Lied an die Freude* beschreibt: »Diesen Kuß der ganzen Welt!« Der Kuß gilt nicht mehr dem speziellen Freund, sondern dem Repräsentanten der ganzen Menschheit, der als Freund vor mir steht. Wenn es bei Nietzsche heißt: »Es ist euch gesagt: Liebe deinen Nächsten, so sage ich euch: Liebet auch den Fernsten«, dann ist damit die neptunische Freundschaftsidee recht gut gekennzeichnet. Wieder ist es nötig, das Alter in Betracht zu ziehen, in das der Neptuntransit fällt.

Durchwandert Neptun das 12. Haus, dann gilt die Auflockerung der Freiheit. Es ist ja das Eigentümliche aller Neptuntransite durch ein bestimmtes Haus, daß man ihren Einfluß gar nicht recht merkt, weil er ja dem »blinden Fleck« in unserem Auge entspricht. Es fällt einem daher auch im 12. Haus nicht auf, daß man unter all den Einschränkungen, die dieses Haus mit sich führt, verhältnismäßig wenig leidet. Man merkt den Verlust seiner Freiheit, von den ersten Anfängen der Transitwirkung abgesehen, später gar nicht mehr; man sehnt sich nicht danach, ein anderes Leben zu führen. Das Gefängnis des 12. Hauses wird gleichsam verzaubert in einen Palast, den die Phantasie eingerichtet und ausgeschmückt hat. Hier kann es soweit kommen, daß die Menschen es gar nicht lieben, vor eine Forderung nach Freiheit gestellt zu werden. Am liebsten wäre es ihnen, wenn sie so leben könnten wie die Kinder, die unter der Obhut der Eltern stehen. Nichts fürchtet man so sehr wie die Volljährigkeit, auch wenn man sie schon längst erreicht hat. Man möchte am liebsten wie ein Kind sein, ohne Handlungen ausführen zu müssen, die Konflikte mit der Umgebung herbeiführen könnten. Dies ist die neptunische Idee der Freiheit.

Wir wenden uns nun den Neptuntransiten über die einzelnen Planetenorte zu. Für das individuelle Horoskop kommt von den im allgemeinen zu besprechenden Transiten jeweils nur ein Teil in Betracht. Ein Blick auf das natale Horoskop belehrt uns nicht nur darüber, welche Planetenorte vom wandernden Neptun noch während der Dauer eines Lebens erreicht werden können, sondern auch, in welches Lebensalter der betreffende Transit fallen wird. Stets ist dabei auch zu beachten, was über den gleichzeitigen Transit durch das betreffende Haus ausgesagt werden konnte.

NEPTUN ÜBER SONNENORT: Das herabgesetzte Verantwortungsgefühl ist ein fast nie fehlendes Merkmal dieses Transits; in schweren Fällen kann es sogar zu einer Epoche geminderter Moralität kommen, die den

Menschen so antrifft, als wäre er in einem Traum befangen, in dem der sogenannte »Ernst des Lebens« ausgeschaltet ist. Die Selbstentfremdung kann so weit gehen, daß man zu einem Zuschauer seiner selbst wird, als hätte man sein Ich verloren, wie Peter Schlehmil in Chamissos wunderbarer Erzählung seinen Schatten. In einer naiven und dabei eindringlichen Art hat der österreichische Dichter Ferdinand Raimund in seinem *Alpenkönig und Menschenfeind* einen ähnlichen Gedanken ausgeführt. Aber dieser Degradierung des Ich zur dritten Person unterliegt keine moralische Wertung. Auch die »Seherin von Prevost« sprach in ihren somnambulen Zuständen von ihrer normalen Persönlichkeit stets in der dritten Person. Dieses Sich-selbst-abhanden-Kommen gehört auch hier wieder zu jenen Erscheinungen des inneren Lebens, die namentlich, wenn sie bereits in jüngeren Jahren eintreten, erst später in der Rückschau erkannt werden.

NEPTUN ÜBER MONDORT: Dieser Transit wirkt ähnlich wie der eben beschriebene, nur daß die Gesamtwirkung mehr einer angenehmen Berauschung gleicht; es ist, als hätte man eine Droge eingenommen, die die Grenzen zwischen Realität und Einbildung verschwimmen läßt. Das Unterbewußtsein erhebt leise seine Stimme, aber seine Sprache bleibt unverstanden. Im allgemeinen kann über diesen Transit ausgesagt werden, daß er uns etwas von den Freuden und Kümmernissen der Kindheit zurückbringt – auch wenn er erst im späten Alter geschieht. In vielen Fällen zeigt sich eine Neigung, sich von den Realitäten des Lebens abzuwenden oder sich zu verbummeln und zu verspielen.

NEPTUN ÜBER MERKURORT: Das logische Denken verliert seine Überzeugungskraft; man vertraut mehr der Intuition. Aber diese hat hier eher einen negativen Charakter und erinnert mehr an die ungezügelte Phantasie, wie sie für die erste Jugend typisch ist. Der Sinn für das Märchen und seine Symbole erwacht. Ist Merkur in starker Position, dann kann man hier wertvolle Eingebungen für Wissenschaft und Kunst oder auch für alles, was einen Weitblick im praktischenLeben verlangt, erwarten.

NEPTUN ÜBER VENUSORT: Auch hier tritt etwas ein, was der herabgeminderten Kraft des logischen Denkens entspricht. Es kommt leicht zu einem seelischen Zustand, in dem die Gefühle chaotisch durcheinanderwogen; die Liebesempfindung verliert leicht ihr Objekt und läuft Gefahr, ohne distinkte Richtung in Wahllosigkeit unterzugehen. Die so gegebene Desorientiertheit kann sich auch auf das Geschlecht erstrecken. Sie widerspiegelt sich auch in der Kunst. Im allgemeinen läßt sich wohl sagen, daß die Entfremdung vom Objekt zugunsten eines unirdischen oder erträumten Ideals zur Hauptcharakteristik wird. Hier klingt etwas von dem nach, was das Mittelalter als »Minne« verherrlicht hat, als die Kraft einer Liebe, die jenseits allen irdischen Stoffes ist, jenseits aller irdischen Sexualität. Beim unreifen Menschen mag es zu manchen seelischen und geistigen Verwirrungen kommen. Nicht selten mengt sich hier ein mystisch-religiöser Unterton bei.

Neptun über Marsort: Was hier geschieht, möchte man als eine Gefühls- oder Leidenschaftsexhibition bezeichnen, als die Neigung, sich gehenzulassen, als wäre man noch immer ein Kind, dem solche Ausbrüche erlaubt sind, weil sein Bewußtsein noch nicht wirklichkeitsreif geworden ist. Man gerät leicht unter die Herrschaft seiner Wünsche und bietet der Umgebung zu solchen Zeiten ein mitunter recht rätselhaftes Charakterbild, das aber selbst nur ein Scheinbild darstellt. Ist der Transit vorbei, dann kann man oft selbst nicht begreifen, wie es zu solchen Reaktionen hat kommen können.

Neptun über Jupiterort: Hier entsteht etwas, was Ähnlichkeit hat mit dem Missionsgefühl, das wir im Zusammenhang mit der Jupiter-Saturn-Konjunktion beschrieben haben. Während man aber dort glaubt, eine Aufgabe im Dienst der Menschheit oder einer Idee erfüllen zu müssen, sieht es hier eher so aus wie bei der Jungfrau von Orleans. Man fühlt sich als Vollstrecker eines höheren Willens, wobei es gar nicht auf eine bestimmte Leistung ankommt, sondern nur auf die Verwandlung unter einen fremden Willen, dem man sich unterordnet, als wäre es der eigene. Ein Medium könnte dieses Gefühl haben, während es im Bann einer Suggestion steht. Das alles wird aber nicht als Degradierung empfunden, sondern fast wie eine Erhöhung. Hier gibt es alle Grade von einer dunklen, kaum merkbaren Empfindung bis zum Käthchen-von-Heilbronn-Komplex.

Neptun über Saturnort: Dieser Übergang führt eine Zeit fatalischer Einstellung mit sich, die zu einer starken Herabminderung des Verantwortungsgefühls veranlaßt. Warum wurde ich mit solchen Anlagen geboren, an denen ich nicht schuldig bin, die mich aber in Schuld verstricken wollen? Vielleicht ist es sogar wichtig für meine Entwicklung, durch alle Stadien schuldbarer Handlungen und Gedanken hindurchzugehen, zu denen mich meine Veranlagung treibt, um diese Antriebe loszuwerden! Solche und ähnliche Gedanken mögen zu solchen Zeiten bewußt oder unbewußt in uns rege werden. Wieder ist das Haus des Transits und das Lebensalter, in das der Transit fällt, zu berücksichtigen.

NEPTUN ÜBER URANUSORT: Gab Uranus dem Menschen den Gedanken seiner Einzigartigkeit oder seines individuellen Wertes und der Einmaligkeit seines Ichs, so mahnt der transitierende Neptun ihn nun daran, daß er trotzdem nur ein Teil eines höheren Ganzen ist, eines Über-Ich, aus dem er alles bezieht, was er durch Uranus sich selbst und der eigenen Kraft zu verdanken glaubt. Hier entsteht das Bedürfnis, Leben und Existenz an etwas zu knüpfen, was außer und über dem eigenen Ich gelegen und geeignet ist, ihn mit anderen Individuen, die gleich ihm denken und empfinden, in eine höhere Einheit aufgehen zu lassen. Der Blick für das sogenannte Okkulte oder wenigstens der Sinn dafür beginnt, wenn auch meist nur ahnungsweise, zu erwachen. Auch hier ist es wieder wichtig zu beachten, in welches Haus und in welches Lebensalter der Transit fällt.

Der Transit Neptun über den eigenen Ort braucht nicht besprochen zu werden, da sein Eintritt jenseits der Grenze liegt, die der Dauer eines Menschenlebens gesetzt ist. Die in das erste Lebensjahr fallenden Schwankungen über den eigenen Platz können wir ruhig außer Betracht lassen.

Es wären nun noch die Transite der Planeten über die Mondknoten zu besprechen. Unter den Mondknoten versteht man bekanntlich die Schnittpunkte zwischen Ekliptik und Mondbahn. Es ist jedoch zu bedenken, daß diese Schnittpunkte, die man auch, einer alten Tradition folgend, als Drachenkopf und Drachenschwanz zu bezeichnen pflegt, imaginäre Punkte sind und erst in einem solchen Moment als reale Punkte anzusehen sind, wenn Sonne und Mond sich an diesen Punkten oder in unmittelbarer Nähe derselben ein Stelldichein geben, also zur Zeit einer Sonnen- oder Mondfinsternis.

Ähnlich verhält es sich auch mit den Schnittpunkten zwischen Ekliptik und Äquator, dem Widder- und dem Waagepunkt. Der Transit von Planeten über diese Punkte kann nur dann als bedeutsam angesehen werden, wenn sich zugleich mit diesem Transit auch die Sonne dort befindet, d. h., wenn dieser Transit entweder am 21. März oder am 23. September geschieht. Diese besonderen Transite werden demnach nur Menschen betreffen, die zur Zeit der Äquinoktien geboren wurden.

Was nun die Transite über die Mondknoten betrifft, so werden wir diese nur in solchen Horoskopen in Betracht ziehen können, in denen sich entweder Mond allein oder auch Sonne an dem einen oder anderen Mondknoten befinden. In dem letzten Fall wird es sich um Geburten handeln, die zur Zeit einer Sonnen- oder Mondfinsternis stattgefunden haben oder in ihrer unmittelbarer Nähe.

Es würden demnach die Mondknoten als Transitore fast bedeutungslos erscheinen, da die eben genannten Bedingungen nur in ganz seltenen Fällen wirklich zutreffen. Da die Mondknoten jedoch nur sehr langsam vorrücken – etwa um 45 Minuten innerhalb von 14 Tagen –, wird der nächste Termin, an dem Mond wieder die Ekliptik passiert, allerhöchstens 1° von dem Ort entfernt sein, den die betreffende Ephemeride als den Platz des Mondknotens angibt. Wir müssen demnach den Mondknoten einen gewissen Sicherheitsorbis zugestehen. Wichtiger als die Transite über den natalen Platz der Mondknoten scheinen die Transite der Mondknoten selbst über die einzelnen Häuser des Grundhoroskops zu sein.

Was ist nun das Wesentliche all dieser Transite?

Bereits in den ersten Büchern des Testaments der Astrologie wurde das Problem der Mondknoten berührt. Wir konnten herausfinden, daß das Wesentliche ihrer Bedeutung aus dem jeweiligen Häuserpaar stammt, in dem sie bei der Geburt ihren Platz hatten. Der aufsteigende Mondknoten bezeichnete jenes Lebensgebiet, auf dem der Geborene alles Glück zu finden erhoffte, der absteigende jenes Lebensgebiet, von dem er sich keinen Erfolg zu erhoffen wagte. Um diese beiden Lebensgebiete sammelt sich das Hauptinteresse und beeinflußt so in hohem Grad die Lebensführung. Wir werden demnach bei der Deutung der Transite der einzelnen Planeten über die Mondknoten zunächst all das zu berücksichtigen haben, was wir als charakteristisch für den Durchgang der einzelnen Planeten durch die Häuser des Grundhoroskops bereits ausgeführt haben; dann aber muß die Rückwirkung auf Lebensmut und Lebensfurcht untersucht werden, wie sie der Natur des transitierenden Planeten entspricht, und sie ist auf die entsprechenden Lebensgebiete zu beziehen.

Die Unterscheidung zwischen auf- und absteigendem Mondknoten in dem oben angeführten Sinn ergibt sich wohl am ehesten aus der Analogie zwischen Aszendent und Deszendent, als Ausdruck des Antagonismus zwischen den beiden Polen Hoffnung und Furcht.

Was nun die Transite der Mondknoten über die einzelnen Lebensgebiete und die Planetenorte betrifft, so bilden sie eigentlich ein besonderes Kapitel für sich allein, was schon aus der Tatsache hervorgeht, daß sie in retrograder Richtung geschehen. Auf dieser Wanderung durch den Tierkreis, die etwa 19 Jahre dauert, nach welcher Zeit die Mondknoten wieder auf ihre natalen Plätze zurückkehren, transitieren sie alle Planetenorte des Radixhoroskops, aber sie begegnen auch den wandernden Planeten und bilden mit ihnen transitorische Konjunktionen. In diesem Fall handelt es sich bereits um das Zusammentreffen zweier in Bewegung befindlicher Punkte. Dies sind aber bereits kompliziertere Vorgänge, die nur dann unter den Gesichtspunkt der Transite gebracht werden können, wenn gleichzeitig einfache Transite, wie wir sie bereits untersucht haben, stattfinden, wo sie dann zur näheren Determination jener Transite einen wesentlichen Beitrag leisten können.

Um jedoch hier nicht allzu große Verwirrung zu stiften, ist es nötig, immer wieder darauf hinzuweisen, daß aufsteigender und absteigender Mondknoten zusammen eine untrennbare astrologische Einheit bilden und stets als solche behandelt werden müssen. Sie gleichen einer langsam fortschreitenden Achse, die stets zwei einander gegenüberliegende Häuser verbindet und sie jeweils für eine Periode von durchschnittlich eineinhalb Jahren in den Vordergrund rückt, empfangsbereit für das Widerspiel von Hoffnung und Furcht. Ein kurzes Schema mag dies deutlich machen.

Drachenkopf im	Drachenschwanz im
1. Haus	7. Haus

Der Lebensschwerpunkt neigt sich den persönlichen Bedürfnissen und deren Befriedigung zu, zuungunsten der aus dem Gemeinschaftsleben entspringenden Verpflichtungen.

7. Haus	1. Haus

Neigung zur Selbstbeschränkung und zum Verzicht auf persönliche Vorteile zugunsten der Gemeinschaftspflichten.

2. Haus	8. Haus

Die materiellen Tendenzen gewinnen die Oberhand über die idealen und metaphysischen Anwandlungen, die nun in das Leben treten und sich dort störend und deprimierend bemerkbar machen.

8. Haus   2. Haus
Tendenzen der inneren Einkehr schieben sich in den Vordergrund und verdrängen vorübergehend die Lust an materiellen Freuden und Genüssen.

3. Haus   9. Haus
Freude an geselligem Gemeinschaftsleben unter Gleichen oder Gleichgesinnten. Furcht vor Einsamkeit und Isolation.

9. Haus   3. Haus
Neigung zur Einsamkeit oder zum Alleinsein mit sich selbst, auch mitten unter anderen Menschen. Leichtes Schwinden des Zugehörigkeitsgefühls zu den anderen.

4. Haus   10. Haus
Zufriedenheit in engerem Kreis des Wirkens; Mißtrauen gegenüber den eigenen Fähigkeiten, große Aufgaben des öffentlichen Lebens auf sich zu nehmen.

10. Haus   4. Haus
Ehrgeiz, etwas im Dienst der Öffentlichkeit zu leisten; mangelndes Interesse für die unmittelbare kleinere Welt des engen Kreises der nicht im Rampenlicht stehenden »Familie«.

5. Haus   11. Haus
Gehobenes Selbstvertrauen in die eigene persönliche seelische Macht und die eigene Schaffenskraft; Vernachlässigung der Freunde und ihrer seelischen Ansprüche an die eigene Person.

11. Haus   5. Haus
Erhöhtes Freundschaftsbedürfnis bei gemindertem Vertrauen in die eigenen Seelenfähigkeiten, wahre Liebe erwidern zu können.

6. Haus   12. Haus
Respekt vor der geltenden Ordnung und der praktischen Lebensklugheit, Hochschätzung alles Modischen; Flucht vor der Selbstbegegnung, und vor allem: sich niemals durch irgend etwas auffallend machen.

12. Haus   6. Haus
Neigung zur Askese, verbunden mit erhöhtem Freiheitsdrang; Scheu vor allen sozialen Verpflichtungen und Verantwortungen, Hervorkommen antisozialer Triebe.

Das sind im allgemeinen die geheimen Lebensbestimmungen, die die Wanderung der Mondknoten begleiten, aber erst aktuell werden, wenn sie mit anderen wichtigen Tansiten zeitlich zusammenfallen.

Die Wanderung der Mondknoten durch die Häuser gab uns ein Beispiel für solche Fälle, in denen durch einen Transit zwei Häuser gleichzeitig betroffen werden.

Dies führt uns nun zu einem weiteren und überaus wichtigen Kapitel der Lehre von den Transiten, mit dem wir uns im folgenden befassen wollen.

34. Vortrag

Wir wenden uns nun jenen Transiten zu, die nicht über die einzelnen Planetenorte, sondern über die Aspektstellen der Planeten des Grundhoroskops erfolgen. Angesichts der Unausschöpflichkeit der möglichen Fälle können hier nur allgemeine Richtlinien für die Deutung dieser Transite gegeben werden.

Da möge folgendes als Richtschnur dienen. Vorfälle der verschiedensten Art ereignen sich täglich, ohne daß sie wesentlich in unser Schicksal eingreifen. Fallen jedoch solche Vorfälle zeitlich mit dem Bestehen bestimmter Transitbilder zusammen, dann gewinnen sie eine besondere Bedeutung im Leben, weil sie nun auf eine Empfangsbereitschaft dieses einzelnen stoßen, die zu anderen Zeiten nicht besteht.

Wenn wir zunächst daran festhalten, daß Trigon und Sextil als harmonische, Opposition und Quadrat als disharmonische Konstellation zu betrachten sind, dann kann leicht verständlich gemacht werden, daß ein transitierender Planet, der an einen Aspektort eines Radixplaneten gerät, dort gleichsam eine Konjunktion mit diesem Radixplaneten bildet, als ob dieser dort stünde, und so seiner Natur gemäß alle Beziehungen aufweckt, die in den betreffenden Häusern bestehen, nur daß diese Beziehungen sich jetzt nach der Art des Aspekts in einer harmonischen oder disharmonischen Weise durchsetzen werden.

Wir werden jetzt auch verstehen, welcher Unterschied besteht, wenn etwa Mars das Quadrat mit Mond erreicht oder wenn Mond das Quadrat mit Mars errreicht. In dem ersten Fall trifft Mars bei seiner Wanderung auf einen ideellen Mondpunkt in dem betreffenden Haus, in dem zweiten Fall trifft Mond auf einen ideellen Marspunkt in dem betreffenden Haus.

Damit haben wir bereits wesentliche Voraussetzungen für die Deutung der Transite über die Aspektstellen der Radixplaneten entwickelt, und wir kommen nun zum wichtigsten Teil der Lehre von den Transiten, zu dem das bisher Ausgeführte nur als eine Einleitung anzusehen ist. Denn – und das muß mit aller Schärfe betont werden – niemals darf der Versuch unternommen werden, aus den bloßen Transiten ohne Berücksichtigung der Trans-Aspekte Schlüsse auf bestimmte Ereignisse zu ziehen.

Was bisher entwickelt werden konnte, ist nicht mehr als das Eintreten bestimmter seelisch-geistiger Dispositionen, die sich den kürzer oder weiter gespannten astronomischen Rhythmen entsprechend im Leben des einzelnen gemäß seiner Nativität widerspiegeln. Durch sie wird festgelegt, wie das einzelne Individuum auf Ereignisse reagiert, die in die betreffende Lebensperiode fallen. Die Ereignisse selbst aber können erst durch die zustande kommenden Transitbildungen näher determiniert werden.

Ist beispielsweise eine Geburtskonstellation so veranlagt, daß sie mehrere große Aspektbilder aufweist – wie etwa ein sogenanntes großes Trigon zwischen Mond, Jupiter und Saturn –, dann wird jeder Transit, der einen der drei Planeten trifft, zugleich auch die beiden anderen Glieder des Trigons als Trigon-Aspekt-Transit treffen. Zu solchen Zeiten kann erwartet werden, daß entweder günstige Ereignisse eintreten, die im Sinn der durch jene drei Häuser gegebenen Lebensbezirke aufgenommen werden, oder daß in solche Zeiten fallende Konflikte sich zum Guten auswirken. Ferner werden alle Transite über die Oppositionsstellen der einzelnen Glieder eines solchen großen Trigons zugleich zu Sextiltransiten über die beiden anderen Planeten der Trinität. Anders steht es mit Horoskopen, die ein sogenanntes »Kreuz« aufweisen, also Horoskope, in denen sich drei oder gar vier Planeten in gegenseitiger Quadrat- und Oppositionsstellung befinden. Hier wird jeder Transit über einen der an der Kreuzbildung beteiligten Planeten zugleich zu einem weiteren Quadrat- oder Oppositions-Transit für die übrigen Planeten dieses Kreuzes. Solche Horoskope werden reicher an Reibungen und scharfen Ereignissen sein und die Energien vor härtere Aufgaben stellen als die Horoskope der ersten Art. Der Sieben-Jahre-Rhythmus wird sich hier weit einschneidender machen als im Trigon-Horoskop.

Wenn wir nun all die bisher entwickelten Gesichtspunkte zusammenfassen, dann lassen sich ohne große Schwierigkeiten bestimmte kritische Perioden – und innerhalb dieser Perioden sogar bestimmte kritische Tage – feststellen, an denen mehr oder minder bedeutsame Ereignisse des äußeren und inneren Lebens erwartet werden können. Es wird sich weiter feststellen lassen, daß es in jedem Horoskop einen oder auch mehrere kritische Punkte gibt, denen man eine besondere Schicksalsempfindlichkeit zubilligen muß, weil diese Punkte der Wirkung bestimmter Transite in besonderem Grad unterliegen. Sie entsprechen jenen Stellen im physischen Leib, die man in der Medizin als loca minoris resistentiae bezeichnet hat. Es sind jene Punkte, auf die

34. Vortrag

sich, wie der Volksmund zu sagen pflegt, Krankheiten mit Vorliebe werfen. Eine geradezu klassisch zu nennende Arbeit unter diesen Gegenstand hat in seiner Jugend Alfred Adler unter dem Titel *Über die Organminderwertigkeit* veröffentlicht.

Als solche empfindliche Punkte kommen vor allem in Betracht: die Orte der großen Planeten Jupiter, Saturn und Uranus und deren Aspektorte, insbesondere wenn die genannten Planeten zugleich Aspekte mit anderen Planeten in der Geburtsfigur bilden.

Es mögen nun einige Beispiele folgen, um das Ausgeführte deutlich zu machen. Ich wähle zu diesem Zweck zunächst mein eigenes Horoskop; da nur die Transite zu berücksichtigen sind, werden nur die Grade, aber nicht die Minuten angegeben.

1. Haus	4° Krebs	7. Haus	4° Steinbock
2. Haus	22° Krebs	8. Haus	22° Steinbock
3. Haus	10° Löwe	9. Haus	10° Wassermann
4. Haus	4° Jungfrau	10. Haus	4° Fische
5. Haus	8° Waage	11. Haus	8° Widder
6. Haus	23° Skorpion	12. Haus	23° Stier

Sonne	12° Zwillinge	Jupiter	22° Waage
Mond	2° Zwillinge	Saturn	26° Wassermann
Merkur	5° Krebs	Uranus	12° Löwe
Venus	13° Stier	Neptun	2° Stier
Mars	3° Steinbock	Drachenkopf	14° Widder

Das Horoskop weist ein großes Trigon auf, das die drei Luftzeichen miteinander verbindet. Sonne, Jupiter und Saturn, die sich zu diesem Trigon zusammenschließen, bilden so eine starke Stütze der Nativität. Jeder Transit über einen der drei Punkte ist zugleich ein Aspekttransit über die beiden anderen Punkte, und jeder Oppositionstransit über einen der drei Punkte ist zugleich ein Sextiltransit über die beiden anderen Punkte. Anders steht es mit den Quadrattransiten, die von anderen Gliedern des Trigons keine Milderung erfahren.

Das Horoskop weist aber andererseits zwei Stellen der Minderwertigkeit auf, nämlich die Opposition zwischen Mars und Merkur und das Quadrat zwischen Venus und Uranus. Uranus, selbst in Sextil mit Sonne-Mond, kann bei Oppositionstransiten einige Hilfe leisten. Ähnliches gilt für die Transite über die Stellen der Mondknoten.

Zur Vervollständigung nun noch eine Liste der Herren der einzelnen Häuser. Es beherrscht:

Sonne	das 3. Haus	Jupiter	das 10. Haus
Mond	das 1. und 2. Haus	Saturn	das 7., 8. und 9. Haus
Merkur	das 4. Haus	Uranus	wie Saturn
Venus	das 5. und 12. Haus	Neptun	wie Jupiter
Mars	das 6. und 11. Haus		

Aus dieser Aufstellung ist zu ersehen, daß Sonne, Merkur und Jupiter nur je ein Haus beherrschen, Mond, Venus und Mars je zwei, Saturn-Uranus aber drei. Darum werden die Übergänge des Saturn und Uranus stets etwas zu tun haben mit den Lebensgebieten, die das 7., 8. und 9. Haus betreffen, die dadurch in eine engere gegenseitige Beziehung gebracht werden; ebenso werden durch Mars die Angelegenheiten des 6. und des 11. Hauses verbunden sowie durch Venus die Angelegenheiten der Häuser 5. und 12. usw.

Nach diesen Feststellungen wollen wir nun an einigen Beispielen zeigen, welchen Gebrauch wir von den bisher entwickelten Grundsätzen zu machen befugt sind, aber auch, welche Grenzen diesem Gebrauch gesetzt sind.

Vorerst aber schauen wir auf die empfindlichen Punkte dieses Horoskops. Da ist zunächst die Opposition zwischen Mars und Merkur auf 3° bis 5° Steinbock und Krebs. Dadurch werden auch die Quadratstellen, d. h. 3° bis 5° Waage und Widder, in Mitleidenschaft gezogen, die demnach als empfindliche Punkte anzusehen sind. Einbezogen sind ferner die Spitzen der vier Eckhäuser. All diese Punkte wecken Beziehungen zu den Häusern 11 und 6 (Mars) sowie 4 (Merkur).

Eine zweite Reihe empfindlicher Punkte entsteht durch das Quadrat zwischen Venus und Uranus. Dadurch werden auch die Punkte 12 bis 13 Wassermann und Skorpion zu kritischen Stellen. Hier entstehen wieder Beziehungen zu den Häusern 7, 8 und 9 (Uranus-Saturn) und 5 und 12 (Venus).

Hinzu kommen die Oppositions- und Quadratstellen des Planeten Saturn, wodurch 26° Löwe, Skorpion und Stier gleichfalls zu kritischen Punkten werden, die mit denselben Häusern wie Uranus, also 7, 8 und 9 zu tun haben.

Endlich kommen noch die Quadrat- und Oppositionsstellen von Sonne-Mond hinzu, d. h. 12 bis 2° Schütze, Fische und Jungfrau, die ihrerseits wieder mit Aspektpunkten von Venus und Uranus zusammenfallen.

Da hätten wir nun eine Fülle, fast könnte man sagen, eine Überfülle von Transitpunkten, die jeweils beim Fortschreiten der Planetenbewegungen zum Schwingen kommen. Nun wollen wir an einzelnen Beispielen zeigen, wie sich dieses Schwingen und Mitschwingen jener Punkte im Leben auswirkt.

Zwei Methoden sind möglich, um jenen Auswirkungen nachzugeben. Wir können von bestimmten Lebensdaten ausgehen, die sich unserem Gedächtnis als besonders einschneidend eingeprägt haben, und die Transite untersuchen, die zu jener Zeit bestanden; oder wir können in den Ephemeriden solche Zeiten hervorsuchen, in denen sich Transite der oben beschriebenen Art bildeten, und untersuchen, was sich zu solchen Zeiten Wichtiges in unserem Leben begeben hat.

Keineswegs darf der Versuch unternommen werden, aus dem Bestehen gewisser Transitbilder auf das Eintreten von objektiven Ereignissen zu schließen, sondern lediglich auf unsere Empfangsbereitschaft, aus der Fülle der Ereignisse, die jeden Tag um uns herum geschehen, denjenigen Einlaß in unser Leben zu gestatten, auf die wir gemäß den jeweiligen Transiten abgestimmt sind.

Es ist wichtig, diese Tatsache mit allem Nachdruck zu betonen. Nehmen wir den Fall an, daß einer meiner Bekannten mich an einem bestimmten Tag schwer verleumdet, ohne daß ich das erfahre, so wird in dem Moment, in dem es sich ereignet, in meinem Horoskop nicht ein Transit erscheinen können, sondern erst an dem Tag, an dem sich die Folgen für mich bemerkbar machen, und auch dann nur, wenn ich bereit bin, auf sie zu reagieren.

Ein wenig anders kann es sich in solchen Fällen verhalten, wo es sich um Personen handelt, mit denen ich organisch verbunden bin, sei es durch Bluts- oder Geistesverwandtschaft. Ereignisse, die unmittelbar das Leben der Eltern, Kinder, Geschwister oder der Ehegatten betreffen, können sich in meinem Horoskop auch dann widerspiegeln, wenn ich zur Zeit solcher Ereignisse von diesen nichts Direktes weiß.

Ich wähle darum zunächst Daten dieser Art aus meinem Leben aus. In der Nacht vom 15. zum 16. August des Jahres 1882 starb mein Vater nach langem qualvollen Leiden. Ich war damals noch ein Kind von sieben Jahren und außerstande, die Bedeutung dieses Ereignisses zu fassen. An diesem Tag standen:

Sonne	22° Löwe	Jupiter	25° Zwillinge
Mond	etwa 16° Jungfrau	Saturn	26° Stier
Merkur	24° Löwe	Uranus	17° Jungfrau
Venus	5° Waage	Neptun	19° Stier
Mars	28° Jungfrau	Drachenkopf	25° Skorpion

Mond, Uranus und Mars gehen durch das 4. Haus, wobei Mond und Uranus in gegenseitiger Konjunktion den Transit über die Quadratstelle von Sonne ausführen.

Saturn steht im Drachenschwanz und in striktem Quadrat zu seinem natalen Platz, Jupiter steht im Trigon zu Saturn und seinem natalen Platz, aber im Quadrat zu Mars. Merkur steht in Konjunktion mit Sonne und beide genannten Planeten in Opposition zum natalen Saturn und in Quadrat zum transitierenden Saturn. Venus steht in Quadrat zu den natalen Plätzen von Merkur und Mars und damit auch zugleich zum Aszendenten.

Man sieht, daß hier geradezu von einer Häufung bedeutungsvoller Transite gesprochen werden kann. Um in diese Fülle von Transiten und Transitaspekten etwas Ordnung zu bringen, betrachten wir die Herren der vier Eckhäuser. Diese sind Mond (1.), Merkur (4.), Saturn-Uranus (7.) und Jupiter-Neptun (10.). Von diesen Planeten beherrschen Saturn und Uranus auch noch das 8. und 9. Haus.

Da es sich in diesem Fall um den Tod des Vaters handelt, gewinnen die Planeten Saturn und Uranus als Herren des 8. Hauses sowie Merkur als Herr des 4. Hauses besondere Bedeutung. Merkur, den Herrn des 4. Hauses, sehen wir in Opposition zum natalen Saturn und im Quadrat zur Transitstellung des Saturn. Jupiter, den Herrn des 10. Hauses, sehen wir im Quadrat zu Mars. Sonne, die in unserer Kindheit die Verbundenheit mit dem Vater widerspiegelt, beteiligt sich hier wesentlich an allem, was durch den Merkurtransit geweckt wird, da sie in Konjunktion mit Merkur stehend von denselben Aspekten getroffen wird.

Wir wollen nun ein weiteres Beispiel anfügen. Am Morgen des 7. April 1920 starb meine Mutter. Die Planetenstellungen waren wie folgt:

Sonne	17° Widder	Jupiter	8° Löwe
Mond	28° Skorpion	Saturn	6° Jungfrau
Merkur	22° Fische	Uranus	4° Fische
Venus	25° Fische	Neptun	9° Löwe
Mars	6° Skorpion	Drachenkopf	17° Skorpion

Die Transite dieses Tages sind ebenso wie in dem früheren Beispiel reich an Aspektbeziehungen untereinander sowie zum Grundhoroskop. Da ist zunächst die Opposition zwischen Saturn und Uranus an den markanten Punkten der Spitzen des 10. und 8. Hauses. Neptun und Jupiter, beide Herren des 10. Hauses in enger Konjunktion, stehen im Quadrat zu Mars. Dieses Quadrat zwischen Jupiter und Mars kennen wir bereits aus dem früheren Beispiel. Es fügt sich dort mit seinen charakteristischen Graden in die Saturn-Merkur-Opposition. Hier sehen wir ebenfalls die charakteristischen Grade – diesmal der Saturn-Uranus-Opposition – wiederkehren (4 bis 6).

Betrachten wir noch die Herren der Eckhäuser. Mond (1.): Die exakte Stellung dieses Planeten ist nicht mit Sicherheit bekannt; sie nähert sich jedenfalls der Quadratstellung zu Saturn und Uranus. Merkur (4.) hat die enge Konjunktion mit Venus im 10. Haus, die durch Halb- und Eineinhalb-Quadrate mit den Punkten 12° Stier, Löwe, Skorpion und Wassermann verbunden ist. Saturn-Uranus (7.) und Jupiter-Neptun (10.) wurden bereits behandelt.

Nun wollen wir noch ein drittes Beispiel ähnlicher Art wählen. Am Morgen des 28. Juni 1937 starb mein Bruder.

Die Planetenstellungen waren folgende:

Sonne	6° Krebs	Jupiter	25° Steinbock
Mond	24° Wassermann	Saturn	5° Widder
Merkur	22° Zwillinge	Uranus	12° Stier
Venus	20° Stier	Neptun	17° Jungfrau
Mars	20° Skorpion	Drachenkopf	15° Schütze

Die Planetentransite dieses Tages zeigen ausnahmslos Beziehungen zu den empfindlichen Punkten meines Grundhoroskops. Sonne steht im Quadrat zu Saturn und am Ort des Merkur in Opposition zu Mars der Nativität, Mond am Ort des Saturn im Quadrat mit Mars in Skorpion und Venus in Stier, Neptun in Quadrat mit dem natalen Mond, Uranus am Ort der natalen Venus in Quadrat zum natalen Uranus. Saturn in Quadrat mit Sonne und damit im Quadrat mit dem natalen Mars und Merkur, Jupiter in Quadrat mit seinem natalen Ort, Mars und Venus in Opposition zueinander, Merkur im genauen Trigon mit Jupiter.

Es fällt nicht schwer, in Analogie mit den beiden früheren Fällen die Bedeutung all dieser Transite zu analysieren, wobei diesmal Sonne im 3. Haus zu besonderer Bedeutung gelangt.

Was kann aber nun aus diesen drei Beispielen geschlossen werden?

Kann vor allem auf das Eintreten jener Ereignisse geschlossen werden, die an jenen Tagen wirklich eintraten? Wir können diese Frage ruhig mit einem Nein beantworten. Was aber aus solchen Transiten über bedeutungsvolle Punkte des Grundhoroskops oder aus markanten Aspektbildern, die bestimmte Häuser betreffen, geschlossen werden kann, das ist die innere Bereitschaft, äußeren Ereignissen den Zutritt in unser Leben zu gestatten, so daß sie zu wesentlichen Ereignissen unseres Lebens werden.

Ich füge noch ein weiteres Beispiel hinzu. Am 22. Dezember 1900 fand meine Promotion zum Doktor der Medizin statt. Die Planetenstellungen dieses Tages:

Sonne	1° Steinbock	Jupiter	24° Schütze
Mond	4° Krebs	Saturn	6° Steinbock
Merkur	13° Schütze	Uranus	14° Schütze
Venus	0° Schütze	Neptun	28° Zwillinge
Mars	10° Jungfrau	Drachenkopf	0° Schütze

Uranus und Merkur stehen in enger Konjunktion in Opposition zur natalen Sonne und Mond. Mond geht in Opposition mit Mond über den natalen Merkur am Platz des Aszendenten. Jupiter steht im Quadrat zu Neptun und im Sextil zum natalen Jupiter, Neptun im Trigon mit dem natalen Jupiter. Mars steht im Trigon mit der natalen Venus.

Auch hier findet man also wieder eine ganze Reihe kritischer Stellungen, wobei die scharfen Aspekte eine überwiegende Rolle spielen. Nun kann es keinem Zweifel unterliegen, daß man bei einiger Geschicklichkeit eine große Zahl solcher kritischer Transite herausfinden kann, ohne daß an den betreffenden Tagen Ereignisse von irgendwelcher Bedeutung oder äußerer Tragweite stattfinden. Meist wird man in solchen Fällen auf die Frage: Was hat sich denn damals ereignet? die Antwort erhalten: Gar nichts oder nichts von Bedeutung.

Demgegenüber muß aber festgestellt werden, daß wohl jeder die Erfahrung gemacht haben dürfte, daß es Zeiten oder Tage gibt, an denen alles »schiefgeht«; Tage, an denen uns die geringfügigsten Ereignisse aufs tiefste aufregen; Ereignisse, die an anderen Tagen oder zu anderen Zeiten überhaupt unbeachtet bleiben. Aber diese täglichen Schwankungen unserer Gesamtdisposition werden später leicht vergessen, und die Erinnerungen daran sinken ins Unterbewußtsein. Allerdings darf nicht übersehen werden, daß es sehr wesentlich von der Dauer solcher Transite abhängt, in welchem Grad sie sich in das

Gedächtnis eingraben. Die Transite der langsam gehenden Planeten Neptun, Uranus, Saturn und auch Jupiter können länger dauernden Lebensepochen ihren Stempel aufprägen, und in solche Epochen fallen dann auch wichtige Ereignisse.

Wenn wir nun aber aus dem Eintreten von Transiten oder der Häufung von Transiten an bestimmten Daten nur auf unsere Disposition schließen können, bestimmte Erlebnisse schicksalhaft zu empfinden, sind wir dann überhaupt außerstande, über den Charakter bevorstehender Ereignisse Aussagen zu machen? Auf Grund von Transiten allein können solche Aussagen niemals gemacht werden. Es muß noch etwas dazukommen, um die durch die bloße Disposition gegebenen Möglichkeiten jeweils so zu determinieren, daß daraus eine Einengung der Möglichkeiten auf ein bestimmtes Gebiet hervorgeht.

Wie man etwa durch zwei Punkte der Ebene unendlich viele Kreise ziehen kann, durch drei Punkte aber nur einen, vorausgesetzt, daß diese drei Punkte nicht in einer Geraden liegen, so können sich durch weitere Bestimmungen neben den Aspekten und Transiten erst genauer figurierte Ereignisse aus den vielfachen Möglichkeiten absondern.

Zu diesen weiteren Bestimmungen werden wir nun geführt durch die in der Einleitung als die zweite Form der Prophetie bezeichnete Lehre von der Weiterentwicklung des Horoskops oder auch der Lehre von den sogenannten »Direktionen«. Diese Lehre, die zum Teil auf alten Überlieferungen beruht, zum Teil in späteren Zeiten mehr und mehr ausgearbeitet wurde, wird uns in den folgenden Vorträgen beschäftigen.

Zuvor haben wir jedoch noch Wesentliches der Lehre von den Transiten zu besprechen. Vor allem handelt es sich um die Deutung jener Transite, die über den Aspektstellen der natalen Planetenorte geschehen. Der wesentliche Unterschied gegenüber den Transiten über den Planetenorten selbst mag darin liegen, daß stets durch diese Aspekttransite Häusergebiete getroffen werden, in denen die natalen Planeten nicht ihren Sitz haben, so daß es sich jetzt stets um zwei verschiedene Häusergebiete handelt, die durch eben jenen Transit gleichzeitig getroffen und dadurch in eine besondere Beziehung zueinander gebracht werden.

Da ist zunächst folgendes zu berücksichtigen. Immer ist in Betracht zu ziehen, was über den Transit des betreffenden Planeten durch das Haus, in das die entsprechende Aspektstelle fällt, bereits ausgesagt wurde. Auf der Basis der so gegebenen Schicksalsbereitschaft ist dann der Transitaspekt sinngemäß auszulegen. Im allgemeinen sind die Transite über Aspektstellen von geringerer Bedeutung. Am relativ stärksten wirken noch die Transite über den Oppositionsorten. Als Schicksalstage aber können die Zeiten solcher Transite erst dann angesehen werden, wenn gleichzeitig mehrere der übrigen Planeten sich in solchen Graden des Tierkreises befinden, die mit empfindlichen Punkten des Geburtshoroskops übereinstimmen, wie dies an mehreren Beispielen meines eigenen Horoskops gezeigt wurde. In solchen Zeiten gehäufter Besetzung empfindlicher Grade sammelt sich eine Menge potentieller Schicksalsenergie an, die später durch einen vorübergehenden Transitaspekt aktualisiert wird wie angehäufter Zündstoff durch einen Funken Feuer. Aber damit kommen wir zu einem Punkt der praktischen Astrologie, der die sorgfältige Prüfung aller in Betracht kommenden Faktoren nötig macht, um schwere Irrtümer zu vermeiden. Wir werden oft genug vor die Tatsache gestellt, daß trotz des Bestehens aller eben genannten Bedingungen Ereignisse von nachdrücklicher Bedeutung nicht eintreten.

Dies legt den Gedanken nahe, daß es außer den durch die Transite umschriebenen Elementen der Schicksalsbereitschaft noch andere entscheidende astrologische Faktoren geben muß, die den Bogen spannen helfen, von dem der Pfeil des Schicksals, der uns zu treffen bestimmt ist, abfliegt. So kann beispielsweise ein erotischer Konflikt kaum vor der Geschlechtsreife erwartet werden, also nicht im kindlichen Lebensalter, und Amors Pfeile werden daher ihr Ziel verfehlen, auch wenn die entsprechenden Transite auf ein solches Ereignis hindeuten. Andererseits gibt es zweifellos Fälle erstaunlicher sexueller Frühreife.

Dieser eine Fall, den wir aus der unbeschränkten Fülle herausgreifen, soll uns den Gedanken nahelegen, daß hinter den fortschreitenden Transitbildungen ein all diese Erscheinungen übergreifendes Gesetz waltet, das wir das Gesetz der organischen Entwicklung oder Entfaltung der Menschennatur nennen können.

Dieses Gesetz kennenzulernen ist unsere nächste Aufgabe. Sie wird uns dahin führen, ähnlich wie wir von den zwölf Legenden des Menschenlebens sprechen konnten, von vier Legenden der menschlichen Entwicklung zu sprechen, gemäß den vier elementaren Qualitäten, die durch die aufgehenden Zeichen der Nativität repräsentiert werden, und dann von drei weiteren Legenden, die sich auf die Modi dieser Zeichen beziehen, so daß sich auch hier wieder zwölf Legenden von der Entwicklung ergeben, die mit der speziellen Art des Einzelhoroskops noch nichts zu tun haben, sofern diese durch die Stellung der einzelnen Planeten in den Zeichen und Häusern gegeben ist. Abgesehen also von diesen individuellen Merkmalen vollziehen sich die Entwicklungslegende oder der Rhythmus dieser Legende bei dem Feuergeborenen in anderer Weise als etwa bei dem Wasser- oder Luftgeborenen, bei dem Rajasgeborenen anders als bei dem Tamas- oder Sattwageborenen, wobei auch noch der aufsteigende Grad des Aszendenten eine besondere Rolle spielt.

Diese mit den Lebensjahren fortschreitende Entwicklung, nach der sich auch die Schicksalsbereitschaft weiterentwickelt, bildet den Hauptgegenstand der uralten Lehre von der sogenannten Progression des Horoskops. Diese Lehre wollen wir nun von unserem Standpunkt aus betrachten.

35. Vortrag

Mit der Lehre von der Progression wenden wir uns einem der wichtigsten Kapitel der vorschauenden Astrologie zu.

Bisher haben wir uns mit der Bedeutung der einzelnen Transite befaßt, die wir gesondert nach Häusern und Planeten betrachteten. Nun aber betreten wir ein Gebiet, das weit umfassender als die Lehre von den Transiten ist, da es mit der organischen Weiterentwicklung des Grundhoroskops selbst zu tun hat, die nach unabänderlichen kosmischen Gesetzen geschieht. Diese kosmischen Gesetze werden seit den ältesten Zeiten als Progression des Horoskops bezeichnet. Was haben wir uns nun unter diesem Ausdruck vorzustellen?

Die Idee, die der sogenannten Progression des Horoskops zugrunde liegt, schreibt diesem ein Eigenleben zu, das unmittelbar mit der Geburt einsetzt. Die tatsächliche Weiterbewegung der Gestirne und die damit gegebene Änderung des Gestirnsbildes, das bei der Geburt gegeben war, erfolgt dieser Idee zufolge nach einem Zeitmaß, das nur für dieses Geburtshoroskop allein Geltung hat. Diesem subjektiven Zeitmaß gemäß, wird jeder dem Geburtsmonat folgende Tag als volles Lebensjahr gewertet. So sind beispielsweise in den Änderungen der Gestirnung, die sich während der ersten zwei Lebenstage ereignen, bereits die Ereignisse des ersten Lebensjahres ihrer Möglichkeit nach vorgebildet. Die Wiederkehr der Geburtsstunde am zweiten Lebenstag leitet das zweite Lebensjahr ein usw.

Man kann in dieser Idee ohne weiteres die konsequente Weiterbildung jener Analogie sehen, die zwischen dem Tagesrhythmus und dem Jahresrhythmus unzweifelhaft besteht. In diesem Zusammenhang wird auch oft genug das Bibelwort zitiert: »Siehe, ich habe euch gegeben einen Tag für ein Jahr.« Diese Analogie könnte allerdings nicht mehr als die ersten drei Lebensmonate betreffen, d. h. etwa 90 Jahre.

Ist man aber berechtigt, diese Idee ohne weiteres zur Grundlage so weitreichender Schlußfolgerungen zu machen und ein System zu errichten, das sich anmaßt, das Gesetz zu enthüllen, nach dem sich die durch die Geburtskonstellation ausgeprägte Form nun »lebend« weiter»entwickelt«? Wohl schwerlich. Die bestehende Analogie kann uns wohl eine nicht unwesentliche Gedankenhilfe bei der Formulierung solcher Gesetze leisten, aber um sie astrologisch zu rechtfertigen, müssen wir uns nach einer astronomischen Tatsache umsehen, auf die wir uns stützen können.

Gibt es, astronomisch gesprochen, wirklich einen solchen Erdentag, der sich auf die Dauer eines ganzen Jahres ausdehnt oder verteilt? Es gibt tatsächlich diesen Tag, der sich hinter den 365 Tagen unseres zodiakalen oder bürgerlichen Jahres verbirgt; und dieser geheime verschwiegene Tag ist nichts anderes als der 366. Tag des sogenannten siderischen Jahres. Dieser siderische Tag, der um beiläufig vier Zeitminuten kürzer ist als der bürgerliche Tag, bewirkt, daß, an ihm gemessen, die Sonne täglich um etwa vier Minuten zurückbleibt, welche Differenz sich in einem Jahr tatsächlich zu einem vollen Erdentag erweitert. Dieser Erdentag, der verschwiegene 366. Sternentag, ist uns für ein Jahr gegeben.

Es wird also nach dem ersten Lebensjahr tatsächlich die Sonne im Zodiakus bereits um vier Zeitminuten des bürgerlichen Tages weitergeschritten sein und mit ihr auch das Medium coeli und all die übrigen Planeten sowie die Spitzen der einzelnen Häuser.

Ist dies nun so zu verstehen, als ob unser Horoskop sich beständig erneuert, so daß wir an unserem 20. Geburtstag anstelle unseres Geburtshoroskops das Horoskop eines Menschen hätten, der genau 20 Tage später auf die Welt gekommen wäre, und daß unser altes Horoskop dann nicht mehr gälte? Diese Frage ist so bedeutungslos nicht, als sie auf den ersten Blick erscheinen mag. Wenn wir von der Perspektive des »Heute« unser bisher abgelaufenes Leben überschauen, dann erscheint uns häufig genug, was nun hinter uns liegt, verblaßt und wie der Lebensinhalt eines »anderen«, der unseren Namen trägt und unsere Erinnerungen teilt. Wäre dies aber in Wirklichkeit so, dann würde ich durch mein ganzes Leben ein neugeborenes Kind bleiben, und dieser Zustand eines Lebens ohne bewußte Tradition und Erinnerung, ohne bewußte Identität und ohne die Möglichkeit einer Entwicklung würde nicht nur unserer Erfahrung zuwiderlaufen, sondern auch der Idee jener organischen Weiterentwicklung, als deren astrologischen Ausdruck wir die Progression aufzufassen haben.

Das progressive Horoskop stellt demnach im Vergleich zum Grundhoroskop den jeweiligen Reifezustand dieses Grundhoroskops dar, bis zu dem in jenem Moment fortgediehen ist, nach Maßgabe der Möglichkeiten, die dort veranlagt sind. Zu diesen Veranlagungen können neue nicht hinzukommen, aber es können, wenn die Zeit dazu da ist, gewisse Veranlagungen neue Impulse erhalten oder aus einem schlummerartigen Zustand auferweckt werden. All diese Änderungen, die im Laufe des Lebens der Nativität zugemessenen Möglichkeiten als Ausdruck der lebendigen Entwicklung geschehen, unterliegen der Sternenbewegung und können daher bis zu einem gewissen Grad vorausgesagt werden. Damit gelangen wir zu jener zweiten Art der »Prophezeiung«, der von uns sogenannten naturwissenschaftlichen Prophezeiung, die voraussagt, daß und wann der fertige Vogel aus dem Ei kriechen wird. Es darf jedoch nicht übersehen werden, daß an jenem Sternenrhythmus auch der dritte Tierkreis, also das Medium coeli, Aszendent, Deszendent und Immum coeli nebst allen andern Häuserspitzen teilnimmt und nach demselben Schlüssel weiterwandert.

Es wird nun unsere Aufgabe sein, zunächst all diese Elemente einzeln zu untersuchen.

Wir beginnen mit der Wanderung des Aszendenten durch die Zeichen des Zodiakus. Je nach dem aufsteigenden Grad des aufgehenden Tierkreiszeichens wird der Aszendent nach entsprechenden Jahren in das nächste Zeichen übersiedeln, dann nach etwa 30 Jahren in das nächste usw. Im allgemeinen werden mit Einschluß des Geburtsaszendenten höchstens vier Zeichen in Betracht kommen; dasselbe gilt auch für die anderen drei Kardinalpunkte.

Ist also das aufgehende Zeichen ein Feuerzeichen, so wird der progressive Aszendent nach gemessener Zeit in ein Feuerzeichen, dann in ein Luftzeichen, dann in ein Wasserzeichen und schließlich, wenn das Leben genügend lange währt, wieder in ein Feuerzeichen hinüberwechseln. Entsprechendes gilt sinngemäß für die erdigen, luftigen und wäßrigen Aszendenten. Bei dieser progressiven Wanderung wird der Aszendent nach Durchschreiten des 1. Hauses der Geburtsfigur das 2. Haus erreichen, später das 3. Haus und endlich vielleicht auch noch das 4. Haus betreten.

Schließlich wird er bei dieser Wanderung auch die Plätze der etwa in diesen Häusern stationierten Planeten erreichen und überschreiten.

Es wird auch zu untersuchen sein, was es für die Entwicklung bedeutet, wenn der Aszendent beim Hinübergehen in das nächste Zeichen aus Rajas in Tamas, aus Tamas in Sattwa oder aus Sattwa in Rajas eintritt.

Endlich wird noch zu berücksichtigen sein, in welcher der Sieben-Jahr-Perioden, die wir im Zusammenhang mit der Uranusfunktion im 18. Vortrag von *Planetenwelt und Mensch* beschrieben, sich der Geborene in dem entsprechenden Zeitpunkt der Progression gerade befindet. All diese Umstände werden zu einem Gesamtbild zusammenzuschließen sein.

Betrachten wir nun zunächst die Wanderung des Aszendenten durch die aufeinanderfolgenden elementaren Qualitäten des Tierkreises. Dabei ist zu beachten, daß das Hinüberwandern des progressiven Aszendenten in ein neues Zeichen den durch die Nativität gegebenen Grundcharakter niemals verändern kann. Was sich hier an diesem scheinbar ändert, ist das Hervorkommen bestimmter Neigungen, die wohl im Grundcharakter bereits veranlagt sind, jetzt aber erst in den Vordergrund treten. Dieses Hervorkommen jener Neigungen gehört mit zur Lebenslegende des Geborenen, soweit diese sich nun nicht mehr bloß auf die Grundveranlagung, sondern bereits auf den Lebensgang und die allgemeine Formel der fortschreitenden Entwicklung des Geborenen und seiner Anlagen bezieht. Diese Formel wird anders lauten, wenn sie den Feuergeborenen betrifft, als wenn sie den Luftgeborenen betrifft usw.

Wenn der Aszendent des Feuergeborenen nach gemessener Zeit, deren Dauer von dem Grad des aufsteigenden Zeichens abhängt, in die Erdqualität hinübergeht, dann treten Neigungen auf, die dazu nötigen, einen Beweis der moralischen Kraft und Würde zu geben, der womöglich nicht nur denjenigen selbst beruhigen, sondern auch die anderen davon überzeugen soll, daß man nicht bloß ein Idealist der Gesinnung sein will. Kommt später der Aszendent in das Luftzeichen, dann kommt die Neigung hervor, seine erprobte Lebensphilosophie anderen als ein Muster vorzustellen; lieber Hammer als Amboß sein, und dies wenigstens theoretisch, wenn es schon in der Praxis nicht geht. Rückt dann der Aszendent in das Wasserzeichen, was erst im Alter geschehen kann, dann tritt eine weise Resignation auf oder auch die mehr unweise Neigung der Reue über ein verfehltes Leben, in dem man es versäumt hat, seinen besseren Idealen gemäß zu leben.

Wenn der Aszendent des Luftgeborenen in die Wasserqualität hinübergeht, dann werden allerlei Leidenschaften, die früher nur in der Phantasie, mehr kontemplativ, erlebt wurden, lebendig, denen man sich aber nur mit großer Zaghaftigkeit und niemals voll hinzugeben wagt. Tritt der Aszendent dann in ein Feuerzeichen, dann sehen wir ähnliches eintreten wie beim Hinübergehen des Feueraszendenten in Luft. Die Neigung zu dozieren wird hier wohl immer auftreten, aber mit einer seltsamen Angst verbunden, daß einem dazu die nötige Überzeugungskraft fehlt. Dies wird häufig zu einem Überschwang im Gebrauch der Mittel führen, die einem in diesem Fall zur Verfügung stehen (Überkompensation der vorhandenen Minderwertigkeitskomponente). Erde als letzte Station des progressiven Luft-Aszendenten charakterisiert hier wohl den »geretteten Kahn, auf dem der Greis in den Hafen treibt«.

Wenn der Aszendent des Wassergeborenen in das Feuerzeichen eintritt, dann entsteht das Verlangen, aus der Passivität eines vorzugsweise dem Erleiden geöffneten Seelenlebens herauszutreten und zu einer Betätigung überzugehen, an der sich die moralische Kraft und damit das Selbstvertrauen stärken kann. Tritt dann der progressive Aszendent des Wassergeborenen in das Erdzeichen, dann stellen sich Impulse zu nutzbringender Tätigkeit ein, bei der wohl auch ein gesunder Egoismus auf seine Rechnung kommen kann. Kommt es im Alter dann noch zum Eintritt des Aszendenten in das Luftzeichen, dann wird man die Früchte einer resignierten Weisheit ernten, die aus Leiden geboren wurde.

Wenn der Aszendent des Erdgeborenen in die Luftqualität hinüberwandert, dann treten Neigungen auf, deren Ziel es ist, dem eigenen Tun einen theoretischen oder wissenschaftlichen Hintergrund zu geben oder es philosophisch zu rechtfertigen. Tritt der Aszendent dann in das Wasserzeichen, dann treten Ansätze zu einer Fürsorgetätigkeit auf, der altruistische Gedanke sucht sich durchzusetzen, in jedem Fall aber wächst die eigene Empfindlichkeit in gleichem Maß. In der letzten Station endlich, dem Feuerzeichen, erfolgt eine Rückkehr zu den treibenden Motiven der ersten Lebensperiode, die jetzt eine ins Moralische travestierte Form annehmen.

Wir haben nun noch die Aufgabe, die Übergänge in die einzelnen Kategorien des Rajas, Tamas und Sattwa zu untersuchen. Wenn der Aszendent aus einem Zeichen der Rajasmodalität in das nachfolgende Tamaszeichen übergeht, dann beginnt der bis dahin aktive Mensch eine Verteidigungsstellung einzunehmen; er will sich festsetzen und, wenn auch nur vorübergehend, dem Verlangen nach Ruhe nachgeben. Er will sich gesichert sehen in seiner Eigenart und Zufriedenheit gewinnen. Im Sattwazeichen tritt die Tendenz auf, die zu früh und bloß scheinbar erlangte Reife und Festigung wieder aufzugeben und nach innerer und äußerer Harmonie zu streben. Bleibt dieses Streben erfolglos, dann sieht man häufig genug mit der Wiederkehr der Rajasmodalität im Alter alle Fehler der Jugend wiederkehren; im anderen Fall gilt die Erneuerung der Rajasenergien einer Wiedergeburt auf einer höheren Entwicklungsstufe.

Tritt der Aszendent aus dem ursprünglichen Tamaszeichen in das

Sattwazeichen ein, dann dünken sich die Menschen oft weiser und reifer, als es den Tatsachen entspricht; es ist, als hätten sie nichts mehr zu lernen, und was sie lernen, bringt ihnen nur die Bestätigung dessen, was sie schon vorher gewußt haben. Dies gilt sowohl in hohem, als auch im niederen Sinn entsprechend der Entwicklungshöhe des Geborenen. Tritt dann der Aszendent in das Rajaszeichen, dann beginnen sich aggressive Tendenzen bemerkbar zu machen, die sich gegen wirkliche oder vermeintliche feindliche Strömungen meist bloß innerlich, aber gelegentlich auch äußerlich zur Wehr setzen wollen; man beginnt zu fürchten, man könne in dem Gefühl des Gesichertseins, mit dem man geboren wurde, erschüttert werden oder von seiner vorgezeichneten Bahn abgelenkt werden. Kehrt man dann im Alter wieder zu Tamas zurück, dann stellt sich meist jener Eigensinn ein, der so viele alte Leute kennzeichnet; man ist dem Neuen nicht mehr zugänglich und lobt die guten alten Zeiten, in denen alles besser war.

Rückt der Aszendent vom Sattwazeichen in das Rajaszeichen, dann treten Impulse auf, die den Geborenen nötigen, sich auf dem Kampffeld des Lebens zu bewähren, welcher Art immer dieses Feld sein mag. In dem darauffolgenden Tamaszeichen beginnt man wieder, sich soweit als möglich von diesem Kampfplatz zurückzuziehen, um zu sich selbst zu kommen. Hier machen sich egoistische Tendenzen bemerkbar. Kommt dann zuletzt der Aszendent wieder in das Sattwazeichen, dann ist wohl keine weitere Änderung mehr zu erwarten. Man hat seine Entwicklung abgeschlossen und sich mit dem beschieden, was man erreichen konnte.

Wir haben nun drei Schemata vor uns, die ineinanderzuarbeiten sind, um die Lebenslegende der zwölf Aszendenten, wie sie in *Mensch und Erde* beschrieben wurde, zu ergänzen.

Ein Beispiel möge die Anwendung der gewonnenen Einsichten erläutern. Es handele sich um eine Persönlichkeit, die mit Aszendent 15° Jungfrau unter 50 nördlicher Breite geboren wurde. Der progressive Aszendent erreicht das Zeichen Waage etwa 22 Jahre später. Das 22. Lebensjahr fällt in jene Periode, in der das moralische Verantwortungsgefühl zu reifen beginnt. Es trifft den Jungfrau-Geborenen in einer solchen Verfassung an, wie sie als Übergang von Erde zu Luft geschildert wurde. Der Geborene versucht nun, gleichgültig, ob bewußt oder mehr unbewußt, sich eine Lebensphilosophie zurechtzulegen, die ihm helfen soll, sein Tun und Treiben vor sich selbst zu rechtfertigen, gleichgültig, ob mit oder ohne Erfolg. Solche Gedanken verlassen ihn nun während der folgenden 30 Jahre niemals.

Gleichzeitig aber, also etwa mit 22 Jahren, trat der Aszendent aus Sattwa in Rajas ein. Es tritt an den Geborenen der Impuls heran, seine angeborenen Fähigkeiten im äußeren Leben und an diesem zu erproben; er möchte etwas diesen Fähigkeiten Entsprechendes leisten, wodurch er sich die moralische Selbstschätzung erwerben oder befestigen kann. Wieder muß gesagt werden: gleichgültig, ob diese Impulse Erfolg haben oder nicht. In diese Lebensperiode fällt außer der Berufswahl auch noch alles, was als Lerngegenstand in der Lebensschule beschrieben wurde. Am Ende des 5. Lebensdezenniums tritt der progressive Aszendent in das Zeichen Skorpion, in die Wasserqualität. Spät erwachen nun in dem Jungfraugeborenen altruistische Forderungen. Man möchte den anderen dienen, ohne für sich selbst dabei Vorteile zu suchen, und allen egoistischen Trieben abschwören. Zuweilen sehen wir plötzlich asketische und bußfertige Neigungen, wieder gleichgültig, ob echt oder bloß kraftlos gewünscht. Die Tamaskategorie macht es in diesem Fall besonders schwer, den Kampf zwischen Altruismus und Egoismus zugunsten des ersteren siegreich zu bestehen, während andererseits die Sehnsucht nach innerer Festigung sich immer mehr verstärkt. Die letzte Lebensperiode steht im Zeichen des Verlangens nach moralischer Reinigung. Man will die angeborene Eigenart jetzt als etwas ansehen, das einem durch höhere Mächte auferlegt ist, man kann und darf gegen sie nicht revoltieren; man hat sich ihr wie in einem höheren Befehl zu unterwerfen und die in der Jugend als Erbgut empfangenen Anlagen auszuleben.

Wir werden später sehen, in welcher Weise die allgemeine Lebenslegende weitere Ergänzungen erfährt, wenn wir nicht nur das Fortschreiten des Aszendenten durch die einzelnen Häuser der Nativität, sondern auch des Medium coeli, des Immum coeli und des Deszendenten verfolgen werden.

Es muß bereits an dieser Stelle eine äußerst wichtige Bemerkung eingeschaltet werden, die sich auf die progressive Wanderung der Sonne bezieht. Auch die Sonne rückt jährlich um ein Grad weiter, und es gilt für diesen Planeten somit Ähnliches wie für den Aszendenten. In dem eben beschriebenen Beispiel wird man demnach viel Analoges finden zum Entwicklungsgang des mit Sonne in Jungfrau Geborenen. Hierzu wird sich hernach all das gesellen, was mit dem Aszendenten des so Geborenen zu tun hat, der sich ja meist in einem anderen Zeichen befindet. Es ist dann Sache des Astrologen, diese beiden nebeneinander fortschreitenden Entwicklungswege zu kombinieren und so das, was der Geborene darzuleben hat, im Geiste nachzubilden.

Hierzu ist jenes Maß psychologischer Einfühlungsfähigkeit erforderlich, ohne welches astrologische Forschung unmöglich ist, soweit sich diese auf die Analyse des Problems »Mensch und Menschenschicksal« bezieht.

Wir gehen nun zu unserer nächsten Aufgabe über. Wir haben den Gang des progressiven Aszendenten durch die Häuser des Geburtshoroskops zu verfolgen sowie dessen Transite über die Plätze der in diesen Häusern situierten Planeten; hierbei kommen ja nur die ersten drei bis vier Häuser in Betracht.

Wenn wir uns diese Tatsache des Fortschreitens des Aszendenten über die einzelnen Planetenorte recht lebendig vor Augen halten, dann werden wir zu einem Gedanken geführt, der auf den ersten Blick recht seltsam anmutet; wir sehen alle Planeten, von der Perspektive des progressiven Horoskops aus betrachtet, rückläufig werden. Erreicht beispielsweise der fortschreitende Aszendent die im 1. Haus der Nativität stehende Sonne, dann wird diese bald nach diesem Ereignis in das 12. Haus des progressiven Horoskops zurücktreten und etwa 30 Jahre später, wenn der progressive Aszendent sich bereits im 2. Haus der Nativität befindet, das 11. Haus erreichen usw.

Hieraus ergeben sich zunächst recht undurchsichtige Ideen, die sich auf vorgeburtliche Bedingungen beziehen, die ihre Schatten in dieses Leben herüberwerfen und nach einem schwerverständlichen Gesetz die Wirkungen eines kosmischen »Gedächtnisses« auf den Plan rufen, das mitbestimmend hinter dem undurchdringlichen Schleier einer Schicksalswelle arbeitet, in die wir durch die Geburt auf diesem Erdplaneten eintraten, aus deren Rhythmus es kein Entrinnen gibt.

Wenn es die ideale, aber kaum je lösbare Aufgabe des Astrologen sein sollte, auf Grund des Geburtshoroskops die Biographie des Geborenen zu schreiben, dann müssen all diese kleinen Nuancen zusammengefaßt werden.

Wir beginnen nun mit der Untersuchung des progressiven Aszendenten über Sonne. Hier wie auch in allen folgenden Fällen sind höchstens vier mögliche Transite zu unterscheiden: Der entsprechende Planet, in diesem Fall Sonne, wird durch den Aszendenten im 1., 2., 3. oder unter Umständen noch im 4. Haus eingeholt. Hierbei ist weiter zu bedenken, daß dieses »Einholen«, falls es in das 1. Haus fällt, das jugendliche Alter betrifft, im 2. Haus das mittlere Alter, im 3. Haus das höhere Alter und endlich im 4. Haus den letzten Lebensabschnitt.

Geschieht der Übergang des Aszendenten im 1. Haus über die dort befindliche Sonne, dann tritt eine starke Intensivierung des Selbstgefühls auf, und es stärkt sich die bewußte Einfühlung in das eigene Wesen. Es ist eine Periode, in der der junge Mensch sich selbst viel näher tritt, als es sonst in diesem Lebensabschnitt vorkommt. Man kann hier wohl von Frühreife sprechen. Diese Frühreife kann moralischer, geistiger, seelischer und auch praktischer Natur sein oder auch eine Mischform darstellen, wenn der native Aszendent aus dem dem Sonnenzeichen vorangehenden Zeichen kommt. Niemals darf bei der Deutung dieses Transits außer acht gelassen werden, in welche »Klasse« der Lebensschule er fällt und daß es sich in allen Fällen um transitorische Vorgänge handelt, die, wie sie gekommen sind, auch wieder vorübergehen.

Geschieht dieser Übergang über Sonne im 2. Haus, dann sehen wir die Impulse erwachen, die eigenen Gaben zu verwerten, mit dem Pfund zu wuchern. Oft ist dies auch mit einer Überschätzung der eigenen Fähigkeiten verbunden. Eine Großmannssucht, eine Neigung zur Prahlerei kann hier vorübergehend eintreten. Dies kann unter Umständen fast pathologisch erscheinen, wenn solche zum Grundcharakter des Geborenen gar nicht passenden Züge auftreten. Man vergesse aber niemals, daß es sich hierbei nur um vorübergehende Übertreibungen von tatsächlich im Geburtshoroskop verankerten Trieben handelt.

Schreitet der progressive Aszendent über Sonne im 3. Haus, was erst in einer späteren Lebensepoche geschehen kann, dann erwachen Instinkte der Brüderlichkeit; der Nebenmensch beginnt seelisch oder auch bloß theoretisch zum Objekt des Interesses zu werden. Der Egoismus, wenn dieser etwa vorher dominiert hat, tritt scheinbar zurück, und man ist geneigt, die eigenen Interessen mit denen des oder der anderen zu verbinden.

Erreicht schließlich der progressive Aszendent im Alter den Platz der Sonne im 4. Haus, dann wird der »Patriarchenkomplex« wieder recht lebendig; man will den Verdiensten gemäß geachtet oder geehrt werden. Hier kann sich auch etwas herausbilden, was ich den »König-Lear-Komplex« nennen möchte. Man hat schon zu lange gelebt. Man lebt jetzt nur noch im »Ausnahmsstüberl«, und es liegt an einem selbst, dieses entweder zur Mönchszelle oder zum bequemeren Lehnsessel zu machen, von dem man mit einem melancholischen Lächeln den eigenen und den Torheiten der anderen mit mehr oder weniger Wohlwollen zusieht.

Wir betrachten nun die Übergänge des progressiven Aszendenten über den Mondort. Im 1. Haus wird dieser Übergang, besonders wenn er noch im Kindheitsalter erfolgt, je nach der Aspektierung des Mondes Impulse besonderer Fügsamkeit oder Widerspenstigkeit auslösen. Dies kann vielfach zu der falschen Ansicht führen, daß Kinder mit Mond im 1. Haus schon frühzeitig ihren wahren Charakter offenbaren. Da Mond aber niemals dem eigentlichen Charakter, sondern nur der Erbnatur entspricht, wäre es verfehlt, in jenen Energieschwüngen der Erbnatur Anzeichen für die moralische Charakterart sehen zu wollen. Was sich aber dennoch hier frühzeitig offenbart, das ist der Grad der inneren Anpassungsfähigkeit an die Umwelt und die Reaktion ihr gegenüber. Hier kann ein psychologisch Geschulter vieles beobachten, was für die spätere Charakterentwicklung von tiefgehender Bedeutung sein kann, die sich ja stets als Kampf oder Kompromiß zwischen erster und zweiter Natur (Sonne und Mond) erweist.

Holt der progressive Aszendent den Mond im 2. Haus ein, dann ist der Geborene nicht mehr im Kindheitsstadium. Was jetzt aufgeweckt wird, ist der »Eitelkeitskomplex«; man ist eitel oder eingebildet in bezug auf das, was man gelernt hat, was man ererbt hat, sei es in physischer oder geistiger Beziehung, kurz auf alles, was man nicht der eigenen Anstrengung verdankt, sondern was zu den mitgeborenen Fähigkeiten oder ererbten Besitztümern gehört. Auch diese Impulse haben nur transitorischen Charakter.

Steht Mond im 3. Haus der Geburtsfigur, dann werden die Gaben jener geistigen Wendigkeit, die Mond im 3. Haus im allgemeinen gewährt, jetzt neuerdings aufgefrischt. Man liebt es nicht, allein zu sein, und sucht gern und häufig Gesellschaft oder Orte der Geselligkeit. Man wird umgänglich, auch wenn dies gegen die eigene Charakteranlage verstößt.

Wenn dann der progressive Aszendent im Alter den Mond im 4. Haus erreicht, dann entsteht die Sehnsucht, sich irgendwo zu Hause zu fühlen. Man will nicht mehr zu den Menschen hingehen, sie sollen zu einem selbst kommen und sollen bekennen, daß sie zu einem gehören wie die Kinder zum Vater; man möchte um seiner selbst willen geehrt und vielleicht sogar geliebt werden.

Wir wenden uns nun dem Planeten Merkur zu und betrachten die Übergänge des progressiven Aszendenten über Merkur in den ersten vier Häusern. Geschieht dieser Übergang im 1. Haus, dann kommt es zu einer Stimulierung der Intelligenz, die sich im Kindesalter als oft erstaunliche Frühreife darstellt, dem Zeichen gemäß, in dem Merkur seinen Platz hat. Tatsächlich spricht man im Deutschen von »aufgeweckten« Kindern, womit dieser Vorgang recht gut gekennzeichnet ist. Später verlieren sich dann häufig mit dem Fortschreiten des Lebensalters diese Äußerungen einer Frühreife.

Erreicht der progressive Aszendent Merkur im 2. Haus, dann tritt oft die Neigung auf, andere zu belehren, selbst wenn man die Berechtigung dazu gar nicht besitzt; man prunkt auch gern mit dem, was man gelernt hat, und ist aus diesem Grund um die Ansammlung von Kenntnissen bemüht.

Erreicht im späteren Alter der progressive Aszendent den Platz Merkurs im 3. Haus, dann sehen wir ähnliches auftreten, nur mit dem Unterschied, daß jetzt auf Grund dieses Belehrungsbedürfnisses Verbindungen zu Menschen gesucht werden, die man vorübergehend oder auch dauernd gewinnen will. Man ist gesprächig und knüpft leicht Konversationen an, ohne dabei besonders wählerisch zu sein.

Geschieht endlich dieser Übergang im Alter über Merkur im 4. Haus, dann entsteht das Verlangen, sich zu sammeln und gelegentlich das Resultat solcher Sammlung in Form von Memoiren oder Bekenntnissen niederzulegen.

Wir gehen nun zum Planeten Venus über. Mit Venus im 1. Haus wirbt man gern um die Sympathien der anderen und sucht sich selbst beliebt zu machen. Man ist, wie das im Deutschen so charakteristisch bezeichnet wird, »zuvorkommend«. Erreicht nun der progressive Aszendent diese Venus, dann treten die Symptome einer Koketterie auf, die zuweilen im Kindes- oder Jugendalter aggressive Formen annehmen kann.

Im 2. Haus wird dieser Transit häufig mit euphorischen Gefühlen verbunden sein, die aus der Überschätzung der beglückenden Gaben entspringen, mit denen man sich ausgerüstet glaubt. Dies gilt besonders auf dem sexuell-erotischen Gebiet und kann hier bei schweren »Verletzungen« dieser Venus abnormale Grade erreichen.

Erreicht der progressive Aszendent Venus im 3. Haus, dann entsteht häufig das Verlangen, die Neigung zum geschwisterlichen Entgegenkommen in übertriebener Weise auszuleben; diese Neigung spielt zuweilen stark ins Körperliche hinein und macht die Menschen an den Verbindungen, die sie eingehen, in fast körperlicher Weise leiden; es kann hier aus den nichtigsten Anlässen zu tragischen Affekten kommen, aus Anlässen, die zu anderen Zeiten kaum bemerkt werden, wie

z. B. das Ausbleiben eines Partners oder auch nur einer Botschaft zu einer bestimmten Zeit.

Erreicht im Alter der progressive Aszendent die Venus im 4. Haus, dann verweilt man gern in Gedanken an all das Liebe und Angenehme, das das Leben gebracht hat, und in dankbarem Gedenken an die, die vor uns hinübergegangen sind. Eine gut bestrahlte Venus mag dann ein freundliches Alter bescheren, das für alles Gute und Schöne aufgeschlossen ist – bereit, es zu genießen.

Wir gehen nun zu Mars über. Mars im 1. Haus stellt den Menschen streitbar ins Leben. Wenn der progressive Aszendent in der ersten Jugend über Mars geht, dann werden wir Widerspenstigkeit und Streitsucht zu erwarten haben. Das Kind erregt nicht nur Anstoß, es stößt sich auch körperlich überall an und kommt jeden Augenblick mit einer anderen Verletzung nach Hause. Diese körperliche Disposition geht später ins Seelische über. Hier kann es bei schlechter Bestrahlung auch zu Bösartigkeit kommen.

Erreicht der Aszendent Mars im 2. Haus, dann treten eher Verfolgungsideen auf; die Reizbarkeit bleibt, ist aber mehr auf Verteidigung eingestellt. Hier kann frühzeitig eine Verbitterung entstehen. Diese Verbitterung kann man als ein verschwiegenes Querulantentum ansehen, das man sich nicht eingestehen will.

Geschieht dieser Übergang im 3. Haus, dann tritt ähnliches auf, nimmt aber hier eine Unverträglichkeit an. Menschen, die bis dahin geduldig und mehr oder weniger tolerant waren, verlieren jetzt scheinbar diese Eigenschaften, sie wollen nicht mehr nachgeben und endlich einmal auf den Tisch hauen, und dies geschieht oft am falschen Platz. Ähnlich wie bei Venus in diesem Haus kann es auch hier zur Selbstüberschätzung kommen. Zu solchen Zeiten kann man sich auch mit den besten Freunden streiten. Sehr häufig richtet man seinen Zorn an eine falsche Adresse, und die zufällig Anwesenden haben zu empfangen, was den Abwesenden zugedacht war.

Erreicht im Alter der progressive Aszendent den Platz des Mars im 4. Haus, dann werden beunruhigende Gedanken über ein verfehltes Leben und nicht selten wieder Verbitterung bei der Vorstellung entstehen, daß das Schicksal es nicht gut mit einem gemeint hat und einem so vieles schuldig geblieben ist, worauf man seinen Verdiensten gemäß Anspruch gehabt hätte.

36. Vortrag

Wir haben uns nun mit dem Übergang des progressiven Aszendenten über die Planeten Jupiter, Saturn, Uranus und Neptun zu befassen, sofern sie in einem der Häuser 1 bis 4 des Geburtshoroskops ihren Platz haben.

Jupiter im 1. Haus gibt das Gefühl einer adeligen Geburt und des erhöhten Zutrauens zur Kraft und Wirkung der eigenen Persönlichkeit. Erreicht der progressive Aszendent Jupiter im jugendlichen Alter, dann wird man mit Anfällen der Selbstbewunderung oder der Selbstgefälligkeit zu rechnen haben; man achtet die anderen nicht als gleichwertig, weil man sich selbst so wichtig nimmt, gleichgültig ob bewußt oder mehr unbewußt, wie dies eben dem jugendlichen Alter entspricht. Der damit verbundene Hochmut ist tatsächlich meist unbewußt, wenn er nicht durch die Einflüsse der Familie genährt wird.

Findet dieser Übergang im 2. Haus statt, dann wendet sich das erhöhte Selbstvertrauen dem eigenen Können zu, das hier seiner Potentialität nach so hoch eingeschätzt wird, daß man sich die Fähigkeit zu allem zutraut, wenn einem nur genügend daran liegt. Dieser Optimismus mag leicht an mannigfachen Enttäuschungen vorbeigehen, ohne daß diese ernst genommen werden.

Erreicht der progressive Aszendent im späteren Alter den Jupiter im 3. Haus, dann spielt man gern die Rolle eines Protektors oder träumt sich in diese hinein. Der Josefstraum von den Garben, die sich vor der eigenen neigen, gehört hierher.

Im 4. Haus endlich erwacht das Verlangen, sich des angestammten Adels auch würdig zu erweisen. Man will jetzt sein Leben dadurch krönen, daß man »der Ahnen gern gedenkt«; man weiß, was man ihnen schuldig ist und daß man, indem man sie ehrt, auch sich selbst in ihnen ehrt, man weiß, daß man diese Dankesschuld nun an die zu entrichten hat, die jetzt die jüngeren sind, denen man vor allem ein vornehmes Beispiel sein soll, wenn nicht gar ein Vorbild.

Wir wenden uns nun zu Saturn. Mit Saturn im 1. Haus ist man dazu geboren, alles im Leben und das Leben selbst schwer zu nehmen und die düsteren Seiten allen Erlebens besonders zu empfinden. Es ist, als wäre man mit etwas belastet, das wie eine unbegreifliche, niederdrükkende Schwermut alle Lebensäußerungen durchzieht und einer dauernden Sorge gleicht, die in stets wechselnden Gestalten der treueste Gefährte auf der Lebenspilgerfahrt bleibt, nur daß dessen Stimme nicht immer mit gleicher Intensität hörbar wird. Von Geburt an an diesen Gefährten gewöhnt, merkt man eher sein zeitweiliges Verstummen als seinen dauernden Einfluß und trägt seine Gewissensbelastung ohne Murren. Erreicht der progressive Aszendent in der Jugend den Platz Saturns im 1. Haus, dann melden sich intensiv bedrückende Erfahrungen, die den Lebensmut verdüstern. Es ist, als würde all das durch die oben geschilderte Veranlagung erst herbeigezogen. Immer jedoch fühlt man sich bewußt oder unbewußt durch das Schicksal benachteiligt.

Im 2. Haus zeigt sich dieser Übergang des progressiven Aszendenten in einer Mahnung zur Sparsamkeit, man fürchtet stets den Verlust von irgend etwas, das man wirklich oder vermeintlich besitzt. Impulse der Kargheit und sogar des Neides ergreifen vorübergehend Besitz von einem. Ansätze zu dem »Wuchern mit dem anvertrauten Pfund« erlahmen leicht an der Furcht vor jedem Wagnis.

Im 3. Haus wird dieser jetzt im reiferen Alter erfolgende Übergang dazu veranlassen, sich gegen andere abzuschließen und lieber zu mißtrauen, als sich ihnen freimütig zu öffnen. Man fürchtet, Geschriebenes aus der Hand zu geben. Man findet, daß es noch die klügste Lebenspolitik ist, je nach seiner Veranlagung dem seelischen oder geistigen oder gar moralischen Assimilationsprozeß solange als möglich zu widerstehen und sich mit der geringen Zahl derjenigen zu bescheiden, die einem die Treue bewahrt haben, die man sich selbst gegenüber so gern bewahren möchte. Solche Impulse nebst dem ihnen entsprechenden Echo der Umwelt wird man wohl zu Zeiten dieses Transits zu erwarten haben.

Erreicht endlich im Alter der progressive Aszendent noch den Platz Saturns im 4. Haus, dann tritt eine Resignation auf, die vielleicht geeignet ist, den Geborenen mit seinem Schicksal auszusöhnen, und man ist befriedigt, wenn man sich sagen kann: Ich habe mein Kreuz getragen, so gut ich es konnte. Ultra posse nemo tenetur. – Es kann von niemand mehr verlangt werden, als er tragen kann.

Wir haben nun die Progression des Aszendenten über den Planeten Uranus zu betrachten. Uranus haben wir stets als den Prüfer der Stabilität und Kohärenz des Horoskops angesehen, als die Kraft, die uns veranlassen will, all die Veranlagungen unserer Nativität zu einer individuellen Einheit zusammenzuschließen und an allen Anlässen, die sich dazu bieten, immer wieder zu erproben. In diesem Sinn könnte man ihn auch als den »Versucher« bezeichnen, der, kaum daß eine solche Erprobung vorbei ist, von uns verlangt, daß wir sie aufs neue wiederholen und nachher, abermals unbefriedigt von dem Resultat solch versuchter Bewährung, uns neuerlich derselben Selbstprüfung unterziehen. Da wir jedoch auch die anderen in solche Prüfungsexperimente mit einbeziehen, werden wir dadurch zu einem beständigen Unruhestifter – sowohl in unserem eigenen Leben als auch im Leben der anderen, die zu unserer jeweiligen Umgebung gehören. Dies zeigt sich schon im Kindesalter in dem Hang, sich von den anderen zu distanzieren oder zu isolieren, wenn Uranus das 1. Haus besetzt. Erfolgt nun der Transit des progressiven Aszendenten über diesen Uranus in der Jugend, dann ist ein störrisches, eigenbrötlerisches und schwer zugängliches Verhalten, das auch der liebevollen Annäherung der anderen Widerstand entgegensetzt, unverkennbar. Schon die erste Prüfung, die körperliche Stabilitätsprüfung, begegnet Widerständen und ruft heftige Gegenwirkungen in Form von Krankheiten hervor, die häufig diesen Transit begleiten.

Erfolgt dieser Transit im 2. Haus, dann wächst die mit dieser Stellung verbundene Unsicherheit in bezug auf den eigenen Wert oft in katastrophaler Weise. Dies kann zu Krisen der Selbstachtung führen oder zumindest des Selbstvertrauens. Das »Himmelhoch jauchzend – zu Tode betrübt« findet sein Analogon im Moralischen und Geistigen.

Erreicht der progressive Aszendent Uranus im 3. Haus, dann bezieht sich dieses Schwanken zwischen Extremen auf den Umgang mit Menschen, die man abwechselnd haßt oder liebt – oft auch beides zugleich. Die damit verbundenen Konsequenzen bleiben selten aus. Man hat hier häufig mit Verlusten von Beziehungen und Menschen zu rechnen, die einem nahe standen.

Erreicht endlich im Alter der progressive Aszendent noch Uranus im 4. Haus, dann entsteht das Gefühl, dieser Welt nicht mehr anzugehören, man ist der Welt und diese einem selbst fremd geworden; heimatlos in jedem Sinn des Wortes, ist man mehr und mehr auf sich selbst gestellt als den einzigen wahren Freund, den man noch besitzt. Dies mag sich oft genug in einer besonderen Verhärtung eines Egoismus äußern, der jetzt pathologische Grade erreichen kann. Der Rest ist völlige Vereinsamung.

Wir haben nun noch Neptun in derselben Weise zu betrachten. Neptun ist der Planet, der unsere Jenseitsbeziehung herstellt und aufrechterhält. Durch seine Kraft löst sich wieder auf, was sich durch

Uranus verhärtete. Das in sich selbst gefangene Ich will sich mit dem Kosmos wieder vereinen, sich selbst aufgeben um des Ganzen willen, von dem ich doch nur ein Teil bin. Bewußt oder unbewußt fühle ich neben allem Erleben, es sei physisch, seelisch, geistig oder moralisch, den kosmischen Hintergrund. Wieder sei bezüglich Neptuns Stellung im 1. Haus auf den 10. Vortrag in *Mensch und Erde* verwiesen.

Der in der Jugend erlebte Übergang des progressiven Aszendenten über den Platz des Neptun im 1. Haus macht den Geborenen fast zu einem Medium seiner Umgebung; er fühlt sich selbst wie das Spiegelbild des Spiegelbildes, das seine Umgebung -- und das sind wohl in erster Linie die Eltern und Lehrer – von ihm empfängt. Diese seltsame Ich-Verschwommenheit offenbart sich physisch in der Weise, daß alle Eindrücke fast schmerzhaft plastisch erlebt und besonders starke Eindrücke mit physischen Krankheitssymptomen beantwortet werden. In solchen Zeiten drohen seltsame Krankheiten, deren eigentliche Ursachen in jener Medialität liegen, die uns mitleben läßt, was bei anders Veranlagten außerhalb der Möglichkeit bleibt, und zwar den Weg zu unserem physischen Organismus zu finden.

Der Übergang des progressiven Aszendenten über Neptun im 2. Haus belebt die angeborene Neigung, immer das scheinen zu wollen, was die anderen von einem halten oder glauben. Dieser Transit macht geneigt, sich in seinen Äußerungen und seiner Haltung dem unausgesprochenen, ja meist gar nicht einmal gewollten Diktat der Umgebung stillschweigend zu unterwerfen, wenn man sich dadurch das Leben erleichtern kann. Das geschieht wohl anfangs mehr instinktiv, reift aber in späteren Jahren zu einer seelischen Taktik, die das Bewußtsein innerer Ohnmacht zur Lebensweisheit umlügen soll. Ich bin in Wahrheit nicht, was die anderen aus mir machen wollen, aber ich kann und will nicht darüber hinweggehen.

Im reiferen Alter, wenn dieser Übergang über Neptuns Platz im 3. Haus erfolgt, wird jene Unsicherheit und die Desorientierung in bezug auf die Unterscheidung eigenen und fremden Denkens zuweilen verwirrende Grade erreichen; man glaubt sich selbst zuschreiben zu dürfen, was man in Wirklichkeit anderen verdankt oder entnimmt, und im Grunde gibt es im Geistigen keine feste Grenze zwischen Mein und Dein. Wird durch diesen Transit mehr oder weniger bewußt, was bis dahin instinktive Veranlagung gewesen ist, dann können Krisen entstehen, die abwechselnd zwischen Selbstanklage und Selbstverteidigung schwanken. Man zerhaut wiederholt denselben Gordischen Knoten, der sich selbst wiederherstellt.

Der Übergang des progressiven Aszendenten über Neptun im 4. Haus wird das Verlangen bringen, sich vollends von allen Traditionen zu lösen, was freilich auch nur vermeintlich gelingen kann. Das Verlangen, aller Erbgebundenheit zu entsagen, mag häufig genug in seltsamem Widerspruch stehen zu dem wirklich Erreichten. Das »Mir ist, als ob ich längst gestorben wär« bleibt selbst Illusion. Verneinung und Bejahung des Willens zum Leben vereinigen sich zu einem unentwirrbaren Gesamtgefühl, aber es fehlt die Neigung, diesen Widerspruch zu lösen.

Damit beenden wir unsere Betrachtungen über das Fortschreiten des Aszendenten und seine Wanderung durch die ersten vier Häuser sowie über die entsprechenden Planetenorte. Niemals darf hierbei außer acht gelassen werden, was über den Eintritt des progressiven Aszendenten in ein neues zodiakales Zeichen und dessen elementare Qualität und Zugehörigkeit zu einem bestimmten Guna sowie zu dem entsprechenden Stadium der zwölfstufigen Skala der Lebensschule bereits ausgeführt wurde.

Wir wollen nun in ähnlicher Weise die progressive Wanderung des Medium coeli einer kritischen Untersuchung unterziehen. Dabei werden die Häuser 10 bis 11 in Betracht kommen.

Erinnern wir uns daran, daß das Medium coeli für uns der Signifikator war für das, was wir die Lebenshärte nannten, also den Grad der Widerstandsfähigkeit gegen alle feindlichen Gewalten und der Kraft, sich gegen sie durchzusetzen. Zugleich aber drückt sich in diesem Punkt aus, wie unser Wirken der größeren oder kleineren Umwelt gegenüber seinen angemessenen Platz sucht oder findet und sich schließlich zu dem gestaltet, was man den Beruf oder die Berufung des Menschen nennt. Im Zusammenhang mit dem zu diesem Medium coeli gehörenden Aszendenten formt sich die Grundlage seines verantwortlichen Tuns vor dem persönlichen und dem öffentlichen Forum.

Auch hier gibt es eine allgemeine Legende des Menschenlebens. Liegt das Medium coeli etwa ursprünglich in einem Feuerzeichen, dann wird die Lebenshärte und Lebenstüchtigkeit beim Hinübergehen in das folgende Erdzeichen eine Wandlung erkennen lassen, derzufolge die ursprüngliche idealistische und nicht selten aggressive und Kompromissen abgeneigte Lebenshaltung sich dennoch auf gewisse Zugeständnissen gegenüber praktischen Verhältnissen einläßt, um dann im späteren Alter wieder zu dem Idealismus der Jugend, wenn auch in einer mehr theoretischen Weise, zurückzukehren.

Steht das Medium coeli anfangs in einem Erdzeichen, ist demnach die Lebenshärte durch eine kluge, praktische und stets elastische Taktik im Lebenskampf gekennzeichnet, so wird beim Hinübergehen in das Luftelement diese Taktik zu einer systematischen Strategie weiterentwickelt, die das praktische Ziel niemals aus den Augen verliert. Beim Hinübergehen in das Wasserzeichen treten dann mehr altruistische Tendenzen hervor, die sich aber trotzdem niemals mit dem entsprechenden Gefühlsrausch zufriedengeben, sondern wieder eine praktische Linie suchen, die Maß und Richtung dieser altruistischen Tendenzen bestimmt.

Steht das Medium coeli anfangs im Luftzeichen und steht demzufolge die Lebenshärte den Forderungen des Lebenskampfes gegenüber, daß man sich solange wie möglich von diesem Kampfplatz zu distanzieren sucht, dann wird beim Hinübergehen in das wäßrige Element die Entscheidung, ob man lieber Amboß oder Hammer sein will, zu seelischen Konflikten führen, die leicht auch Gewissenskonflikte werden können, wenn schließlich das Medium coeli ins Feuerzeichen übersiedelt.

Liegt das Medium coeli anfangs im Wasserzeichen und übersiedelt später ins Feuerzeichen, dann wird man sehen, wie der ursprünglich elastische Widerstand sich in eine Versöhnlichkeit verwandelt, die freilich eher den Charakter eines mehr oder weniger wehleidigen Trotzes annimmt. Im nun folgenden Erdzeichen tritt eine Abnahme der Intensität der im Lebenskampf eingesetzten Kräfte zutage. Man hält vieles nicht mehr für wichtig genug, um darum zu kämpfen.

Der Übergang von Rajas zu Tamas und hernach zu Sattwa deutet stets darauf hin, daß auf die Periode des Kampfes um eine bestimmte Position Tendenzen des Festhaltens an dem bereits Gewonnenen folgen, die Offensive geht in ein Stadium der Defensive über, das aber nicht minder aggressiv in seiner Grundrichtung geartet ist als die ursprüngliche Lebenshärte. Die Sattwaperiode dient hernach der Verwertung des bis dahin Errungenen.

Der Übergang von Tamas zu Sattwa und hernach zu Rajas zeigt uns die Menschen in ihrem Lebenskampfe von Hause aus bei weitem träger. Man möchte nicht gerne viel riskieren und ist demzufolge auch nicht ehrgeizig oder dieses in der mehr negativen Weise, daß man nicht gerne hinter anderen zurücksteht; aber man wagt trotzdem keinen hohen Einsatz. Im darauffolgenden Sattwa sodann ändert sich nicht viel. Man neigt im allgemeinen mehr zur Zufriedenheit und sucht in den kleinen Erfolgen des Lebens Ersatz für die entgangenen größeren.

Das folgende Rajastadium bringt Energieschübe, die aber meist nur von kurzer Dauer sind und sich doch nur im Rahmen der ursprünglichen Trägheit bewegen.

Bildet Sattwa das Ausgangsstadium für die Wanderung des Medium coeli, dann besteht schon von Anfang an die Tendenz, sich durch alle Schwierigkeiten des Lebenskampfes schlangenartig durchzuwinden, stets lieber abzuwarten, bis sich eine günstige Gelegenheit bietet, als je zuzugreifen. Das folgende Rajasstudium findet den Menschen stets bereit, alle Energien einzusetzen, falls er von anderen auf einen Platz gestellt wird, von wo aus er wirken kann oder muß. Das darauf folgende Tamas zeigt uns das Verlangen, endlich einmal ausruhen zu dürfen; man will keine neuen Energien mehr einsetzen und, wo nichts besseres mehr zu erwarten ist, möge es nur so bleiben wie es ist.

Wir wenden uns nun den Übergängen des progressiven Medium coeli über die in den Häusern 10, 11, 12 und schließlich noch 1 etwa situierten Planeten zu.

Überschreitet das progressive Medium coeli den Platz der Sonne im 10. Haus, was schon in früher Jugend geschehen kann, dann werden sich Erfolge einstellen, die in der Richtung der Hauptcharakteristik des Menschen und seiner vermeintlichen oder wirklichen Berufung liegen. In der Kindheit mag es sich hierbei kaum um etwas anderes handeln, als für ein gutes Schulzeugnis, ob durch Lehrer oder die Eltern, reichlich beschenkt zu werden, oder besonderes Hervortun in dieser oder jener Richtung. Später mag man von diesem Transit Beförderung im Beruf oder die Erreichung einer guten Stellung und derartiges erwarten.

Erreicht das Medium coeli bei seiner progressiven Wanderung Sonne im 11. Haus, dann wird man wohl erwarten können, daß sich hier allerlei Hilfen ergeben, die uns von Freunden zukommen; sei dies auf dem physischen, seelischen, geistigen oder auch moralischen Plan; es kann auch sein, daß wir selbst solchen Freundschaftsbeitrag zu leisten Gelegenheit finden – zu unserer eigenen Freude und Genugtuung. Hier mag auch der Gedanke einer durch Freundschaft verbundenen Gemeinde entstehen, deren Mitglieder sich zu gegenseitiger Hilfeleistung verpflichtet halten.

Erreicht das progressive Medium coeli die Sonne im 12. Haus, dann werden allerlei Enttäuschungen eintreten, die den Menschen wieder nötigen, sich auf sich selbst zurückzuziehen, um hier im kleinsten Raum die größte Kraft zu sammeln.

Erreicht schließlich im Alter das progressive Medium coeli noch den Platz des Aszendenten, dann bedeutet wohl diese Tatsache eine

Renaissance, eine Erneuerung und Wiederbelebung all der idealen Vorsätze und Vorstellungen der Jugend, die wir uns in jenem frühen Stadium unserer Entwicklung über unsere künftige Stellung im Leben gebildet hatten. Wir ziehen die Bilanz zwischen dem Erreichten und dem Gewollten.

Wir wenden uns nun zu den Übergängen des fortschreitenden Medium coeli über den Platz des Mondes. Geltungsbedürfnis und Ehrgeiz sind fast niemals fehlende Merkmale für Mond im 10. Haus. Fast könnte man von einem Exhibitionsdrang sprechen; man will die Aufmerksamkeit der anderen auf sich lenken und liebt es, im Rampenlicht zu stehen; man ist bereit, für dieses Ziel sogar zu kämpfen. So kommt man mit Mond im 10. Haus leicht in Berührung mit verschiedenen Schichten der Menschen; man sucht Popularität, gleich, um welche soziale Schicht es sich handelt. Im Gegensatz zu Sonne im 10. Haus bleibt man mit dieser Veranlagung stets ein Diener, wenn schon niemandes anderen, so doch des eigenen Ehrgeizes. Dies wird sich schon in der Kindheit bemerkbar machen. Jetzt hat man den Ehrgeiz, ein braves Kind zu sein. Geht nun das Medium coeli über Mond im 10. Haus, dann wird die Neigung, unter den anderen eine Rolle zu spielen, Erfolge heimbringen, deren Art dem Alter gemäß, in dem dieser Transit geschieht, variiert. Was aber im Hintergrund all dieser Erfolge stets wiederzufinden ist, das ist die im Dienst jenes Ehrgeizes stehende Gabe, sich den geltenden oder durch eine starke Autorität gestützten Ideen zu unterwerfen. Mitunter können sich daraus Eigenschaften ergeben, die im Wiener Dialekt mit dem Ausdruck »Schlieferl« bezeichnet werden.

Geht das Medium coeli über Mond im 11. Haus, dann wird man auch hier Erfolge sehen, die mit der eigentümlichen Gabe zusammenhängen, den Freunden stets das Gesicht zu zeigen, das sie wünschen. Mit diesem Gebaren ist es leicht möglich, der Freund vieler Menschen zu sein und auch zu bleiben, die sich gegenseitig gar nicht mögen. Man wird schwerlich der Mittelpunkt eines ständigen Freundeskreises sein können, aber man wird verschiedenen Kreisen angehören können, die sich gegenseitig schneiden. Der Transit des Medium coeli wird sich in diesem Fall wohl als eine Hochkonjunktur in der angegebenen Richtung auswirken.

Erreicht das progressive Medium coeli Mond im 12. Haus, was erst im Alter geschehen kann, dann wird man einen Triumph der Vereinsamung erleben; man hat sich entweder von den anderen zurückgezogen oder ist von ihnen vermeintlich oder wirklich verlassen worden. Hier kann sich sogar eine König-Lear-Tragödie ereignen, auch ohne realen Hintergrund. Es liegt an dem Geborenen selbst und seinem Entwicklungsgrad, was er aus dieser freiwilligen oder aufgezwungenen Vereinsamung als Lebensernte heimbringt.

Wir gehen nun zu Merkur über. Merkur im 10. Haus gibt eine fast restlose Anpassungsfähigkeit an alle denkbaren Berufsmöglichkeiten. Wir sprachen in diesem Zusammenhang von einer journalistischen Begabung, die in ihrer Geschmeidigkeit sich allen Forderungen anzupassen geeignet macht in allen denkbaren Graden, von seichter Oberflächlichkeit bis zu erstaunlicher Gründlichkeit, je nach dem Entwicklungsgrad des Geborenen. Erreicht nun das Medium coeli diesen Punkt, was ja auch schon in früher Jugend geschehen kann, dann werden die ersten Erfolge solcher Begabung sichtbar werden. Man ist vor allem ein guter Schüler, der Begabung nach den anderen weit voran. Eine leichte Auffassungsgabe befähigt, Aufgenommenes zu vertiefen oder auch zu verflachen, jedenfalls aber zu verarbeiten und dem immer bereiten Gedächtnis einzuverleiben für künftige Verwertung.

Erreicht das Medium coeli Merkur im 11. Haus, dann zeigen sich die Früchte jener Veranlagung, die Merkur im 11. Haus mit sich bringt. Man vergißt in dem freundschaftlichen Verhältnis zu den anderen niemals, was man aus diesem an Gewinn zu erwarten hat, und um dieses Gewinnes willen, der durchaus nicht etwa in bloß Materiellem bestehen muß, sucht man sich mit allen möglichst zu verstehen und sich's mit niemand zu verderben. Man erweist gerne kleine Gefälligkeiten, aber das »do ut des« der Lateiner – ich gebe, damit du gibst – geht stets als verschwiegenes Prinzip mit.

Erreicht endlich das Medium coeli im Alter Merkur im 12. Haus, dann wird die Bilanz jener Gelehrigkeit, die Merkur in diesem Haus gewährleistet, wohl so ausfallen, daß eine weitgehende Duldsamkeit gegenüber allen Überzeugungen, die man im Leben aus eigener oder fremder Erfahrung kennengelernt hat, eintreten wird, die gleichermaßen als das Attribut des Weisen wie des Toren zu einer Art »jenseits von Wahrheit und Irrtum« führen mag. Man ist des Treibens müde geworden und sehnt sich nach der Einfalt der Kindheit oder der einfachen, »primitiven« Menschen, von denen man mehr lernen kann als von allen gelehrten Philosophen.

Wir gehen nun über zu Venus. Im 10. Haus stehend, gibt Venus die Eignung für solche Berufe oder Beschäftigungen, die dazu angetan sind, Schönheit und Annehmlichkeiten in das Leben einzubringen. Man betrachtet sich selbst gern als Glücksspender und lebt geraume Zeit in der Einbildung, es zu sein. In diesem »Charme-Komplex« begründet sind jene Erfolge, die man zu erwarten hat, wenn das progressive Medium coeli Venus im 10. Haus erreicht und überschreitet. Eine suberotische Betonung fehlt fast niemals.

Im 11. Haus gibt Venus die fast unstillbare Sehnsucht nach Freundschaft und dem Durchleben des wonnigen Gefühls, Sympathien zu genießen und auch erwecken zu können. Man will sich die Freundschaft keines Menschen verscherzen und ist bereit, diesem Verlangen jedes erdenkliche Opfer, auch das der eigenen Demütigung, zu bringen, und kennt in dieser Beziehung keinerlei Stolz. Man schließt die Augen gegenüber allen Fehlern und Vergehen der Freunde, um nicht mit dem Verlust der Freundschaft bezahlen zu müssen, und ist nachsichtig und duldsam. Ein leichter Hauch der Erotik liegt über allen Freundschaften und bewirkt, daß man die meisten der Freunde in anderen Geschlechtern sucht und findet. Geht nun das Medium coeli über Venus, dann werden sich allerlei Erlebnisse mit besonderer Aktualität melden, die man als Konsequenzen der oben beschriebenen Veranlagung nun in das Leben eingreifen sieht und die mit unserer Stellung selbst im Lebenskampf innigst zusammenhängen.

Bei Venus im 12. Haus wird der Transit des Medium coeli erst im höheren Alter eintreten oder zumindest an der Schwelle des Alters; die Sehnsucht nach Liebe beginnt sich resigniert von den Realitäten des Lebens zurückzuziehen; man verweilt gern bei den Erinnerungen genossenen oder ersehnten Glücks. Man verlangt nichts mehr von den Menschen, als daß sie das Bild, das man sich von ihnen gemacht und als heimlichen Besitz »im Busen« trägt, nicht zerstören. Erreicht das Medium coeli diesen Punkt, dann mag man verstehen, was das Gebot: »Liebet eure Feinde« eigentlich für die eigene Entwicklung bedeutet, für die Befreiung unseres besseren Ich aus dem Egoismus. Erlebnisse, die dieses Ziel haben, werden sich in der Stille des inneren Lebens reichlich einstellen.

Wir wenden uns nun dem Planeten Mars zu. Die Lebenshärte, die Mars im 10. Haus gewährt, ist durchaus auf Kampf eingestellt; man lebt mit dieser Stellung in ständiger Kampfbereitschaft, die niemals auch nur einen Augenblick lang erlahmt. Es ist, als hätte man überall Widerstände zu besiegen, und wo diese nicht bestehen, erschafft man sie oder bildet sie sich ein oder ruft sie durch sein Verhalten an. Niemals zieht man es vor, Amboß zu sein, wenn man Hammer sein kann. Das macht einen selbst oft zum Objekt des Anstoßes für viele, denen man im Leben begegnet. Der stillschweigende Vorsatz, sich nichts gefallen zu lassen, trägt leicht dazu bei, je nach den Umständen geachtet oder gefürchtet zu werden. Wenn nun das progressive Medium coeli den Ort des Mars im 10. Haus erreicht, dann werden Ereignisse eintreten, die mit einer heftigen Reaktion verbunden sein werden. In früher Jugend können diese physischer Art sein, die den Körper betreffen, etwa Infektionskrankheiten, die mit besonderer Intensität auftreten, oder Körperverletzungen, aber auch Zusammenstöße mit Schulkameraden, Widerspenstigkeiten gegen Lehrer und Eltern und gegen alles, was danach verlangt, widerspruchslos auf- oder angenommen zu werden. Im Gegensatz zu Mond oder Venus fehlt hier die Neigung zur Nachgiebigkeit und leichten Anpassung.

Erfolgt der Transit des Medium coeli über Mars im 11. Haus, dann muß man mit Freundschaftskrisen rechnen, die sich wesentlich von den bei Venus besprochenen unterscheiden. Mit Mars im 11. Haus ist man von vornherein kritisch in der Wahl seiner Freunde. Sympathie und Antipathie, besonders letztere, spielen eine wesentliche Rolle. Der mangelnde Wille, Unrecht oder Enttäuschungen schweigend hinzunehmen, führt häufig zu Auseinandersetzungen, die in diesem Fall fast zum Ritual einer dauernden Freundschaft gehören. Niemals geht sie an einem Streit einfach zugrunde. Und doch kann es zu Zerwürfnissen kommen, die dann meist von recht langer und nachhaltiger Dauer sein können. Solche Zerwürfnisse kann der Transit des Medium coeli über Mars im 11. Haus mit sich bringen. Eine solche Epoche scheint unter dem Motto »Biegen oder Brechen« zu stehen und ist geeignet, den Betroffenen unter den entsprechenden Ereignissen wie unter einer schweren Krankheit leiden zu machen.

Der Transit des Medium coeli über Mars im 12. Haus kann erst im Alter geschehen. Hier kann es zu geradezu menschenfeindlichen Tendenzen kommen. Man ist des äußeren Kampfes müde geworden, aber nicht des inneren Rebellentums. Die Resignation des Alters, die hier eintritt, ist niemals ohne Bitterkeit, die einen auch das Gute übersehen läßt, das ungerufen zu einem kommt, es kommt in allen Fällen zu spät.

36. Vortrag

Wir wenden uns nun zu Jupiter. Wieder sei zunächst auf das verwiesen, was über die Stellung dieses Planeten im 10. Haus bereits ausgeführt wurde. Hier gibt Jupiter ein hohes Selbstvertrauen und den Glauben auf Ansehen und Ruhm, sei es im engeren oder weiteren Kreis, in allen Fällen aber auf leichten Erfolg. Man ist ein Glückskind wie Polykrates, weil das Schicksal einem dies schuldig ist. Mit dieser optimistischen Gabe ausgerüstet, kann man eigene Erfolge auch dort sehen, wo die anderen eher Mißerfolg zu sehen glauben.

Wenn nun das Medium coeli den Platz Jupiters im 10. Haus erreicht, dann wird wohl ein Ereignis eintreten, das den Geborenen in dem eben geschilderten Sinn glücklich macht und von ihm als Erfolg gewertet wird, zugleich aber dazu beiträgt, ihn in der eigenen und der Achtung der anderen wachsen zu lassen.

Über Jupiter im 11. Haus haben wir am angegebenen Ort ebenfalls Charakteristisches ausgesagt. Man fühlt sich mit Jupiter im 11. Haus gleich einem Schutzpatron in bezug auf seine Freunde, die man stets hinsichtlich ihres Freundschaftsranges graduell abzustufen weiß. Der Prestigegedanke spielt hier eine nicht geringe Rolle. Erreicht das Medium coeli Jupiter, dann ist wohl der Moment gekommen, wo zum Erfolg reift, was in dem eben ausgeführten Sinn gesät wurde. Man hat geholfen, es wird einem wieder geholfen werden, und Wohltun trägt Zinsen.

Jupiter im 12. Haus erfüllt den Menschen mit Sehnsucht nach Ansehen und Ruhm in der äußeren Welt, ohne die Kraft, sich werktätig für die Erfüllung solcher Wünsche des Ehrgeizes einzusetzen, die man im besten Fall seinem Tagebuch oder seinen Dichtungen anvertraut. Man zieht es vor, im kleinen, wenn nicht gar im verborgenen zu wirken, und sonnt sich an den kleinen Anerkennungen, wo die großen ausbleiben, die man gern in der Phantasie zu ungewöhnlichen Höhen hinaufsteigert. Erreicht nun im Alter das Medium coeli diesen Platz, dann hat man wohl das Gefühl, den Lebenskampf siegreich bestanden zu haben und wert zu sein, ins Buch des Lebens eingetragen zu werden. Die himmlische Gnade wird dafür sorgen, daß die Pluspunkte dereinst höher gewertet werden als die Minuspunkte, die man selbst im Leben der anderen so liebevoll zu übersehen wußte. Jetzt mögen auch Ereignisse eintreten, die dem Geborenen, wenn auch spät, jene Genugtuung bringen, die er sich verdient zu haben glaubt.

Wir wenden uns nun dem Planeten Saturn zu. Wieder ist zu vergleichen, was in *Mensch und Erde* über die Stellung Saturns im 10. Haus bereits ausgeführt wurde. Das Leben mit allen Aufgaben und Verpflichtungen, die man auf sich zu nehmen hat, wird unter allen Umständen schwergenommen, und demzufolge steht das ganze Leben im Zeichen der Mühsal. Man merkt dies kaum, da man von Jugend an daran gewöhnt ist; gilt es aber einen Erfolg heimzubringen, dann weiß man wohl, daß man daran mehr Mühe und Anstrengung zu setzen hat als die glücklicheren Nachbarn, die vom Schicksal bevorzugt sind. Man selbst ist ein Stiefkind des Glücks, sofern man darunter versteht, daß einem alles mühelos in den Schoß fällt. Auf der anderen Seite stählen sich die Kräfte an der Überwindung der Widerstände und werden selbst zu Fleiß und Ausdauer angespornt. In allen Fällen aber muß man sich auf düstere Erlebnisse gefaßt machen, die mit der subjektiven sowohl als mit der objektiven Stellung des Geborenen in seinem Verhältnis zum eigenen Wirkungskreis zu tun haben, wenn das Medium coeli den Platz Saturns überschreitet. Geschieht dieser Übergang in früher Jugend, dann werden die ersten ernsten Trübungen eintreten: ein schlechtes Schulzeugnis, Mißerfolg bei der Prüfung, düstere Vorfälle im Elternhaus, Krankheit, Todesfälle usw.

Geschieht der Transit des Medium coeli über Saturn im 11. Haus, dann wird es zu Ereignissen kommen, die aufs innigste mit jener Veranlagung zusammenhängen, die Saturn im 11. Haus beschert. Die hohen Anforderungen, die man unter Saturns Einfluß an die Freundschaft stellt, und die geringe Bereitschaft, im Dienst der Freundschaft unüberlegte Opfer zu bringen, können jetzt auf eine harte Probe gestellt werden, die oft genug mit schweren Enttäuschungen endet. Hier gilt es, aus solchen Enttäuschungen zu lernen; vor allem aber werden sie dazu angetan sein, den Geborenen zur Selbstschau zu veranlassen und sein Verhältnis zu Freunden kritisch unter die Lupe zu nehmen.

Saturn im 12. Haus ist der Verkünder der Weisheit, daß Leben Leiden bedeutet und daß man dem Leben und seinen Forderungen am ehesten gerecht wird, wenn man die Gabe des Leidens zur Tugend zu verwandeln versteht. Wenn nun das progressive Medium coeli im Alter diesen Saturn erreicht, dann ist die Zeit gekommen, die Konsequenzen jener Weisheit zu ziehen und die Lebenshärte an ihnen zu erproben. Vielleicht mag man in der Erkenntnis von der Nichtigkeit aller irdischen Freuden und auch der Leiden den eigentlichen und höchsten Triumph der Veranlagung sehen, mit der man geboren wurde.

Wir gehen nun zu Uranus über. Uranus war der Planet, der über die Integrität unseres Horoskops wacht, stets daran mahnend, daß das, was durch die sieben Hauptplaneten und ihre zodiakale und mundane Stellung ausgedrückt ist, zur lebensvollen Einheit zusammenzuschließen sei, um so die einmalige und individuelle Natur unseres Wesens zu verwirklichen. Diese innere Konsistenz unseres Horoskops immer wieder zu erproben und zu bewähren haben wir als seine Hauptfunktion erkannt, und in diesem Sinn konnten wir ihn den Stabilitätsprüfer unserer geburtsgegebenen Konstitutionen nennen. So verwandelt Uranus unseren Lebenslauf in eine Kette von fortgesetzten Versuchen, unsere Anlagen vor uns selbst immer wieder aufs neue zu rechtfertigen und an allen dazu geeigneten Anlässen zu erproben. Dadurch wird vor allem jenes Lebensgebiet oder Haus, in dem Uranus seinen nativen Platz hat, zu einem Unruhegebiet erster Ordnung und der beständige Wechsel sein Hauptsignifikator. Da aber all diese Unruhe dem alleinigen Zweck der Selbstprüfung dient, wird unter Uranus' Führung unser Selbst in den Mittelpunkt unseres Lebensinteresses gerückt, was wohl zur Folge haben muß, daß überall dort, wo Uranus das große Wort führt, auch das in den Vordergrund tritt, was wir im weitesten Sinn als Egozentrizität bezeichnen.

Im 10. Haus wird Uranus demnach ein Element des Wechsels und der Unruhe vor allem in jenes Lebensgebiet hineintragen, das mit der Berufstätigkeit oder unserer Beziehung zum öffentlichen Leben und den damit gegebenen Verantwortungen, nicht zuletzt aber mit der Verantwortung vor sich selbst, zu tun hat. Man sucht nach einer Beschäftigung, die Gelegenheit gibt, mit ihrer Hilfe die persönliche Eigenart zu entfalten und weiter zu entwickeln.

Erreicht nun das progressive Medium coeli den Platz des Uranus im 10. Haus, dann sind Ereignisse zu erwarten, die im weitesten Sinn Veränderungen und Wechselfälle bringen, die je nach dem Lebensalter des Menschen verschiedene Gestalt aufweisen, immer aber einen ungewöhnlichen Charakter darbieten, wenn nicht gar den Charakter einer Katastrophe. Hierher gehören all jene Ereignisse, die das Leben in eine andere Richtung drängen. In der ersten Jugend werden dies wohl meist Ereignisse sein, die in erster Linie die Eltern – und indirekt auch uns – betreffen. Später werden es Ereignisse sein, die mit dem Problem der Berufswahl zu tun haben. Plötzliche freiwillige oder aufgezwungene Änderungen bereits getroffener Entscheidungen sind hier nicht selten.

Im 11. Haus macht Uranus recht launenhaft in bezug auf Freundschaft. Hier zeigt sich die Egozentrizität in ganz besonderer Weise, und man ist geneigt, mit sehr verschiedenem Maß zu messen, was man von dem Freund verlangt und was man ihm schuldig ist. Es zieht einen oft genug zu Menschen mit ähnlicher Veranlagung. Andererseits zieht man selbst vielfach Menschen mit ausgesprochen masochistischer Grundneigung besonders an. Wenn das progressive Medium coeli Uranus ereicht, dann werden Freundschaftskrisen zu erwarten sein, besonders Wechsel der eigenen Stellungnahme im Freundschaftsverhalten, Launenhaftigkeit, die zu Brüchen führt, zum Verlust des Vertrauens auf beiden Seiten. Nicht immer müssen äußere Ereignisse eintreten. Dieser Transit kann auch bedeutungsvolle innere Krisen einleiten, die einer ernsten Prüfung gleichkommen, die hier in bezug auf das Lehrfach Freundschaft abzulegen ist.

Im 12. Haus ist Uranus ähnlich wie Mars der Planet der Auflehnung. Man rebelliert gegen alles, was der Eigennatur Schranken setzen will, sogar gegen die eigene Natur. Wenn das Medium coeli diesen Punkt erreicht, was meist erst im Alter geschieht, dann kann man zu Krisen des Selbsthasses gelangen mit allen Konsequenzen, die sich hieraus ergeben. Der unbändige Freiheitsdrang kann sogar zu Handlungen führen, deren antisozialer Charakter gefährliche Formen annimmt. Es kann auch geschehen, daß man sich ein freiwilliges Exil auferlegt hinter Mauern, die einen von der Außenwelt abschließen – physischer, seelischer oder geistiger Art.

Wir haben nun noch den Transit des Medium coeli über den Platz des Planeten Neptun zu untersuchen. Neptun im 10. Haus gibt die Gabe, alle von außen einströmenden Impulse mehr oder weniger unbewußt zur Stimme der eigenen Persönlichkeit umzugestalten und sich so zum Dolmetscher dessen zu machen, was die moderne Psychologie als das »Es« bezeichnet. Man wandelt demgemäß mit der Maske dieses, die eigene Persönlichkeit substituierenden »Es« durch das Leben und legt diese Maske auch vor dem eigenen Bewußtsein niemals ab. Neptun im 12. Haus ist daher der Signifikator für den Interpreten sowohl der Forderungen der Zeit als auch des eigenen Unterbewußtseins. Dies mag viel Verwirrendes zur Folge haben, sobald die Forderung an den Menschen herantritt, doch endlich sein wahres Selbst zu finden und es vor der Zerflatterung zu bewahren.

Wenn nun das progressive Medium coeli den Platz dieses Neptuns im 10. Haus erreicht, was nur im ersten Lebensabschnitt geschehen kann, dann werden Entscheidungen zu erwarten sein, die mit der

Verwertung jener Gabe zusammenhängen. Die Berufswege, die sich hier aufschließen, sind recht zahlreich: Musiker, Schauspieler, später Psychologe, Poet, Märchenerzähler, Tänzer, Gedächtniskünstler etc.

Der Transit des Medium coeli über Neptun im 11. Haus wird Ereignisse bringen, die mit jener Veranlagung zusammenhängen, die Neptun im 11. Haus mit sich bringt. Auf Grund dieser Veranlagung, die so offen ist für das Seelenleben aller Menschen, die zu uns in Beziehung geraten, ist man immer bereit, jeden als Freund anzunehmen, der einem begegnet, alle Menschen sympathisch zu finden und ihre Fehler nicht zu bemerken. Man kann sich schwer vorstellen, daß man Feinde haben könne, und ist immer bereit zu verzeihen, weil ja die andere Seele in mir als Teil oder Repräsentant dieses »Es« lebt – wie ein Teil meines Selbst. Enttäuschungen, die sich hier einstellen, sind nur Irrtümer, seien es eigene oder die des anderen.

Geht nun das Medium coeli über Neptun, dann werden solche Irrtümer leicht Situationen herbeiführen, in denen man genötigt ist, der Wirklichkeit ins Auge zu blicken. Dies mag schwere innere Konflikte mit sich bringen, an denen leicht Freundschaften zugrunde gehen, die man dennoch innerlich niemals aufgibt, weil dies eine Treulosigkeit gegen sich selbst wäre. Ist der Transit vorbei, dann vergißt man leicht, was sich zugetragen hat. Neue Freunde und Freundschaften finden sich, die wie eine Fortsetzung der abgebrochenen aussehen, nur eben mit einem selbst eingesetzten legitimen Nachfolger.

Geht im Alter das Medium coeli über Neptun im 12. Haus, dann trifft dieser Transit auf einen Menschen, der fast jenseits aller Unterscheidungen ist, die Konvention und Sitte geschaffen haben. Es ist alles Illusion, und die Illusion selbst ist auch Illusion. Jeder Traum ist in demselben Grad Wirklichkeit wie die Wirklichkeit Traum. Die Sehnsucht nach einer Wirklichkeit jenseits allen Traumes wächst mehr und mehr. Den Blick zu dieser ersehnten Wirklichkeit anzutreten, ermuntert das Medium coeli, wenn es diesen Neptun erreicht. Man sucht Zuflucht zum Glauben, zur Religion, bei okkulten Orden und will der Weltlichkeit entsagen.

Damit schließen wir unsere Betrachtungen über die Progression des Medium coeli. Immer wird zu bedenken sein, in welchem Haus oder in welchen Häusern der entsprechende Planet Herr ist.

37. Vortrag

Wir haben uns nun mit der Progression des Immum coeli zu befassen. Erinnern wir uns zunächst daran, daß wir in unseren vorausgegangenen Betrachtungen die unter dem Horizont gelegene Himmelshalbkugel und was durch ihre Strahlung zum Menschen gelangt, als das Gebiet der Herediät ansahen. Durch all das, was an Einflüssen aus den Häusern 1 bis 6 dem Menschen zuströmt, offenbart sich seine Erdgebundenheit, er wird zum Erdensohn. Denn diese Himmelsstrahlung muß, ehe sie zum Menschen gelangt, das gesamte Erdmassiv durchdringen und sich derart mit der Erde und ihrer Geschichte verbinden. Der untere Meridian oder das Immum coeli und mit ihm das 4. Haus als jenes Gebiet, das zuerst der unterirdische Meridian bei seiner Progression zu durchwandern hat, wird dadurch zum Symbol für alles, was mit der physischen Aszendenz des Menschen zu tun hat. Der Mensch wird durch sein 4. Haus zum Erdenbürger, und wenn das Immum coeli sodann weiter das 5. und später das 6. Haus durchwandert, dann überträgt sich die Bedeutung des Immum coeli als der Hauptindex des Hereditätsmoments auf die entsprechenden Lebensgebiete, und zwar so, daß der Geborene den durch die Heredität gegebenen Traditionsakt in den beiden folgenden Häusern fortzusetzen hat, gemäß seiner eigenen geburtsgegebenen Art.

Im 5. Haus erweitert sich daher sozusagen die Erbmasse, indem die Verbindung mit einem fremden Erbstamm in die Wege geleitet wird. Das suggestive Hilfsmittel, das die Natur dazu anwendet, ist die sexuelle Liebe.

Schopenhauer wird nicht müde zu versichern, daß es sich dabei um einen ausgeklügelten Betrugsakt der Natur handelt, daß die Menschen, völlig benebelt und ihrer klaren Vernunft beraubt, alle anderen Interessen beiseite setzen, um sich einen Partner für die Zwecke der Natur zu sichern. Und wenn bei gewissen Völkern sogenannte Liebestränke oder ähnliche Zaubermittel angewendet werden, so bedeutet das nichts anderes als den Versuch, auf künstliche Weise jenen Zustand der Benebelung herbeizuführen, den die Natur mit ihren Mitteln zustande bringt.

Freud hat wiederholt darauf hingewiesen, welchen Anteil der Hereditätsgedanke an der Wahl des Partners hat. Der Mann sucht das verjüngte Ideal der Mutter, die Frau in gleicher Weise das Ideal des Vaters oder auch den entgegengesetzten Typus, um den Inzestgedanken zu verdrängen, der sich geleitet von dem Immum coeli ins 5. Haus fortspinnt.

Im 6. Haus hat man dann das physische und geistige Erbgut der eigenen Organisation zu verteidigen und in den größeren Leib der sozialen Verbundenheit mit der Gemeinschaft einzugliedern.

Nun aber kommen wir zu einer überaus wichtigen Tatsache, die bei der Beurteilung dessen, was durch die Wanderung des Immum coeli geschieht, eine wesentliche Rolle hat.

Alle Planetenorte, die das fortschreitende Immum coeli erreicht, sind zugleich die Oppositionsorte zu jenen Punkten, die das Medium coeli zur selben Zeit passiert. Die Wanderung des Medium coeli über die Oppositionsstellen der einzelnen Planeten wurde bisher nicht in Erwägung gezogen. Nun aber müssen wir auch diesen Punkt in unsere Betrachtung einbeziehen.

Wie wir bereits ausführlich dargelegt haben, ist das Immum coeli der Signifikator für den Demutsgrad des Menschen, für seine Bereitschaft, sich den Geboten der irdischen Heredität zu unterwerfen. Das Medium coeli hingegen ist der Signifikator für den Härtegrad des Menschen, also für seine Bereitschaft, seine Position im äußeren Leben zu festigen und seinen Wirkungskreis zu erweitern. Härtegrad und Demutsgrad stehen zueinander in einem natürlichen Gegensatz. Der Härtegrad stellt den Menschen aktiv und kämpfend ein, der Demutsgrad passiv und leidend. Man kann demgemäß all die Schwierigkeiten, die sich ergeben, wenn das Medium coeli bei seinem Fortschreiten die Oppositionsstelle eines Planeten im 10., 11. oder 12. Haus überschreitet, dahin charakterisieren, daß sie aus der Gebundenheit des Menschen an seine Erbmasse entspringen, soweit diese mit der Natur des betreffenden Planeten und seiner Position in einem der drei Erbhäuser 4, 5 oder 6 gegeben ist. Die nun folgende Untersuchung wird dies klarmachen.

Eine allgemeine Betrachtung über die unserem Horoskop gemäße Entwicklungslinie, der der uns mitgegebene Demutsgrad im Leben folgt, möge vorangehen. Ist der natale Platz des Immum coeli ein Feuerzeichen, dann entbehrt der angeborene Demutsgrad fast niemals einer religiösen Färbung; es ist, als fühle man in seinem Inneren die gebietende Stimme einer höheren Macht. Übersiedelt später das Immum coeli in das folgende Erdzeichen, dann wandelt sich häufig genug jenes ursprünglich religiöse Gefühl zu einem Gefühl des

Gedemütigtseins, das man mehr oder weniger willig auf sich nimmt. Das nun folgende Luftzeichen findet den Geborenen bereit, eine fatalistische Haltung anzunehmen, die bei dem Übergang in das wäßrige Element schließlich zu einer jetzt mehr bußfertigen Religiosität zurückkehrt.

Ist der ursprüngliche Platz des Immum coeli in einem Erdzeichen, dann hat man es eher mit einer unwilligen Demut zu tun, die von einem Gefühl der Machtlosigkeit gegenüber der höheren Gewalt begleitet ist, der unterworfen zu sein das unentrinnbare Erdenschicksal ist. Der Übergang in das Luftzeichen gibt dann häufig noch irgendeinen Minderwertigkeitskomplex mit, der alle Protestenergien schon im Keim lähmt. Im Wasserzeichen wandelt sich all dies zu einem Schuldgefühl, das jetzt des religiösen Einschlags nicht entbehrt, der im folgenden Feuerzeichen schließlich zur völligen Resignation führen kann.

Ist der ursprüngliche Platz des Immum coeli in einem Luftzeichen, dann beginnt man das Leben bereits mit dem Gefühl, ein Fremdling zu sein in dieser Welt, ein Gast, der nirgends zu Hause ist oder sein darf oder es auch gar nicht sein will. Später, beim Übergang in das Wasserelement, wird das Faustische »Entbehren sollst du, sollst entbehren« fast zum Index für diese Demut oder zu ihrem Leitmotiv. Das folgende Feuerzeichen kann dann den Geborenen geradezu zu einem Apostel dieser Lebenshaltung werden lassen. Erst das folgende Erdzeichen bringt verspätete Wünsche zutage, die ein Leben lang unterdrückt waren und der Erde angehören.

Ist der natale Platz des Immum coeli in einem Wasserzeichen, dann ist die ursprüngliche Form der Demut der des Bettlers vergleichbar, der die Abhängigkeit von der Gunst oder Ungunst der anderen zutiefst empfindet mit dem bitteren Gefühl, als Paria geboren zu sein. Das folgende Feuerzeichen nährt beständig die Hoffnung, doch noch in eine höhere Klasse aufsteigen zu können, wenn man bei seiner demütigen Haltung bleibt und nicht versucht, dem Schicksal seinen Willen aufzuzwingen. Niemand hassen und niemand beneiden werden schwer zu befolgende Grundsätze. Das folgende Erdzeichen bringt einen Stoizismus hervor, verbunden mit einer schmerzlichen Lebensverachtung, in der die schwer errungene Demut triumphiert. Das Luftzeichen endlich mag als Frucht von all dem jene Seligkeit versprechen, deren die wahrhaft Armen im geistigen Sinn gewiß sein können.

Noch kurz ein Wort über die drei Gunas: In Ansehung des Demutsgrades heißt

Rajas: Dienen
Tamas: Gehorchen
Sattwa: Seine Mission erkennen.

Diese kurze Andeutung mag an dieser Stelle genügen. Wir beginnen nun mit dem Transit des progressiven Immum coeli über die Planeten im 4. Haus. Wieder kann dazu herangezogen werden, was in *Mensch und Erde* über die Planeten im 4. Haus bereits ausgeführt wurde. Wir sprachen von der Hörigkeit am eigenen Wesen, wie dieses sich aus der Zugehörigkeit zu einer bestimmten Familie und deren historischer Bedingtheit durch die ganze Kette der Ahnenreihe organisch ergibt.

Steht nun Sonne im 4. Haus, dann identifiziert sich der so geborene Mensch mit all dem, was er durch Vererbung geworden ist, vor allem in moralischer Beziehung. In diesem Sinn sich selbst immer treu zu bleiben, wird oberstes Gebot. Erreicht das Immum coeli diesen Punkt in früher Jugend, dann werden Erlebnisse auftreten, die in erster Linie mit der Bindung an die Eltern und besonders an den Vater zusammenhängen. Solche Erlebnisse gewinnen entscheidende Bedeutung auch für das spätere Leben, selbst wenn sie längst vergessen sind. Der in späterer Zeit erfolgende Transit mag dazu führen, daß Berufsentscheidungen abgelehnt oder hinausgezögert werden, wenn damit irgendwelche Entfremdungen oder Loslösungen von Familie oder Erbgewohnheiten verbunden sein sollten.

Erfolgt der Transit des progressiven Immum coeli über Sonne im 5. Haus, dann wird ein Lebensproblem aufgeweckt, das tief eingreift in alles, was mit dem erotischen Erlebniskomplex zusammenhängt. Im Gegensatz zu dem Transit des Immum coeli über andere in diesem Haus stationierte Planeten greift dieser Erlebniskomplex jetzt an die Wurzel unseres Ich und läßt uns an dieser Tatsache in hohem Grad leiden, weil wir fühlen, wir wir in Verhängnisse hineingezogen werden, die uns beherrschen wollen, statt daß wir sie meistern. Vielfach gleicht, was nun geschieht, einer Kapitulation vor einer höheren Macht, die unsere moralische Entscheidung einlullt oder außer Kraft setzt. Eine fatalistische Grundtendenz geht unbewußt mit allen in diesem Haus verwurzelten Erlebnissen mit.

Wir wenden uns nun dem Planeten Mond zu. Mit Mond im 4. Haus ist man ein Weltbürger; man hat das Talent, überall zu Hause zu sein und ist gerade dadurch nirgends so recht zu Hause. Diese Geschmeidigkeit macht es einem möglich, sich überall einzuordnen, aber nirgends für die Dauer. Das Resultat solcher Veranlagung ist aber nicht eine erhöhte Unabhängigkeit, sondern im Gegenteil eine recht vielseitige Abhängigkeit mit mangelndem Schwerpunkt.

Wenn nun das Immum coeli Mond im 4. Haus erreicht, dann kann man mit einem Wechsel jener Abhängigkeit rechnen, der etwa innerhalb der Familie oder dem jeweiligen Familienersatz vor sich geht; es kann sich dabei auch um einen Wechsel des Wohnsitzes handeln im physischen oder seelischen Sinn.

Erreicht das progressive Immum coeli Mond im 5. Haus, dann wird mit Ereignissen zu rechnen sein, die den Menschen im Bann seiner Leidenschaften zeigen, die ihn zu allerlei Abenteuern locken, deren Ausgang nicht vorausgesehen werden kann. Es ist ein Spieltrieb, der den Geborenen veranlaßt, sein Schicksal leichtfertig herauszufordern um den Preis, alle Konsequenzen willig auf sich zu nehmen.

Erreicht das progressive Immum coeli Mond im 6. Haus, dann wird man die Neigung sehen, sich dienstfertig einzustellen, um jedermann gefällig zu sein, wenn dies ohne viel ernste Mühe geschehen kann.

Wir gehen nun zu Merkur über. Merkur im 4. Haus stellt den Menschen unter die Herrschaft jener Vorurteile, die zum Bestand des in früher Jugend erworbenen Geistesgutes gehören, das er mit der Muttermilch eingesogen hat. Von diesen Vorurteilen sich zu trennen ist wie eine schwere Operation, die überdies wie eine Treulosigkeit gegenüber dem eigenen Denken erscheint oder zumindest wie eine große Undankbarkeit. Wenn das Immum coeli diesen Punkt erreicht, entstehen vermutlich die ersten Konflikte zwischen Schule und Haus; sie sind und bleiben das Vorbild für später sich einstellende ähnliche Konflikte, in denen die Anpassungsfähigkeit des Denkens an die Forderung des Lebens in der Welt auf eine harte Probe gestellt wird.

Erreicht das Immum coeli den Platz Merkur im 5. Haus, dann erwacht ein Sinn für Vielgeschäftigkeit. Gleichgültig, ob es sich um Liebe oder um Lehrerschaft und Erziehungsarbeit handelt, man wird zum Experimentator vor allem an sich selbst und an dem Maßstab, den man aus der elterlichen Tradition mitbringt.

Erreicht in späteren Jahren das progressive Immum coeli Merkur im 6. Haus, dann kann man seine Rolle darin sehen, den Vermittler zu spielen zwischen den Interessen verschiedener Personen und sich in dieser Weise nützlich zu machen, ohne Rücksicht auf materielle Vorteile. Hier erweist sich Merkur tatsächlich als Gott des Handels.

Wir wenden uns dem Planeten Venus zu. Venus im 4. Haus stehend, gibt dem Geborenen etwas Mütterliches und Fürsorgliches und einen dankbaren Sinn für empfangene Liebe. An dem Ideal dieser Mütterlichkeit formt sich das, was wir an anderer Stelle den Madonnenkomplex genannt haben. Dieser wird besonders lebendig, wenn das Immum coeli die Venus im 4. Haus überschreitet.

Geschieht der Übergang über Venus im 5. Haus, dann ist es in erster Linie der Schönheitssinn und das Hingegebensein an den Schönheitsrausch, der jetzt aufgerufen wird. Wein, Weib und Gesang, diese von Luther so gefeierte Trias, verlocken dazu, sich dem Lebensgenuß fraglos hinzugeben und bedenkenlos sein Hereditätsopfer darzubringen, ohne der Folgen zu gedenken.

Beim Transit des Immum coeli über Venus im 6. Haus entsteht die Idee einer sozialen Fürsorglichkeit, die aber weniger aus ethischen als aus ästhetischen Motiven erwächst. Man liebt den Anblick der Armut nicht. Im höheren Alter – und nur hier ist dieser Transit möglich – können sich auch Tendenzen der allgemeinen Menschenliebe melden, die jedoch recht selten zur Tat schreiten, sondern sich meistens im Schöngeistigen oder Lyrischen erschöpfen.

Wir wenden uns nun zu Mars. Mars im 4. Haus läßt an dem Gedanken, in die Hereditätskette verwoben zu sein, leiden. Familientradition und ererbte Vorurteile werden wie eine Krankheit empfunden, wenn das Immum coeli über Mars im 4. Haus hinwegschreitet. Es ist eine erzwungene Demut, eine Demut unter Protest, der niemals ausgesprochen wird und daher Geheimnis bleibt, das ins Unbewußte verdrängt wird, dort aber weiter wirksam bleibt.

Mit Mars im 5. Haus entsteht eine Herausforderung an den Geist der Heredität. Man will ihren Geboten nicht unterliegen und wird zum Streiter gegen sie. Man versucht seinen Willen gegen alles zu setzen, was wie Verhängnis oder Zufall erscheint. Im kühnen Spiel um den Preis macht man die gewagtesten Einsätze, nur um Sieger zu bleiben oder sich in dem Gefühl des Siegers über das organische oder geistige Vorurteil zu erleben. Geht nun das Immum coeli über diesen Punkt, dann wird es zu Ereignissen kommen, die geeignet sind, unsere Unzulänglichkeit in diesem Kampf vor uns selbst zu enthüllen. Hier kann man vielleicht von einer streitbaren Minderwertigkeit sprechen, die häufig genug viele Energien absorbiert, die für den äußeren Lebenskampf verlorengehen.

Im 6. Haus mögen sich bei diesem Transit innere Kämpfe stellen, die zwischen antisozialen und sozialen Tendenzen in uns ausgefochten werden müssen; überwunden geglaubte Egoismen werden sich wieder in peinlicher Weise melden und unseren Fortschritt auf dem Weg der inneren Vervollkommnung hemmen. Das Gefühl, nicht aus der eigenen Haut heraus zu können, bringt manche Krisen der sozialen Minderwertigkeit.

Wir wenden uns zu Jupiter. Jupiter im 4. Haus war der Repräsentant des Familienstolzes in jedem Sinn. Man hat seine Abstammung und alles, was mit ihr zusammenhängt, unter allen Umständen hochzuhalten, gleichgültig, welcher sozialen Schicht man angehört, gleichgültig auch, ob man sich dadurch sozialen Respekt verschafft oder sich lächerlich macht. Diese Haltung entbehrt nicht eines bewußt oder unbewußt religiösen Untertons, wie er in dem Gebot »Du sollst Vater und Mutter ehren« ausgesprochen ist. Dies mag unter Umständen sogar dahin führen, im Verkehr mit anderen eine Herablassung an den Tag zu legen. Wenn nun das Immum coeli diesen Punkt erreicht, dann mögen die ersten Erfahrungen auftreten, die sich aus dem Zusammenstoß dieses eingeborenen Stolzes mit der Umwelt ergeben und den Traum vom eigenen Adel zu stören drohen. In der ersten Jugend, im Kindesalter werden solche Erfahrungen schmerzlicher Natur meist die Eltern betreffen; später wird es das Gefühl sein, durch das Schicksal entthront oder gar von Haus und Hof gejagt zu werden.

Im 5. Haus gibt Jupiter gleichfalls ein Gefühl der Überlegenheit, das fast so aussieht, als würde man durch das Liebesereignis herabgewürdigt oder zumindest dort gedemütigt, wo man berechtigt wäre, als Gnadenspender angebetet zu werden. Dieser »erotische« Hochmut führt begreiflicherweise erst recht zur Demütigung, wenn das Immum coeli über Jupiter hinwegschreitet, weil in dieser Periode das Bewußtsein vom eigenen Rang erhöht ist. Man muß zu solchen Zeiten darauf gefaßt sein, daß die eigene Eitelkeit schweren Kränkungen ausgesetzt wird; das Ausbleiben erwarteter Erfolge wird bereits als arger Mißerfolg empfunden.

Im 6. Haus gibt Jupiter das Gefühl für die Würde des eigenen Standes und sozialen Ranges, gleichviel ob dieser hoch oben oder tief unten in der sozialen Rangordnung eingegliedert ist. So entsteht eine stolze Zufriedenheit mit dem eigenen Los; man hat es nicht nötig, irgend jemanden zu beneiden. Wird dieser Ort vom Immum coeli im späteren Alter erreicht, so mag man mit einem überlegenen Lächeln, wenn auch nicht ganz ohne Bitterkeit auf all die anderen blicken, die nicht imstande waren, meinen Wert zu erkennen, oder sich im Narrentanz um das Goldene Kalb erschöpften.

Wir gehen nun zu Saturn über. Mit Saturn im 4. Haus wird einem als ernste Pflicht aufgelastet, was Jupiter oder Sonne als mitgeborene Würde beschert. Was sich hier herausbildet, ist vor allem Ehrfurcht vor den Eltern, besonders dem Vater. Ernste Ereignisse, die mit dieser Ehrfurcht zusammenhängen, beschatten die jüngeren Jahre, wenn das Immum coeli den Platz Saturns in diesem Haus erreicht. Man fühlt das strenge Hereditätsgebot, das einen zu diesen Eltern wies, in den Tiefen des Unterbewußtseins wie eine religiöse Pietät. Diese Pietät, die hier den Demutsgrad des Geborenen darstellt, begleitet ihn auch in die folgenden Häuser.

Geschieht der Transit des progressiven Immum coeli über Saturn im 5. Haus, dann treten mit aller Intensität die Konsequenzen jener Veranlagung hervor, die Saturn im 5. Haus verleiht. Da ist vor allem das Nicht-loskommen-Können von den ersten erotischen Bindungen, in die verstrickt zu sein wie ein Schicksalsspruch empfunden wird und auf denen überdies ein schwer erklärbares Schuldgefühl lastet. Es ist, als sollte man verantwortlich sein für etwas, das doch wie ein Verhängnis über uns gekommen ist. Sich für alles verantwortlich zu glauben, was aus dem im 5. Haus zugrunde gelegten seelischen Machtbedürfnis entspringt oder auch nur zufällig mit ihm zusammenhängt, ist hier wichtig für das Verständnis dieses Transits.

Erscheint im späteren Lebensalter dieser Transit über Saturn im 6. Haus, dann werden wir Ereignisse zu erwarten haben, die mit der Lebensträgheit, mit Kargheit und Sparsamkeit in der Verausgabung aller Kräfte zu tun haben. Die Furcht, im Alter zu verarmen und von allen verlassen zu werden, gehört hierher. Melancholie und Pessimismus halten jetzt ihren Einzug. Hier kann auch eine Philosophie wie die Schopenhauers entstehen, die die Abkehr von aller Lebensbejahung durch Verneinung des Lebenswillens predigt. Vielleicht ist hier auch der Weg zum Kloster, zum Büßertum und zur Askese vorgezeichnet.

Wir wenden uns nun zu Uranus. Wir sahen in Uranus den Signifikator für die Individualreife des Menschen. Durch Uranus gewinnt der Mensch vor allem die Kenntnis und Erkenntnis der Ich-Tatsache als unverlierbares Gut seines Ich-Erlebnisses als individuelles, einmaliges und von allen anderen Individuen unterschiedenes Wesen. Diese Funktion Uranus' nannten wir die egologische Funktion.

Steht Uranus im 4. Haus, dann bringt er dort einen schier unüberbrückbaren Gegensatz zwischen Erbbedingtheit und individueller Unbedingtheit hervor. In der eigenen Vorstellung bildet man einen Fremdkörper in der Kette der irdischen Deszendenz. In der Familie ist man nur ein Gast, dem das Familienrecht verliehen wurde durch Naturalisation, ohne daß man darum gebeten hätte. Das damit verbundene Fremdheitsgefühl färbt auf das Verhältnis zu den Eltern insofern ab, als dadurch eine erkältete Objektivität in jenes Verhältnis gebracht wird, die sich bis zur wirklichen Entfremdung oder gar Trennung entwickeln kann. Geht das progressive Immum coeli über diesen Uranus im 4. Haus, dann werden Ereignisse eintreten, die im Sinne dieser Entfremdung wirken. In der Jugend wird es hier zu stärkerer Distanzierung gegenüber den Eltern kommen, die mehr die Älteren sind als die blutsverwandten Eltern. Es kann auch zu örtlichen Trennungen kommen aus den verschiedenartigsten Anlässen, vielleicht auch zu Ereignissen, die sich dauernd in die kindliche Seele einprägen und wachsender Distanzierung Nahrung geben.

Im 5. Haus wirkt Uranus ähnlich, wenn auch auf einem anderen Lebensgebiet. Hier lebt man schon in dem Vorgefühl zu erwartender Trennungen. Einmal muß ja der Märchenschleier, der über jedes Liebesereignis gebreitet ist, fallen, und dasselbe Schicksal wird auch jedes folgende Erlebnis treffen. Mit Kindern und Schülern wird es ebenso bestellt sein. Wenn das Immum coeli Uranus im 5. Haus einholt, dann wird sich erfüllen, was man schon lange vorher fürchtete. Man wird die Menschen verlieren, die man liebte; es kann auch geschehen, daß man auf anderen Gebieten, die mit in den Bereich des 5. Hauses gehören, seelische und auch physische Einbußen erleidet. Und doch verlangt Uranus im 5. Haus immer neue Einsätze im Leben und fordert den Wagemut heraus, seinen Beitrag zu leisten, wo es um die Lösung legendärer Rätsel geht, die eine geheime Beziehung zum erotischen Hereditätskomplex zeigen – wie etwa die Rätsel der Sphinx oder der Turandot, oder des Gordischen Knotens, in dem sich das Gespinst der Parzen, unentwirrbar für das profane Auge, verdichtet.

Im 6. Haus verlangt Uranus eine Rechtfertigung der individuellen Eigenart vor dem Forum der sozialen Gemeinschaft. Aber auch diese Rechtfertigung trägt das Signum der Heredität, insofern jetzt die Frage lautet: Bin ich im sozialen Leben mir selbst treu geblieben? Habe ich etwa um zeitlicher Vorteile willen verraten, was ich meinen Eltern und Lehrern schuldig bin? Bin ich zum Verräter geworden an meinem höheren Ich? Wie immer diese Rechtfertigung ausfallen mag, sie wird aktuell, wenn das Immum coeli im Alter den Platz Uranus' im 6. Haus erreicht. Hier mögen plötzliche Anläufe zu einer Revision oder gänzlichen Änderung der Lebensauffassung oder auch der Lebensstellung eintreten, die einer chirurgischen Operation ähneln oder wenigstens den Vorbereitungen zu einer solchen.

Wir haben nun noch den Planeten Neptun zu betrachten. Neptun im 4. Haus entwurzelt seelisch den Menschen bereits im Elternhaus, da ihm Heim und Haus, auch die Familie nur als zufällige Aufenthaltsorte erscheinen, an die ihn die Geburt verschlagen hat. Dieses Gefühl einer Traumwirklichkeit als der einzigen Wirklichkeit, die es überhaupt gibt, umfängt den so Geborenen von Kindheit an und schafft eine Märchenwelt um ihn, die niemals zur vollen Realität erwachen kann. Wenn nun das Immum coeli Neptun im 4. Haus erreicht, dann werden Ereignisse eintreten, die einer weiteren Lockerung der Familienbande, subjektiv oder objektiv, den Weg bereiten. Das Gefühl der Zeitlosigkeit, das zu den vornehmlichsten Gaben gehört, die Neptun beschert, läßt die unmittelbare reale Bedeutung all dessen, was sich jetzt zuträgt, nicht recht an den Betreffenden herankommen.

Erreicht das Immum coeli Neptun im 5. Haus, dann kann es zum demütigen, aber freiwillig gewählten Durchleben einer Hörigkeit kommen, die nicht dem Partner, sondern dem Verhängnis dargebracht wird; der Opfergedanke im seelisch-erotischen Hingebungsrausch bringt den Geborenen an die mystischen Grenzen, die Zeit und Ewigkeit scheiden und verbinden. In solchen Zeiten lebt der Mensch gleichzeitig in zwei Welten, die für ihn ineinanderfließen. Kaum weiß man noch, ob man Mann oder Weib ist; der Lehrer ist gleichzeitig Schüler, der Sohn Vater, der Bruder Schwester, der Junge alt und der Alte jung. Man dünkt sich mit allen verwandt, und doch ist diese Verwandtschaft nur Illusion.

Neptun im 6. Haus läßt uns in erster Linie an unserer kosmischen Verbundenheit leiden. Der Weltschmerz ist hier zu Hause. Man ist wie eine ungeheure Antenne, die die Botschaft aufnimmt, die durch alle gequälten Seelen in die Welt gesandt wird. Eine unerklärliche Sympathie zieht uns zu den Menschen, die von Krankheit oder Unglück verfolgt sind. Was hier aber das Wesentliche ist und beim Übergang des Immum coeli aktuell wird, ist die innere Rebellion gegen das Schicksal, das uns auf diese schwarze Liste gesetzt hat – trotzdem wollen wir mit niemandem tauschen von all denjenigen, die »ihren Lohn dahin haben«. Wir haben auch hier die Pflicht, uns selbst treu zu bleiben und uns die Welt unserer Illusion zu erhalten.

Wir haben nun noch die progressive Wanderung des Deszendenten in ähnlicher Weise zu betrachten und durch die Häuser 7, 8 und 4 zu verfolgen.

Ehe wir an diese Aufgabe herangehen, wollen wir zunächst wieder eine allgemeine Betrachtung über das Wesen und die Funktion des Deszendenten anstellen, die uns manches bereits früher Ausgeführte wieder in Erinnerung bringen soll.

Der Deszendent ist jener Punkt des Tierkreises, der im Moment unserer Geburt gerade unter den Horizont sinkt. Und mit ihm sinkt in den nächtlichen Bereich all das, was der Mensch am Tag, also in den oberirdischen Häusern 1 bis 7, sich in Freiheit erarbeiten konnte als neues Saatgut für das künftige Leben. Der Deszendent und mit ihm das 7. Haus werden zur Stätte eines Vermählungsaktes zwischen dem in unserem Erbgedächtnis aufbewahrten Vergangenheitsguthaben, mit dem wir geboren wurden, und dem Zinsertrag, den wir hinzufügen konnten, indem wir altes Karma aufbrauchten und neues bildeten.

Dieser Vermählungsakt betrifft demnach zwei einander entgegengesetzte Regionen unseres Wesens: die eine weibliche, der Erbheredität zugewandte und damit vergangenheitsgebundene Seite, und die andere der Himmelsherediät zugewandte und damit zukunftsgerichtete Seite. Die Mond- und die Sonnenenergien strömen hier zusammen, um aus ihrer Vereinigung einen neuen Zukunftskeim zu gebären. Von alters her wurde das siebente Zeichen des Tierkreises als die Stätte solcher Wiedergeburt angesehen, das Zeichen Waage, in dem die Erhöhung des Planeten Saturn die Erneuerung des Saatgutes verbürgt.

Das 7. Haus als das irdische Aktionsfeld des Menschen, wird so zu jener Stätte, in der erprobt wird, wie es dem Menschen gelungen ist, die beiden erwähnten Wesenselemente miteinander zu verschmelzen. Biologisch und auf das Erdendasein angewendet, betrifft jene Verschmelzung die Vereinigung von Mann und Weib durch den ehelichen Bund. Der dadurch gegebene Lebenskampf erweist sich als notwendig, um beiden Erscheinungsformen der Idee des Menschen ihre mögliche Vervollkommnung zu geben. Auf diese Tatsache weist das Bibelwort hin: »Es ist nicht gut, daß der Mensch allein sei. Ich will ihm eine Gehilfin geben, die um ihn sei.« (Mos 1, 2.18).

Nun führt uns aber dieser Gedanke sofort zu einer weiteren Folgerung, die uns zum Schöpferischen weist. Die Vereinigung von Männlichem und Weiblichem ist die unmittelbare und unausweichliche Vorbedingung für die Geburt eines neuen Lebewesens, das die Frucht dieser Vereinigung darstellt.

Übertragen wir nun, was sich im Physischen abspielt, in das Geistige, dann wird jegliches Heraustreten des Menschen aus seiner Isoliertheit durch seine Hingabe an das Ganze, wie er es erahnen mag, zur unerläßlichen Vorbedingung für geistiges Schaffen, ja für das Schaffen überhaupt. Schaffen und Umschaffen durch Aufgeben der abgeschlossenen Eigennatur wird so zum eigentlichen Merkmal dessen, was der Deszendent bei seiner Progression für die Entwicklung des Menschen bedeutet.

Verfolgen wir die Wanderung des Deszendenten durch die Häuser 7, 8 und 9, so werden wir zunächst einem ähnlichen Verhältnis zwischen Deszendent und Aszendent begegnen, wie es zwischen Immum coeli und Medium coeli besteht. Jeder Planetenort, den der wandernde Deszendent erreicht, gerät gleichzeitig in Opposition zum Aszendenten und enthüllt dadurch all die Schwierigkeiten, die sich aus dem Widerstreit zwischen Umwandlung oder Opferung der angeerbten Natur und der Selbstbehauptung ergeben.

Wenn nun der Deszendent im ersten Lebensabschnitt das 7. Haus durchwandert, dann das 8. und schließlich das 9., dann haben wir wieder eine Entwicklungsskala vor uns, die wir zunächst nach demselben allgemeinen Schema untersuchen wollen, das wir bisher angewendet haben.

Liegt der Deszendent ursprünglich in einem Feuerzeichen, dann wird man beobachten, daß bei der Hinüberwanderung in das folgende Erdzeichen eine mehr versöhnliche, zu Kompromissen geneigte Stimmung über den Menschen kommt, als die erste Jugend aufwies. Es kommt jetzt zu einem starken Anlehnungsbedürfnis, das jede Verbindung mit einer anderen Seele als Repräsentant der meine Isoliertheit lösenden Kraft willkommen heißt. Folgt später dann das Luftzeichen, dann tritt zwar auch wieder eine Isolierung auf, die aber jetzt mehr einer freiwilligen Distanzierung von den unmittelbaren Realitäten gleicht, die freilich oft nicht leicht gelingen will.

Steht der Deszendent ursprünglich in einem Erdzeichen, dann wird die Hinüberwanderung in das folgende Luftzeichen eine Situation schaffen, in der die Tendenzen des Alleingängertums oder der Selbstbehauptung sich verstärken und dadurch lange Zeit hindurch ein Hindernis für das Aufgehen in einer höheren Gemeinschaft bilden, die jetzt vor allem im Geistigen gesucht wird. Tritt dann später der Deszendent in das folgende Wasserzeichen, dann muß man damit rechnen, daß jetzt vielfach unter dem Eindruck des Gefühls, so viele Gelegenheiten im Leben versäumt zu haben, neue Antriebe entstehen, das Versäumte auf der nun erreichten Lebensstufe nachzuholen und das geforderte Entwicklungsopfer zu bringen.

Steht der Deszendent ursprünglich im Luftzeichen, dann wird beim Hinübergehen in das folgende Wasserzeichen die Tendenz entstehen, die durch die Geburt empfangenen Gaben möglichst zu nutzen und jene Veranlagungen, die sich dabei als hinderlich erweisen, abzuschütteln, gleichgültig ob mit oder ohne Erfolg. Hier können schwere seelische Krisen entstehen, die aus dem Unvermögen entspringen, von geerbten Gewohnheiten abzulassen. Tritt dann der Deszendent in das folgende Feuerzeichen, werden sich die Ideale der Jugend wieder melden und eine Rechenschaft von uns einfordern, ob es gelungen ist, sie mit unserer Lebensführung in Einklang zu bringen.

Ist der Deszendent ursprünglich im Wasserzeichen, dann wird bei dem Übergang in das folgende Feuerzeichen eine Lebenstendenz entstehen, die darauf gerichtet ist, unsere Überzeugungen nicht durch unsere Handlungen zu desavouieren und darunter zu leiden, wenn dies trotzdem nicht gelingen will. Übersiedelt dann der Deszendent in das folgende Erdzeichen, tritt das Verlangen auf, eine dauernde Spur seines Wirkens zu hinterlassen, die später Zeugenschaft dafür ablegen soll, daß man nicht vergeblich gelebt hat.

Bevor wir darangehen, den progressiven Deszendenten auf seiner Wanderung durch die Häuser 7 bis 9 und über die Plätze der dort situierten Planeten zu begleiten, wollen wir eine einfache Formel finden, deren Anwendung uns unsere Aufgabe erleichtern soll. Wir können dem bis jetzt Ausgeführten zufolge diese Häuser als die Häuser der Ernte bezeichnen, die im Einbringen jener Frucht besteht, die sich aus dem Bestreben ergibt, die Himmels- und die Erdheredität mit Hilfe all der Kräfte zu einen, die in unserem Horoskop zusammenströmen, insbesondere mit jenen Planetenenergien, die in den Häusern der Ernte ihren nativen Platz haben.

Wir wenden uns nun dem Übergang des progressiven Aszendenten über die Planeten im 7. Haus zu.

Überlegen wir uns zunächst noch einmal, was sich aus den bisher angestellten Betrachtungen an allgemeinen Einsichten ergibt, wenn wir diese auf die Psychologie des täglichen Lebens und den allgemeinen Fortgang der persönlichen Entwicklung des Einzelmenschen anwenden. Durchwandert der progressive Deszendent in der Jugend das 7. Haus, dann sieht man, wie schon im Kindesalter das Bedürfnis nach einer Ergänzung besteht. Schon das Kind will nicht allein sein, und schon jetzt wird man erkennen, wie die Wahl der Freunde und

Kameraden in Richtung Ergänzung geht, d. h. in die Richtung der Opposition zum Aszendenten oder des Sonnenzeichens. Es formt sich schon jetzt das Ideal des Partners. Die Wanderung des Deszendenten durch das 8. Haus bringt dann diese Tatsache dem Bewußtsein näher und verlangt das Anpassungsopfer. Die Wanderung des Deszendenten durch das 9. Haus endlich verlangt die Erkenntnis des Zweckes all solcher Verbindungen, insbesondere aber der ehelichen Verbindung, die nun als etwas erscheint, das heilig sein sollte, weil durch sie allein der Mensch sich in die kosmische Ordnung segensreich einfügen kann, nachdem er das Anpassungsopfer gebracht hat und dadurch dem »Du« die Pforten seines eigenen Wesens geöffnet hat und seine Isolierung im Ich aufgab.

Wie ist es nun mit den Menschen, die allein bleiben? Nun, darauf kann man antworten, daß es solche Menschen, von ganz wenigen Fällen abgesehen, Kaspar Hauser z. B, gar nicht gibt. Die Sehnsucht nach der Ergänzung durch ein zweites Wesen ist dem Menschen angeboren, und wenn es trotzdem zu einer solchen Vereinigung nicht kommt, so werden doch all jene Momente, die zur Darbietung des Anpassungsopfers und der damit gegebenen Verwandlung des Menschen nötigen, gleichwohl vorhanden sein. Nur werden dann allerlei Surrogate ins Leben treten; der einsame Künstler kann sich in seiner Phantasie das Publikum erschaffen, zu dem er spricht, und so mit ihm in einer selbstgewählten Form der Gemeinsamkeit leben und wirken; der einsam gewordene Mensch kann versuchen, in Kontakt mit den höheren Welten zu gelangen auf religiösem oder mystischem Weg.

Wir beginnen mit dem Studium des Überganges des wandernden Deszendenten über die Planeten im 7. Haus. Erreicht der progressive Deszendent die Sonne im 7. Haus, was schon in früher Jugend geschehen kann, dann werden wir Erlebnisse auftreten sehen, die mit der unmittelbaren Ich-Du-Verbundenheit innig zusammenhängen und mit den Freuden und Leiden, die diese Abhängigkeit im Seelischen stets begleiten. Sogenannte Jugendfreundschaften beginnen eine bedeutsame Rolle zu spielen. Es formt sich bereits das Ideal des Partners fürs Leben entsprechend dem Zeichen, in dem die Sonne ihren Platz hat.

Erreicht später der Deszendent Sonne im 8. Haus, dann wird bewußt, daß man mit der Wahl des Partners als des Vermittlers zwischen »Hüben und Drüben« eine Pflicht zu erfüllen hat, die man nicht nur der eigenen Entwicklung, sondern dem All schuldet, auch wenn dies nur dunkel empfunden wird. Die Erneuerung des eigenen Wesens an dem »Du«, in welcher Form immer dieses Du zu uns kommt, wird jetzt zum mehr oder minder deutlich erkannten Ziel. Hier können Entscheidungen fallen, die mitunter seelische Katastrophen werden.

Erreicht der wandernde Deszendent die Sonne im 9. Haus, dann wird man in der Regel vor ähnliche Probleme gestellt, wie dies im vorhergehenden Fall beschrieben wurde. Endlich wird man nach wiederholten Irrungen erkennen, daß es nach dem Anpassungsopfer schließlich das Richtige sein wird, dem Partner, den das Leben für einen bereithielt, den Ewigkeitswert zu erteilen, ihn so anzusehen, als müsse die Wahl endgültig sein. Man weiß, daß all die früher begangenen Fehler nicht mehr wiederholt werden dürfen.

Erreicht der progressive Deszendent Mond im 7. Haus, dann liegen die Verhältnisse anders als im eben besprochenen Fall. Da war es so, daß der Geborene aus bewußter Überlegung den Partner als die ihm bestimmte Ergänzung suchte, mit dessen Hilfe er eine höhere Stufe seiner Entwicklung zu erreichen hoffte. Bei Mond im 7. Haus lebt dieser Gedanke nicht in dieser Form; für den Menschen wird das Suchen des Partners eher zu einem Zwang, der häufig genug dahin führt, dem Zufall die Rolle des entscheidenden Moments einzuräumen und jeden willkommen zu heißen, der einem begegnet. Dem Experiment, dem Spielen mit der Idee einer Dauerverbindung wird Tür und Tor geöffnet. Auch hier formt sich bereits das Ideal des künftigen Spielpartners auf der Lebensreise. Es werden sich Ereignisse einstellen, die – wenn auch in früher Jugend erlebt – in ihrer Wirkung das ganze Leben andauern und die Partnerwahl bestimmen, die in die Richtung des »Mütterlichen« geht. Auch hier wird das Zeichen zu beachten sein, das Mond besetzt.

Wenn Mond im 8. Haus steht und vom Deszendenten erreicht wird, dann ereignet sich etwas eher Schmerzliches. Denn dieses Erlebnis enthält das Risiko, das in jedem Spiel vorkommen muß, daß man gewinnt oder verliert. Aber hier wird man meist härter empfinden, was man verliert. Man wird die Notwendigkeit des Entwicklungsopfers fühlen und trotzdem darunter leiden, daß man von etwas, das man lieb hatte, Abschied nehmen muß.

Wird Mond im 9. Haus vom fortschreitenden Deszendenten eingeholt, dann kommt es über den Menschen, als wäre er im Schoß einer Vorsehung geborgen, die ihn stets daran mahnt, sich nicht zu sehr um das »Morgen« zu bekümmern, sondern im Vertrauen auf die höhere Führung jeden Tag als einen Schritt weiter zur eigenen Vervollkommnung anzusehen und jeden Menschen als einen gütigen Boten des Schicksals. Man kann von jedem lernen, wenn man willens ist, auf ihn zu hören.

Wir wenden uns nun zu Merkur. Mit Merkur im 7. Haus findet man leicht den Weg zu den anderen oder dem anderen, den man täglich in seiner lebendigen Neuheit erleben kann. Merkur ist eigentlich der Vermittler, der den Weg zu jedermann offenhält und ausgestaltet. Erreicht der progressive Deszendent diesen Punkt, dann wird eine Zeit eintreten, in der sich viele Verbindungen anspinnen. Charakteristisch für solche Verbindungen ist, daß man vom anderen nicht jene Biegsamkeit verlangt, der man selbst fähig ist. Im Gegenteil: Man wünscht einen festen Partner, an dem man die eigene Vielseitigkeit stets aufs neue erproben kann.

Merkur im 8. Haus gibt dem Denken stets bewußt oder unbewußt einen mystischen Unterton, was sich schon in der frühen Jugend zeigen kann. Vielleicht kann man von einer Metalogik sprechen. Erreicht der Deszendent diesen Punkt, was wohl meist erst im mittleren Lebensalter geschehen dürfte, dann wird man Menschen kennenlernen, die Beziehungen zu den eigenen geistigen Bedürfnissen haben oder gar okkulten Vereinigungen angehören. Man mag dann selbst das Bedürfnis fühlen, in eine solche Verbindung aufgenommen zu werden. Eine Dauerverbindung, jetzt geschlossen, wird meist als etwas »Sakrales« empfunden, gestiftet von jenen höheren Mächten, die unsichtbar hinter der Szene des äußeren Lebens tätig sind.

Erreicht der Deszendent Merkur im 9. Haus, dann tritt ähnliches auf, aber mehr spirituell. Man ist der physischen Berührung mit Menschen ferngerückt. Es kann hier zu seltsamen Erscheinungen kommen, wie etwa Briefwechsel mit Unbekannten, Versuche, mit höheren Welten in Verbindung zu kommen, Tagebuchbeichten und ähnliches.

Wir wenden uns nun zu Venus. Venus im 7. Haus ist eine beglückende Stellung, weil sie den Menschen dazu bringt, das Glück auszukosten, das durch jede, wenn auch vorübergehende Verbindung entsteht, die anstelle des formellen »Sie« das vertrauliche »Du« setzt. Es kommt fast gar nicht darauf an, welcher Partner diese Rolle spielt, sondern nur darauf, daß es ein Partner ist, mit dem zusammen die Illusion der

Ergänzung erlebt werden kann. Diese besonders rege Glücksempfindung im Menschen birgt ebenso wie bei Merkur viel Romantisches in sich. Man ist immer wach in der Erwartung des Partners und immer bereit, in die innere Schönheit solchen Erlebens einzutauchen. Solche Menschen strahlen immer, wenn sie einem die Hand reichen.

Wenn nun der Deszendent über diese Venus im 7. Haus geht, so wird es zu Erlebnissen kommen, die in ihrer Romantik bestimmend werden für das ganze Leben, so daß für diese Menschen ein Genußideal mit der Idee eines Lebensbundes verknüpft ist. Dieses Ideal fragt nicht: Wie vervollkommne ich mich an dem anderen, sondern wie werde ich glücklich, und wie übertrage ich dieses Glück auf den anderen?

Geht der progressive Deszendent über Venus im 8. Haus, dann wird das Beglücken fast zu einer Lebenspflicht, sich selbst und den anderen gegenüber. Vielleicht ist keine Stellung so geeignet, die Pflicht zum Glück durch Verbindung mit dem Partner so bewußt zu machen, wie der Übergang des Deszendenten über Venus im 8. Haus. Durch wahrhafte Liebe kann viel Schuld getilgt werden.

Erreicht der Deszendent Venus im 9. Haus, dann mag das Gefühl vom Ewigkeitswert aller echten Venuserlebnisse die Idee einer Weltbruderschaft erwecken, in der es keinen Unterschied zwischen jung und alt, arm und reich, wissend oder unwissend mehr gibt. Das Schillersche Wort: »Alle Menschen werden Brüder« kann jetzt lebendig werden. Auf Ereignisse, die das bestätigen, braucht man nicht zu warten; sie sind da, sobald man reif geworden ist, sie zu verstehen.

38. Vortrag

Wir haben nun noch die Transite des Deszendenten über die Planeten Mars, Jupiter, Saturn, Uranus und Neptun zu besprechen.

Mars im 7. Haus veranlaßt den Geborenen, sein Anpassungsopfer in erster Linie von dem Partner zu verlangen, statt es selbst zu bringen. Man tritt in jede Verbindung bereits mit bestimmten Forderungen ein, an denen man oft mit erstaunlicher Härte festhält.

Wenn der progressive Deszendent den Platz Mars' im 7. Haus erreicht, dann werden Ereignisse eintreten, die uns den Gegensatz zwischen der eigenen Art und der Umwelt besonders deutlich empfinden lassen. Der Anpassungskampf, der daraus entspringt, kann sich recht verschieden zeigen. In der allerersten Lebenszeit wird man wohl mit Krankheiten zu rechnen haben, die sich aus der Widerspenstigkeit des jungen Menschen ergeben. Das Verlangen wird weiter zu beobachten sein, daß sich die anderen nach einem zu richten haben. Man wird darum auch schwerlich erwarten können, daß solche Kinder besonders vorsichtig sind, denn sie wollen, daß alle Hindernisse ihnen von selbst ausweichen, und rennen daher in viele Gefahren blindlings hinein.

Geschieht der Übergang des Deszendenten über Mars im 8. Haus, dann entstehen Schwierigkeiten, die sich aus der mangelnden Kompromißbereitschaft ergeben, was oft in schmerzlichem Widerspruch zu der Wehleidigkeit steht, die jede Veränderung im Leben schon als ein Opfer empfindet, das von einem verlangt wird. Am liebsten möchte man mit einem Waffenstillstand auf unbegrenzte Dauer, den man mit dem Schicksal abhandelt, davonkommen.

Wenn im späteren Alter der progressive Deszendent Mars im 9. Haus erreicht, beginnt ein pessimistischer Lebensabschnitt, der viel von Resignation in sich trägt. Ereignisse treten ein, die diese Resignation zu einer mehr oder weniger böswilligen Spielart umformen. Die Rückschau bringt die bittere Empfindung, daß man es stets schlechter als andere gehabt hat, daß man sich mehr geplagt hat als die anderen, die es weniger verdienen, so weit gekommen zu sein. Was man aber selbst daraus lernt, wird nicht so sehr darin bestehen, daß man die Marskräfte umzuwandeln habe, sondern im besten Fall darin, daß man sie nicht zu Wort kommen läßt und eben solche pessimistischen Anwandlungen von sich schiebt. Man muß sich eben damit abfinden, daß es die anderen durch ihre Geburtsstunde oder Dummheit so viel leichter haben. Hier kann es aber auch zu anderen Äußerungen des Marsprinzips kommen; es kann bei dem Versuch, Mars mit seinen eigenen Waffen zu schlagen, zu einer Selbstgeißelung kommen, zu einem Flagellantentum der Seele.

Wir wenden uns dem Planeten Jupiter zu. Jupiter im 7. Haus verleiht dem Menschen das Gefühl einer besonderen Würde in jeder und durch jede Verbindung, die er eingeht, und mahnt ihn daran, diese Würde stets hochzuhalten. Die Antriebe der Selbstachtung, die hier entstehen, können leicht übersteigert werden, so daß man in jeder Verbindung etwas von der eigenen Würde Abträgliches vermutet und daher geneigt ist, den Partner ein wenig von oben herab anzusehen. Man fühlt sich wie Josef unter seinen Brüdern. Solche Erlebnisse werden aktuell, wenn in der ersten Jugend der progressive Deszendent den Platz Jupiters erreicht. Man fühlt sich den Mitschülern gegenüber auch dann, wenn diese die besseren Schüler sind, überlegen, da der Wert des Menschen von der Selbstachtung abhängt und nicht von den Erfolgen.

Erreicht der progressive Deszendent Jupiter im 8. Haus, dann beginnt eine Lebensphase, in der die eigene Würde und das Gefühl dieser Würde in hohem Maß davon abhängt, bis zu welchem Grad wir das Bewußtsein dafür ausreifen konnten, für unsere Entwicklung verantwortlich zu sein, und weiter, ob wir noch jung genug geblieben sind, um nicht zu erstarren. Jetzt werden Ereignisse eintreten, die danach verlangen, daß wir anderen, zu denen wir in Beziehung treten, die Entwicklungshilfe leisten, die jener Kraft entspringt, die wir an uns selbst anbringen konnten. Der Jupiterstolz mag sich nun in eine Demut verwandeln, die uns vor uns selbst erhöht, indem sie von uns fordert, uns zu Helfern der anderen zu machen.

Im 9. Haus endlich wird der innerlich gereifte Mensch, wenn der Deszendent Jupiter dort erreicht, zu einem Priester des Lebens, der es als Auszeichnung betrachtet, daß er gelernt hat, die Menschen zu verstehen und durch sie auch sich selbst. Ereignisse, die jetzt eintreten, werden vor allem zeigen, ob es dem Geborenen gelungen ist, die hervorstechendsten Jupiterhindernisse auf dem Weg der Höherentwicklung zu überwinden: wie persönliche Eitelkeit, Geltungsdrang und Selbstüberschätzung.

Wir kommen nun zu Saturn. Saturn im 7. Haus ist ein seltsamer Gast. Wir haben als einen der wesentlichsten Punkte der Saturnfunktion erkannt, daß durch sie unser Gedächtnis bei den Schlacken festgehalten wird, mit denen wir schon auf die Welt kommen, und bei den Schlacken, die wir im Laufe des Lebens noch erwerben. So kommt es, daß Saturn im 7. Haus fast das Gegenteil von dem bedeutet, was wir bei Jupiter feststellen konnten. Mit Saturn im 7. Haus fühlt man sich dem Partner gegenüber eher unterlegen, wenn nicht gar unwürdig, weil man einen Makel hat. Darum zögert man meist, solange es geht, sich in eine Dauerverbindung einzulassen, die früher oder später die eigene Minderwertigkeit an den Tag bringt.

Wenn nun der progressive Deszendent den Platz Saturns im 7. Haus erreicht, werden Ereignisse eintreten, die entweder das Zustandekommen einer Verbindung gefährden oder eine bereits bestehende zum Scheitern bringen – und beides nicht ohne eigene Schuld. Wie auch immer solche Ereignisse sein mögen, niemals werden sie verfehlen, den Lebensmut und die Hoffnungsfreudigkeit des Menschen, ob in der ersten oder der reiferen Jugend, beträchtlich herabzudrücken.

Saturn im 8. Haus macht verzagt und entmutigt in bezug auf die Anstrengungen, die mit dem Gebot, sich weiter und höher zu entwickeln, verbunden sind. Man kann hier wohl von einer Entwicklungsträgheit sprechen, die mit dem Gefühl einer mehr oder minder deutlichen Resignation einhergeht. Das Entwicklungsopfer wird nur ungern und unter äußerem Zwang gebracht, weil das mit ihm verbundene Unbehagen stärker ist als die Hoffnung auf Erfolg. Wenn der progressive Deszendent den Platz Saturns im 8. Haus erreicht, werden eintretende Ereignisse dieses Unbehagen in den Mittelpunkt des Erlebnisses bringen und mit Verlusten verbunden sein, die man meist selbst dadurch herbeigeführt hat, daß man an das Glück überhaupt nicht glauben konnte, das sich aus einer Verbindung ergeben könnte, in der man selbst ein Opfer der Anpassung zu bringen hat. Hier kann leicht wirkliche Vereinsamung oder das Gefühl des Einsamseins entstehen.

Im 9. Haus wird das retardierende Moment, das von Saturn ausgeht, besonders deutlich. Man ist nun schon darauf gekommen, daß man zu den Repetenten in der Lebensschule gehört, die mit den anderen nicht recht Schritt halten konnten, die im äußeren Leben weit rascher vorwärtsgekommen sind, während man selbst zurückblieb. Wenn der progressive Deszendent im späteren Alter Saturn im 9. Haus erreicht, dann schweifen die Gedanken gern zurück in die Zeit früherer Lebensabschnitte, als wäre noch lebendig, was längst vergangen ist. Man bleibt sozusagen mit seinen Gefühlen noch dort, wo längst in Wirklichkeit andere Formen existieren. Man sucht vergeblich in den älter gewordenen Menschen seiner Umgebung die Züge wiederzufinden, die das Alter hinweggewischt hat. Ereignisse, die diese Tragik enthüllen, werden sich zu solchen Zeiten einstellen.

Wir wenden uns nun zu Uranus. Uranus im 7. Haus ist wesentlich anders zu beurteilen als Saturn, dessen andere, transzendente Seite er im Sinne unserer Lehre darstellt. Er verleiht die Tendenz, in jeder Verbindung vor allem die individuelle Persönlichkeit niemals preiszugeben und sich auf diese Art stets von jedem Partner zu distanzieren, auch wenn dies äußerlich nicht merkbar wird. Das Lebensproblem, das hier entsteht und den Hauptinhalt all der Schwierigkeiten ausmacht, die mit dieser Uranusstellung einhergehen, wird durch die Neigung gekennzeichnet, den Partner als das Objekt anzusehen, das wohl für die eigene Höherentwicklung unerläßlich ist, aber stets fremd und unzugänglich bleibt, weil dieser Zugang zur Seele des anderen gar nicht gesucht wird. Darum wird auch das Anpassungsopfer dem andern versagt, aber von ihm auch gar nicht abgefordert. Dies bezieht sich nicht nur auf den Partner im menschlichen Zusammen- oder Nebeneinanderleben, sondern auch auf mein Verhältnis zu allem, was jenseits meiner individuellen Grenzen liegt, mein Verhältnis zu Gott oder dem Universum oder – auf niedrigerer Stufe gesehen – zu Staat und Gesellschaft.

Wenn nun der progressive Deszendent Uranus im 7. Haus erreicht, dann wird die Forderung nach Darbietung des Anpassungs- oder Ergänzungsopfers nicht ohne schwere innere Prestigekämpfe bleiben, die mit der Selbstüberwindung zu tun haben. Schon in der Kindheit zeigt sich dies in den verschiedensten Formen – beispielsweise in der Schwierigkeit, »bitte« oder »danke« zu sagen, den Eltern zu »gehorchen«, wenn diese etwas verlangen, was nach Überwindung des Eigenwillens aussieht. Dies kann unter Umständen exzessive Grade erreichen.

Uranus im 8. Haus gibt das Gefühl, etwas Einmaliges zu sein und darum unverstanden bleiben zu müssen von den anderen, die nicht so weit sind, den Adel dieser Einmaligkeit zu begreifen; dies trägt dazu bei, sich von den anderen wenigstens innerlich zu distanzieren, da diese einen doch niemals so recht würdigen können. Diese Stellung begünstigt den Hang, sich selbst zu überschätzen und andere zu unterschätzen. Geht nun der progressive Deszendent über diesen Uranus, dann kann sehr Verschiedenes eintreten. Es kann zu einer besonderen Steigerung des Lebenstrotzes kommen, zu einer Phase der inneren

Selbstglorifizierung, die nicht ohne Rückwirkung auf das Verhältnis zur Umwelt bleiben kann – oder es kommt zu einer völligen Umstellung des eigenen Verhaltens zur Umwelt. Im ersteren Fall wird man erleben, wie allerlei Verbindungen, die zu anderen Zeiten leicht hätten gelingen können, zum Scheitern kommen, im andern Fall werden sich Ansätze zu einer völligen Revision des Lebensprogrammes zeigen; man wird jetzt den Weg zu den anderen mit aller Intensität suchen und vielleicht sogar finden.

Geht im Alter der Deszendent über Uranus im 9. Haus, dann wird man oft finden, daß so geborene Menschen sich nun völlig vereinsamt fühlen. Den anderen erscheinen sie durch den unzugänglichen Eigensinn ebenso als innerlich verkalkt, wie diese dem Geborenen als unbelehrbar und darum hoffnungslos minderwertig vorkommen. Man kann nur mehr mit Menschen verkehren, die sich entweder bedingungslos unterwerfen oder einem selbst soweit Mitleid einflößen, daß man sich gnädig zu ihnen herabläßt. In der Epoche dieses Transits mag es dann zu Momenten kommen, in denen Reue darüber empfunden wird, den Weg zu den anderen nicht früher in einer mehr selbstlosen Weise versucht oder solche Versuche zu früh aufgegeben zu haben.

Wir wenden uns nun zu Neptun. Den Schlüssel zum Verständnis der Neptunfunktion fanden wir in dem Wort »Jenseits«. Das Haus, in dem Neptun seinen Platz hat, bezeichnet jenes Lebensgebiet, innerhalb dessen der Mensch niemals voll auf dem Boden der Wirklichkeit steht. Man erlebt sich gleichsam von außen und nicht einmal mehr vollständig im eigenen Leib.

Steht Neptun im 7. Haus, dann sehen wir, daß eigentlich keine Verbindung in ihrer vollen Realität begriffen wird. Neptun im 7. Haus gilt der landläufigen Auffassung zufolge als der Planet des Ehebruchs. Dies darf jedoch keineswegs im menschlich-juristischen Sinn verstanden werden; es besteht vielmehr die Neigung, anstelle der physischen Verbindung die gedankliche und seelische Verbindung zu setzen. Das Ideal einer Seelen- oder Gedankenehe formt sich hier, die, weil sie jenseits des juristischen Begriffs einer Ehe überhaupt steht, dem Geborenen völlige Freizügigkeit sichert, auch das gleichzeitige Bestehen mehrerer solcher Verbindungen gestattet. Da aber die Wege der Gedanken unter Umständen recht merkwürdig sind und leicht zum Zerfließen der Grenzen zwischen gedachter und wirklicher Wirklichkeit führen, so ist es wohl möglich, daß die Wirklichkeit sich allmählich nach den Gedanken zu richten beginnt.

Wenn der progressive Deszendent Neptun im 7. Haus erreicht, dann wird die Phantasie in der angedeuteten Richtung stark in Anspruch genommen werden. Es kann auch schon im kindlichen Alter zu solchen Gedankenehen kommen, die allerdings später vergessen werden. Aber trotzdem bleiben sie das Modell späterer Erlebnisse. Werden solche Gedankenehen in jugendlichen Jahren nicht als solche erkannt, so können hier vorübergehend Psychosen eintreten.

Neptun im 8. Haus bringt das Gefühl hervor, ein Gast auf dieser Erde zu sein, der nirgends so recht zu Hause sein kann, dem sogar das Gefühl dafür fehlt, daß es überhaupt ein Zuhause gibt. Wenn der Deszendent den Platz Neptuns im 8. Haus erreicht, dann können Verbindungen entstehen, die einem Abenteuer gleichen, das unser Schicksal mit uns versucht. Die Ereignisse, die hier eintreten, betreffen die mittlere Epoche des menschlichen Lebens. Sie können zu den wunderlichsten Verbindungen Anlaß geben und oft genug störend oder verwirrend in das Leben eingreifen. Es kann auch geschehen, daß man sich in Gedanken mit Menschen verbindet, die gar nicht wirklich existieren und bloße Produkte der eigenen Phantasie sind oder der Phantasie eines Dichters oder einmal existiert haben und längst gestorben sind. Auch hier lauert die Gefahr einer Psychose – Phantomdienst, Götzendienst etc.

Neptun im 9. Haus bringt den Glauben an eine höhere Führung und das Vertrauen in die innere Stimme, die diese Führung leise beantwortet, unhörbar für die anderen, vor denen sie unter allen Umständen geheimzuhalten sind. Diese Stimme ist meine Brücke zum Jenseits und durch dieses allein zu den anderen Menschen. Sie ist einem fernen Licht vergleichbar, das uns im Dunkel des Diesseits auf den rechten Weg weist. Nun ist aber solche Veranlagung nicht ohne Gefahren für ein gesundes geistiges und seelisches Leben, weil sie geneigt macht, die in langen und mühsamen Entwicklungswegen errungenen geistigen und seelischen Hilfen des menschlichen Wesens – wie Wissenschaft und Kunst – zu mißachten um jenes inneren »Lichtes« willen, das sich oft genug als bloßes Irrlicht erweist.

Wenn nun der progressive Deszendent den Platz des Neptun im 9. Haus erreicht, dann wird man oft genug feststellen können, daß sich dieses innere Orakel feindlich zwischen mich und die anderen Menschen stellt. Man kennt die anderen besser, als diese sich selbst kennen, errät ihre intimsten Gedanken und ist von dieser Überzeugung nicht abzubringen. Es kann auch geschehen, daß man, enttäuscht und unbefriedigt von allem, was das reale Leben einem bis dahin beschert hat, nun beginnt, sich den »Irrealitäten« einer jenseits des Alltags und seiner Bedürfnisse liegenden Welt zuzuwenden.

Die Sehnsucht entsteht nach einer unmittelbaren, von den Sinnen unabhängigen Berührung mit dem, was jenseits der Grenzen der eigenen Individualität liegt. Und schließlich sucht man die Verbindung mit Menschen, die man auf ähnlichen Wegen ihrer Entwicklung glaubt.

Wir haben nun unsere Betrachtungen über die progressive Wanderung der Kardinalpunkte des Horoskops abgeschlossen. Diese Betrachtung ist aber recht unvollständig geblieben und mußte dies auch, weil es unmöglich ist, vielleicht sogar schädlich, hier mehr als bloße Andeutungen zu geben, die möglichst allgemein gehalten sein mußten, um auf alle Fälle anwendbar zu bleiben. Nicht berücksichtigt wurden vor allem die durch jene Wanderung sich bildenden Aspekte mit den einzelnen Planeten, deren Deutung in das Gebiet der sogenannten »Direktionen« gehört.

Auch die Mondknoten konnten hier im Zusammenhang mit der progressiven Wanderung der Kardinalpunkte keine Würdigung finden, da die Deutung dieser Transite eine besondere Überlegung erfordert, die auf anderen Voraussetzungen beruht als die Deutung der Transite über die Planetenorte. Einige Andeutungen können jedoch hier gegeben werden.

Wir faßten die Bedeutung der Mondknoten so zusammen, daß der aufsteigende Mondknoten in einem bestimmten Haus jenes Lebensgebiet bezeichnet, von dem sich der Geborene inneres Glück und äußeren Erfolg erhofft, der absteigende Mondknoten hingegen jenes Lebensgebiet, auf dem nur Mißerfolge zu erwarten sind. Dies tritt besonders deutlich hervor, wenn der aufsteigende Mondknoten eine möglichst hohe und positive Deklination aufweist. Im entgegengesetzten Fall werden die Wirkungen nur abgeschwächt zutage treten.

Vielleicht läßt sich eine allgemeine Formel aufstellen, die uns darüber orientiert, wie wir die Progression der vier Kardinalpunkte über die Mondknoten zu deuten haben. Im allgemeinen läßt sich sagen, daß bei der engen Verbundenheit zwischen den beiden Mondknoten bei jedem Transit der Geborene bemüht oder gedrängt ist, seine Zuflucht vor den Wirkungen des absteigenden Knotens bei dem aufsteigenden zu suchen. Mit anderen Worten: Bei jedem Transit des fortschreitenden Medium coeli, Immum coeli, Aszendenten oder Deszendenten befindet sich der Geborene auf der Flucht vor den

Ereignissen des einen Lebensgebietes und sucht Zuflucht bei dem entgegengesetzten.

Erreicht das progressive Medium coeli den aufsteigenden Mondknoten im 10. Haus, dann werden meist ungünstige Familienereignisse den Geborenen anstacheln, Ehrgeizerfolge im äußerlichen Leben heimzubringen, die als eine Gegenwirkung die häuslichen Mißlichkeiten paralysieren sollen.

Ist das Umgekehrte der Fall und erreicht das progressive Medium coeli den absteigenden Mondknoten im 10. Haus, dann sucht man Mißerfolge im äußeren Leben durch intensivere Anlehnung an den engeren Familienkreis, bei dem man jetzt Zuflucht und Trost sucht, wettzumachen.

Begegnet das progressive Medium coeli dem aufsteigenden Mondknoten im 11. Haus, dann werden Fehlschläge im erotischen Verlangen oder im Verlangen nach seelischer Machtentfaltung über andere den Geborenen zu mitfühlenden Freunden treiben und dazu beitragen, das Glück ruhiger Freundschaft höher zu schätzen als das seelische Abenteuer.

Ist das Umgekehrte der Fall und erreicht das progressive Medium coeli den absteigenden Mondknoten im 11. Haus, dann mag es geschehen, daß Glück in der Liebe mit dem Verlust wertvoller Freundschaft erkauft werden muß.

Erreicht das progressive Medium coeli den aufsteigenden Mondknoten im 12. Haus, dann mag man darauf gefaßt sein, daß der wachsende Freiheitsdrang des Geborenen ihn in mitunter recht schmerzlichen Gegensatz zu den sozialen Forderungen den Lebens bringen wird, zu denen auch die Rücksicht auf das eigene Wohlergehen gehört.

Ist das Umgekehrte der Fall und erreicht das progressive Medium coeli den absteigenden Mondknoten im 12. Haus, dann sieht man den Menschen auf der Flucht vor der Isolierung seine Zuflucht nehmen bei dem Bestreben, sich in eine soziale Gruppe einzugliedern, politische Gruppen, Geselligkeitsvereine, Dilettantenorchester, Gesangvereine etc. In manchen Fällen ist es die Hilfeleistung für andere, die einen selbst vor Vereinsamung bewahren soll.

Noch einiges über den Aszendenten. Erreicht der progressive Aszendent den aufsteigenden Mondknoten im 1. Haus, dann werden kleinere oder größere Zerwürfnisse mit Menschen, mit denen man in irgendeiner Weise verbunden ist, dazu beitragen, durch ein mehr oder minder trotziges Vertrauen in die Kraft der eigenen Persönlichkeit sich schadlos zu halten.

Ist das Umgekehrte der Fall und erreicht der Aszendent den absteigenden Mondknoten im 1. Haus, dann flüchtet man vor den Niederlagen des Selbstvertrauens gern zu den Menschen, mit denen man durch gegenseitiges Vertrauen trostreich verbunden ist.

Erreicht der Aszendent den aufsteigenden Mondknoten im 2. Haus, dann wird eine Zeit kommen, in der man sich gern seiner Gaben und Talente erfreut sowie der irdischen Güter, die einem zugefallen, und in der man nach Möglichkeit alle Gedanken und Gewissensskrupel beiseite schiebt, die geeignet sind, uns an die Vergänglichkeit aller materiellen Freuden zu mahnen.

Ist das Umgekehrte der Fall und erreicht der Aszendent den absteigenden Mondknoten im 2. Haus, dann entsteht eine Stimmung, in der wir eher geneigt sind, unsere Zuflucht bei transzendenten, auf das Jenseits gerichteten Gedanken zu suchen, die uns über manches Mißgeschick und manche Enttäuschungen und Störungen hinwegbringen sollen, die sich vor den Genuß all dessen schieben, was wir für unser gesichertes Besitzen gehalten haben.

Erreicht der progressive Aszendent den aufsteigenden Mondknoten im 3. Haus, dann erfreut man sich gern der Geselligkeit und der Vorteile des Gemeinschaftslebens im engeren oder auch weiteren Kreis Gleichgesinnter und denkt nicht daran, diese Geselligkeit aufzugeben, die einen glücklicherweise davor bewahrt, sich selbst kritisch ins Auge zu blicken.

Ist das Umgekehrte der Fall und erreicht der progressive Aszendent den absteigenden Mondknoten im 3. Haus, dann beginnt man, sich von der Geselligkeit zurückzuziehen. Man merkt das allmähliche Schwinden der Freude an der Gesellschaft, und es erwacht die Sehnsucht nach jenem »stillen, ernsten Geisterreich«. Der Gedanke an die Notwendigkeit einer Lebensbeichte vor sich selbst drängt sich auf und macht inmitten der regsten Geselligkeit mehr und mehr einsam.

Damit haben wir im wesentlichen die Grundstimmungen geschildert, die unsere Bereitschaft kennzeichnen, bestimmte Ereignisse, die zu bestimmten Zeiten eintreten, als Schicksalsereignisse aufzunehmen und ihnen demzufolge eine größere Bedeutung beizumessen.

Anmerkung des Herausgebers
Ein von Oskar Adler vorgesehener fünfter Band mit dem Titel »Die Arbeit am eigenen Horoskop« kam leider nicht mehr zustande.